本书由2011年度教育部哲学社会科学重大课题攻关项目"马克思主义学习型政党建设研究"（批准号11JZD001）基金资助出版

总　序

　　重视学习、勤于学习、善于学习是中国共产党的优良传统，也是党始终保持政治优势的重要法宝。在认真总结历史经验、科学把握党建新形势的基础上，中国共产党不断深化对学习重要性的认识，提出了建设马克思主义学习型政党这一重大战略任务。

　　提出建设马克思主义学习型政党，有一个孕育、形成的过程。2002年，党的十六大把"形成全民学习、终身学习的学习型社会，促进人的全面发展"作为全面建设小康社会的重要目标提出后，党中央又从建设学习型社会的领导力量的角度进一步强调，"形成学习型社会，很大程度上要靠建设学习型政党来引导、来推动"。2004年9月，党的十六届四中全会在《中共中央关于加强党的执政能力建设的决定》中第一次明确以党的中央全会决定的方式提出"努力建设学习型政党"的要求。从2002年到2007年十七大召开前夕的五年间，根据建设学习型政党的要求，中央政治局坚持进行了44次集体学习，学习的内容涉及马克思主义及经济、就业、国际问题、历史、军事等社会发展的理论和实践各个层面的问题。2007年10月，党的十七大报告明确提出，"要按照建设学习型政党的要求"，深入学习贯彻中国特色社会主义的理论体系，着力用马克思主义中国化最新成果武装全党。在此基础上，2009年9月党的十七届四中全会明确提出要"把建设马克思主义学习型政党作为重大而紧迫的战略任务抓紧抓好"。2012年11月党的十八大进一步提出了建设"学习型、服务型、创新型"执政党的新要求，将学习型置于"三型"执政党建设之首。2013年11月，党的十八届三中全会再次强调要"建设学习型、服务型、创新型的马克思主义执政党，提高党的领导水平和执政能力，确保改革取得成功"。党中央的这一系列论述，是在深刻认识党的建设历史经验和党建现状基础上做出的战略决策，体现了对时代发展脉搏和新形势下党的建设新要求的高度自觉和清醒把握，期间表达的不仅是我党走向新的学习时代的一种新思想，更表达了一种敢于迎接挑战适应变革的决心以及正视问题、解决问题的勇气和魄力，也预示着一场全方位的深刻变革的开始。

为贯彻落实党中央关于马克思主义学习型政党建设的战略部署，加强对马克思主义学习型政党建设的理论研究，促进马克思主义学习型政党建设实践，2011年度教育部哲学社会科学研究重大课题攻关项目将"马克思主义学习型政党建设研究"作为第一号选题公开招标。以贵州师范大学欧阳恩良教授为首席专家，由梅荣政、田心铭、罗文东、陈成文、熊辉、伍小涛等专家学者组成课题组，通过竞争成功中标。中标后，课题组广泛征求了赵曜、沙健孙、周新城、马绍孟、梁柱、王顺生、姚桓、郝立新等全国著名马克思主义理论专家的意见，经过充分讨论，拟定了研究的基本思路和总体框架，明确了任务分工和研究进度。

经过课题组同仁两年多的努力，"马克思主义学习型政党建设研究"课题已取得了比较丰富的阶段性成果，除在《人民日报》、《光明日报》、《马克思主义研究》、《思想理论教育导刊》等重要报刊发表了50余篇学术论文外，还完成了数篇调研报告和多部书稿的写作。为了使已经成型的书稿尽快面世，由欧阳恩良、梅荣政教授主编，决定出版"马克思主义学习型政党建设研究丛书"。

该丛书立足于加强和改进新形势下党的建设的主题，牢牢把握加强党的执政能力建设和先进性建设的主线，突出"适应时代发展要求，把建设马克思主义学习型政党的重大战略任务落到实处"（胡锦涛）这个中心和关键，沿着"为什么建设"、"建设什么"、"如何推进建设"的思路，坚持理论和实际相结合、逻辑和历史相统一的研究方法，围绕马克思主义学习型政党建设的理论与实践进行了多方面的探讨。如《论学习马克思主义》一书从"论学习"入手，以"马克思主义"为关键词，系统地论述了"什么是马克思主义，怎样对待马克思主义"、"为什么要坚持马克思主义的指导地位"等重大问题；对马克思的《关于费尔巴哈》的提纲、《〈政治经济学批判〉序言》、恩格斯的《路德维希·费尔巴哈和德国古典哲学的终结》、列宁的《什么是"人民之友"以及他们如何攻击社会民主党人》以及毛泽东的《矛盾论》、《实践论》等进行了认真的研读和深入的思考；运用马克思主义基本原理去分析、回答现实的理论问题和实际问题，并辨析社会生活和学术理论领域中的是非曲直，探讨了党中央提出弄清"六个为什么"和划清"四条界限"所体现的方法论原则，回应了各种质疑和否定辩证唯物主义的观点，对无神论与宗教信仰自由的关系等问题做了专题性研讨和辨析。《中国共产党的马克思主义理论学习研究（1921—1949）》一书，将"学习"视为一个获取知识、运用知识、创新知识的完整过程，比较系统地梳理了中国共产党在各个历史时期对马克思主义理论学习的认识及其学习状况，认真总结了中国共产党马克思主义理论学习的历史经验，从而为新形势下建设马克思主义学习型政党提供了有益的历史启迪。《社会主义核心价值观与马克思主义学习型政党建设研究》，主要论述了马克思主义学习型政党建设与社会主义核心价值体系学习、教育的关系，着重阐明了社会主义核心价值体系学习教育中的重要理论和实际问题。

该丛书的出版，具有重要的意义，主要表现在以下几个方面。

第一，有助于澄清理论是非，消除误解，准确把握中央提出的建设马克思主义学习型政党的精神。从 2004 年 9 月党的十六届四中全会提出"努力建设学习型政党"以来，学术界对这个问题进行热烈而广泛的讨论，提出了许多有价值的见解，但是党内外也还存在不少待解决的认识问题。有些误读更是造成了一些思想混乱。无论是对党员个人还是党组织，理论上的混乱，必然带来思想上的混乱和实践上的错误。上述对建设马克思主义学习型政党的理解、误导，会产生不良后果。该丛书对提出建设马克思主义学习型政党问题的背景，建设马克思主义学习型政党的理论的、历史的和现实的依据，建设马克思主义学习型政党的科学内涵、基本要求、重大意义，建设的重要着力点和保障条件等问题展开深入研究、科学论证和广泛宣传，必将有助于澄清理论是非，消除误解，促进全党对中央提出的建设马克思主义学习型政党精神的准确把握，把思想统一在正确认识的思想基础之上。

第二，有助于推进马克思主义学习型政党建设的理论研究，促进理论创新。列宁曾经深刻指出："迈出最勇敢的前进步伐的是早就成为理论研究对象的那个领域，是主要从理论上、甚至几乎完全从理论上耕耘过的那个领域。"毛泽东说："感觉到了的东西，我们不一定能理解它，而只有理解了的东西,我们才能更深刻的感觉它。"该丛书将遵循党中央的精神,贯彻和体现科学理论武装、具有世界眼光、善于把握规律、富有创新精神的要求,着力研究坚持推进马克思主义中国化、时代化、大众化的问题,坚持用中国特色社会主义理论体系武装全党的问题,坚持开展社会主义核心价值体系学习教育,建设学习型党组织等重点问题;着力探讨加强对学习的组织、指导和服务问题,各级领导干部在马克思主义学习型政党建设中发挥表率作用问题,建立和完善促进学习、保障学习的长效机制问题,各级各类干部教育培训机构在建设马克思主义学习型政党中的重要作用问题。在研究方法上,坚持理论、历史和现实相结合,中外共产党建设的正反经验相比较,开展调查研究、典型解剖以求加深对新的实际(包括当今世界发展大势、社会主义初级阶段基本国情、改革发展实际)的理解,深化对马克思列宁主义、毛泽东思想和中国特色社会主义理论体系中关于党的建设理论的理解,特别是对过去未曾研究和未曾深入研究过的相关经典著作精神实质的理解,对党执政以来体现和深化对共产党执政规律、社会主义建设规律、人类社会发展规律认识的、党建的历史经验和现实的新鲜经验的理解,深化、拓宽对马克思主义学习型政党建设规律的认识,做到在理论上有新的发现、新的概括、新的论证、新的结论,从而实现理论创新。

第三,有助于推进我国学习型社会的建设进程。在我国,"党是整个社会的表率","办好中国的事情,关键在我们党"。因此,本丛书探讨在推进马克思主义学习型政党的建设过程中,如何在全社会进行中国特色社会主义理论体系教育,如何把社会主义核心价值体系的教育贯穿于国民教育的全过程,如何进行"划清四个重大界限"、弄清"6个为什么"、"七个怎么办"以及进行科学文化的教育等,所有这些研究和宣传,定会向全社会辐射。同时会加深对建设学习型社会的多方面的认识,通过总结企业组织、政府组织、学校、军队、群众团体等社会组织在建设学习型社会方面的经验,国际社会一些经济、公共组织创建学习型组织的经验,党的领导集体、学术界关于研究学习型社会、学习型组织的理论成果等,推进我国学习型社会的建设进程,促进整个中华民族的思想道德素质和科学文化素质的提高。

总之,马克思主义学习型政党建设实践是一项长期的系统的战略工程,马克思主义学习型政党建设研究也必定要随着实践的深入而深入,并不断总结实践经验，形成理论，指导实践的深入推进。

是为序。

中国社会科学院学部委员　靳辉明

2014 年 3 月 26 日

目　录

导论　论学习

上编　论马克思主义

一　什么是马克思主义、怎样对待马克思主义

二　为什么要坚持马克思主义的指导地位

六　毛泽东经典哲学著作研读

下编　探索与辨析

七　理论和现实问题探讨

八　理论是非辨析

九　马克思主义无神论与宗教信仰自由

序

2009年9月，党的十七届四中全会鲜明地提出了建设马克思主义学习型政党的战略任务。我理解，建设马克思主义学习型政党，需要学习的内容很多，但根本任务是学习马克思主义，并且把它同中国具体实际相结合。

在多年的学习、研究和实际工作中，我写过一些与学习马克思主义相关的论文。这本专题文集，是由其中挑选出来的44篇文章编辑而成的。这些文章都是进入21世纪后写成的。我把除导论外的43篇文章分为九组，围绕着"学习马克思主义"这个总题目展开。

本书是按照文章内容之间的逻辑关系而不是按照发表的时间先后顺序编成的。各篇的主要内容，在篇首的"提要"中做了简要说明。各篇发表的时间、刊物及转载情况，也已在篇尾注明。为方便读者阅读，这里就全书的结构及各部分之间的关系做一些说明。

全书由导论和上、中、下三编构成。导论是"论学习"，上编是"论马克思主义"，中编是"马克思主义经典著作研读"，下编是"探索与辨析"。

一　关于导论

我把《认真研究"怎样学习马克思主义"》一文作为全书的导论。导论是"论学习"。这篇文章提出，马克思主义的理论工作，包括理论的学习、研究、宣传、教育、践行等多个方面，而无论从历史或逻辑的关系看，起点都是学习，因此，应该专门提出和研究"怎样学习马克思主义"的问题。该篇从读书和实践两个方面就"怎样学习"展开了论述。

二　关于上编"论马克思主义"

上编"论马克思主义"以"马克思主义"为关键词，包括全书的第一至第四组共 16 篇文章，讨论马克思主义观中的几个重大问题。这些都是学习马克思主义不能不弄清楚的问题。

第一组"什么是马克思主义、怎样对待马克思主义"共 4 篇文章。2008 年纪念党的十一届三中全会召开 30 周年之际，党中央明确提出了"什么是马克思主义、怎样对待马克思主义"的问题，并将它列于改革开放以来探索和回答的四个基本问题之首，这样就把马克思主义观的研究提到了显著位置。《深入开展马克思主义观的研究——谈谈研究"什么是马克思主义，怎么对待马克思主义"的问题》是我根据对党中央这一精神的理解讨论马克思主义观研究的文章。接下来的《关于马克思主义观的十二个关系问题论纲》通过对一系列矛盾关系的分析，以论纲的形式概括地阐述了我对"什么是马克思主义、怎样对待马克思主义"的总体看法、基本观点。《回答"什么是马克思主义"不能离开党的历史》讨论的是马克思主义观研究中的一个方法论问题。我认为，研究这个问题必须坚持理论与实践相统一的原则。马克思主义在中国共产党多年的实践中得到了充分的运用和检验，所以决不能离开党的历史去争论"什么是马克思主义"，这应该是一条方法论原则。近年来党中央提出要树立理论自觉和理论自信。我理解，我们所应有的理论自觉和理论自信，是对马克思主义特别是中国化马克思主义的自觉和自信，理论自觉和自信的基础是社会实践，其根据在于理论与实践的统一。《论马克思主义的理论自觉和理论自信》一文就此展开了讨论。

第二组文章讨论"为什么要坚持马克思主义的指导地位"。党中央提出弄清"六个为什么"，其中第一个就是为什么必须坚持马克思主义的指导地位而不能搞指导思想多元化。如果否定马克思主义的指导地位，那就根本谈不上正确对待马克思主义，也不可能深入学习马克思主义。这一组的头三篇文章是相互关联的系列论文，试图对这个"为什么"做出比较系统的回答。《为什么必须坚持马克思主义的指导地位?》提出，关于人们的思想和行为是否合理、是否正当的任何追问，追到最后就是看其是否合乎客观实际、是否符合大多数人的利益；我们之所以要坚持马克思主义的指导地位，归根到底就是因为它既符合客观实际，又代表了最广大人民的根本利益，体现了真理与价值的统一，而这已经为中国近代以来的历史实践所证明。坚持马克思主义的指导地位是当代13亿中国人民的根本利益所在。《为什么不能搞指导思想多元化？——二论"为什么必须坚持马克思主义的指导地位"》和《评几种否定马克思主义指导地位的观点——三论"为什么必须坚持马克思主义的指导地位"》是关于这个"为什么"的"二论"和"三论"。我根据自己对改革开放新时期以来社会思潮和理论争论的考察，将质疑和否定马克思主义指导地位的观点归纳为马克思主义"过时论"、"外来文化论"、"实践否定论"、"非学术论"和"指导思想多元论"等五种观点。"二论"阐述了指导思想多元论的哲学理论基础是真理多元论，政治实质是企图搬运西方思想理论取代马克思主义的指导地位。"三论"评析了其余四种观点，进而论述了发生指导思想之争的历史渊源和现实的社会政治、经济、文化背景。《关于"中国特色社会主义旗帜"的几点认识》是2012年年初为迎接党的十八大召开而写的。这篇文章提出中国特色社会主义这面"旗帜"是理论、实践、理想、道路、制度共同的统一的标志，它是马克思主义的而不是其他什么"主义"的旗帜，是立足现实指向共产主义的旗帜。

如果要用一句话概括地回答"怎样对待马克思主义"，我认为那应该是"把马克思主义基本原理同中国具体实际相结合"。这是我们党确立的一条基本原则。它也是学习马克思主义的基本原则。本书第三组的3篇文章分别从不同角度论述这条原则。《把马克思主义基本原理同中国具体实际相结合——试论新中国的根本历史经验》是在新中国成立60周年之际写成的，从历史的视角论证了"结合"原则是新中国60年也是中国共产党88年最根本的历史经验，进而通过研究"结合"的过程探讨了"结合"的规律。《把我们的历史经验归结到一点——略论"把马克思主义的基本原理同中国具体实际相结合"在党的历史经验中的地位》从党的政治路线与思想路线的关系、马克思主义与中国工人阶级和人民群众的关系以及辩证唯物主义认识论、唯物辩证法等多个视角阐述了为什么把我们党的全部经验"归结到一点"，就是这条"结合"原则。毛泽东是我们党把马克思主义同中国具体实际相结合的代表。《毛泽东的马克思主义观的核心思想——把马克思主义普遍真理同中国具体实际相结合》阐述了毛泽东关于"结合"的思想的形成过程，说明这一原则的形成、确立与毛泽东思想的形成及其指导地位的确立是同一个过程，必须联系毛泽东思想的整体来理解和把握"结合"原则，并围绕"结合"这一核心思想来学习、领会毛泽东的马克思主义观。

1981 年党的十一届六中全会《关于建国以来党的若干历史问题的决议》在论述毛泽东思想时做出一个重要论断：实事求是、群众路线和独立自主是贯穿毛泽东思想各个组成部分的立场、观点、方法，即"活的灵魂"。我认为，这也是中国特色社会主义理论体系和整个中国化马克思主义的活的灵魂。马克思主义理论博大精深，学习马克思主义必须紧紧抓住中国化马克思主义的活的灵魂。本书第四组的 5 篇文章围绕"把握中国化马克思主义活的灵魂"展开论述。《从延安整风看"实事求是"——纪念延安整风 70 周年》和《论求真务实》分别探讨了实事求是的科学内涵和精神实质、求真务实精神的内涵及其与实事求是的关系。《毛泽东与中国共产党的群众路线》从"一切为了群众，一切依靠群众"的态度和"从群众中来，到群众中去"的工作方法的统一论述了毛泽东群众路线思想的丰富内容。作为科学发展观核心的"以人为本"是毛泽东的群众路线思想在新的历史条件下的体现，《"以人为本"的含义辨析》对"以人为本"的含义"是什么"和"不是什么"展开讨论。《走自己的路——试论"独立自主"思想的科学内涵、精神实质和重要地位》论述了中国化马克思主义活的灵魂的又一个基本内容，认为独立自主思想的丰富内涵表现于处理国家关系、国际上党际关系、国内阶级关系、内外力量关系以及外交政策等几个方面，而集中体现于对历史发展道路的选择，其精神实质是把马克思主义同中国具体实际相结合，走自己的路。

三　关于中编"马克思主义经典著作研读"

通过读书学习马克思主义，必须认真研读马克思主义经典作家的原著，而不能只靠二手材料。中编的两组文章都是对马克思主义经典原著的研读。

历史唯物主义是马克思一生的两个伟大发现之一，它应该是我们学习马克思主义的一个重点。本书第五组的 7 篇文章研读了马克思、恩格斯和列宁关于历史唯物主义的 7 篇（组）经典著作。马克思 1845 年春写下的《关于费尔巴哈的提纲》是包含着马克思主义新世界观天才萌芽的第一个文件，是"历史唯物主义的起源"①；马克思1859年发表的《〈政治经济学批判〉序言》对历史唯物主义基本原理做出了经典性的概括，"第一次科学地表述了关于社会关系的重要观点"②；恩格斯1886年写作的《路德维希·费尔巴哈和德国古典哲学的终结》在第四章中详尽地阐述了历史唯物主义，做出了"对马克思的历史观的一个概述"③；恩格斯晚年在19世纪90年代写的多篇书信中阐述了历史唯物主义的一系列重大理论问题，发展了历史唯物主义；列宁在1894年他24岁时写下的第一部重要著作《什么是"人民之友"以及他们如何攻击社会民主党人？》通过批驳俄国自由主义民粹派的观点，捍卫并阐发了马克思创立的唯物主义历史观。这些著作都是马克思主义经典作家论述历史唯物主义的重要代表作。它们结合在一起，构成了对历史唯物主义的系统阐述。这些著作都被收入了党中央实施的马克思主义理论研究和建设工程重点教材《马克思恩格斯列宁历史理论经典著作导读》（人民出版社、高等教育出版社2012年版）。本书第五组中有5篇文章分别是对以上这些著作的研读。它们是我参加《马克思恩格斯列宁历史理论经典著作导读》编写组，在承担编写工作的过程中写成的，是这一课题研究的阶段性成果。这些文章按照《导读》的编写要求，努力对各篇经典原著的内容及其当代价值做出系统的准确的阐释。第五组另外2篇论文是对相关经典著作的专题性研讨。《党的性质决定党的宗旨——读〈共产党宣言〉笔记一则》研读《共产党宣言》中阐明的工人阶级与人民群众的关系、共产党与工人阶级的关系的原理，说明正是这两个关系决定了党的工人阶级先锋队性质、党的全心全意为人民服务的宗旨以及这二者的统一。随着我国文明建设实践的发展，非常需要深入学习和研究马克思、恩格斯的文明思想。《从〈家庭、私有制和国家的起源〉看马克思恩格斯文明思想》以恩格斯这篇名著为中心，联系马克思、恩格斯其他著作，对他们的文明思想做系统的考察，概括并阐述了马克思、恩格斯文明思想的基本观点。

党中央历来高度重视并大力倡导学习哲学，特别是学习毛泽东哲学思想。《实践论》、《矛盾论》和《关于正确处理人民内部矛盾的问题》是

---

① 《马克思恩格斯文集》第10卷，人民出版社2009年版，第647页。
② 同上书，第167页。
③ 《马克思恩格斯文集》第4卷，人民出版社2009年版，第312页。

毛泽东最重要的哲学著作，是我们学习毛泽东哲学思想的最好教材。本书第六组的3篇文章是对这3篇经典著作的研读。《实践论》是马克思主义中国化的典范，是毛泽东本人例外地表示"比较满意"的一篇著作。《〈实践论〉对推进马克思主义中国化的几点启示》通过研讨《实践论》的写作时间、基本内容和毛泽东本人的创作条件说明，推进马克思主义中国化，无论就目的、途径、成果内容和创作主体而言，都必须坚持理论和实践的统一。《矛盾论》也是毛泽东为马克思主义中国化奠定哲学世界观和方法论基石的重要著作，它对唯物辩证法的核心对立统一规律作了全面系统的阐述。《对立统一规律的系统阐述——〈矛盾论〉研读》一文是我对《矛盾论》的研读。《关于正确处理人民内部矛盾的问题》在马克思主义发展史上第一次明确提出并系统地阐述了关于社会主义社会矛盾的学说。《构建社会主义和谐社会的重要理论基础——学习〈关于正确处理人民内部矛盾的问题〉中关于社会主义社会矛盾的理论》着重论述了这篇著作中关于社会主义社会基本矛盾的理论和两类不同性质矛盾的理论，认为毛泽东这些理论为我们今天构建社会主义和谐社会提供了重要理论基础。

四　关于下编"探索与辨析"

对于马克思主义的理论，学习的目的全在于运用；学习的一个基本途径，也是运用，即在运用中学习。因此，学习马克思主义，既要研读经典原著，又要面向当代社会实践，努力运用马克思主义基本原理去分析、回答现实的理论问题和实际问题，并辨析社会生活和学术理论领域中的是非曲直。编入本书下编的文章，是我在这一方面所做的尝试。我把选入的17篇文章分为3组，其中第七组侧重于理论研究和建设，第八组侧重于理论是非的辨析和争鸣，第九组是对一个专题性问题的探讨与辨析。

第七组"理论和现实问题探讨"的第一篇《不能离开中国实际谈马克思主义》讨论的是理论学习和研究的一个方法论问题。我认为，邓小平所说的"离开自己国家的实际谈马克思主义，没有意义"，是一个掷地有声的重要论断，应该运用这一思想来审视我们的理论研究，端正学风。离开中国实际谈马克思主义，就背离了我们学习和研究马克思主义的根本目的，是没有意义的。党中央在十六大后提出了科学发展观，十七大把它确立为发展中国特色社会主义必须坚持和贯彻的重大战略思想。本书第七组有 2 篇文章是学习和研讨科学发展观的。《科学发展观：以人为本和科学发展的统一》研讨科学发展观的"第一要义"和"核心"之间的关系，认为这是理解科学发展观的一个关键，应该围绕这二者的统一把科学发展观当作一个完整体系来把握。　《文明进步中人的发展与社会发展的统一——对马克思恩格斯关于人的发展思想的一点理解》通过研读马克思、恩格斯关于人的发展的思想，论述了人的发展和社会发展是一个统一的历史过程，是文明进步中相互制约又相互促进的两个方面，不能将二者分割开来。2006 年党的十六届六中全会做出了构建社会主义和谐社会的决定后，我在《社会和谐与中国特色社会主义》一文中探讨了社会和谐与中国特色社会主义的关系，认为社会和谐不是不同社会形态的共同属性，只有社会主义才具有社会和谐的本质属性，必须坚持在中国特色社会主义道路上构建社会主义和谐社会；在《社会主义核心价值体系是和谐文化建设的根本》中阐述了十六届六中全会《决定》首次提出的社会主义核心价值体系的基本内容，论述了以社会主义核心价值体系为根本是和谐文化建设的方向，离开这个根本就没有和谐文化。党的十七大提出了"文化软实力"的概念，2011 年十七届六中全会关于文化体制改革的决定强调"增强国家文化软实力"。我在《文化软实力是向与量的统一》中提出，文化作为软实力是既有大小又有方向的量，即向量或矢量，文化的改革与发展必须同时关注其大小、强弱和性质、方向两方面，把"向"与"量"统一起来。党的十八大把生态文明建设纳入中国特色社会主义五位一体的总布局后，我在《文明、生态文明与中国特色社会主义》中梳理了有关文明的系列概念，论述了生态文明建设与中国特色社会主义的关系。反腐败斗争是受到社会广泛关注的关系党和国家生死存亡的重大现实问题。我在 20 世纪 90 年代曾主持完成一项研究反腐败的国家规划重点课题，出版了专著《反腐败论》，此后继续这方面的研究，先后发表了十余篇论文。收入本书的《略论我国社会腐败现象的成因》是 21 世纪初为高校教学需要而写的，反映了反腐败研究的部分成果。如何认识和对待哲学社会科学，是现实社会生活中的一个重要问题。针对一些轻视哲学社会科学的思想，为了说明"哲学社会科学与自然科学同样重要"，我写了《哲学社会科学为什么是科学？》。

　　第八组"理论是非辨析"的第一篇文章《"六个为什么"和"四条

界限"的启示》探讨了党中央提出弄清"六个为什么"和划清"四条界限"所体现的方法论原则，论述了理论建设和思想政治教育既要讲"是什么"又要讲"为什么"，既要讲"坚持什么"又要讲"反对什么"，要把论证和批判、立和破结合起来。这一组中的其他各篇文章正是按照这样的原则开展理论辨析和学术争鸣的。辩证唯物主义是不是我们应该坚持的马克思主义哲学？这是自 20 世纪 80 年代以来我国学术理论界长期争论的一个重要问题。20 多年来我就这一问题写过多篇论文，本书收入了其中的 2 篇。2011 年中国共产党成立 90 周年时写的《坚持党的辩证唯物主义和历史唯物主义世界观——纪念中国共产党成立 90 周年》以我们党 90 年来走过的道路和取得的成就为根据，论述辩证唯物主义和历史唯物主义在党的理论和实践中的基础地位，回应了各种质疑和否定辩证唯物主义的观点。《实践在世界中的位置》这篇哲学论文针对把马克思主义哲学说成是"实践本体论"，否定辩证唯物主义的观点，论述了实践具有本体性意义但不是世界的本体，世界的本体是包括实践在内的统一物质世界，指出"实践本体论"、"实践存在论"是唯实践主义，不是实践的唯物主义，具有实践唯心主义倾向。思想政治教育是我国新设立的马克思主义一级学科中的二级学科之一。我国的思想政治教育、德育要不要讲政治，要不要以培养社会主义建设者和接班人为目标？这是一个长期存在分歧和争论的重大问题。我在《简论思想政治教育的目的、培养目标和教育内容——兼评"德育非政治化"的观点》中论述了研究思想政治教育的方法论原则，讨论了"思想政治教育"、"德育"、"公民教育"、"党化教育"等概念，评析了"德育非政治化"的观点。《我们需要什么样的道德教育——评"教育非政治化"的观点》讨论狭义的"德育"即道德教育问题，认为我国现阶段的道德教育是中国特色社会主义事业的一部分，不能离开中国特色社会主义共同理想这个主题，必须坚持集体主义原则，评析了反对我国的道德教育以培养社会主义建设者和接班人为目标，主张"大力提倡个人主义"、"把个人主义作为时代主旋律"的观点。

　　本书最后的第九组论文，从学习和坚持马克思主义的视角对无神论与宗教信仰自由的关系问题做专题性研讨和辨析。一个时期以来，我国信仰宗教的人数明显增加，如何认识坚持马克思主义无神论与坚持宗教信仰自由的关系，共产党员能不能信教，宣传无神论会不会违背宗教信仰自由政策、破坏社会和谐，都是现实社会生活中提出的重大理论和实际问题，既关系到党和国家的宗教工作，又关系到坚持马克思主义的思想阵地。《共产党员必须坚持辩证唯物主义世界观》研讨了坚持辩证唯物主义世界观与坚持中国特色社会主义的关系，阐明党员坚持无神论是他作为公民享有的宗教信仰自由的权利，放弃辩证唯物主义而信仰宗教是对党的指导思想的背离。《坚持马克思主义与坚持科学无神论》讨论了坚持马克思主义与坚持无神论的关系问题，认为坚持科学无神论是坚持马克思主义的题中应有之义，而坚持科学无神论不能不研究和批评有神论，不允许对有神论的批评等于取消科学无神论学科。《试论无神论研究宣传教育与宗教信仰自由的统一》着重阐明，开展无神论研究宣传教育与贯彻宗教信仰自由政策，无论从法律依据、理论基础、客观根据和根本出发点来说都是统一的，不应将二者根本对立起来。开展无神论研究和宣传教育，必须认真学习和遵守宗教信仰自由政策；贯彻宗教信仰自由政策，不能把它当作反对无神论研究和宣传教育的理由。应该在做好党和国家宗教工作的同时，坚持和发展马克思主义无神论的思想理论阵地。

马克思主义是千百年来人类文明史上最杰出的科学成果，它把伟大的认识工具给了人类，用真理之光照亮了人们前进的道路，而掌握了科学真理的人民群众的力量是无穷无尽的，正是这种力量决定着历史的发展、人类的未来。90多年前中国共产党的成立，开创了马克思主义同中国实际相结合、同中国人民群众相结合的宏伟壮丽的事业。在当代中国，推进建设中国特色社会主义的伟大事业，实现中华民族伟大复兴的中国梦，归根到底，要靠把马克思主义基本原理同中国具体实践相结合。建设马克思主义学习型政党，根本任务就是学习马克思主义并且学习把它同中国具体实际相结合。

本书是关于学习、研究和运用马克思主义的研讨，也是我学习马克思主义的记录，是多年诚实研究的结果。现在汇集成书出版，希望能对干部群众学习马克思主义提供一些启示，也与学界同人交流，欢迎不吝赐教。学习马克思主义，致力于把马克思主义普遍真理同中国具体实践相结合，是我们理论工作者的崇高使命，是我们必须始终坚持的正确方向和道路，是我们为之献身的事业，也是我们的幸福生活、美好人生。

田心铭

2013年"五一"劳动节

导论

论学习

认真研究"怎样学习马克思主义"

提要 "怎样学习马克思主义"是"怎样对待马克思主义"的一个重要问题。中国人民同马克思主义的关系，是以"学习"为历史起点的。读书和实践，是学习马克思主义的两种基本形式。学习马克思主义，必须正确认识和处理读书与实践的关系，正确认识和处理读书中的几个关系。

中国共产党成立以来，马克思主义在中国传播、应用和发展的过程，也是我们学习马克思主义的过程。党在长期学习中积累了丰富的学习经验。2009 年 9 月党的十七届四中全会提出"建设马克思主义学习型政党"后，对学习的研究逐步深入。为了推进马克思主义在中国的传播和发展，我们需要把"怎样学习马克思主义"当作一个专门课题展开研究。

一 "怎样对待马克思主义"的一个重要问题

2008 年 12 月，胡锦涛同志在总结改革开放 30 年历史经验时，明确提出了"什么是马克思主义、怎样对待马克思主义"的重大问题。"什么是马克思主义"和"怎样对待马克思主义"，是马克思主义观中两个紧密相关的核心问题。"怎样对待马克思主义"涉及多方面的问题，怎样学习马克思主义是其中之一。

"怎样对待"一个事物的依据，在于这个事物"是什么"以及它同我们的关系如何。对"怎样对待马克思主义"的回答，离不开对"什么是马克思主义"的理解。马克思主义的本质在于它是工人阶级的科学世界观，理论和实践的统一、科学性和工人阶级阶级性的统一，是它区别于其他理论学说的本质特征。这一本质规定性决定了它同中国人民的关系，决定了我们应该怎样对待、怎样学习马克思主义。离开了理论和实践的统一、科学性和阶级性的统一，既不能深刻理解学习马克思主义的目的，也不能正确解决怎样学习马克思主义的问题。

对待马克思主义，我们既要学习，又要宣传；既要研究，又要践行。马克思主义的理论工作，包括理论学习、理论宣传、理论教育、理论研究以及实践运用等多个方面。这各个方面是统一不可分的，但也可以相对地分开来去分析、研究，探讨它们各自的规律以及相互间的关系。

中国人民同马克思主义的关系，是以"学习"为历史起点的。19世纪末至20世纪初，中国的报刊上开始零星地透露出马克思主义的信息。"1917年的俄国革命唤醒了中国人，中国人学得了一样新的东西，这就是马克思列宁主义。"① 这时，产生于19世纪40年代欧洲的马克思主义已经经过了半个多世纪的实践检验和理论发展，"已经不是假设，而是科学地证明了的原理"②，已经成为"极其彻底而严整"③ 的科学体系。党领导中国人民从学习马克思主义开始，运用这一思想武器改变了中国的历史面貌，同时在自己的实践中发展了马克思主义。

对马克思主义的学习，历来被当作党的一项重大工作，贯穿于党的全部历史之中。1938年10月，毛泽东在党的六届六中全会的报告中，专门讲了"学习"问题。他指出，"普遍地深入地研究马克思列宁主义的理论的任务，对于我们，是一个亟待解决并须着重地致力才能解决的大问题"。全会要求"来一个全党的学习竞赛，看谁真正地学到了一点东西，看谁学的更多一点，更好一点"。④ 从1940年发出《中共中央书记处关于干部学习的指示》，提出"全党干部都应当学习和研究马列主义的理论及其在中国的具体运用"⑤，到2009年明确提出"建设马克思主义学习型政党"，充分体现了党对学习的高度重视。

就学习与宣传、教育、研究、践行的逻辑关系而言，起点也是学习。学习当然不是孤立的，它离不开对马克思主义的宣传、研究和运用。在理

① 《毛泽东选集》第4卷，人民出版社1991年版，第1514页。
② 《列宁专题文集·论辩证唯物主义和历史唯物主义》，人民出版社2009年版，第163页。
③ 《列宁专题文集·论马克思主义》，人民出版社2009年版，第7页。
④ 《毛泽东选集》第2卷，人民出版社1991年版，第533页
⑤ 《建党以来重要文献选编（1921—1949）》第17册，中央文献出版社2011年版，第1页。

论宣传与理论教育工作中、在研究和践行中不断加深对马克思主义的理解，这本身就是一个学习的过程。在这里，学习既是起点，又贯穿于全过程之中。不通过学习获得对马克思主义的正确认识，就不可能开展理论宣传和理论教育工作，就没有对马克思主义的实际运用，更谈不上对马克思主义的研究和发展。从这个意义上说，"怎样学习马克思主义"是"怎样对待马克思主义"的首要问题，应该下大力展开研究。

学习的基本途径，是读书和实践。对于"怎样学习马克思主义"的问题，可以从学习与读书、学习与实践这两个方面以及二者的相互关系去探讨。

二　学习与读书

人类的认识无不是来自实践，个人的认识则包括直接经验和间接经验，而且，"事实上多数的知识都是间接经验的东西"。[①] 接受间接经验的主要途径，就是读书。中国人民学习马克思主义是从读书开始的，而且始终以读书为一种基本形式。

读书和实践，作为学习马克思主义的两种基本形式是相互联系、不可分割的。通过读书学习马克思主义，必须正确认识和处理读书与实践的关系，对此本文以下还要谈到。仅就读书而言，以下几个问题是值得研究的。

第一，认真读书和反对教条主义的关系。

读书必须反对教条主义。读书的目的，是掌握马克思主义的立场、观点、方法，用于指导实践。这是由马克思主义实践性和阶级性的本质决定的。如果把书本上的词句当成一堆死的知识、现成的教条去诵读和套用，就背离了学习的目的，还会把真理变成谬说。19 世纪八九十年代，随着马克思主义的广泛传播，"用学理主义和教条主义的态度"[②] 对待马克思主义的现象开始冒头。针对德国党内出现的问题，恩格斯提出，马克思主义不是"教条"、"公式"、"套语"，而是"指南"。他强调："马克思的整个世界观不是教义，而是方法。它提供的不是现成的教条，而是进一步

---

① 《毛泽东选集》第 1 卷，人民出版社 1991 年版，第 288 页。
② 《马克思恩格斯文集》第 10 卷，人民出版社 2009 年版，第 557 页。

研究的出发点和供各种研究使用的方法"①。恩格斯这一重要思想被列宁称为"经典性的论点"②，它奠定了正确认识和对待马克思主义的理论基础和基本准则。列宁针对俄国的情况指出，忽视这一点，"就会把马克思主义变成一种片面的、畸形的、僵死的东西，就会抽掉马克思主义的活的灵魂，就会破坏它的根本的理论基础"③。列宁强调："马克思主义不是死的教条，不是什么一成不变的学说，而是活的行动指南。"④ 20 世纪 30 年代，以教条主义为特征的王明"左"倾路线给中国革命造成了极大危害，毛泽东深刻地总结了惨痛的历史教训，他大声疾呼："空洞抽象的调头必须少唱，教条主义必须休息"⑤。

但是，反对教条主义决不是反对多读书。读书多少与教条主义之间并无必然联系。某些教条主义者读了不少书，不能证明书读得多了必然会犯教条主义。怕犯教条主义而不敢多读书，完全是一种误解。因为教条主义并不是来自马克思主义著作。毛泽东说："教条主义是那里来的？是不是从马、恩、列、斯那里来的？不是的。""人家讲的不是教条，我们读后变成了教条，这是因为我们没有读通，不会读，我们能责备他们吗？"⑥教条主义的产生，不是因为马克思主义的书读得多了，而是因为认识和态度不正确，"没有读通"。反对教条主义，必须读懂、读通马克思主义。不认真读书，就不能深刻理解马克思主义的立场、观点、方法，因而也不能深入剖析教条主义的错误。所以，那些坚决反对教条主义的工人阶级领袖，同时又是熟读马克思主义经典并且大力倡导读书的学者和导师。我们读列宁的书，不能不为他对马克思、恩格斯著作阅读之全面、系统，阐述之深刻、透彻惊叹不已。列宁在 1894 年他年仅 24 岁时写下的《什么是"人民之友"以及他们如何攻击社会民主党人？》，就表明他已经是一位成熟的马克思主义理论家。他在同自由主义民粹派理论家米海洛夫斯基的激烈论战中对《资本论》和唯物主义历史观的深刻阐述，至今仍然是我们阅读马克思著作的指南。列宁在十月革命前夕写下的《国家与革命》，对

---

① 《马克思恩格斯文集》第 10 卷，人民出版社 2009 年版，第 691 页。
② 《列宁专题文集·论马克思主义》，人民出版社 2009 年版，第 157 页。
③ 同上。
④ 同上书，第 160 页。
⑤ 《毛泽东选集》第 2 卷，人民出版社 1991 年版，第 534 页。
⑥ 《毛泽东文集》第 3 卷，人民出版社 1996 年版，第 418 页。

"马克思和恩格斯著作中所有谈到国家问题的地方，至少一切有决定意义的地方"，都"尽可能完整地加以引证"，使读者能够"了解科学社会主义创始人的全部观点以及这些观点的发展"。① 他在读书笔记《马克思主义论国家》中，摘录了马克思、恩格斯二十多篇著作和书信。毛泽东毕生酷爱读书。毛泽东的读书生活几乎延续到他生命的最后一刻。在他辞世前的最后一天，1976 年 9 月 8 日，全身插着导管的他，还由别人托着书和文件看了 11 次，共 2 小时 50 分钟。② 毛泽东在党的六届六中全会上批评教条主义的同时，又要求"一切有相当研究能力的共产党员，都要研究马克思、恩格斯、列宁、斯大林的理论"③，还对主要领导干部的学习提出了"系统地而不是零碎地、实际地而不是空洞地"④ 学会马克思列宁主义这种标准极高的要求。毛泽东在党的七大上说，"马列主义的理论，就是以马克思主义为基础的有系统的知识"。⑤ 他还说过："系统地解决问题才叫科学，不是系统的而是零碎的，就是正确的也不是科学的。"⑥ 既然是有系统的知识，要掌握它就不能不认真读书，所以毛泽东一次又一次地为干部学习开列书目。延安整风期间，他提出要"读马、恩、列、斯的四十本书"。⑦ 1945 年在党的七大上，他推荐了《共产党宣言》、《社会主义从空想到科学的发展》等五本书。⑧ 1949 年新中国成立前夕，在党的七届二中全会上，他又提出要有 3 万人 3 年内读完 12 本书。

无论在历史上或现实中，不读书、不认真读书，或教条式地读书，这两种偏向都同时存在。在不同时期、不同人群中，主要偏向有所不同。虽然二者并不是同一个事物的两极，但其间也有某种关联，反对一种偏向时，容易发生另一种偏向。当前部分党政干部中的主要问题，是失去了理论兴趣，不读书、不学习，有时间应酬，却无暇读书，把学习变成了一句套话。此风不改，学习马克思主义就无从谈起。

第二，读经典原著和读二手材料的关系。

---

① 《列宁专题文集·论马克思主义》，人民出版社 2009 年版，第 179 页。
② 《毛泽东传（1949—1976）》，中央文献出版社 2003 年版，第 1784 页。
③ 《毛泽东选集》第 2 卷，人民出版社 1991 年版，第 532—533 页。
④ 同上书，第 533 页。
⑤ 《毛泽东文集》第 3 卷，人民出版社 1996 年版，第 342 页。
⑥ 同上书，第 403 页。
⑦ 同上书，第 11 页。
⑧ 同上书，第 350 页。

　　马克思主义是工人阶级这个阶级的世界观，而不是个人的学说，实践性和阶级性的特点决定了马克思列宁主义和中国化马克思主义的主要代表都是实践中的领袖兼思想家、理论家，他们的一些重要著作则成为马克思列宁主义和中国化马克思主义的经典著作。与此同时，一大批专业的理论研究和宣传、教育工作者也为马克思主义的传播和发展贡献了不计其数的论著。相对于经典原著，这些论著一般说来属于第二手材料。

　　第二手材料，特别是其中产生了广泛影响的教科书和通俗读物，对于学习马克思主义并非可有可无的。不同的教科书和通俗读物，适应了各类学生、群众和干部学习的不同需要，发挥了重要的桥梁作用、辅助作用。离开它们，马克思主义的思想不可能像今天这样广泛深入地普及到人民群众之中。把它们同经典原著对立起来，一概加以指责和排斥，是片面的，不可取的。这些书所不可避免的局限性，不应该被当作否定、排斥它们的理由。编写优秀的马克思主义教科书和通俗读物，是推进马克思主义大众化的重要途径，值得花大力去做。

　　当前更值得注意的是，应该钻研经典原著，而不能用读二手材料代替原著的学习。

　　19世纪90年代，晚年的恩格斯针对来自党内党外的对马克思主义的曲解和攻击，在指导青年学习马克思的唯物主义历史观时明确提出："我请您根据原著来研究这个理论，而不要根据第二手的材料——这的确要容易得多。"[①] 他指出，马克思所写的文章，几乎没有一篇不是贯穿着唯物主义历史观的。同时，他又几次开列了学习的主要书目：《路易·波拿巴的雾月十八日》，《资本论》，《反杜林论》，《路德维希·费尔巴哈和德国古典哲学的终结》。

　　为什么学习、研究马克思主义应该根据原著而不是第二手材料呢？按笔者粗浅的看法，其一，这里有原创者和阐释者的区别。作为马克思主义的创立者和发展中的主要代表，经典作家是马克思主义基本原理的原创者。马克思主义理论直接来自他们对实践经验的总结，对人类优秀思想成果的加工改造。他们在经典原著中亲自对基本原理做出了表达和阐述。而对第二手材料的作者来说，马克思主义理论主要是通过读书获得的间接知识，他们的著作主要是以经典原著为依据所作的阐释、编撰和发挥。作者

---

　　① 《马克思恩格斯文集》第10卷，人民出版社2009年版，第593页。

对基本原理的理解同经典作家相比不能不存在差距，难以达到同样的水准，也未必能做到全面、准确。不同的作者由于各种主客观原因还会有不同的理解，甚至出现严重的分歧和对立。这种情况已经相当普遍地发生，因而我们只能根据原著而不能根据歧义纷呈的二手材料中的这一种或那一种来解读基本原理。其二，这里有诞生地和派生作品的区别。经典原著是马克思主义基本原理的诞生地，它们直接呈现出基本原理产生的社会历史条件、相关背景和现实针对性，并且反映了基本原理发展、完善的历史过程，因而钻研原著可以联系具体历史条件和文本中的语境深入、准确地理解基本原理的科学内涵和精神实质。而教科书和通俗读物等二手材料通常是将分散在不同原著中的相关论述抽取出来，按照特定的需要和编撰者的理解加以梳理、组合，构成一定的体系。由于选取来的论述离开了原有的语境和历史条件，难以达到同原著一样的深刻性和准确性。比如，一些重要的基本原理是在论战性著作中表达出来的。面对复杂的环境和论敌的挑战，原著中的论述有极强的针对性，既全面、周到，又重点突出，其中深刻的思想，只有钻到原著之中，才能获得透彻的理解，仅仅通过二手材料中的摘引、转述和阐释去学习，很难达到同样的深度和丰富性。其三，经典原著还提供了创立者亲自运用基本原理分析具体情况、解决实际问题的范例，这是二手材料中所没有的，那里至多只能有简化了的介绍。马克思的《路易·波拿巴的雾月十八日》不是阐述唯物主义历史观的理论著作，而是评述法国1851年12月2日路易·波拿巴政变这一具体历史事件的史学著作，为什么恩格斯多次推荐它作为学习唯物史观的首选著作呢？恩格斯说，"正是因为那是一个实际的例子"，它提供了运用唯物史观的"光辉范例"①。当事变像晴天霹雳一样震惊了法国时，马克思立即以生动的画面准确地勾画出事变的图景，并且揭示出它与法国历史进程的内在联系，表现了对历史事变无与伦比的透彻的洞察。通过这样的范例理解唯物史观，是一种不同于阅读理论著作的特别深入的学习。阅读第二手材料，只能了解马克思主义的主要原理，而运用马克思主义去解决实际问题，仅仅掌握主要原理是不够的，那样很容易把复杂的问题简单化。恩格斯说："可惜人们往往以为，只要掌握了主要原理——而且还并不总是掌握得正

---

① 《马克思恩格斯文集》第10卷，人民出版社2009年版，第670页。

确，那就算已经充分地理解了新理论并且立刻就能够应用它了。"① 要充分理解和正确运用马克思主义的世界观和方法，不能不钻研经典原著。

习近平同志 2010 年 10 月在讲到领导干部学习马克思主义理论时指出："邓小平同志说，读马列要精，这个'精'主要是指马克思主义导师们的经典著作。"他强调："马克思主义经典著作是马克思主义理论的本源。"② 要求广大群众都去读经典原著是脱离实际的，但是对于领导干部和理论工作者来说，读原著是完全必要的和可能的。钻研原著的确要比读二手材料困难得多，但是不应该忘记，当年马克思是以下地狱的决心和勇气闯进科学之门的，他说"在科学的入口处，正像在地狱的入口处一样"③，必须根绝一切犹豫和怯懦。今天当我们站在马克思用毕生心血建造的科学殿堂的入口处时，应该学习他那样的决心和勇气。

第三，学习马克思列宁主义著作和学习中国化马克思主义著作的关系。

自从我们党实现了马克思主义中国化，在党的七大确立了毛泽东思想的指导地位，这个关系问题就以如何对待毛泽东著作和思想的方式发生了。1948 年 8 月，毛泽东在一封信中批评了把毛泽东的名字同马恩列斯并列和"主要的要学毛泽东主义"的提法，指出："没有什么毛泽东主义"，"必须号召学生们学习马恩列斯的理论和中国革命的经验"。④ 1949 年 3 月，毛泽东在党的七届二中全会上强调，"马克思主义的普遍真理与中国革命的具体实践的统一，应该这样提法，这样提法较好"。⑤ 他再次提出，不应当将中国共产党人和马、恩、列、斯"并列"，"我们要普遍宣传马克思主义，同时不反对也不应当反对宣传中国的东西"。⑥ 1960 年，针对当时报纸上只讲毛泽东思想而很少讲马克思列宁主义的问题，邓小平指出，"不要把毛泽东思想同马克思列宁主义割裂开来，好像它是另外一个东西"。也可以单独提毛泽东思想，"但是一定不要忘记了马克思列宁主义，不要丢掉这个最根本的东西"。⑦

---

① 《马克思恩格斯文集》第 10 卷，人民出版社 2009 年版，第 594 页。
② 习近平：《做好新形势下干部教育培训工作》，《学习时报》2010 年 10 月 25 日。
③ 《马克思恩格斯文集》第 2 卷，人民出版社 2009 年版，第 594 页。
④ 《毛泽东文集》第 5 卷，人民出版社 1996 年版，第 123 页。
⑤ 同上书，第 259 页。
⑥ 同上书，第 260 页。
⑦ 《邓小平文选》第 1 卷，人民出版社 1989 年版，第 283 页。

　　为什么学习中国化马克思主义不能代替学习马克思列宁主义著作呢？用毛泽东的话说，因为我们是"马克思列宁主义的分店"。他说："中国革命的思想、路线、政策等，如再搞一个主义，那么世界上就有了几个主义，这对革命不利，我们还是作为马克思列宁主义的分店好。"① 马克思、恩格斯站在历史的前沿，以英、法等国家为典型，继承人类先进思想的优秀成果，揭示出资本主义社会形态的发展规律和它被社会主义代替的历史必然性，揭示出人类历史发展的普遍规律和物质世界的普遍本质、一般规律，创立了工人阶级的科学世界观。只要资本主义还存在，只要工人阶级还没有完成其历史使命而消灭作为阶级的自身，马克思主义就没有过时，仍然具有普遍的真理性和价值。中国化马克思主义是马克思主义普遍真理在同中国具体实际相结合中的运用和发展。"我们这一套是一个国家的经验"②，"如果是真理，那它就有点普遍性"③，它丰富和发展了马克思主义基本原理，但它仍属于马克思主义的科学体系，它所坚持的，是马克思主义的基本立场、观点和方法，所以它是"分店"，而不是取代马克思列宁主义的或与之并列的另一个"主义"。有人认为，后来的发展总是在自身中包含了从前的成果，所以只要学最新的成果就够了。这种看法貌似有理，其实是非常片面的。新的成果坚持但并不重复从前获得的科学真理，所以并不能代替马克思列宁主义经典著作。邓小平曾经在批评"以毛泽东思想为纲学习政治经济学"的观点时阐述了这个道理。他指出，《资本论》和《帝国主义是资本主义的最高阶段》已经把关于资本主义和帝国主义的基本的理论问题解决了，所以，"讲初期的发展时期的资本主义，总是马克思和恩格斯，总是《资本论》；讲帝国主义，总还是列宁的《帝国主义是资本主义的最高阶段》"。④ 忽视马克思列宁主义经典著作的学习是当前一种值得注意的偏向。习近平同志指出："学习马克思主义经典著作，有利于从源头上完整准确地理解马克思主义，系统掌握马克思主义科学真理，也有利于深化对中国特色社会主义理论体系的理解和运用。"⑤

　　只读老祖宗的书也不行。在中国建设社会主义，必须学习反映了中国

①　《毛泽东文集》第 5 卷，人民出版社 1996 年版，第 261 页。
②　同上书，第 260 页。
③　同上书，第 259 页。
④　《邓小平文选》第 1 卷，人民出版社 1989 年版，第 284 页。
⑤　习近平：《做好新形势下干部教育培训工作》，《学习时报》2010 年 10 月 25 日。

国情、中国经验和时代特征的当代中国的马克思主义。有人说，学哲学只要读《反杜林论》、《唯物主义和经验批判主义》就够了，其他的书可以不必读。毛泽东明确指出，这种观点是错误的。"任何国家的共产党，任何国家的思想界，都要创造新的理论，写出新的著作，产生自己的理论家，来为当前的政治服务，单靠老祖宗是不行的。"① 只有马克思和恩格斯，没有列宁，不写出新的著作，就不能解决俄国革命中出现的新问题。同样的，"我们在第二次国内战争末期和抗战初期写了《实践论》、《矛盾论》，这些都是适应于当时的需要而不能不写的"。② 在改革开放新时期，我们党在实践中开辟了中国特色社会主义道路，在理论上创立了中国特色社会主义理论体系。理论学习和理论研究都必须着眼于新的实践和新的发展，以我们正在做的事情为中心，所以毛泽东、邓小平在纠正忽视学习马列著作偏向的同时总是不忘强调学习中国自己的东西，而在新的历史时期，党中央明确要求把中国特色社会主义理论体系作为学习的重点。

党的十七大概括总结了我国改革开放以来"十个结合"的宝贵经验，其中第一条就是"把坚持马克思主义基本原理同推进马克思主义中国化结合起来"。被列于十条经验之首的这个"结合"，是改革开放取得成功的关键。对于学习马克思主义而言，坚持这个结合，就是要把学习马克思列宁主义经典著作同学习中国化马克思主义著作结合起来。这也是学好马克思主义的关键所在。

三　学习与实践

实践既是学习的目的，也是学习的一条基本途径。只读书不实践，不可能学好马克思主义。毛泽东说："读书是学习，使用也是学习，而且是更重要的学习。"③ 他讲的是学习战争。这个道理对于学习马克思主义也是适用的。

1　对马克思主义的理解依赖于实践

学习马克思主义必须通过实践，这首先是由认识与实践的关系、由人

---

①　《毛泽东文集》第 8 卷，人民出版社 1999 年版，第 109 页。

②　同上。

③　《毛泽东选集》第 1 卷，人民出版社 1991 年版，第 181 页。

的认识发展的规律决定的。学习是一种特殊的认识活动。学习的过程，从一般意义上说，是学习者认识发展的过程，特殊地说，主要是他以前人的知识为中介获取对客观对象的认识并将其转化为自身的素质和能力的过程。人的认识只能从实践中来。认识对实践的依赖关系，既表现于人类认识就其整体而言无不来自实践，又表现于个人接受间接经验、书本知识也必须以一定的直接实践经验为基础。所以参加实践、联系实际，对于任何一门科学的学习都是不可或缺的条件，学习马克思主义同样是如此。

其次，学习马克思主义对实践的依赖关系，不只是由马克思主义作为科学理论的一般性质决定的，更是由其实践性、阶级性的特殊本质决定的。马克思主义把自己当作工人阶级的精神武器，以实现工人阶级的历史使命为己任，它不仅要解释世界，更要转化为物质力量去改变世界。如果远离革命、建设和改革的实践，不是作为人民群众的一员投身于社会实践之中去追求人民的根本利益和社会理想，就不可能真正确立马克思主义的立场，领会它的观点和方法。这一方面是因为，理解马克思主义，离不开实践的目的。精通的目的全在于应用。马克思主义与中国实际的关系，是箭和靶的关系。练箭就是为了射靶。离开射箭的目的，就不能真正认识箭，要么是把它当作古董去鉴赏、去摆设，束之高阁；要么是"无的放矢"，乱放一通。另一方面，理解马克思主义，也离不开实践活动的过程。学习马克思主义，不但要了解经典作家得出的关于一般规律的结论，更是要学习他们观察问题和解决问题的立场和方法。解决问题的立场和方法必须通过实践活动过程才能有深入的领会，仅靠读书获得的认识是非常肤浅的。

对待马克思主义的教条主义的根源，就是脱离实践。毛泽东说："教条主义脱离具体的实践。"① 人民群众变革世界的现实实践活动都有其追求的具体目标，有其由多种因素构成的具体环境。深入到实践之中，以马克思主义为指导，把理论转化为对具体实践对象和具体历史条件的认识，从客观实际出发确定实现目标的具体途径和活动方式，才能使自己的行动符合客观规律，在实践中获得成功。教条主义者把马克思主义理论当成书本上凭空出现的公式，不顾具体历史条件随意照搬、套用，其原因就在于脱离实践去理解理论、运用理论，其结果只能是偏离马克思主义的观点和

---

① 《毛泽东选集》第 3 卷，人民出版社 1991 年版，第 1094 页。

精神实质，导致实践中的挫折和失败。

2 从实践中学习马克思主义必须有学习的自觉

学习是一种自觉的活动。通过实践掌握马克思主义的理论和方法，并非是所有人参加任何一种实践活动都可以自然获得的必然结果，它需要有学习的自觉，有自觉的学习目的。学习与实践的关系，从根本上说，实践是目的，学习是为了实践；在相对的意义上，学习又是实践的目的之一，参加实践也是为了学习。有没有学习的自觉，在很大程度上决定着学习的成效。有自觉的学习目的，才能把实践的过程当作学习的过程，并认真审视实践的结果，将其同当初确定的目标蓝图、行为方案相对照，来检讨自己对事物的认识和对马克思主义理论的理解是否正确、是否全面，从而获得思想上理论上的提高。

在实践中自觉学习，是同读书分不开的。认真读书是实践过程中自觉学习的重要表现。通过读书学习马克思主义离不开实践，通过实践学习马克思主义又离不开读书。把读书与实践紧密结合，在实践中读书，在读书中联系实践，是学习马克思主义的根本途径。

调查研究和总结经验，是我们党创造的把马克思主义理论同实际相结合的重要工作方法，也是把读书和实践结合在一起的学习方法。毛泽东亲自做过大量调查研究，又对调查研究工作做了理论阐述。毛泽东引用斯大林的话"理论若不和革命实践联系起来，就会变成无对象的理论"，"实践若不以革命理论为指南，就会变成盲目的实践"①，来说明调查研究中理论和实践的关系。他要求调查研究"应当把理论与实践结合起来"。②调查研究要把握住对立统一等马克思主义的根本观点，运用分析与综合相结合的方法，详细地占有材料，抓住要点，钻研客观情况，深思熟虑。毛泽东还强调要善于总结经验。他说，"关于总结经验，我们的经验是很丰富的"。"要抓住重点，从实际出发，根据马克思主义的观点，加以总结"。③成功的经验是宝贵的，失败的教训同样值得珍惜。要通过总结，"使那些有益的经验得到推广，而从那些错误的经验中取得教训"。④通过

---

① 《毛泽东选集》第 3 卷，人民出版社 1991 年版，第 791 页。
② 《毛泽东文集》第 2 卷，人民出版社 1993 年版，第 381 页。
③ 《毛泽东文集》第 7 卷，人民出版社 1999 年版，第 86 页。
④ 同上书，第 115 页。

调查研究和总结经验学习马克思主义，就必须既读书，又实践，因而直接体现了学习过程中理论与实践的统一、读书与实践的结合，这是我们党实现马克思主义中国化过程中的一个创造，是富有中国特色的学习马克思主义的重要方法。

（原载《36 位著名学者纵论中国共产党建党 90 周年》，中国社会科学出版社 2011 年版）

上　编

>>

论马克思主义

一

什么是马克思主义、怎样对待马克思主义

深入开展马克思主义观的研究

——谈谈研究"什么是马克思主义、怎样对待马克思主义"的问题

提要　"什么是马克思主义、怎样对待马克思主义",是党的理论和实践中第一个重要的问题,是发展中国特色社会主义的首要问题。它既是我国革命、建设和改革中的一个基本问题,也是意识形态领域斗争中的一个根本问题。深入开展马克思主义观的研究,是坚持马克思主义指导思想的迫切需要。

胡锦涛同志在《在纪念党的十一届三中全会召开 30 周年大会上的讲话》中说:"30 年来,我们党的全部理论和全部实践,归结起来就是创造性地探索和回答了什么是马克思主义、怎样对待马克思主义,什么是社会主义、怎样建设社会主义,建设什么样的党、怎样建设党,实现什么样的发展、怎样发展等重大理论和实际问题。"① 这一重要论断以"马克思主义"、"社会主义"、"党"和"发展"为关键词,将 30 年来党的全部理论和全部实践归结为对四个基本问题的探索和回答。其中,关于"社会主义"、"党"和"发展"的三个问题,此前在党的重要文献中,例如在十七大报告中,已经做出了明确的概括和表述。而被置于以上四个问题之首的"什么是马克思主义、怎样对待马克思主义"的问题,则是第一次在如此显著的位置被明确地提到全党面前,值得我们高度关注,深入思考和研究。

笔者认为,"什么是马克思主义、怎样对待马克思主义"的问题,可以称之为"马克思主义观"的问题。本文就开展马克思主义观的研究谈

---

① 《十七大以来重要文献选编》(上),中央文献出版社 2009 年版,第 808—809 页。

一点看法。

一 历史经验表明，树立科学的马克思主义观是党的理论和实践中第一个重要的问题

我们党是一个具有高度的"理论的自觉性"① 的党。党在领导人民进行社会实践和理论探索的同时，还不断对党的理论探索工作做出总结和概括。1997 年，党的十五大概括提出了"什么是社会主义、怎样建设社会主义"的问题，指出："邓小平理论坚持科学社会主义理论和实践的基本成果，抓住'什么是社会主义、怎样建设社会主义'这个根本问题，深刻地揭示社会主义的本质，把对社会主义的认识提高到新的科学水平。"② 2003 年，胡锦涛同志《在"三个代表"重要思想理论研讨会上的讲话》又概括提出了"建设什么样的党、怎样建设党"的问题，他指出，"三个代表"重要思想"进一步回答了什么是社会主义、怎样建设社会主义的问题，创造性地回答了建设什么样的党、怎样建设党的问题"，并且指出，这"表明我们党在理论的自觉性和实践的主动性上达到了一个新的高度"。③ 2007 年，党的十七大进一步概括提出了"实现什么样的发展、怎样发展"的问题，指出："我们党坚持马克思主义的思想路线，不断探索和回答什么是社会主义、怎样建设社会主义，建设什么样的党、怎样建设党，实现什么样的发展、怎样发展等重大理论和实际问题，不断推进马克思主义中国化，坚持并丰富党的基本理论、基本路线、基本纲领、基本经验。"④ 2008 年 12 月胡锦涛同志在总结改革开放 30 年的理论和实践时明确提出"什么是马克思主义、怎样对待马克思主义"的问题，将党探索和回答的基本问题更加完整地概括为四个问题，再次表明我们党具有高度的理论自觉性。

"什么是马克思主义、怎样对待马克思主义"这一问题的提出，有其深厚的历史渊源，是我们党长期实践和理论探索的总结。

---

① 胡锦涛：《在"三个代表"重要思想理论研讨会上的讲话（2003 年 7 月 1 日）》，《十六大以来重要文献选编》（上），中央文献出版社 2005 年版，第 362 页。
② 《十五大以来重要文献选编》（上），人民出版社 2000 年版，第 11 页。
③ 《十六大以来重要文献选编》，中央文献出版社 2005 年版，第 361、362 页。
④ 《中国共产党第十七次全国代表大会文件汇编》（上），人民出版社 2007 年版，第 9 页。

中国共产党是马克思主义与中国工人运动相结合的产物。认识和接受马克思主义，是我们党全部实践活动和理论活动的历史起点和逻辑起点。在中国人民寻求救国救民真理的漫漫征途中，自从"十月革命一声炮响，给我们送来了马克思列宁主义"①，什么是马克思主义、怎样对待马克思主义的问题就在实际上被提上了日程。"马克思主义观"这个概念，早在党建立之前就已经出现在党的先驱者的论著中。1919 年 5 月、11 月，李大钊在《新青年》第六卷第五号和第六号上发表了《我的马克思主义观》一文。在这篇文章中，"马克思主义已经具有相当完整的形态，并且得到了基本正确的阐释。这篇文章的发表，表明李大钊已经成为中国的第一个马克思主义者了"。②而这篇文章的标题表明，我们党在创建时期就已经提出了"马克思主义观"的问题。正是这种理论自觉性使我们党从一开始就成为建立在马克思主义理论基础上的中国工人阶级的先锋队。

党成立后，立即以马克思主义为指导展开了新民主主义革命。在走过20 年艰难曲折的道路、积累了相当丰富的正反两方面经验后，从 1941 年开始，为了总结党的历史经验，按照马克思主义的思想原则整顿党的作风，开展了延安整风运动。延安整风的中心问题，实际上就是对马克思主义的认识和态度问题。毛泽东在整风报告中说："中国共产党的二十年，就是马克思列宁主义的普遍真理和中国革命的具体实践日益结合的二十年。"③他指出，和党的幼年时期相比，我们对于马克思列宁主义的认识和对于中国革命的认识是深刻得多、丰富得多了，但是还存在学风、党风、文风不正的地方。他强调指出，整风中要解决的学风问题，"是我们对待马克思列宁主义的态度问题"，因而"就是一个非常重要的问题，就是第一个重要的问题"。④毛泽东深刻地分析了党内主观主义、宗派主义和党八股的表现，阐明了马克思主义是从客观实际产生出来又在客观实际中获得了证明的科学真理，而不是死的教条，论述了理论与实际统一的马克思主义的学风。我们党对什么是马克思主义和怎样对待马克思主义的认识，经过延安整风达到了一个新的高度，确立了把马克思主义的普遍真理

---

①《毛泽东选集》第 4 卷，人民出版社 1991 年版，第 1471 页。

② 沙健孙主编：《中国共产党通史第一卷　中国共产党的创造》，湖南教育出版社 1996 年版，第 263 页。

③《毛泽东选集》第 3 卷，人民出版社 1991 年版，第 795 页。

④ 同上书，第 813 页。

同中国的具体实际相结合的思想原则和实事求是的思想路线，达到了全党空前的团结，为夺取中国革命的胜利奠定了思想基础。

1949年新中国诞生前夕，毛泽东回顾党成立以来28年的历史，指出："中国人找到了马克思列宁主义这个放之四海而皆准的普遍真理，中国的面目就起了变化了。"[①] 他同时强调，马克思列宁主义之所以在中国发生这样大的作用，是因为它同中国实际发生了联系。"任何思想，如果不和客观的实际的事物相联系，如果没有客观存在的需要，如果不为人民群众所掌握，即使是最好的东西，即使是马克思列宁主义，也是不起作用的。"[②] 这些论述深刻总结了我们党经过28年的民主革命达到的对什么是马克思主义和怎样对待马克思主义的科学认识。

党的历史经验表明，由于我们党从诞生之日起就是以马克思主义为指导思想的党，党的全部实践都离不开马克思主义的指引，所以对于什么是马克思主义和怎样对待马克思主义的思考从建党时起就以某种形式被提了出来，而伴随着党的实践和理论的发展，对这一问题的探索和回答也不断发展，并且越来越自觉。胡锦涛同志在总结我国改革开放30年历史经验时明确提出"什么是马克思主义、怎样对待马克思主义"的问题，标志着我们党探索和回答这个基本问题的理论自觉性达到了一个新的高度。在党的历史上的各个时期和各个重大问题上，对待马克思主义的认识和态度是否正确，直接关系到党的事业的得失成败。因此，深入研究和回答"什么是马克思主义、怎样对待马克思主义"的问题，树立科学的马克思主义观，确实是一个如毛泽东所说的"非常重要的问题"，"第一个重要的问题"。

二　改革开放30年来的实践和理论探索表明，树立科学的马克思主义观，是发展中国特色社会主义的首要问题

提出"什么是马克思主义、怎样对待马克思主义"的问题，不是此前我们党提出的"什么是社会主义、怎样建设社会主义"等三个基本问题的逻辑推演。它是在总结历史经验的基础上，适应新世纪新阶段社会实

---

① 《毛泽东选集》第4卷，人民出版社1991年版，第1470页。
② 同上书，第1515页。

践和理论发展的需要而提出来的。

在我国结束"文化大革命"后，中国面临向何处去的重大历史关头，邓小平领导我们党开辟中国特色社会主义道路是从何处破题的呢？他敏锐地提出了"怎么看待马列主义、毛泽东思想的问题"①，提出必须完整、准确地掌握毛泽东思想的科学体系，领导了关于真理标准问题的讨论。在《解放思想，实事求是，团结一致向前看》这篇被称为"开辟新时期新道路、开创建设有中国特色社会主义新理论的宣言书"②的重要讲话中，邓小平批判了林彪、"四人帮""把人们的思想封闭在他们假马克思主义的禁锢圈内"，要求"把马克思主义的普遍原则同我国实现四个现代化的具体实践结合起来"。③党的十一届三中全会标志着我们党重新确立了马克思主义的思想路线、政治路线、组织路线，由此开启了我国改革开放的历史新时期。

自十一届三中全会以来，对"什么是马克思主义、怎样对待马克思主义"的探索和回答，贯穿于改革开放的全过程。从1979年春邓小平在党的理论工作务虚会上提出"坚持四项基本原则"，阐明"必须坚持马列主义、毛泽东思想"④，到1981年党中央做出关于新中国成立以来党的若干历史问题的决议，全面地阐述毛泽东思想，要求"保证我们的事业沿着马克思列宁主义、毛泽东思想的科学轨道继续前进"；从党的十五大提出用邓小平理论武装全党，十六大提出兴起一个学习贯彻"三个代表"重要思想的新高潮，到十七大决定在全党开展学习实践科学发展观活动；从1992年春邓小平在视察南方的谈话中强调马克思主义"打不倒，并不是因为大本子多，而是因为马克思主义的真理颠扑不破。实事求是是马克思主义的精髓"⑤，到1997年党的十五大在学风问题上提出"一个中心，三个着眼于"，要求"一定要以我国改革开放和现代化建设的实际问题、以我们正在做的事情为中心，着眼于马克思主义理论的运用，着眼于对实际问题的理论思考，着眼于新的实践和新的发展"⑥，到2004年4月党中

---

① 《邓小平文选》第2卷，人民出版社1994年版，第114页。
② 《十五大以来重要文献选编》（上），人民出版社2000年版，第10页。
③ 《邓小平文选》第2卷，人民出版社1994年版，第141、153页。
④ 同上书，第171页。
⑤ 《邓小平文选》第3卷，人民出版社1993年版，第382页。
⑥ 《十五大以来重要文献选编》（上），人民出版社2000年版，第13页。

央实施马克思主义理论研究和建设工程时提出"四个分清",要求"分清哪些是必须长期坚持的马克思主义基本原理,哪些是需要结合新的实际加以丰富发展的理论判断,哪些是必须破除的对马克思主义的教条式的理解,哪些是必须澄清的附加在马克思主义名下的错误观点"[①],再到十七大提出"推动当代中国马克思主义大众化"[②],我们看到,改革开放以来党的全部理论和实践都贯穿着既坚持马克思主义基本原理又不断推进马克思主义中国化的红线,留下了一串探索和回答"什么是马克思主义、怎样对待马克思主义"的坚实的脚印。

在纪念改革开放30周年之际明确提出"什么是马克思主义、怎样对待马克思主义"的问题,有其历史的和逻辑的必然性。在中华人民共和国成立和社会主义基本制度建立后,如何在中国这样一个经济文化十分落后的东方大国建设社会主义这一重大课题就提到了党和人民面前。经过从1956年开始的全面建设社会主义的十年探索和1966年至1976年"文化大革命"十年的严重挫折后,什么是社会主义、怎样建设社会主义这个基本问题凸显出来,邓小平抓住这一基本问题,领导我们党第一次比较系统地回答了中国社会的发展道路、发展阶段、根本任务、发展动力、外部条件、政治保证、战略步骤、党的领导和依靠力量以及祖国统一等一系列基本问题,制定了党在社会主义初级阶段的基本路线,形成了邓小平理论的科学体系。党是中国特色社会主义的领导核心,中国问题的关键在党。党面临着如何加强自身建设、坚持党的先进性、提高党的执政能力、巩固党的执政地位、完成党的执政使命的问题,因此,随着党的建设新的伟大工程的推进,"建设什么样的党、怎样建设党"这一基本问题又被明确地提了出来。"三个代表"重要思想创造性地回答了这个问题,进一步深化了对中国特色社会主义的认识。党执政兴国的第一要务是发展,发展对全面建设小康社会、加快推进社会主义现代化具有决定性意义,因此,进入新世纪新阶段,"实现什么样的发展、怎样发展"成为党面临的一个重大的基本问题。科学发展观创造性地回答了这个问题,形成了第一要义是发展、核心是以人为本、基本要求是全面协调可持续、根本方法是统筹兼顾

---

① 李长春:《在中央实施马克思主义理论研究和建设工程工作会议上的讲话》,《十六大以来重要文献选编》(中),中央文献出版社2006年版,第54页。

② 《中国共产党第十七次全国代表大会文件汇编》,人民出版社2007年版,第33页。

的科学体系，对中国特色社会主义理论体系做出了独创性的贡献。凝结着几代中国共产党人智慧和心血的中国特色社会主义理论体系，作为马克思主义中国化的最新成果，就是围绕着探索和回答这三大基本问题形成和发展起来的。而指导我们党和人民去从事这些探索的，正是马克思主义；探索的过程，就是把马克思主义基本原理同中国具体实际相结合的过程。正因为如此，党在我国实行改革开放 30 周年之际理所当然地又提出了"什么是马克思主义、怎样对待马克思主义"的问题，并将 30 年来的全部理论和全部实践，归结为对这四大基本问题的创造性探索和回答。

从 1982 年邓小平在党的十二大第一次明确提出"把马克思主义的普遍真理同我国的具体实际结合起来，走自己的道路，建设有中国特色的社会主义"，到 2008 年胡锦涛同志在《在纪念党的十一届三中全会召开 30 周年大会上的讲话》中用几乎是相同的语言强调"30 年的历史经验归结到一点，就是把马克思主义基本原理同中国具体实际相结合，走自己的路，建设中国特色社会主义"，可以清楚地看到，我们党之所以能开辟出一条建设中国特色社会主义的道路，正是因为不断地探索和回答了"什么是马克思主义、怎样对待马克思主义"的问题，始终坚持把马克思主义普遍真理同中国具体实际结合起来，把坚持马克思主义基本原理同推进马克思主义中国化结合起来，坚持了科学的马克思主义观。在这个意义上，我们可以说，"什么是马克思主义、怎样对待马克思主义"是发展中国特色社会主义首要问题。

三　树立科学的马克思主义观，是坚持马克思主义指导思想、建设社会主义核心价值体系的迫切需要

明确提出"什么是马克思主义、怎样对待马克思主义"的问题，并没有结束对这一问题的探索，而是标志着对它的探索进入了一个新的更加自觉的阶段，推动着我们结合新的形势、新的任务进一步深入开展对马克思主义观的研究。

党的十六届六中全会和十七大提出了建设社会主义核心价值体系的任务，将"马克思主义指导思想"列在社会主义核心价值体系的首要位置，将"巩固马克思主义指导地位"列为建设社会主义核心价值体系的首要任务，这就对深入研究和牢固树立科学的马克思主义观提出了更高的要求。正确地回答

"什么是马克思主义、怎样对待马克思主义"的问题，是坚持马克思主义指导思想的基本前提。不弄清这个问题，就谈不上巩固马克思主义的指导地位。

在当今世界和当代中国正发生广泛而深刻变化的背景下，意识形态领域存在着尖锐复杂的斗争，斗争的实质是社会主义价值体系与资本主义价值体系的较量。马克思主义指导思想是社会主义核心价值体系的灵魂，这一重要地位决定了坚持还是反对马克思主义在我国的指导地位必然成为并且已经成为意识形态领域斗争的焦点。因此，"什么是马克思主义、怎样对待马克思主义"，既是如前所述的我国革命、建设和改革中的一个基本问题，又是意识形态领域斗争的根本问题。

在为坚持和巩固马克思主义的指导地位而斗争的过程中，我们遇到了两种不同形式的进攻，而这二者都同马克思主义观的问题直接相关。

一种形式是，有人站在公开反对马克思主义的立场，提出了指导思想多元化的主张，质疑和否定马克思主义的指导地位。他们表面上主张不同的思想理论体系平起平坐，实质上是企图用西方资产阶级的或源自中国封建社会的思想体系取代马克思主义的指导地位。其中最值得警惕的，是一些人搬来了"代表西方国家垄断资产阶级的利益"的新自由主义，当作"在社会主义国家搞和平演变的工具"①。也有人打出了"大陆新儒家"的旗号，宣称要"儒化中国"，用儒教"取代马列主义"，"同马列主义正面对抗"。我们虽然并不指望说服持这些主张的代表人物改变自己的立场和观点，但是需要面对广大群众讲清道理，帮助群众认清他们散布的错误观点的实质和危害，为此，就要针对马克思主义"过时"论、马克思主义是"外来文化"论、"实践否定"论、马克思主义"非学术"论以及"指导思想多元"论等种种观点，深入阐明马克思主义是具有科学真理性和价值合理性的工人阶级的科学世界观，阐明马克思主义中国化的伟大成果和中国化马克思主义的科学理论。总之，要回答"什么是马克思主义、怎样对待马克思主义"的问题。因此，深入研究和牢固树立科学的马克思主义观，才能战胜这种挑战，坚持和巩固马克思主义的指导地位。

除了来自公开反对马克思主义的思想体系的进攻外，还有另一种形式的挑战也是不可忽视的，那就是来自如邓小平所说的"假马克思主义"②

---

① 陈岱孙：《对当前西方经济学研究工作的几点意见》，《高校理论战线》1995 年第 12 期。
② 《邓小平文选》第 2 卷，人民出版社 1994 年版，第 141 页。

的挑战。

假马克思主义，即本质上反马克思主义的思想冒充为马克思主义，并不是什么新鲜事情。历史上早就有过这种现象，列宁对此做过深刻的分析。19 世纪末 20 世纪初，马克思主义在工人运动中获得了完全的胜利，并且广泛传播开来。"马克思主义在理论上的胜利，逼得它的敌人装扮成马克思主义者，历史的辩证法就是如此。"① 这时出现了以伯恩施坦为代表的打着马克思主义的旗号反对马克思主义的修正主义。列宁深刻地揭露和批判了伯恩施坦为代表的修正主义。列宁主义是在资本主义发展到帝国主义时代的无产阶级社会主义革命的实践中，同时也是在反对修正主义、捍卫马克思主义的斗争中发展起来的。

假马克思主义之不同于公开的反马克思主义的特点，一是在理论上打马克思主义的旗号，自称为马克思主义；二是其代表人物混迹于马克思主义者或共产党人的队伍之中，这就使识别其本质多了一层困难。在中国，除了 70 年代末邓小平领导我们党开展的对林彪、"四人帮"的"假马克思主义"② 的斗争外，近年来，我们又一次遭遇了假马克思主义，这就是鼓吹"只有民主社会主义才能救中国"的思潮。这股思潮是在公开搬用新自由主义等西方理论受到党和人民的批评，对西方思想理论的教条主义开始引起人们警觉的背景下出现的。谢韬的文章《只有民主社会主义才能救中国》（该文是谢韬为辛子陵《千秋功罪毛泽东》一书所作的序言，《炎黄春秋》2007 年第 2 期发表时标题改为《民主社会主义模式与中国前途》，文字也略有删改）就是这股思潮的代表。

本来，民主社会主义或社会民主主义从来就属于资本主义的思想体系（参见刘书林《民主社会主义思潮》，高等教育出版社 2004 年版，第一章《关于民主社会主义起源的考察与论辩》），当代民主社会主义实质上是资产阶级的改良主义，充当着"资本主义病床边的医生和护士"的角色，即使是在谢韬的文章中，也说民主社会主义就是"我国习惯称之为发达资本主义的西方国家"。因此，鼓吹"民主社会主义救中国"，实质上是企图用资本主义取代中国特色社会主义、用资本主义思想体系取代马克思主义的指导地位，但是，在谢文等一些文章中却偏偏要用民主社会主义冒充马克

---

① 《列宁选集》第 2 卷，人民出版社 1995 年版，第 307 页。
② 《邓小平文选》第 2 卷，人民出版社 1994 年版，第 141 页。

思主义，把它说成是马克思主义的"正统"，这就使我们面临的斗争又多了一层理论上的复杂性。有些人自觉地承续伯恩施坦修正主义的衣钵，公开反对列宁主义、毛泽东思想，却又打出马克思主义的旗号。按照谢文的说法，19 世纪末恩格斯去世后，"不是伯恩施坦修正了马克思主义"，"倒是列宁违背了马克思主义"，十月革命一声炮响，给中国"送来的是列宁主义，而不是马克思主义"，所以，民主社会主义"才是马克思主义的正统"，而"列宁、斯大林、毛泽东才是最大的修正主义者"，"当代马克思主义的旗帜上写的是民主社会主义"。经过他们这么一番搅和，写在《中华人民共和国宪法》中的"马克思列宁主义、毛泽东思想"的科学概念被肢解了，"列宁主义"、"毛泽东思想"被他们从马克思主义一脉相承又与时俱进的科学理论中分解出来，同马克思主义对立起来，攻击为"修正主义"，而伯恩施坦的民主社会主义被捧上"正统"的位置，中国特色社会主义也被他们塞入"民主社会主义"之中。这样，他们就以极为尖锐的形式，将"什么是马克思主义"的问题再一次提到了人们面前。

围绕"什么是马克思主义"的问题出现如此复杂的斗争，有其深刻的原因。当前社会思想文化呈现出多元、多样、多变的特点，但马克思主义始终是我们党和国家的指导思想，我们党始终高举着马克思主义的旗帜，因此，在意识形态领域的斗争中，一方面有人公开搬来西方资产阶级的思想理论企图取代马克思主义的指导地位，一方面又有人打着马克思主义的旗号来散布错误观点，反对马克思主义，企图借此掩盖自己的真实面目，争取合法性的空间，争夺公开出版物的阵地，搞乱干部群众的思想，这样就使坚持还是否定马克思主义指导地位的斗争在一定程度上深入到马克思主义的内部来了。

综观历史和现实可以看到，深入开展马克思主义观的研究，必然涉及多方面的理论问题，必然要面对错综复杂地交织在一起的不同性质、不同形式的思想理论矛盾和斗争。其中，既有坚持马克思主义学风，反对党内各种形式的主观主义的任务；又要回答干部群众中有关马克思主义的种种思想认识问题，释疑解惑；还要应对来自不同方面、采取不同形式的对马克思主义的否定或曲解，对马克思主义指导地位的质疑或挑战。因此，深入研究和牢固树立科学的马克思主义观，是一项极为重要而又十分艰巨的理论研究和建设工作。

中华人民共和国成立 60 来年极为丰富的社会实践和理论探索，为我们继续探索和回答"什么是马克思主义、怎样对待马克思主义"的问题提供了宝贵的财富。为了始终坚持马克思主义的指导地位，为了永远沿着马克思主义指引的中国特色社会主义道路前进，在纪念中华人民共和国成立 60 周年的时候，我们理论工作者应该为深化马克思主义观的研究做出自己的努力。

（原载《思想理论教育导刊》2009 年第 4 期；中国人民大学书报资料中心复印报刊资料《马克思列宁主义研究》2009 年第 7 期转载）

关于马克思主义观的十二个关系问题论纲

提要　"什么是马克思主义、怎样对待马克思主义"，是马克思主义观的根本问题。探讨各种相关关系，是深化马克思主义观研究的有效思路。本文以论纲的形式讨论了关于马克思主义观的十二个关系问题。一、理论和实践的关系；二、科学性和阶级性的关系；三、坚持马克思主义基本原理和推进马克思主义中国化的关系；四、坚持马克思主义和发展马克思主义的关系；五、马克思主义发展中一元和多样的关系；六、马克思思想和马克思主义的关系；七、马克思主义理论创造中领袖和群众的关系；八、马克思主义著作的文本和思想的关系；九、马克思主义经典原著和教科书的关系；十、马克思主义理论中整体和部分的关系；十一、马克思主义和哲学社会科学的关系；十二、马克思主义和非马克思主义的关系。

胡锦涛同志在纪念党的十一届三中全会召开 30 周年大会上的讲话中，将"什么是马克思主义、怎样对待马克思主义"的问题以明确的形式郑重地提到全党和全国人民面前，应该引起我们的高度重视，深入学习和研究。

自 19 世纪 40 年代马克思主义产生以来的 160 余年间，马克思主义给整个世界带来的巨大变化是任何人都不能忽视、无法回避的，由此便引出了对马克思主义的种种看法，产生了各种马克思主义观。马克思主义观，是关于马克思主义的本质、发展规律、社会作用以及对待马克思主义应有的态度的基本观点。"什么是马克思主义、怎样对待马克思主义"，是关于马克思主义的种种问题的集中表现，是马克思主义观的根本问题。

探索和回答这个问题，有多种不同的切入点，有不同的研究方法、研究路径，可以从不同的方面展开。讨论同这一主题相关的各种关系，应不失为其中一种有效的研究思路。因为规律就是关系，本质的关系或本质之间的关系。从对立统一的观点看，有关马克思主义观的问题是由一系列的矛盾关系构成的，所以可以通过分析这些关系去探索和回答。由于所涉及的问题十分广泛，本文仅以论纲的形式，提出和梳理同马克思主义观相关的十二个关系问题，谈一些初步看法，以此来探寻开展马克思主义观研究的途径。

一　理论和实践的关系

理论和实践的关系问题是马克思主义观的首要问题。这不仅是因为实践和认识的关系是人类实践—认识活动中的基本矛盾，任何科学理论都来自实践，又要回到实践中去，而且是因为，作为马克思主义的主要组成部分之一和它的世界观基础的马克思主义哲学是以实践性为显著特征区别于一切旧哲学的科学理论。"哲学家们只是用不同的方式解释世界，问题在于改变世界。"① 用金色大字镌刻在马克思墓碑上的这一名言昭告世人：马克思主义不是书斋里的学问，它是作为无产阶级改变世界的精神武器产生，又在改变世界的实践中发展的。它不仅写在书本里，更存在于实践中。因此，回答"什么是马克思主义"的问题，必须坚持理论和实践的统一。

离开理论和实践的统一去谈论"什么是马克思主义"，就会误入歧途。例如，在前些年关于马克思主义哲学的讨论中，有些学者似乎突然发现，多年来我们坚持的辩证唯物主义并不是真正的"马克思哲学"，而是源自恩格斯、列宁、斯大林的哲学，因而是要不得的；真正的马克思哲学直到现在才被他们从马克思的文本中解读出来。他们似乎忘记了，"什么是马克思主义"的问题，不仅仅是马克思的书本上写了些什么的问题，更是一百多年来被运用于实践并经受了实践检验的究竟是哪些思想的问题。在我们看来，这二者是统一的，这就是理论和实践的统一。毛泽东说得好："马克思列宁主义之所以被称为真理，也不但在于马克思、恩格斯、列宁、斯大林等人科学地构成这些学说的时候，而且在于为尔后革命的阶级斗争和民族斗争的实践所证实的时候。"② 他又说："任何思想，如果不和客观的实际的事物相联系，如果没有客观存在的需要，如果不为人

---

① 《马克思恩格斯选集》第 1 卷，人民出版社 1995 年版，第 57 页。

② 《毛泽东选集》第 1 卷，人民出版社 1991 年版，第 292—293 页。

民群众所掌握，即使是最好的东西，即使是马克思列宁主义，也是不起作用的。"① 假如真的像有些学者所说的那样，由马克思创立的哲学至今仅仅存在于马克思的文本之中，对它的理解和运用从一开始就发生了偏离，被马克思主义政党付诸实践的是另一种要不得的哲学，那么，马克思的哲学思想经受过社会实践的检验吗？它的真理性的基础是什么？我们今天为什么需要这样的哲学呢？这究竟是为着好看呢，还是因为它出自一个叫马克思的人，因而有什么神秘？

坚持理论和实践的统一，是正确回答"什么是马克思主义"的首要前提，又是对"怎样对待马克思主义"的回答。多年来正反两方面的经验表明，正确对待马克思主义，最根本的就是要坚持以马克思主义为指导而又一切从实际出发，把理论和实践统一起来。作为毛泽东思想的精髓和党的思想路线的集中表达的"实事求是"四个大字，其基本的含义，就是以马克思主义为指导，从实际出发，"求"出其中固有的规律，作为行动的向导。这就是坚持理论和实践的统一。理论脱离实践的教条主义或实践脱离科学理论的经验主义，都会导致主观和客观相分离，在实践中遭受失败和挫折。

对于中国共产党人和中国人民来说，理论和实践的关系，主要是马克思主义理论和中国实际的关系。这里的"实际"，既包括客观情况，又包括社会实践。坚持理论和实践的统一，就是坚持把马克思主义同中国具体实际相结合。这是我们党长期坚持的基本原则、基本经验。1982 年邓小平在党的十二大首次正式提出"建设有中国特色的社会主义"时，2008年胡锦涛同志在纪念党的十一届三中全会召开 30 周年大会上的讲话中用"建设中国特色社会主义"来概括改革开放 30 年的历史经验时，都将这条道路归结为"把马克思主义的普遍真理同我国的具体实际结合起来"②，或"把马克思主义基本原理同中国具体实际相结合"③。

坚持理论和实践统一也是我们党优良的马克思主义学风。毛泽东在延安整风时期将这种学风称为"有的放矢"，确立了"以研究中国革命实际问题为中心，以马克思列宁主义基本原则为指导的方针"④。1997 年党的

① 《毛泽东选集》第 4 卷，人民出版社 1991 年版，第 1515 页。
② 《邓小平文选》第 3 卷，人民出版社 1993 年版，第 3 页。
③ 胡锦涛：《在纪念党的十一届三中全会召开 30 周年大会上的讲话（2008 年 12 月 18 日）》，《十七大以来重要文献选编》（上），中央文献出版社 2009 年版，第 809 页。
④ 《毛泽东选集》第 3 卷，人民出版社 1991 年版，第 802 页。

十五大提出的"一个中心，三个着眼于"，即以我们正在做的事情为中心，着眼于马克思主义理论的运用，着眼于对实际问题的理论思考，着眼于新的实践和新的发展，是对这一学风的新的阐释，也是对"怎样对待马克思主义"的回答。

二　科学性和阶级性的关系

马克思主义是正确揭示物质世界发展规律、人类社会发展规律、资本主义和社会主义发展规律的科学理论，是工人阶级的世界观。科学真理性和工人阶级的阶级性的统一，是它固有的内在规定性，是它的本质所在。在这里，科学性和意识形态性的统一、真理和价值的统一，同科学性和阶级性的统一是同一系列的概念。

科学性、真理性和阶级性、意识形态性的统一不是社会历史领域思想理论的共性、普遍性，而是马克思主义区别于其他社会思想理论的特殊性，是它的特殊本质。这当然不是说，各种理论中唯有马克思主义才具有阶级性、意识形态性。在阶级社会中，关于社会历史的理论就其中大部分学科或就其总体而言都具有阶级性、意识形态性。阶级性质各异，有阶级性则相同。但是，社会历史条件和剥削阶级偏见导致的唯心史观的统治，使以往关于社会历史的理论虽然在具体问题上也可以达到真理，就其整体而言却不能成为科学的思想体系，因而在它们那里，阶级性、意识形态性和科学性、真理性是相互排斥的，不能统一起来，以至于"意识形态"几乎成了虚假宣传的别名，而同科学性、学术性相对立。马克思主义唯物史观的诞生使关于社会历史的各门学问有可能建立在科学的历史观基础之上而成为真正意义上的科学，从而达到阶级性、意识形态性和科学真理性的统一。其间的区别，最终是由阶级性的不同决定的。一个阶级的阶级利益在多大程度上与历史发展的趋势一致，它才能在相应的程度上反映社会客观规律而获得科学真理。工人阶级的阶级地位和历史使命决定了"科学越是毫无顾忌和大公无私，它就越符合工人的利益和愿望"①，从而决定了马克思主义的阶级性和科学性的统一。

因此，马克思主义坚持科学真理，同时又理直气壮地宣示自己为工人

---

① 《马克思恩格斯选集》第4卷，人民出版社1995年版，第258页。

阶级和人民群众根本利益服务的阶级性，与资本主义的思想体系相对立而为社会主义经济基础服务的意识形态性。如果因为马克思主义具有阶级性、意识形态性而否认它的科学真理性，那就混淆了马克思主义同其他阶级的思想理论在阶级性和科学性关系上的本质区别。这实际上是一种剥削阶级的意识形态偏见。马克思主义不是如同自然科学那样对不同的认识者、运用者"价值中立"的学问。既然它是工人阶级的世界观和精神武器，就只有站在工人阶级和人民大众的立场才能真正理解它、运用它。既然马克思主义是科学，就必须用科学的态度对待它，通过认真学习理论把握客观规律，遵循客观规律前进。

理论和实践的统一，科学性和阶级性的统一，是彼此结合在一起的马克思主义最本质的规定性。这二者的结合表明，马克思主义就是在实践中产生又回到实践中去的，既正确反映了物质世界、人类社会和人们实践活动客观规律又集中代表了工人阶级和人民群众根本利益的科学世界观或理论体系。马克思主义的其他性质和特点都是由这一本质所决定并由此而生发出来的。

三　坚持马克思主义基本原理和推进马克思主义中国化的关系

"把坚持马克思主义基本原理同推进马克思主义中国化结合起来"，这是党的十七大总结的我国改革开放以来十条宝贵经验即"十个结合"的第一条，是我们党的马克思主义观的重要体现。

坚持理论和实践统一，就是要把马克思主义运用于中国实际，在发挥理论对实践指导作用的同时，使理论在中国的实践中丰富和发展，并且带上中国作风、中国气派。这就是把马克思主义中国化。把马克思主义中国化，是我们党在 20 世纪 30 年代通过总结中国革命实践经验包括同王明教条主义斗争的经验提出来的。1938 年 10 月召开的党的六届六中全会明确提出了"使马克思主义在中国具体化，使之在其每一表现中带着必须有的中国的特性"① 的要求。毛泽东思想和包括邓小平理论、"三个代表"重要思想以及科学发展观等重大战略思想在内的中国特色社会主义理论体

---

① 《毛泽东选集》第 2 卷，人民出版社 1991 年版，第 534 页。

系，就是推进马克思主义中国化的理论成果。

推进马克思主义中国化，必须坚持马克思主义基本原理。在我们党的文献中，"马克思主义基本原理"和"马克思主义普遍真理"是同一系列的概念。"基本原理"是相对于个别性的结论或理论判断而言的。2004年党中央实施马克思主义理论和研究工程时提出，"分清哪些是必须长期坚持的马克思主义基本原理，哪些是需要结合新的实际加以丰富发展的理论判断"①，这里讲的"基本原理"，就是相对于"理论判断"而言的。"马克思主义基本原理"，就是马克思主义著作中经过实践反复检验而确立起来的具有普遍的真理性和价值的科学理论。普遍的真理性和普遍的运用价值，是基本原理区别于个别性结论或理论判断的主要特征。这一内在特征也会在思想观点的表达方式或呈现形式上有所体现。"老祖宗不能丢"，就是马克思主义的基本原理或普遍真理不能丢。

真理性认识的普遍性来源于它所反映的对象的普遍性。基本原理所反映的对象，是物质世界或某一类事物的普遍本质及其发展的普遍规律，而不是个别事物的具体特点。由于事物矛盾和性质的普遍性与特殊性都是相对而言的，有各种不同层次的普遍性，因而各种基本原理的普遍性也有不同的层次。例如，马克思主义关于对立统一规律的理论、关于社会基本矛盾运动的理论、关于资本主义基本矛盾运动以及由此决定的无产阶级和资产阶级的阶级斗争、无产阶级社会主义革命的理论，就是都具有普遍真理性和普遍价值但又分别具有不同层次普遍性的基本原理。既不能将基本原理的普遍性都归结为无限性，将适用于一定范围的原理排除于基本原理之外；又不能把马克思主义经典作家关于特定时空中特定对象的具体结论当成基本原理。对"基本原理"也不能仅仅作认识论意义上的解读。它既是对客观对象的普遍本质和规律的揭示，又是通过实践改变对象的行动指导原则，它既讲"是什么"，又讲"怎么办"，是世界观和方法论的统一。基本原理的层次性决定了它的结构性，不同的基本原理之间有各种纵向和横向的内在关联。马克思主义是由多层次的基本原理相互结合构成的科学体系。

马克思主义中国化是在中国的实践中实现的，有其深厚的实践基础。

---

① 李长春：《在中央实施马克思主义理论研究和建设工程工作会议上的讲话（2004 年 4 月 27 日）》，《十六大以来重要文献选编》（中），中央文献出版社 2006 年版，第 54 页。

马克思主义中国化包括内容和形式两个方面，是这两方面的统一。推进马克思主义中国化，是在中国革命、建设和改革的实践中，一边结合中国国情创造性地运用马克思主义基本原理，一边在新的实践中回答时代提出的新课题，做出新的理论创造，同时又结合中国源远流长的历史文化赋予理论以中国老百姓所喜闻乐见的中国作风、中国气派，使其融入到中国文化之中，成为中国文化的一部分并给中国文化发展带来新的生机与活力。以毛泽东为代表的中国共产党人创立关于中国新民主主义革命的理论，以邓小平为代表的中国共产党人创立中国特色社会主义理论，就是推进马克思主义中国化的典范。马克思主义中国化和中国化马克思主义是两个紧密相关的概念：马克思主义中国化是在实践中推进理论创造的过程；中国化马克思主义是在实践基础上创造的理论成果。坚持马克思主义基本原理，是推进马克思主义中国化的前提。推进马克思主义中国化，是坚持马克思主义基本原理的集中体现，也是对马克思主义基本原理的发展。中国化马克思主义也是由一系列基本原理构成的科学体系。它的许多基本原理具有超出一国范围的更广泛的普遍真理性和价值。马克思主义的发展表现为它的基本原理的发展，推进马克思主义中国化，是当代发展马克思主义的重要途径。

四　坚持马克思主义和发展马克思主义的关系

马克思主义是不断发展着的又保持着自身本质规定性的理论，是在自身的根基上不断生长着的活的生命有机体。无论回答"什么是马克思主义"的问题或"怎样对待马克思主义"的问题，都必须把坚持和发展统一起来。

马克思主义理论和实践统一、科学性和阶级性统一的本质决定了它是不断发展的理论。这是因为，马克思主义理论的基础是实践，它由实践赋予活力，工人阶级和人民群众的实践是不断发展、深化的，它要求理论也随之发展，并为理论的发展提供了实践基础，成为理论创新的源泉。"实践，认识，再实践，再认识"是马克思主义揭示的人类认识发展的基本规律，也是马克思主义自身发展的规律。马克思主义的真理观阐明了任何真理既有相对性又有绝对性，而这也是马克思主义科学真理自身的性质。马克思主义者只能在自己时代的条件下去认识世界，这些条件达到什么程度，才能认识到什么程度，所以马克思主义也具有真理的相对性，必须随着时代前进。马克思主义基本原理作为经受过实践反复检验的真理，在自己适用的范围内又具有不容置疑的真理的绝对性，所以对其又必须坚持，而不能否定或"修正"。马克思主义不是僵死的、一成不变的，它植根于发展着的实践而不断创新，在发展中保持着自己旺盛的生命力和质的规定性。

只有把坚持和发展统一起来，才能正确回答"什么是马克思主义"；也只有把坚持和发展统一起来，才能正确对待马克思主义。离开发展讲坚持，就否定了马克思主义与时俱进的理论品格，不是真正的坚持；离开坚持讲发展，就偏离了马克思主义的轨道，不是真正的发展。必须在发展中坚持，在坚持中发展。作为社会主义核心价值体系首要内容的"马克思主义指导思想"是一个总称，既包括马克思列宁主义，又包括毛泽东思想、邓小平理论、"三个代表"重要思想和科学发展观等重大战略思想。这是一个活生生的一脉相承又与时俱进的科学思想体系。如同一切真理都是作为过程存在的一样，它也是一个发展着的过程，因而必须当作一个完整的体系去理解和把握。只讲前一半或只讲后一半，不讲前一半或不讲后一半，都是片面的、不科学的。

对马克思主义既要坚持又要发展，就必须正确认识和处理解放思想与实事求是的关系。一方面，只有解放思想，才能达到实事求是。解放思想，就是让思想追随客观实际情况和社会实践的变化发展不断超越从前达到的界限，进入新的境界，达到与新的实际相符合。不解放思想，思想僵化，停滞不前，固守原来的认识，重复前人书本上的结论，思想就会因落后于实际而背离实事求是的原则。所以坚持和发展马克思主义的过程是不断解放思想的过程。另一方面，只有实事求是，才是真正的解放思想。如邓小平所说："解放思想，就是使思想和客观实际相符合，使主观和客观相符合，就是实事求是。"① 解放思想的本意，就是让思想向前发展，达到实事求是，所以决不能离开实事求是去讲解放思想。实事求是既是解放思想的目的，也是解放思想必须遵循的原则。因此，解放思想不是否定而恰好是为了坚持和发展马克思主义的基本原理。否定马克思主义的基本原理，是对实事求是的背离，也是对解放思想的曲解。邓小平强调指出：

---

① 《邓小平文选》第 2 卷，人民出版社 1994 年版，第 364 页。

"解放思想决不能够偏离四项基本原则的轨道。"① 把解放思想和实事求是统一起来，才能把坚持马克思主义和发展马克思主义统一起来。

五　马克思主义发展中一元和多样的关系

把马克思主义当作一个发展着的过程来把握，就必须正确认识和处理马克思主义发展中一元和多样的关系。

马克思主义在其发展中表现出一定意义上的多样性，这是由社会实践的多样性决定的。马克思主义只有同各国具体实际相结合才能得到发展，这就决定了它必然因各国国情不同而呈现出发展的多样性。当资本主义发展到帝国主义阶段时，在俄国无产阶级革命实践中发展起来的列宁主义已经具有不同于马克思、恩格斯阶段的许多新的内容和新的特点。马克思列宁主义传入中国后产生了中国化马克思主义，是当代马克思主义多样化发展中最重要最具典型意义的事实，它表明，将马克思主义同本国具体实际相结合而创造出本国化的马克思主义，是完全必要的，也是完全可能的。其他社会主义国家、发达资本主义国家和发展中国家的马克思主义者在各自不同的条件下运用马克思主义去观察当代世界和本国具体国情，也必然会产生并且已经产生了不同的思想理论。在同一个国家，不同时期的实践需要也会使人们对马克思主义的关注和研究有不同的重点，即使在同一时期，由于各自的实践基础、社会阅历、知识背景、理论兴趣等多方面的原因，人们对马克思主义也会有不同的研究侧重点，产生不同的学术理论观点，不同的理论表述形式、呈现方式，乃至在马克思主义队伍内部形成不同学术倾向、学术派别，不同观点之间相互争鸣。所以，马克思主义的多样性发展是合乎规律的，也是有益的。

但是，马克思主义发展中的多样性决不是什么多元性或多元化。"多元"和"多样"是两个不同的概念。我们所说的"多样"，是一元中的多样。"元"是指事物原初的、基始的要素。统一在一个有机整体中的多种要素不是不同的"元"，彼此独立而不能相互统一的东西才是不同的"元"。世界是统一而又多样的物质世界，是一元的而不是多元的。反映客观事物整体的理论是由多层次的不同方面的原理、观点构成的体系，但

---

① 《邓小平文选》第2卷，人民出版社1994年版，第279页。

是，任何与客观对象符合的科学理论必然是逻辑严谨、内部自洽的体系，它不能包含相互排斥的思想、观点，不能包含内在逻辑矛盾。马克思主义发展中的多样性，是在坚持马克思主义的本质和科学体系的前提下因侧重点不同、表现形式不同，或探讨真理的过程中某些局部问题上思想暂时不能统一（尚待进一步的实践检验和理论发展）而呈现出的多样性。而思想理论上的"多元"，则是意味着不同的思想彼此对立，不能构成一个统一的整体。科学中从来就不存在，也不可能存在某种"多元化"的科学思想体系，就如同不存在"方的圆"、"铁的木"一样。所谓"多元化"的理论，实际上是把相互对立的思想观点拼凑在一起的混合物，是一种折中主义的杂拌。因此，马克思主义"多元化"或"马克思主义的多元化发展"，这种提法本身就是对马克思主义科学本质的否定，是对马克思主义的歪曲，是对马克思主义多样化发展的曲解。

马克思主义"多元化发展"的观点，实际上是将各种自称为或被称为马克思主义的理论不加区分地都视为马克思主义，从而将一些同马克思主义对立的思想观点也说成是马克思主义中的"元"。在马克思主义同各种非马克思主义、反马克思主义思想的对立和斗争中，除了有人公开反对马克思主义外，还出现了一些复杂的情形。在19世纪末20世纪初，出现了伯恩施坦为代表的修正主义。与之相对立的是列宁主义。近年来，我国有人把伯恩施坦为代表的"民主社会主义"说成是"马克思主义的正统"，而把列宁、斯大林、毛泽东攻击为"修正主义者"。在西方资本主义国家，有卢卡奇、葛兰西等人为代表的西方马克思主义，有将不同的西方思想流派与马克思主义拼接到一起的派别，如存在主义的马克思主义、实用主义的马克思主义、弗洛伊德主义的马克思主义等，直至后现代马克思主义，又有沃勒斯坦为代表的世界体系论等新马克思主义。我国学界发生了"西马非马"还是"西马亦马"的争论。20世纪八九十年代，苏共领导人戈尔巴乔夫提出了"全人类利益高于一切"的"新思维"，提出了"人道的民主的社会主义"，放弃了共产党的领导，成为导致苏联解体的根本原因。在我国，"文化大革命"中出现过如邓小平所说的林彪、"四人帮"的"假马克思主义"①。20世纪80年代，在我国关于人道主义和异化问题的讨论中，出现了"要把马克思主义纳入人道主义"和"要把

---

① 《邓小平文选》第2卷，人民出版社1994年版，第141页。

作为世界观和历史观的人道主义纳入马克思主义"的"把马克思主义人道主义化"的现象①，这种观点至今还有人在坚持。近年来，又有人在谈论"马克思主义儒学化"和"儒学马克思主义化"。② 面对这些复杂情形，我们必须根据马克思主义理论和实践相统一、工人阶级的阶级性和科学性相统一的本质规定性，对各种思想观点作深入、具体的分析，分清哪些是马克思主义的观点，哪些是非马克思主义的思想，既不能将多样性发展中出现的马克思主义的思想排除于马克思主义之外，又不能将本质上属于非马克思主义、反马克思主义的思想当成马克思主义，鱼目混珠。这里必须明确的是，作为我们党和国家指导思想的马克思主义，就是在宪法和党章中载明了的马克思列宁主义和中国化马克思主义，而不是别的什么思想、理论。中国化马克思主义不是封闭的体系，它将不断吸收马克思主义多样性发展中的新成果而继续丰富和发展，保持鲜活的生命力。

六　马克思思想和马克思主义的关系

"马克思主义是马克思的观点和学说的体系。"③ 但是，一方面，马克思的思想并非无条件地都是马克思主义思想；另一方面，马克思主义思想不是马克思一个人的思想。马克思思想和马克思主义是两个密切相关但又有区别的概念。研究这二者的关系，对于弄清"什么是马克思主义、怎样对待马克思主义"是必要的。

马克思是马克思主义的主要创始人和主要代表。如恩格斯所说，"这个派别主要是同马克思的名字联系在一起的"，"这个理论用他的名字命名是理所当然的"。因为，"没有马克思，我们的理论远不会是现在这个样子"④。但是，马克思不是天生的马克思主义者，马克思主义是社会实践的产物，是马克思在参加工人运动中总结实践经验、反映客观实际、继承前人思想成果作出的理论创造。所以，马克思主义的产生晚于卡尔·马克思本人之成为有思想的认识主体，马克思本人的思想并非都属于马克思

---

① 胡乔木：《关于人道主义和异化问题》，人民出版社1984年版，第18页。
② 参见方克立《关于马克思主义与儒学关系的三点看法》，《高校理论战线》2008年第11期。
③ 《列宁选集》第2卷，人民出版社1995年版，第418页。
④ 《马克思恩格斯选集》第4卷，人民出版社1995年版，第242页。

主义的范畴，而是有一个从非马克思主义到马克思主义的发展过程。马克思的著作并非都是马克思主义著作。马克思主义世界观在《关于费尔巴哈的提纲》中萌芽，在《德意志意识形态》中成熟，在《共产党宣言》中问世。而在这之前，马克思曾经是一个热情奔放地立志"为人类而工作"①的青年学生，曾经是一个青年黑格尔派的唯心主义者，他的思想曾经在恩格斯所称的"我们的狂飙时期"②经历了从革命民主主义到共产主义的转变，经历了"离开黑格尔走向费尔巴哈，又超过费尔巴哈走向历史（和辩证）唯物主义"③的过程。马克思和恩格斯合著《德意志意识形态》的动因，就是"以批判黑格尔以后的哲学的形式"，"把我们从前的哲学信仰清算一下"。④马克思早期的一些著作，既包含着日益增长的超越前人的思想成果，在其不断发展中越来越接近于世界观中的革命变革；又带有不应忽视的非马克思主义思想的痕迹，因而不同于成熟的马克思主义著作。例如，成为学界研究热点的《1844年经济学哲学手稿》就具有明显的过渡性，它所体现的马克思的思想，是马克思主义正在形成但又尚未成熟的过渡形态。忽视其中已经产生的宝贵思想财富，或将其中表现出费尔巴哈人本主义思想痕迹的论述当作马克思主义的观点来引用，都是片面的、非科学的。事物在其形成过程中的一定阶段呈现出"亦此亦彼"的过渡形态是合乎规律的，马克思的思想同样也合乎逻辑地经历了一个过渡时期。因此，不能忽视马克思思想和马克思主义之间的区别，更不能将马克思早期不成熟的思想当作马克思思想的高峰，将早期著作中的一些论述当作曲解马克思主义的口实，用"青年马克思"反对"老年马克思"。

探索和回答"什么是马克思主义"的问题，既不能离开马克思的著作和思想，又不能仅仅限于马克思本人的著作和思想。这是因为，马克思主义不是一个人的学说，而是一个阶级即工人阶级的世界观。参与马克思主义的理论创造的，首先还有马克思的亲密合作者恩格斯。马克思和恩格斯在研究工作中有分工，有侧重，有各自独特的贡献，有不同的风格、特点和语言表述习惯，但他们有共同的立场、观点和方法，共同创立了以马

---

①《马克思恩格斯全集》第1卷，人民出版社1995年版，第459页。
②《马克思恩格斯选集》第4卷，人民出版社1995年版，第212页。
③《列宁全集》第55卷，人民出版社1990年版，第293页。
④《马克思恩格斯选集》第2卷，人民出版社1995年版，第34页。

克思的名字命名的科学理论。研究他们各自的贡献和不同的特点，对于深入探讨马克思主义的发展史是必要的，但是必须反对把马克思和恩格斯的思想对立起来，人为地制造"恩格斯反对马克思"。例如，那种认为马克思和恩格斯的哲学思想是"二重化"的两个系统，马克思的哲学是"实践唯物主义"，而恩格斯的哲学是"现代唯物主义"即后来的辩证唯物主义，二者"不能同构"的观点，就是违背客观历史事实的，是有害的。在马克思、恩格斯之后，一代又一代马克思主义者不断丰富了马克思主义的理论宝库，正因为如此，马克思主义才能随着时代前进并指导发展着的实践。如果把马克思主义等同于马克思的思想，就等于宣布马克思的离世标志着马克思主义的终结，就根本否定了马克思主义的发展，窒息了它的生命。

七　马克思主义理论创造中领袖和群众的关系

马克思主义是在亿万群众的实践中产生和发展的，又是代表工人阶级、人民群众的领袖和思想家自觉的理论创造。正确认识作为马克思主义理论创造主体的领袖和群众的关系，对于树立科学的马克思主义观不是可有可无的事情。

科学的理论不是天才的思想家头脑中自生的。以人民群众为主体的改造自然、改造社会的斗争，是马克思主义的实践基础和最终来源，人民群众在实践中获得的真知灼见，是领袖人物直接的思想来源和认识基础。因此，从归根到底的意义上说，创造马克思主义的实践和认识主体，是包括领袖和思想家在内的工人阶级和人民群众，而不是任何一个孤立的个人。但是，科学理论不能在工人运动中自发地产生，只有在掌握已有思想资料、继承人类先进思想的优秀成果又集中群众智慧的基础上，经过思想家自觉的创造才能形成和发展。因此，马克思主义的科学理论集中体现于领袖、思想家的著述之中。

在工人阶级争取自身解放的斗争中，特别是在工人阶级取得国家政权，掌握了物质生产资料又具备了从事精神生产的条件之后，形成了自己从事理论研究和宣传、教育工作的队伍，它为马克思主义的丰富和发展作出了重要贡献。这是一支人数相当可观的理论大军。领袖人物和理论工作者在马克思主义发展中的关系问题，是关于马克思主义创造主体的重要问题，是马克思主义发展中领袖和群众关系的重要表现。

我们的理论以领袖的名字命名，称为马克思主义、列宁主义，称为毛泽东思想、邓小平理论，这是合理的，也是必然的。从根本上说，这是由马克思主义理论和实践统一、科学性和阶级性统一的本质特征决定的。工人阶级争取自身解放和人类解放的运动，需要领袖并且产生了自己的领袖，需要理论并且创造和发展了自己的理论。时势造英雄，时代的需要和伟大的实践决定了工人阶级最杰出的领袖既是伟大的革命家、实践家，又是伟大的思想家、理论家。因此，马克思列宁主义和中国化马克思主义的主要代表，都是集革命家和思想家的品格于一身，既是实践中的领袖，又是科学理论的创造者和导师。他们的著作则成为马克思列宁主义和中国化马克思主义的经典著作，成为马克思主义理论宝库的主要构成部分。马克思主义归根到底是产生于实践中的科学，而不是书斋里钻研出来的学问，它的实践本性决定了它的主要代表必然是工人阶级和人民群众实践中的领袖兼思想家，而不是哲学社会科学的专业理论工作者或专家。

但是，这并不意味着专业理论工作者的研究和著述是无足轻重的。领袖是群众的代表，领袖的思想和著作是集体智慧的结晶，是在广泛吸收理论工作者研究成果的基础上形成的。社会实践中出现的新情况、新问题，必然会反映到广大理论工作者的头脑中来，形成这样那样的观点，引发多方面的研究和讨论，产生各种思想成果，而领袖人物的代表性著作，常常正是在这样的基础之上，集中正确的意见，批评错误的思想，回答实践中群众中提出的问题，实现了理论上新的突破、新的创造。我国改革开放过程中社会主义初级阶段理论、社会主义市场经济理论的形成过程就是明显的例子。马克思主义理论发展中新的重大思想的产生，重要观点上新的突破，通常是以领袖人物的重要论断和著述为代表性标志性成果的，而在理论观点的阐述和展开，范畴、命题的推敲和完善，理论体系的系统化方面，广大理论工作者也做了大量工作，做出了重要贡献。

因此，学习和理解马克思主义理论，首先应该钻研经典作家的著作，同时不可忽视专业学者的著述；研究和阐述马克思主义的发展史，把握它的发展过程、发展阶段，应该以工人阶级马克思主义政党领袖的实践活动和理论创造为基本依据和主要标志，不宜将专业学者的论著与之并列，同时又要将专业理论家的建树纳入研究的视野，给予其应有的位置。

八　马克思主义著作的文本和思想的关系

探索和回答"什么是马克思主义"的问题，必须科学地解读马克思主义的经典著作，为此，需要正确把握马克思主义著作的文本和它所表达的思想的关系。

马克思主义是社会实际生活在经典作家头脑中反映的产物。这种反映，作为认识的成果，首先是以内在的形式出现在思想者的头脑中，然后通过语言文字等物质载体表达出来，获得外在的存在形式，成为对象性的存在物，得以为他人所认识、理解。语言是思想的直接现实，语言文字是思想认识之基本的或主要的存在形式。马克思主义经典作家的思想表达在他们的著作之中，需要通过著作文本去理解和把握。但是，语言文字作为思想认识的载体并不等同于它所表达的思想，二者之间是既对立又统一的形式和内容的关系。同一种思想可以有不同语言表达形式，同样的语言在不同语境中可以表达不同的思想内容。思想是变化发展的，语言文字也不是一成不变的，二者的统一，是变化发展过程中的统一。思想一旦通过语言文字表达出来，便成为一种相对独立的存在，可以离开它所由产生的特定社会历史条件传播开来，传承下去。由于思想和语言固有的矛盾性以及历史文化的不同、社会环境的变迁，个人立场、观点、方法的不同和实践需要、认识基础、理解能力的差异乃至人为的曲解等种种复杂原因，不同的读者可能对同一文本做出不同的解读，发生不同观点的争论。与此相关联，如何从语言文字构成的文本解读作者的思想或本意成了专门的学问，即本来意义上的解释学。

解读马克思主义经典著作必须坚持实事求是的科学态度。这里的"实事"，既包括作为整体的著作文本，又包括著作产生的具体环境、社会历史条件；"求是"，就是从这些"实事"中"求"出原著中的本意。恩格斯说得好："一个人如果想研究科学问题，首先要学会按照作者写作的原样去阅读自己要加以利用的著作，并且首先不要读出原著中没有的东西。"① 从实际出发，首先必须从作为整体的著作文本出发，理解它

---

① 《马克思恩格斯全集》第46卷，人民出版社2003年版，第26页。

的精神实质，而不能将文本的各个部分割裂开来去解读。如果抽出只言片语，就可能有意无意地曲解作者所表达的思想。恩格斯说："尽量逐字逐句地用马克思的话来表达这些论点，那是不够的；把马克思的话同上下文割裂开来，就必然会造成误解或把很多东西弄得不大清楚。"① 其次，从实际出发，还必须从文本产生的社会历史条件包括思想理论背景出发。离开具体的条件，就难以准确理解原著的本意，就可能读不出其中固有的思想，或"读"出其中本来没有的思想。那种离开具体环境望文生义地随意发挥、为我所用的"六经注我"式的解读，背离了实事求是的精神。

　　实事求是地解读文本，应该尽量用马克思主义经典作家自己的语言去概括他们的思想、观点，避免将后人的发挥与前人的表述混为一谈，让前人讲他们所处的时代还没有的语言，让读者分不清那些思想或语言究竟是原著中的还是解读者新添加的。另一方面，实事求是地解读并不等于处处拘泥于经典著作中的原话，不允许作出任何新的概括或表述。马克思、恩格斯的著作中没有"辩证唯物主义"这个用语，但列宁、毛泽东、邓小平和我们党用"辩证唯物主义"去称呼马克思主义哲学并不因此有什么不妥，因为它准确地表达了马克思主义哲学的精神实质，完全符合马克思著作文本所表达的思想。当然，应该如实地表明，这是后人所作的概括，而并非马克思的原话，这同样也是实事求是精神的体现。在强调实践性的特点这个意义上，人们也可以用"实践的唯物主义"或"实践唯物主义"来称呼马克思主义哲学，因为实践性是马克思主义哲学区别于一切旧哲学的一种本质特征，但是，如果以《德意志意识形态》中"实践的唯物主义者即共产主义者"② 一语为根据把"实践唯物主义"说成是马克思本人对自己的哲学的命名，那恐怕就是从马克思、恩格斯的著作中"读"出了其中本来没有的东西，离开了实事求是的原则。因为，"**实践的**（引者注：原文为黑体）唯物主义者"这种表述方式显示，它应该解读为"实践的""唯物主义者"，而不是"实践的唯物主义""者"，"实践的"是"唯物主义者"的修饰语。这句话中只有"唯物主义者"的概念而并无"实践的唯物主义"这个概念；而且，通观马克思的全部著作，有"唯物

① 《马克思恩格斯全集》第36卷，人民出版社1975年版，第66—67页。
② 《马克思恩格斯选集》第1卷，人民出版社1995年版，第75页。

主义者"的概念,而没有"实践唯物主义"的概念。

马克思主义既然是发展着的过程,其概念、原理的精确化往往也有一个过程,因而对文本中的论述,不应机械地仅从字面上去解读,而应该联系马克思主义的发展史和经典作家的基本思想去理解。例如,马克思的《雇佣劳动与资本》是一本有重要理论价值的著作,但是在这本产生于19世纪 40 年代的著作中,"有些用语和整个语句是不妥当的,甚至是不正确的"①,因而 1891 年出版这本书的单行本时,恩格斯对它作了修改。"全部修改,都归结于一点。在原稿上是,工人为取得工资向资本家出卖自己的劳动,在现在这一版上则是出卖自己的**劳动力**。"② 这是因为,以 1859 年《政治经济学批判(第一分册)》的出版为标志,马克思建立了自己的政治经济学理论,从此,他科学地区分了"劳动"和"劳动力"。在 1865 年出版的《工资、价格和利润》中,马克思明确指出:"工人出卖的并不直接是他的劳动,而是他的暂时让资本家支配的劳动力。"③ 因此,恩格斯对《雇佣劳动与资本》的修改、对这本书中马克思思想的阐释和评价以及对马克思政治经济学思想发展过程的论述是正确的、符合实际的,而继续按照原来的文本认为工人向资本家出卖"劳动"则是既不符合客观实际也不符合马克思主义的精神实质的。

九　马克思主义经典原著和教科书的关系

马克思主义理论集中体现在经典作家的原著中,也表达于理论工作者的论著中。尤其是在社会主义国家,马克思主义成为广大党员干部必须学习的科学,成为国民教育中必修的课程,因而产生了总体发行量极大的各种教科书。由此,经典原著同理论工作者的著作特别是教科书的关系问题,便成为正确理解"什么是马克思主义"的一个重要问题。这里我们主要讨论原著与教科书的关系。

阅读原著和阅读教科书,都是学习、掌握马克思主义的重要途径。这二者之间不是彼此并列的关系,但它们是相互促进而不是根本对立、相互

---

① 《马克思恩格斯全集》第 22 卷,人民出版社 1965 年版,第 235 页。
② 同上。
③ 《马克思恩格斯选集》第 2 卷,人民出版社 1995 年版,第 75 页。

排斥的，二者都发挥着重要作用。

　　弄清"什么是马克思主义"，首先要以经典作家的原著为依据。阅读原著是学习、掌握马克思主义理论根本的、最重要的途径，教科书则是学习的辅助材料。这首先是因为，作为工人阶级和马克思主义政党领袖的马克思主义经典作家是马克思主义的主要代表者，他们的原著是马克思主义理论的集中体现。原著是马克思主义基本原理的诞生地，是经典作家亲自对基本原理所作的表达、阐述和运用，而教科书则主要是专业理论工作者、教师以原著为依据所作的编撰、阐述和发挥。同经典作家相比，教科书的作者对基本原理的理解和把握难免有差距，未必能做出那样全面、深刻、准确的论述。其次，同教科书相比，原著更直接地反映了基本原理产生的社会历史条件、相关背景和当时的现实针对性，以及它们发展、完善的历史过程，阅读原著便于在其原有的语境中"原汁原味"地理解它，而教科书通常是将分散在不同原著中的论述抽取出来，按照编撰者的理解集中在一起，构成原理的体系，这就难免离开原著产生的历史条件及原著的整体，未必能达到与原著同等的深刻性和准确性。再次，在经典原著中，往往根据社会实践的需要，着重对马克思主义某一方面的观点作多侧面的论述，特别是在论战性著作中，会在针对性极强的论述中讲得格外深入、透彻，而在教科书中，由于受学时、篇幅、体系、学生既有的基础等多种限制，通常只能讲授必不可少的基础性内容，不能追求原著那样的深度和丰富性。

　　教科书的作用同原著相比是第二位的，但它并不是可有可无的，它有不可取代的作用。其一，编写教科书是为了系统地阐述马克思主义。马克思主义按其内容、实质来说是"完备而严密"的科学体系，是"完整的世界观"①，但这个体系在经典作家那里并未以一本或若干本教科书的形式集中呈现出来。《反杜林论》是马克思主义经典原著中对其三个主要组成部分作了最系统阐述的著作，但作为一部论战性的著作，为了批判杜林，恩格斯也"不能不跟着他到处跑"②。就马克思主义的各个组成部分而言，除花费了马克思、恩格斯数十年心血的三卷《资本论》系统地阐述了马克思主义政治经济学外，其余部分都未能做出完整的体系性的表

---

　　① 《列宁选集》第2卷，人民出版社1995年版，第309页。
　　② 《马克思恩格斯选集》第3卷，人民出版社1995年版，第347页。

达。马克思曾经打算写一部专著系统地阐述唯物辩证法，但他未能如愿。为了广大干部群众学习和掌握马克思主义，由理论工作者编写系统阐述马克思主义的教科书是完全必要的。其二，编写教科书也是为了通俗地讲解马克思主义。读懂经典原著需要相关的专业知识，需要了解当时的历史条件和思想文化背景，需要把经典作家的多种著作联系起来、相互贯通，需要对经典著作中的论断作出阐释，好的教科书可以承担起这些工作，为群众性的学习提供帮助。其三，编写教科书是为了适应教学的需要。学校的教学、学生的学习有其自身的规律，教科书有其不同于其他著作的特定任务和适应这种任务的特殊要求。把马克思主义经典原著转换为适合各类学生学习的教科书，是教育、教学中一件不可缺少的工作。其四，编写教科书在马克思主义的发展中也发挥了积极作用。由于教科书致力于以系统化的形式既阐述经典原著中的思想又反映理论工作者的研究成果，由于它直接面对千百万认真学习马克思主义的学生及其他读者，需要回答他们提出的各种问题，教学实践可以推动理论的深化和完善，因而在丰富马克思主义的理论内容、推动马克思主义的发展方面教科书也发挥着重要作用。

我们党历来高度重视学习马克思主义的原著。20 世纪 30 年代，党中央就要求"一切有相当研究能力的共产党员，都要研究马克思、恩格斯、列宁、斯大林的理论"①。毛泽东还曾明确提出："军队中有文化条件的干部必须研究马、恩、列、斯的经典著作。"② 在延安整风时期，在新中国诞生前夕，在社会主义时期，党中央和毛泽东曾多次开列以经典原著为主的若干书目，要求"干部必读"。我们党也高度重视马克思主义教科书的编写。党中央实施的马克思主义理论研究和建设工程，主要任务之一就是编写体现当代中国马克思主义最新成果的哲学、政治经济学、科学社会主义基础理论教材以及哲学社会科学重点学科的教材。教材的编写成为工程实施的一种基本形式。

忽视原著的学习而过分依赖教科书，轻视原著而将其与教科书并列，或忽视教科书的作用，都是片面的。多年来编写和使用教科书的历史经验需要认真总结，对其得失成败应做出科学的评价。看不到教科书这种载体所固有的不可避免的局限性，就可能夸大教科书的作用而忽视阅读、钻研

---

① 《毛泽东选集》第 2 卷，人民出版社 1991 年版，第 532 页。
② 《毛泽东著作专题摘编》，中央文献出版社 2003 年版，第 351 页。

原著，或对教科书编写工作提出不适当的难以达到的要求，过于苛求、指责。看不到教科书编写中的缺点和问题，就不能自觉地克服缺点、改进工作，编出更好的优秀的教科书。另一方面，如果因为教科书固有的局限性而片面地贬损它，或夸大编写中的问题而给予全盘否定，也是不利于学习、掌握马克思主义的。至于以教科书为靶子否定马克思主义的基本原理，除了认识不清的原因外，往往是一种反对马克思主义又不敢直接面对经典作家原著的"指桑骂槐"的策略，这是坚持还是否定马克思主义指导地位的意识形态斗争中的一种复杂现象，对此我们应该有清醒的认识。

这里顺带谈谈，编写好教科书需要明确马克思主义研究中不同层次的认识对象和它们之间的关系。马克思主义经典作家以客观世界为对象创立了科学理论，这些理论的思想内容与客观对象之间是反映和被反映的关系。当理论工作者通过编写教科书来阐述马克思主义时，他们的认识对象又是什么呢？正确理解经典作家表达在他们著作中的思想，是编写好教科书的前提，因此，马克思主义的理论内容又成了认识的对象，教科书的内容体现着编写者对这一对象的认识。但是应该看到，理论工作者或教科书编写者如果仅仅将经典作家的思想当作自己认识、研究的对象，那就会走进误区。从根本上说，理论工作者应该像经典作家一样，将客观事物的本质和规律作为自己认识、研究的对象，努力从客观实际中去求"是"；与此同时，也将经典作家反映客观对象而形成的思想即马克思主义理论的内容作为自己认识和研究的对象，并将这些理论与客观实际相对照。这样才能既认识客观实际又掌握马克思主义理论，才能既深入、准确地阐述马克思主义，又从发展变化了的客观实际出发，依据新的实践丰富和发展马克思主义。如果将经典作家的思想当作自己唯一的和最终的认识、研究对象，仅仅从经典作家的书本出发而把自己同客观实际隔离开来，那就把书本上的东西当成了无源之水、无本之木，就会把自己变成封闭在书斋中专门从前人的书本里讨生活的学究，背离马克思主义的实践本性和与时俱进的理论品质。无论编写教科书或从事其他理论研究和著述，都需要在深入钻研前人的书本了解其理论内容的同时，始终将客观实际当作最终意义上的对象去观察、思考，对照客观实际审视已有的理论并努力发展理论。不能正确了解理论工作中不同层次的认识对象及其相互关系，是产生教条主义的一个重要原因。

十 马克思主义理论中整体和部分的关系

马克思主义作为完整的世界观，是由它的各个部分组成的，而它的各个组成部分又是由若干更小的部分构成的整体，整体和部分的区分具有相对性、层次性。弄清什么是马克思主义，正确对待马克思主义，必须正确认识和处理整体和部分的关系。

客观事物都是多样性统一的具体整体，因而与对象相符合的真理性认识也是多样性统一的完整的认识。如列宁所说："真理是全面的。"① "真理就是由现象、现实的一切方面的总和以及它们的（相互）关系构成的。"② 以哲学、政治经济学和科学社会主义为三个主要组成部分的马克思主义，从一开始就是在各个部分的相互关联中作为一个具有整体性的科学理论诞生的。马克思之所以去研究哲学，是为了回应 19 世纪 40 年代历史发展提出的把社会主义从空想变为科学的问题，是为了把社会主义建立在科学的世界观之上；他之所以能创立新的哲学世界观，是因他深入研究了政治经济学，认识了资本主义的本质和规律；建立唯物史观和通过剩余价值的发现揭示资本主义生产的秘密，才使社会主义从空想变成了科学。对于这样一个科学体系，只有把它的各个组成部分联系起来，贯通一气，才能真正理解和把握它，当作我们改造世界的思想武器。对于它的各个组成部分，只有放到整个体系之中，在同其他部分的相互关联中才能正确地理解。正如一位哲学家所说："没有经济学理论的支撑，哲学会永远浮在社会的表层"，"马克思主义哲学不能虚，不能脱离实际生活，特别是经济生活"；"经济学不能太实，太微观，而必须以马克思主义哲学为指导"；"而社会主义学说，必须双脚牢牢站在马克思主义哲学和经济学的基础上，而不能朝抽象人性论和唯心主义价值论靠拢"。③ 进一步说，对于马克思主义的各个组成部分，也必须在其下一层次的各个部分、各种基本原理的相互关联中去把握。比如对于马克思主义哲学的理解，必须把唯物主义和辩证法统一起来，把自然观和历史观统一起来，把世界观和方法

① 《列宁全集》第 55 卷，人民出版社 1990 年版，第 168 页。
② 同上书，第 166 页。
③ 陈先达：《马克思主义哲学关注现实的方式》，《中国社会科学》2008 年第 6 期。

论、认识论统一起来，为此，就必须将马克思主义哲学当作由各个相对区分却又不可分割的部分构成的整体。列宁说："单个的存在（对象、现象等等）（仅仅）是观念（真理）的一个方面。真理还需要现实的其他方面。"① "一般概念、规律等等的无限总和才提供完全的具体事物。"② 马克思主义作为由一系列概念、规律构成的逻辑严谨的体系才得以全面、科学地反映客观对象，如果将其中的个别部分抽取出来孤立地去运用，就难免离开具体真理而导致错误的认识。

另一方面，马克思主义理论作为整体离不开它的各个部分，对整体的把握离不开对部分的理解。人们对客观对象的认识是在分析和综合的相互交替、相互转化中发展的，对马克思主义理论的学习也是在从部分到整体，又从整体到部分的循环往复中逐步深入的。学习总得从某一个部分开始，才能逐步由此及彼，达到整体性的认识。进一步说，学习马克思主义的某一个部分，也不能不从其中一个个的基本观点起步，一步步地前进。看不到理论体系中各个部分相对的独立性，看不到理论学习中由观点到体系、由部分到整体的必然性、过程性，片面地单向地提出整体性、系统性的要求，不符合认识发展的规律、学习的规律，对于理论学习特别是群众性的理论学习是不利的。不注重理论体系的完整性和学习的系统性，就不能引导理论学习不断深入、健康发展；脱离实际情况和认识发展过程片面强调学习的系统性，则可能导致实际上取消群众性的理论学习。

邓小平曾经总结我们党同林彪、"四人帮"斗争的经验，提出了学习理论必须"完整"、"准确"的要求。他说，"毛泽东思想是个思想体系"，他"经过反复考虑"，提出了"必须世世代代地用准确的完整的毛泽东思想来指导我们全党、全军和全国人民"。③ 他还指出："就一个领域、一个方面的问题来说，也要准确地完整地理解毛泽东思想。"④ 十多年后，邓小平又从另一个侧面论述了理论学习问题，他说："学马列要精，要管用的。长篇的东西是少数搞专业的人读的，群众怎么读？要求都读大本子，那是形式主义的，办不到。"⑤ 学习马克思主义理论，必须全

① 《列宁全集》第55卷，人民出版社1990年版，第165—166页。
② 同上书，第239页。
③ 《邓小平文选》第2卷，人民出版社1994年版，第39页。
④ 同上书，第43页。
⑤ 《邓小平文选》第3卷，人民出版社1993年版，第382页。

面地把握整体和部分的关系，而不能有所偏颇。既要把握体系，又要抓住重点，这是由马克思主义理论和实践统一、科学性和阶级性统一的本性决定的。把握体系是指导实践的需要，因为实践的对象是多样性统一的具体事物，实践活动是包含着诸多因素的复杂过程，所以指导实践的，不是某个孤立的观点或命题，而是科学的理论体系。抓住重点同样也是指导实践的需要，因为社会实践的群众性要求在群众中普及马克思主义理论，变革某一特定对象的特定的实践活动必然要求重点强调和运用马克思主义理论中的某些部分、某些观点，而不是不加区分地同时搬来理论的各个部分、各种观点。为此，应该将把握体系和抓住重点统一于理论学习不断深入发展的过程之中，统一于运用理论指导实践的过程之中。在马克思主义理论教育的课程设置中处理各门课程之间的关系，在马克思主义的学科建设中处理一级学科与二级学科之间的关系、各门二级学科之间的关系以及二级学科内各部分之间的关系，也需把整体和部分的关系问题当作"什么是马克思主义、怎样对待马克思主义"的一个重要问题，将这二者统一起来。

十一   马克思主义和哲学社会科学的关系

在人类认识发展和学科分化的过程中，产生了以社会生活、社会历史及其各个方面为对象的多门学问。历史唯物主义为关于社会历史的各门学问提供了科学的历史观基础，在哲学社会科学发展中划出了一个新的时代，但是它作为一种哲学世界观并不取代各门具体社会科学的研究；马克思主义在经济学等多个学科中建立了自己的理论，但是它没有也不可能穷尽对社会历史一切领域的认识，它不是社会科学的百科全书。因此，马克思主义与哲学社会科学，既是密不可分的，又不是等同的。研究马克思主义和哲学社会科学的关系，对于探索和回答"什么是马克思主义、怎样对待马克思主义"的问题是不可缺少的。

马克思主义既是我们党和国家各项事业包括哲学社会科学发展的指导思想，同时本身也属于哲学社会科学，在其中占有崇高的地位。马克思主义在哲学社会科学中的指导地位和学术地位是统一的。

马克思主义作为科学既是一个完整的体系，又跨越哲学和社会科学的多个学科。经过一百多年来一代又一代人的努力，它不仅在其三个主要组成部分中取得了前人从未达到的丰硕学术成果，而且已经或正在社会科学的其他多个学科中建立起自己的理论，如马克思主义史学理论、文艺学理论、法学理论、政治学理论、民族理论，马克思主义的伦理学、马克思主义的新闻观、马克思主义的宗教观等，创造了人类科学发展中最辉煌的业绩。马克思主义之所以能成为指引我们革命、建设和改革不断走向胜利的理论基础，正因为它是科学，因而既代表了历史前进的方向又代表了人民的根本利益。近年来，正当哲学社会科学在我们国家和社会生活中的地位迅速提升时，有些人却企图否定马克思主义在哲学社会科学中的学术地位，散布马克思主义不是学术、没有学问的观点，或明或暗地要把它从学术领域排挤出去。这种马克思主义"非学术论"，是比那种被用来论证"指导思想多元论"的马克思主义"学派论"更加彻底地否定马克思主义因而危害也更大的论调。"学派论"毕竟还承认马克思主义是学术百家中的一个"学派"，而"非学术论"则企图将马克思主义从哲学社会科学中一笔勾销。如果说马克思主义不属于学术领域因而根本不是科学，那就更谈不上它在意识形态领域和整个社会生活中的指导地位，这当然是更加彻底的否定。

在哲学社会科学领域，没有马克思主义特别是唯物史观的指导就不能成为真正意义上的科学。因此，不仅要肯定马克思主义的学术地位，更要坚持它的指导地位。恩格斯在回顾人类认识和科学发展的历史时曾经指出，在唯物史观产生之前，"历史至多不过是一部供哲学家使用的例证和插图的汇集罢了"①。列宁曾经尖锐地发问："在马克思以前有社会科学吗？"② 他的回答显然是否定的。我们当然应该充分肯定并继承几千年来人类认识社会、发展各门社会科学取得的巨大成果，同时也必须如实承认，以马克思主义为指导，从客观实际出发，建立和发展各门社会科学的理论体系和学科体系，至今仍然是摆在我们面前的艰巨任务。2004 年，党中央提出"力争用 10 年左右时间，形成全面反映马克思列宁主义、毛泽东思想、邓小平理论和'三个代表'重要思想的教材体系，形成具有时代特点、结构合理、门类齐全的学科体系"③，并将哲学社会科学各重

---

① 《马克思恩格斯选集》第 4 卷，人民出版社 1995 年版，第 229 页。
② 《列宁全集》第 18 卷，人民出版社 1988 年版，第 349 页。
③ 《中共中央关于进一步繁荣发展哲学社会科学的意见》，《十六大以来重要文献选编》（上），中央文献出版社 2005 年版，第 687 页。

点学科的研究和教材编写纳入中央实施的马克思主义理论研究和建设工程，这充分体现了对马克思主义和哲学社会科学关系的深刻认识，体现了用马克思主义占领哲学社会科学学术领域的决心和气魄，也指明了哲学社会科学以马克思主义为指导、与中国实际和时代特征紧密结合的正确发展方向。

各门哲学社会科学都有自己特定的研究对象，有在长期发展中形成的深厚学术渊源和思想资料，有各种学术流派和自己的学术课题、范畴体系、研究方法、学术语言，因此，马克思主义只能指导而不能替代各门哲学社会科学的学术理论和研究工作。建立、发展以马克思主义为指导的哲学社会科学学科体系同建设、发展马克思主义理论，这是两项紧密关联、部分交叉重叠的任务，应该使二者相互促进。哲学社会科学的发展决不能离开马克思主义的指导，马克思主义的发展也离不开各门哲学社会科学。通过各门哲学社会科学的研究推动马克思主义的理论研究和建设，是发展马克思主义的重要途径。

十二　马克思主义和非马克思主义的关系

在哲学社会科学的各个学科中，有马克思主义的理论，也有各种非马克思主义的学派。在整个社会思想和意识形态领域，有马克思主义思想，也有非马克思主义、反马克思主义的思想。正确认识和处理马克思主义和非马克思主义的关系，是坚持科学的马克思主义观的重要问题。

思想理论的发展具有历史的继承性。马克思主义不是离开世界文明大道产生的学说，而是人类优秀思想成果的继承者。人类哲学思想和关于社会历史的思想源远流长，已经经历了几千年的发展，而马克思主义只有一百多年的历史。思想家从事精神生产，既要面对客观实际，又必须从已有的思想资料出发，通过对前人思想资料的加工来反映现实，作出新的理论创造。就此而论，马克思主义来自非马克思主义，没有非马克思主义就没有马克思主义。马克思主义诞生之前的哲学社会科学都属于非马克思主义思想，马克思主义产生之后，各种非马克思主义的思想理论仍然在不断产生并发展。马克思主义批判继承非马克思主义的思想成果而产生，又继续借鉴、吸收非马克思主义的思想而发展。在马克思主义里绝对没有与"宗派主义"相似的东西，它不是故步自封、僵化

不变的学说。马克思的学说是人类在 19 世纪所创造的优秀成果特别是
德国古典哲学、英国的政治经济学和法国的社会主义的继承者。中国化
的马克思主义继承了中国优秀的传统文化，又吸收了当代人类思想的最
新成果。坚持和发展马克思主义，就永远不能把它当作一个自我封闭、
内部循环的体系，而应该敞开大门，在同非马克思主义思想的"对
话"、交流中不断吸取新的思想养料，发展自身。

马克思主义又是在同非马克思主义、反马克思主义思想的对立和斗争
中产生和发展的。它作为工人阶级的世界观，从产生至今始终面对着同资
产阶级及其他剥削阶级思想体系的对立。马克思和恩格斯在《共产党宣
言》中宣告共产主义思想问世的同时，就清醒地认识到，"为了对这个幽
灵进行神圣的围剿，旧欧洲的一切势力，教皇和沙皇、梅特涅和基佐、法
国的激进派和德国的警察，都联合起来了"。[1] 1913 年，列宁在纪念马克
思逝世 30 周年时，回顾了马克思主义产生后半个多世纪的历史，指出：
"马克思学说在整个文明世界中引起全部资产阶级科学（官方科学和自由
派科学）极大的仇视和憎恨，这种科学把马克思主义看作某种'有害的
宗派'。也不能期望有别的态度，因为建筑在阶级斗争上的社会是不可能
有'公正的'社会科学的"。[2] 1940 年，毛泽东在《新民主主义论》中总
结了自 1919 年五四运动以来，共产主义思想领导的中国文化同帝国主义
文化、封建主义文化作斗争以及同资产阶级的思想文化又联合又斗争的历
史，论述了共产主义思想体系同封建主义思想体系、资本主义思想体系的
异同。当代世界各种思想文化相互交织、相互激荡，我国意识形态领域存
在着尖锐复杂的斗争，斗争的实质是社会主义价值体系与资本主义价值体
系的较量，斗争的焦点是坚持还是否定马克思主义的指导地位。

马克思主义既具有科学性，又具有同科学性相统一的阶级性、意识形
态性；非马克思主义的思想体系一方面具有与马克思主义不同的阶级性、
意识形态性，一方面在整体上不具有科学性，但可以包含这样那样多少反
映了社会实际生活的有价值的思想，正是二者的这种基本性质决定了马
克思主义和非马克思主义的关系。各种哲学和社会思想理论既是一定社会中
经济基础、阶级关系的反映，又反映人与自然、人与社会之间的其他复杂

---

① 《马克思恩格斯选集》第 1 卷，人民出版社 1995 年版，第 271 页。
② 《列宁选集》第 2 卷，人民出版社 1995 年版，第 309 页。

关系，受到生产力发展、科学技术进步和历史文化的影响。因此我们对各种非马克思主义思想应该做辩证的分析。一方面要看到它们是与马克思主义本质上不同的乃至对立的思想体系和意识形态，一方面又要看到一种学说的具体思想内容与它的基本立场和体系之间可能存在复杂的矛盾关系，并非一错全错。比如，唯心主义的体系中也可以有唯物主义的内容，形而上学的体系中也可以有辩证法的因素，为资本主义根本制度辩护的经济学中也可以有反映当代社会复杂的经济运行和管理规律的认识成果。如何认识和对待非马克思主义的问题，在当前主要是如何对待当代西方思想理论和中国传统文化的问题。盲目排斥或盲目照搬，全盘否定或全盘继承，都不是科学的态度。立足现实，取其精华，去其糟粕，为我所用，才能在同非马克思主义打交道的过程中坚持和发展马克思主义。

建设社会主义核心价值体系，首要的任务是巩固马克思主义的指导地位。自 1919 年五四运动以来，中国应该以什么理论作为指导思想的争论从来没有停止过，这是社会的经济、政治斗争在意识形态领域的反映，其实质是中国走什么道路的问题。近年来，有人从国外搬来了新自由主义和民主社会主义，有人打出"大陆新儒家"的旗号，要用儒教"取代马列主义"，都是企图否定马克思主义的指导地位，用非马克思主义思想取而代之。毫不动摇地坚持马克思主义的指导地位，是当前正确认识和处理马克思主义与非马克思主义关系的首要任务。

以上我们讨论了有关马克思主义观的十二个关系问题。关系就是矛盾，就是矛盾双方之间既对立又统一的联系，而"矛盾即是运动，即是事物，即是过程，也即是思想"。① "什么是马克思主义"，是对马克思主义的认识问题；"怎样对待马克思主义"，是对马克思主义的态度问题。认识事物，就是认识矛盾；对待事物，就是处理矛盾。以上讨论的十二个关系中，理论和实践的关系、阶级性和科学性的关系，是马克思主义中最基本最重要的关系，它们的统一构成了马克思主义的"遗传基因"，决定了马克思主义的根本性质和矛盾运动，也决定着、影响着其他各种矛盾关系。如果要对各种自称为或被称为马克思主义的理论进行"基因检测"的话，那么说到底就看其是不是从实践中产生又在实践中发挥了作用、经受了检验的，既揭示了物质世界和人类社会发展客观规律又符合工人阶级

---

① 《毛泽东选集》第 1 卷，人民出版社 1991 年版，第 319 页。

和人民群众根本利益的理论。马克思主义是作为发展过程而存在的，坚持马克思主义基本原理和推进马克思主义中国化的关系、坚持马克思主义和发展马克思主义的关系、马克思主义发展中一元和多样的关系，决定着马克思主义的发展过程和实际运用，对于坚持马克思主义中国化和中国化马克思主义具有极为重要的意义。马克思主义是作为认识主体的人对客体的反映，马克思思想和马克思主义的关系、马克思主义理论创造中领袖和群众的关系，是马克思主义的认识主体中的矛盾关系。马克思主义理论本身是以一定的载体存在和体现出来的思想体系，马克思主义著作的文本和思想的关系、马克思主义经典原著和教科书的关系、马克思主义理论中整体和部分的关系，是马克思主义作为一种思想理论自身所具有的矛盾关系。马克思主义和哲学社会科学的关系、马克思主义和非马克思主义的关系，是马克思主义同其他相关事物的关系。这十二种关系，都是马克思主义存在和发展中所固有的矛盾，它们的对立统一分别从不同的方面规定了马克思主义的性质及其发展，因而探讨这些关系，可以深化马克思主义观的研究，科学地认识马克思主义，正确地对待马克思主义。事物的矛盾运动是其自身所固有的，人的认识反映这些矛盾运动，是一个在实践中逐步深化的过程，只能不断地接近它，而不能穷尽它。继续研究各种相关的关系问题，对于深入探索和回答"什么是马克思主义、怎样对待马克思主义"是有益的。

（原载《高校理论战线》2010 年第 1、2 期；《马克思主义文摘》2010 年第 5 期摘发）

回答"什么是马克思主义"不能离开党的历史

提要 马克思主义在中国共产党的历史实践中得到了充分的运用和检验。回答"什么是马克思主义"决不能离开中国共产党的历史，这应该是一条方法论原则。离开党的历史和中国人民的实践去争论"什么是马克思主义"和"什么是马克思主义哲学"，是"纯粹经院哲学"的问题。

开展马克思主义观的研究必须有正确的方法，遵循科学的方法论原则。笔者认为，正确回答"什么是马克思主义"不能离开中国共产党 90 年来的历史，这应该是一条方法论原则。当前在哲学研究中存在着离开党的历史去解读马克思主义哲学的现象，本文联系这一现象作一些讨论。

一 马克思主义在中国共产党的历史实践中得到了充分的运用和检验

马克思主义从萌芽时起，就显示出自己阶级性和实践性的特点。1843 年，当马克思从批判黑格尔的法哲学入手开始自己的理论创造时，他就主张"批判的武器当然不能代替武器的批判，物质力量只能用物质力量来摧毁"。在他看来，理论的作用就在于，"理论一经掌握群众，也会变成物质力量"[1]。他诉诸群众，诉诸无产阶级，宣布"哲学把无产阶级当做自己的物质武器，同样，无产阶级也把哲学当做自己的精神武器"。[2] 1845 年春，在《关于费尔巴哈的提纲》中，他既批判了旧唯物主义"不

---

[1] 《马克思恩格斯文集》第 1 卷，人民出版社 2009 年版，第 11 页。
[2] 同上书，第 17 页。

了解'革命的'、'实践批判的'活动的意义"这个主要缺点，又指出"唯心主义是不知道现实的、感性的活动本身的"。他说："哲学家们只是用不同的方式解释世界，问题在于改变世界。"① 这些都表明，马克思主义从来就不是某个蛰居书斋的学者的个人学说，而是工人阶级这个阶级的世界观，是人民群众手中的武器。理论和实践统一、科学性和阶级性统一的本质特征使它同其他一切哲学及社会历史理论区分开来，使它的生命历程始终同工人阶级和亿万群众变革世界的实践融合在一起。

马克思主义同社会实践相结合的最重要的方式或途径是：通过以它为指导的工人阶级政党的创立和发展，以及党领导下人民群众自觉的实践来实现理论与实践的结合。《共产党宣言》就是共产主义者同盟的纲领，是马克思和恩格斯受同盟代表大会委托为其起草的"详细的理论和实践的党纲"②。《宣言》的发表既标志着马克思主义科学世界观的问世，又标志着世界上第一个无产阶级国际组织创建工作的最终完成。同盟就是马克思主义同西欧工人运动相结合的产物。马克思和恩格斯改造正义者同盟、创建共产主义者同盟和写作《共产党宣言》这二者之间的关系，直接体现着马克思主义理论同工人运动实践的结合。作为以科学社会主义为核心的工人阶级政党的世界观，马克思主义100多年来产生和发展的历史，就是社会主义从空想到科学、社会主义制度从理想到现实、社会主义国家从一国到多国发展的历史。马克思主义的历史命运始终同共产主义工人政党的命运，同工人阶级和人民群众的命运，同社会主义的命运休戚相关。

马克思主义在中国的命运，从一开始就是同中国共产党及其领导的中国人民的实践结合在一起的。虽然在中国提到马克思、恩格斯的名字，可以追溯到外国传教士在上海办的《万国公报》上1899年的文章，虽然梁启超、朱执信等人也介绍过马克思的学说，但他们对马克思主义并没有真切的了解，也并不表示赞同。1917年俄国十月革命之前，"中国并没有人真正知道马克思主义的共产主义"。③ 是十月革命的炮声给我们送来了马克思列宁主义。中国人不是在研究学问的书斋里，而是在寻求救国救民之路的艰难跋涉中找到马克思主义的。1919年的五四运动推动了马克思主

① 《马克思恩格斯文集》第1卷，人民出版社2009年版，第502页。
② 《共产党宣言》1872年德文版序言，《马克思恩格斯文集》第2卷，人民出版社2009年版，第5页。
③ 《毛泽东文集》第3卷，人民出版社1996年版，第290页。

义同中国工人运动的结合，两年后诞生的中国共产党就是结合的产物，党又成为中国人民拿起马克思主义思想武器的倡导者和组织者。刚刚找到这个武器的中国共产党，尽管对于马克思主义理论和中国实际都还没有完整的、统一的了解，还不善于将这二者结合，但是党立即用这一科学世界观作为观察国家命运的工具，投入了政治斗争。

毛泽东在 1941 年说过："中国共产党的二十年，就是马克思列宁主义的普遍真理和中国革命的具体实践日益结合的二十年。"[①] 今天我们可以说，中国共产党的 90 年，就是马克思主义普遍真理和中国具体实践日益结合的 90 年。这一结合是理论和实践之间双向作用的过程。马克思主义的理论和中国的实践，二者都在相互作用中获得了极大的发展。一方面，马克思主义使中国人民在思想上从被动变为主动，使中国革命的面貌为之一新。90 年的历史进程从根本上改变了中国人民的前途命运，半殖民地半封建的四分五裂贫穷落后的旧中国成为历史，一个面向现代化、面向世界、面向未来的社会主义中国巍然屹立在世界东方。另一方面，马克思主义也在中国人民的实践中接受了充分的检验，获得了长足的发展。

在世界上人口最多的国家，在长达 90 年的时间里，在全国规模上同整个阶级、整个民族的实践相结合，这是马克思主义发展史上空前的大事件。1847 年成立的共产主义者同盟只存在了 5 年，1852 年宣告解散。1917 年十月革命之前，马克思主义"影响主要限于欧洲，全世界大多数人还不知道有所谓马克思主义"。[②] 列宁缔造的创建了人类历史上第一个社会主义国家的俄国布尔什维克党，"作为一个政党而存在，是从 1903 年开始的"[③]，到 1991 年苏联共产党中央自行解散、苏联解体，共 88 年；如果从 1898 年俄国社会民主工党第一次代表大会宣布社会民主工党成立算起，共 93 年。无论如何，《共产党宣言》诞生以来马克思主义在实践中运用、发展和接受检验的 160 多年的历史中，中国共产党 90 年的历史具有极为重要的地位。因此，我们联系历史实践来回答"什么是马克思主义"的问题，决不能离开中国共产党的历史。

由于我们党从一开始就是建立在马克思主义理论基础上的党，"什么是马

---

① 《毛泽东选集》第 3 卷，人民出版社 1991 年版，第 795 页。
② 《毛泽东文集》第 3 卷，人民出版社 1996 年版，第 290 页。
③ 《列宁全集》第 39 卷，人民出版社 1986 年版，第 4 页。

克思主义、怎样对待马克思主义"这一重大的理论和实践问题始终关联着党的事业的全局，所以对这个问题的探讨贯穿于党的全部历史之中。

　　早在建党之前，党的先驱者的文献中就出现了"马克思主义观"这个概念。1919 年 5 月，李大钊在他主编的《新青年》的《马克思研究专号》上发表了《我的马克思主义观》一文，介绍马克思主义。我们党反对王明"左"倾教条主义的斗争，从一定意义上说就是一场围绕着"什么是马克思主义、怎样对待马克思主义"展开的关系到党的生死存亡的斗争。毛泽东在延安整风报告中说，"我们对待马克思列宁主义的态度问题"，"是一个非常重要的问题"，"是第一个重要的问题"。[①] 他提出和回答了"什么是理论家，什么是知识分子，什么是理论和实际联系"等问题，这些论述在一定意义上是对什么是马克思主义和怎样对待马克思主义的回答。后来毛泽东还明确地用"什么叫马克思主义"来概括当时的争论，他说："什么叫马克思主义？那时的中央领导者们，实在懂得很少，或者一窍不通，闹了多年的大笑话。"[②] 在党的七大的口头政治报告中，毛泽东回顾党的历史，深刻地指出："我们历史上的马克思主义有很多种，有香的马克思主义，有臭的马克思主义，有活的马克思主义，有死的马克思主义。"他说："我们所要的是香的马克思主义，不是臭的马克思主义；是活的马克思主义，不是死的马克思主义。"[③]

　　对于党的历史上的种种马克思主义做出鉴别，排除错误而确立真理，最终靠的是实践，而不是理论的辨析和争论。历史证明了毛泽东思想的科学真理性。1945 年党的七大确立"以马克思列宁主义的理论与中国革命的实践之统一的思想——毛泽东思想，作为自己一切工作的指针"[④] 时，刘少奇在关于修改党章的报告中说，"毛泽东思想的生长、发展与成熟，已经有了 24 年的历史，在无数次的千百万人民的剧烈斗争中反复考验过来了，证明它是客观的真理"。[⑤] 他还指出，毛泽东成功地进行"马克思主义中国化的事业"，"这在世界马克思主义运动的历史中，是最大的功绩之一"。[⑥]

---

　　① 《毛泽东选集》第 3 卷，人民出版社 1991 年版，第 813 页。
　　② 《毛泽东文集》第 8 卷，人民出版社 1996 年版，第 326 页。
　　③ 《毛泽东文集》第 3 卷，人民出版社 1996 年版，第 331—332 页。
　　④ 《中国共产党党章》，《建党以来重要文献选编（1921—1949）》第 22 册，中央文献出版社 2011 年版，第 533 页。
　　⑤ 《刘少奇选集》上卷，人民出版社 1981 年版，第 334 页。
　　⑥ 同上书，第 336 页。

新中国成立 60 多年，特别是改革开放 30 多年来，我们党又在新的历史条件下把马克思主义普遍真理同中国具体实际相结合，在实践中开辟出中国特色社会主义道路的同时，在理论上创立了中国特色社会主义理论体系。中国特色社会主义理论体系作为马克思主义中国化的最新成果，集中体现了党和人民在当代中国新的社会实践中对马克思主义的运用、发展和检验。

可见，中国共产党 90 年的历史，是党领导人民以马克思主义为指导改造旧中国、发展新中国的历史，也是在中国的实践中检验马克思主义、发展马克思主义、实现马克思主义中国化的历史。我们应该自觉地结合党的历史来研究和回答"什么是马克思主义"的问题。

二　从中国共产党的历史实践看"什么是马克思主义哲学"

自 20 世纪 80 年代以来，"什么是马克思主义哲学"一直是我国哲学研究中讨论的一个重要问题。有些论者对辩证唯物主义是不是马克思主义哲学提出了质疑，同时对马克思主义哲学做出了其他种种解读。在纪念党成立 90 周年之际，我们可以联系党的历史来考察这样一个问题：什么是我们党的理论和实践中的马克思主义哲学？

在列宁的哲学思想中，"马克思主义哲学"和"辩证唯物主义"是同义语。列宁说，"马克思主义哲学即辩证唯物主义"；他又说，"辩证唯物主义即马克思主义"。[①] 同时，列宁特别强调辩证唯物主义和历史唯物主义是一个整体，他说，"在这个由一整块钢铸成的马克思主义哲学中，决不可去掉任何一个基本前提、任何一个重要部分"。[②] 在列宁的著作中，"辩证唯物主义"是马克思主义哲学的总称，是它的整体，而历史唯物主义，或唯物主义历史观，是这个总体中具有特殊重要意义的部分。这是因为，马克思和恩格斯"所特别注意的不是唯物主义认识论，而是唯物主义历史观"，"特别坚持的是**历史**唯物主义，而不是历史**唯物主义**"。[③] 由于历史唯

---

① 《列宁选集》第 2 卷，人民出版社 1995 年版，第 15、13 页。
② 《列宁专题文集·论辩证唯物主义和历史唯物主义》，人民出版社 2009 年版，第 112 页。
③ 同上书，第 115—116 页。

物主义作为马克思一生的两个伟大发现之一在马克思主义哲学的整体中具有特别重要的地位，所以马克思主义哲学通常被称为"辩证唯物主义和历史唯物主义"。

中国共产党人对马克思主义哲学的理解，直接继承了列宁的哲学思想。在我们党的重要文献中，马克思主义哲学始终被称为辩证唯物主义和历史唯物主义。

毛泽东说，马克思主义有几门学问，"基础的东西是马克思主义哲学"，"马克思主义的理论基础，即辩证唯物论和历史唯物论。"① 他又说，"世界观是辩证唯物主义，这是共产党的理论基础"。② 在毛泽东的著作中，"马克思主义的世界观（或叫宇宙观），是辩证法的唯物论"、"共产主义的宇宙观是辩证唯物论和历史唯物论"、"马克思主义的哲学——辩证法唯物论"③ 这样的表述随处可见。邓小平一贯倡导实事求是，同时他把"实事求是"看作是用中国语言对"辩证唯物主义和历史唯物主义"的表达，他说"马克思主义的辩证唯物主义和历史唯物主义，用毛泽东主席的话来讲就是实事求是"。④ 因此，他在对党的思想路线做出概括的同时，既把它称为"毛泽东同志的实事求是的思想路线"⑤，又把它称为"辩证唯物主义和历史唯物主义的思想路线"，他说："马克思、恩格斯创立了辩证唯物主义和历史唯物主义的思想路线，毛泽东同志用中国语言概括为'实事求是'四个大字。"⑥ 胡锦涛总书记在论述党的各方面的工作时，反复强调要坚持辩证唯物主义和历史唯物主义的世界观和方法论。他在论述我们党的指导思想时明确指出："毛泽东思想、邓小平理论和'三个代表'重要思想虽然形成于我国革命、建设和改革的不同历史时期，面对着不同的历史任务，但都贯穿了辩证唯物主义和历史唯物主义的世界观和方法论。"⑦

"辩证唯物主义"和"历史唯物主义"写进了我们的党章和宪法。1945 年党的七大通过的《中国共产党章程》规定："中国共产党以马克思

---

① 《毛泽东文集》第 6 卷，人民出版社 1999 年版，第 396、395 页。
② 《毛泽东文集》第 8 卷，人民出版社 1999 年版，第 5 页。
③ 《毛泽东著作专题摘编》（上），中央文献出版社 2003 年版，第 14、17、26 页。
④ 《邓小平文选》第 3 卷，人民出版社 1993 年版，第 101 页。
⑤ 同上书，第 69 页。
⑥ 《邓小平文选》第 2 卷，人民出版社 1994 年版，第 278 页。
⑦ 《十六大以来重要文献选编》（上），中央文献出版社 2005 年版，第 644 页。

主义的辩证唯物主义与历史唯物主义为基础。"① 1956 年党的八大通过的党章重申："党坚持马克思列宁主义的辩证唯物主义和历史唯物主义的世界观，反对唯心主义和形而上学的世界观。"②《中华人民共和国宪法》第二十四条规定，国家"进行辩证唯物主义和历史唯物主义的教育"。

党和国家重要文献中的这些表述，是历史的记录。它们既是对党的理论的概括和表达，又是对党的实践的历史记载，因为它们来自实践，又指导了实践。

毛泽东 1937 年写下的《实践论》、《矛盾论》和 1957 年写下的《关于正确处理人民内部矛盾的问题》，是中国化马克思主义哲学的主要代表作。在《实践论》中，毛泽东以认识和实践的关系为轴心，论述了辩证唯物主义的能动反映论，揭示了人类认识发展的基本规律。在《矛盾论》中，毛泽东系统地论述了唯物辩证法的核心对立统一规律，阐明了唯物辩证法同形而上学以及唯心辩证法的区别和对立。在《关于正确处理人民内部矛盾的问题》中，毛泽东坚持用对立统一的观点观察社会主义社会，阐明了社会主义社会的基本矛盾，提出了正确认识和处理敌我之间和人民内部两类不同性质矛盾的学说。这些著作集中体现了中国共产党人的辩证唯物主义和历史唯物主义的世界观。它们是对马克思主义的继承，又是对马克思主义的发展。它们是以往长期实践经验的总结，又长期指导了党和人民的实践。毛泽东哲学思想的普及和党的思想路线的贯彻，使辩证唯物主义和历史唯物主义在亿万中国人民的心目中深深扎下了根，在中国的大地上被付诸实践，发挥了改造世界的巨大作用，也使自己经受了千百万人民实践的检验。

党的辩证唯物主义和历史唯物主义世界观还集中体现在党在各个历史时期的正确的政治路线中。无论是党的新民主主义革命总路线、过渡时期总路线，还是社会主义初级阶段的基本路线，都是以辩证唯物主义和历史唯物主义为理论基础，从中国实际出发制定和贯彻实施的，都是马克思主义的普遍真理同中国具体实际相结合的产物。1945 年党中央做出的《关于若干历史问题的决议》，总结党成立后 24 年的历史，得出一个重要结论："一切政治路线、军事路线和组织路线之正确或错误，其思想根源都

---

①　《中共中央文件选集》第 13 册，中共中央党校出版社 1987 年版，第 52 页。
②　《建国以来重要文献选编》第 9 册，中央文献出版社 1994 年版，第 314 页。

在于它们是否从马克思列宁主义的辩证唯物论和历史唯物论出发，是否从中国革命的客观实际和中国人民的客观需要出发。"① 2008 年 12 月，胡锦涛同志在总结我国改革开放 30 年的成就和经验时又指出，30 年来的宝贵经验，"闪耀着马克思主义真理的光芒，是辩证唯物主义和历史唯物主义的胜利"。② 90 年来在党的正确路线指引下取得的中国革命、建设和改革的伟大成就，就是对辩证唯物主义和历史唯物主义的科学真理性最充分、最有说服力的证明。

综上所述，中国共产党 90 年的历史表明，在党的指导思想中处于理论基础地位的哲学，就是辩证唯物主义和历史唯物主义，而决不是别的什么哲学；同样的，在党的实践中转化为物质力量，发挥了改造世界的作用，又接受了实践检验的哲学，就是辩证唯物主义和历史唯物主义，而决不是别的什么哲学。

但是，在我国的哲学学术研讨中，辩证唯物主义遭遇了严重的质疑。质疑和否定辩证唯物主义的观点从两方面表现出来。一方面，一些论者提出，辩证唯物主义不是马克思主义哲学。其主要理由是，马克思的著作中没有"辩证唯物主义"这个概念，辩证唯物主义不是马克思的思想，而是源自恩格斯的列宁、斯大林的思想。有的论者说，辩证唯物主义是来自斯大林的"冒牌的假的马克思哲学"，要对它"进行彻底清算"。另一方面，一些论者在否定辩证唯物主义的同时，按照自己的观点解读马克思的著作，提出了各种关于"什么是马克思主义哲学"的主张，其中有：实践唯物主义、实践活动的唯物主义、实践本体论、实践一元论、实践存在论、实践人本主义、实践唯心主义等等。

持这些观点的论者，其哲学立场和主张不尽相同。对这些观点和提法需要具体分析，不可一概而论。本文不拟对这些观点作全面的评析。这里只想指出，联系党的历史来看，否定辩证唯物主义的论者不能不面对以下两个问题。

第一，如果辩证唯物主义不是马克思主义哲学，那么应该怎样看待党的指导思想和党的历史？

辩证唯物主义既写在党的文献上，又被运用于党的实践之中，历史实

---

① 《毛泽东选集》第 3 卷，人民出版社 1991 年版，第 989 页。
② 《十七大以来重要文献选编》（上），中央文献出版社 2009 年版，第 808 页。

践已经证明了它的真理性和价值。假若真的如某些论者所言，它并不是马克思主义，那么，我们这个始终宣示以马克思主义为指导思想的党，究竟是建立在一种什么哲学理论的基础之上的呢？

第二，如果马克思主义哲学不是辩证唯物主义，而是今天才被一些学者从马克思的书本中解读出来的这样或那样的"主义"，那么我们应该怎样认识和对待马克思主义？

一些学者提出来取代辩证唯物主义的种种哲学主张，不管其理论上的论证如何，一个不争的事实是：它们不是90年来被运用于党的理论和实践中的哲学，它们不曾同中国人民的实践发生过关系。假若它们才是真正的马克思主义的哲学，那么，我们坚持马克思主义的目的和根据究竟是什么呢？

不是别人，正是马克思本人，揭示了只有实践才是检验真理的标准："人的思维是否具有客观的真理性，这不是一个理论的问题，而是一个实践的问题。"① 假若马克思主义哲学从诞生以来就因为被误解或曲解而同人民群众的实践隔绝开来，那么，它经受过社会实践的检验吗？把马克思主义哲学说成是尘封在马克思书本中的直到今天才被一些论者发现的理论，就从根本上抹掉了它的实践基础，从而否定了它是经受了实践检验的科学真理。

毛泽东说："我们学马克思列宁主义不是为着好看，也不是因为它有什么神秘，只是因为它是领导无产阶级革命事业走向胜利的科学。"② 假若马克思主义哲学并不是90年来指引中国人民走向胜利的辩证唯物主义，那么，那些今天才从书本中发掘出来的并未经受过实践检验的"马克思主义哲学"，我们为什么需要它呢？这究竟是为着好看呢？还是因为它出自一个名叫卡尔·马克思的人而有什么神秘？

马克思说："关于思维——离开实践的思维——的现实性或非现实性的争论，是一个纯粹经院哲学的问题。"③ 那些否定辩证唯物主义的论者们提出的同党的历史无关的哲学主张，不就是离开中国人民实践的思维吗？如果我们去争论这些哲学是不是真理或是否具有现实性，会不会陷入

---

① 《马克思恩格斯文集》第1卷，人民出版社2009年版，第500页。
② 《毛泽东选集》第3卷，人民出版社1991年版，第820页。
③ 《马克思恩格斯文集》第1卷，人民出版社2009年版，第500页。

"纯粹经院哲学"式的研究呢？

在笔者看来，那些否定辩证唯物主义而要用自己的哲学主张取而代之的观点，在方法论上有一个共同的根本缺陷，那就是离开马克思主义诞生160多年特别是中国共产党诞生90年来的实践去讨论什么是马克思主义。这种研究方法，背离了马克思主义的实践本性，背离了马克思主义的实践观、真理观。

值得深思的是，所有这些观点恰好又都是以强调实践为特征的。它们无不以"实践"为关键词。某些公开宣布自己"成了无所畏惧的彻底的战斗的'唯心主义者'"的人，也不忘以重视实践相标榜，名之曰"实践唯心主义"。这就再一次提醒人们，把实践提到首位的哲学，并不一定是实践的唯物主义的哲学，其中也有唯心主义的哲学。从哲学史上看，实用主义哲学就是一种以强调实践为特征的实践的唯心主义。它证明，实践的唯心主义不仅是可能的，而且是确实存在的。我们坚持辩证唯物主义和历史唯物主义，不能不对实践的唯心主义保持必要的警惕。

（原载《红旗文稿》2011年第10期；收入《理论热点辨析——〈红旗文稿〉文选·2011》，红旗出版社2012年版；《马克思主义中国化与中国共产党的90年》，中国社会科学出版社2012年版）

论马克思主义的理论自觉和理论自信

提要 我们所应有的理论自觉和理论自信，是中国共产党和中国人民对马克思主义特别是中国化马克思主义的自觉和自信。理论自觉和自信的基础是社会实践，其根据是理论与实践的统一。马克思主义的理论自觉集中体现在弄清"什么是马克思主义"，同非马克思主义思想区分开来。坚持把马克思主义基本原理同中国具体实际相结合，是对马克思主义、中国实践及二者结合的产物中国化马克思主义的高度自觉和充分自信。马克思主义的世界观变革也表现为"术语的革命"，应该用马克思主义的话语讲马克思主义，用中国化马克思主义的话语讲中国化马克思主义。

理论上高度的自觉和自信是马克思主义的一个鲜明特征。理论与实践的关系是理论的生命之所在。理论与实践的统一是马克思主义的一条基本原则。本文试图从理论与实践关系的视角探讨有关马克思主义的理论自觉和理论自信的几个问题。

一 什么是我们所应有的理论自觉和理论自信？

理论是源于实践的具有相对完整形态的理性认识。理论自觉和理论自信，都是理论主体的一种反思性认识，即主体反诸自身、以自身为对象或客体的认识和评价。在反思性认识中，认识者和认识对象具有直接同一性：在一定的意义上，认识的客体就是主体自身。这里所说的理论主体，是指一定的理论本身，同时指建构并应用一定理论的人，即这一理论的人格化代表。理论主体是这二者的统一。真正的理论都是不断生长着的活的生命机体，因而可以成为有自我认识能力的主体，但它的生命是由人赋予的，也是由人来代表的。

所谓理论自觉，是理论主体对自身"是什么"的认识，即清醒地认识到自身的质的规定性，把自己与他者区分开来。这不仅是把自身同理论之外的其他事物区分开来，包括认识到自身作为"理论"不同于其他形式的社会意识（如社会心理、感性认识、艺术、宗教等）的特点和功能，更重要的是，认识到自身作为"这一理论"区别于其他理论的根本特征和历史使命，即认识特定理论的特殊本质。

理论自觉是理论自信的前提和基础。没有理论的自觉，就没有理论的自信。尚未形成自我意识，不知道"我"是谁，不能把自我同他人区分开来的婴幼儿，是没有什么"自信"的，对于他们，不存在自信或不自信的问题。同样的，只有达到了某种程度的自觉，认识到自身"是什么"的理论，才发生了自信或不自信的问题。所谓理论自信，是理论主体对自身的一种自觉的积极的肯定性评价。对理论的评价，包括对其真理性的评价和价值性的评价两个方面。真理性的评价，是对理论与它所反映的客观对象之间关系的评价：它是否与自己的对象相符合？或是否已经确定它与对象符合或不符合？即是说，它是真理还是谬误？或它的真理性是否已经受过实践的检验？价值性的评价，是对理论与一定价值主体之间关系的评价。这就是要区分：这一理论对谁有利？它付诸实施的结果，对人民群众有利还是不利，或在多大程度上有利？理论的真理性和价值性是两个不同的问题，但站在工人阶级的立场，以人民群众为价值主体来考察，这二者在归根到底的意义上是统一的。因为，一切真理都是有利于人民的，一切错误都是不利于人民的。所以，对理论的真理性评价和价值性评价，二者是不可分的，归根到底，应该把它们统一起来，做出统一的既判明其真理性又判明其价值属性的评价。对理论的评价，有来自他者的，也有出自理论主体自身的。理论主体对自身的肯定性评价，就是理论自信。基于理论自觉而产生的理论自信，深化了对理论自身的认识，因而又可以反过来增强理论自觉。理论自觉和理论自信，二者是相互作用的。

什么是我们所应该确立并不断增强的理论自觉和理论自信呢？李长春同志说："我们党是一个由科学理论孕育催生、用科学理论武装发展的马克思主义政党，高度的理论自觉和理论自信是党的鲜明特征和根本优势。"① 这清楚地表明，我们党提出的"增强理论自觉和理论自信"中的"理论"，就是孕育催生又武装发展了中国共产党的科学理论，即作为党的指导思想和理论基础的马克思主义。党从成立之日起，就把马克思列宁主义确立为自己的指导思想。党坚持把马克思主义基本原理同中国具体实际相结合，在推进马克思主义中国化的历史进程中产生了中国化马克思主义的两大理论成果：毛泽东思想和中国特色社会主义理论体系。因此，我们的理论自觉和自信的主体，是包括马克思列宁主义和中国化马克思主义在内的马克思主义理论，是在中国代表这一理论的中国共产党、中国工人阶级和中国人民。我们所要增强的理论自觉和理论自信，就是中国共产党、中国工人阶级和中国人民对于自己的理论马克思主义特别是中国化马克思主义的自觉和自信。

马克思主义的理论自觉和理论自信，包括对于以马克思主义为指导、建立在马克思主义科学基础上的哲学社会科学的自觉和自信。这是理论的自觉和自信在哲学社会科学中的体现。哲学和各门社会科学是人类认识世界、认识社会和认识人类自身成果的结晶。马克思主义作为完整的科学世界观，其理论成果的充分展开，必然要呈现于哲学和各门社会科学之中，建立和发展以马克思主义为指导的各个学科。我们党历来高度重视哲学社会科学。党在领导中国革命、建设和改革的同时，领导哲学社会科学工作者坚持以马克思主义为指导，促进哲学社会科学的繁荣发展。特别是2004 年以来党中央实施的马克思主义理论研究和建设工程，把马克思主义在中国发展的理论成果贯穿到哲学社会科学的学科建设、教材建设中，推动着哲学社会科学正在形成充分反映马克思主义中国化最新成果、充分反映中国特色社会主义丰富实践、充分反映本学科领域最新进展的学科体系和教材体系，打开了繁荣发展哲学社会科学的突破口。哲学社会科学工作者的理论自觉和理论自信，应该体现于在本学科中坚持以马克思主义为指导，体现于对本学科的正确认识和本专业的工作之中。

人类认识活动的主体，是个人主体与不同层次的社会群体主体的统一。个人在一定的社会群体中认识世界，一定的社会群体通过组成它的现

---

① 李长春：《在马克思主义理论研究和建设工程工作会议上的讲话（2012 年 6 月 2 日）》，《人民日报》2012 年 6 月 4 日。

实个人去认识世界。理论自觉和理论自信中的主体同样是如此。因此，理论主体这一概念在不同具体场合的具体所指可以有所不同，但它们是统一的，这是概念的确定性和灵活性的统一。党中央提出增强理论自觉和理论自信，是对党自身的要求，对全体党员和党的干部的要求，也是对理论工作者和哲学社会科学工作者的期望。

二　理论自觉和理论自信的基础和根据

党中央提出增强理论自觉和理论自信，具有充分可靠的客观根据。

理论自觉和理论自信，不能建立在良好愿望或主观需求的基础之上。理论的基础是实践。理论自觉和理论自信的基础也是实践，其根据在于理论与实践的统一。只有与实践相统一的理论，才能真正确立自觉和自信。马克思主义是来自实践又回到实践中去的理论，是在实践中改变了世界，同时经受了社会实践反复检验的理论。这就是我们的理论自觉和理论自信的基础，也是党中央提出增强理论自觉和理论自信的客观根据。

人类进入文明时代以来，提出了难以计数的理论，不同理论竞长争高，真理和谬误交错并存。为了区分各种理论中的真理和谬误，历代哲学家们提出了多种不同的真理标准。1845 年春，当青年马克思在探索真理的道路上快步走到创立自己新世界观的历史关头时，他在《关于费尔巴哈的提纲》中写道："人的思维是否具有客观的真理性，这不是一个理论的问题，而是一个实践的问题。人应该在实践中证明自己思维的真理性，即自己思维的现实性和力量，自己思维的此岸性。"这一论断，第一次突破了千百年来哲学家们在认识、思维的范围内寻找真理标准的局限性，跳出主观认识的领域，找到了实践这个唯一可以最终判明真理和谬误的客观标准。在这个提纲中，马克思还确认，哲学的使命应该是改变世界。他写道："哲学家们只是用不同的方式解释世界，问题在于改变世界。"在这"包含着新世界观的天才萌芽的第一个文献"中，已经包含着马克思主义的理论自觉和理论自信的萌芽：它自觉地把自己当作无产阶级改变世界的思想武器，自信实践能够证明自己的真理性和力量。由此也可见，马克思主义从来就把本身的自觉和自信建立在实践的基础之上。

从 19 世纪 40 年代至今 160 多年的马克思主义史，是亿万人民在实践中运用马克思主义改变世界的历史，是社会实践反复检验马克思主义的科学真理性和价值的历史，也是马克思主义的理论自觉和理论自信确立并不断增强的历史。

欧洲 1848 年革命的爆发使刚刚在《共产党宣言》中公布于世的马克思主义立即经受了革命实践的检验。马克思和恩格斯投身于革命风暴之中，创办了民主派机关报《新莱茵报》，指导工人阶级的斗争，并且撰写了多篇著作总结革命的经验教训，检验和发展了自己的理论。在马克思总结法国 1848 年革命经验和评述 1851 年 12 月 2 日路易·波拿巴政变的著作《路易·波拿巴的雾月十八日》出版 33 年之后，恩格斯于 1885 年在这本书的第三版序言中说："正是马克思最先发现了重大的历史运动规律。""在这部著作中，他用这段历史检验了他的这个规律；即使已经过了 33 年，我们还是必须承认，这个检验获得了辉煌的成果。"在这里，基于实践的马克思主义的理论自觉和自信真是溢于言表。

1884 年 2 月，恩格斯在《马克思和〈新莱茵报〉（1848—1849 年）》一文中回顾《共产党宣言》提出的策略纲领时说："从来没有一个策略纲领像这个策略纲领那样得到了证实。它在革命前夜被提出后，就经受了这次革命的检验；并且从那时起，任何一个工人政党每当背离这个策略纲领的时候，都因此而受到了惩罚。"这时距离《宣言》发表和 1848 年革命爆发已经 36 年，而马克思在走完《宣言》之后 35 年的革命实践和理论创造的光辉生涯后，已于一年前离世。当《宣言》在 1848 年革命爆发前夜问世时，共产主义还只是一个在欧洲游荡的幽灵，"我们所称的德国'共产党'仅仅是一个人数不多的核心，即作为秘密宣传团体而组成的共产主义者同盟"，而在经历了三四十年的实践检验之后，《宣言》的原则已经在世界各国工人中广泛传播，成为从西伯利亚到加利福尼亚的千百万工人公认的共同纲领。

《宣言》和它所宣示的马克思主义理论给世界带来的震撼，是任何人都不可忽视和无法抹杀的客观事实，因而是许多西方学者甚至他们的教科书也不能不承认的。在萨缪尔森的《经济学》这本广泛流行的代表西方主流经济学的教科书中，有一篇以《卡尔·马克思：革命的经济学家》为题的马克思小传。它列举《资本论》和《共产党宣言》的观点介绍了马克思。它引用了《宣言》中的话："让统治阶级在共产主义的革命中发抖吧，无产阶级在这场斗争中所失去的只是他们的锁链"，然后说："统治阶级确实在马克思主义的影响下颤抖了一个多世纪！"让统治阶级像它所预料的那样颤抖了一个多世纪，这不正是马克思主义在实践中显示出的真理性、现实性和力量吗？

《宣言》是全部社会主义文献中传播最广和最具有国际性的著作。《宣言》的历史，是马克思主义理论在实践中不断检验和发展的一个缩影，也是马克思主义的理论自觉和理论自信不断增强的生动写照。

中国化马克思主义的理论自觉和理论自信，同样是建立在党和人民长期实践的基础之上的。毛泽东 1930 年就在《反对本本主义》一文中明确表达了这种清醒的自觉和自信，他写道："我们说马克思主义是对的，绝不是因为马克思这个人是什么'先哲'，而是因为他的理论，在我们的实践中，在我们的斗争中，证明了是对的。我们的斗争需要马克思主义。"1940 年 1 月，毛泽东在他的重要代表作《新民主主义论》中系统地论述了中国新民主主义革命的理论。他阐明了中国革命的性质、内容、领导权和发展前途，回答了"中国向何处去"的问题，批驳了各种错误理论。中国共产党人是根据什么建立起自己的这一理论并坚信它具有科学真理性的呢？根据千百万人民的实践。毛泽东在这篇著作的开头就写道："真理只有一个，而究竟谁发现了真理，不依靠主观的夸张，而依靠客观的实践。只有千百万人民的革命实践，才是检验真理的尺度。"1949 年新中国成立前夕，毛泽东回顾总结中国自 1840 年鸦片战争以来的历史和中国革命的经验时强调指出，马克思列宁主义来到中国之所以发生这样大的作用，是因为中国的社会条件有了这种需要，是因为同中国人民革命的实践发生了联系，是因为被中国人民所掌握了。"任何思想，如果不和客观的实际的事物相联系，如果没有客观存在的需要，如果不为人民群众所掌握，即使是最好的东西，即使是马克思列宁主义，也是不起作用的。"离开党和人民的实践，马克思主义就不能在中国起作用，也就没有我们对马克思主义的自觉和自信。

今天，党和人民对中国特色社会主义理论体系具有高度的自觉和充分的自信。其深厚的基础，就是改革开放新时期 30 多年来建设中国特色社会主义的实践。这一理论体系回答了什么是社会主义、怎样建设社会主义等实践发展中不断提出的新的重大问题，指引着中国人民走上了富裕安康的广阔道路，使党和国家各项事业蓬勃发展，取得了举世瞩目的伟大成就，使中华民族以前所未有的雄姿巍然屹立在世界东方，从而在实践中证明了自己的科学真理性和伟大力量。

胡锦涛同志在总结中国共产党90年的发展历程时说："马克思主义，理论源泉是实践，发展依据是实践，检验标准也是实践。""实践发展永无止境，认识真理永无止境，理论创新永无止境。党和人民的实践是不断前进的，指导这种实践的理论也要不断前进。"这些论述明确指出了我们的全部理论产生、发展、确立的基础和依据，而这同时也就是我们的理论自觉和理论自信的基础和依据。

我们强调理论自觉和理论自信的基础是实践，决不意味着轻视科学理论所应有的理论论证，决不是否认理论必须具备逻辑严谨性。物质世界是具有内在联系、客观规律的系统整体，正确反映客观对象的科学理论必然表现为逻辑严密的体系。列宁说："马克思的观点极其彻底而严整，这是马克思的对手也承认的"。"它完备而严密，它给人们提供了决不同任何迷信、任何反动势力、任何为资产阶级压迫所作的辩护相妥协的完整的世界观。"违背逻辑规则的理论必定是包含错误的非科学的理论。这样的理论是没有资格谈论自觉和自信的。这是因为，逻辑规则是客观事物中普遍性的规律和关系在人们思维中的反映，一种理论违背逻辑规则，其实质是它不符合客观事物所固有的某些最普遍的规律或关系，因而不具有真理性。坚持只有实践才是检验理论的真理性的标准，同要求理论必须合乎逻辑规则是统一的，而不是相互排斥的。但是，不违背逻辑规则的理论未必就是科学的理论。逻辑论证可以排除错误，但不能确立真理。逻辑严密的理论论证是确立理论自觉和理论自信的必要条件，但是，只有实践才能证明理论的真理性，所以只有理论与实践的统一才是理论自觉和自信的可靠根据。

理论与实践的关系是对立面的统一的关系。辩证地把握理论与实践的矛盾，才能真正确立理论自觉和理论自信。有些人一看到实践中出现挫折，就失去了对理论的自信，一看到现实生活中理论与实际不一致的现象，就不加分析地要否定理论，或改变理论以适应眼前的实际状况。他们把理论与实践的关系简单化了，把实践对理论的检验简单化了。实践对理论的检验是一个充满矛盾的复杂过程。由于一定历史条件下的具体实践是有限的，它作为检验真理的标准必然具有相对性、不确定性的一面，不能对一切理论的真理性都作出完全的检验。在具体的实践—认识过程中，当理论与实践二者相脱离而发生矛盾时，既可能是理论不符合实际而发生了错误，也可能是实践脱离科学理论指导而发生了错误。实践并非天然合理，错误并非一定是发生在理论方面，这是需要具体分析的，不可一概而论。理论指导实践和实践检验理论是一个统一的过程，而理论对实践的指导，就包括批判和纠正实践中发生的错误，把实践引导到正确的方向。但是，实践作为检验真理的标准又具有绝对性、确定性。不断发展着的实践终究能够对人们的认识都作出检验，终究能够判明各种理论是真理还是谬误。在理论与实践的相互作用中，归根到底，实践高于理论的认识，实践起决定作用。一切理论正确与否，都必须由实践来检验，此外并无别的标准。马克思主义的理论，尤其是它的基本原理，是经过长期社会实践而形成和发展起来的。马克思主义的理论自觉和理论自信，也是以千百万人民群众长期的社会实践为基础的。面对实践中一时一地的挫折而动摇对马克思主义的信仰，就其认识论的原因而言，有可能是未能全面、正确地理解理论与实践之间复杂的对立统一关系所致。

理论创造作为一种高度自觉的认识活动，始终有反思性认识相伴随，是在反思中前进的。实践和理论的发展不会终结，理论自觉和理论自信的发展也不会终结。马克思主义的理论自觉和理论自信，是一个永无止境的发展过程。

党中央提出增强理论自觉和理论自信，具有很强的现实针对性。我们应当联系现实中存在的理论上不自觉和不自信的现象，研究如何增强理论自觉和自信的问题。

三　马克思主义理论自觉的实质：弄清
"什么是马克思主义"

胡锦涛同志在纪念党的十一届三中全会召开 30 周年大会上的讲话中总结改革开放 30 年的历史经验，明确提出了"什么是马克思主义、怎样对待马克思主义"的问题，体现了我们党的理论自觉的新发展。增强理论自觉，必须深入研究"什么是马克思主义"。把非马克思主义思想当成马克思主义，是理论上不自觉的突出表现。马克思主义的理论自觉的实质，就是自觉弄清"什么是马克思主义"。

弄清"什么是马克思主义"是一个需要下工夫去研究的重大课题。这是因为，一方面，在马克思主义之外存在着各种非马克思主义思想，需要同它们区分开来；一方面，在对马克思主义的看法中，存在着不同的理解和理论阐释，需要把其中正确的与不正确的观点区分开来。党的十七届四中全会的《决议》提出"自觉划清马克思主义同反马克思主义的界限"，将其列于需要划清的"四条界限"之首，党中央在实施马克思主义理论研究和建设工程中要求分清四个"哪些"，即"哪些是必须长期坚持的马克思主义基本原理，哪些是需要结合新的实际加以丰富发展的理论判断，哪些是必须破除的对马克思主义的教条式的理解，哪些是必须澄清的附加在马克思主义名下的错误观点"，都是针对现实中存在的各种混淆"什么是马克思主义"的现象提出来的，都是我们党的理论自觉的体现。

把非马克思主义思想当成马克思主义，模糊了它们之间的界限，就迷失了自我，忘记了"我是谁"，丧失了理论自觉。非马克思主义思想包括反马克思主义的思想，但不都是反马克思主义的思想。我们首先必须同反马克思主义的思想划清界限，因为反马克思主义的思想是现实中危害最大的思想。同时，为了保持党在思想上理论上的纯洁性，还要同其他非马克思主义思想划清界限。马克思主义产生之前就已经存在的理论，是非马克思主义的，但不是反马克思主义的，如果后来有人拿它们反对马克思主义，那是另一件事情，它们本身并没有"反对"当时还不存在的马克思主义。但是，马克思主义也必须同它们划清界限。马克思和恩格斯在创立自己新世界观的过程中，先后批判了黑格尔的唯心主义、费尔巴哈人本主义的唯物主义，同它们划清了界限，也清算了自己从前的哲学信仰。没有这种批判，就没有马克思主义的产生。后来，当有人把马克思的辩证法和黑格尔的辩证法混为一谈时，马克思严肃地指出："我的辩证方法，从根本上来说，不仅和黑格尔的辩证方法不同，而且和它截然相反。"他论述了二者不同的实质，划清了其间的界限。对于马克思主义产生之后形成的各种非马克思主义理论，即使它们并不直接反对马克思主义，我们也不能不划清思想界限。如果把非马克思主义思想当成马克思主义，掺杂到我们的指导理论之中，就会搞乱我们的指导思想和理论基础。

增强理论自觉，尤其要在最根本的理论问题上划清马克思主义同非马克思主义的界限。马克思主义的哲学是它的世界观基础。马克思主义的理论自觉要求我们自觉坚持辩证唯物主义和历史唯物主义，而决不能把这样那样的唯心主义当成马克思主义哲学。1984 年，针对要用作为世界观和历史观的人道主义来"补充"马克思主义，甚至要把马克思主义归结为人道主义的思潮，胡乔木提出，要区分作为世界观、历史观和作为伦理原则、道德规范的人道主义，他强调：“作为世界观和历史观，马克思主义和人道主义，历史唯物主义和历史唯心主义，根本不能互相混合、互相纳入、互相包括或互相归结。完全归结不能，部分归结也不能。”这里表现出高度清醒的理论自觉。近年来，有些论者把我们党在科学发展观中提出的“以人为本”曲解为人道主义的历史观，借此抹杀历史唯物主义与唯心主义的人道主义历史观的界限。当前种种抽象的“人性化”说教充斥于各类媒体和文艺作品之中，不能说同这种理论上的混淆没有关系。还有些论者否定我们党一贯坚持的辩证唯物主义，试图论证马克思主义哲学不是辩证唯物主义，而是据说尘封在马克思的书本中直到今天才被他们“解读”出来的实践本体论、实践一元论、实践存在论乃至实践的唯人主义、实践的唯心主义。这些观点在最根本的理论问题上混淆了马克思主义同非马克思主义的界限，在学术研究和思想宣传中造成了理论混乱，贻误青年学子。增强马克思主义的理论自觉，不能不在这些基本理论问题上分清是非。

把非马克思主义思想混同于马克思主义，有多种复杂原因，有不同性质的问题，需要加以分析，区别对待，不能一概而论。有人宣扬只有民主社会主义才能救中国，伯恩施坦代表马克思主义的正统，列宁、毛泽东是“修正主义”，甚至声称恩格斯晚年已经宣布“放弃”共产主义，这是存心制造混乱，对此我们必须保持警惕。他们的问题，不是增强马克思主义的理论自觉的问题。他们有另一种自觉，用资产阶级的思想理论篡改马克思主义、施行理论诈骗的自觉。学习、研究马克思主义是一个在探索中前进的过程，难免发生这样那样的失误。对于由此而发生的错误，只能通过学术争鸣来解决。这是在社会实践和科学研究中不断增强理论自觉的过程。马克思主义的本质在于它是工人阶级的科学世界观和理论武器，是由实践证明了的符合客观实际的科学真理。增强理论自觉，必须把握马克思主义的本质特征，防止任何背离客观真理、背离工人阶级和人民群众根本利益的思想混入我们的思想理论阵地，被当成马克思主义来宣传和运用。

四　归结到一点：坚持把马克思主义基本原理同中国具体实际相结合

把马克思主义普遍真理同中国具体实际相结合，是我们党总结中国革命长期历史经验，在党的七大确立的原则。党的七大确立毛泽东思想的指导地位时，党的十二大提出"建设有中国特色的社会主义"时，把毛泽东思想和中国特色社会主义都归结为马克思主义普遍真理同中国具体实际的结合。2008年，胡锦涛同志在总结改革开放30年的历史经验时强调，30年的历史经验"归结到一点"，就是把马克思主义基本原理同中国具体实际相结合，走自己的路，建设中国特色社会主义。如果我们把中国共产党90余年来不断增强理论自觉和理论自信的历史经验也"归结到一点"，那么应该说，也是坚持把马克思主义基本原理同中国具体实际相结合。

把马克思主义基本原理同中国具体实际相结合的原则包含着非常丰富的思想内容。其根本要旨，一是毫不动摇地坚持以马克思主义为指导思想和理论基础，一是毫不动摇地坚持一切从中国实际出发。它要求把这两方面统一起来，反对任何离开马克思主义或脱离中国实际的倾向。因此，坚持这一原则，集中体现了对马克思主义理论、中国实践以及这二者结合的产物毛泽东思想和中国特色社会主义理论体系的高度自觉和充分自信。不断增强理论自觉理论自信，必须始终坚持这一思想原则。胡锦涛同志总结我党90年的历史经验时说："中国共产党人坚信马克思主义基本原理是颠扑不破的科学真理，坚信马克思主义必须随着实践发展而不断丰富和发展。"这两个"坚信"，表达了我们党对马克思主义的坚定信仰和对社会实践的充分尊重。

依据这一原则来审视我们的理论研究和哲学社会科学工作，可以看到，无论在对待马克思主义理论或对待中国实践方面，都存在着相当严重的不自觉和不自信的问题。在国内社会思潮多元、多样、多变，国际上西方资本主义在经济发展、科学技术和意识形态、价值观中都占据优势地位的环境下，一些人一方面在思想理论上动摇了对马克思主义的信仰，不相信马克思主义的真理性和力量；另一方面对中国特色社会主义实践的成就和意义估计不足，看不到这是中国人民对世界的历史性贡献，是人类文明史上的伟大创举。他们不是以马克思主义为指导，立足于当代中国实践去开展学术研究和理论创造，致力于发展马克思主义的、具有中国特色的哲学社会科学，而是热衷于抄袭西方学者的书本，传播他们的思想观念。在许多学科领域，马克思主义被淡化、边缘化，中国特色社会主义实践的丰富经验被忽视、冷落，西方思想理论强劲渗透，占据了主导地位。有些学者的研究工作，是用从西方搬来的理论讨论从西方找来的题目，根据西方学者的书本谈论他们在自己国家遇到的问题，同中国人民的实践不发生关系，还自以为这些才叫学术，才有学问。也有一些研究和宣传，对象是中国的，题目是中国的，但分析问题的理论却是从西方搬来的，用外国的理论解读中国的实践，或论证中国某项决策之所以正确，就在于它符合了西方某个理论，或主张中国的事情要想办得好，就得遵循西方某位大师的学说。西方某些二流三流的学者和他们的著作，也被我们一些学者拿来当成选题、立项和研究的对象，把解读他们的书本当成高深的学问，标榜为理论创新，借此抬高自己在学界的地位，忽悠公众，充当专家。新自由主义、"普世价值"论等错误思潮的流行，不能说同这一类现象没有关系。即使在马克思主义理论和思想政治教育这些学科的选题和研究中，也存在着对马克思主义基本问题、马克思主义中国化理论成果和中国实际问题毫无兴趣，盲目搬运西方热门题目、思想理论和话语体系的现象。

　　哲学和各门社会科学都是以概念、判断、推理的理性思维形式来反映自己的对象、揭示事物的本质和规律的。在各学科的发展中，凡是独创性的理论，都要创造出自己所特有的核心范畴和基本范畴，通过它们来构建自己的理论体系。恩格斯在《资本论》第一卷英文版序言中论述了《资本论》的术语与古典政治经济学术语的不同，他指出："一门科学提出的每一种新见解都包含这门科学的术语的革命。"不同的理论体系有不同的话语体系。因此，理论上自觉或不自觉、自信或不自信，也会通过采用什么样的学术话语表现出来。我国有些学者的著作，杂乱地堆砌着源自西方不同思想流派的学术话语，以新奇时髦的术语掩盖思想内容的贫乏，冒充学术理论的创新。有的学者研究后指出："如今中国的经济学、法学、文学、历史学、社会学、教育学、宗教学、美学、人口学、政治学以及国际关系学等学科的主流话语，大都来自西方，极少有核心的概念是打有'中国'印记的。""我们的许多学科，已经成了西方理论话语的'殖民地'和'跑马场'。"这种令人痛心的现象，不能不说是严重缺乏理论自觉和理论自信在学术话语方面的表现。增强理论自觉和理论自信，必须坚持和发展马克思主义的、具有中国特色的哲学社会科学学术话语体系。

　　马克思和恩格斯在创立自己新世界观的同时，也创造了一系列表达新思想的新范畴，构成了自己的学术话语体系。在《资本论》第一卷英文版序言中，恩格斯以马克思讲的"剩余产品"和古典政治经济学中的"制造业"两个术语为例指出："不言而喻，把现代资本主义生产只看做是人类经济史上一个暂时阶段的理论所使用的术语，和把这种生产形式看做是永恒的、最终的阶段的那些作者所惯用的术语，必然是不同的。"马克思主义经济学是如此，马克思主义哲学同样是如此。1859 年，马克思在《〈政治经济学批判〉序言》中，"简要地表述"了他创立的唯物主义历史观的基本原理，他称之为"我所得到的，并且一经得到就用于指导我的研究工作的总的结果"。在这一段数百字的经典性论述中，马克思集中表述和界定了一系列基本范畴：生产力和生产关系，经济基础和上层建筑，生产方式，社会存在和社会意识，社会革命，意识形态，社会形态，等等。他正是运用这些基本范畴概括了唯物主义历史观的一系列基本原理，构成了历史唯物主义的理论体系。任何人要想理解、阐述和运用唯物主义历史观，都不能离开它的创始人制定的这些术语及其构成的话语体系。同样的，我们党在创立中国化马克思主义的同时，也创造了丰富的具有中国特色的马克思主义理论话语。例如，贯穿在毛泽东思想各个组成部分中的由三个基本方面构成的毛泽东思想的活的灵魂，就是由实事求是，群众路线，为人民服务，从群众中来、到群众中去，独立自主、自力更生等一套为中国老百姓所喜闻乐见的话语表达的。离开这个话语体系，就不能准确地理解、阐释和坚持毛泽东思想和整个中国化马克思主义的活的灵魂。

马克思主义的产生是人类思想史上划时代的伟大变革，对于伴随这一变革而发生的"术语的革命"，我们也应该有充分的自觉。这是理论自觉和理论自信的一个重要表现。我们应当用马克思主义的话语讲马克思主义，用中国化马克思主义的话语讲中国化马克思主义。

五　用辩证否定的态度扬弃非马克思主义理论是理论自觉和自信的重要表现

划清马克思主义与非马克思主义、反马克思主义的界限，反对照抄照搬西方思想理论，决不是盲目地全盘否定和排斥非马克思主义的理论、学说，拒之于自己的视野之外。马克思主义不是离开世界文明大道产生的故步自封的学说，也不只是其创始者的个人著述，它是工人阶级这一历史上最伟大阶级的科学世界观，因而唯有它能以最宏阔的海纳百川的胸怀和非凡气势吸纳人类创造的一切优秀思想成果。为什么马克思主义能掌握千百万人的心灵，变成了改变世界的伟大物质力量？列宁回答说："这是因为马克思依靠了人类在资本主义制度下所获得的全部知识的坚固基础。""共产主义是从人类知识的总和中产生出来的，马克思主义就是这方面的典范。"

马克思和恩格斯从德国唯心主义哲学中拯救出自觉的辩证法并把它运用于唯物主义的自然观和历史观，就是以高度的理论自觉和理论自信扬弃非马克思主义理论的典范。在《资本论》第二版跋中，马克思在指出他的辩证方法与黑格尔"截然相反"的同时，针对德国知识界一些人把黑格尔当做一条"死狗"对待的现象，他又说："辩证法在黑格尔手中神秘化了，但这决没有妨碍他第一个全面地有意识地叙述了辩证法的一般运动形式。"因此，"我公开承认我是这位大思想家的学生"。对资产阶级的政治经济学，马克思同样是采取辩证否定、批判继承的态度。在这篇跋中，马克思揭露、批判了资产阶级政治经济学的阶级实质，同时又以赞赏的语气写道：在《资本论》出版后，"1871 年，基辅大学政治经济学教授尼·季别尔先生在他的《李嘉图的价值和资本理论》一书中就已经证明，我的价值、货币和资本的理论就其要点来说是斯密—李嘉图学说的必然的发展"。

按照彻底的唯物主义反映论的观点，一切思想理论，包括基本立场、根本观点错误的理论，都不是凭空出现的，而是人们以这样或那样的方式对客观存在的某种反映，因而都可能把社会历史中真实的事物和关系蕴含在自身之中，都可能在不同的包括歪曲乃至颠倒的形式中包含真理性的内容。前人的失误也为后人探求通往真理的道路提供了前车之鉴。因此，对于一切有广泛影响的思想理论，都应该看作是人类认识和真理发展中的一个环节，给予批判的分析和扬弃，而不应置之不理。清醒的自我意识是一种理论科学地分析和正确地对待其他思想理论所不可缺少的前提。因此，勇于并善于以辩证否定的科学态度批判地吸收非马克思主义思想中的一切有益成果，拿来当作发展自身的思想养料，正是马克思主义的理论自觉和理论自信的表现。而盲目照搬和盲目排斥，则是分别从两个极端以两种不同形式表现了理论上的不自觉和不自信。

马克思主义的"术语的革命"，同思想理论内容的革命一样，是对非马克思主义学术话语的批判性的改造和继承，既不是因循前人，也不是全盘抛弃，一切从头开始。哲学社会科学的各门学科一旦形成，就构成了各类专业人员从事的特殊部门，每一学科中都有自己经过世代相继的人们头脑中的加工而传承下来的思想材料，新的一代都是通过对现有材料的加工来制造思想产品的。这是哲学社会科学发展的规律。马克思主义同以往思想理论的不同在于，它坚定地站在工人阶级的立场，立足于人民群众的实践去分析、取舍和加工改造思想材料，制造思想产品以及表达思想的术语，因而它也具有历史的继承性。例如，恩格斯在《反杜林论》、《自然辩证法》、《路德维希·费尔巴哈和德国古典哲学的终结》中对唯物辩证法的阐述，无论理论内容还是表达理论的术语，都是对黑格尔辩证法的自觉的批判继承。而在毛泽东的《实践论》、《矛盾论》、《关于正确处理人民内部矛盾的问题》等哲学著作中，我们随处都可以看到对中国古代朴素的唯物论、辩证法思想及其学术话语改造、继承的范例。在新时期党的创新理论中，从科学发展观中的"可持续发展"，到"提高国家文化软实力"，到"建设马克思主义学习型政党"，也都可以看到对当代国外思想理论及其术语的改造和吸纳，都是当代中国共产党人基于理论自觉和理论自信的理论创新。

中国特色社会主义具有鲜明的实践特色、民族特色和时代特色。随着中国特色社会主义实践的发展，中国化马克思主义的理论是不断丰富和发展的，它的话语体系也是不断丰富和发展的。具有高度理论自觉和理论自信的中国理论工作者和哲学社会科学工作者，有志气也有能力按照党中央的要求，在学习借鉴人类文明成果的基础上，用中国的思想理论和话语体系解读中国实践、中国道路，不断创造出新的理论成果，同时打造出具有中国特色、中国风格、中国气派的哲学社会科学话语体系。

（原载《马克思主义研究》2012 年第 10 期；收入《马克思主义基本原理研究》（第 2 辑·2002），中国社会科学出版社 2013 年版）

二

为什么要坚持马克思主义的
指导地位

为什么必须坚持马克思主义的指导地位？

提要　坚持马克思主义指导地位的理论依据在于，它是工人阶级的科学世界观，体现了真理和价值的统一，实事求是和维护人民根本利益的统一；历史依据在于，中国近代以来的历史证明，只有它才能指引我们建设富强、民主、文明、和谐的社会主义现代化国家；现实依据在于，只有以它为理论基础，才能统一人民的思想，团结全国各族人民实现中华民族的伟大复兴。

建设社会主义核心价值体系并用它引领社会思潮，需要在人民群众特别是青年中深入进行坚持马克思主义指导地位的教育，使之成为人民的共同信念和自觉行动，为此，需要从理论和实践的结合上深入研究、认真回答"为什么必须坚持马克思主义的指导地位"问题。

一　马克思主义指导地位的教育：引领社会思潮的一项基础性工作

当前我国各种社会思潮十分活跃，它们代表着不同阶层、社会集团或社会群体的经济利益、政治诉求和意识形态倾向，相互激荡，构成了社会思想文化领域一幅色彩斑斓的画面。深入做好引领社会思潮的工作，需要对各种思潮进行具体分析，根据其不同的性质、社会作用和现实表现，采用多种方式区别对待，而总的目标或根本任务，是巩固马克思主义在意识形态领域的指导地位，引领整个社会的思想潮流沿着中国特色社会主义的方向前进。引领社会思潮的工作对象，是包括各个社会阶层、社会群体在内的整个社会的广大群众。对于某些否定马克思主义、背离社会主义方向的错误思潮来说，做好引领工作，主要不是指望说服其代表人物转变立场、观点，把他们"引领"过来，而是要帮助人民群众学会分析和鉴别错误思潮，从错误思潮的影响下解放思想，从而引领群众的思想潮流沿着正确的方向前进。因此，引领社会思潮的工作，从本质上说是面向广大群众的思想政治工作。党的十七大要求"切实把社会主义核心价值体系融入国民教育和精神文明建设全过程，转化为人民的自觉追求"。党的十六届三中全会决定把"社会主义核心价值体系的基本内容"明确概括为四个方面："马克思主义指导思想，中国特色社会主义共同理想，以爱国主义为核心的民族精神和以改革创新为核心的时代精神，社会主义荣辱观"。[1] 因此，把社会主义核心价值体系融入国民教育和精神文明建设全过程，就要深入开展以这四个方面为基本内容的思想政治教育。这是迄今为止对我们党、我们国家思想政治教育内容的最完整的概括和表述。其中，"马克思主义指导思想"是社会主义核心价值体系的灵魂，因而也是思想政治教育的灵魂。

什么是"马克思主义指导思想"的教育呢？这一概括性的表述中包括了"马克思主义"和"指导思想"两个概念。笔者认为，这一教育包括了两个方面的内容：一是马克思主义科学理论的教育，二是马克思主义指导地位的教育。这后一方面，就是要深刻理解和认同马克思主义在当代中国所处的地位，像拥护共产党的领导、拥护中国特色社会主义道路一样，自觉拥护马克思主义的指导地位，赞同把马克思主义作为指导思想来坚持。这是用社会主义核心价值体系引领社会思潮的一项基础性的工作。由邓小平同志提出并成为党的基本路线重要内容的"坚持四项基本原则"中的"坚持马列主义、毛泽东思想"[2]，是要求把马克思主义作为指导思想来坚持，体现着坚持马克思主义基本原理和坚持马克思主义指导地位的统一。

毫无疑问，我们所说的"马克思主义"是一个总称，是指由马克思和恩格斯创立，160 多年来又不断发展的马克思主义科学思想的整体，既包括马克思列宁主义的基本原理，又包括中国化马克思主义，即毛泽东思想、邓小平理论、"三个代表"重要思想和科学发展观等重大战略思想。我们所说的指导地位，是指在我们整个国家的指导地位，即作为中国共产

---

①　《十六大以来重要文献选编》（下），中央文献出版社 2008 年版，第 661 页。
②　《邓小平文选》第 2 卷，人民出版社 1994 年版，第 165 页。

党和中华人民共和国的指导思想的地位，其中包括在意识形态领域的指导地位，但不限于意识形态领域，而是作为指导党和国家全部实践的理论基础的地位。

马克思主义在中国处于指导地位，是从 1949 年中华人民共和国成立时起就已经确立的中国社会生活中的基本事实。这是历史的选择、人民的选择。《中华人民共和国宪法》在序言中明确表述了马克思列宁主义、毛泽东思想、邓小平理论和"三个代表"重要思想的指导地位。因此，马克思主义在中国的地位问题，并不是一个尚待讨论、决定的问题，不是一个可以这样也可以那样的问题，而是一个对已经存在的客观事实和国家根本大法已经做出的明确表述如何理解、认同的问题。如果要从法理上说明为什么必须坚持马克思主义的指导地位，那么，宪法序言就是无可辩驳的最权威的依据。但是，对于思想政治教育来说，仅仅援引法律是不够的，人们还要进一步追问：为什么要做出这样的表述呢？或者说，为什么它是正确的呢？要增强思想政治教育的说服力、吸引力和实效性，用社会主义核心价值体系引领社会思潮，就必须深入研究和回答"为什么必须坚持马克思主义指导地位"的问题，把"为什么"说清楚说透彻。

这个"为什么"的问题经常面临着穷追不舍的提问。我们可以从理论、历史和现实三个方面思考和回答这个问题。

二　理论依据：马克思主义是工人阶级的科学世界观

针对人们的任何一种行为或思想都可以提出这样的问题：为什么我们应该这样做，而不是那样做？为什么应该相信这种理论而不是那种理论？这样的"为什么"不断地追问下去，可以看到，一种行为或思想是否正确或是否正当，归根到底要看两条：一是要看这种思想是否符合客观实际，行动是否符合客观规律。这是有关"真"的问题，要区分"真的"和"假的"。二是要看这种思想或行为对谁有利，对谁不利，是否符合大多数人的利益。这是有关"善"的问题，要区分"善的"和"恶的"。符合客观实际、客观规律的，是真的，否则就是假的。符合人民利益、对大多数人有利的，就是善的，否则就是恶的。这两条结合在一起，就是真和善的统一，因而又是美的；相反，假的，恶的，就是丑的。我们之所以要坚持以马克思主义为指导，就是因为，第一，它是科学的世界观，符合客观实际，具有客观真理性；第二，它是工人阶级的世界观，因而代表了最广大人民的根本利益，具有价值合理性。坚持马克思主义的指导地位，要以理服人，归结起来就是要讲清这两条"理"。

关于这两条道理的"为什么"，还可以继续追问下去。

为什么说马克思主义是符合客观实际的科学真理，是"真"的而不是"假"的呢？什么是符合实际？思想要符合实际，不仅要如实反映事物的现象，而且要正确揭示事物的本质和规律。揭示出物质世界的本质和规律，才是科学的世界观；揭示出人类社会的本质、规律、必然趋势，才是科学的历史观；揭示出资本主义的本质和发展规律、社会主义的本质和发展规律，才是科学的社会主义观。马克思主义正是这样的科学世界观、历史观、社会主义观。当然，弄懂这个道理，需要深入学习马克思主义的理论，特别是领会它的主要的根本观点，进而理解由它的基本原理构成的科学思想体系。在这种学习中，邓小平对社会发展规律的概括和对马克思主义科学性的论证尤其值得我们高度重视，深入学习和领会。

三卷《邓小平文选》的最后一篇文章，是邓小平1992年1月至2月视察南方的谈话。在这篇文章的最后一节中，邓小平强调并论证了"马克思主义是科学"这一重要结论。他说："我坚信，世界上赞成马克思主义的人会多起来的，因为马克思主义是科学。"根据什么说马克思主义是科学呢？邓小平接下来的话是："它运用历史唯物主义揭示了人类社会发展的规律。"历史唯物主义揭示了社会发展的什么规律？邓小平用几句话作了概括："封建社会代替奴隶社会，资本主义代替封建主义，社会主义经历一个长过程发展后必然代替资本主义。这是社会历史发展不可逆转的总趋势，但道路是曲折的。"① 这里，邓小平把社会发展的规律简明地概括为三个"代替"，以不容置疑的论断指出这是不可逆转的总趋势，同时指出了历史前进道路的曲折性。马克思主义是博大精深的科学理论体系，一百多年来，各种马克思主义的著作真是汗牛充栋。搞专业的人应该下工夫系统钻研马克思主义的著作，但群众不可能都去读"大本子"。"学马列要精，要管用的。"② 实事求是是马克思主义的精髓。实事求是，就是从客观存在的事实出发，求出事物的规律

① 《邓小平文选》第3卷，人民出版社1993年版，第382—383页。
② 同上书，第382页。

来。马克思主义从人类社会发展的"事实"中"求"出了什么"是"呢？其中最重要的"人类社会发展规律"，就是邓小平概括的这三个"代替"，尤其是"社会主义经历一个长过程发展后必然代替资本主义"。邓小平这一段关于人类社会发展规律的三个"代替"的论述，用简明的通俗的语言精辟地概括了马克思主义最核心的思想，从而说明了"马克思主义是科学"这一颠扑不破的真理。《邓小平文选》是邓小平留给中国人民的最宝贵的精神财富，全部《邓小平文选》以这一思想为最后的落脚点，是有重要意义的，值得我们深长思之。懂不懂马克思主义和邓小平理论，要看懂不懂邓小平概括的这一思想。信不信马克思主义和邓小平理论，要看信不信邓小平得出的这一结论。思想政治教育的核心是理想信念教育，理想信念教育的任务，说到底就是要树立"社会主义经历一个长过程发展后必然代替资本主义"的理想信念。邓小平接下来还说："不要认为马克思主义消失了，没用了，失败了。哪有这回事！"① 他用最朴素的语言鲜明地表达了对马克思主义的科学真理性的坚定信念。我们之所以要坚持以马克思主义为指导，就因为它是科学真理，我们要遵循它所揭示的社会发展客观规律推动历史前进。这就叫做从实际出发，实事求是。

为什么我们又说马克思主义代表了最广大人民的根本利益，因而具有价值合理性呢？因为它是工人阶级的，而不是任何别的阶级的世界观。

在社会生活中，人们的行动都有自觉的目的，都在追求一定价值主体的利益，各种思想、观点的背后，都有利益的追求。掩盖这个事实，是虚伪的，所以马克思和恩格斯说："'思想'一旦离开'利益'，就一定会使自己出丑。"② 但是，在阶级社会和阶级还没有完全消灭的社会中，存在着不同的乃至根本对立的利益，因而人们行为的正当性或价值合理性，就在于追求大多数人的而不是少数人的利益。马克思主义这一人类历史上崭新的世界观，是在1848年作为共产主义者同盟的宣言昭告于世的。共产主义者同盟是人类历史上第一个以马克思主义为指导的工人阶级政党，而《共产党宣言》的问世是工人阶级认识到自己的历史地位和历史使命，成为一个有觉悟的自为的阶级的标志。工人阶级的特殊历史地位就在于，它

---

① 《邓小平文选》第3卷，人民出版社1993年版，第383页。

② 《马克思恩格斯全集》第2卷，人民出版社1957年版，第103页。

处在资本主义社会的最底层，因而只有解放全人类才能最后解放自己，只有消灭一切阶级对立才能消灭作为阶级的自身，才能用自由人联合体代替阶级对立的社会，实现人的自由而全面的发展。这就表明，工人阶级的利益同最广大人民的根本利益完全一致，对于社会未来的发展来说，它代表的是整个人类的利益。这正如《共产党宣言》所指出的："无产阶级的运动是绝大多数人的、为绝大多数人谋利益的独立的运动。"① 而共产党人则自觉代表工人阶级的整体的和长远的利益，没有自己的特殊利益。马克思主义是工人阶级的科学世界观，这一根本性质决定了它能够代表并且只有它才代表了最广大人民的根本利益，这就是我们坚持马克思主义指导地位的价值合性所在。

　　总之，坚持以马克思主义为指导，体现了真理和价值的统一，坚持实事求是和维护人民根本利益的统一，真、善、美的统一。共产党人所讲的"理"，最大的道理是两条，一条是实事求是，从实际出发，这就是"真"，是我们的真理；一条是为人民服务，代表最广大人民的根本利益，这就是"善"，是我们的价值准则。这两条是我们的"天经地义"，是我们的逻辑思想体系的"第一原理"，如同科学发展中作为公理化体系的逻辑起点的公理不是由逻辑推导得出而是由实践证明的一样，它们不是逻辑演绎的结论，而是由千百万次社会实践反复证明了的真理和万古长青的价值准则。我们之所以要坚持马克思主义的指导地位，就是因为它符合，也只有它才符合这些科学真理和价值准则。

三　历史依据：中国近代以来的历史经验

　　任何科学道理都是从实践中得来，又必须由实践来检验的。回答"为什么必须坚持马克思主义的指导地位"问题，也必须用事实来证明道理，用实践来检验理论，诉诸实践这个权威的标准。但是，对于如此重大的问题，个别的具体的实例是不足为据的。能够成为依据的，只能是宏观整体的历史事实。我们必须从历史中去寻求启示。中国近代以来的历史证明，只有马克思主义才能指引我们建设富强、民主、文明、和谐的社会主义现代化国家。这就是我们坚持马克思主义指导地位的历史依据。

---

　　① 《马克思恩格斯选集》第 1 卷，人民出版社 1995 年版，第 285 页。

自 1840 年鸦片战争以来，中国沦为半殖民地半封建社会，中国人在世界上没有地位，受人欺凌。所以，近代中国面临的历史任务，一是实现民族独立、人民解放，二是实现国家富强、人民富裕，让人民过上幸福美好的生活。这是几代中国人的梦想。为了实现这个梦想，中国人先是向西方寻求真理，但是先生总是打学生，西方的思想武器拿来不好使，资本主义道路在中国走不通。这时，十月革命一声炮响，给我们送来了马克思列宁主义，中国人这才在思想上从被动转为主动，中国革命才从旧民主主义革命进入新民主主义革命，面目为之一新。

何以证明中国近代以来的历史为坚持马克思主义的指导地位提供了实践依据呢？我们可以作一些宏观的历史考察。

一是考察"四项基本原则"中的四项内容在近代以来中国社会生活中出现和发生作用的历史顺序和内在关联。党的十七大报告指出："四项基本原则是立国之本，是我们党、我们国家生存发展的政治基石。"作为立国之本的这一政治基石是如何一步步地奠立的呢？考察历史的进程，我们可以看到：首先，马克思列宁主义在 1917 年十月革命和 1919 年五四运动前后传入中国。其次，马克思主义与中国工人运动相结合，在 1921 年成立了中国共产党。再次，党领导中国人民经过 28 年的奋斗，在 1949 年取得了中国新民主主义革命的胜利，建立了人民民主专政的中华人民共和国。毛泽东在 1949 年建党 28 周年之际在《论人民民主专政》一文中对这一历史进程作了高度的概括："中国无产阶级的先锋队，在十月革命以后学了马克思列宁主义，建立了中国共产党。接着就进入政治斗争，经过曲折的道路，走了二十八年，方才取得了基本的胜利。"[1] 最后，党领导人民运用国家政权的力量，经过国民经济恢复时期，实行国家工业化和对农业、手工业、资本主义工商业的社会主义改造，到 1956 年在我国建立了社会主义基本制度。由此可见，在马克思主义指导下，建立中国共产党，继而建立人民民主专政的国家政权，走上社会主义道路，这就是五四运动以来中国的历史进程，这就是四项基本原则之间内在的历史关联。这种顺序和关联既是历史的联系，也是逻辑的联系。逻辑的东西和历史的东西是统一的。我们看到，无论在历史的起点或逻辑的起点上，都显现出几个耀眼的大字：马克思主义。中国循着这一逻辑走过的道路，已经成为历

---

① 《毛泽东选集》第 4 卷，人民出版社 1991 年版，第 1361 页。

史的事实。历史是不能"假设"的。这是任何人都不能否认的客观历史事实，而这就是我国确立马克思主义在国家和社会生活中指导地位的不容置疑的历史依据。

二是考察中国改革开放30余年来的历史路程是以什么思想为指导走过来的。我国改革开放的历史新时期是以1978年十一届三中全会召开为标志的。在这个新时期的起点上，关于我国改革开放的指导思想，历史留给我们的记录是什么呢？邓小平在十一届三中全会前夕召开的中央工作会议闭幕会上的讲话，实际上是三中全会的主题报告，这个讲话的题目是："解放思想，实事求是，团结一致向前看。"邓小平在讲话中把坚持解放思想、实事求是的思想路线当作关系到党和国家前途和命运的问题提了出来，他强调："实事求是，是无产阶级世界观的基础，是马克思主义的思想基础。"① 正如后来邓小平所指出的："三中全会确立了或者说重申了党的思想路线。"② 历史告诉我们，改革开放新时期是以重新确立党的马克思主义的思想路线为起点的，也始终是在这条思想路线的指引下前进的。新时期我们党高举着的旗帜，是"中国特色社会主义"。"有中国特色的社会主义"这个概念，是邓小平1982年9月1日在党的十二大的开幕词中提出来的，从提出之日起，邓小平就明确指出了它同马克思主义之间不可分割的关系，他说："把马克思主义的普遍真理同我国的具体实际结合起来，走自己的道路，建设有中国特色的社会主义，这就是我们总结长期历史经验得出的基本结论。"③ 25年之后的2007年10月，党的十七大进一步总结了改革开放近30年的历史经验，得出结论说："中国特色社会主义道路之所以完全正确、之所以能够引领中国发展进步，关键在于我们既坚持了科学社会主义的基本原则，又根据我国实际和时代特征赋予其鲜明的中国特色。"④ 十七大报告总结了新时期的十条宝贵经验，即十个"结合"，其中第一条就是："把坚持马克思主义基本原理同推进马克思主义中国化结合起来。"⑤

所以，中国近代以来的历史，改革开放30余年来的历史都表明，中

---

① 《邓小平文选》第2卷，人民出版社1994年版，第143页。
② 同上书，第275页。
③ 《邓小平文选》第3卷，人民出版社1993年版，第3页。
④ 《十七大以来重要文献选编》（上），中央文献出版社2009年版，第9页。
⑤ 同上书，第8页。

国革命、建设和改革取得的伟大成就，靠的是坚持以马克思主义为指导，把马克思主义同中国实际相结合。这是对邓小平"社会主义经历一个长过程发展后必然代替资本主义"和"马克思主义是科学"的结论最强有力的实践证明，是我们坚持马克思主义指导地位最深厚的实践基础和历史依据。当然，在实际的思想政治工作和理论教育中，通过历史经验的总结来说明必须坚持马克思主义指导地位的科学结论，要面对各种关于历史的片面的、错误的观点和模糊的认识，还会遭遇到对历史有意的曲解和颠倒。这要求我们深入地了解历史，还要用科学的历史观去辨明历史中的是非曲直，这是需要下工夫学习和研究的。

四　现实依据：十三亿中国人民的根本利害

以马克思主义作为我们国家的指导思想，既是历史做出的选择，又是现实的需要。只有坚持马克思主义的指导地位，才能在党的领导下，团结全国各族人民，实现中华民族的伟大复兴。这就是我们坚持以马克思主义为指导的现实依据。

十三亿中国人民的根本利害，是当代中国决定一切重大问题的根本出发点和价值判断、价值选择的根本标准。20世纪前半期的国际环境和国内矛盾，中国共产党的正确路线和党领导下全国人民艰苦卓绝的奋斗，使半殖民地半封建的经济文化十分落后的中国走上了社会主义的道路，这种历史境遇决定了我们将长期处于资本主义占优势的国际环境中来从事社会主义建设。概览当今世界大势，虽然世界多极化不可逆转，经济全球化深入发展，科技革命加速推进，但世界和平与发展两大问题一个也没有解决，霸权主义和强权政治依然存在，世界还很不安宁。我们将长期面对西方发达国家在经济科技上占优势的压力，敌对势力从来没有放弃西化、分化和和平演变中国的图谋，从来没有停止在意识形态领域同我们的较量。我国的改革开放和现代化建设还面临着许多深层次的矛盾和问题，还会遇到各种可以预见的和难以预见的风险。要把中国特色社会主义事业不断推向前进，一个根本的条件是，必须把十三亿中国人民紧密地团结在一起。为此，就必须有一个科学理论作为人民团结奋斗的共同思想基础。没有一个共同的思想理论基础，思想乱了，人心就散了，力量不能凝聚起来，事业就不可能兴旺发达。旧中国"一盘散沙"受尽屈辱的历史证明了这一点，苏联解体的惨痛教训又提供了最新的历史证据。苏联领导人推行人道的民主的社会主义，搞乱了人们的思想，搞散了人心，结果是国家解体，分崩离析，人民吃尽苦头。这一前车之鉴表明了一个国家以科学理论为指导巩固人民共同奋斗思想基础的极端重要性。

靠什么来统一人民的思想呢？历史已经证明，搬用西方思想理论不行，只靠中国传统的思想文化也不行，因为它们都不是正确反映社会客观规律的科学理论体系，都不能代表中国人民的根本利益和价值诉求。党的十七大总结丰富的历史经验，做出了通过建设社会主义核心价值体系来巩固人民共同思想基础的决策："要巩固马克思主义指导地位，坚持不懈地用马克思主义中国化最新成果武装全党、教育人民，用中国特色社会主义共同理想凝聚力量，用以爱国主义为核心的民族精神和以改革创新为核心的时代精神鼓舞斗志，用社会主义荣辱观引领风尚，巩固全党全国各族人民团结奋斗的共同思想基础。"

社会主义核心价值体系四个方面的基本内容是如何构成一个"体系"的呢？一种思想或价值观要成为一个体系，即具有内在紧密联系的完整的系统的观念，必须有一个一以贯之地将它的各个部分联结在一起的灵魂。马克思主义指导思想同社会主义核心价值体系中其他三个方面基本内容的关系表明，它就是贯穿这个体系全部内容中的灵魂。其一，中国特色社会主义共同理想是在马克思主义指导下经过长期实践探索建立起来的，它作为一种理想目标，是运用马克思主义的理论来阐明和论证的。其二，以爱国主义为核心的中华民族精神，在中国共产党领导的以马克思主义为指导的革命、建设和改革中升华到了一个新的水平，中国共产党人作为用马克思主义武装起来的中华民族的优秀儿女，用自己可歌可泣的奋斗和牺牲集中体现了伟大的中华民族精神，而以改革创新为核心的时代精神是马克思主义与时俱进的理论品格、中华民族富于进取的思想品格同改革开放和现代化建设实践相结合的产物，是马克思主义同时代特征相结合的精神成果。其三，以"八荣八耻"为主要内容的社会主义荣辱观，作为社会主义的价值准则和道德要求，是马克思主义的价值观、道德观与我国社会主义道德建设实践相结合的成果，是马克思主义指导思想在道德领域的体现。这就表明，如果否定了马克思主义的指导地位，社会主义核心价值体系其他三个方面的基本内容就都难以立足，它就失去了灵魂，而不成其为体系。而这样一来，文化建设就失去了根本，经济、政治和社会建设也失去了思想基础和精神动力。

　　思想理论是社会实践的产物，是由一定社会的经济、政治条件决定的，又通过指导实践对经济、政治发挥巨大的能动作用。在我国争取民族独立、人民解放的斗争中，马克思主义作为党和人民的思想理论武器，为推翻旧制度、建立新制度发挥了先导作用，而社会主义的基本经济制度和政治制度的建立，一方面为确立和巩固马克思主义的指导地位奠定了基础，一方面又要求它作为我国思想上层建筑的核心为巩固经济基础和推动经济建设服务，也为巩固人民的政权和国家的基本政治制度发挥能动的作用。而通过发挥指导作用加强全国人民团结奋斗的共同思想基础，就是其巨大能动作用的集中表现。在机遇和挑战并存的新世纪新阶段，在我国经济体制深刻变革、社会结构深刻变动、利益格局深刻调整、思想观念深刻变化，人们思想活动的独立性、选择性、多变性、差异性明显增强的当代社会环境中，只有坚持马克思主义指导思想，才能用社会主义核心价值体系引领社会思潮，巩固全国各族人民团结奋斗的共同思想基础。

　　坚持马克思主义的指导地位，必须反对指导思想多元化。指导思想多元论的哲学理论基础，是同辩证唯物主义的一元论真理观相对立的真理多元论。指导思想多元论的实质，不是让其他思想理论与马克思主义平起平坐，同时成为指导思想，而是要否定马克思主义的指导地位，用其他思想尤其是从西方搬来的现代资产阶级的思想理论取而代之。限于本文的篇幅，笔者对指导思想多元论的问题将另文讨论。

　　综上所述，回答"为什么必须坚持马克思主义的指导地位"问题，需要从理论、历史和现实三个维度既讲清道理，又诉诸实践，并且晓以利害。讲清道理，理论上必须彻底；诉诸实践，要以全部历史而不是个别实例为依据；晓以利害，要以当代中国人民的根本利害为准绳。思想政治工作和理论教育必须具体问题具体分析，但其中贯穿着普遍的道理和基本的方法，因而既要紧密结合具体的实际问题和思想问题，又要从基本理论的层面和历史发展的宏观视角来观察现实中遇到的问题，用大道理管小道理，把大道理和小道理结合起来说清楚、讲透彻。

　　（原载《马克思主义研究》2009 年第 3 期；中国人民大学书报资料中心复印报刊资料《马克思列宁主义研究》2010 年第 1 期转载）

为什么不能搞指导思想多元化？

——二论"为什么必须坚持马克思主义的指导地位"

提要　指导思想多元论的哲学理论基础真理多元论是唯心主义真理观。指导思想多元论的实质是搬用西方思想理论取代马克思主义的指导地位。"统治阶级的思想在每一时代都是占统治地位的思想"是意识形态运动的客观规律。指导思想多元论在资本主义国家是维护和改良资本主义的理论，在社会主义国家是反对和否定社会主义的思想武器。

马克思主义指导思想是社会主义核心价值体系的灵魂。"指导思想多元论"是否定马克思主义指导地位的主要理论观点之一，是同坚持马克思主义指导地位直接对立的政治主张。从一定意义上说，"为什么必须坚持马克思主义的指导地位"和"为什么不能搞指导思想多元化"是同一个问题的两个方面，回答前一个"为什么"，同时也就是对后一个"为什么"的一种说明；但是，仅仅正面说明前一个"为什么"又是不够的，还需要进一步分析指导思想多元论的谬误和危害。笔者曾撰文讨论"为什么必须坚持马克思主义的指导地位"问题（《为什么必须坚持马克思主义的指导地位？》，载《马克思主义研究》2009 年第 1 期）。本文拟通过分析指导思想多元论的哲学理论基础和政治实质进一步深化对"为什么必须坚持马克思主义指导地位"的讨论。

一　指导思想多元论的哲学理论基础是真理多元论

思想是行动的指南，思想正确与否，会在实践中导致不同的结果。因此，以什么理论作为指导思想的问题，首先是一个区分真理与谬误的问题。一个党、一个国家，只有以真理性的思想体系即符合客观实际的科学理论为指导，才能在实践中不断把事业推向前进。我们之所以必须坚持马克思主义指导思想，首先是因为马克思主义是被社会实践反复证明了的科学真理，因而坚持马克思主义指导思想，就是坚持实事求是的精神，自觉遵循人类社会发展的客观规律推动历史前进。而指导思想多元论的基本理论逻辑是：真理存在于各个学派之中，每个学派中都有真理，又都不是唯一的真理，真理是多元的，所以指导思想应该是多元的。

指导思想多元论的哲学理论基础是真理多元论。坚持马克思主义指导地位与主张指导思想多元化的对立，就其哲学理论基础来说，是辩证唯物主义的真理一元论与真理多元论的对立。我们坚持马克思主义指导地位的认识论和真理观根据就在于：真理是一元的，只有辩证唯物主义的真理一元论才是与客观实际相符合的真理观，而真理多元论是与客观实际相背离的主观唯心主义真理观。

真理究竟是一元还是多元的问题，是哲学史上的老问题，不是新问题。哲学史上围绕着这个问题的争论，主要有三种基本观点：唯物主义的真理一元论、唯心主义的真理一元论和真理多元论。它们相互之间存在着对立和争论，呈现出复杂的情形。在主张真理一元论的唯物主义哲学中，又有辩证唯物主义与旧唯物主义的区别。这里我们所要讨论的，是辩证唯物主义的真理一元论与真理多元论的对立。

真理是一元还是多元的争论，直接的表现是对真理数目问题的不同回答，即真理是一个还是多个。这里所说的"一"或"多"，是指对于一个确定的认识对象，真理性的认识就其内容、就其实质来说究竟是一个还是多个。人们认识不同的对象，会形成不同的真理，离开确定的对象去讨论真理是一个还是多个的问题是没有意义的。一个事物的不同方面的性质、关系可以成为不同认识活动的对象，并形成不同的真理，这并不表示真理是多元的。同一种真理性认识可以有不同的表达形式，表达为不同形式的实质上相同的认识不是多元的真理。有人离开具体的认识对象列举多种不同的真理，有人将实质内容相同而表达形式不同的认识说成是不同的真理，试图以此来证明真理是多元的而不是一元的，这种论证的不合理性是显而易见的。

为什么真理是一元的而不是多元的呢？讨论这一真理观中的问题不能离开本体论和认识论，不能离开对世界本体和人类认识本质的看法。我们面前的世界是多样性统一的物质世界，这是唯一的存在，也是一切认识和真理的最终来源。人的认识都是对客观物质世界的能动的反映。由于各种主观的和客观的、社会历史的和认识论的原因，人们对同一个对象会产生多种不同的认识，其中正确的即与自己的客观对象相符合的认识，我们称之为真理，不符合的认识，则是谬误。认识的真理性就在于它与自己的客观对象的符合性。因此，如果一种认识经过反复的实践检验被证明是与对象相符合的真理性的认识，那么，这同时就意味着关于同一对象的与它实质上不同的其他认识是与对象不相符合的，因而不是真理，而是谬误。互相对立的认识不能同为真理，所以真理只有一个。毛泽东说："真理只有一个，而究竟谁发现了真理，不依靠主观的夸张，而依靠客观的实践。只有千百万人民的革命实践，才是检验真理的尺度。"① 这是对辩证唯物主义的真理一元论最简明的表达和论证。承认世界的物质统一性、认识的反映性、真理的客观性，就必然要肯定真理的一元性。辩证唯物主义的真理一元论是世界物质统一性的观点、能动反映论的观点在真理观中的贯彻和体现。从物质一元论到真理一元论，体现着马克思主义哲学中本体论、认识论和真理观的统一。正如列宁所指出的："认为我们的感觉是外部世界的映象；承认客观真理；坚持唯物主义认识论的观点，——这都是一回事。"②

为什么会有人主张真理多元论呢？他们的主要依据是什么？撇开社会历史的根源不谈，仅就认识论的原因而言，这是基于他们对什么是真理和真理标准的回答，对世界的本质和人类认识的本质的理解。

我们先以实用主义哲学为例来讨论这个问题。从哲学史上看，实用主义哲学是真理多元论的典型代表，它明确地断言"真理是多元的"③。在实用主义哲学看来，各种理论都是人应付环境的工具，而真理就是其中有用的工具。实用主义的著名理论家詹姆斯说，真理"只有一个共同的性质，那就是这些真理是合算的"。④ 实用主义的另一位著名代表杜威说："起作用的假设就是真的假设"，"真理即功效"。⑤ 既然如此，不仅不同

---

① 《毛泽东选集》第 2 卷，人民出版社 1991 年版，第 663 页。

② 《列宁选集》第 2 卷，人民出版社 1995 年版，第 89—90 页。

③ 詹姆斯：《实用主义》，商务印书馆 1979 年版，第 37 页。

④ 同上书，第 111 页。

⑤ 杜威：《哲学的改造》，《现代西方哲学论著选辑》上册，商务印书馆 1993 年版，第 230、231 页。

的人有不同的需要，就有不同的真理，而且同一个人有不同的需要时，也可以把不同的甚至完全相反的观念都说成是真理。英国实用主义哲学家席勒说："如果你和我的目的不相同，那么'同一个'断言对我是'真'对你却可能是'假'。"① 詹姆斯则明确地表示："我们今天只好按照所能得到的真理去生活，并且准备明天把它叫做假的。"② 所以，实用主义哲学主张真理多元论，是因为它把真理看作人们为满足自己的需要而制造出来为我所用的工具，而不是看作对客观对象的正确反映。这种"有用即真理"的观点，是同实用主义哲学对世界本质的理解不可分的。在本体论上，它把世界归结为"一个纯粹经验的世界"③，认为一切事物或整个世界都是由"纯粹经验"构成的。正如罗素在评论詹姆斯的哲学时所指出的，这是一种"或许不自知的贝克莱派的唯心论"④。简言之，实用主义把世界看作"经验"而不是独立于人的意识之外的物质世界，把认识看作人们为了满足自己的需要制造出来的工具，而不是对客观世界的反映，所以它把真理看作是适应不同人们不同需要的多元的工具。这里也表现出真理观与本体论、认识论的一致性。

　　20世纪80年代以来，我国也有一些人喜欢讲"真理是多元的"，抨击"真理只有一个"的一元论真理观。但他们大多是把真理多元论当作为自己的政治主张服务的思想武器，武断地加以宣示，很少从学术理论上对它作合乎逻辑的论证，似乎这是不容置疑的、不需要论证的。从他们发表的有限的学术理论性文章看，论证的基本逻辑是：真理都是思维的能动的创造物，不同的主体会创造出多种截然不同的理论，然后在其中取舍，而如何取舍决定于人们的心理因素和审美判断，任何理论都不可能被实践完全证实，都不过是假说，所以由不同的主体提出、取舍而产生的理论是平权的、多元的真理。⑤ 这种论证既否认了只有与客观对象相符合的认识才是真理，又否认了社会实践是检验认识的真理性的标准，它把真理看成是人们凭自己的主观爱好选择、认定的，因而从认识的多元性得出了真理多元的结论。然而实际的情形是：认识是多元的，但其中只有符合实际的

---

①　席勒：《人本主义研究》，上海人民出版社1966年版，第68页。

②　詹姆斯：《实用主义》，商务印书馆1979年版，第114页。

③　詹姆斯：《彻底的经验主义》，上海人民出版社1965年版，第21页。

④　罗素：《西方哲学史》下卷，商务印书馆1976年版，第371页。

⑤　参见陈奎德《现代科学与真理观的进化》，《社会科学研究》1983年第3期。

认识才是真理；人们可以凭自己的爱好选择不同的理论，但这种选择并不能决定一种认识究竟是真理还是谬误；一时一地的实践因其相对性而不能对一切认识都做出检验，但不断发展的社会实践终究能将人们认识中的真理和谬误区分开来。所以，真理是一元的而不是多元的。

可见，辩证唯物主义的真理一元论与真理多元论的根本分歧，就真理观而言，在于是否承认真理的客观性、是否承认实践是检验认识的真理性的标准。这种对立，是辩证唯物主义的真理观和唯心主义真理的对立。在更深的层次上，其根源在于辩证唯物主义与唯心主义关于世界本质和认识本质的根本观点的对立。

他们是如何用真理多元论为自己主张的"指导思想多元论"作论证的呢？

其一，他们说，马克思主义不是唯一的真理，各种学派中都有真理，所以它们是平权的。

这是一种似是而非的说法。在无比丰富的包括多门学科的人类科学思想宝库中，马克思主义当然不是什么"唯一的真理"。它既不代替其他任何一门科学的真理，也永远不会穷尽对自己的研究对象的真理性认识。另一方面，任何一个称得上"学派"的理论，总得运用一些知识至少是生活中的常识来论证自己的观点，因而不论其基本观点如何，都不可能一句真话不说，就此而言，当然可以说"各种学派中都有真理"。但是，是否不同学派在真理性上的差别就因此而消失了呢？是否各种非马克思主义、反马克思主义的理论就可以同马克思主义并列为"多元的真理"呢？当然不是。客观对象是作为系统整体而存在的，因而对它的完整的认识或反映也以系统理论的形式表现出来，由此而形成了各个学派的理论体系。认识了系统整体中的某些部分不等于认识了整体，一个学派即使包含着对事物某些部分或某些方面的正确认识，也不一定是关于该事物整体的真理。同一领域中的不同学派，是关于一定对象整体的不同的系统化认识，其中符合于对象整体的真理体系只能有一个，互相对立的体系不能同时都是真理性的科学体系。这是真理的一元性在不同理论体系或不同学派的关系中的表现。马克思主义诞生以来的160余年中，它在指导社会实践的同时接受实践检验，并随着实践不断发展，实践已经反复证明它是正确反映了物质世界、人类社会、资本主义和社会主义社会的本质和发展规律的科学思想体系，是科学的世界观、历史观、社会主义观；而这同时也就表明，各种与它本质上不同的非马克思主义或反马克思主义的思想体系不是科学的体系。在这里，作为体系或学派的多种理论仍然是对同一个对象即作为系统整体的客观对象的多种不同看法，真理是一元还是多元的问题，表现为互相对立的体系能否同时成立。这里的客观认识对象作为整体是唯一的，因而与对象符合的完整的真理体系也只能有一个。笼统地讲每一学派中都有真理又都不是唯一的真理、"真理存在于各派学说之中"，就否认了不同学派作为整体有真理与谬误之分，抹杀了科学体系与非科学体系、反科学体系之间的本质区别和根本对立。这种混淆是非的说法，只能导致思想混乱。

其二，他们说，古代希腊学派林立，中国春秋战国时期百家争鸣，都促进了学术的繁荣，而欧洲中世纪基督教神学独占统治，中国秦汉以后"独尊儒术"，都严重阻碍了学术的发展和科学的进步，这表明了真理多元论和指导思想多元化的积极作用。

这是试图用多元论与一元论的不同社会作用来论证多元论，反对一元论，但这种貌似有理的论证包含着对历史事实、对事物之间因果联系的多重曲解。

首先，学术繁荣的古代希腊和中国春秋战国时期，是多元论的真理观占主导的时期吗？各家各派的学者们著书立说、竞长争高，是因为他们相信有多元的真理吗？不是。他们相信自己掌握了真理，而与自己对立的观点不是真理，这才会去立论、驳论，又"鸣"又"争"。支撑他们去争鸣的，正是某种自觉或不自觉的一元论真理观。的确，古希腊有智者学派的普罗泰戈拉这样的真理多元论者，他说，"真理就是像我所写的那个样子，即我们每个人都是存在或不存在的尺度"①，中国春秋战国时期有庄子这样的真理多元论者，他认为"彼亦一是非，此亦一是非"②，但是以他们为代表的真理多元论，不过是一家之言，没有取得统治地位，否则就不会有百家争鸣了。如果大家都认为真理是多元的，各人有各人的真理，那就尽可以自说自话，何必去争鸣呢？百家争鸣的学术繁荣局面正是以一元论的真理观为基础的，而多元论的真理观只能导致精神文化的萎缩。

这里笔者想顺便指出：真理多元论者如果把自己的观点贯彻到底，就

① 柏拉图《泰阿泰德篇》，载苗力主编《古希腊哲学》，中国人民大学出版社 1989 年版，第 184 页。

② 《庄子·齐物论》。

应该相信在真理是一元还是多元的问题上也存在着多元的真理，那么，他们为什么在宣扬真理多元论的同时又如此激烈地反对真理一元论呢？这不是要把他们的真理多元论说成真理是一元还是多元的问题上的"唯一的真理"，从而否定了自己的真理多元论吗？可见他们是言行不一的，是自相矛盾的。詹姆斯曾经说："一个彻底的实用主义者，则总是潇洒不羁、无政府主义一类的人物。""从理性主义者看来，这种宇宙观，简直是无脊梁、无原则"，正好像某些人眼里的"政治上的'机会主义'一样"。①詹姆斯生动地勾勒出来的实用主义的理论风格，不也正是一些真理多元论者的自画像吗？

其次，欧洲中世纪基督教神学的独占统治，中国封建社会的"罢黜百家，独尊儒术"，阻碍了思想文化的发展和学术的繁荣，这是历史的事实，但这同我们以辩证唯物主义的真理一元论为哲学理论基础坚持马克思主义的指导地位究竟有何可比之处呢？基督教的真理观是一元论的，但这是唯心主义一元论的真理观。"咸以孔子之是非为是非"的真理观，也是唯心主义一元论的真理观。我们坚持的是辩证唯物主义的真理一元论，既反对真理多元论，也反对唯心主义的真理一元论。从思想史上看，真理多元论与唯心主义的真理一元论之间也相互批评，这对于揭露它们各自的谬误和危害也有某种积极作用。人们尽可以通过欧洲学术繁荣的古希腊与基督教的中世纪的比较、"百家争鸣"的春秋战国时期与"罢黜百家"后的封建社会的比较，来研究唯心主义的一元论真理观的谬误和危害，但若将这种比较与他们反对辩证唯物主义的真理一元论、反对坚持马克思主义的指导地位硬扯在一起，当作自己的论据，那就未免离真理太远了。

总之，真理多元论是建立在唯心主义的本体论、认识论基础之上的唯心主义的真理观，以这种真理观为哲学理论基础来论证指导思想多元论，在理论是站不住脚的。

二　指导思想多元论的实质是搬用西方思想理论取代马克思主义的指导地位

以什么理论作为指导思想不只是区分真理和谬误的问题，不只是思想

---

① 詹姆斯：《实用主义》，商务印书馆 1979 年版，第 132—133 页。

认识上的是分之争，同时也是利益之争，是代表不同阶级利益的思想理论
体系在社会生活中的地位之争。从表面上看，主张指导思想多元化似乎是
反对任何一种思想居于指导地位，要让各种不同的思想平起平坐，共同充
当指导思想，而实质上，是要否定马克思主义的指导地位，用其他思想理
论特别是西方资产阶级的思想理论取而代之。这是指导思想多元论的政治
实质。

在社会历史领域，各种思想都是生活于一定社会中的人们对社会存在
的反映。社会存在对社会意识的决定作用，不仅表现于社会存在是社会意
识的对象，社会意识的内容无不是来源于社会存在，同时也表现于社会意
识的主体都处于一定的社会关系之中，他们的地位和利益影响着他们如何
去反映社会存在。社会存在不仅决定社会意识的内容，也决定不同主体的
思想理论体系在社会生活中的地位。毛泽东在《新民主主义论》中对文
化与经济、政治的关系作了精辟的概括，他说："一定的文化（当作观念
形态的文化）是一定社会的政治和经济的反映，又给予伟大影响和作用
于一定社会的政治和经济；而经济是基础，政治则是经济的集中的表现。
这是我们对于文化和政治、经济的关系及政治和经济的关系的基本观
点。"[1] 他由此得出结论说："那末，一定形态的政治和经济是首先决定那
一定形态的文化的；然后，那一定形态的文化又才给予影响和作用于一定
形态的政治和经济。"[2] 经济和政治对文化的"决定"作用，既是决定其
内容，同时也是决定其地位。不同阶级的经济地位和政治地位，归根到底
决定着反映这种经济、政治的文化在社会生活中的不同地位。

指导思想属于文化领域，属于社会意识形态的范畴，是一定社会中上
层建筑的组成部分，因而它是由一定的社会经济基础所决定，又为自己的
经济基础服务的。马克思、恩格斯在他们合著的第一部成熟的马克思主义
著作《德意志意识形态》中，通过对意识形态的深入研究揭示出一条规律：
"统治阶级的思想在每一时代都是占统治地位的思想。"[3] 这就是说，一个阶
级是社会上占统治地位的物质力量，同时也是社会上占统治地位的精神力
量。这一结论的得出，不只是根据对社会历史的考察，即不仅仅是对事实

---

① 《毛泽东选集》第 2 卷，人民出版社 1991 年版，第 663—664 页。
② 同上书，第 664 页。
③ 《马克思恩格斯选集》第 1 卷，人民出版社 1995 年版，第 98 页。

的经验归纳，也是基于对物质生产与精神生产、物质关系与思想观念之间内在关系的深刻分析："支配着物质生产资料的阶级，同时也支配着精神生产资料，因此，那些没有精神生产资料的人的思想，一般地是隶属于这个阶级的。"① 作为系统化的思想理论的社会意识形态，只有通过思想家理论家们自觉的专门的精神生产才得以形成和发展，这种精神生产必须以一定的物质条件为基础，因而只有掌握了物质生产资料的阶级才具备从事这种精神生产的条件，一个阶级失去了物质生产资料，同时也就失去了精神生产的条件，在精神上也只能处于从属的地位。所以，马克思、恩格斯深刻地指出："占统治地位的思想不过是占统治地位的物质关系在观念上的表现，不过是以思想的形式表现出来的占统治地位的物质关系。"②

由此看来，指导思想一元化而不是多元化，决不是当代中国社会特有的现象，而是社会发展中的一条普遍规律，因而是不同国家、不同历史时期普遍存在的客观事实。不同性质的国家有不同的指导思想，体现出它们各自的特殊性；总有一种思想处于指导的或统治的地位，则是包含在特殊性中的普遍性。坚持以马克思主义为指导，反对指导思想多元化，体现着特殊性与普遍性的统一，是"统治阶级的思想在每一时代都是占统治地位的思想"这一普遍规律在当代中国的具体体现，是对社会意识形态运动的客观规律的自觉遵循和运用。

正因为统治阶级的思想居于统治地位是由社会存在和社会意识、经济基础和上层建筑的相互关系决定的客观规律，所以历史上虽然在思想领域中存在着指导思想多元化的理论主张，但在社会实际生活的各个历史阶段却并不存在指导思想多元化、各种思想平起平坐的事实，因为这是不可能实现的。在当代世界，找不到哪个国家是把资产阶级的思想理论与工人阶级的科学世界观马克思主义并列在一起当作指导思想的。实际上，"指导思想多元化"本身就是一个悖论，是一个包含着内在逻辑矛盾的虚假命题。这是因为，"指导思想"这个概念本身就意味着一定社会在思想上的某种统一，意味着用一定的思想理论去统一人们的认识，从而规范人们的行为，即在达成共识的基础上采取共同的行动；而"多元"则意味着不同思想相互对立，不成其为一个完整的统一的体系，因而也就不能成为规

---

① 《马克思恩格斯选集》第 1 卷，人民出版社 1995 年版，第 98 页。
② 同上。

范人们行为的指导思想。所以，虽然思想领域存在着多元对立和斗争是各种社会中普遍存在的现象，但其中只能有一种思想居于统治地位。指导思想从来就不是也不可能是多元的。"指导思想多元化"的主张，如同追求"铁的木"、"方的圆"一样，表达出的是一种思维的混乱，或一种具有欺骗性的谋略。

　　在历史发展中的某些特定阶段，可能出现几个争夺统治地位的阶级在力量此消彼长的较量过程中暂时联合起来分享经济利益和政治权力的态势，这种情形也会在思想领域反映出来，出现几种思想理论联合或"分权"并为政治上的联合或"分权"做论证的局面。如马克思、恩格斯在《德意志意识形态》中所说的："在某一个国家的某个时期，王权、贵族和资产阶级为夺取统治而争斗，因而，在那里统治是分享的，那里占统治地位的思想就会是关于分权的学说，于是分权就被宣布为'永恒的规律'。"① 这种情形的存在，恰好进一步表明思想领域中的态势归根到底是由经济、政治决定的，这也是"统治阶级的思想在每一时代都是占统治地位的思想"的一种具体表现，因而不是否定了反倒是进一步证明了意识形态运动的这条规律。

　　在当代资本主义国家，指导思想多元论是一种维护和改良资本主义的理论。从思想史上看，最明确地提出思想上多元主义主张的是民主社会主义。1951 年社会党国际在法兰克福召开成立大会，大会通过的宣言《民主社会主义的目标与任务》（即《法兰克福宣言》）中说："社会主义是一个国际性运动，它不要求对待事物的态度严格一律。不论社会党人把他们的信仰建立在马克思主义的或其他的分析社会的方法上，不论他们是受宗教原则还是受人道主义原则的启示，他们都是为共同的目标，即为一个社会公正、生活美好、自由与世界和平的制度而奋斗。"② 按照以社会党国际为代表的民主社会主义所主张的"多元主义"，无论是基督教的学说、人道主义思想、欧洲的古典哲学，或马克思主义，都可以当作社会党人信仰的思想基础。这种思想多元化的主张，明显地表现出一种思想混乱。一个党宣称可以将各种不同的以至相互对立的学说都作为自己的思想基础，也就是不要统一的思想基础，或者说，是把不要统一的指导思想当

---

　　① 《马克思恩格斯选集》第 1 卷，人民出版社 1995 年版，第 99 页。
　　② 《社会党国际文件集（1951—1987）》，黑龙江人民出版社 1989 年版，第 3 页。

作"指导思想"。这样的"指导思想",是同民主社会主义认同资本主义根本制度同时又要改良资本主义的基本政治立场相适应的。在实践中,社会民主主义充当着"资本主义病床边的医生和护士"的角色,它所说的"社会主义",不过是资本主义私有制和资产阶级民主制基础上的改良。民主社会主义实质上是资产阶级的改良主义,因而各种不同的思想学说都被它拿来当作维护资本主义制度同时又对它进行这样那样的改良的药方。这就是民主社会主义指导思想多元化的实质所在。正因为如此,在根本上反对马克思主义、反对共产主义的同时,民主社会主义也把被它歪曲了的马克思主义同宗教原则等并列为自己的信仰基础,拿来当作医治资本主义疾病的药方之一。

在社会主义国家,指导思想多元论是一种反对和否定社会主义的思想武器。戈尔巴乔夫的"人道的民主的社会主义",就其思想渊源和理论特征来说,也属于民主社会主义的范畴。如果说,欧洲资本主义国家中的民主社会主义是对于资本主义的改良主义,那么戈尔巴乔夫的人道的民主的社会主义则是在社会主义国家中扮演着否定社会主义、将社会主义演变为资本主义的角色。1987年,戈尔巴乔夫出版了他的《改革与新思维》一书。书中宣称,"新思维的核心是承认全人类的价值高于一切"。这一核心观点根本否定了马克思主义的阶级和阶级斗争理论,从而也否定了对不同思想理论作社会历史的、意识形态的分析,这就从理论根基上为推行指导思想多元化开启了闸门。他反对所谓"垄断理论",提出"结束社会科学的僵化状态",要"使每种报刊上都出现社会主义的多元论"。1990年7月苏共二十八大通过的纲领性声明《走向人道的民主的社会主义》和苏共党章,宣布"坚决摈弃对其他观点与思想的意识形态限制,教条主义和不容忍态度",抛弃以马克思主义为指导,放弃党在政治和思想方面的"垄断地位",实行政治多元化和意识形态多元化。不久之后,全世界都看到了事情的结局:1991年12月25日,有着74年历史的社会主义国家苏联宣告解体,苏联国旗从克里姆林宫上空降落。历史已经表明,在苏联和东欧各国,以指导思想多元化为理论武器否定马克思主义的指导地位之后,取而代之的并不是什么指导思想多元化的局面,而是在资本主义制度取代社会主义制度的同时西方资产阶级的思想理论也占据了意识形态领域的统治地位。

在以马克思主义为指导的社会主义国家,指导思想多元化的主张是针对着马克思主义的指导地位提出来的，其目的是挑战马克思主义的指导地位并且取而代之。指导思想多元化本身就是代表着一定阶级的经济利益和政治诉求的意识形态，它以貌似要求各种思想平起平坐的"多元论"形式出现，只不过是一种争取同情和支持、企图改变自己的地位的谋略。假如有一天它真的取得了支配地位，必然会抛弃"多元论"这个过时了的思想武器，公开谋求自己独占的统治地位。这一点在苏联和东欧已经得到了证明。在中国，实行指导思想多元化至今不过是某些人一相情愿的要求，是他们宣扬的一种思想观念，虽然这种思想已经在社会生活中产生了种种消极影响，但总体而言它没有也不可能得到推行，所以还没有在实践中直接显现出它的灾难性后果，没有充分暴露它的政治实质，这是因为人民不允许，我们的党和国家不允许。虽然如此，我们还是不难从一些人的言论中看清他们究竟想干什么。比如，有人主张"儒化中国"，为此，他们要"重建儒教"，他们说，"儒学理应取代马列主义"，"同马列主义正面对抗"，要把"'尧舜孔孟之道'作为国家的立国之本即国家的宪法原则写进宪法，上升为国家的意识形态"①。这是企图用儒教取代马克思主义的指导地位。又如，有人宣扬"只有民主社会主义才能救中国"，这是企图用民主社会主义取代马克思主义的指导地位。更常见的是，一些人搬来西方资产阶级的思想理论特别是反映当代西方主流意识形态的新自由主义，企图用它取代马克思主义的指导地位。陈奎元同志曾经在一篇文章中对这种现象及其严重危害性作了深刻的揭露和分析，他指出，"迷信西方发达国家反映资产阶级主流意识形态的思想理论，把西方某些资产阶级学派的理论甚至把发达资本主义国家的政策主张奉作教条"，"这种倾向在意识形态领域以及经济社会变革中的影响力正在上升"。他强调说："如果任凭西方资产阶级的理论替代马克思主义或把马克思主义边缘化，中国共产党就将丧失维系自身团结统一的思想纽带，同时必将失去号召群众、引导群众的精神力量，自然的结局就是脱离几代共产党人选择的正确道路，滑进西方敌对势力的陷阱，使我们的国家陷入动乱、停滞和倒退，使中华民族重新沦为西方的附庸。"② 这一振聋发聩的警告，决不是危言耸听，而是揭露了一种现实存在的危险。

---

① 参见张世保编《大陆新儒学评论》，线装书局 2007 年版。
② 陈奎元：《繁荣发展中国特色的哲学社会科学》，《人民日报》2004 年 4 月 20 日。

综上所述，坚持马克思主义的指导地位还是搞指导思想多元化，涉及多方面的学术理论问题和干部群众的思想问题，需要通过充分的理论讨论、学术争鸣和深入细致的思想政治教育来分清是非曲直、澄清思想观念，与此同时，又要把它放到当代国际环境和国内大局中，在经济、政治、文化和整个社会的宏观背景下，认清问题的实质，毫不动摇地坚持马克思主义的指导地位，反对指导思想多元化。

（原载《马克思主义研究》2009 年第 8 期；中国人民大学书报资料中心复印报刊资料《马克思列宁主义研究》2010 年第 1 期转载）

评几种否定马克思主义指导地位的观点

——三论"为什么必须坚持马克思主义的指导地位"

提要 坚持马克思主义指导思想，需要回答各种质疑和否定马克思主义指导地位的观点。这些观点可以归纳为"五论"：马克思主义"过时论"、"外来文化论"、"实践否定论"、"非学术论"和"指导思想多元论"。对"指导思想多元论"笔者已有专文讨论，本文评析其余四种观点。

坚持马克思主义指导思想，建设社会主义核心价值体系，必须深入研究和回答"为什么必须坚持马克思主义的指导地位"和"为什么不能搞指导思想多元化"的问题，对此，笔者已在两篇文章中作过讨论①。应该看到，讨论"为什么必须坚持马克思主义的指导地位"的问题，仅仅理清我们自己的思路、从正面做出回答，是远远不够的。思想政治工作和理论教育不能"自说自话"。如果只讲自己怎么看，不管别人怎么说、怎么想，信不信由你，那么，即使讲得有理有据，仍然可能是缺乏说服力的，因为它很可能是无的放矢，缺乏现实针对性。我们必须直面各种质疑和否定马克思主义在中国的指导地位的观点，回答它们提出的问题。为此，我们需要作一番认真的考察和梳理，弄清究竟有哪些质疑和否定马克思主义指导地位的观点，进而研究它们的论据，回答它们的提问，认清它们的实质。审视当前思想理论领域的实际和改革开放 30 余年来的社会思想史，回顾学术理论领域发生的多次论争和思想理论教育的实践，笔者认为，我

---

① 《为什么必须坚持马克思主义的指导地位》，《马克思主义研究》2009 年第 1 期；《为什么不能搞指导思想多元化？——二论"为什么必须坚持马克思主义的指导地位"》，《马克思主义研究》2009 年第 8 期。

国进入改革开放新时期以来出现的形式多样、内容庞杂的否定马克思主义指导地位的观点，基本上可以归纳为"五论"：马克思主义"过时论"、"外来文化论"、"实践否定论"、"非学术论"和"指导思想多元论"。除对"指导思想多元论"笔者已在前述《二论》中专门讨论外，本文拟对其余四种观点作一些评析。

一　评马克思主义"过时论"

在 20 世纪 70 年代后期我国结束"文化大革命"之后，正当我们批评"两个凡是"的僵化思维方式，实行拨乱反正，开启改革开放的大门之际，又出现了如邓小平在 1979 年春敏锐地指出的"从右面来怀疑或反对四项基本原则的思潮"①。马克思主义"过时论"就是这股思潮中否定马克思主义指导地位的一种代表性观点。"过时论"的基本说法是，马克思主义过去曾经是真理，但时过境迁，已经不再是真理了；过去曾经是有用的，在中国革命的历史上发挥过作用，但现在不再有用了。多年来这种观点一直存在，具体的说法不断变化，比如：它是 100 多年前建立的理论，那时的生产力水平、科学技术水平和社会面貌无法同今天相比，它怎么能不过时呢；它是革命的理论，不是建设的理论，能够指导革命而不能指导建设；搞计划经济时是用马克思主义作指导的，现在搞市场经济了，怎么能仍然用它来指导呢，如此等等。

这种种质疑，归结起来就是以时间的推移为理由，指责马克思主义不再具有真理性了。从理论层面来分析，这是一个真理观的问题。我们坚持马克思主义指导地位的首要依据，就在于它符合客观实际，是科学真理，因而能够指导我们在实践中获得成功。然而，任何真理都是具体的，是以时间、地点和条件为转移的，都有自己或大或小的适用范围，超出这个范围，它就不再是真理了。马克思主义在今天的境遇是否如此呢？

应该看到，抽象地、笼统地说一种理论已经产生了许多年，因而过时了，这不是科学的态度。牛顿力学、欧氏几何产生多少年了？今天我们不是仍然在学习和运用吗？因为它们仍然是真理。孔子、老子的书，《孙子

---

① 《邓小平文选》第 2 卷，人民出版社 1994 年版，第 166 页。

兵法》这样的书，不是更加古老吗？今天我们不是仍然当作宝贵的文化遗产给予批判的继承吗？因为它们包含的一些真理性认识今天仍然是有价值的。可见，一种思想的"新"和"真"、"老"和"假"之间并无必然的联系。最新的时髦的学说不一定是真理，也可能是谬误，而古老的真理也可能今天仍然是真理，甚至永远是真理。这是因为，任何一种具体的真理都同时具有相对性和绝对性。真理的相对性决定了对它的运用不能超出自己的适用范围，它不能是一成不变的，必须向前发展，而真理的绝对性的表现之一就是，一种经过实践反复检验确立起来的真理，在自己适用的范围之内是不会过时的，是不会被推翻的。

因此，判断一种理论是否过时的科学方法是，把它的内容同它所反映的客观对象相对照，考察它是否仍然在自己的适用范围之内。只要我们具体分析马克思主义的各种基本原理，就可以有针对性地回答种种有关马克思主义是否过时的问题。比如，辩证唯物主义的真理过时了吗？有人不无讽刺地说，辩证唯物主义无非是说，世界是物质的，物质是运动的，事物都是对立统一的，运动是有规律的，规律是可以认识的，这些谁不知道，还用讲吗？他们想说的是，这些都是尽人皆知的大白话，没有必要去论证、去学习。其实，最重要、最深刻的真理常常正是表现为最简单、明白的形式，但是把这些真理确立起来是很不容易的，一个人要真正弄懂它们也殊非易事。值得思考的是，这种把辩证唯物主义基本观点当作不必去专门论证的大白话的思想，恰好无意中道出了一个重要的事实：这些观点在千百万人的实践中反复经受了检验，因而得到了人们最广泛的不容置疑的认同。这不正好是对它们今天仍然具有真理性的一种证明吗？它们的价值同样是不容置疑的：如果没有辩证唯物主义的基本原理，就没有我们党实事求是的思想路线，也就没有这条思想路线指引下取得的巨大成就。又如，历史唯物主义的真理过时了吗？历史唯物主义所揭示的是人类社会发展的普遍规律，它揭示了由生产力与生产关系、经济基础与上层建筑的相互作用构成的社会基本矛盾运动，社会存在与社会意识之间的决定作用和反作用，经济、政治与文化的关系，人与社会、个人与人民群众、主体的实践活动与社会客观规律的关系，阶级矛盾、阶级斗争在阶级社会中的地位和作用，等等，今天人类社会不是仍然在这些对立统一的矛盾运动中发展吗？面对当代世界错综复杂的社会现象，在建设中国特色社会主义的伟大事业中，历史唯物主义仍然是我们分析问题、指导实践的有力武器。再如，马克思主义的政治经济学过时了吗？前些年我国有过一场围绕着劳动价值论的大讨论，讨论的结果是，人们看到马克思主义的劳动价值论没有过时，它今天仍然适用，它自身也在实践中发展。近来我们又看到，正当一场自20世纪30年代以来最严重的国际金融危机如海啸般由美国向全球扩散时，一些西方媒体惊呼"金融危机捧热了《资本论》"，马克思成了"走红人物"，《资本论》成了销售量猛增的畅销书。这是对马克思主义的真理没有过时的又一次证明。再如，科学社会主义的基本原则过时了吗？"既坚持了科学社会主义的基本原则，又根据我国实际和时代特征赋予其鲜明的中国特色"[①]的中国特色社会主义道路越走越宽广，改革开放30余年来为中国社会带来了无限的生机与活力，这是任何人都无法否定的事实，而这不正是科学社会主义基本原则的科学真理性和强大生命力的显现吗？只要社会主义代替资本主义的历史过程没有完结，科学社会主义的历史使命就没有完成，它就没有过时。在刚刚过去的世纪之交，马克思一次又一次地被一些世界著名媒体评为"千年伟人"之首，这正表明，马克思主义给我们这个世界带来的变化是任何人都无法抹杀的，是其他任何学说都不可比拟的，它仍然是我们这个时代的精神上的精华和最强大的精神力量，它的当代价值是毋庸置疑的。

多年来思想政治教育的实践经验告诉我们，干部群众中受"过时论"影响而质疑马克思主义指导地位的同志常常表现出两点认识上的缺陷。一是没有认真读过马克思主义的书，并不了解马克思主义的观点，没有亲身感受到马克思主义的精神魅力，而只是想当然地认为，一百多年前产生的东西，怎么能不过时呢？二是忽视了马克思主义产生之后一百多年来的发展，以为它停留在原地不动。的确，一百多年来，沧海桑田，人间巨变，今天的世界是生活在19世纪的马克思、恩格斯所未曾见过的。但是，"马克思主义"并不是马克思一个人的思想，而是由马克思、恩格斯在19世纪40年代创立又为他们自己和无数后继的马克思主义者不断向前推进的思想理论体系。列宁、毛泽东、邓小平就是后继者中的杰出代表。马克思主义是工人阶级这个阶级的而不只是一个人的世界观，正如物理学不是

---

① 胡锦涛：《高举中国特色社会主义伟大旗帜，为夺取全面建设小康社会新胜利而奋斗——在中国共产党17次全国代表大会上的报告》，《十七大以来重要文献选编》（上），中央文献出版社2009年版。

伽利略或牛顿个人的思想，而是世世代代物理学家共同推进的科学，因而是不断生长着的科学一样，马克思主义是随着工人阶级和人民群众社会实践的发展而不断发展的理论，是一个生长着的活的生命机体，它不断增添着新的内容。这样的理论，如同扎根在沃土中的大树总是不断生长出新的繁茂枝叶一样，是不会枯萎的。克服"过时论"的影响，需要帮助干部群众了解马克思主义，了解它的思想观点和它的发展。

二　评"外来文化论"

"外来文化论"是又一种被某些人用来反对马克思主义在中国的指导地位的思想武器。某些持这一观点的人称，马克思主义是一种外来文化，不是中国本土文化，不能用一种外来文化当作中国的指导思想。这一观点在关于中国近现代史和关于文化问题的争论中都有表现。有人说，五四运动后马克思列宁主义传入中国，导致了中国传统文化的断裂和民族精神根基的缺失。有人攻击马克思列宁主义这种"异族文化""使中华民族近百年来生命无处安立、精神彻底丧失的局面发展到了极点"。当中国人民在半封建半殖民地的时代探寻救国救民之路时，就曾有人宣称"马克思主义不适合中国国情"。中国共产党以马克思主义为指导思想领导中国革命取得成功，用实践证明了这种观点是错误的，历史已经做出了结论。"外来文化论"是这种论调在新的历史条件下的重弹。它一面喊出尖锐的政治结论，一面又以学术的面貌出现在文化理论和思想文化史的领域，因而在干部群众中有一定的影响，需要认真对待。

从真理观的视角看，"外来文化论"是以地域的不同为理由，否定指导中国实践的马克思主义的科学真理性。这同以上我们讨论的马克思主义"过时论"所体现的是同一种理论逻辑，区别只在于，"过时论"是以时间为尺度，"外来文化论"是以空间为尺度。这种真理观和理论逻辑的谬误不实，我们在讨论"过时论"时已经做过分析，兹不详论。

对"外来文化论"还可以从文化观的视角去分析，因为马克思主义确实是在人类文明发展大道上产生的一种文化成果。作为文化成果，马克思主义是在近代欧洲思想文化的土壤中产生的，自然带有它所由产生的历史文化的特点。这里应该看到，各民族各地域的文化总是在其民族、地域的特殊性中包含着超越民族和地域限制的普遍性。这正如同语言和思维逻辑的关系，语言是民族的，不同民族的语言是不同民族的身份证，而不同的语言表达所遵循的思维形式的逻辑规则则是在全世界一切民族中通行的，离开这些共同的规则，人们就无法正常地思维和交流。

文化作为人类社会中的精神活动和精神产品，包含着不同层次、不同形式的社会意识，既有社会心理层面的；也有思想理论层面的；既有宗教和艺术的形式，又有哲学和科学的形式。就文化中的科学和哲学而言，它们一方面有其民族的和地域的形式特征，另一方面其积极的成果又总是包含着超越民族和地域局限性的普遍的理性认识的真理。哥白尼的日心说问世以来的数百年间，产生于欧洲的近代自然科学已经普及和运用到世界每一个角落，任何人都不能以"外来文化"为理由拒绝它。马克思主义同样是这种具有普遍性的科学真理。

我们学习马克思主义，是掌握和运用具有普遍真理性的马克思主义基本原理，而不是照搬经典作家表达和阐述这些基本原理的民族文化形式和语言文字风格。正因为如此，中国共产党人历来既强调马克思主义的普遍真理性，又要求把马克思主义同中国实际相结合，强调必须实现马克思主义中国化。曾经深受王明"左"倾教条主义之害的中国共产党，在毛泽东的领导下，牢固地确立了必须把马克思主义中国化的思想原则。早在1938年10月，毛泽东在党的六届六中全会的报告中，就明确地把马克思主义中国化作为亟须解决的任务提到全党面前，并作了深入阐述。他说："使马克思主义在中国具体化，使之在其每一表现中带着必须有的中国的特性，即是说，按照中国的特点去应用它，成为全党亟待了解并亟须解决的问题。"① 他指出，马克思主义理论是"放之四海而皆准"的理论，但它不是教条而是行动的指南，不应当只学它的词句，而应当把它当作革命的科学来学习。马克思列宁主义的伟大力量，就在于它是和各个国家具体的革命实践相联系的。"马克思主义必须和我国的具体特点相结合并通过一定的民族形式才能实现。"因此，"洋八股必须废止，空洞抽象的调头必须少唱，教条主义必须休息，而代之以新鲜活泼的、为中国老百姓所喜闻乐见的中国作风和中国气派"②。自延安整风以来，必须把马克思主义同中国具体实际相结合的思想已经在全党深入人心，成为中国共产党人始

---

① 《毛泽东选集》第 2 卷，人民出版社 1991 年版，第 534 页。
② 同上。

终不渝地遵循的思想原则。正因为如此，马克思主义中国化这一在 20 世纪 30 年代提出的重大历史性课题，已经在全党的实践探索和理论创新中不断得到解决，产生了伟大的成果，即中国化的马克思主义，这就是毛泽东思想、邓小平理论、"三个代表"重要思想和科学发展观等重大战略思想。党的十七大总结的我国改革开放以来的十条宝贵经验即"十个结合"的第一条，就是"把坚持马克思主义基本原理同推进马克思主义中国化结合起来"。① 中国特色社会主义理论体系就是马克思主义中国化的最新成果，如胡锦涛同志在《在纪念党的十一届三中全会召开 30 周年大会上的讲话》中所指出的，它是"扎根于当代中国的科学社会主义"。② 指导着中国革命、建设和改革的中国化的马克思主义，既是马克思主义的，又是中国的；既是科学真理，又是中国文化的一部分。它深深扎根在中国的大地上，生长在中国社会和中国文化的沃土之中，与中国人民血肉相连。它的思想内容、表达形式乃至语言文字风格，比如毛泽东、邓小平的思想，他们的著作和他们的语言，已经同悠久的中华文明、同中国老百姓自己的生活经验融为一体，具有鲜明的中国作风、中国气派，深刻而又简明、通俗，新鲜活泼，充满生气，渗入到中国人的日常生活和日常意识之中，为广大群众耳熟能详，成为当代中国文化中一种最重要的因素，并且必将对中国文化的历史发展产生深远的影响。所以，中国共产党人把马克思主义运用于中国实际，就文化而论，所带来的是中国文化发展的新的生机与活力，它促使古老的中国文化在当代社会实践中焕发出新的生命，升华到新的境界。

用"外来文化论"否定马克思主义的指导地位，就其认识上的原因而言，除了未能正确认识马克思主义的普遍真理性外，一个根本的错误是，它忘记了马克思主义传入中国后已经中国化了这个极其重要的历史事实，无视中国化马克思主义的存在，不懂得它的历史地位和历史作用。必须看到，我们所说的坚持马克思主义的指导地位，不仅是指坚持马克思列宁主义的基本原理，更是要求坚持以中国化马克思主义来指导我们的实践。在中国化马克思主义的伟大理论成果和实践业绩面前，"外来文化论"完全没有立足存身之地。

---

① 《十七大以来重要文献选编》（上），中央文献出版社 2009 年版，第 8 页。
② 同上书，第 797 页。

三 评"实践否定论"

根据社会实践中发生的问题和社会生活中的消极面质疑乃至否定马克思主义的指导地位，是一种常见的现象。这种质疑，首先是存在于许多干部和群众中的思想认识问题，也往往被某些人利用，拿来当作他们否定马克思主义指导地位的根据。干部、群众中的思想认识问题，大量的是从对实际生活的思考中而不是从理论的讨论中产生的。比如，苏联是在马克思列宁主义的指导下建立起来的社会主义国家，那么，苏联的解体是否表明马克思主义不灵了、失败了呢？中国是以马克思主义为指导的国家，那么，中国发生了"文化大革命"这样的严重错误，是不是马克思主义造成的呢？现实生活中存在的贪污腐败、分配不公、侵害群众利益等种种问题和矛盾，是不是可以归因于作为我们指导思想的马克思主义呢？对于大量存在的这一类思想认识问题，需要通过具体分析分别做出回答，但是，它们都包含着一个共同性的理论或方法论问题，即都是基于对理论与实践之间关系的某种理解，认为实践中、社会生活出现的负面现象都可以看作是对马克思主义的科学性及其指导地位的否定。我们姑且称之为"实践否定论"。

这种质疑不无道理。理论都是从实践中来的，又必须接受实践的检验。如果错误的理论支配了人们的行动，肯定会导致实践中的挫折。如果实践中发生了失误，社会生活中出现了消极现象和问题，很有可能是因为指导实践的理论不正确。所以，面对社会实践中的问题，重新审视理论的科学性、价值和应有的地位，是有其充分的理由的。但是，如果一看到实践中出现了问题，就认为是马克思主义的理论有误，甚至直接拿来当作否定马克思主义指导地位的依据，那就未免是将理论与实践的关系简单化了。回答这一类质疑，必须研究理论与实践之间的复杂关系。

理论与实践之间是既对立又统一的关系。除了统一的一面外，理论与实践之间总是有矛盾、对立的。坚持理论与实践的统一，是马克思主义的一条基本原则，是我们党的优良学风。强调坚持理论与实践的统一之所以必要，正是因为二者之间总是存在着矛盾。如果理论与实践自然而然地就是统一的，那就没有必要反复强调将它们统一起来，而且这样一来，这一对矛盾就被取消了，这当然是与客观实际情况相背离的。实践的对象是客观存在的实际事物，而理论是客观实际在人们头脑中的反映，这二者分别属于客观与主观、客体与主体两个不同的领域。实践的客观对象，都是本质与现象、个性与共性相统一的具体事物，而理论对事物的反映，总是舍弃了现象而抓住本质、从个别中找到一般，它是以经过思维抽象的纯粹的形式反映事物的。实践对象与理论各自不同的性质和特点，从根本上决定了理论与实践之间总是有矛盾的。

理论与实践的矛盾有各种表现，可以从多种不同的角度去分析。人们的实践—认识活动中理论与实践的脱离或不一致，就是二者之间矛盾的表现。就对待马克思主义的态度而言，这样的脱离或不一致，可以从两个方面表现出来，一是理论脱离实践，一是实践脱离科学理论。理论脱离实践是人们比较熟悉的一种常见的错误。如果以教条主义的态度对待马克思主义，不顾实际情况生搬硬套，或者把理论当成一成不变的东西，实践发展了而理论仍然停留在原处不向前进，因而失去了真理性，都会导致实践中的错误。曾经给中国革命带来巨大损失的王明路线，就是以理论脱离实际的教条主义为特征的。正因为如此，反对理论脱离实践的教条主义，在我们党内是深入人心的。另一方面，实践脱离科学理论的情形，在实际生活中也是经常发生的。如果人们在口头上说以马克思主义为指导，而实际上言行不一，并不认真学习和运用马克思主义理论，或者轻视、忽视理论，没头没脑地随意行动，或受到错误思潮影响、干扰，偏离了科学理论，甚至盲目搬用某些根深蒂固的或风行一时的错误理论，被错误的理论支配，都会脱离马克思主义的科学理论而在实践中遭受挫折。我们实践中的失误和实际生活中的消极现象，大量地正是在上述理论脱离实践或实践脱离科学理论的情况下发生的。而在这两种情况下，实践中或实际生活中的问题都不表明作为指导思想的马克思主义理论错了，不能由理论本身来负责。在这里，错误的发生是由于对待理论或对待实践的态度不正确，或者说，是未能坚持理论与实践的统一的结果，因而根据实践或实际生活中的问题质疑或否定马克思主义的指导地位，是完全不合逻辑的，是对理论与实践之间的复杂关系缺乏深刻理解和正确把握的表现。

社会实践是检验认识的真理性的唯一标准。因此，在历史地发展着的实践与理论相互作用的矛盾运动中，归根到底是实践决定理论，是社会实践判明理论是否正确。马克思主义的科学真理性正是由一百多年来的社会实践反复证明的。但是，实践检验理论的过程是长期的复杂的。社会实践本身具有无限性、绝对性和有限性、相对性这两重属性。无限发展着的整个人类的社会实践终究可以对人们的一切认识都做出检验；一定历史阶段上的实践又都是有限的，不能对一切认识都做出完全的检验。因此，实践检验真理的能力既是绝对的，又是相对的，实践作为检验认识的真理性的标准既是确定的，又是不确定的。实践检验真理是一个包含着诸多因素的复杂过程：在实践中支配着人们行为的思想，不是某一个简单的认识或观点，而是由多方面的认识和感情、意志等其他意识因素构成的复杂的实践观念，实践的结果也是复杂的、多方面的，可能同时包含着成功的方面和失败的方面；实践过程和客观事物的发展过程都是必然性和偶然性的统一，其中既有必然的趋势，又有偶然的因素、偶然的表现；在社会斗争中，思想正确也可能因为在力量对比中暂时处于劣势而招致失败，这使得社会运动中思想是否正确与实践是否成功之间的关系又多了一层复杂性。由于这种种原因，如果人们简单地看待理论与实践的关系，仅仅根据实际生活中某些暂时的局部的现象就对经过长期实践检验而确立起来的马克思主义基本原理的科学真理性及其价值加以否定，就未免过于武断了。

具体地分析具体的情况是马克思主义的活灵魂，也是我们正确认识实际生活中出现的各种问题同马克思主义理论之间的关系所应有的科学态度。苏联解体这样的世界历史上的重大事件，原因当然非常复杂，不同立场观点、不同学科的人们都在讨论，见仁见智，争论不已。可以肯定的是，就其与马克思主义科学理论的关系来说，它决不是马克思列宁主义指导实践的结果，相反，正是背离马克思列宁主义的结果。戈尔巴乔夫推行的"人道的民主的社会主义"背离了马克思列宁主义的路线，是导致苏共垮台、苏联解体的根本原因。1991 年 12 月苏联宣告解体，1992 年一二月间，邓小平就在视察南方的谈话中明确指出："从一定意义上说，某种暂时复辟也是难以完全避免的规律性现象。""不要认为马克思主义就消失了，没用了，失败了。哪有这回事！"[①] 这是对凭借苏联解体、东欧剧变来质疑和否定马克思主义这种"实践否定论"最及时最有力的回应。同样的道理，我国发生"文化大革命"这样的严重错误，也决不是马克思主义指导的结果，而恰好是偏离了马克思主义的错误。正因为如此，1981 年党的十一届六中全会作出的《关于建国以来党的若干历史问题的决议》在深刻分析

---

① 《邓小平文选》第 3 卷，人民出版社 1993 年版，第 383 页。

"文化大革命"错误的性质和原因的同时又明确指出："我们必须继续坚持毛泽东思想，认真学习和运用它的立场、观点和方法来研究实践中出现的新情况，解决新问题。""因为毛泽东同志晚年犯了错误，就企图认毛泽东思想的科学价值，否认毛泽东思想对我国革命和建设的指导作用，这种态度是完全错误的。"① 邓小平在起草这个《决议》时还强调指出："确立毛泽东同志的历史地位，坚持和发展毛泽东思想。这是最核心的一条。不仅今天，而且今后，我们都要高举毛泽东思想的旗帜。"② 党的历史问题决议和邓小平的讲话，体现了对理论与实践之间关系的科学认识和科学态度。至于当前中国社会中出现的各种矛盾和问题，比如腐败现象的产生和发展，有什么理由将其归因于马克思主义指导思想呢？相反，马克思主义正是指导我们开展反腐败斗争、剖析腐败现象的原因和实质、教育党员干部提高防腐拒变能力的有力思想武器。只要我们坚持从实际出发，作一番认真分析，就可以看到，各种因实践中的错误、挫折和生活中的消极负面现象而质疑、否定马克思主义指导地位的观点，都是站不住脚的。

四　评马克思主义"非学术论"

随着我国现代化建设的发展和改革的深入，人们越来越认识到哲学社会科学与自然科学同样重要，哲学社会科学在国家和社会生活中的地位迅速提升。与此同时，否定马克思主义的思潮出现了一种新的动向：否定马克思主义在哲学社会科学领域的学术地位。一些人认为马克思主义不是学术、没有学问，他们或明或暗地要把马克思主义从哲学社会科学的学术领域排挤出去。这种观点，我们暂且称之为马克思主义"非学术论"。

这是一种更加彻底地否定马克思主义因而危害更大的思想和行为。如果说那种被用来论证"指导思想多元论"的"学派论"虽然不赞成以马克思主义为指导，毕竟还承认它是一个"学派"，是学术百家中之一家的话，那么，按照世纪之交迅速流行起来的"非学术论"，马克思主义连一个"学派"的地位也不能有，哲学社会科学领域根本就容不得它，没有

---

① 《十一届三中全会以来党的历次全国代表大会中央全会重要文件选编》（上），中央文献出版社 1997 年版，第 206、207 页。

② 《邓小平文选》第 2 卷，人民出版社 1994 年版，第 291 页。

它的一席之地，当然也就谈不上它在意识形态领域和整个社会生活中的指导地位了。这不是更加彻底的否定吗？

让我们举一个例子来了解这种"非学术论"的表现。世纪之交，某高校出版社以"人文社会科学是什么"为题出版了一套丛书。每本书的封面都印着"人文素质教育教材"的字样，由校长署名的《总序》称它"为大中学生提供了一套高质量的人文素质教育教材"。在这套"教材"中，马克思主义被置于什么位置呢？政治经济学是马克思主义的三个主要组成部分之一，马克思主义经济学在经济学领域的地位是举世公认的。我们不妨看看这套丛书中的《经济学是什么》（梁小民：《经济学是什么》，北京大学出版社 2001 年版）是如何对待马克思主义的。该书共 290 页，15 万字，据笔者粗略统计，全书共讲到了几十名经济学家及其他学者的著作、观点，列小传介绍的有 19 人，13 人还带有肖像，但其中没有马克思和马克思主义的经济学家，推荐了 6 本"阅读书目"，其中没有一本马克思主义的著作。马克思的名字在该书中一共出现了 2 处，相关内容都无足轻重。一处是说，马克思把商品价值在市场上实现的过程称为"惊险的一跳"；另一处是在介绍剧作家莎士比亚时，顺便提到马克思的《资本论》中引用过他的一段话。除此之外，全书中再也找不到马克思主义的人物、著作和观点，全部篇幅都被西方经济学占据。由此看来，该书充其量只能称为"西方经济学是什么"。如果我们的大中学生都通过这本"教材"来了解"经济学是什么"，那么，马克思主义经济学将会从他们的视野中消失，似乎在人类经济学的历史上从来就不曾有过一位叫做马克思的经济学家和一个马克思主义的经济学派。如果这些学生将来从事经济方面的实际工作或理论工作，他们的头脑中能有马克思主义的位置吗？既然以"经济学是什么"为书名并以大中学生的"教材"相标榜，那就有责任至少对包括马克思主义经济学在内的经济学科做比较全面的客观的介绍。如此露骨地将马克思主义排除于经济学领域之外，即使同资本主义国家中比较严肃的西方经济学著作比起来也相去甚远。我们不妨拿萨缪尔森的《经济学》作一个对比。这本西方有史以来发行量最大的经济学教科书 2008 年出版了第 18 版的中文译本①。它通篇都是讲西方经济学，是一本

---

① 保罗·萨缪尔森、威廉·诺德豪斯：《经济学》（第 18 版），萧琛主译，人民邮电出版社 2008 年版。

代表西方经济学主流的教科书，但是对于马克思主义在经济学中的成就和影响，它多少还是予以承认的，在书中给予一定的位置。该书的目录中两次出现马克思的名字，"前言"的最后一段列举了从早期到当代的6位经济学家，其中包括马克思。书中称"对历史的经济学解释是马克思对西方学术界的不朽贡献之一"。① 书中的专栏文章《卡尔·马克思：革命的经济学家》介绍了马克思的生平和他的主要著作《资本论》、《共产党宣言》，评论说："像许多伟大的经济学家一样，马克思为劳动人民的斗争所感动，并致力于改变他们的生活。在这方面他比大多数经济学家都要更加地激情澎湃。"文章说："统治阶级确实在马克思主义的影响下颤抖了一个多世纪！"该文引用西方一位历史学家的话作为结语："19世纪没有一位思想家能像卡尔·马克思那样，对于全人类有着如此坦率、准确和强有力的影响。"②

　　被西方学术界评价为做出了"不朽贡献"的、让统治阶级"颤抖了一个多世纪"的马克思主义，在《经济学是什么》这本推荐给中国大中学生的"教材"中居然被一笔勾销了！这种现象，除了出于顽固的资产阶级意识形态偏见和否定马克思主义的自觉意图外，是很难做出其他解释的。它突出地体现了马克思主义"非学术论"的特点及其实质。

　　近年来一些人推销的马克思主义"非学术论"，通常并不提供理论性的论证，而是直接表现为一种在学术领域排挤马克思主义的态度或行为。只要你的文章是讲马克思主义的，或是用马克思主义的观点讲的，就说你没有学术背景，没有学问，你没有与国际"接轨"，不能参加国际学术会议或在国外学术刊物上发表（其实这并不完全符合实际），而这就表明你没有学术水平，所以不能进我这个学术殿堂，不能进学术会议、上学术刊物。这种思想和行为影响所及，造成了某种把党的理论与哲学社会科学学术分离开来的现象。一方面，在党直接领导的主流媒体和理论阵地上高奏着中国特色社会主义和中国化马克思主义的主旋律，每天都有大量的文章和著作发表；另一方面，在一些哲学社会科学的学术领域，在社会科学研究和教学中，马克思主义被边缘化、被排挤。经济学家刘国光教授曾经指

　　① 保罗·萨缪尔森、威廉·诺德豪斯：《经济学》（第18版），萧琛主译，人民邮电出版社2008年版，第513页。
　　② 同上书，第512页。

出："一段时间以来，在理论经济学教学与研究中，西方经济学的影响上升，马克思主义经济学的指导地位被削弱和被边缘化，这种状况已经很明显了。在经济学的教学和研究中，西方经济学现在好像成了主流，很多学生自觉不自觉地把西方经济学看成我国的主流经济学。"① 刘国光教授描述的经济学中的这种情形，在哲学社会科学其他许多学科中同样存在，以至于在学术领域中造成了一种不正常的氛围：许多年轻的学者和硕士、博士研究生在专业和科研方向的选择上避开马克思主义，不愿或不敢选马克思主义的题目、讲马克思主义的观点、列马克思主义的参考书目，因为那样可能学位论文不易通过，论文难以在学术刊物发表，学术著作难以出版，求职和提职称都不能不因此受到影响。学术领域这种马克思主义被边缘化、坚持马克思主义的专业学术队伍萎缩的现象，同党中央直接领导下中国化马克思主义理论研究、宣传和马克思主义学科建设红红火火发展的形势形成了明显的对照。

"非学术论"否定马克思主义的学术成就和学术地位，是同哲学社会科学发展的历史和现实根本背离的。科学是人类反映客观世界的本质及其运动规律的知识体系，各门社会科学都是以人和社会的本质和发展为对象的学科。对象的客观性、科学规律的重复性和理论的可检验性，以及理论体系的逻辑严谨性是一种社会科学理论成为真正意义上的科学的基本条件。由于社会历史条件的局限性和剥削阶级偏见的影响，社会历史的理论领域曾经长期被唯心史观统治，科学的社会历史观的缺失使各门关于社会生活的学问就整体而言未能成为严格意义上的科学。直到 19 世纪 40 年代马克思发现了人类社会发展的普遍规律，创立了唯物史观，才使各门社会科学有可能建立在唯物史观的基础之上，揭示社会发展的客观规律而成为真正意义上的科学。唯物史观的创立是人类哲学和社会思想史上的革命性变革，它代表着人类科学思想的最高成果，在哲学社会科学的发展中划出了一个新的时代。一百多年来，随着人类社会实践、科学技术和世界社会主义运动的发展，经过一代又一代马克思主义者的努力，马克思主义不仅在其三个主要组成部分哲学、政治经济学和科学社会主义中取得了前人从未达到的极其丰硕的学术成果，建立起恢宏的理论体系，而且已经或正在社会科学的其他多个学科中建立起自己的科学理论，如马克思主义的史学

① 刘国光：《对经济学教学和研究中一些问题的看法》，《高校理论战线》2005 年第 9 期。

理论、文艺学理论、法学理论、政治学理论、民族理论，马克思主义伦理学、马克思主义的新闻观、马克思主义的宗教观，等等。马克思主义作为工人阶级的科学世界观，既是一个完整的理论体系，又跨越哲学社会科学的多个学科，创造了人类科学发展中最辉煌最宝贵的业绩。正因为如此，它才能用真理的光辉照亮我们前进的道路，成为革命、建设和改革伟大历史进程中指引我们不断夺取新胜利的指南和理论基础。否定马克思主义在学术领域的地位，就从根本上否定了它的指导地位。

　　否定马克思主义的学术地位，表现出一种意识形态的偏见。社会科学具有意识形态性。社会科学的对象，是人们之间的社会关系，包括利益关系、价值关系；社会科学的主体，是生活在一定社会关系中的具有自己的价值观念、价值追求的人，因此，作为意识形态，关于社会历史的不同理论学说是为不同的经济基础服务的，体现着不同的价值观和利益追求。马克思主义既是科学，又是社会主义的意识形态，它公然宣布自己是为无产阶级服务的。而在有些人看来，哲学社会科学的科学性和意识形态性总是根本对立的，不能统一起来，既然马克思主义是一种为现实服务包括为政治服务的理论，它就失去了学术的纯洁性，因而自觉或不自觉地企图将它排除于学术领域之外。应该看到，科学性与意识形态性、社会科学研究中真理发现与价值追求是否能够统一，不能一概而论，需要具体分析。从根本上说，这取决于研究主体的社会地位、社会利益与社会历史的前进方向是否一致。剥削阶级的偏见使他们歪曲社会的历史，而"科学越是毫无顾忌和大公无私，它就越符合工人的利益和愿望"①。工人阶级的阶级地位决定了它大公无私的阶级品质，决定了它能够从实际出发去认识社会生活和社会历史，揭示社会规律。因此，马克思主义的科学性和它的价值追求是统一的，它的意识形态性丝毫没有削弱它的科学性和学术价值。我们还不能不看到，在否定马克思主义的科学真理性和学术地位的人们中，固然也有一些学者主要是出于自己的学术见解，但确有一些人实质上是基于他们的阶级立场和价值观反对这种作为工人阶级世界观和社会主义意识形态的理论体系，只不过是在我国特定的社会环境下有意避开政治的领域，避开同党与国家指导思想之间的正面对抗，走了一条迂回曲折的道路，以学术的面目出现而已。

---

　　① 《马克思恩格斯选集》第 4 卷，人民出版社 1995 年版，第 258 页。

从 2004 年 4 月开始，党中央实施了马克思主义理论研究和建设工程，我国大批马克思主义理论工作者和哲学社会科学学者积极投身于这一伟大工程之中。马克思主义在我国已经被确立为一级学科，学科建设正在扎实推进。在马克思主义理论研究和建设工程中，既有对马克思主义的主要组成部分和中国化马克思主义的研究，又有对哲学社会科学各主要学科的研究。随着工程的发展，已有四十余种哲学社会科学重点教材的编写工作进入或即将进入工程之中。工程的布局由对马克思主义理论本身的研究和对哲学社会科学各主要学科的研究两个方面共同构成，这种总体设计正是基于马克思主义理论同哲学社会科学之间不可分割的内在联系，充分体现了马克思主义在哲学社会科学中的重要地位，表现了用马克思主义占领各个学术领域的决心和气魄，也为哲学社会科学的发展指明了正确的方向：以马克思主义为指导，扎根于社会实践之中，与中国实际和时代特征紧密结合，实现各学科的马克思主义化、中国化和当代化，推进哲学社会科学的繁荣和发展。那种将马克思主义同哲学社会科学割裂开来，企图将它排除于学术领域之外的思想和行为，既是根本否定马克思主义的指导地位，也背离了哲学社会科学发展的正确方向和历史趋势，只能把哲学社会科学引入歧途。

五　未结束语

笔者围绕着为什么要坚持马克思主义的指导地位问题，已在三篇文章中连续展开了讨论。

自五四运动以来的 90 年间，中国的历史舞台上上演着一幕幕威武雄壮的活剧，作为意识形态领域对社会的经济、政治的反映，中国应该以什么理论作为指导思想的争论也从来没有停止过，并且今后还将继续下去。1919 年五四运动前后，在中国的思想文化战线上，先有资产阶级的新文化同封建阶级旧文化的斗争，后有中国共产党领导的共产主义思想文化向帝国主义文化和封建文化的英勇进攻，马克思主义同涌入中国的各种西方资产阶级的思想理论也在中国的思想文化舞台上竞长争高。中国共产党成为中国人民拿起马克思主义这个思想武器的倡导者和组织者。抗日战争时期，毛泽东深入研究了中国的经济、政治和文化的关系，阐明了只有共产主义思想领导的人民大众反帝反封建的文化才是中国抗日统一战线的文化，他热情地歌颂"惟独共产主义的思想体系和社会制度，正以排山倒海之势，雷霆万钧之力，磅礴于全世界，而葆其美妙之青春"①。1949 年新中国诞生前夕，毛泽东回顾了百年来中国人为了复兴国家历尽千辛万苦寻求真理，终于找到了马克思列宁主义并以它为指导取得胜利的历史，指出："自从中国人学会了马克思列宁主义以后，中国人在精神上就由被动转入主动。"② 他还深刻地分析说："马克思列宁主义来到中国之所以发生这样大的作用，是因为中国的社会条件有了这种需要，是因为同中国人民革命的实践发生了联系，是因为被中国人民所掌握了。"③

　　思想本身没有独立的历史，各种思想理论竞相表演的舞台，都是建立在一定社会的经济基础之上的。历史经验表明，以什么理论作为指导思想，决不是孤立的思想领域的事情，它是社会的经济、政治的反映，同时，思想领域不同理论的较量及其结果，又对经济、政治和整个社会的历史进程产生巨大的影响。

　　在以 1978 年党的十一届三中全会为标志的我国改革开放的历史新时期，在我们党重新确立马克思主义的思想路线的同时，随着国门打开，马克思主义同涌入中国的各种西方思想理论再一次在中国思想文化舞台上一争高下。处于思想潮流前沿的当代中国大学生的思想具有某种特殊的敏感性和代表性。据笔者长期的跟踪调查和研究，从 1978 年年初恢复高考后的第一批大学生入学至 80 年代末 90 年代初，中国大学生中先后出现了萨特的存在主义、弗洛伊德主义、尼采哲学和实用主义等几次西方思想流派热④。年轻的大学生们随着潮流扑向这些风行一时的理论，又在多少了解了它们之后很快离开它们而另作选择。大学生们仍然更多地关注着马克思主义，思考着它同中国历史和现实的关系。90 年代以后，一种盲目崇拜和照搬西方思想理论的新的教条主义开始在我国逐步蔓延，其中主要是对西方新自由主义的崇拜。1995 年，我国经济学泰斗陈岱孙教授一针见血地指出："近年来国内滋长的对西方经济学的盲目崇拜倾向，深究起来，实质只是对当代西方经济学中新自由主义这一古旧学派的崇拜。"新自由主义"代表着西方国家垄断资产阶级的利益"，"成为西方国家打入发展

---

　　① 《毛泽东选集》第 2 卷，人民出版社 1991 年版，第 686 页。
　　② 《毛泽东选集》第 4 卷，人民出版社 1991 年版，第 1516 页。
　　③ 同上书，第 1515 页。
　　④ 参见田心铭、郭宝平《当代大学生哲学思潮》，陕西人民出版社 1990 年版。

中国家市场，在社会主义国家搞和平演变的工具"。① 新自由主义思潮的影响至今仍值得我们高度警惕。进入 21 世纪，有些人又从国外搬来了民主社会主义，声称"只有民主社会主义能够救中国"。还有一些人，打出"大陆新儒家"的旗号，宣布要"儒化中国"，用儒家"取代马列主义"，"同马列主义正面对抗"。

回顾历史可以看到，要不要坚持马克思主义的指导地位，决不是停留在字面上的抽象空洞的理论争论，它直接同代表不同阶级、社会集团利益和意志的不同理论在思想领域的交锋和争夺相关联，反映了现实社会中不同经济、政治力量的相互较量。一些人在提出种种观点质疑和否定马克思主义指导地位的同时，推出了种种西方资产阶级的乃至源自封建社会的思想理论，同马克思主义争夺意识形态阵地和指导地位。马克思主义从来就是在同各种非马克思主义、反马克思主义思想的斗争中前进的，马克思主义在中国的指导地位，也是在一定经济、政治的基础之上在同其他思想理论的争夺、较量中确立并不断巩固和发展的。社会发展的规律、意识形态斗争的规律决定了这种争夺必然会长期继续下去。面向广大干部群众深入回答为什么必须坚持马克思主义的指导地位而不能搞指导思想多元化的问题，是这种思想斗争中一项极其重要的基础性工作，我们应该为之做长期的坚持不懈的努力。

（原载《马克思主义研究》2009 年第 9 期；中国人民大学书报资料中心复印报刊资料《马克思列宁主义研究》2010 年第 1 期转载）

---

① 陈岱孙：《对当前西方经济学研究工作的几点意见》，《高校理论战线》1995 年第 12 期。

关于"中国特色社会主义旗帜"的几点认识

提要　旗帜是一个整体性、综合性的概念，是理论、实践、理想、道路、制度共同的、统一的标志。中国特色社会主义旗帜是马克思主义的旗帜。对于非马克思主义、反马克思主义的思想体系，中国特色社会主义旗帜是排他的。高举中国特色社会主义旗帜同高举马克思列宁主义的旗帜、高举毛泽东思想的旗帜是统一的。中国特色社会主义旗帜是立足现实指向共产主义的旗帜。

党的十七大高举的旗帜，是中国特色社会主义的旗帜。十七大报告在题目中就亮出了这面旗帜："高举中国特色社会主义伟大旗帜，为夺取全面建设小康社会新胜利而奋斗。"十七大以来的实践已经证明，中国特色社会主义是指引我们走向胜利的旗帜。我们迎接党的十八大召开，必须继续坚定地、鲜明地高举这一旗帜。举什么旗帜和怎样举好旗帜是不可分的。全面认识、深入理解中国特色社会主义这面旗帜，才能举好旗帜。

一　"旗帜"是理论、实践、理想、道路、制度的统一标志

中国共产党从创建时期起，就提出了"旗帜"问题。在帝国主义和封建主义双重压迫下陷入苦难深渊的中国人民，在寻求救国救民的道路上遇到了各种各样的"主义"。先进的中国人在这些"主义"中比较、选择。青年毛泽东把这些"主义"比作旗子，他在1920年11月的一封信中说："主义譬如一面旗子，旗子立起了，大家才有所指望，才知所趋赴。"① 在1921年年初新民学会长沙会员大会上，毛泽东分析比较了"社

---

① 《毛泽东著作专题摘编》，中央文献出版社2003年版，第1885页。

会民主主义"、"罗素的主义"、"无政府主义"等当时流行的各种主义后指出，"激烈方法的共产主义（列宁的主义）""最宜采用"。① 这标志着毛泽东选择了马克思列宁主义的革命道路。1997 年，党的十五大在把邓小平理论写到自己的旗帜上时，特别论述了旗帜的重要意义，指出："旗帜问题至关紧要。旗帜就是方向，旗帜就是形象。"② 旗帜的作用，是集合队伍，指引方向。旗帜深得人心，才能凝聚力量，组织群众。旗帜不鲜明，就不能集合起自己的队伍。旗帜指引的方向符合历史客观规律，才能在实践中获得成功。旗帜不正确，就会领错方向，误导群众。

"旗帜"是一种形象的表述，但它也是在党的理论发展过程中被赋予了明确含义的科学概念。我们应该依据党的理论和实践来探讨这一概念的科学内涵。改革开放新时期以来，邓小平多次论述过"高举毛泽东思想的旗帜"的问题，他说毛泽东思想过去是中国革命的旗帜，今后将永远是中国社会主义事业的旗帜，强调"毛泽东思想这个旗帜丢不得"。③ 党的十七大报告明确指出，"高举中国特色社会主义伟大旗帜"，最根本的就是要坚持"中国特色社会主义道路"和"中国特色社会主义理论体系"。2011 年 7 月，胡锦涛同志《在庆祝中国共产党成立 90 周年大会上的讲话》中，又明确提出了"中国特色社会主义制度"这一概念，进而把"坚持和发展中国特色社会主义制度"与"坚持和拓展中国特色社会主义道路"、"坚持和丰富中国特色社会主义理论体系"一道，作为"高举中国特色社会主义伟大旗帜"的根本要求提了出来。④ 这些都为我们理解"旗帜"特别是中国特色社会主义旗帜的科学内涵提供了依据。

笔者认为，"旗帜"首先是指我们的指导思想，或理论基础，但又不止于此。旗帜是一个整体性、综合性的概念，它是我们的理论、实践、理想、道路、制度的集中表达，是它们共同的、统一的标志。

第一，中国特色社会主义，既是我们的指导思想、基本理论，又是这一理论指导下的我们的基本实践。它是理论和实践的统一。当代中国，13 亿人民在干什么？中国共产党在干什么？用一句话来回答，就是在建设中

---

① 《毛泽东文集》第 1 卷，人民出版社 1993 年版，第 2 页。
② 《十五大以来重要文献选编》（上），人民出版社 2000 年版，第 1 页。
③ 《邓小平文选》第 2 卷，人民出版社 1994 年版，第 172、291、298 页。
④ 胡锦涛：《在庆祝中国共产党成立 90 周年大会上的讲话》，人民出版社 2011 年版，第 8、9 页。

国特色社会主义。建设中国特色社会主义，这就是当代中国人民正在从事的事业，是现阶段党和人民全部实践的总称。

第二，中国特色社会主义，既是中国人民现阶段的共同理想，又是通向这一理想的现实道路。它是理想和道路的统一。党的十六届六中全会提出了建设社会主义核心价值体系的任务，这一体系的主题，就是中国特色社会主义共同理想。党的十七大又对"中国特色社会主义道路"做出明确界定，清晰地勾画出了通往共同理想的道路。

第三，中国特色社会主义，是当代中国已经建立、必须始终坚持并不断完善、发展的社会制度。它是包括根本政治制度、基本政治制度、基本经济制度以及建立在它们基础上的经济体制、政治体制、文化体制、社会体制等各项具体制度的一整套制度体系。中国特色社会主义制度集中体现了中国特色社会主义的特点和优势。坚持这一制度，是坚持中国特色社会主义理论体系和坚持中国特色社会主义道路的集中体现。

"旗帜"之所以能成为一种统一的标志，是因为一定的理论、实践、理想、道路、制度之间具有内在的必然的联系。理论来自实践，又指导实践；而理想、道路、制度都是在一定的理论指导下，在实践探索的过程中形成和发展的。从1982年党的十二大提出"建设有中国特色的社会主义"以来，经过30年的发展，它具有了越来越丰富的内容和"中国特色社会主义"这一更加简明的表述形式。它把我们现阶段的理论、实践、理想、道路、制度的性质、内容集中地、准确地表达出来了。"中国特色社会主义"这一概念，简洁而又明确，没有模糊性和歧义性，并且已经深入人心，家喻户晓，可以有力地防止和克服误解和曲解。高举中国特色社会主义旗帜，就是坚持以中国特色社会主义理论体系为指导，沿着中国特色社会主义道路前进，不断推进中国特色社会主义实践，坚持和完善中国特色社会主义制度，去实现中国特色社会主义共同理想。全面地理解"旗帜"的科学内涵，才能举好这面旗帜。

二 中国特色社会主义旗帜是马克思主义的旗帜

"旗帜"最基本的内涵，是指导思想，或理论基础。举什么旗，首先是对以什么作为指导思想的回答。中国特色社会主义旗帜，是马克思主义的旗帜。高举中国特色社会主义旗帜，就是坚持马克思主义中国化和中国化马克思主义，坚持把马克思主义同中国具体实际相结合。

马克思主义是工人阶级的科学世界观。中国共产党是马克思主义同中国工人运动相结合的产物，是以马克思主义为理论基础建立的中国工人阶级的先锋队。党从诞生之日起，就把马克思列宁主义确立为自己的指导思想。党的七大、十五大和十六大又先后把毛泽东思想、邓小平理论和"三个代表"重要思想写在了自己的旗帜上。党章明确规定："中国共产党以马克思列宁主义、毛泽东思想、邓小平理论和'三个代表'重要思想作为自己的行动指南。"通过立法程序，这些指导思想载入了我国宪法，确立了在国家政治和社会生活中的指导地位。党的十七大又把科学发展观确立为发展中国特色社会主义必须坚持和贯彻的重大战略思想。党和国家指导思想的总名称，是马克思主义。中国特色社会主义理论体系，正是作为其中的一部分，即既一脉相承又与时俱进的马克思主义中国化的最新成果而成为我们的指导思想的。离开党和国家指导思想的完整表述和对它们的全面把握，就不能正确理解中国特色社会主义这面旗帜。胡锦涛同志在《在庆祝中国共产党成立 90 周年大会上的讲话》中说："中国共产党人坚信马克思主义基本原理是颠扑不破的科学真理，坚信马克思主义必须随着实践发展而不断丰富和发展。"[①] 这两个"坚信"概括了我们对待马克思主义的科学态度，也是我们坚持中国特色社会主义理论体系的基本精神所在。中国特色社会主义的理论和实践、理想和道路、制度和体制的形成，都是坚持这一"结合"原则的结果，都是马克思主义同中国具体实际相结合的产物和体现。它们既坚持了马克思主义的基本原理，又根据中国实际和时代特征赋予其鲜明的中国特色。因此，举好中国特色社会主义这面旗帜，必须按照马克思主义同中国具体实际相结合的原则来理解它、阐释它。

按照这一原则，高举中国特色社会主义旗帜，必须始终坚持以马克思主义为指导，从中国实际出发。离开中国实际谈马克思主义，没有意义；离开马克思主义谈中国实际，没有出路。在当前国内外意识形态斗争的复杂背景下，中国特色社会主义面临着来自不同方面的种种误解和曲解，其中一个共同之处是，把中国特色社会主义同马克思主义分割开来。有人离

---

① 胡锦涛：《在庆祝中国共产党成立 90 周年大会上的讲话》，人民出版社 2011 年版，第11 页。

开马克思主义去解读中国特色社会主义，有意无意地曲解它，污损了这面旗帜；有人担心中国特色社会主义离开了马克思主义，因而怀疑它，不敢或不愿举这面旗帜。必须看到，在当代中国，坚持中国特色社会主义，就是坚持马克思主义，用中国特色社会主义排斥马克思主义，是对它的曲解；另一方面，坚持马克思主义，就必须坚持中国特色社会主义，以为中国特色社会主义排斥马克思主义，是对它的误解。

　　这里需要回答一个问题：中国特色社会主义的旗帜是否具有排他性？高举这面旗帜是否同时就意味着排斥其他旗帜？这要看是对什么"其他旗帜"而言。对于各种非马克思主义、反马克思主义的思想体系来说，中国特色社会主义这面旗帜是排他的。因为"旗帜"所表征的是指导思想。一定社会中的思想观念可以是多元的，但指导思想只能是一元的。这是意识形态发展的规律。坚持马克思主义指导思想，必须反对指导思想多元化。我们对于当代西方的和中国古代的各种思想理论，都应该采取分析的态度，不能全盘否定、一概排斥，但是决不能拿来当作我们的旗帜或指导思想。党的十七届四中全会《决定》要求我们自觉划清"马克思主义同反马克思主义的界限"、"社会主义思想文化同封建主义、资本主义腐朽思想文化的界限"。① 高举中国特色社会主义旗帜，必须警惕和抵御新自由主义、民主社会主义、"普世价值"论、"儒化中国"论等各种思潮的侵蚀。如果在指导思想上模糊了马克思主义同反马克思主义的界限，把中国特色社会主义同马克思主义分割开来，同其他思想理论联系起来，就会模糊了社会主义同资本主义、封建主义的界限，把中国特色社会主义歪曲为资本主义。

　　高举中国特色社会主义旗帜同高举马克思列宁主义的旗帜、高举毛泽东思想的旗帜是完全统一的，而决不是相互排斥的。邓小平说："我们将永远高举毛泽东思想的旗帜前进。"② 同样的，我们也将永远高举马克思列宁主义的旗帜前进。因为它们都属于马克思主义的科学思想体系，都和中国特色社会主义一起，载入了我们的党章和宪法，鲜明地写在我们的旗帜上。

　　党的十七大报告指出："中国特色社会主义理论体系，就是包括邓小平理论、'三个代表'重要思想以及科学发展观等重大战略思想在内的科

---

① 《十七大以来重要文献选编》（中），中央文献出版社 2011 年版，第 147 页。
② 《邓小平文选》第 2 卷，人民出版社 1994 年版，第 172 页。

学思想体系。"① 有论者据此提出，中国特色社会主义理论体系"不包括毛泽东思想"。笔者认为，这一推论是不能成立的。从一个事物"包括"什么这一提法推演不出它"不包括"什么的结论。1981 年党的十一届六中全会通过的《关于建国以来党的若干历史问题的决议》概括和论述了毛泽东思想的基本内容，指出它包括关于新民主主义革命、关于社会主义革命和社会主义建设、关于革命军队的建设和军事战略、关于政策和策略、关于思想政治工作和文化工作、关于党的建设等组成部分，而实事求是、群众路线、独立自主则是贯穿于这各个组成部分中的毛泽东思想的活的灵魂。毫无疑问，这些宝贵思想，有许多都是中国特色社会主义理论体系中不可缺少的构成部分。特别是实事求是、群众路线、独立自主的思想，实际上也是中国特色社会主义理论体系的活的灵魂。离开这些思想，就不可能有中国特色社会主义理论体系。毛泽东思想中也有许多内容，比如关于新民主主义革命的理论，是中国特色社会主义理论体系所不能包括的，因而就毛泽东思想是一个完整的科学体系而言，也不能说中国特色社会主义理论体系"包括"毛泽东思想。问题在于，"毛泽东思想"和"中国特色社会主义理论体系"是从两个不同角度，即分别是从其主要代表人物或从理论主题做出的理论概括，因而它们的内涵和外延既有不同，又部分地交叉重合，二者间既不是包含的关系，也不是相互排斥的关系。"中国特色社会主义理论体系是否包括毛泽东思想"，这样提出问题是不合逻辑的，是非科学的。解决这一类问题的正确办法，只能是取消问题本身。

三　中国特色社会主义旗帜是立足现实指向共产主义的旗帜

中国特色社会主义的旗帜深深扎根在当代中国的现实土壤之中，指明了我们现阶段的目标和方针、政策，同时又指向共产主义的远大目标，指明了我们长远的奋斗方向。举好这面旗帜，必须把党的现阶段目标和长远目标，也就是把最低纲领和最高纲领统一起来。正确理解这二者的关系，是举好中国特色社会主义旗帜的又一个关键问题。

马克思主义从刚刚问世时起，就在《共产党宣言》中指出："共产党人为工人阶级的最近的目的和利益而斗争，但是他们在当前的运动中同时

---

① 《十七大以来重要文献选编》（上），中央文献出版社 2009 年版，第 9 页。

代表运动的未来。"①　在中国革命、建设和改革的各个历史阶段,我们党既有每个阶段的基本纲领即最低纲领,又有确定长远奋斗目标的最高纲领。处理好这二者的关系,事关党的事业的兴衰成败。在民主革命时期,毛泽东指出,每个共产党员心目中都悬着为现在的新民主主义革命而奋斗和为将来的社会主义、共产主义而奋斗这两个明确的目标。失掉将来的大目标,或不为现在的目标奋斗,都不是共产党员。在改革开放新时期,邓小平指出:"我们共产党人的最高理想是实现共产主义,在不同历史阶段又有代表那个阶段最广大人民利益的奋斗纲领。"②　他强调,过去闹革命,是为社会主义、共产主义崇高理想而奋斗,现在搞经济改革,仍然要坚持共产主义的远大理想。

党章明确规定:"党的最高理想和最终目标是实现共产主义。""中国共产党党员是中国工人阶级的有共产主义觉悟的先锋战士。"邓小平说:"我们有理想,有马克思主义信念,有共产主义信念。"③　然而我们应该看到,理想信念动摇已经成为当前党内值得高度重视和认真研究解决的一个重要问题。党的十七届四中全会《决定》分析指出了当前党内存在的主要问题,其中首要的一条就是:"一些党员、干部忽视理论学习,学用脱节,理想信念动摇,对马克思主义信仰不坚定,对中国特色社会主义缺乏信心。"《决定》要求"把理想信念教育作为全党学习践行社会主义核心价值体系的重中之重",教育引导党员"做共产主义远大理想和中国特色社会主义共同理想的坚定信仰者"。④　当前一些党员、干部理想信念动摇,有深刻的国际国内背景,有复杂的主观客观原因。20 世纪八九十年代之交,苏联解体,东欧剧变,国际社会主义运动跌入低谷,世界格局发生重大改变。西方有人论证资本主义是人类"历史终结",国内也有人宣扬俄国十月革命以来的社会主义运动是"歧路旁出",而苏东剧变是"回归"历史主流。共产主义渺茫论、"乌托邦"论乘势泛滥。一些党员干部惊慌失措,对社会主义、共产主义丧失信心,以为马克思主义消失了,没用了,失败了。我国改革开放和市场经济的发展,带来了社会结构、利益格局和思想观念的深刻变化。一些党员、干部经不住考验,随着个人地位的

---

① 《马克思恩格斯文集》第 2 卷,人民出版社 2009 年版,第 65 页。
② 《邓小平文选》第 3 卷,人民出版社 1993 年版,第 190 页。
③ 同上书,第 110 页。
④ 《十七大以来重要文献选编》(中),中央文献出版社 2011 年版,第 142、147 页。

变化，在经济利益、生活方式和思想感情上都远离人民群众，背离了为人民服务的宗旨，追求一己私利，贪图享受，放弃了远大目标。还有一些党员、干部失去了起码的唯物主义信念，信神信教，烧香拜佛，求签算卦，迷信风水，热衷于宗教活动，完全丧失了马克思主义信仰。加强理想信念教育，需要分析不同的具体情况，联系党员、干部的思想实际，有针对性地开展多方面的思想政治工作。对此，本文不拟详论。这里要着重讨论的是，高举中国特色社会主义旗帜，必须全面把握党的最低纲领与最高纲领的联系和区别，而根据十七届四中全会《决定》对党内存在的主要问题的科学分析，当前的重点应放在充分认识它是一面指向共产主义的旗帜，理解它同党的最终目标之间不可分割的联系，加强共产主义理想教育，把坚持中国特色社会主义共同理想与追求共产主义远大理想统一起来。

正确认识党的最低纲领和最高纲领的关系，首先必须把它们区分开来。在民主革命时期，毛泽东指出，我们既应把对于共产主义的思想体系和社会制度的宣传同对于新民主主义的行动纲领的实践区分开来，又应把作为观察问题、研究学问、处理工作、训练干部的共产主义的理论和方法同作为整个国民文化的新民主主义的方针区分开来，不能把二者混为一谈。他强调，必须为现阶段的目标而奋斗，否则就是空谈社会主义和共产主义。但与此同时，他又鲜明地指出，我们从不隐瞒自己的政治主张，"我们的将来纲领或最高纲领，是要将中国推进到社会主义社会和共产主义社会去的，这是确定的和毫无疑义的。我们的党的名称和我们马克思主义的宇宙观，明确地指明了这个将来的、无限光明的、无限美妙的最高理想"。① 在改革开放新时期，邓小平在论述现阶段的目标和任务时，也总是把它们同共产主义大目标联系起来，他反复强调："我们干的是社会主义事业，最终目的是实现共产主义。""我们这些人的脑子里是有共产主义理想和信念的。""一定要让我们的人民，包括我们的孩子们知道，我们是坚持社会主义和共产主义的，我们采取的各方面的政策，都是为了发展社会主义，为了将来实现共产主义。"②

党的最低纲领和最高纲领既相互区别又不可分割的客观依据，是社会发展不同阶段之间既相互区别又相互联系的关系。中国正处于并将长期处

---

① 《毛泽东选集》第 3 卷，人民出版社 1991 年版，第 1059 页。
② 《邓小平文选》第 3 卷，人民出版社 1993 年版，第 110、111、112 页。

于社会主义初级阶段，这是当代中国的基本国情，我们制定现阶段的各项方针、政策，都是从这一基本国情出发的。必须全面地看到，这是"初级"的即不发达的阶段，但它是"社会主义"的而不是别的什么社会中的一个阶段，是"初级阶段的社会主义"，而不是别的什么主义，因而是同资本主义有本质区别的，是同共产主义有本质联系的。1987 年 8 月，在党的十三大提出社会主义初级阶段理论前夕，邓小平就明确指出了这一联系，他说："我们党的十三大要阐述中国社会主义是处在一个什么阶段，就是处在初级阶段，是初级阶段的社会主义。社会主义本身是共产主义的初级阶段，而我们中国又处在社会主义的初级阶段，就是不发达的阶段。"① 忘记社会主义包括它的初级阶段同共产主义的联系，就模糊了社会主义特别是它的初级阶段同资本主义的本质区别，就会曲解中国特色社会主义。我们坚持社会主义初级阶段的方针政策，为现阶段的目标奋斗，就是脚踏实地地向着共产主义的远大目标前进。胡锦涛同志说："必须认识到，我们现在的努力以及将来多少代的持续努力，都是朝着共产主义这个最终目标前进的。"②

中国特色社会主义是党和人民在马克思主义指引下，从中国实际出发做出的历史选择。脱离中国实际，或离开马克思主义理论，都不能真正理解中国特色社会主义的精神实质。有些人只讲中国实际，不讲客观规律、历史必然趋势，似乎搞中国特色社会主义是不得已而为之的权宜之计，因而只讲当前现实，不讲远大理想、最终目标，这样就难免精神懈怠、迷失方向。共产主义理想和社会主义信念是建立在马克思主义揭示的社会发展客观规律基础上的科学的理想信念。邓小平多次说过："马克思主义的另一个名词就是共产主义。"③ 只有努力学习马克思主义理论，确立马克思主义的立场、观点、方法，深刻理解社会发展客观规律，把理想信念建立在科学分析的理性基础之上，才能深刻认识中国特色社会主义同共产主义的本质联系，正确认识社会主义事业的长期性、艰巨性、复杂性，正确对待前进道路上的困难和问题，坚定地朝着共产主义理想前进。

（原载《军队政工理论研究》2012 年第 2 期）

---

①　《邓小平文选》第 3 卷，人民出版社 1993 年版，第 252 页。

②　《十六大以来重要文献选编》（中），中央文献出版社 2006 年版，第 622 页。

③　《邓小平文选》第 3 卷，人民出版社 1993 年版，第 137、173 页。

三

坚持把马克思主义基本原理同
中国具体实际相结合的原则

把马克思主义基本原理同中国
具体实际相结合

——试论新中国的根本历史经验

提要　"把马克思主义基本原理同中国具体实际相结合"，是新中国的根本历史经验。实行"结合"是一个不断发展的历史过程，"结合"的规律就体现在这一过程之中，应当通过总结历史经验、研究"结合"的过程去探讨"结合"的规律。建设中国特色社会主义，是坚持"结合"原则在现阶段的集中体现。

胡锦涛同志在《在纪念党的十一届三中全会召开 30 周年大会上的讲话》中，将党的十七大总结的改革开放以来的十条宝贵经验即"十个结合"深入展开，作了系统的论述，然后又把这些经验集中起来，做出了一个论断："30 年的历史经验归结到一点，就是把马克思主义基本原理同中国具体实际相结合，走自己的路，建设中国特色社会主义。"① 笔者认为，在这一重要结论中，"把马克思主义基本原理同中国具体实际相结合"这一条，不仅是对改革开放 30 年的经验总结，也适用于新中国 60 年、中国共产党 88 年的历史，它是我们党的全部历史经验中最根本的经验。这是一份极为宝贵的思想财富，我们应该倍加珍惜，深入领会，自觉运用。

一　"把马克思主义基本原理同中国具体实际相结合"
##　　是新中国最根本的历史经验

1949 年前我们党为建立新中国而奋斗的 28 年的历史，1949 年以来新

---

① 《十七大以来重要文献选编》（上），中央文献出版社 2009 年版，第 809 页。

中国 60 年的历史，积累了极为丰富的经验，可以从各个不同方面去总结。为了从自己的经验中学习，我们既要把这些经验从不同的侧面、在不同的层次充分展开，又要把它们集中起来，找出其中最根本的经验，做出最简明的概括，以便永远记取，并传之后世。

1956 年 9 月，毛泽东在党的八大的开幕词中说："我国的革命和建设的胜利，都是马克思列宁主义的胜利。把马克思列宁主义的理论和中国革命的实践密切地联系起来，这是我们党的一贯的思想原则。"[①] 八大闭幕后不久，邓小平在一次谈话中对此作了进一步的论述："十一年前，中国共产党第七次全国代表大会确定了这样的原则，即马克思列宁主义的普遍真理与中国革命的具体实践相结合，以此来指导我国的革命，指导我国的建设。这个原则是我们党和毛泽东同志根据过去革命中失败和成功的经验总结起来，并在第七、第八两次党代表大会上加以肯定的。"[②] 从党的七大、八大到现在，又过去了半个多世纪。今天，在庆祝新中国成立 60 周年的时候，回顾历史，我们可以说，60 年前新中国的成立和 60 年来新中国的伟大成就，都是马克思主义的胜利，都是马克思主义同中国实际相结合的成果。我们的历史经验集中到一点，就是把马克思主义基本原理同中国具体实际相结合。这可以从以下几个方面来说明。

第一，领导我们事业的核心力量中国共产党是马克思主义同中国工人运动相结合的产物。

没有中国共产党就没有新中国。没有马克思主义同中国工人运动的结合，就没有中国共产党的诞生。工人阶级是人类历史上最伟大的一个阶级，是近代以来推动世界历史前进的最伟大的力量。但是，工人阶级自身有一个从自发到自觉、从自在的阶级到自为的阶级的成长过程。马克思主义是工人阶级的科学世界观，它的产生是以工人阶级作为独立的政治力量登上历史舞台为阶级基础的，而它一旦产生，又教育了工人阶级，帮助工人阶级形成自觉的阶级意识，认识到自身的历史地位，并且组织起自己的先锋队，肩负起自己的历史使命。由此就决定了马克思主义同中国工人阶级之间的关系。1917 年十月革命一声炮响，给我们送来了马克思列宁主

---

① 《毛泽东文集》第 7 卷，人民出版社 1999 年版，第 116 页。
② 《邓小平文选》第 1 卷，人民出版社 1994 年版，第 258 页。

义。1919 年的五四运动推动了马克思主义在中国的传播及其与中国工人运动的结合，为中国共产党的成立准备了思想上和干部上的条件。1921年中国共产党的成立，成为中国一切历史进步的新起点，使中国的历史改换了方向。"我们的党从它一开始，就是一个以马克思列宁主义理论为基础的党。"① 中国共产党的历史，就是不断把马克思主义同中国实际相结合的历史。自从中国诞生了共产党，就有了高举马克思主义旗帜、把马克思主义运用于中国实际的引路人。从此，工人阶级代替资产阶级的地位，工人阶级政党代替资产阶级政党的地位，成为民主革命的领导者，使中国的民主革命从旧民主主义革命转变为新民主主义革命。中国的革命和建设事业、中华民族的伟大复兴从此有了坚强的领导核心，有了夺取胜利的根本保证。

　　第二，中华人民共和国的成立，是中国共产党把马克思主义同中国实际相结合，领导中国新民主主义革命取得胜利的成果。

　　马克思主义揭示了人类社会发展的普遍规律，并且阐明了工人阶级通过组织自己的政党，实行无产阶级社会主义革命，打碎旧的国家机器，建立无产阶级专政的革命道路。但是，在中国这样一个半殖民地半封建的国家，革命的道路应该如何走，这是需要中国共产党人自己来回答的问题。我们党运用马克思主义分析中国社会，指导中国革命，正确地回答了中国社会的基本性质、中国革命的对象、中国革命的任务、中国革命的动力、中国革命的性质和前途等一系列重大问题，创立了新民主主义革命的理论，制定了新民主主义革命的总路线和总政策，找到了一条适合中国国情、具有中国特色的通过新民主主义革命走向社会主义的道路。毛泽东把中国新民主主义革命的总路线概括为："无产阶级领导的，人民大众的，反对帝国主义、封建主义和官僚资本主义的革命。"② 党在领导中国革命中形成的统一战线、武装斗争和党的建设三大法宝，在浴血奋战中探索出的建立农村革命根据地、农村包围城市、武装夺取政权的道路，都是以马克思主义为指导而又从中国实际出发得出的创新性成果。

　　革命的根本问题是国家政权问题。"无产阶级社会主义革命对国家的

---

① 《毛泽东选集》第 3 卷，人民出版社 1991 年版，第 1093 页。
② 《毛泽东选集》第 4 卷，人民出版社 1991 年版，第 1316—1317 页。

态度问题"①，俄国十月社会主义革命前夜列宁在《国家与革命》中提出的这一重大问题，也提到了中国共产党人的面前：中国在取得人民革命胜利后建立一个什么样的国家？党在领导中国民主革命的过程中，创造性地把马克思主义的国家学说和无产阶级专政理论同中国实际结合起来，经过长期的实践和理论探索，创立了人民民主专政的理论，为建立新型的国家政权做了充分的理论准备。1949 年建党 28 周年之际，毛泽东回顾近代以来中国人民寻求救国真理的历程，总结我们党 28 年的经验，写下了《论人民民主专政》一文。他发挥了马克思主义关于国家的本质、国家的特征和国家消亡的理论，论述了民主和专政的关系，系统地阐明了人民民主专政的理论，并做出高度概括："总结我们的经验，集中到一点，就是工人阶级（经过共产党）领导的以工农联盟为基础的人民民主专政。这个专政必须和国际革命力量团结一致。这就是我们的公式，这就是我们的主要经验，这就是我们的主要纲领。"② 人民民主专政理论为新中国的建国大业奠定了理论基石。我们党以这一科学理论为指导，团结全国各阶层各民族，通过召开人民政治协商会议，制定共同纲领，建立国家机构，创立了以人民民主专政为国体的中华人民共和国，使中国人民从此站立起来成为自己国家的主人，开创了中华民族历史的新纪元。

第三，中国社会主义基本制度的建立，是党把马克思主义同中国实际相结合，探索出一条适合中国国情的社会主义改造道路而取得的成果。

社会主义制度不是在旧社会内部自发地产生的，而是工人阶级及其政党以马克思主义为指导运用新的国家政权的力量自觉地建立起来的。中国通过新民主主义革命走向社会主义的历史特点和人民民主专政的新型国家政权的特点，决定了我们必须走出一条适合自己国情的道路来实现社会主义改造，建立社会主义基本经济制度。党制定的过渡时期的总路线，就是这条道路的集中概括。"总路线，概括的一句话就是：逐步实现国家的社会主义工业化和对农业、手工业、资本主义商业的社会主义改造。"③ 对于中国社会主义改造道路如何体现了马克思主义的普遍真理同中国具体实际相结合的原则，邓小平曾经做过深入的论述，他说："普遍真理就是要

---

① 《列宁选集》第 3 卷，人民出版社 1995 年版，第 110 页。
② 《毛泽东选集》第 4 卷，人民出版社 1991 年版，第 1480 页。
③ 《毛泽东文集》第 6 卷，人民出版社 1999 年版，第 304 页。

消灭资本主义，消灭剥削，实现社会主义，离开了这条普遍真理就谈不上对资本主义工商业的社会主义改造，那就是走资本主义的道路而不是走社会主义的道路。这是一方面。另一方面，我们今天对资本主义工商业改造所走的道路，是列宁所想过的，但是列宁没有能实现。我们对资本主义工商业采用了和平改造的办法。实践证明，这样做的结果，我们的生产不仅没有受到破坏，而且得到了发展，既消灭了资本主义，又教育了资产阶级。"他强调："如果普遍真理不与中国的实际相结合，或者结合得不好，那末就会造成很大的损失。"① 1956 年生产资料所有制改造的基本完成，标志着社会主义基本经济制度已经在我国建立。同时，我们从中国实际出发，建立了人民代表大会制度的政体、中国共产党领导下多党合作政治协商的政党制度和民族区域自治制度。社会主义基本制度的建立，为当代中国的一切发展进步奠定了根本的制度基础。

四项基本原则是立国之本，是我们党和国家生存发展的政治基石。以五四运动为开端的中国新民主主义革命时期以来的历史表明：马克思主义同中国工人运动相结合产生了中国共产党，中国共产党把马克思主义同中国实际相结合，领导人民建立起人民民主专政的国家，建立起社会主义的基本政治制度和基本经济制度，这就是我们走过的历史路程，这就是四项基本原则中的四项内容在中国出现和发挥作用的历史顺序和逻辑关联。贯穿在这一历史进程始终的，就是"把马克思主义基本原理同中国具体实际相结合，走自己的路"。

第四，中国特色社会主义道路和中国特色社会主义理论体系，是我们党把马克思主义同中国实际相结合的伟大成果。

在中国这样一个经济文化落后的东方大国如何巩固和发展社会主义，是我们党面临的一个重大历史课题。在探索中国社会主义建设的道路上，我们积累了重要的经验，取得了积极成果，也发生过"大跃进"、"文化大革命"等严重的错误和挫折。"文化大革命"之所以错误，如 1981 年党的十一届六中全会《关于建国以来党的若干历史问题的决议》中所指出的，就是"明显地脱离了作为马克思列宁主义普遍原理和中国革命具体实践相结合的毛泽东思想的轨道"，"既不符合马克思列宁主义，也不

---

① 《邓小平文选》第 1 卷，人民出版社 1989 年版，第 259 页。

符合中国实际"。① 但是，我们的党是一个敢于正视和纠正自己的错误的伟大的党，以1978年召开的十一届三中全会为标志，党重新确立了马克思主义的思想路线、政治路线和组织路线，使中国进入到一个以改革开放为最鲜明特点的新的历史时期。

1982年，邓小平在党的十二大开幕词中依据马克思主义同中国实际相结合的原则，第一次明确地提出了"建设有中国特色的社会主义"，他说："把马克思主义的普遍真理同我国的具体实际结合起来，走自己的道路，建设有中国特色的社会主义，这就是我们总结长期历史经验得出的基本结论。"② "中国特色社会主义"从此成为我们党高举的旗帜。1987年，党的十三大做出中国正处于社会主义初级阶段的重要论断，提出了以"一个中心，两个基本点"为主要内容的党在社会主义初级阶段的基本路线；1992年，党的十四大把这条基本路线写进了党章；1997年，党的十五大把党的基本路线从经济、政治、文化三个方面展开，制定了党在社会主义初级阶段的基本纲领；2002年，党的十六大又总结了建设中国特色社会主义的十条基本经验。2007年，党的十七大回顾总结改革开放的伟大历史进程，对"中国特色社会主义道路"和"中国特色社会主义理论体系"做出高度的概括和深刻的阐述，同时指出："中国特色社会主义道路之所以完全正确、之所以能够引领中国发展进步，关键在于我们既坚持了科学社会主义的基本原则，又根据我国实际和时代特征赋予其鲜明的中国特色。""中国特色社会主义"这一概念本身，就是把马克思主义同中国实际相结合的生动表达：它把普遍性、共性和特殊性、个性及其相互联结集中表达在一个高度浓缩的概念之中，既讲社会主义，又讲中国特色；既体现了马克思主义、科学社会主义的普遍真理，又体现了中国的具体实际和时代特征。

新中国成立60年来，改革开放31年来，中国人民的面貌、社会主义中国的面貌、中国共产党的面貌发生了历史性变化，中华民族正以前所未有的雄姿巍然屹立在世界的东方。我们走过的道路，闪耀着马克思主义的真理光芒。这是一条把马克思主义基本原理同中国实际相结合开辟出来的中国自己的路。

---

① 《三中全会以来重要文献选编》（下），人民出版社1982年版，第809页。
② 《邓小平文选》第3卷，人民出版社1993年版，第3页。

二　认真总结把马克思主义基本原理同中国 具体实际相结合的过程和规律

邓小平说："马克思列宁主义的普遍真理与本国的具体实际相结合，这句话本身就是普遍真理。"① 我们党经过自己长期的实践和探索，揭示了这条普遍真理，这是对马克思主义理论和世界社会主义运动的一个重要贡献。我们应该认真研究"结合"规律，深化对这一普遍真理的认识，以便在更加自觉的基础上不断实现新的结合。

1941 年，毛泽东在延安整风运动的报告《改造我们的学习》中说："中国共产党的二十年，就是马克思列宁主义的普遍真理和中国革命的具体实践日益结合的二十年。"② 不仅到当时为止的党的 20 年历史是如此，到现在为止的党的 88 年的历史同样是如此。"日益结合"，意味着实行"结合"是一个不断发展的历史过程，而"结合"的规律就体现在这一过程之中。我们应当通过总结历史经验，研究"结合"的过程，探讨"结合"的规律。这里谈几点初步的认识。

第一，把马克思主义基本原理同中国具体实际相结合的过程，是一个从实践探索到理性自觉再到成功实现的发展过程。

我们党明确提出把马克思主义同中国实际相结合是在 20 世纪三四十年代的延安时期，能不能说这就是"结合"的起点呢？不能。人的认识的发展，是一个从实践到认识，又从认识到实践，即从感性认识能动地飞跃到理性认识，又用理性认识能动地指导实践的过程，是"两次飞跃"循环往复、无限发展的过程。用马克思主义指导中国实践，发生在马克思主义理论产生之后的认识第二次飞跃的过程中。理论只有回到实践中去，与实践结合起来，才能发挥它的威力。当中国的先进分子从思想上接受了马克思主义，把它当作观察国家命运的工具，运用它来思考中国的现实，并且将自己的认识付诸行动的时候，就已经开始了"结合"的实践探索。因此，五四运动和中国共产党的成立，就已经是马克思主义同中国实际相结合的起点。1945 年，刘少奇在党的七大作关于修改党的章程的报告时

① 《邓小平文选》第 1 卷，人民出版社 1994 年版，第 258—259 页。
② 《毛泽东选集》第 3 卷，人民出版社 1991 年版，第 795 页。

回顾说："我们党从它产生时起，就有明确的阶级自觉，就以无产阶级的立场去领导中国的资产阶级民主革命，就以马克思列宁主义的普遍真理与中国工人运动和中国革命的具体实践相结合。"①

对"结合"的认识，本身也有一个从实践到认识、从感性到理性的发展过程。到 20 世纪 30 年代，在经历了许多的成功和失败之后，我们党对"结合"的认识越来越自觉。1938 年毛泽东在党的六届六中全会上明确提出"马克思主义必须和我国的具体特点相结合并通过一定的民族形式才能实现"，要求"使马克思主义在中国具体化，使之在其每一表现中带着必须有的中国特性"，"按照中国的特点去应用它"②，标志着我们党对"结合"的认识已经通过长期的实践达到了理性的自觉，形成了关于"结合"的理论。有了这种自觉的理性的认识，离"结合"的成功实现就不远了。从这时起到延安整风时期，我们党做出了关于"结合"的大量论述，集中地表达在毛泽东的著作之中。毛泽东思想的形成和中国新民主主义革命的胜利，就是马克思主义同中国实际相结合成功实现的伟大理论成果和实践成果。1945 年党的七大把"马克思列宁主义理论与中国革命实践之统一的思想——毛泽东思想"写进了党章，"作为自己一切工作的指针"。③ 从此，在党的七大精神指引下，中国革命事业迅猛发展，到 1949 年就取得了全国的胜利，显示了马克思主义同中国实际相结合的伟大力量。

这一过程表明，我们对于坚持把马克思主义同中国实际相结合的原则应该有高度的理性的自觉。有没有这样的自觉或自觉的程度不同，其效果是大不一样的。

第二，把马克思主义基本原理同中国具体实际相结合的过程，是理论和实践相互作用的过程，是理论指导实践、推动实践前进和实践检验理论、推动理论发展的统一。

认识过程中的第二次飞跃，即从理性认识到实践的飞跃，就是让已经形成的理论回到新的实践中去。这一阶段的实践—认识活动，包含着理论与实践之间的双向作用，具有指导、推进实践和检验、发展理论的双重意

① 《刘少奇选集》上卷，人民出版社 1981 年版，第 323 页。
② 《毛泽东选集》第 2 卷，人民出版社 1991 年版，第 534 页。
③ 《刘少奇选集》上卷，人民出版社 1981 年版，第 315 页。

义。一方面，就理论对实践的作用而言，这是发挥理论的能动作用，指导实践、推动实践前进的过程，是精神变物质的过程；另一方面，就实践对理论的作用而言，这又是通过新的实践检验理论和发展理论的过程，是物质变精神的过程。即使是已经在过去的实践中经受过检验的科学理论，也需要在新的实践中继续接受检验并继续发展，这是一个永无止境的过程。

因此，把马克思主义基本原理同中国具体实际相结合，在同一个过程中包含了马克思主义理论同中国实践之间的双向作用，包含了推进中国实践和发展马克思主义理论的双重意义，是这二者的统一。一方面，"结合"是在中国人民的实践中对马克思主义基本原理的运用，就是用马克思主义的立场、观点、方法去认识中国的基本国情，指导中国的革命、建设和改革。毛泽东在党的七大报告中说："马克思列宁主义的普遍真理一经和中国革命的具体实践相结合，就使中国的面目为之一新，产生了新民主主义的整个历史阶段。"① 这就是讲的"结合"对于中国社会实践的巨大作用。不仅新民主主义的历史阶段是如此，社会主义革命、建设和改革的巨大成就，同样也是"结合"在实践方面结出的丰硕果实。另一方面，"结合"是在中国社会实践中对马克思主义理论的检验、发展和创新，这就是在实践中研究新的情况，回答时代提出的新的课题，通过总结自己的实践经验，做出新的理论创造。毛泽东在1941年就说过："我们反对主观主义，是为着提高理论，不是降低马克思主义。我们要使中国革命丰富的实际马克思主义化。"② "使中国革命丰富的实际马克思主义化"，就是把中国的实践经验上升为理论，来发展马克思主义理论。"结合"在理论方面的成果，就是中国化马克思主义。

理论指导实践、推动实践前进，实践检验理论、推动理论发展，不是彼此分离的两个过程，而是同一个过程中的两个方面，是理论与实践在同一个过程中的相互作用。理论与实践，二者都是在相互作用中前进的。马克思主义基本原理同中国具体实际相结合的历史过程，既是马克思主义指导中国实践不断取得胜利的历史进程，是马克思主义"化中国"的过程；又是马克思主义"中国化"的过程，是在中国实践中不断取得中国化马克思主义新的理论成果的过程。这二者是统一不可分的。马克思主义如果

---

① 《毛泽东选集》第3卷，人民出版社1991年版，第1093页。
② 《毛泽东文集》第2卷，人民出版社1993年版，第374页。

不"中国化"，就不能"化中国"，而马克思主义的"中国化"，又只有在"化中国"的过程中才能实现。马克思主义中国化和马克思主义"化中国"，统一在同一个"结合"的过程之中。正确认识"结合"中的这种对立统一关系，才能自觉地在"结合"的过程中既努力改变世界，又积极创新理论，避免忽视理论对实践的能动作用或忽视在实践中检验和发展理论这样两种片面性。

第三，把马克思主义基本原理同中国具体实际相结合的过程，是坚持马克思主义基本原理同推进马克思主义中国化相统一的过程。

"把坚持马克思主义基本原理同推进马克思主义中国化结合起来"，是党的十七大总结的改革开放以来"十个结合"宝贵经验中首要的一条。搞好"结合"，既要坚持马克思主义的基本原理，又要努力推进马克思主义中国化。

"马克思主义基本原理"，也称马克思主义"普遍真理"①，或"普遍原理"②，或"基本原则"③，是指马克思主义著作中经过实践反复检验而确立起来的具有普遍的真理性和价值的科学理论。毛泽东说："中国的党一贯遵守马列主义的原则，因为它是普遍的真理。"④ 邓小平说："马列主义、毛泽东思想的基本原则，我们任何时候都不能违背，这是毫无疑义的。"⑤ "基本原理"是相对于马克思主义经典作家关于特定时空中特定对象的具体结论而言的。不能把个别性的具体结论当作基本原理去坚持。普遍的真理性和普遍的价值，是基本原理区别于具体结论的主要特征。二者的这种区别源于它们所反映的对象不同。马克思主义基本原理所反映的对象，是物质世界、人类社会或其中一定范围事物的普遍本质和普遍规律，因而基本原理具有普遍的适用性，我们必须坚持。具体结论所反映的对象，是特定时空中特定事物的具体特点，因而具体结论不能盲目照搬。

马克思主义不是书斋里的学问，而是认识和改造世界的思想武器，因而是随着社会实践的发展永无止境地发展着的理论。只有从中国实际出发发展了的理论才能满足中国新的实践的需要。毛泽东明确指出："马克思

---

① 《邓小平文选》第 3 卷，人民出版社 1993 年版，第 3 页。
② 《邓小平文选》第 2 卷，人民出版社 1994 年版，第 126 页。
③ 同上书，第 114 页。
④ 《毛泽东文集》第 8 卷，人民出版社 1999 年版，第 5 页。
⑤ 《邓小平文选》第 2 卷，人民出版社 1994 年版，第 114 页。

这些老祖宗的书，必须读，他们的基本原理必须遵循，这是第一。但是，任何国家的共产党，任何国家的思想界，都要创造新的理论，写出新的著作，产生自己的理论家，来为当前的政治服务，单靠老祖宗是不行的。"①实践既要求理论的发展，又为理论的发展提供了基础，使发展成为可能。中国化的马克思主义之所以能在理论上超越前人，是因为中国共产党人的实践超越了前人的实践，我们正在做前人没有做过的事情，走前人没有走过的路。毛泽东说："我们做的超过了马克思"，"马克思没有做中国这样大的革命，我们的实践超过了马克思。实践当中是要出道理的"，"要产生自己的理论。"②

我们党推进马克思主义中国化，在基于中国实践发展理论的同时，还结合中国悠久的文化传统赋予理论以中国老百姓所喜闻乐见的中国作风和中国气派，使其融入中国文化之中。马克思主义中国化是内容和形式的统一，是理论内容发展和形式创新的统一。中国化的马克思主义既是马克思主义的，又是中国的。中国共产党人在推进马克思主义中国化的进程中，实现了两次理论上的飞跃，创立了中国化马克思主义的两大理论成果：毛泽东思想和包括邓小平理论、"三个代表"重要思想、科学发展观等重大战略思想在内的中国特色社会主义理论体系。刘少奇在党的七大关于修改党章的报告中说，毛泽东思想"完全是马克思主义的，又完全是中国的。这是中国民族智慧的最高表现和理论上的最高概括"。③ 中国特色社会主义理论体系同样是如此。

中国化马克思主义也是由一系列基本原理构成的科学体系，它的许多基本原理在反映中国特殊国情的同时也反映了包含在特殊性中的普遍性，因而也会具有超出一国范围的普遍的真理性和价值。当然，这是需要依靠将来的范围更加广阔的社会实践来鉴别和证明的。马克思主义基本原理只有在同各国具体实际的结合中才能发展。因此，把坚持马克思主义基本原理同推进马克思主义中国化结合起来，同时也具有发展马克思主义基本原理的作用和意义，即是说，这同时也就是把坚持马克思主义基本原理和发展马克思主义基本原理统一起来。

---

① 《毛泽东文集》第 8 卷，人民出版社 1999 年版，第 109 页。
② 《建国以来毛泽东文稿》第 7 册，中央文献出版社 1992 年版，第 206、204 页。
③ 《刘少奇选集》上卷，人民出版社 1981 年版，第 335 页。

　　可见，"把坚持马克思主义基本原理同推进马克思主义中国化结合起来"，既体现着理论和实践的统一、普遍真理和具体实际的统一，又体现着坚持马克思主义和发展马克思主义的统一，这是一条值得倍加珍惜的宝贵经验。

　　第四，把马克思主义基本原理同中国具体实际相结合的过程，是马克思主义同中国人民群众相结合的过程。

　　实践和认识的主体，是人民群众。工人阶级和人民群众的实践是理论产生的源泉，是检验理论真理性的标准，是理论发展的根本动力，也是发挥理论的能动作用、改变世界的根本途径。工人阶级的解放，人民的解放，是工人阶级、人民群众自己的事情。马克思从开始创立自己的新世界观时起，就把自己的哲学当作无产阶级的精神武器，而把无产阶级当作实现哲学的物质武器，认为"哲学不消灭无产阶级，就不能成为现实；无产阶级不把哲学变成现实，就不可能消灭自身"。[①]

　　马克思主义来到中国之所以能发挥巨大的作用，是因为它被中国人民掌握了；如果不为人民群众所掌握，即使是马克思主义，也是不起作用的。中国共产党就是中国人民拿起马克思主义这个思想武器的倡导者和组织者。党历来高度重视致力于在中国人民中进行马克思主义的宣传和教育，这种宣传和教育工作构成了党的事业、党的历史的一个重要方面。毛泽东强调："代表先进阶级的正确思想，一旦被群众掌握，就会变成改造社会、改造世界的物质力量。"[②] 他还要求"各级党委应当大大提倡学习马克思主义的认识论，使之群众化，为广大干部和群众所掌握，让哲学从哲学家的课堂上和书本里解放出来，变为群众手里的尖锐武器"。[③]

　　中国化马克思主义是以中国人民群众的伟大实践为基础创立的，是群众智慧的结晶，又是群众手中的思想武器。我们党在不断推进马克思主义中国化的同时，总是强调用中国化马克思主义的理论成果武装全党，教育人民。党的十七大明确提出："开展中国特色社会主义理论体系宣传普及活动，推动当代中国马克思主义大众化。"马克思主义中国化和马克思主义大众化是不可分的。不实现马克思主义的中国化，马克思主义就不能在

---

①　《马克思恩格斯选集》第 1 卷，人民出版社 1995 年版，第 16 页。
②　《毛泽东著作选读》下册，人民出版社 1986 年版，第 839 页。
③　《毛泽东文集》第 8 卷，人民出版社 1999 年版，第 323 页。

中国大众化；而离开了中国的人民大众，也没有马克思主义的中国化和中国化的马克思主义。

马克思主义理论同中国人民群众相结合，是马克思主义基本原理同中国具体实际相结合的题中之义，是其中一条不可缺少的基本内容和根本要求。

第五，把马克思主义基本原理同中国具体实际相结合的过程，是在坚持真理的同时不断克服各种错误倾向的过程。

邓小平曾经对外国朋友说："根据我们的经验，普遍真理与具体实际，二者结合很不容易。中国共产党也经常犯错误。"① 犯什么错误？主观主义的错误。邓小平说，在这个问题上，"我们党过去吃过许多亏，以后就一直抓住反对主观主义这一条"。他指出："反对主观主义有两个方面，即反对教条主义和反对经验主义。"②

坚持"结合"的原则，必须反对教条主义。20 世纪 30 年代，王明等人的"左"倾教条主义错误，曾经使中国革命受到严重挫折，使红军和根据地损失了 90%，留下了极其惨痛的深刻教训。1938 年党的六届六中全会提出"马克思主义必须和我国的具体特点相结合"③，主要就是针对教条主义提出来的。毛泽东强调，不应该把马克思主义理论当作教条，而应该当作行动的指南，"洋八股必须废止，空洞抽象的调头必须少唱，教条主义必须休息"。④ 延安整风这场伟大的思想解放运动，正是针对以教条主义为主要表现的主观主义展开的。毛泽东在《改造我们的学习》、《整顿党的作风》和《反对党八股》等整风报告中，深入分析了教条主义的表现及其实质和危害，大力倡导理论联系实际的马克思主义学风，论述了对待马克思主义应有的实事求是的科学态度。我们党一切从实际出发、理论联系实际、实事求是的思想路线，正是通过延安整风，在总结历史经验、反对教条主义的斗争中确立起来的。

坚持"结合"的原则，还必须反对经验主义。邓小平说："经验主义，就是只看到一些具体实践，只看到一国一地一时的经验，没有看到马

---

① 《邓小平文选》第 1 卷，人民出版社 1994 年版，第 260 页。
② 同上书，第 259 页。
③ 《毛泽东选集》第 2 卷，人民出版社 1991 年版，第 534 页。
④ 同上书，第 535 页。

克思列宁主义的原则。"① 经验主义的特点是轻视理论。从实践中获得的经验是极其宝贵的，重视经验不是经验主义，看轻理论才是经验主义，正如重视理论不是教条主义，不从实际出发才是教条主义一样。邓小平强调，教条主义和经验主义"两者我们都反对"。② 1945 年 4 月党的六届七中全会通过的《关于若干历史问题的决议》指出："经验主义同教条主义的区别，是在于它不是从书本出发，而是从狭隘的经验出发。""经验主义和教条主义的出发点虽然不同，但是在思想方法的本质上，两者都是一致的。他们都是把马克思列宁主义的普遍真理和中国革命的具体实践分割开来。"③

坚持"结合"的原则，更要警惕和反对现实中实际存在的否定马克思主义基本原理和马克思主义指导地位的错误思想。当代意识形态领域局势复杂、斗争尖锐，斗争的实质是社会主义价值体系与资本主义价值体系的较量。马克思主义指导思想是社会主义核心价值体系的灵魂，因而坚持还是反对马克思主义在我国的指导地位是意识形态领域斗争的焦点。否定马克思主义的科学真理性和它的当代价值，否定马克思主义的指导地位，把马克思主义同中国实际相结合就完全无从谈起，就从根本上否定、取消了"结合"的原则。

把马克思主义基本原理同中国具体实际相结合，就是坚持以马克思主义为指导，从中国实际出发，求出事物固有的本质和规律，作为我们行动的向导。这也就是坚持党的实事求是的思想路线，坚持马克思主义的理论联系实际的优良学风，坚持"以我国改革开放和现代化建设的实际问题、以我们正在做的事情为中心，着眼于马克思主义理论的运用，着眼于对实际问题的理论思考，着眼于新的实践和新的发展"。④ 为此，就必须既反对理论脱离实际的教条主义，又反对实践脱离科学理论的经验主义，更要警惕否定马克思主义指导思想的错误观点。只有这样，才能达到主观和客观、理论和实践、知和行的具体的历史的统一。

胡锦涛同志在《在纪念党的十一届三中全会召开 30 周年大会上的讲话》中关于"30 年的历史经验归结到一点"的论断，是由几个相互联结

---

①　《邓小平文选》第 1 卷，人民出版社 1994 年版，第 260 页。

②　同上书，第 260 页。

③　《毛泽东选集》第 3 卷，人民出版社 1991 年版，第 988、989 页。

④　《十五大以来重要文献选编》（上），人民出版社 2000 年版，第 13 页。

的重要观点构成的整体。其中，"把马克思主义基本原理同中国具体实际相结合"，包含了党在不同历史时期的共同经验，集中回答了如何正确认识和对待马克思主义的问题；"走自己的路"，是"结合"的原则在实践中的贯彻，是党的十一届六中全会决议强调的"独立自主"这一"毛泽东思想的活的灵魂"① 的生动体现，是对邓小平在党的十二大开幕词中强调的"走自己的道路"② 的直接继承；"建设中国特色社会主义"是坚持"结合"的原则、"走自己的路"在现阶段的集中体现，是对当代中国举什么旗、走什么路这一最重大问题的明确回答。如果离开了我们党一贯坚持的"结合"原则，就没有中国特色社会主义道路；如果离开了中国特色社会主义道路，就根本背离了"结合"的原则。"中国特色社会主义"之所以是"社会主义"，就是因为我们坚持了马克思主义的基本原理、科学社会主义的基本原则；"中国特色社会主义"之所以有"中国特色"，就是因为我们坚持从中国实际出发，走自己的路。因此，在当代中国，将我们的历史经验归结到一点，就是要把马克思主义基本原理同中国具体实际相结合，坚定不移地沿着中国特色社会主义道路前进。

（原载《高校理论战线》2009 年第 9 期）

---

① 《中国共产党中央委员会关于建国以来党的若干历史问题的决议》，人民出版社 1981 年版，第 47 页。

② 《邓小平文选》第 3 卷，人民出版社 1993 年版，第 3 页。

把我们的历史经验归结到一点

——略论"把马克思主义基本原理同中国具体实际相结合"在党的历史经验中的地位

提要　"把马克思主义基本原理同中国具体实际相结合"是我们党最根本的历史经验。党的全部经验归结到一点，就是把马克思主义基本原理同中国具体实际相结合，这是由马克思主义同工人阶级、人民群众的相互关系决定的，是由人类认识发展的基本规律决定的，是由作为事物矛盾问题精髓的矛盾的普遍性和特殊性、共性和个性的相互关系决定的。坚持"结合"的原则，坚持党的思想路线，坚持实事求是，是对同一个思想的不同形式的表达。

胡锦涛同志在《在纪念党的十一届三中全会召开 30 周年大会上的讲话》中指出："30 年的历史经验归结到一点，就是把马克思主义基本原理同中国具体实际相结合，走自己的路，建设中国特色社会主义。"这是对改革开放 30 年的历史经验最简明的概括，也为我们总结新中国 60 年来、建党 88 年来最根本的历史经验提供了方法论的启示。笔者认为，"把马克思主义基本原理同中国具体实际相结合"是我们党全部经验中最根本的历史经验。本文就此谈几点认识。

一　历史经验总结的方法论启示

我们党是一个高度重视总结经验并善于总结经验的党。自觉地总结经验，可以将我们在实践中获得的认识上升到理论的高度，再回到实践中去，用理论指导实践，又在实践中检验和发展理论，从而使理论和实践都向前推进。我们的实践是整体和部分、全局和局部的统一，经验总结也可以在整体或部分、全局或局部的各个不同层次上，从不同的侧面展开，但是，最后总是需要把各个部分的经验集中起来，把各个侧面的经验统一起来，形成整体性的全面的认识。这是人的认识在部分与整体、个别与一般的循环往复中不断前进的过程。

30 余年来改革开放的历程，始终伴随着不断深入的经验总结。仅就进入新世纪新阶段以来对建设中国特色社会主义的全面总结而论，2002 年党的十六大总结了 1989 年十三届四中全会以来 13 年的十条基本经验，2007 年党的十七大总结了进入改革开放新时期近 30 年来的十条宝贵经验，即"十个结合"，2008 年在纪念党的十一届三中全会召开 30 周年之际，胡锦涛同志又把这"十个结合"的经验逐条展开，做了系统的阐述。正是在这些总结的基础上，我们党做出了"30 年的历史经验归结到一点"的重要论断。

"把马克思主义基本原理同中国具体实际相结合，走自己的路，建设中国特色社会主义"，用如此简短的总共不过 35 个字的结论来概括 30 年极为丰富的宝贵经验，无疑是言简意赅、意味深长的，值得我们认真领会。其中，"建设中国特色社会主义"，是对我们举什么旗、走什么路、坚持什么理论体系的回答。"中国特色社会主义"既是我们高举的旗帜，又是我们正在走着的道路，也是我们坚持的理论体系。"建设中国特色社会主义"这条"自己的路"是如何"走"出来的、今后如何继续"走"呢？用一句话来回答就是："把马克思主义基本原理同中国具体实际相结合。"所以，上述"归结到一点"的历史经验，包括了两方面的基本内容。一方面是：什么是自己的路？这就是"建设中国特色社会主义"；另一方面是：这条路是如何走出来的，应该如何走？这就是"把马克思主义基本原理同中国具体实际相结合"。

回顾历史可以看到，我们党在各个历史时期、各个重要历史时刻总结出的基本经验，主要包含了两个方面的内容。

一个方面的基本内容，是回答走什么路的问题，例如：

新民主主义革命时期，党经过长期的探索和实践，总结历史经验，形成了新民主主义革命的总路线和总政策，集中回答了当时中国走什么路的问题。毛泽东在党的七大上对此做出了明确概括："我们的路线，我们的纲领，拿一句话来概括，就是'无产阶级领导的人民大众的反帝反封建的革命'。"①

1949年，建党28周年之际，中国已处在新民主主义革命胜利的前夕，毛泽东回顾中国近代以来和我们党建党28年来的历史，做出了把历史经验"集中到一点"的总结，他说："总结我们的经验，集中到一点，就是工人阶级（经过共产党）领导的以工农联盟为基础的人民民主专政。"他强调"这就是我们的公式，这就是我们的主要经验，这就是我们的主要纲领"②。这一总结集中回答了中国在新民主主义革命胜利后建立什么样的国家的问题，为我们新型国家政权的诞生奠定了理论基础。

在新中国成立之后向社会主义过渡的时期，党中央对过渡时期的总路线做出了明确概括："从中华人民共和国成立，到社会主义改造基本完成，这是一个过渡时期。党在这个过渡时期的总路线和总任务，是要在一个相当长的时期内，逐步实现国家的社会主义工业化，并逐步实现国家对农业、对手工业和对资本主义工商业的社会主义改造。"③通过贯彻这条总路线，我国走出了一条适合中国国情的社会主义改造道路，建立了社会主义基本经济制度。

党所做出的历史性概括总结的另一方面的基本内容，是回答如何认识和对待马克思主义的问题。

例如，在延安整风时期，毛泽东回顾总结说："中国共产党的二十年，就是马克思列宁主义的普遍真理和中国革命的具体实践日益结合的二十年。"他说："如果我们回想一下，我党在幼年时期，我们对于马克思列宁主义的认识和对于中国革命的认识是何等肤浅，何等贫乏，则现在我们对于这些的认识是深刻得多，丰富得多了。"他批评了对待马克思主义的主观主义的态度，阐明了我们应有的"马克思列宁主义的态度"。他把这种态度概括地称为"有的放矢的态度"、"实事求是的态度"。④"实事求是"四个大字，后来成为对党的思想路线的集中概括。邓小平说："毛泽东思想的精髓就是这四个字。"⑤

又如，1945年，党的七大总结建党24年的历史经验，把马克思列宁

---

① 《毛泽东文集》第3卷，人民出版社1996年版，第304页。
② 《毛泽东选集》第4卷，人民出版社1991年版，第1480页。
③ 《毛泽东著作选读》下册，人民出版社1986年版，第704页。
④ 《毛泽东选集》第3卷，人民出版社1991年版，第753—754、758—759页。
⑤ 《邓小平文选》第2卷，人民出版社1994年版，第126页。

主义理论与中国革命的实践之统一的思想——毛泽东思想确立为党的一切工作的指针，写入了党章。1956 年，毛泽东在党的八大总结说："我国的革命和建设的胜利，都是马克思列宁主义的胜利。把马克思列宁主义理论和中国革命的实践密切地联系起来，这是我们党的一贯的思想原则。"①在党的八大结束后不久，邓小平回顾说："十一年前，中国共产党第七次全国代表大会确定了这样的原则，即马克思列宁主义的普遍真理与中国革命的具体实践相结合，以此来指导我国的革命，指导我国的建设。这个原则是我们党和毛泽东同志根据过去革命中失败和成功的经验总结起来，并在第七、第八两次党代表大会上加以肯定的。"②

以上这两个方面的基本经验之间是什么关系呢？

在中国革命和建设的各个历史时期，党都要根据对客观形势的分析和对实践经验的总结，明确提出全党的奋斗目标和方针、政策，并且高度地概括起来，形成党在一定历史阶段的总路线（或称基本路线，也称政治路线），以便把全党和全国人民的力量凝聚在一起，共同奋斗；同时，党又不断回顾和反思自己形成正确的路线、方针、政策的实践和认识过程，总结其中成功和失败的经验，越来越明确地认识到：党的正确路线来自对马克思主义的正确认识和正确态度，来自对"什么是马克思主义、怎样对待马克思主义"的探索和回答。把这后一方面的基本经验集中概括起来，就是"把马克思主义基本原理同中国具体实际相结合"。

以上这两个方面的探索和总结是相互紧密关联、不可分割的。20 世纪三四十年代，为了总结王明等人的"左"倾教条主义对中国革命造成严重危害的经验教训，毛泽东写下了《实践论》、《矛盾论》等一系列著作，并领导全党开展整风运动，确立了马克思列宁主义的普遍真理与中国革命具体实践相结合的原则，确立了党的马克思主义的思想路线。如果没有这条思想路线的确立，就不会有中国新民主主义革命总路线的制定和贯彻。20 世纪 70 年代结束"文化大革命"后，邓小平领导我们党拨乱反正，是以提出完整准确地理解毛泽东思想、端正对待马克思主义的态度、恢复马克思主义思想路线为突破口的。没有关于真理标准问题的大讨论，

---

① 毛泽东：《中国共产党第八次全国代表大会开幕词（1956 年 9 月 15 日）》，《建国以来重要文献选编》第 9 册，中央文献出版社 1994 年版，第 35 页。

② 《邓小平文选》第 1 卷，人民出版社 1994 年版，第 258 页。

没有党的十一届三中全会重新确立实事求是的思想路线，就不会有中国特色社会主义道路的开辟。

上述这两个方面的探索和总结的关系，实际上就是党的总路线（在不同时期也称基本路线、政治路线）与党的思想路线的关系。在邓小平的著作中，坚持党的"思想路线"，坚持"把马克思主义同中国实际相结合"，坚持"实事求是"，是对同一个思想的不同形式的表达。邓小平既讲毛泽东把"党的马克思主义的思想路线""用中国语言概括为'实事求是'四个大字"①，又讲"实事求是，就是把马列主义的普遍原理同中国革命的具体实践相结合"②。邓小平还说过："思想路线是什么？就是坚持马克思主义，坚持把马克思主义同中国实际相结合，也就是坚持毛泽东同志说的实事求是，坚持毛泽东同志的基本思想。"③ 党的总路线（或基本路线、政治路线）概括了党在一定历史时期的目标和政策，党的思想路线则是制定和贯彻党的总路线的理论原则和方法论原则。随着客观形势和社会实践的发展，当社会主要矛盾转化、历史发生重要转折，进入一个新的历史时期时，党的总路线也会与时俱进地向前推进，发生重大的变化，而党的思想路线或马克思主义同中国实际相结合的原则则是其中一以贯之的活的灵魂。思想路线的内容当然也是不断丰富和发展的，但它的基本精神，马克思主义同中国实际相结合的原则，是始终如一的。正是因为始终坚持马克思主义同中国实际相结合的原则，党才得以正确把握客观形势的变化，及时制定不同时期的路线、方针、政策，实现党的指导思想和路线的与时俱进。

1982 年，邓小平在党的十二大开幕词中说："把马克思主义的普遍真理同我国的具体实际结合起来，走自己的道路，建设有中国特色的社会主义，这就是我们总结长期历史经验得出的基本结论。"④ 这一基本结论，重申了我们党一贯坚持的把马克思主义同中国实际相结合的原则，又首次明确提出了"建设有中国特色的社会主义"，使之成为新时期我们党高举的旗帜，这样就把党的思想路线和政治路线结合在一起，作出了最集中的表达，鲜明地体现了党的思想路线和政治路线的统一。26 年之后的 2008

---

① 《邓小平文选》第 2 卷，人民出版社 1994 年版，第 278 页。
② 同上书，第 126 页。
③ 《邓小平文选》第 3 卷，人民出版社 1993 年版，第 62 页。
④ 同上书，第 3 页。

年，胡锦涛同志在回顾总结改革开放 30 年时做出的关于"30 年的历史经验归结到一点"的重要论断，无论在精神实质或表述方式上都是与邓小平在党的十二大上的论断一脉相承的。其中，"建设中国特色社会主义"是总结 30 年的历史经验表达了有别于历史上其他时期的政治路线或总路线的内容；"把马克思主义基本原理同中国具体实际相结合"，则不仅是对改革开放 30 年的总结，也是对党的全部历史经验的科学总结，不仅适用于当前阶段，而且是适用于过去、现在和将来的各个历史时期的我们党一贯的思想原则。在这个意义上我们可以说，党的全部历史经验归结到一点，就是"把马克思主义基本原理同中国具体实际相结合"。这一"结合"的原则是我们党最根本的经验。

二　为什么我们党的历史经验可以归结为"把马克思主义基本原理同中国具体实际相结合"？

为什么坚持这一"结合"的原则具有如此重要的意义，以至于我们党无比丰富的历史经验都可以归结到这一点上来？深入研究这个问题，可以使我们进一步理解"结合"原则在党的理论和实践中的极端重要性，提高坚持"结合"的自觉性。

我们可以从几个不同的角度来思考这个问题。

第一，把马克思主义同中国实际相结合的原则在党的理论和实践中的极端重要性，是由马克思主义同工人阶级、人民群众的相互关系决定的。

工人阶级的成长，有一个从自发到自觉的过程。马克思主义是工人阶级的科学世界观。还在马克思刚刚开始创立自己新的世界观之时，他就宣布："哲学把无产阶级当做自己的物质武器，同样，无产阶级也把哲学当做自己的精神武器。"[①] 1848 年共产主义者同盟的纲领《共产党宣言》的发表，是马克思主义问世的标志，同时也是工人阶级成长为一个自觉的阶级并且组织起来的标志。工人阶级作为独立的政治力量登上历史舞台，是马克思主义产生的阶级基础。没有工人阶级，就没有马克思主义。而马克思主义一旦产生，就成为工人阶级和人民群众认识世界、改造世界的精神武器。没有马克思主义，工人运动就只能在黑暗中摸索。是马克思主义使

[①]　《马克思恩格斯选集》第 1 卷，人民出版社 1995 年版，第 15 页。

工人阶级认识到自身的历史地位和历史使命，使社会主义从空想变成科学，使自发的工人运动走上了在科学思想指引下自觉遵循社会客观规律推动历史前进的轨道，给世界带来了巨大的变化。工人阶级同马克思主义之间这种血肉相连的关系表明，能否用科学的态度对待马克思主义，必然直接关联着工人阶级解放事业的成败得失。

马克思主义与中国工人阶级、中国人民之间的关系同样是如此。自从1840 年鸦片战争失败后，中国一步步沦为半殖民地半封建社会，先进的中国人历尽千辛万苦向西方国家寻求真理，却屡遭失败。1917 年十月革命一声炮响，给我们送来了马克思列宁主义。"这时，也只是在这时，中国人从思想到生活，才出现了一个崭新的时期。中国人找到了马克思列宁主义这个放之四海而皆准的普遍真理，中国的面目就起了变化了。"①1919 年的五四运动推动了马克思主义在中国的传播及其与中国工人运动的结合。中国共产党就是马克思主义与中国工人运动相结合的产物，"我们的党从它一开始，就是一个以马克思列宁主义理论为基础的党"。② 党从诞生之日起，就把马克思主义确立为自己的指导思想，写在自己的旗帜上。党的全部实践都是以马克思主义为理论基础、在马克思主义的指引下展开的。经过 28 年的奋斗，党领导人民创建了我们这个工人阶级领导的人民民主专政的新型国家。中华人民共和国自创立之日起就把马克思主义作为指导思想的理论基础，《中华人民共和国宪法》序言阐明了马克思主义在中国的指导地位。

总之，马克思主义同工人阶级、人民群众的关系，决定了马克思主义作为我们党和国家指导思想的地位。我们的全部实践，都是以马克思主义为指导的实践。我们的全部理论，都是以马克思主义为基础的理论。因此，对待马克思主义的态度问题，"就是一个非常重要的问题，就是第一个重要的问题"。③ 正确认识和对待马克思主义，关系到党的全部理论和全部实践，因而不能不说是第一位重要的问题。

第二，从辩证唯物主义认识论的视角来考察，这是由人类认识发展的基本规律决定的。

---

① 《毛泽东选集》第 4 卷，人民出版社 1991 年版，第 1470 页。
② 《毛泽东选集》第 3 卷，人民出版社 1991 年版，第 1093 页。
③ 同上书，第 813 页。

人类的认识，是一个包含着多种矛盾的有规律的发展过程。认识规律具有客观性，人们认识的正确或错误，取决于其认识活动是否符合认识发展的客观规律。支配着认识活动一般过程的认识基本规律是什么呢？毛泽东在《实践论》中论述了这一规律并把它概括为一个简单明确的公式，他说："实践、认识、再实践、再认识，这种形式，循环往复以至无穷，而实践和认识之每一循环的内容，都比较地进到了高一级的程度。这就是辩证唯物论的全部认识论，这就是辩证唯物论的知行统一观。"① 毛泽东对认识基本规律的揭示，是围绕着实践和认识的关系展开的。实践和认识的矛盾，是认识活动诸多矛盾中的基本矛盾，因而实践和认识相互关系的规律，就是认识发展的基本规律。这一规律，也就是从感性认识到理性认识，又从理性认识到实践这"两次飞跃"循环往复、无限发展的规律。理性认识的完整形态，就是理论。因此，能否正确认识和处理理论和实践的相互关系，直接关系到人们的实践——认识活动能否遵循着认识基本规律前进，对于人们认识的正确或错误、实践的成功或失败具有决定性的意义。

中国革命、建设和改革中的理论与实践的关系，说到底，就是马克思主义基本原理与中国具体实践的关系，所以，能否正确认识和处理这一关系，将二者结合起来，就成为我们的认识和实践活动是否符合认识基本规律的集中表现，因而决定着实践——认识活动的成败得失。

第三，从唯物辩证法的视角来考察，这是由作为事物矛盾问题精髓的普遍性和特殊性、共性和个性的相互关系决定的。

对立统一规律是物质世界运动、发展的根本规律。既对立又统一的矛盾运动，存在于自然、人类社会和人类思维的一切事物之中，决定着事物的发展。每一事物的矛盾都有其区别其他事物矛盾的特殊性，又在特殊性中包含着普遍性。毛泽东在《矛盾论》中论述了矛盾的普遍性、特殊性及其相互关系，并且强调说："矛盾的普遍性和矛盾的特殊性的关系，就是矛盾的共性和个性的关系。""这一共性个性、绝对相对的道理，是关于事物矛盾的问题的精髓，不懂得它，就等于抛弃了辩证法。"② 既然关于这一相互关系的道理是唯物辩证法的精髓，对这一关系的把握，就成为

① 《毛泽东选集》第 1 卷，人民出版社 1991 年版，第 296—297 页。
② 同上书，第 319、320 页。

我们在认识和实践活动中自觉运用唯物辩证法去认识世界、改造世界的关键所在。

客观事物自身矛盾的普遍性和特殊性、共性和个性之间既相互区别又相互联结的关系，决定了人的认识发展的一条规律：由特殊到一般，又由一般到特殊，循环往复，不断深化。人们总是首先认识了许多不同事物的特殊的本质，才有可能通过概括认识诸种事物的共同的本质，然后再以这种对共同本质的认识为指导，继续研究其他各种相关的具体事物，找出其特殊的本质，并进一步丰富和发展对事物共同本质的认识。毛泽东阐述了认识运动中特殊和一般相互转化的过程，概括出一条认识规律："这是两个认识的过程：一个是由特殊到一般，一个是由一般到特殊。人类的认识总是这样循环往复地进行的，而每一次的循环（只要是严格地按照科学的方法）都可能使人类的认识提高一步，使人类的认识不断地深化。"①

由于矛盾的特殊性和普遍性、个性和共性以及它们之间的关联都是独立于人们意识之外的客观存在，因此，人们如果不认识矛盾的特殊性，就不能正确地认识和改造各有其特殊性、个性的具体事物；如果不认识包含在具体事物矛盾特殊性、个性中的普遍性、共性，就不能揭示事物的普遍本质和发展规律，不能形成或不能理解科学的理论；如果不懂得事物矛盾的特殊性、个性和普遍性、个性之间既相互区别又相互联结的关系，就不能自觉地用科学理论指导对具体事物的认识，又通过对具体事物的认识丰富和发展理论。

学习、掌握马克思主义科学理论同认识中国社会、指导中国实践的关系，就是在"由特殊到一般，又由一般到特殊"的循环往复中不断把理论和实践推向前进的关系。这就表明，坚持把马克思主义同中国具体实际相结合，就是尊重客观世界固有的辩证法，就是把握唯物辩证法关于事物矛盾问题精髓的理论去认识事物矛盾的特殊性、普遍性及其统一，就是自觉遵循由特殊到一般，又由一般特殊的认识规律去认识世界和改造世界。相反，否定马克思主义的指导，或用教条主义的态度把马克思主义当作凭空出现的公式生搬硬套，都离开了唯物辩证法的精髓，抛弃了辩证法，背离了认识发展的规律。毛泽东着重分析了对待马克思主义的教条主义态度，他指出，教条主义者既不懂得只有研究矛盾的特殊性、个性，才能认

---

① 《毛泽东选集》第 1 卷，人民出版社 1991 年版，第 310 页。

识矛盾的普遍性、共性；又不懂得认识了事物的共同本质后，还必须继续研究尚未深入研究过的或新冒出来的具体事物，他们完全否认并且颠倒了人类认识真理的正常秩序，"只是千篇一律地使用一种自以为不可改变的公式到处硬套，这就只能使革命遭受挫折，或者将本来做得好的事情弄得很坏"。① 王明等人"左"倾教条主义的错误使正在沿着农村包围城市正确道路生机勃勃发展的中国土地革命战争遭到严重失败，红军和根据地损失了90%，这一"将本来做得很好的事情弄得很坏"的惨痛教训，从反面证明了坚持马克思主义同中国实际相结合的极端重要性。

胡锦涛同志在《在纪念党的十一届三中全会召开30周年大会上的讲话》中，把改革开放30年来我们党的全部理论和全部实践归结为对四个重大理论和实际问题的探索和回答，把"什么是马克思主义、怎样对待马克思主义"列在这四大问题的首位。我们党是怎样探索和回答这些重大问题的呢？这个讲话中紧接着就做出了"30年的历史经验归结到一点"的重要论断。可以说，"把马克思主义基本原理同中国具体实际相结合"，这就是我们党对"什么是马克思主义、怎样对待马克思主义"这一重大问题最简明的回答，就是中国共产党人的马克思主义观的集中体现。正确地认识和对待马克思主义，集中到一点，就是必须把马克思主义基本原理同中国具体实际相结合。30余年来我们党对"什么是社会主义、怎样建设社会主义，建设什么样的党、怎样建设党，实现什么样的发展、怎样发展"等其他三个重大问题的成功探索和正确回答，都是以马克思主义为指导的，都是"把马克思主义基本原理同中国具体实际相结合"的成果。新中国成立60年来、建党88年来我们党在不同历史时期对各种重大理论问题和实际问题的成功探索和正确回答，也是沿着"把马克思主义同中国具体实际相结合"的道路不断前进而取得的。因此，实行这一"结合"，是党的全部历史经验中最根本的一条。

邓小平指出："马克思列宁主义的普遍真理与本国的具体实际相结合，这句话本身就是普遍真理。"② 这条普遍真理，对于各个不同的国家都是适用的。中国共产党人通过总结自己长期的实践经验，把这条普遍真理揭示出来了，这是一件有重要意义的事情。我们从自己的经验中学习，

---

① 《毛泽东选集》第1卷，人民出版社1991年版，第311页。
② 《邓小平文选》第1卷，人民出版社1994年版，第258—259页。

既要把丰富的历史经验归结到一点，充分认识"结合"的重要意义；又要将归结起来的历史经验再展开，即深入研究结合的历史过程和发展规律，把握"结合"的理论原则和实行方法。邓小平对外国朋友说："在普遍真理与具体实际相结合这个问题上，我们党过去吃过许多亏。""根据我们的经验，普遍真理与具体实际，二者结合很不容易。中国共产党也经常犯错误。"他指出，坚持"结合"，要抓住反对主观主义这一条，反对主观主义包括反对教条主义和反对经验主义两个方面。"教条主义，就是只知道马克思列宁主义的词句，不从具体情况出发来运用，它使我国的革命遭受过失败和挫折。经验主义，就是只看到一些具体实践，只看到一国一地一时的经验，没有看到马克思列宁主义的原则。两者我们都反对。"①这些论述包含着极为丰富的历史经验，是对于如何在反对各种错误思想的斗争中实现"结合"的深刻总结。

1978 年以来中国改革开放 30 余年的历史，1949 年以来新中国 60 年的历史，1921 年以来中国共产党 88 年的历史，都是马克思主义基本原理同中国具体实际日益结合的历史。党在自己的长期奋斗中积累了把马克思主义同中国实际相结合的丰富经验。在庆祝中华人民共和国成立 60 周年的时候，我们回顾共和国的历程，应该认真总结"结合"的宝贵经验，以便在新的历史起点上更加自觉地实行这种结合，推进马克思主义中国化和中国特色社会主义建设的伟大事业。

（原载《思想理论教育导刊》2009 年第 12 期；收入《新中国 60 年研究文集》，中央文献出版社 2009 年版）

---

① 《邓小平文选》第 1 卷，人民出版社 1994 年版，第 259—260 页。

毛泽东的马克思主义观的核心思想

——把马克思主义普遍真理同
中国具体实际相结合

提要　把马克思主义普遍真理同中国具体实际相结合这一思想原则是由毛泽东创立的，它的形成、确立，与毛泽东思想的形成及其指导地位的确立是同一个过程。以毛泽东为代表的中国共产党人探索和回答中国革命和建设问题的重大理论成果和实践成果，都贯穿着这一思想原则和方法论原则，都是"结合"的深刻体现。"结合"原则是毛泽东的马克思主义观的核心，应围绕这一核心深入研究毛泽东的马克思主义观。

胡锦涛同志 2008 年 12 月在《在纪念党的十一届三中全会召开 30 周年大会上的讲话》中，明确提出了"什么是马克思主义、怎样对待马克思主义"的问题，并且把它列在改革开放以来我们党探索和回答的四个重大理论和实际问题之首。"什么是马克思主义、怎样对待马克思主义"，是马克思主义观的基本问题。这个讲话把马克思主义观的研究提到了理论工作的突出位置。

毛泽东是伟大的马克思主义者，是马克思主义中国化的开创人。探索和回答"什么是马克思主义、怎样对待马克思主义"的问题，必须深入研究毛泽东的马克思主义观。毛泽东的马克思主义观是一座内藏丰富的思想宝库，毛泽东提出的把马克思主义普遍真理同中国具体实际相结合的思想原则是贯穿在其中的一条红线，是毛泽东的马克思主义观的核心，我们可以围绕这一核心去把握毛泽东的马克思主义观。本文对这一思想原则的形成、确立及其与毛泽东思想的关系、与毛泽东的马克思主义观的关系作初步的探讨。

一 "结合"原则的形成、确立与毛泽东思想的
形成及其指导地位的确立是同一个过程

1956 年 9 月 15 日，毛泽东在党的八大的开幕词中说："把马克思列宁主义的理论和中国革命的实践密切地联系起来，这是我们党的一贯的思想原则。"① 八大后不久，邓小平在回答国际青年代表团的提问时对这一思想原则作了进一步阐述："十一年前，中国共产党第七次全国代表大会确定了这样的原则，即马克思列宁主义的普遍真理与中国革命的具体实践相结合，以此来指导我国的革命，指导我国的建设。这个原则是我们党和毛泽东同志根据过去革命中失败和成功的经验总结起来，并在第七、第八两次党代表大会上加以肯定的。"② 这些论述指出了，"结合"的思想原则是由毛泽东为代表的中国共产党人创立的，是由党的七大、八大郑重确立的，是党的长期历史经验的总结。

毛泽东关于"结合"的思想有一个形成、发展的过程，这是一个与毛泽东的全部实践和全部思想相随而行、同步发展的过程，也是我们党的理论和实践逐步走向成熟的过程。

青年毛泽东在湖南第一师范上学时，就受到重视经世致用、倡导"实事求是"的湘学士风的影响，注重读"无字之书"，了解社会实际情况，并曾到各县"游学"。经过五四运动的洗礼，毛泽东确立了马克思主义的信仰。他在 1920 年 12 月致蔡和森等人的信中，对于蔡和森提出的"赞成马克思的方法"的主张，"表示深切的赞同"。③ 在 1921 年 1 月致蔡和森的信中，毛泽东已明确提出"唯物史观是吾党哲学的根据"。④ 与此同时，毛泽东更加重视深入了解中国实际国情，他认为，我们"当然脱不开'中国'这个地盘。关于这地盘内的情形，似不可不加以实地的调查及研究"⑤。一方面接受了马克思主义，一方面致力于深入了解中国实

---

① 《毛泽东文集》第 7 卷，人民出版社 1999 年版，第 116 页。
② 《邓小平文选》第 1 卷，人民出版社 1994 年版，第 258 页。
③ 《毛泽东书信选集》，中央文献出版社 2003 年版，第 3 页。
④ 同上书，第 11 页。
⑤ 毛泽东 1920 年 3 月 14 日致周世钊信，转引自《毛泽东传（1893—1949）》（上），中央文献出版社 1996 年版，第 44 页。

际，从这二者的关联中，我们已经可以看到后来毛泽东形成"结合"原则的思想源头。

　　毛泽东参加了中国共产党的创建，并在建党后投入到党的组织领导工作、国共合作工作和工人运动、农民运动之中。1926 年 9 月，他概括自己的经历时写道："教过一年书，做过两年工人运动，半年农民运动，一年国民党的组织工作。"① 1925 年写的《中国社会各阶级的分析》和 1927 年写的《湖南农民运动考察报告》，代表了毛泽东这一时期在实践中运用马克思主义认识中国社会和中国革命的思想理论成果。1927 年领导秋收起义和开辟井冈山革命根据地，是毛泽东在探索马克思主义同中国实际相结合的道路上迈出的重要一步。这一步是基于中国革命实践的迫切需要而走出来的。毛泽东在 1964 年曾回顾说，自己"在农民运动讲习所也讲过打仗的重要，可就是从来没有想到自己去搞军事，要去打仗。后来自己带人打起仗来，上了井冈山"。他说要"谢谢蒋委员长给我们上课"。② 在领导中国土地革命战争的实践中，毛泽东高度重视对实际情况的调查研究，多次开展大规模的调查③，并且形成了相当系统的关于调查研究的思想。写作于 1930 年 5 月的《反对本本主义》一文，集中论述了调查研究的问题。毛泽东本人十分喜爱这篇原题目为"调查工作"的文章，他在 1961 年重新见到这篇文章时说："这一篇我是喜欢的。""过去到处找，找不到，像丢了小孩子一样。"④ 这篇文章中写道："马克思主义的'本本'是要学习的，但是必须同我国的实际情况相结合。"⑤ 在这里，马克思主义普遍真理同中国实际相结合的思想已经十分接近于后来做出的明确表述了。

　　"结合"的思想原则形成并做出明确表述，是在 20 世纪三四十年代的延安时期。毛泽东在 1963 年说过："马列主义普遍真理与中国具体实践相结合，这个口号就是在延安整风时提出的。"⑥ 红军长征到达陕北后，毛泽东在《中国革命战争的战略问题》、《实践论》、《矛盾论》等著作

---

① 转引自《毛泽东传（1893—1949）》（上），中央文献出版社 1996 年版，第 114 页。
② 《毛泽东文集》第 8 卷，人民出版社 1999 年版，第 392、393 页。
③ 参见《寻乌调查》、《长冈乡调查》、《才溪乡调查》，《毛泽东文集》第 1 卷，人民出版社 1993 年版，第 118、276、322 页。
④ 《毛泽东传（1949—1976）》（下），中央文献出版社 2003 年版，第 1141 页。
⑤ 《毛泽东选集》第 1 卷，人民出版社 1991 年版，第 111—112 页。
⑥ 《毛泽东文集》第 8 卷，人民出版社 1999 年版，第 339 页。

中，对我们党运用马克思主义指导中国革命实践的经验作了深刻的总结。1938 年召开的党的六届六中全会批准了以毛泽东为代表的中央政治局的政治路线，成为"决定中国之命运"① 的一个"关键的会议"②，正是在这次会议上，毛泽东明确地提出了马克思主义同中国具体特点相结合、"在中国具体化"的主张，他说："马克思主义必须和我国的具体特点相结合并通过一定的民族形式才能实现"，"使马克思主义在中国具体化，使之在其每一表现中带着必须有的中国的特性，即是说，按照中国的特点去应用它，成为全党亟待了解并亟待解决的问题"③。六届六中全会后，党开始了延安整风的酝酿准备工作。毛泽东在 1941 年 5 月作的《改造我们的学习》的报告中指出："中国共产党的二十年，就是马克思列宁主义的普遍真理和中国革命的具体实践日益结合的二十年。"④《改造我们的学习》和他后来作的《整顿党的作风》、《反对党八股》的报告，成为延安整风的重要文献。在这些报告及其他一些讲话中，毛泽东深入地分析了主观主义特别是教条主义对待马克思主义的错误态度，论述了把马克思主义同中国实际相结合的思想和"实事求是"、"有的放矢"的科学态度。经过延安整风，把马克思主义普遍真理同中国具体实际相结合的思想原则成为全党的共识，并通过党的决议被正式确立起来。

　　1945 年 4 月 20 日党的六届七中全会通过的《关于若干历史问题的决议》一开头就指出："中国共产党自 1921 年产生以来，就以马克思列宁主义的普遍真理和中国革命的具体实践相结合为自己一切工作的指针，毛泽东同志关于中国革命的理论和实践便是此种结合的代表。"⑤ 1945 年 5 月，刘少奇在党的七大作的关于修改党章的报告中指出，我们党"以马克思列宁主义理论与中国革命实践之统一的思想——毛泽东思想作为自己一切工作的指针"。⑥ 毛泽东"以马克思列宁主义的理论与中国革命的实践相结合，便产生了中国的共产主义——毛泽东思想"，这是"发展着与完善着的中国化的马克思主义"，"完全是马克思主义的，又完全是中国

---

　　① 《毛泽东文集》第 3 卷，人民出版社 1996 年第 1 版，第 425 页。
　　② 同上书，第 424 页。
　　③ 《毛泽东选集》第 2 卷，人民出版社 1991 年版，第 534 页。
　　④ 《毛泽东选集》第 3 卷，人民出版社 1991 年版，第 795 页。
　　⑤ 同上书，第 952 页。
　　⑥ 《刘少奇选集》上卷，人民出版社 1981 年版，第 315 页

的。这是中国民族智慧的最高表现和理论上的最高概括"①。从此，毛泽东思想被确立为我们党的指导思想，马克思主义普遍真理同中国具体实际相结合成为我们党一贯遵循的思想原则。由于毛泽东思想本身就是"结合"的产物，因而确立毛泽东思想为党的指导思想和确立"结合"为我们党的思想原则，是同时发生的事情。

二　"结合"原则融汇在毛泽东思想的整体之中

毛泽东思想的形成和发展，毛泽东关于马克思主义同中国实际相结合的思想的形成和发展，是同一个过程，这同时也就是毛泽东为代表的中国共产党人，在领导中国革命和建设的实践中艰难探索，使党自身不断走向成熟、党的事业不断发展的过程。"结合"的思想原则，无论就其形成的过程或就其内涵和精神实质来说，都存在于毛泽东思想的整体之中，是同这个整体融汇在一起的，因而必须联系毛泽东思想的整体去理解和把握。毛泽东是为了寻找救中国的道路而找到马克思主义的，是为了解决中国革命和建设中的各种实际问题而坚持和发展马克思主义的，因此，毛泽东为代表的中国共产党人探索和回答中国革命和建设问题的重大理论成果和实践成果，都是马克思主义同中国具体实际相结合的思想原则的深刻体现。

第一，中国新民主主义革命的理论，是党和毛泽东把马克思主义运用于中国实际创立的引导中国革命走向胜利的理论。

马克思主义揭示了封建社会代替奴隶社会、资本主义代替封建主义、社会主义经过一个长过程发展后必然代替资本主义的社会发展普遍规律，阐明了无产阶级组织自己的政党，通过无产阶级革命打碎旧的国家机器，建立无产阶级专政的革命道路，但是，科学地认识中国社会的性质，找到一条适合中国国情的革命道路，只有从中国实际出发才能实现，只有中国共产党人才能完成，在马克思主义经典作家的著作中没有现成的答案。毛泽东深入分析中国国情，揭示了中国半殖民地半封建的社会性质，正确地回答了中国革命的性质、中国革命的对象、中国革命的任务、中国革命的动力、中国革命的前途等一系列重大问题，创立了新民主主义革命的理论，制定了新民主主义革命的总路线和总政策，领导中国人民分两步走，

---

① 《刘少奇选集》上卷，人民出版社1981年版，第335页。

通过夺取新民主主义革命的胜利走上了社会主义道路。党和毛泽东从中国实际出发，正确地解决了中国无产阶级与农民的联盟的问题，处理与资产阶级关系的问题，在一个农民占多数的国家如何建设无产阶级革命政党的问题，在中国城乡政治经济发展极不平衡的条件下如何开展武装斗争的问题，形成了统一战线、武装斗争和党的建设三大法宝，找到了一条建立农村革命根据地，农村包围城市，武装夺取政权的道路。

第二，人民民主专政的理论，是党和毛泽东把马克思主义的国家学说和无产阶级专政理论同中国实际相结合创立的国家政权建设理论。

无产阶级专政理论是马克思主义的基本原理。马克思揭示了，"阶级斗争必然导致无产阶级专政"，"这个专政不过是达到消灭一切阶级和进入无阶级社会的过渡"①。党和毛泽东在领导中国新民主主义革命的过程中，不断探索革命胜利后建立一个什么样的国家政权的问题，逐步形成了人民民主专政的理论。1949年6月30日毛泽东为纪念建党28周年发表的《论人民民主专政》一文，是系统论述这一理论的代表作。毛泽东论述了国家的本质、特征、民主与专政的关系、新的国家政权的领导阶级和阶级基础等一系列重大问题，并做出高度的概括："总结我们的经验，集中到一点，就是工人阶级（经过共产党）领导的以工农联盟为基础的人民民主专政。这个专政必须和国际革命力量团结一致。这就是我们的公式，这就是我们的主要经验，这就是我们的主要纲领。"② 中华人民共和国的成立，使人民民主专政从科学理论变成了中国大地上辉煌的现实。人民民主专政实质上即无产阶级专政，它具有无产阶级专政的根本性质，承担着无产阶级专政的历史使命，体现了科学社会主义的基本原则，同时又符合中国的国情，具有鲜明的中国特色。中国革命的历史特点和中国社会的阶级结构等基本国情，决定了在我们的国家政权中，工人阶级是领导阶级，包括农民、小资产阶级和民族资产阶级在内的人民都享有广泛的民主，对极少数敌人实行专政。"人民民主专政"这个概念，把"民主"和"专政"这两个方面及其相互关联，都明确地直接地表达出来了，使人们容易理解和接受。新中国成立60年来的历史证明，我国人民民主专政的理论和实践是把马克思主义普遍真理同中国具体实际相结合的一个成功典范。

---

① 《马克思恩格斯选集》第4卷，人民出版社1995年版，第547页。
② 《毛泽东选集》第4卷，人民出版社1991年版，第1480页。

第三，中国社会主义改造的道路，是党和毛泽东把马克思主义同中国实际相结合创造性地开辟的一条适合中国特点的建立社会主义基本经济制度的道路。

社会主义的基本经济制度不能在旧社会内部产生，只能在工人阶级夺取国家政权、上升为统治阶级后，运用新的国家政权的力量才能建立起来。实行对生产资料所有制的社会主义改造，建立社会主义的经济基础，必须从中国的实际出发，走出一条适合中国国情的道路。党制定的过渡时期总路线，就是这条道路的集中概括。毛泽东说："总路线，概括的一句话就是：逐步实现国家的社会主义工业化和对农业、手工业、资本主义工商业的社会主义改造。"① 我国的社会主义改造，虽然出现了要求过急、工作过粗、改变过快、形式过于简单划一等缺点和偏差，但整个说来，遵循着"一化三改"这条总路线，既实现了深刻的社会变革，又促进了国民经济的发展，取得了伟大的历史性胜利。1956 年，邓小平在会见国际青年代表团的谈话中深入阐述了中国社会主义改造道路是如何体现马克思主义同中国实际相结合的原则的，他说："普遍真理就是要消灭资本主义，消灭剥削，实现社会主义，离开了这条普遍真理就谈不上对资本主义工商业的社会主义改造，那就是走资本主义的道路而不是走社会主义的道路。这是一方面。另一方面，我们今天对资本主义工商业改造所走的道路，是列宁所想过的，但是列宁没有能实现。我们对资本主义工商业采用了和平改造的办法。"他强调说："如果普遍真理不与中国的实际相结合，或者结合得不好，那末就会造成很大的损失。"②

第四，毛泽东提出了实现马克思主义同中国实际"第二次结合"的任务，并对适合中国国情的社会主义建设道路展开了初步探索。

1956 年，鉴于我国的实践和苏联的经验教训，毛泽东提出了"第二次结合"的思想，他说：现在是社会主义革命和建设时期，我们要进行第二次结合，找出在中国怎样建设社会主义的道路。③ 他强调：最重要的是要独立思考，把马列主义的基本原理同中国革命和建设的具体实际相结合。④ 在《论十大关系》、《关于正确处理人民内部矛盾的问题》等著作

① 《毛泽东文集》第 6 卷，人民出版社 1999 年版，第 304 页。
② 《邓小平文选》第 1 卷，人民出版社 1989 年版，第 259 页。
③ 《毛泽东传（1949—1976）》（上），中央文献出版社 2003 年版，第 506 页。
④ 同上。

中，毛泽东提出了"把国内外一切积极因素调动起来，为社会主义事业服务"的基本方针①，提出了社会主义社会基本矛盾的理论和正确处理人民内部矛盾的学说，探讨了中国社会主义建设中的一系列重大关系问题，探讨了"中国工业化的道路"，提出了"统筹兼顾、适当安排"，"百花齐放、百家争鸣"，"长期共存、互相监督"，"自力更生为主，争取外援为辅"等一系列方针。这一时期，党和毛泽东对中国社会主义建设道路的探索，取得了积极的成果，积累了宝贵的经验，也发生了"大跃进"、"文化大革命"等严重的错误和挫折。我们取得的成就，都是坚持马克思主义同中国实际相结合的结果，而发生的错误，尤其是像"文化大革命"这样的严重错误，则正如1981年党的十一届六中全会《关于建国以来党的若干历史问题的决议》所指出的，是"明显地脱离了作为马克思列宁主义普遍原理和中国具体实际相结合的毛泽东思想的轨道"，"既不符合马克思列宁主义，也不符合中国实际"。②

　　毛泽东思想是内容极为丰富的科学体系，除上述各项外，毛泽东关于革命军队的建设和军事战略的思想、关于政策和策略的思想、关于思想政治工作和文化工作的思想、关于党的建设的思想，以及贯穿于所有这些思想之中的实事求是、群众路线、独立自主的思想，无不处处体现出"结合"的原则，既闪耀着马克思主义的真理光芒，又表现了对中国实际的深刻理解和准确把握。

　　在改革开放的历史新时期，我们党开辟中国特色社会主义道路，创立中国特色社会主义理论体系，是坚持把马克思主义普遍真理同中国具体实际相结合取得的伟大成果。1982年，当邓小平在党的十二大开幕词中第一次明确提出"建设有中国特色的社会主义"这一概念时，就明确地把它同"结合"的思想原则联系在一起，他说："把马克思主义的普遍真理同我国的具体实际结合起来，走自己的道路，建设有中国特色的社会主义，这就是我们总结长期历史经验得出的基本结论。"③

　　综上所述可以看到，毛泽东提出的把马克思主义普遍真理同中国具体实际相结合的思想，融汇在他的全部实践活动和理论活动中，体现在他的

---

① 《毛泽东著作选读》下册，人民出版社1986年版，第720页。
② 《三中全会以来重要文献选编》（下），人民出版社1982年版，第809页。
③ 《邓小平文选》第3卷，人民出版社1993年版，第3页。

全部理论成果和实践成就中，存在于毛泽东思想的整体之中，是贯穿在其中的基本的思想原则和方法论原则，因而不能孤立地去学习和理解，只有同毛泽东波澜壮阔的实践和毛泽东思想的整体结合在一起，才能真正理解和把握这一思想原则的丰富内涵和精神实质。

三　以"结合"原则为核心深入研究毛泽东的马克思主义观

胡锦涛同志在《在纪念党的十一届三中全会召开30周年大会上的讲话》中，把改革开放30年来我们党的全部理论和实践归结为对"什么是马克思主义、怎样对待马克思主义"等四个重大问题的探索和回答，进而做出了一个重要论断："30年的历史经验归结到一点，就是把马克思主义基本原理同中国具体实际相结合，走自己的路，建设中国特色社会主义。"这表明，我们党对"什么是马克思主义、怎样对待马克思主义"的回答，归结到一点，就是"把马克思主义基本原理同中国具体实际相结合"。"结合"原则是毛泽东的马克思主义观的集中表现，是它的核心。围绕着这一核心而展开的毛泽东的马克思主义观，包括哪些主要的或基本的内容呢？这里简略地谈几点看法。

第一，必须坚持马克思主义的普遍真理。

确认马克思主义的普遍真理性，是坚持"结合"原则的前提。自从经过艰难的探索找到了马克思主义，毛泽东始终坚定不移地信仰马克思主义。他指出，马克思列宁主义是从客观实际中抽出来又在客观实际中得到了证明的理论，是在实践中证实了的普遍真理，"是'放之四海而皆准'的理论"①，"我们信仰马列主义"②。坚持马克思主义的普遍真理，要把它同个别性的结论区分开来。毛泽东强调："中国的党一贯遵守马列主义的原则，因为它是普遍的真理。"③ 同时他又指出："如果每句话，包括马克思的话，都要照搬，那就不得了。"④

第二，必须从中国实际出发，开展调查研究，理论联系实际，有的放矢。

① 《毛泽东选集》第2卷，人民出版社1991年版，第533页。
② 《毛泽东文集》第7卷，人民出版社1999年版，第176页。
③ 《毛泽东文集》第8卷，人民出版社1999年版，第5页。
④ 《毛泽东著作选读》下册，人民出版社1986年版，第742页。

　　深入调查研究，认识中国国情，是把马克思主义同中国实际相结合的基础。毛泽东指出，中国这个客观世界，整个地说来，是由中国人认识的，不是在共产国际管中国问题的同志们认识的。马克思不能将后来出现的问题都看到、都解决，"中国的问题只能由中国人解决"①。研究问题要从实际出发，从现象深入到本质，而不是从定义、概念出发。毛泽东强调，必须坚持理论和实践相结合，"有的放矢"②。马克思列宁主义和中国革命的关系，就是箭和靶的关系。放箭要对准靶。"无的放矢"，就容易把革命弄坏。从实际出发，就必须系统地周密地开展调查研究，必须"确立以研究中国革命实际问题为中心，以马克思列宁主义基本原则为指导的方针"。③ 毛泽东把学风问题看作"第一个重要的问题"④，把"理论和实践相结合的作风"⑤ 概括为我们党的三大作风之一。

　　第三，必须实现马克思主义中国化。

　　坚持"结合"的思想原则，从对理论本身的要求来说，就是必须实现马克思主义中国化。

　　实现马克思主义中国化，一方面是要使马克思主义在中国具体化，按照中国的特点去应用它，使它带上中国的特性、中国的民族形式，具有中国老百姓所喜闻乐见的中国作风和中国气派；另一方面，还要"使中国革命丰富的实际马克思主义化"⑥，也就是要把中国的实践经验上升到理论，来丰富和发展马克思主义。针对"山上无马克思主义"的指责，毛泽东说："我们把这个'无'字改一下，叫做山上有马克思主义。"⑦ 他又说："似乎马克思主义只有一家，别无分店。是不是分店也可以搞一点马克思主义呢？"⑧ 在中国发展马克思主义，是以中国丰富的实践为基础的，是指导中国实践的需要，也由实践提供了可能。毛泽东说："任何国家的共产党，任何国家的思想界，都要创造新的理论，写出新的著作，产

①　《毛泽东文集》第 8 卷，人民出版社 1999 年版，第 5 页。
②　《毛泽东选集》第 3 卷，人民出版社 1991 年版，第 801 页。
③　同上书，第 802 页。
④　同上书，第 813 页。
⑤　同上书，第 1094 页。
⑥　《毛泽东文集》第 2 卷，人民出版社 1993 年版，第 374 页。
⑦　《毛泽东文集》第 3 卷，人民出版社 1996 年版，第 364 页。
⑧　《毛泽东文集》第 7 卷，人民出版社 1999 年版，第 106 页。

生自己的理论家，来为当前的政治服务，单靠老祖宗是不行的。"① 在中国，"我们做的超过了马克思"，"马克思没有做中国这样大的革命，我们的实践超过了马克思。实践当中是要出道理的"，"要产生自己的理论"。②

毛泽东反对把中国化的马克思主义与马克思列宁主义相提并论，而是把它看作马克思主义的"分店"，他说："我们还是作为马克思列宁主义的分店好。"③ 我们请马、恩、列、斯来，不是做陪客的，而是做先生的，我们做学生，"不要把毛与马、恩、列、斯并列起来"。④ 毛泽东还明确批示："对于一切外国人，不要求他们承认中国人的思想，只要求他们承认马列主义的普遍真理与该国革命的具体实践相结合。这是一个基本原则。"⑤

毛泽东思想的形成和中国特色社会主义理论体系的创立，以及它们指导中国实践取得的辉煌成就，使马克思主义中国化变成了现实，同时也就证明了把马克思主义中国化的思想本身是一种符合实际的科学思想。

第四，必须反对教条主义和经验主义。

马克思主义同中国具体实际相结合是在反对各种错误倾向的斗争中实现的。坚持"结合"的原则，必须反对主观主义。主观主义表现为教条主义和经验主义。教条主义把理论当作凭空出现的抽象的教条，经验主义轻视理论，把局部经验误认为普遍真理，两者都是把马克思主义的普遍真理和中国的具体实际分割开来。经验主义者不能通观客观过程的全体，缺乏明确的方针，没有远大的前途。鉴于王明"左"倾教条主义的严重危害，毛泽东着重论述了反对教条主义的问题。针对着教条主义对马克思主义的错误态度和错误解读，毛泽东明确地提出了"什么叫马克思主义"⑥的问题，他指出，我们历史上的马克思主义有很多种，"我们所要的是香的马克思主义，不是臭的马克思主义；是活的马克思主义，不是死的马克思主义。"⑦ 他还指出，"主观主义同实事求是的马克思主义是相对抗的"，"要分清创造性的马克思主义和教条式的马克思主义"，"宣传创造性的马

---

① 《毛泽东文集》第 8 卷，人民出版社 1999 年版，第 109 页。
② 《建国以来毛泽东文稿》第 7 册，中央文献出版社 1992 年版，第 206、204 页。
③ 《毛泽东文集》第 5 卷，人民出版社 1996 年版，第 261 页。
④ 同上书，第 260 页。
⑤ 《毛泽东文集》第 8 卷，人民出版社 1999 年版，第 433 页。
⑥ 同上书，第 326 页。
⑦ 《毛泽东文集》第 3 卷，人民出版社 1996 年版，第 332 页。

克思主义"。①

　　第五，马克思主义理论必须同群众相结合。

　　马克思主义同中国具体实际相结合，也就是同中国人民群众相结合。毛泽东认为，力量的来源是人民群众。代表先进阶级的正确思想，一旦被群众掌握，就会变成改造社会、改造世界的物质力量。马克思列宁主义来到中国之所以发生这样大的作用，是因为被中国人民所掌握了。任何思想，"如果不为人民群众所掌握，即使是最好的东西，即使是马克思列宁主义，也是不起作用的。"② 为此，毛泽东一贯倡导学习马克思主义，他说："马克思列宁主义是一切革命者都应该学习的科学"③。他多次开出书目，要求党的干部认真读书学习。毛泽东特别重视在广大群众中倡导学习马克思主义哲学，他强调："辩证法应该从哲学家的圈子走到广大人民群众中间去。"④ 他大力提倡学习马克思主义的认识论，使之群众化，为广大干部和人民群众所掌握，"让哲学从哲学家的课堂上和书本里解放出来，变为群众手里的尖锐武器。"⑤

　　第六，坚持实事求是。

　　毛泽东用"实事求是"四个大字高度概括了我们对待马克思主义理论、中国实际及其相互关系的科学态度。实事求是，就是在马克思主义一般原理的指导下，从客观存在着的事实出发，找出其中固有的规律，作为我们行动的向导。毛泽东说："我们党是有实事求是传统的，就是把马列主义的普遍真理同中国的实际相结合。"⑥ 这表明，在毛泽东看来，"实事求是"，就是把马克思主义普遍真理同中国实际相结合，或者说，把马克思主义普遍真理同中国实际相结合，就是"实事求是"。邓小平也有过类似的表述，他说："毛泽东思想的基本点就是实事求是，就是把马列主义的普遍原理同中国革命的具体实践相结合。"⑦ 邓小平还说过："思想路线是什么？就是坚持马克思主义，坚持把马克思主义同中国实际相结合，也

　　① 《毛泽东文集》第 2 卷，人民出版社 1993 年版，第 373—374 页。
　　② 《毛泽东选集》第 4 卷，人民出版社 1991 年版，第 1515 页。
　　③ 《毛泽东选集》第 3 卷，人民出版社 1991 年版，第 852 页。
　　④ 《毛泽东文集》第 7 卷，人民出版社 1999 年版，第 332 页。
　　⑤ 《毛泽东文集》第 8 卷，人民出版社 1999 年版，第 323 页。
　　⑥ 同上书，第 237 页。
　　⑦ 《邓小平文选》第 2 卷，人民出版社 1994 年版，第 126 页。

就是坚持毛泽东同志说的实事求是，坚持毛泽东同志的基本思想。"① 这说明，在邓小平看来，"结合"的思想原则，"实事求是"，党的"思想路线"，是"毛泽东思想的基本点"的不同的表达形式，它们的精神实质是一样的。我们应该从这样的高度来认识马克思主义普遍真理同中国具体实际相结合的思想原则在党的理论和实践中的重要地位。

四　"结合"原则是普遍真理

把马克思主义普遍真理同中国具体实际相结合的思想原则具有普遍的真理性和普遍的价值，对于不同国家都是适用的。毛泽东说过："这个口号写进了1957年的莫斯科宣言，那里面说马列主义普遍真理要与各国的具体实践相结合。"② 邓小平讲得更加明确："马克思列宁主义的普遍真理与本国的实际相结合，这句话本身就是普遍真理。它包含两个方面，一方面叫普遍真理，另一方面叫结合本国实际。"③ 以毛泽东为代表的中国共产党人经过长期的实践和理论探索，揭示出并在实践中验证了这条普遍真理，确立了"结合"的思想原则，这是对马克思主义的一个重要贡献，是对世界社会主义运动的一个重要贡献。我们应该充分认识这一真理的重要地位和宝贵价值，通过对"结合"原则的研究，深化对"什么是马克思主义、怎样对待马克思主义"的理解，树立和坚持正确的马克思主义观。

（发表于《北京大学学报》2010年第2期；收入《毛泽东与新中国研究文集》，中央文献出版社2010年版；中国人民大学书报资料中心复印报刊资料《毛泽东思想》2010年第4期转载）

---

① 《邓小平文选》第3卷，人民出版社1993年版，第62页。
② 《毛泽东文集》第8卷，人民出版社1999年版，第339页。
③ 《邓小平文选》第1卷，人民出版社1994年版，第258—259页。

四

把握中国化马克思主义活的灵魂

从延安整风看"实事求是"

——纪念延安整风 70 周年

提要　本文以毛泽东在延安整风中的理论和实践为中心，探讨我们党用"实事求是"概括马克思主义的思想路线的历史进程；实事求是的思想路线与党的政治路线的关系；实事求是的科学内涵、精神实质、哲学世界观及其基本方法、现实途径。

实事求是是毛泽东思想的精髓。它与群众路线、独立自主一起，构成了毛泽东思想的活的灵魂。延安整风时期，毛泽东明确提出并阐明了实事求是的思想。深入理解党的实事求是的思想路线，需要认真研究毛泽东在延安整风中的理论和实践。

一　"实事求是"是党的思想路线

1980 年 2 月，邓小平在党的十一届五中全会的第三次会议上说："马克思、恩格斯创立了辩证唯物主义和历史唯物主义的思想路线，毛泽东同志用中国语言概括为'实事求是'四个大字。实事求是，一切从实际出发，理论联系实际，坚持实践是检验真理的标准，这就是我们党的思想路线。"他强调说："党的这条思想路线是毛泽东同志确立的。"[①] 这是一个非常重要的论断。这里关于党的思想路线的论述，从 1982 年党的十二大起写进了党章（仅有少量文字上的不同），成为对党的思想路线的正式表述。邓小平这段话指出了，"实事求是"四个大字，是毛泽东对党的马克思主义的思想路线的概括。

---

① 《邓小平文选》第 2 卷，人民出版社 1994 年版，第 278 页。

毛泽东的这一精辟概括，是在延安整风时期做出的。

毛泽东的实事求是思想的起源，可以追溯到他的青年时期。长沙岳麓书院讲堂正门挂着"实事求是"的横匾，而毛泽东在湖南第一师范求学时就曾利用假期两次入岳麓书院寄读。毛泽东从青年时期起就注意了解社会实际，曾在湖南乡下"游学"。后来，从考察湖南农民运动，到创立井冈山、赣南、闽西革命根据地，毛泽东开展了多项社会调查。他在1930年写的《反对本本主义》一文中提出，"没有调查，没有发言权"，"马克思主义的'本本'是要学习的，但是必须同我国的实际情况相结合"，"中国革命斗争的胜利要靠中国同志了解中国情况"。[①] 这些重要观点，已经是实事求是思想的初步表达。不过，当时毛泽东还没有用"实事求是"来概括这些思想。

延安时期全党范围的整风是以毛泽东作《整顿党的作风》和《反对党八股》的报告为标志，从1942年2月开始的。但是在此之前，已经经过了长时间的酝酿、准备。广义上的"延安整风时期"，应该把1938年党的六届六中全会后整风运动的实际准备也包括在内。1940年，毛泽东在《新民主主义论》中写道："科学的态度是'实事求是'"[②]。1941年5月19日，毛泽东在延安高级干部会议上作的《改造我们的学习》的报告中，明确地用"实事求是"来概括"马克思列宁主义的态度"，他说："这种态度，就是实事求是的态度。"也就是在里，毛泽东对"实事求是"的含义作出了界定："'实事'就是客观存在着的一切事物，'是'就是客观事物的内部联系，即规律性，'求'就是我们去研究。我们要从国内外、省内外、县内外、区内外的实际情况出发，从其中引出其固有的而不是臆造的规律性，即找出周围事变的内部联系，作为我们行动的向导。"[③]这段论述至今仍然是党的文献中对"实事求是"四个大字最明确、简洁的科学阐释。对于党的理论中的重要概念，我们不能仅仅从语源学上去解读，而应该根据它们在党的文献及党和人民的实践中的运用去理解。"实事求是"本来是一个古语。毛泽东1961年倡导"搞一个实事求是年"时说："河北有个河间县，汉朝封了一个王叫河间献王。班固在《汉书·河

---

① 《毛泽东选集》第1卷，人民出版社1991年版，第109、111—112、115页。
② 《毛泽东选集》第2卷，人民出版社1991年版，第662页。
③ 《毛泽东选集》第3卷，人民出版社1991年版，第800、801页。

间献王刘德》中说他'实事求是',这句话一直流传到现在。"① 中华文化典籍中的"实事求是"一语出自《汉书》,而作为我们党的重要理念的"实事求是"的经典出处,应该说就是毛泽东的《改造我们的学习》。毛泽东倡导使马克思主义在其每一表现中带着"中国的特性",即"为中国老百姓所喜闻乐见的中国作风和中国气派"。② 他对"实事求是"的阐释和运用,为我们提供了一个典范。

由于当时党内许多高级干部对土地革命后期中央领导的错误是不是路线错误还没有一致的认识,毛泽东《改造我们的学习》的报告对一些人竟"毫无影响"③。为此,毛泽东又开展了多方面的工作。他继续强调和阐述"实事求是"。1941 年 7 月,毛泽东在延安马列学院改组为马列研究院的成立大会上作报告,题目就是"实事求是"。④ 在《改造我们的学习》中,毛泽东已经把实事求是同共产党员的党性联系起来。他说,"无实事求是之意,有哗众取宠之心"的主观主义,"是党性不纯的一种表现",而"有实事求是之意,无哗众取宠之心"这种态度,"就是党性的表现"。⑤ 在毛泽东起草的 1941 年 8 月 1 日党中央《关于调查研究的决定》中,实事求是与主观主义的对立,再一次被提到有没有党性的高度来认识,《决定》指出:"粗枝大叶、自以为是的主观主义作风,就是党性不纯的第一个表现;而实事求是,理论与实际密切联系,则是一个党性坚强的党员的起码态度。"⑥ 毛泽东还通过题词来倡导实事求是。1941 年冬,他为中央党校题词:"实事求是。"⑦ 后来他又为《七大纪念册》题词:"实事求是,力戒空谈。"⑧ 毛泽东的题词对于强调实事求是所起的重要作用,我们从后来邓小平的讲话中也可以感受到。邓小平曾几次提到这件事,他说:"毛泽东同志在延安为中央党校提了'实事求是'四个大字,毛泽东思想的精髓就是这四个字。"⑨

---

① 《毛泽东文集》第 8 卷,人民出版社 1999 年版,第 237 页。
② 《毛泽东选集》第 2 卷,人民出版社 1991 年版,第 534 页。
③ 《毛泽东传 (1893—1949)》,中央文献出版社 2004 年版,第 655 页。
④ 《毛泽东年谱 (1893—1949)》中卷,中央文献出版社 2003 年版,第 315 页。
⑤ 《毛泽东选集》第 3 卷,人民出版社 1991 年版,第 800、801 页。
⑥ 《毛泽东文集》第 2 卷,人民出版社 1993 年版,第 361 页。
⑦ 《毛泽东年谱 (1893—1949)》中卷,中央文献出版社 2002 年版,第 348 页。
⑧ 《毛泽东著作专题摘编》(上),中央文献出版社 2003 年版,第 249 页。
⑨ 《邓小平文选》第 2 卷,人民出版社 1994 年版,第 126、67 页。

延安整风时期，毛泽东特别强调路线问题，提出"要实行两条路线的斗争"。① 他在 1941 年 9 月党中央的政治局会议上说："遵义会议，实际上变更了一条政治路线。过去的路线在遵义会议后，在政治上、军事上、组织上都不能起作用了，但在思想上主观主义的遗毒仍然存在。"他说，"这种主观主义同实事求是的马克思主义是相对抗的"。② 不过，当时他主要是讲"政治路线"，没有使用"思想路线"这个概念③，因而也没有说实事求是就是我们党的"思想路线"。所以，当邓小平 1980 年在党的中央全会上说毛泽东用中国语言把马克思、恩格斯创立的"思想路线"概括为"实事求是"四个大字时，他是一语破的，对毛泽东的理论贡献，同时也对党的"思想路线"做出了此前尚无人做出的概括。这一概括完全符合党的理论和思想路线形成、发展的历史，的确如邓小平所言，这条思想路线是由毛泽东确立的；而这种精辟的概括本身，也是邓小平对党的理论和思想路线的一个重要贡献。

在 1978 年党的十一届三中全会前夕召开的中央工作会议上，邓小平发表的《解放思想，实事求是，团结一致向前看》的重要讲话，阐述了实事求是"是无产阶级世界观的基础，是马克思主义的思想基础"。④ 这个讲话实际上成为三中全会的主题报告。在十一届三中全会前不久，邓小平系统地回顾和论述了毛泽东实事求是思想的历史发展，其中包括毛泽东在延安整风报告中的论述。⑤ 他反复强调，实事求是是毛泽东思想的"出发点"、"根本点"、"基本点"、"精髓"。⑥ 这些讲话为十一届三中全会实现具有重要历史意义的转折做了思想准备，也为 1981 年党的历史问题决议论定实事求是是毛泽东思想的活的灵魂奠定了思想基础。党的思想理论的发展，一方面表现为其内容越来越丰富、深刻，另一方面也表现在这些思想内容以更加集中、简明的形式表达出来。邓小平的论述，凸显了实事求是作为毛泽东思想精髓的重要地位，明确指出了它就是党的"思想路

---

① 《毛泽东文集》第 2 卷，人民出版社 1993 年版，第 374 页。
② 同上书，第 373 页。
③ 据笔者所见，此前毛泽东的著作中讲到"思想路线"的有 2 处。一是在 1929 年 6 月 14 日给林彪的信中，见《毛泽东文集》第 1 卷，第 74 页；二是在 1930 年写的《反对本本主义》中，见《毛泽东选集》第 1 卷，第 116 页。
④ 《邓小平文选》第 2 卷，人民出版社 1994 年版，第 143 页。
⑤ 同上书，第 114—119 页。
⑥ 同上书，第 114、126 页。

线"，进而对党的思想路线作出了全面而又简明的规范性表述。邓小平领导我们党在十一届三中全会重新确立实事求是这条马克思主义的思想路线，是在新的历史条件下对毛泽东实事求是思想的继承、坚持，也是对它的丰富、发展。实事求是的思想路线像一条红线贯穿在马克思主义中国化的两大理论成果毛泽东思想和中国特色社会主义理论体系之中，成为其中一脉相承又与时俱进的"脉"。

二　联系党的政治路线理解实事求是的思想路线

毛泽东用"实事求是"阐明党的思想路线，意味着党的马克思主义思想路线的确立。学习延安整风的理论和实践，可以更深入地理解党确立这条思想路线的历史必然性和坚持实事求是的重要性。

我们党确立实事求是的思想路线，是坚持正确的政治路线的必然要求和必然结果。从 1931 年 1 月的六届四中全会到 1935 年 1 月的遵义会议之前，以王明为代表的"左"倾路线长达 4 年之久的统治给党和中国革命造成了严重损失。我们党是一个善于总结历史经验的党。红军长征到达陕北后，毛泽东从多方面对党的历史经验进行总结。在 1935 年 12 月瓦窑堡党的活动分子会议上的报告《论反对日本帝国主义的策略》中，毛泽东系统地总结和论述政治策略问题，着重批评了关门主义，阐明了党的政治路线问题。在 1936 年 12 月写出并在红军大学作报告的《中国革命战争的战略问题》中，毛泽东总结十年内战的经验，着重批判了党内在革命战争问题上的"左"倾错误，阐明了党的军事路线问题。写作于 1937 年七八月的《实践论》和《矛盾论》，又从哲学思想的高度总结历史经验，阐明马克思主义的认识论和辩证法，主要批判了教条主义，也批判了经验主义的错误。这些都为后来全面总结党的历史经验做了重要准备。但是，在延安整风之前，由于没有来得及对党的历史经验进行系统总结，党内在指导思想上仍然存在分歧。1940 年 3 月，王明在延安翻印出版他"左"倾观点的代表作《为中共更加布尔什维克化而斗争》第 3 版，并在三版序言中声称，"延安各学校学习党的建设和中共历史时，尤其需要这种材料的帮助"。[①] 这种挑战使全面总结党的历史经验、分清路线是非成为迫切的现实任务。毛泽东从

---

① 《建党以来重要文献选编（1921—1949）》第 8 册，中央文献出版社 2011 年版，第104 页。

1940 年下半年开始主持收集、编辑和研究党的六大以来的历史文献，在 1941 年汇编成他称之为"党书"的《六大以来》印发，为全面总结党的历史提供了系统的文献资料。1940 年 12 月的中央政治局会议上，毛泽东第一次集中地讲党的历史上的右倾和"左"倾错误，明确提出苏维埃运动后期的错误"实际上是路线上的错误"，遵义会议决议"没有说是路线的错误"，"须有些修改"。① 1941 年 9—10 月的政治局扩大会议经过深入讨论，对党的历史上政治路线的是非达到了基本一致的认识，成为延安整风的一个关键，为在全党开展整风准备了条件。就是在这个会议上，毛泽东提出召开动员大会，"集中力量反对主观主义和宗派主义"，"打倒两个主义，把人留下来"。② 这样，1942 年 2 月 1 日毛泽东在中央党校开学典礼上作《整顿党的作风》的报告，正式揭开全党整风的大幕，就是水到渠成的事情了。

毛泽东在《整顿党的作风》中说，现在"党的总路线是正确的，是没有问题的"；但是我们的党"还是有问题的"，"问题还相当严重"，问题就是存在"主观主义、宗派主义、党八股，这三股歪风"。③ 一方面，党已经确立了正确的政治路线；另一方面，党风方面还存在相当严重的问题。这就是全党整风开始时党内的基本状况。整风的任务就是在这种条件下提出来的。

延安整风的任务，是"反对主观主义以整顿学风，反对宗派主义以整顿党风，反对党八股以整顿文风"。④ 毛泽东认为，其中学风问题"是第一个重要的问题"。这是因为，"学风问题是领导机关、全体干部、全体党员的思想方法问题，是我们对待马克思列宁主义的态度问题，是全党同志的工作态度问题"⑤。主观主义这种不正派的学风是反对马克思列宁主义的，是和共产党不能并存的。所以，毛泽东把整顿学风、反对主观主义摆在整风的首位。他 1941 年作的《改造我们的学习》报告，专门讲学风问题。在《整顿党的作风》中，他讲得最多的，也是反对主观主义以整顿学风的问题。他还分析了宗派主义、党八股同主

① 《毛泽东年谱（1893—1949）》中卷，中央文献出版社 2002 年版，第 235 页。
② 《毛泽东文集》第 2 卷，人民出版社 1993 年版，第 375 页。
③ 《毛泽东选集》第 3 卷，人民出版社 1991 年版，第 811、812 页。
④ 同上书，第 812 页。
⑤ 同上书，第 813 页。

观主义的关系，指出，"宗派主义是主观主义在组织关系上的一种表现"，"一切宗派主义思想都是主观主义的"，而"党八股是藏垢纳污的东西，是主观主义和宗派主义的一种表现形式"。① 他又分析了主观主义的两种表现及二者间的关系，指出，党内的主观主义有两种，一种是教条主义，一种是经验主义，它们是从不同的两极发生的。这两种主观主义中，"还是教条主义更为危险"。② 因为教条主义装出马克思主义的面孔，不易被识破，它吓唬工农干部和天真烂漫的青年，把他们充当俘虏。如果把教条主义克服了，就可以使有经验的同志把经验上升为理论，避免经验主义的错误。

这样，反对以教条主义为主要表现的主观主义，发展马克思列宁主义的实事求是的精神，就成为延安整风的首要任务。延安整风最重要的成果之一，就是确立了实事求是这条马克思主义的思想路线。

毛泽东如此高度重视以实事求是的精神反对教条主义，是基于他通过对历史经验的全面总结，深刻地揭示了主观主义同错误的政治路线之间的内在关联。他在研读哲学著作时已经看到："一切大的政治错误没有不是离开辩证唯物论的。"③ 他在 1941 年写的《驳第三次"左"倾路线》中说，"左"倾机会主义路线领导者们"看事物的方法是主观主义的，既用这种方法造出了他们自己的主观主义的政治路线，又用这种方法造出了他们自己的宗派主义的组织路线"。④ 他 1941 年 9 月在中央政治局扩大会议上的讲话，一开头就指出："过去我们的党很长时期为主观主义所统治，立三路线和苏维埃运动后期的'左'倾机会主义都是主观主义。"⑤ "'左'倾机会主义都是主观主义"这一论断，把错误的政治路线与思想路线之间的关系揭示出来了。以王明为代表的机会主义路线，其政治上的特征是"左"倾，而思想上的特征则是主观主义、教条主义。主观主义、教条主义是"左"倾机会主义的思想根源。因此，在解决了党的政治路线问题以后，必然要求进一步深入地解决思想路线问题。这就是以反对教条主义为主要任务的整顿三风的由来。

---

① 《毛泽东选集》第 3 卷，人民出版社 1991 年版，第 825、826、827 页。
② 同上书，第 819 页。
③ 《毛泽东哲学批注集》，中央文献出版社 1988 年版，第 311—312 页。
④ 《毛泽东文集》第 2 卷，人民出版社 1993 年版，第 345 页。
⑤ 同上书，第 372 页。

延安整风的理论和实践启示我们，必须结合党的政治路线来理解党的思想路线，理解坚持实事求是的极端重要性。在中国革命、建设和改革的各个历史时期，党都要提出自己在一定阶段的目标和实现这个目标的方针、政策，并且把它们集中表达为党的政治路线（或称总路线、基本路线），以便凝聚全党的力量共同奋斗。因此，党的政治路线是否正确，决定着党的事业的兴衰成败。党的新民主主义革命总路线、"一化三改"的过渡时期总路线、"一个中心，两个基本点"的社会主义初级阶段基本路线指引下取得辉煌成功的经验证明了这一点，王明"左"倾机会主义路线惨痛失败的教训也证明了这一点。而一定的政治路线，都是基于对国情的认识、对客观形势和主观力量的估计提出来的。因此，就思想根源而言，政治路线是否正确、是否符合实际，取决于思想路线是否正确。正如党的六届七中全会《关于若干历史问题的决议》所指出的："一切政治路线、军事路线和组织路线之正确或错误，其思想根源都在于它们是否从马克思列宁主义辩证唯物论和历史唯物论出发，是否从中国革命的客观实际和中国人民的客观需要出发。"① 毛泽东在土地革命战争时期所代表的政治路线、军事路线和组织路线之所以正确，是因为他坚持了实事求是的思想路线。王明代表的"左"倾机会主义路线之所以错误，是因为他背离了马克思主义的思想路线。党的六届七中全会通过《关于若干历史问题的决议》，宣告了延安整风的胜利结束，为党的七大召开做好了政治上思想上的准备。党的七大确立以马克思列宁主义与中国革命具体实践之统一的毛泽东思想为党的指导思想，使全党达到了空前的团结、统一和成熟，为夺取抗日战争和整个新民主主义革命的胜利奠定了基础。这就再一次证明，思想路线正确与否，是生命攸关的事情，直接关联着党的事业的成败兴衰。

延安整风总结了以往的历史经验，而它本身又为党的建设和党的事业发展增添了新的重要历史经验。只有坚持实事求是的思想路线，才能制定和贯彻正确的政治路线，这是延安整风留给我们的一条重要历史经验。

三　深入理解实事求是的科学内涵和精神实质

通过研究延安整风来学习实事求是的思想，不仅可以懂得它的重要

---

① 《毛泽东选集》第3卷，人民出版社1991年版，第987页。

性，还可以更深刻地理解它的丰富内涵，理解党的思想路线的精神实质。

第一，"实事求是，就是从实际出发，理论联系实际，就是要把马克思列宁主义普遍原理同中国革命具体实践相结合"①。

这是 1981 年党的十一届六中全会通过的《关于建国以来党的若干历史问题的决议》在论述毛泽东思想的活的灵魂时对"实事求是"作出的概括。从实际出发，理论联系实际，把马克思主义普遍原理同中国具体实际相结合，这三个要点相互关联，概括了实事求是的主要思想内容及其精神实质。

一是"从实际出发"。党的思想路线所回答的，是如何认识世界和改造世界的思想方法问题。马克思主义和主观主义在如何认识和改造世界上的分歧，首先表现在出发点上：是从客观实际出发，还是从主观出发？毛泽东在《改造我们的学习》中说："马克思、恩格斯、列宁、斯大林教导我们认真地研究情况，从客观的真实的情况出发，而不是从主观愿望出发；我们的许多同志却直接违反这一真理。"② 他反复强调，应当从客观存在着的实际事物出发，引出规律，作为行动的向导。与此相反，主观主义或是从书本出发，或是单凭主观热情去工作，把感想当政策，两者都是凭主观，忽视客观实际事物的存在。从主观出发的一种常见的表现，就是从概念、定义出发。毛泽东在延安整风期间召开的延安文艺座谈会上作结论时，是以讲两种方法的对立为切入点的。他指出："我们讨论问题，应当从实际出发，不是从定义出发。"他说，如果从教科书上找来什么是文学、什么是艺术的定义，然后按照它们来规定文艺运动的方针，评判今天发生的各种见解和争论，这种方法是不正确的。我们要从分析事实中找出方针、政策、办法来。为此，他分析了中国抗日战争和全世界反法西斯战争的事实，分析了五四以来的革命文艺运动特别是抗日民主根据地的文艺工作的现状，从这些"实际存在的不可否认的事实"出发，得出一个结论："我们的问题基本上是一个为群众的问题和一个如何为群众的问题。"③ 他通过深入讨论这两个问题，阐明了我们党的文艺工作方针，指

---

① 《中国共产党中央委员会关于建国以来党的若干历史问题的决议》，人民出版社 1981 年版，第 47 页。

② 《毛泽东选集》第 3 卷，人民出版社 1991 年版，第 797 页。

③ 同上书，第 853 页。

出"我们的文学艺术都是为人民大众的，首先是为工农兵的"①，进而论述了文学艺术的源泉、普及和提高的关系、文艺界的统一战线、文艺批评的标准等重要理论和方针、政策问题。这是从实际出发研究问题的一个范例。毛泽东后来概括说："根据实际情况决定工作方针，这是一切共产党员所必须牢牢记住的最基本的工作方法。"②

二是"理论联系实际"。坚持实事求是，体现在对待理论的态度上，就是理论联系实际。理论联系实际，就是要把解决实际问题作为学习理论的目的，把研究实际问题、创造符合实际的理论作为理论工作的任务，并在实践中运用理论、检验理论、发展理论。毛泽东指出，"理论和实际的统一"是马克思主义的"一条基本原则"，而主观主义"造出了一条相反的原则：理论和实际分离"。③ 教哲学的不研究中国革命的逻辑，教经济学的不研究中国经济的特点，教政治学的不研究中国革命的策略，教军事学的不研究适合中国特点的战略和战术，就是理论和实际分离。只有应用马克思主义的立场、观点和方法，"从中国的历史实际和革命实际的认真研究中，在各方面作出合乎中国需要的理论性的创造，才叫做理论和实际相联系"。④ 对于马克思主义的理论，"精通的目的全在于应用"。把马克思主义和中国革命"互相联系"，就是"有的放矢"。马克思列宁主义之箭，必须用了去射中国革命之靶的。毛泽东批评说，教条主义者就是"将马克思列宁主义当作宗教教条看待的人"，是"蒙昧无知的人"，对这些人应该作启蒙运动。"马克思、恩格斯、列宁、斯大林曾经反复地讲，我们的学说不是教条而是行动的指南。这些人偏偏忘记这句最重要最重要的话。"⑤

毛泽东倡导的理论联系实际，包括在实践中检验理论。他在《新民主主义论》中讲到"科学的态度是'实事求是'"时说："究竟谁发现了真理，不依靠主观的夸张，而依靠客观的实践。只有千百万人民的革命实践，才是检验真理的尺度。"⑥ 实践是检验真理的标准，这是实事求是的

① 《毛泽东选集》第 3 卷，人民出版社 1991 年版，第 863 页。
② 《毛泽东选集》第 4 卷，人民出版社 1991 年版，第 1308 页。
③ 《毛泽东选集》第 3 卷，人民出版社 1991 年版，第 798 页。
④ 同上书，第 820 页。
⑤ 同上书，第 815、819、820 页。
⑥ 《毛泽东选集》第 2 卷，人民出版社 1991 年版，第 662、663 页。

重要内涵之一。

三是"把马克思列宁主义普遍原理同中国革命具体实践相结合"。我们所说的"理论",首先是指马克思主义理论。我们所说的"实际",主要是指中国实际。因此,"理论联系实际",就是要处理好马克思主义理论同中国实际的关系。毛泽东提出的处理这一关系的基本原则,就是把马克思主义普遍真理同中国具体实际相结合。毛泽东在 1963 年回顾说:"马列主义普遍真理与中国具体实践相结合,这个口号就是在延安整风时提出的。"① 在 1938 年党的六届六中全会上,毛泽东提出了"马克思主义必须和我国的具体特点相结合"。② 在 1939 年写的《〈共产党人〉发刊词》中,毛泽东根据是否学会了"将马克思列宁主义的理论和中国革命的实践相结合"③,分三个阶段总结了 18 年来党的建设的历史,党的发展、巩固和布尔什维克化的过程。而在《改造我们的学习》中,毛泽东一开头就提出:"中国共产党的二十年,就是马克思列宁主义的普遍真理和中国革命的具体实践日益结合的二十年。"④ 延安整风后,党的七大在确立毛泽东思想指导地位的同时确立了这条基本原则。

坚持"结合"原则,就是以马克思主义为指导,从中国实际出发,求出客观规律,创造出符合实际的科学理论,即中国化马克思主义,作为行动的向导。这就是"实事求是"。毛泽东说:"我们党是有实事求是的传统的,就是把马列主义普遍真理同中国的实际相结合。"⑤ 笔者认为,把马克思主义普遍真理同中国具体实际相结合,这就是实事求是的精神实质,就是党的思想路线的精神实质。离开"结合"原则,就不能准确把握实事求是的科学内涵,更不能深刻理解它的精神实质。

第二,坚持实事求是,必须坚持马克思主义的认识论和辩证法。

邓小平关于"实事求是"是毛泽东用中国语言对马克思、恩格斯创立的辩证唯物主义和历史唯物主义的概括的论断,值得我们深入领会。它指出了,从哲学层面说,"实事求是"就是对辩证唯物主义和历史唯物主义世界观的一种表达。毛泽东的《实践论》和《矛盾论》,是论述辩证唯

---

① 《毛泽东文集》第 8 卷,人民出版社 1999 年版,第 339 页。
② 《毛泽东选集》第 2 卷,人民出版社 1991 年版,第 534 页。
③ 同上书,第 611 页。
④ 《毛泽东选集》第 3 卷,人民出版社 1991 年版,第 795 页。
⑤ 《毛泽东文集》第 8 卷,人民出版社 1999 年版,第 237 页。

物主义和历史唯物主义世界观的中国化马克思主义哲学的奠基之作。理解实事求是的科学内涵和精神实质，不能离开《实践论》和《矛盾论》。

《实践论》围绕认识和实践的关系论述了马克思主义的认识论，阐明了实践是认识的来源、认识发展的动力、检验认识真理性的标准和认识的目的，揭示了"实践、认识、再实践、再认识"的认识发展基本规律，即从感性认识到理性认识，又从理性认识到实践的"两次飞跃"的不断反复和无限发展。其中在论述感性认识和理性认识的关系时，还批评了经验论和唯理论的错误。《矛盾论》抓住对立统一规律这个核心论述了马克思主义的唯物辩证法，着重联系中国实际论述了矛盾的特殊性，以及矛盾的普遍性与特殊性的关系，阐明了从特殊到一般，又从一般到特殊的认识发展规律，指出教条主义者把一般真理看成凭空出现的东西，是"完全否认了并且颠倒了这个人类认识真理的正常秩序"，"完全不懂得马克思主义的认识论"。① 《实践论》和《矛盾论》直接为延安整风中提出和阐述"实事求是"的思想提供了哲学理论基础，为批评教条主义准备了理论武器。不树立辩证唯物主义和历史唯物主义的世界观，就不能真正理解实事求是。深入学习《实践论》和《矛盾论》，才能自觉地坚持实事求是的思想路线。

第三，坚持实事求是，必须坚持调查研究，坚持马克思主义的领导方法、工作方法。

毛泽东一贯重视调查研究。《反对本本主义》一文，1930 年写作时的题目就是《调查工作》。在准备延安整风的过程中，毛泽东 1941 年 3 月把自己在 1930 年至 1933 年所做的农村调查汇集成《农村调查》一书，并结合新的历史条件写了序和跋。1941 年 8 月，他为党中央起草了《关于调查研究的决定》。9 月，他又发表了《关于农村调查》的讲话，介绍自己多年来做调查的经历和体会，讲解调查研究的方法。毛泽东说："要了解情况，唯一的方法是向社会作调查"。② 用马克思主义的基本观点，作几次周密的调查，是了解情况的最基本的方法。他强调，作调查研究，"首先就要了解中国是个什么东西（中国的过去、现在及将来）"。③ 只有

---

① 《毛泽东选集》第 1 卷，人民出版社 1991 年版，第 310 页。
② 《毛泽东选集》第 3 卷，人民出版社 1991 年版，第 789 页。
③ 《毛泽东文集》第 2 卷，人民出版社 1993 年版，第 378 页。

经过周密的调查，才能具有对中国社会问题的最基础的知识。"系统的周密的社会调查，是决定政策的基础。"① 党中央《关于调查研究的决定》，对调查研究的内容、对象、方法以及调查研究工作的领导，都提出了具体要求。

延安整风期间，党中央政治局在 1943 年 6 月通过了毛泽东起草的《关于领导方法的决定》，即《关于领导方法的若干问题》。学习毛泽东关于领导方法的论述，对于理解实事求是的思想也是不可缺少的。毛泽东把领导方法问题提到坚持马克思主义、反对主观主义和官僚主义的高度来认识，指出："我党一切领导同志必须随时拿马克思主义的科学的领导方法去同主观主义和官僚主义的领导方法相对立，而以前者去克服后者。"② 他说，共产党人无论进行何项工作，有两个方法是必须采用的，一是一般和个别相结合，二是领导和群众相结合。一般和个别相结合，就是从许多个别指导中形成一般意见，又拿这一般意见到许多个别单位中去考验，然后集中新的经验，去普遍地指导群众。领导和群众相结合，就是将群众中分散的无系统的意见集中起来，经过研究，化为集中的系统的意见，又到群众中去作宣传解释，化为群众的意见和行动，并在群众行动中考验这些意见是否正确，然后再从群众中集中起来，再到群众中坚持下去。实际上，这一过程同时也是从个别到一般，又从一般到个别的过程。因此，一般和个别相结合、领导和群众相结合的工作方法，是紧密结合、相互统一的。毛泽东指出："在我党的一切实际工作中，凡属正确的领导，必须是从群众中来，到群众中去。"他明确地把这种方法同马克思主义认识论联系在一起，指出："如此无限循环，一次比一次地更正确、更生动、更丰富。这就是马克思主义的认识论。"③ 他强调，"这是基本的领导方法"。④ 毛泽东在延安整风中关于领导方法的论述，构成了党的群众路线的重要内容，对党的建设和事业发展产生了深远影响。党章中明确规定："党在自己的工作中实行群众路线，一切为了群众，一切依靠群众，从群众中来，到群众中去，把党的正确主张变为群众的自觉行动。"⑤ 群众路线也是毛

---

① 《毛泽东文集》第 2 卷，人民出版社 1993 年版，第 360 页。
② 《毛泽东选集》第 3 卷，人民出版社 1991 年版，第 902 页。
③ 同上书，第 899 页。
④ 同上书，第 900 页。
⑤ 《中国共产党第十七次全国代表大会文件汇编》，人民出版社 2007 年版，第 67 页。

泽东思想的活的灵魂的一个基本方面。

综上所述，延安整风的理论和实践启示我们，必须深入理解和全面把握实事求是的思想路线。一切从实际出发，理论联系实际，把马克思主义普遍原理同中国具体实践相结合，是实事求是的基本要点；马克思主义的辩证唯物主义和历史唯物主义，包括它的认识论和辩证法，是实事求是的哲学世界观；坚持群众路线的领导方法、工作方法，开展调查研究，是实现实事求是的基本方法和现实途径。

半个多世纪来，实事求是的思想路线经受住了社会实践的反复检验，已经成为党和人民最宝贵的精神财富。近年来，我国学术理论界正在讨论什么是社会主义核心价值观。笔者认为，无论从历史或现实、理论或实践、"社会主义"或"中国特色"去考察，"实事求是"四个大字都是中国社会主义核心价值观中必不可少的重要构成部分。

（原载《中国延安干部学院学报》2013 年第 6 期）

论求真务实

提要 求真和务实统一于人类实践和认识的发展过程。求真，既要真心实意，又要讲出真理。务实，必须注重实践，又不可忽视理论。实事求是，是求真务实的精神实质；求真务实，是坚持实事求是的根本要求和集中体现。求真务实既体现了一切从实际出发的科学精神，又体现了脚踏实地、艰苦奋斗的工作作风。

胡锦涛同志 2004 年 1 月 12 日在中央纪律检查委员会第三次全体会议上发表讲话，要求在全党大力弘扬求真务实精神，大兴求真务实之风。对党中央这一重要精神，我们应该认真学习、深入领会。

一 求真

什么是求真？

按照辩证唯物主义的世界观，真实存在的，是独立于人的意识之外的物质世界，人的意识则是客观存在在人们头脑中的反映。因此，求真，就是求得客观事物的真实面貌，就是要求人的认识如实反映客观实际。如果认为世界不过是人的感觉，各人都有一个自己的世界，各人有各人的真理，那就根本否定了求真的必要性和可能性。如果高高在上、远离实际、闭目塞听，用主观想象代替客观实际，认识不符合客观对象，那就背离了求真的要求。

客观事物是复杂、多变的，在现象的背后隐藏着本质，在对立面的统一和斗争中变化发展，在特殊性中包含着普遍性，在变动不居的运动中有其内在的规律。因此，求真，不仅是要如实反映事物的现象，更是要求得事物的本质和规律。如果心态浮躁、作风飘浮、敷衍了事，只知其一，不知其二，只看外表，不究底里，那就不能揭示事物的本质和规律，就会把现象当成了本质，把部分当成了整体，仍然会背离求真的要求。

自从人类出现在地球上，物质世界的发展便进入了一个更高级的阶段。求真，不仅是要求得自然界的运动规律，更是要求得人类社会自身运动的规律。社会运动是比自在的自然更高级也更复杂的运动，因而社会规律是比自然规律更复杂更隐蔽更难于认识的规律。在人类进入文明社会数千年之后，在近代自然科学诞生数百年之后，直到19世纪40年代，才由马克思和恩格斯揭示了社会历史运动的规律，创立了唯物主义历史观，从而使人类对社会的认识开始成为真正的科学。这一历史事实表明，求自然规律之真固然不易，求社会规律之真则更加艰难。毛泽东说得好："在很长的历史时期内，大家对于社会的历史只能限于片面的了解，这一方面是由于剥削阶级的偏见经常歪曲社会的历史，另方面，则由于生产规模的狭小，限制了人们的眼界。人们能够对于社会历史的发展作全面的历史的了解，把对于社会的认识变成了科学，这只是到了伴随巨大生产力——大工业而出现近代无产阶级的时候，这就是马克思主义的科学。"① 过去人们未能求得社会规律之真，第一是由于生产规模和社会联系狭小，因而不能充分观察社会现象并透视其中的规律；第二是由于剥削阶级的私利与社会规律决定的社会发展方向不尽一致甚至完全相反，私心的蒙蔽使其自觉或不自觉地歪曲了历史的真相。这就表明，如果背离了共产党人植根于人民群众的政治立场，脱离了人民群众改造世界的社会实践，就不能求得社会规律之真，就会背离求真的要求。

求真之"真"，既是指真实存在的客观事物及其规律，又是指正确反映客观事物及其规律的科学真理。客观实际、客观规律是求真的对象；科学知识、科学真理是求真的成果。人们求得了客观规律，用概念、判断、推理的形式把它"翻译"成人类自己的语言，表达出来，并经过社会实践的反复检验确定它与客观对象的一致性，便获得了真理。真理作为人类认识的成果，表现为各门自然科学、社会科学和哲学的理论，构成了人类科学的宝库。在各门学科尤其是各门社会科学以及哲学中，存在着各种不同的乃至对立的观点、理论和学说，其中有真理也有谬误，它们常常彼此交错、相互纠缠、竞长争高，一时难以分清。求真的过程，也是鉴别真理

---

① 《毛泽东选集》第1卷，人民出版社1991年版，第283—284页。

和谬误的过程，是真理同谬误相比较而存在、相斗争而发展的过程。这表明，求真，必须有鲜明的是非观念，必须以实践为检验真理的标准、以认识符合于客观实际为准绳去区分真理和谬误，克服谬误，发展真理。在哲学和社会科学的领域，这种区分尤其重要。恩格斯说过，在唯物史观诞生之前，"历史至多不过是一部供哲学家使用的例证和插图的汇集罢了"。①各种建立在唯心史观之上的哲学和社会科学学说，也可以在局部的范围记载历史的真实情况，在社会生活的某些领域发现运动的规律，我们应该珍视并吸收包含在其中的真理性认识。但是不应该忘记，这些包含着真理颗粒的理论就其整体而言毕竟还不是科学真理。将"百家争鸣"误释为各家各派、各种观点之间没有真理和谬误之分，用真理多元论否定真理一元论，就会混淆真理和谬误的界限。不排除谬误，就不能求得真理。求真，必须坚持以马克思主义为指导，用历史唯物主义的观点去分析社会历史现象和各种社会历史学说。

求真的主体，是人民群众，而不是孤立的个人。求真的过程，是世代延续、先后相继的，而不是由每一个人从头开始的。求真，归根到底，只能通过社会实践到客观对象中去追求，但是对于个人来说，他所要追求的真理也存在于前人的认识成果之中。求真是继承前人和开拓前进的统一，是亲身实践和学习书本知识的统一。直接实践是求真，读书学习也是求真。不亲身参加实践，没有实践经验，不仅不能超越前人，获得新的真理，而且不能理解前人，读不懂书，不能掌握人类已经获得的科学真理。不读书学习，置前人已经获得的真理于不顾，仅凭个人有限的实践去认识世界，则只能获得某些局部的认识和个别的真理，不能创造科学的理论；还会无效重复前人已经做过的工作，因而同样不能超越前人而继续前进。对于共产党人来说，求真，必须把认真学习马克思主义的科学理论同积极投身社会实践紧密结合起来。

求真和求新，既有联系，又不等同。人的认识是随着客观情况的推移和实践的发展而不断发展的，真理是发展着的过程。真理的发展必然表现为新的观点、思想、理论不断产生出来，追求真理必然表现为在社会实践和科学研究中锐意进取，开拓创新，因而求真必然表现出某种求新的特征。故步自封、因循守旧、思想僵化、不思进取的精神状态是同求真务实

---

① 《马克思恩格斯选集》第 4 卷，人民出版社 1995 年版，第 229 页。

精神相背离的。但是，新的观点、新的理论并不等于真理，其中有真理也有谬误，有待于在实践中区分开来，因此，"新"本身不是追求的目标，而是求真的结果。如果以为凡是"新"的就是好的，追风头、赶时髦，就可能真伪不辨，把谬误当真理，把腐朽当神奇，背离了求真务实的精神。

　　求真，必须讲真话。什么是真话？我们党倡导的讲真话的"真"，有两层含义，其一是讲真心话，不讲心口不一的假话，是真心实意，不是虚情假意；其二是讲出真相或真理，而不是讲错话，要讲出客观事实和客观规律，而不是有意无意地隐瞒或歪曲事实，是实情实理，不是无知妄言。讲真心话，表达自己真实的思想，诚实待人，表里如一，口里说的，就是自己心里想的，反对口是心非、谎言骗人，这是讲真话的首要的要求。但是，一个人真实的思想不一定是符合客观实际的思想，真心话所表达的不一定是真理，也可能是谬误。完整意义上的"真话"，还应当具有客观真理性，即在本质上与客观实际相符合。讲真心话，是求得真理的必要条件，也是一种可贵的品质，但还不等于讲真话的完整的要求或全部条件。如果把真心话等同于真理，以为只要是自己真实的思想就可以到处去讲，而不去认真区分其中的是与非，一味地自以为是，那是一种不负责任的态度，因为那样也可能散布错误的不健康的思想，产生不良的社会影响，尤其是误导不谙世事的青年。讲真话，不仅是要表里如一，更是要热爱真理、追求真理、传播真理，同时勇于改正自己已被实践证明为错误的思想，这才是求真应有的态度。真心实意却讲错了话，那是讲出了"真的错话"，难以避免，不应苛责，但应当改正。虚情假意地讲尽人皆知的真理，以掩饰自己，那是讲"假的真话"，心术不正，应当鄙弃。"真的错话"和"假的真话"，都不是我们倡导的真话，都不符合求真的要求。求真，应该把真心和真理统一起来，把主观愿望和客观效果统一起来，既要真心实意，又要讲出真理。

二　求真和务实

　　求真是为了务实。不务实，就失去了求真的意义。
　　求真以揭示事物的本质和规律、获得真理为直接目标，本质上是一种认识活动，是主体对客体的能动的反映。获得真理是世世代代人们的不懈追求，是无数先哲为之献身的崇高目标，但它并不是人的活动的最终目的。真理是美妙的，但我们追求真理终究不是因为它好看，也不是因为它有什么神秘。探求未知的好奇心也会推动人们去追求真理，但追求真理终究不是为了满足好奇心。人的认识归根到底是因实践的需要而产生，又因实践的推动而发展的。世界不会满足人，人必须以自己的行动去改变世界，而真理的价值归根到底就在于它能照亮人们前进的道路，使人的行动合乎客观世界的规律而达到自己的目的。追求真理是为了用它指导实践。所谓务实，从本质上说，就是改变世界的实践活动，是主体对客体的能动的改造。

人类是为了改变世界才去认识世界、追求真理、发展科学的，这是自有人类社会以来固有的事实，是人的认识和实践之间固有的关系，但是，认清这一事实、揭示这种关系却殊非易事。自从人类进入文明时代后，产生于实践的认识成为一种相对独立的活动，脑力劳动和体力劳动分离，发展科学、创造理论的活动从生产劳动中分离出来。哲学家们似乎忘记了理论与实践的联系，甚至以为只有理论才是高洁的真正人的活动，对于实践则只从这样或那样庸俗的甚至卑污的形式中去理解。理论与实践相脱离成为一种通病。1845 年春，青年马克思一针见血地指出："哲学家们只是用不同的方式解释世界，问题在于改变世界。"① 这一论断如石破天惊，揭示出几千年来一切唯心主义和旧唯物主义哲学不懂得社会实践及其重大意义的共同的根本缺陷，揭示出理论与实践的真实关系，昭示着一种新的世界观的萌芽。这一箴言已经用金色大字镌刻在伦敦马克思墓前，永远闪耀着真理的光辉。毛泽东在他的名著《实践论》中阐述并发挥了马克思的这一科学思想，他说："马克思主义的哲学认为十分重要的问题，不在于懂得了客观世界的规律性，因而能够解释世界，而在于拿了这种对于客观规律性的认识去能动地改造世界。""马克思主义看重理论，正是，也仅仅是，因为它能够指导行动。如果有了正确的理论，只是把它空谈一阵，束之高阁，并不实行，那末，这种理论再好也是没有意义的。"②

实践是人类特有的活动，是社会生活的本质之所在，对实践的认识是对社会的本质及其规律的认识，科学的实践观实际上是科学的社会历史

---

① 《马克思恩格斯选集》第 1 卷，人民出版社 1995 年版，第 57 页。
② 《毛泽东选集》第 1 卷，人民出版社 1991 年版，第 292 页。

观，没有唯物史观就不可能有科学的实践观。正因为如此，只有马克思主义才阐明了社会实践的本质以及实践和认识的关系，并揭示出以实践和认识的关系为轴心的人类认识发展的基本规律，把人类对于自身实践和认识活动的认识变成了科学。

胡锦涛同志在讲话中指出："求真务实，是辩证唯物主义和历史唯物主义一以贯之的科学精神。"① 求真和务实的关系，说到底，是认识和实践的关系。坚持以唯物史观和辩证唯物主义的认识论为指导，才能科学地理解求真、务实的实质以及求真和务实的关系，弘扬求真务实的精神。

务实必须求真。人们的实践，并非都是天然合理的，其中有自觉的，也有盲目的；有合乎规律的，也有违背规律的。不同的实践产生不同的结果。人自身也是物质世界的一部分，人的行动不能不受客观规律支配。人们只有认识了客观对象的规律，也认识了自身实践活动的规律和自身的利益所在，依据这些认识来确定实践的目标，制定行动的方案，实施行动的步骤，才能使自己实践的结果既合乎目的又合乎规律，从而推动自然的改造、社会的进步和人自身自由而全面的发展。因此，实践需要科学理论指导。实践越发展，越广阔，越深入，越复杂，就越是离不开真理之光的照耀。离开科学理论的指导，人们只能在黑暗中摸索，跌跌撞撞，磕磕绊绊。所以，务实意味着办实事、不务虚名，但决不意味着不要理论，因而务实并不排斥务虚。什么是务虚？务虚和务虚名是两回事儿。务虚名是与求真务实相对立的恶劣作风，而务虚是与务实相区别的另一种工作。1979年春，党中央召开了一个"党的理论工作务虚会"。《邓小平文选》中的著名篇章《坚持四项基本原则》就是在这个务虚会上的讲话，它就是务虚的典范。这篇讲话没有谈具体工作，而是专讲理论问题，专讲大道理，高屋建瓴地提出并阐明了我们党和国家必须坚持的"四项基本原则"。这篇讲话的极端重要性已经在多年来我国社会主义现代化建设的实践中充分显示出来，而这同时也就证明了务虚的重要性。创造理论、制定路线、提出纲领、确立原则的工作，不是以某一个具体事物为对象，它要从具体实际出发，又要离开感性的具体，舍弃具体事物的特殊性，抽象出事物的普遍本质和一般规律，因而被称为"务虚"。真理主要是以理论的形态存在

---

① 胡锦涛：《在全党大力弘扬求真务实精神，大兴求真务实之风（2004 年 1 月 12 日）》，《十六大以来重要文献选编》（上），中央文献出版社 2005 年版，第 724 页。

的。求真，主要是一种理论工作，因而是一种务虚的工作，它同务实不是相互排斥，而是相互依赖的。

求真必须务实。实践是主体能动地改造世界的物质活动，它具有直接现实性，不是停留在观念的领域，而是以现实的物质力量直接作用于客体，其最终对象都是一个个现实的具体事物，因而被称为"务实"。一切真知归根到底都源于社会实践。只有在深入实践的过程中，才能积累感性经验，实现理论创新，并经过反复的实践检验，确立科学真理。不务实，离开了改造世界的实践，就脱离了真理的源泉，不能向未知的领域前进，不能求得新的知识，推动真理的发展。个人固然也可以从书本上求得人类已经获得的真理，但如果不务实，不把它们运用于实践，再美妙的真理也会被当成书斋里的教条或古董鉴赏家的玩物，不能发挥推动生产发展和社会进步的作用，不能给人民群众带来实际的利益。离开现实的具体的实践对象，真理还会被误读、被曲解，从科学真理的体系中被分割出来而转化成谬误。只有务实，深入实际，亲身实践，以科学理论为指南对具体的问题作具体的分析，才能将理论与实际相结合，求得对于现实的具体对象的真知。

人类的实践和认识不是彼此分开的两件事，而是统一不可分的运动过程的两个方面。人们在实践中认识，又在认识指导下实践。求真和务实，二者始终结合在一起，统一于人类实践和认识的发展过程之中。它们随着社会的进步和科学的发展而一步步前进，经历了从自发到逐步自觉的过程，在马克思主义的指引下，在共产党人的实践中达到了高度的自觉。我们弘扬求真务实精神，大兴求真务实之风，就要遵循辩证唯物主义的认识路线前进，坚持理论和实际相统一，认识和实践相结合，既注重实践，又重视理论；既反对理论脱离实际，又反对实践脱离科学理论指导，以马克思主义的科学态度和对人民高度负责的精神，把求真和务实紧密结合在一起，扎扎实实地把改革开放和现代化建设推向前进。

三　求真务实和实事求是

求真务实同实事求是是不可分的。大力弘扬求真务实精神，是坚持党的实事求是思想路线的根本要求和集中体现。

邓小平说："马克思、恩格斯创立了辩证唯物主义和历史唯物主义的思想路线，毛泽东同志用中国语言概括为'实事求是'四个大字。"① 这一重要论断言简意赅地阐明了马克思主义的科学理论和我们党的思想路线的关系。辩证唯物主义和历史唯物主义是马克思主义的科学世界观，是指导我们思想的理论基础，是我们党一切行动的指南，因此，我们党的思想路线，就是辩证唯物主义和历史唯物主义的思想路线，"实事求是"则是毛泽东用中国语言对这条思想路线的概括。邓小平把这条思想路线进一步完整地表述为："实事求是，一切从实际出发，理论联系实际，坚持实践是检验真理的标准，这就是我们党的思想路线。"② 所以，"实事求是"，是对党的思想路线高度集中的概括。

毛泽东在《改造我们的学习》中对实事求是作了经典的阐释，他说："'实事'就是客观存在着的一切事物，'是'就是客观事物的内部联系，即规律性，'求'就是我们去研究。"③ 我们应该如何去"求"，求出"是"来又干什么呢？毛泽东进一步指出："我们要从国内外、省内外、县内外、区内外的实际情况出发，从其中引出固有的而不是臆造的规律性，即找出周围事变的内部联系，作为我们行动的向导。"④ 这些论述简洁而完整地阐明了实事求是的科学内涵，是我们理解实事求是及其与求真务实关系的理论依据。

胡锦涛同志说："认识规律、把握规律、遵循和运用规律，是坚持求真务实的根本要求。"⑤ "是"是客观事物的内部联系，"求是"是通过深入研究揭示事物的规律，而不是只看现象，不是就事论事。求出规律，就是认清真情，获得真知。"求真"和"求是"，都是要求我们从客观实际出发去认识规律、把握规律，它们是同一件事情的两种不同表述。求得了"是"，还要把它"作为我们行动的向导"，在科学理论的指导下去行动，去改造世界，而这就是务实。可见，坚持求真务实，也就是坚持党的实事求是的思想路线。求真务实，是党的思想路线在党的理论工作和实际工作中的集中体现和贯彻。坚持党的思想路线，就必须大力弘扬求真务实精

---

① 《邓小平文选》第 2 卷，人民出版社 1994 年版，第 278 页。
② 同上。
③ 《毛泽东选集》第 3 卷，人民出版社 1991 年版，第 801 页。
④ 同上。
⑤ 胡锦涛：《在全党大力弘扬求真务实精神，大兴求真务实之风（2004 年 1 月 12 日）》，《十六大以来重要文献选编》（上），中央文献出版社 2005 年版，第 730 页。

神，大兴求真务实之风。求真务实在全党蔚为风气，党的思想路线才能真正得到落实。实事求是，是求真务实的精神实质之所在，它规定了求真务实的科学内涵，也是弘扬求真务实精神应该遵循的基本原则。

四　求什么真？务什么实？

求真和务实，包含着极为广泛、繁重的认识世界和改造世界的任务和要求。在各个历史时期，社会的发展都会把当时最紧迫最重要的认识世界和改造世界的任务提到先进阶级和政党面前。在新世纪新阶段，历史和时代赋予我们党的庄严使命，是团结和带领全国各族人民，实现推进现代化建设、完成祖国统一、维护世界和平与促进共同发展这三大历史任务，在中国特色社会主义道路上实现中华民族的伟大复兴。面对这样的历史使命，我们应该求什么真、务什么实？胡锦涛同志在中纪委三次全会上的讲话中对此作了概括和阐述。

第一，求我国社会主义初级阶段基本国情之真，务坚持长期艰苦奋斗之实。

我国现在处于并将长期处于社会主义初级阶段，这是当代中国最基本的国情，是我们分析和处理当代中国一切重要问题的基本出发点。社会主义初级阶段理论的提出，是数十年来我们党从中国实际出发求真的重大成果；进一步全面深入地认识这一基本国情，是我们仍将长期面临的重要任务。认识国情，是为了从实际出发建设我们的国家。从这一基本国情出发，我们必须坚持社会主义的根本制度，又不脱离"初级阶段"的实际，以务实的精神坚持长期艰苦奋斗，致力于建设中国特色社会主义的伟大事业。

第二，求社会主义建设规律和人类社会发展规律之真，务抓好发展这个党执政兴国的第一要务之实。

马克思主义揭示了人类社会发展的规律，我们党把马克思主义同中国实际相结合，领导中国经过新民主主义革命和社会主义改造建立了社会主义制度，并找到了一条建设中国特色社会主义的道路。但是，当代一些国家出现曲折，社会主义被削弱了；国际局势正在发生深刻变化，世界多极化和经济全球化的趋势在曲折中发展，科技进步日新月异，综合国力竞争日趋激烈；中国的改革和建设在前进中不断遇到新的情况、新的问题。只有联系当代世界特征、依据新的实践经验继续求真，不断深化对社会主义建设规律和人类社会发展规律的认识，才能更加坚定共产党人的理想和信仰，更加自觉地遵循客观规律推进社会主义事业。经济建设是党在社会主义初级阶段的中心任务，发展是党执政兴国的第一要务。务实，就要坚持党的基本路线，实现以经济建设为中心、经济政治文化相协调的全面发展。

第三，求人民群众的历史地位和作用之真，务发展最广大人民根本利益之实。

如何看待人民群众的历史地位和作用，是唯物史观和唯心史观的根本区别。马克思主义第一次揭示了历史活动是群众的事业，阐明了只有人民才是创造世界历史的动力，这是人类在社会历史领域求真的伟大成果。但是，唯物史观和唯心史观的对立依然存在，千百年来根深蒂固的唯心史观仍然束缚着人们的头脑。我们从许多颂扬、美化帝王后妃、达官贵人的影视作品中可以强烈地感受到唯心史观的陈腐气息，从一些领导干部对待群众的冷漠态度也不难发现唯心史观的恶劣影响。相信谁、依靠谁、为了谁，是否站在最广大人民的立场上，仍然是区分唯物史观和唯心史观的分水岭、判断马克思主义和非马克思主义政党的试金石。共产党员和党的干部只有深入到群众之中，在改造客观世界的同时改造自己的主观世界，经过长期的磨炼，才能求得人民群众的历史地位和作用之真，树立起一切相信群众、一切依靠群众、一切为了群众的观点。人民群众的历史主体地位要求我们党把全心全意为人民服务作为自己唯一的宗旨。务实，就是要致力于实现最广大人民的根本利益，把立党为公、执政为民落实到党和国家制定和实施方针政策的工作中去，落实到各级领导干部的思想和行动中去，落实到关心群众生产生活的工作中去。

第四，求共产党执政规律之真，务全面加强和改进党的建设之实。

办好中国的事情，关键取决于我们党，取决于坚持党的领导和加强党的建设。在世界社会主义运动中，既有共产党执掌政权、推进社会主义事业发展的丰富经验，也有共产党丧失政权、社会主义制度被推翻的惨痛教训。中国共产党经过长期斗争，取得革命胜利，成为执政党，又领导中华人民共和国走过了半个多世纪的光辉历程。同其他社会实践一样，共产党执政也有其自身的规律。实践规律是主体变革对象的活动本身的规律，是人们自己的社会行动的规律，因而实践规律的构成不能不包含主体意识因素，但意识因素同物质性因素之间存在着反映和被反映、决定和被决定的关系，因而实践规律仍然具有客观性，它的存在和它的作用不以人的意志为转移。共产党执政规律存在于党建立政权、巩固政权和运用政权的实践活动之中，是党自身实践活动的规律。从实际出发，总结我们党和世界上其他共产党执掌政权的经验，上升到理论的高度，揭示这一实践活动固有的规律，以便遵循规律加强和改善党的领导，巩固党的执政地位，是求真的一项极为重要的任务。

共产党执政规律包括执政条件下党的建设的规律。坚持党的领导必须加强和改进党的建设。加强党的建设，是我们党成立以来由小到大、由弱到强，战胜困难和挫折，不断走向胜利、走向成熟的一个法宝。新中国成立以来我们党执政多年的实践证明，长期执政使党的建设更加艰难，也更加重要。只有加强和改进党的建设，使党始终成为领导改革开放和社会主义现代化建设的坚强核心，才能把全国人民紧密团结和凝聚在党的周围，战胜前进道路上的各种困难和风险，实现中华民族的伟大复兴。因此，务实的关键之一，是围绕建设什么样的党、怎样建设党，全面加强和改进党的建设，提高党的领导水平和执政水平，提高拒腐防变和抵御风险能力，特别是坚持党要管党、从严治党的方针，深入开展党风廉政建设和反腐败斗争，建立健全教育、制度、监督并重的惩治和预防腐败的体系。

五　务实去华　真抓实干

求真务实，既体现了一切从实际出发，按客观规律办事的科学精神；又体现了共产党人能动地认识世界、改造世界的历史主动性和脚踏实地、真抓实干、艰苦奋斗的作风。

古人提倡"务实去华"。华而不实的作风是同求真务实精神相对立的。求真务实，必须去除浮华。胡锦涛同志在中纪委三次会上的讲话中强调：要切实抓好工作落实，把求真务实体现到各项工作中去；最重要的是付诸实践、见诸行动、取得成效；要坚持讲实话、出实招、办实事、务实效。

求真务实，需要付出艰辛的努力，克服种种困难，因而必须有脚踏实地、艰苦奋斗的作风。优良的作风是求真务实精神在实际工作中的体现。事物的本质和规律隐藏在现象的背后，不能凭感官直观地把握，理论创新需要深入调查研究，详尽地占有材料，刻苦地加工思考，改造制作，如邓小平所说，"决不是改头换面抄袭旧书本所能完成的工作，而是要费尽革命思想家心血的崇高的创造性的科学工作"①，因而必须有扎扎实实、吃苦耐劳、一丝不苟、严谨求实的工作作风和学风。人类改造自然、改造社会的实践，我们党领导的革命、建设和改革事业，都是在不断克服各种艰难险阻中前进的。理论不具有直接现实性，理论本身不能实现什么，只有通过指导实践才能变成物质力量，改变世界。离开实践，理论就变成毫无意义的空谈。不亲身实践，不吃苦受累，头重脚轻，嘴尖皮厚，说空话不办实事，做表面文章，摆花架子，搞形式主义，就求不到真，务不了实，只能劳民伤财，害人害己，误党误国。

毛泽东在为陕北公学成立的题词中要求造就一大批"脚踏实地富于实际精神"的人。② 他为《七大纪念册》题词"实事求是，力戒空谈"③。他历来提倡老老实实地办事，"不偷、不装、不吹"④。周恩来说："说真话，鼓真劲，做实事，收实效。这四句话归纳起来就是：实事求是。"⑤ 邓小平说："要敢说真话，反对说假话，不务虚名，多做实事。"⑥ 这些论述精辟地阐明了我们党实事求是、求真务实的优良作风。共产党人无论置身于什么岗位，无论所从事的是实际工作或理论工作，无论是务实或务虚，都必须保持和发扬党的优良作风，刻苦学习，勤奋工作，勇于创造，自觉奉献。不思进取、得过且过；作风飘浮、工作不实；好大喜功、急功近利；随心所欲、自搞一套；心态浮躁、追名逐利；弄虚作假、欺上瞒下；明哲保身、患得患失；贪图享受、奢侈浪费；高高在上、脱离群众，都是同我们党倡导的求真务实精神相背离的。大兴求真务实之风，必须坚决刹住这些不良风气。

胡锦涛同志指出："坚持全心全意为人民服务，摆正同人民群众的关系，是坚持求真务实的根本准则。"⑦ 求真务实，实事求是，是共产党员

---

① 《邓小平文选》第 2 卷，人民出版社 1994 年版，第 180 页。
② 《毛泽东著作专题摘编》，中央文献出版社 2003 年版，第 2101 页。
③ 同上书，第 249 页。
④ 同上书，第 250 页。
⑤ 《周恩来选集》下卷，人民出版社 1984 年版，第 350 页。
⑥ 《邓小平文选》第 3 卷，人民出版社 1993 年版，第 146 页。
⑦ 胡锦涛：《在全党大力弘扬求真务实精神，大兴求真务实之风（2004 年 1 月 12 日）》，《十六大以来重要文献选编》（上），中央文献出版社 2005 年版，第 729 页。

党性的表现。毛泽东说，实事求是的态度，"就是党性的表现"，没有这种态度，"就叫做没有党性，或叫做党性不完全"。① 邓小平说："实事求是，是无产阶级世界观的基础。"② 这些论述，深刻地揭示了实事求是、求真务实同无产阶级世界观、共产党员党性之间的内在联系。现实存在的每一个人都生活在一定的社会关系之中，正是社会关系的总和决定着他的本质。人们在一定社会关系中的地位决定着他的立场、利益和价值观。求真和务实，是人们的社会行为，不仅受认识条件的限制，而且受主体的立场、利益和价值观的制约，任何人都是从一定的立场和价值观出发去观察问题、认识世界、从事实践活动的。能不能求得真理，是否遵循客观规律行动，绝不是某种与人们利益无关的单纯的认识问题。在人们的认识和实践活动中，为什么人的问题，从最广大人民群众的利益出发还是从少数人的利益出发的问题，是一个根本的问题、原则的问题。工人阶级的阶级地位决定了它的利益始终和社会发展的客观规律一致，它只有解放全人类才能最后解放自己。科学越是毫无顾忌和大公无私，它就越符合工人的利益和愿望。因此，只有工人阶级才能大公无私、实事求是地认识社会发展的客观规律，把真理和价值统一起来，把实践的合目的性和合规律性统一起来，坚持真理，修正错误，勇于实践，为真理而斗争。我们只有站在工人阶级的立场，把实现中国最广大人民的根本利益作为一切行动的出发点和落脚点，才能真正做到求真务实。

（原载《高校理论战线》2004 年第 2 期）

---

① 《毛泽东选集》第 3 卷，人民出版社 1991 年版，第 801、800 页。
② 《邓小平文选》第 2 卷，人民出版社 1994 年版，第 143 页。

毛泽东与中国共产党的群众路线

提要　群众路线是以毛泽东为代表的中国共产党人把马克思主义基本原理同中国具体实际相结合的一个独创性重大成果，是马克思主义中国化的一个范例。"一切为了群众，一切依靠群众"的态度和"从群众中来，到群众中去的工作方法相互联结，构成了党的群众路线的完整形态"。

党的十八大决定，在全党开展以为民务实清廉为主要内容的党的群众路线教育实践活动。笔者认为，开展这一教育实践活动，应该深入学习毛泽东的群众路线思想。本文就此作一些讨论。

一　毛泽东是党的群众路线的创立者

党的十八大通过的《中国共产党章程》在《总纲》中说："党在自己的工作中实行群众路线，一切为了群众，一切依靠群众，从群众中来，到群众中去，把党的正确主张变为群众的自觉行动。"① 这是对党的群众路线的完整表述和明确规定。在党的章程中，这一表述始见于 1992 年党的十四大通过的党章。此后 20 年中，从十五大、十六大、十七大到十八大，每一次党代会都对党章作了部分修改，但是对群众路线的这一规定始终保持下来，一字未改。按照这一规定，党的群众路线的基本内容是："一切为了群众，一切依靠群众，从群众中来，到群众中去。""党在自己的工作中实行群众路线"，是对群众路线的定位；"把党的正确主张变为群众的自觉行动"，则是通过实行群众路线所要达到的目标。

---

① 《中国共产党章程》，人民出版社 2012 年版，第 9 页。

　　党章中关于群众路线的内容的完整表述，来自 1981 年党的十一届六中全会通过的《关于建国以来党的若干历史问题的决议》对毛泽东思想的活的灵魂的阐述。这个决议中说："群众路线，就是一切为了群众，一切依靠群众，从群众中来，到群众中去。"① 依笔者所见，这是党中央的决议中第一次对党的"群众路线""就是"什么做出的明确、完整并沿用至今的规定。在这个决议之后，1982 年十二大和 1987 年十三大的党章中说，党"在自己的工作中实行群众路线，一切为了群众，一切依靠群众，把党的正确主张变为群众的自觉行动"。从 1992 年十四大开始，增加了"从群众中来，到群众中去"的内容，形成了对群众路线的完整表述，并从此确定下来。

　　党中央 1981 年的《决议》在对群众路线的内容作出概括的同时，还指出："把马克思列宁主义关于人民群众是历史的创造者的原理系统地运用在党的全部活动中，形成党在一切工作中的群众路线，这是我们党长期在敌我力量悬殊的艰难环境里进行革命活动的无比宝贵的历史经验的总结。"② 这一论述简明地概括了党的群众路线是如何形成的：它是马克思列宁主义关于人民群众是历史的创造者这一基本原理在党的全部活动、一切工作中的运用，是这一运用的长期历史经验的总结。笔者认为，群众路线是毛泽东为代表的中国共产党人把马克思主义中国化的一个范例，是中国化马克思主义的一个独创性重大成果。

　　1945 年党的六届七中全会通过的《关于若干历史问题的决议》开宗明义地指出："中国共产党自 1921 年产生以来，就以马克思列宁主义的普遍真理和中国革命的具体实践相结合为自己的一切工作的指针，毛泽东同志关于中国革命的理论和实践便是此种结合的代表。"③ 毛泽东关于群众路线的理论和实践，正是此种结合的一个典范，它为我们理解毛泽东是中国共产党把马克思主义同中国实际相结合的"代表"提供了一个范例。

　　据笔者查阅，在党的七大之前，1928 年党的六大通过的《中国共产党章程》以及此前从 1922 年党的二大制定第一个党章以来的四个党章中，都没有关于群众路线的内容。1945 年党的七大确定"以马克思列宁主义的理论与中国革命的实践之统一的思想——毛泽东思想，作为自己一切工

---

　　① 《三中全会以来重要文献选编》（下），人民出版社 1982 年版，第 834 页。
　　② 同上。
　　③ 《毛泽东选集》第 3 卷，人民出版社 1991 年版，第 952 页。

作的指针"①，与此同时，正如刘少奇在七大上作的关于修改党章的报告中所指出的："在党章的总纲上和条文上，都特别强调了党的群众路线，这也是这次修改党章的一个特点。"② 刘少奇在这个报告中专题论述了"关于党的群众路线问题"。他说：毛泽东同志屡次指示我们，在一切工作中要采取群众路线。他在向这次大会的报告中，又以极恳切的词语指示我们，要根据群众路线去进行工作。刘少奇引用并阐发了毛泽东在七大政治报告《论联合政府》中关于全心全意为人民服务、一刻也不脱离群众的论述，指出："毛泽东同志的群众路线，就是要使我们党与人民群众建立正确关系的路线，就是要使我们党用正确的态度与正确的方法去领导人民群众的路线。"③ 七大的党章在《总纲》中强调，中国共产党人必须具有全心全意为人民服务的精神，必须与工人群众、农民群众及其他革命人民建立广泛的联系，并经常注意巩固与扩大这种联系；每一个党员都必须理解党的利益与人民利益的一致性，对党负责与对人民负责的一致性；必须用心倾听人民群众的呼声，向人民群众学习，同时教育人民群众；必须经常警戒自己脱离人民群众的危险性，防止和清洗脱离群众的错误倾向。七大党章的条文，在第一章关于党员义务的规定中、第六章关于党的支部的任务的规定中，都体现了总纲中这些论述的精神。

　　不过，七大党章中还没有"群众路线"这个概念，因而也没有对群众路线包括哪些内容作出明确概括。1956 年，党的八大通过的《中国共产党章程》中强调："必须不断地发扬党的工作中的群众路线的传统。"④ 这是党章中第一次明确载入"群众路线"这一重要概念。邓小平在党的八大《关于修改党的章程的报告》中专门用一节着重论述了群众路线问题。他指出，七大的党章中贯穿着群众路线的精神，七大上毛泽东的政治报告和刘少奇关于修改党章的报告都对群众路线作了精辟的解释。现在之所以需要着重提出来，是因为群众路线是党章中的根本问题，也是因为七大以来 11 年实际斗争的经验给了群众路线以更深刻更丰富的内容。邓小

　　①　《中国共产党党章（1945 年 6 月 11 日中国共产党第 7 次全国代表大会通过）》，《建党以来重要文献选编（1921—1949）》第 22 册，中央文献出版社 2011 年版，第 533 页。

　　②　刘少奇：《论党》，《建党以来重要文献选编（1921—1949）》第 22 册，中央文献出版社 2011 年版，第 397 页。

　　③　《建党以来重要文献选编（1921—1949）》第 22 册，中央文献出版社 2011 年版，第 402 页。

　　④　《建国以来重要文献选编》第 9 册，中央文献出版社 1994 年版，第 317 页。

平提出并回答了"什么是党的工作中的群众路线"问题。他指出，它的含义，一方面是"认为人民群众必须自己解放自己"，"党的全部任务就是全心全意为人民服务"，党要"帮助人民群众自己动手，争取和创造自己的幸福生活"，"党必须密切联系群众和依靠群众"；另一方面，"党的领导工作能否保持正确，决定于它能否采取'从群众中来，到群众中去'的方法"。① 对照现行党章中的表述可以看到，邓小平在这里的论述实际上已经包含了党的群众路线完整的内容。邓小平还回顾七大以来党所走过的道路，用党的历史经验证明我们所取得的巨大胜利无不是执行群众路线的结果，深刻地阐明了群众路线的理论意义和实际意义。

党的群众路线形成和确立的历史表明，它是毛泽东为代表的中国共产党人把马克思主义基本原理同中国具体实践相结合的实践经验总结和理论概括。马克思主义的科学世界观，特别是关于人民群众是历史创造者的基本原理，是它形成的理论基础；党的全部活动，是它形成的实践基础；不断总结实践经验，上升到理论层面，是它形成的基本途径。虽然党章中对群众路线的表述并非全都是来自毛泽东的原话，但它是来自对毛泽东的思想的概括。毛泽东是中国共产党的群众路线的创立者。

"一切为了群众，一切依靠群众"和"从群众中来，到群众中去"是群众路线的两方面的基本内容，它们分别概括了党对待群众的正确态度和领导群众的正确方法。在我们党的文献中，这些思想首先是由毛泽东在他的著作中作出了深刻的阐述。以下分别就这两方面作一些考察。

二　一切为了群众，一切依靠群众

党与人民群众的关系问题，首先是对群众的态度问题。毛泽东在《论持久战》中说，很多人对于官兵关系、军民关系弄不好，"以为是方法不对，我总告诉他们是根本态度（或根本宗旨）问题"。② "一切为了群众，一切依靠群众"回答了我们党的一切工作究竟是"为了谁"和"依靠谁"这两个根本问题，概括了党对待群众的正确态度。

对待人民群众的态度是由立场和世界观决定的。只有站在工人阶级的

---

① 《邓小平文选》第 1 卷，人民出版社 1994 年版，第 217 页。
② 《毛泽东选集》第 2 卷，人民出版社 1991 年版，第 512 页。

立场，坚持马克思主义的世界观，才能以正确的态度对待人民群众。

是谁创造了人类社会历史？这是世界观、历史观中的一个根本问题，是唯物史观和唯心史观的一条根本分歧所在。人民群众是历史的创造者，这本来是社会历史发展中的客观事实。千百年来，由于生产规模狭小，由于社会分裂为互相对立的阶级，剥削阶级的阶级偏见和狭隘眼界遮蔽了这一事实。当工人阶级随着大工业的发展和阶级斗争的进展作为独立的政治力量登上历史舞台时，马克思揭示了物质生活资料的生产是历史过程中的决定性因素、历史活动是群众的事业，创立了新的辩证唯物主义和历史唯物主义的世界观，用它武装了工人阶级。人民群众是历史的创造者这条基本原理是同马克思主义完备而严整的全部科学理论融为一体、不可分割的。它是测试人们是否真正理解了马克思主义、是否确立了马克思主义世界观的一块试金石。

"人民，只有人民，才是创造世界历史的动力。"① 毛泽东在党的七大政治报告中的这一名言高度概括了人民群众是历史创造者的基本原理，集中表达了他的马克思主义的世界观。

早在第一次国内革命战争时期，毛泽东对农民运动的认识已经表现出他正确对待人民群众的历史唯物主义立场。面对指责农民运动的满城风雨的议论，他热情地称赞农民运动是"广大的农民群众起来完成他们的历史使命"，并且预言："很短的时间内，将有几万万农民从中国中部、南部和北部各省起来，其势如暴风骤雨，迅猛异常，无论什么大的力量都将压抑不住。他们将冲决一切束缚他们的罗网，朝着解放的路上迅跑。"② 他指出，正确的态度是"站在他们的前头领导他们"，而不是"站在他们的后头指手画脚地批评他们"，更不能"站在他们的对面反对他们"。③ 后来，在大革命遭受失败的历史关头，毛泽东站在群众的前头领导革命，创建了人民军队和红色政权，实行工农武装割据。面对敌人的"围剿"，毛泽东坚定地指出："真正的铜墙铁壁是什么？是群众，是千百万真心实意地拥护革命的群众。这是真正的铜墙铁壁，什么力量也打不破的，完全打不破的。"④ 抗日战争时期，面对"敌强我弱，敌是优势而我是弱势的形

---

① 《毛泽东选集》第 3 卷，人民出版社 1991 年版，第 1031 页。
② 《毛泽东选集》第 1 卷，人民出版社 1991 年版，第 15、13 页。
③ 同上书，第 13 页。
④ 同上书，第 139 页。

势"，毛泽东指出，"兵民是胜利之本"，"战争的伟力之最深厚的根源，存在于民众之中"，只要军队和民众打成一片，"使军队在民众眼睛中看成是自己的军队，这个军队便无敌于天下，个把日本帝国主义是不够打的"。① 1945 年 4 月党的七大召开时，光明的和黑暗的"两个中国之命运"摆在中国人民面前，党面临着领导中国人民打败日本侵略者，进而建设一个光明的新中国的历史任务。毛泽东在《论联合政府》中说："应该使每一个同志懂得，只要我们依靠人民，坚决地相信人民群众的创造力是无穷无尽的，因而信任人民，和人民打成一片，那就任何困难也能克服，任何敌人也不能压倒我们，而只能被我们所压倒。"② 人民群众是历史创造者的思想贯穿报告的全文，是他分析问题的基本立场、观点和方法。刘少奇在七大修改党章的报告中说，要使马克思主义系统地中国化，必须"信任群众的力量，信任群众的创造和群众的将来，善于把群众的经验、意志、思想集中起来，又应用到群众中去"。"不是别人，正是我们的毛泽东同志，出色地成功地进行了这件特殊困难的马克思主义中国化的事业。"③

中国共产党把全心全意为人民服务作为自己的唯一宗旨，把人民群众看作自己一切力量的源泉，在群众路线中规定"一切为了群众，一切依靠群众"，是坚持人民群众创造历史的科学世界观、历史观的必然结果。

为什么应该"一切为了群众"？既然是人民群众创造了历史，创造了社会发展中的一切价值，理所当然地就应该由人民群众享有这些价值。工人阶级的历史地位决定了它只有解放全人类才能最后解放自己，党作为工人阶级的先锋队，除了代表工人阶级和人民群众的根本利益外没有自己的特殊利益，所以中国共产党"一切为了群众"。毛泽东一贯强调，要"真心实意地为群众谋利益"④，"最忠实地代表中华民族与中国人民的利益"⑤。他要求一切共产党员"做无产阶级和人民大众的'牛'，鞠躬尽瘁，死而后已"。⑥ 1944 年，他在追悼张思德的会上发表了"为人民服

---

① 《毛泽东选集》第 1 卷，人民出版社 1991 年版，第 460、509、512 页。
② 《毛泽东选集》第 2 卷，人民出版社 1991 年版，第 1096 页。
③ 《建党以来重要文献选编（1921—1949）》第 22 册，中央文献出版社 2011 年版，第 392 页。
④ 《毛泽东选集》第 1 卷，人民出版社 1991 年版，第 138 页。
⑤ 《毛泽东著作专题摘编》（下），中央文献出版社 2003 年版，第 1877 页。
⑥ 《毛泽东选集》第 3 卷，人民出版社 1991 年版，第 877 页。

务"的著名演讲,强调"我们这个队伍完全是为着解放人民的,是彻底地为人民的利益工作的"。① 他在党的七大政治报告中说:"全心全意为人民服务,一刻也不脱离群众;一切从人民的利益出发,而不是从个人或小集团的利益出发;向人民负责和向党的领导机关负责的一致性;这些就是我们的出发点。"② 他提出了衡量我们一切行动的"最高标准",即:"共产党人的一切言论行动,必须以合乎最广大人民群众的最高利益,为最广大人民群众所拥护为最高标准。"③ 他还强调,为人民服务要"全心全意","不要半心半意或者三分之二的心三分之二的意为人民服务"。④

为什么应该"一切依靠群众"?因为推动历史前进、决定历史发展方向的,归根到底是人民群众而不是个人。人民群众是实践的主体,也是认识的主体。中国是中国人民的。工人阶级、人民群众只能自己解放自己。共产党员是人民中的一部分,但永远只是人民中的一小部分。人民群众是党的力量的源泉,所以党必须"一切依靠群众"。毛泽东把"相信群众"看作是一条不容怀疑的"根本的原理"。⑤ 他说,"力量的来源就是人民群众。不反映人民群众的要求,哪一个人也不行"⑥。他把群众看作是"真正的英雄"⑦,又把人民比作"上帝"。他说,只要我们坚持不断地工作,"我们也会感动上帝的。这个上帝不是别人,就是全中国的人民大众"。全国人民大众一齐来和我们推翻帝国主义和封建主义这两座大山,"有什么推翻不了的呢?"⑧

毛泽东的著作,贯穿着历史唯物主义的立场、观点和方法,处处体现出一切为了群众、一切依靠群众的精神。

三　从群众中来,到群众中去

有了对待群众的正确态度,还要有领导群众的正确方法。毛泽东把人

① 《毛泽东选集》第3卷,人民出版社1991年版,第1004页。
② 同上书,第1094—1095页。
③ 同上书,第1096页。
④ 《毛泽东文集》第7卷,人民出版社1991年版,第285页。
⑤ 《毛泽东文集》第6卷,人民出版社1999年版,第923页。
⑥ 《毛泽东文集》第8卷,人民出版社1999年版,第324页。
⑦ 《毛泽东选集》第3卷,人民出版社1991年版,第790页。
⑧ 同上书,第1102页。

民群众创造历史的基本原理同马克思主义的认识论结合在一起，提出了"从群众中来，到群众中去"的工作方法。这是党的群众路线的又一个重要构成部分，它解决了党如何领导群众的根本方法问题。

1937 年，毛泽东写下了他一生中最重要的哲学著作《实践论》和《矛盾论》。《实践论》系统地发挥并且发展了马克思主义的认识论，揭示了人类认识发展的基本规律。在《矛盾论》中，毛泽东通过对矛盾特殊性及其与普遍性关系的研究，阐述了由特殊到一般，又由一般到特殊的认识发展规律。这两篇著作奠定了马克思主义中国化的哲学理论基础，也为我们党科学的工作方法奠定了辩证法和认识论基础。在延安整风中，为了提倡马克思主义的科学领导方法，反对主观主义的和官僚主义的领导方法，毛泽东在 1943 年起草了《中共中央关于领导方法的决定》（即《关于领导方法的若干问题》），其中有这样一段精辟的论述："在我党的一切实际工作中，凡属正确的领导，必须是从群众中来，到群众中去。这就是说，将群众的意见（分散的无系统的意见）集中起来（经过研究，化为集中的系统的意见），又到群众中去作宣传解释，化为群众的意见，使群众坚持下去，见之于行动，并在群众行动中考验这些意见是否正确。然后再从群众中集中起来，再到群众中坚持下去。如此无限循环，一次比一次地更正确、更生动、更丰富。这就是马克思主义的认识论。"毛泽东还强调，"这是基本的领导方法"，一般号召和个别指导相结合的方法是其中的"组成部分"。① 在这些论述中，群众路线的工作方法已经具备了完备的理论形态、准确的表述形式和"基本的领导方法"的定位。这些思想后来被概括地表述在 1981 年党的十一届六中全会决议和十四大以来党的章程关于群众路线的规定之中。

毛泽东说，"实践、认识、再实践、再认识"，"循环往复以至无穷"，"就是辩证唯物论的全部认识论"②；他又说，"从群众中来，到群众中去"，"如此无限循环"，"这就是马克思主义的认识论"③。这两个论断相互关联，指出了马克思主义的领导方法与人类认识发展基本规律之间的关系。对领导干部来说，实践、认识、再实践、再认识的过程，也就是从群

---

① 《毛泽东选集》第 3 卷，人民出版社 1991 年版，第 899、900 页。
② 《毛泽东选集》第 1 卷，人民出版社 1991 年版，第 296 页。
③ 《毛泽东选集》第 3 卷，人民出版社 1991 年版，第 899 页。

众中来，到群众中去的过程。这当然不是如一些人望文生义地理解的那样，把"实践"和"认识"当成了"群众"和"领导"之间的分工，似乎群众只实践不认识，而领导只认识不实践。人的实践和认识活动是一个统一不可分的过程，人们总是在实践中认识，又在认识指导下实践的。"实践、认识、再实践、再认识"的公式揭示了人们的认识在实践基础上由感性阶段上升到理性阶段，又将理性认识回到实践中去指导实践并接受实践检验的规律，而决不是将实践和认识看作彼此孤立的各自以纯粹形式出现而仅仅前后相随的两个阶段。无论领导或群众，都既是实践者又是认识者，既在实践中认识，又在认识指导下实践。但是，处在领导岗位的人员有其区别于一般群众的特殊职能和责任。他要把群众中分散的无系统的意见集中起来，加工成为集中的系统的意见，再贯彻到群众中去，变成群众的行动。这是一个生产、加工精神产品并将其转化为物质力量的过程。毛泽东说："我们这些人不生产粮食，也不生产机器，生产的是路线和政策。""我们的脑子是个加工厂。"① 领导干部的头脑作为一个加工厂而起制造完成品的作用，其原料或半成品来自人民群众的实践。这种特殊岗位的职能，使领导者肩负着重大的责任，同时又赋予他相应的权力和地位，这就使其有可能脱离实践、脱离群众，忘记了正确的思想只能从人民群众的实践中来，从个人主观愿望乃至个人利益出发，制造出不符合客观实际、违背人民群众利益的思想产品，即做出错误的决策。因此，领导干部必须坚持从群众中来，到群众中去的工作方法。他必须走到群众中去，向群众学习，当群众的学生，倾听群众的意见，尊重群众的首创精神，而不能把自己关在小屋子，自作聪明，凭主观想象办事。他还必须善于把党的路线、方针、政策变成群众的行动，使广大群众都能懂得，都能掌握，通过群众的实践变成改造世界的物质力量，并在群众中检验和发展。

毛泽东强调，坚持群众路线必须反对尾巴主义和命令主义。"从群众中来"，不是"群众要怎样办就怎样办"。毛泽东反对迁就群众中的错误意见。他要求对群众意见加以分析，凡属正确意见，党必须领导群众，加以实现；而对于人民群众中的不正确的意见，则必须教育群众，加以改正。他说："在一切工作中，尾巴主义也是错误的，因为它落后于群众的

---

① 《毛泽东文集》第8卷，人民出版社1999年版，第393页。

觉悟程度，违反了领导群众前进一步的原则，害了慢性病。"① "到群众中去"，不是命令群众去办。毛泽东强调："马克思列宁主义的基本原则，就是要使群众认识自己的利益，并且团结起来，为自己的利益而奋斗。"② 一个正确的决策，不仅要有群众客观上的实际需要，而且要有群众主观上的觉悟和自愿，由群众自己下决心，而不是由领导替群众下决心。毛泽东说："在一切工作中，命令主义是错误的，因为它超过群众的觉悟程度，违反了群众的自愿原则，害了急性病。"③

　　态度与方法是不可分的。态度决定方法，方法体现了态度。"一切为了群众，一切依靠群众"的态度和"从群众中来，到群众中去"的工作方法相互联结，构成了党的群众路线的完整形态。它既体现了唯物主义历史观，又体现了马克思主义的辩证法和认识论，是马克思主义的科学世界观在党的实际工作中的体现。

　　1990 年党的十三届六中全会通过的《关于加强党同人民群众联系的决议》中说，群众路线"是实现党的思想路线、政治路线、组织路线的根本工作路线"。④ "根本工作路线"，这就是群众路线在党的理论、路线、方针、政策中的定位。党章在总纲中对党的基本路线、思想路线、群众路线和民主集中制的组织原则都作了明确阐述。无论坚持党的基本路线和思想路线，都离不开群众路线，而民主集中制则是"群众路线在党的生活中的运用"。⑤ 党的各种工作，都是群众工作，群众路线就是党在群众中工作的路线，因而是党在一切工作的根本路线。群众路线和实事求是、独立自主一起，构成了毛泽东思想的活的灵魂，它是毛泽东留给我们党的一笔最宝贵的精神财富。

　　（原载《毛泽思想研究》2013 年第 5 期）

　　① 《毛泽东选集》第 3 卷，人民出版社 1991 年版，第 1095 页。
　　② 《毛泽东选集》第 4 卷，人民出版社 1991 年版，第 1318 页。
　　③ 《毛泽东选集》第 3 卷，人民出版社 1991 年版，第 1095 页。
　　④ 《中共十三届四中全会以来历次全国代表大会中央全会重要文献选编》，中央文献出版社 2002 年版，第 42 页。
　　⑤ 《中国共产党章程》，人民出版社 2012 年版，第 9 页。

"以人为本"的含义辨析

提要　作为科学发展观核心的以人为本，不是同物质本体论相对立的命题，不是作为世界观、历史观的人道主义，不是主张"全人类的利益高于一切"，不能归结为以个人为本，本质上不同于中国古代的民本思想。以人民为本，是以人为本的基本内涵。尊重人民主体地位，一切相信人民，一切为了人民，一切依靠人民，是以人为本的精神实质。

"以人为本"是科学发展观的核心，正确解读"以人为本"的含义，是深入学习、领会科学发展观的一个重点问题，也是一个难点问题，是贯彻落实科学发展观的一个关键所在。笔者在此前发表的几篇论文（参见田心铭《论以人为本》，《马克思主义研究》2008 年第 8 期；《试论以人为本的科学内涵和精神实质》，《高校理论战线》2008 年第 9 期；《以人为本与生态文明建设》，《高校理论战线》2009 年第 6 期；《科学发展观：以人为本和科学发展的统一》，《红旗文稿》2010 年第 1 期）中，对"以人为本"的含义问题已有所讨论。本文拟在此基础上专门就"以人为本"这一命题的含义作一些辨析。

一　以人为本的含义"不是"什么

我们党提出"以人为本"并把它确立为科学发展观的核心，是 21 世纪党的十六大召开之后的事情。在此之前，"以人为本"一语已经有过长期使用的历史，曾在不同的场合被用来表达不同的思想；在此之后，人们对"以人为本"仍然有不同的理解和运用。我们今天所要讨论的，是作为我们党的执政理念、作为科学发展观的核心的"以人为本"这一命题

（本文以下所说的以人为本，除行文中另有限定的外，都是在这个意义上使用的）究竟应如何理解的问题，而不是"以人为本"一语在其他场合的含义或它按字面的意思可以作出哪些解读的问题。为此，本文的辨析首先讨论这一命题的含义"不是"什么。笔者认为，多种在历史上或现实中实际存在的对"以人为本"的理解或运用，都不是或不同于我们党提出的作为科学发展观核心的以人为本的含义。以下就以人为本同它们的区别分别作一些讨论。

第一，以人为本不是同物质本体论相对立的本体论意义上的命题。

哲学本体论所回答的，是世界归根到底是什么的问题。马克思主义的本体论是辩证唯物主义的物质本体论，它认为世界是多样性统一的物质世界，物质是本原的，意识是派生的。在马克思主义哲学中，这一基本观点不是用"以物为本"来表达的。以人为本所回答的，不是关于世界本体的问题，不是哲学基本问题中"何者为本原，何者为派生"的问题。以人为本，决不是说人是世界的本体或本原，万物都是由人派生的。以人为本中的"本"，不是指世界的本体或本原。以人为本作为马克思主义科学体系中的重要命题，是建立在辩证唯物主义世界观的基础之上的。它在坚持物质决定意识的前提下，回答了我们在社会实践中处理各种关系时应该以何者为本位、根本、主体的问题，确立了我们行为的根本出发点、落脚点。

有的论者把物质是世界的本原、本体的观点称为"以物为本"，而把提出以人为本说成是对这种"以物为本"的否定。这一误读包含着双重错误，既否定了唯物主义的根本观点，又曲解了以人为本的科学内涵，把以人为本当成了同唯物主义基本立场、观点相对立的唯心主义的命题。这样来解读以人为本，不论对它持赞成或反对的态度，都是不正确的。这一错误理解的发生，主要是对以人为本的"本"作了不正确的解读。

在我们党提出以人为本的科学发展观之前，在企业管理的理论和实践中，已经有"以人为本"的提法，它是针对企业管理中的"以物为本"提出的。在这一场合，这两个命题所争论的，是企业发展中人的因素和物的因素何者更重要、更为根本的问题，不是世界的本原、本体问题。这个意义上的"以人为本"，认为人力资源比之物的因素对企业发展具有更为根本的意义，强调企业管理要把发挥人的作用放在首位。这是一种合理的思想，它同科学发展观所主张的以人为本在一定的意义上是吻合的。

第二，以人为本不是作为世界观、历史观的人道主义。

14—16 世纪欧洲文艺复兴时期，针对着以神为中心的中世纪神学，出现了以人为中心的人文主义，后来发展为 17—18 世纪资产阶级革命时期的人道主义。其核心思想，可以用"以人为本"来表达。所以，如何看科学发展观中的以人为本同资产阶级的人道主义的关系，是辨析以人为本的含义的一个重要问题。

在20 世纪 80 年代我国关于人道主义和异化问题的讨论中，争论的一个焦点就是如何看待资产阶级的人道主义，如何认识它同马克思主义的历史唯物主义的关系。1983 年 10 月，邓小平在党的十二届二中全会上严肃地批评有些人"宣传抽象的人性论、人道主义"，他说"人道主义和异化论，是目前思想界比较突出的问题"，强调"不能抽象地讲人的价值和人道主义"。他要求"马克思主义者应该站出来讲话"。[①] 按照邓小平的要求，胡乔木撰写了《关于人道主义和异化问题》这篇讲话式的论文，论述了马克思主义同作为世界观、历史观的资产阶级人道主义的本质区别，反对"把马克思主义人道主义化"。[②] 1984 年 1 月，邓小平批示"这篇文章写得好"，并要求"在《人民日报》发表或转载。由教育部规定大专学生必读"。[③] 近年党中央提出以人为本后，有些论者宣称中央肯定了当年争论中他们所宣扬的观点，旧事重提，避开邓小平的重要讲话和批示，以胡乔木的文章为靶子，重挑争论，称这篇文章对资产阶级人道主义的批评是一场"寒流"，"有悖于马克思主义，有违于时代潮流，有逆于历史前进的方向"。这样，他们就把党中央提出以人为本同当年邓小平对抽象地宣传人道主义的批评对立起来，把以人为本同作为世界观、历史观的资产阶级人道主义混同起来。这是对以人为本的曲解。

邓小平指出："人道主义有各式各样，我们应当进行马克思主义的分析，宣传和实行社会主义的人道主义（在革命年代我们叫革命人道主义），批评资产阶级的人道主义。"[④] 胡乔木按照邓小平讲话精神撰写的《关于人道主义和异化问题》一文，坚持对人道主义进行马克思主义的分

---

① 《邓小平文选》第 3 卷，人民出版社 1993 年版，第 43、42、41、46 页。
② 《胡乔木文集》第 2 卷，人民出版社 1993 年版，第 596 页。
③ 《邓小平年谱（1975—1997）》下卷，中央文献出版社 2004 年版，第 953 页。
④ 《邓小平文选》第 3 卷，人民出版社 1993 年版，第 41 页。

析。文章指出，人道主义有"作为世界观和历史观"与"作为伦理原则和道德规范"两方面的含义。① 我们讲的社会主义人道主义，是一种伦理原则和道德规范。"作为世界观和历史观，马克思主义和人道主义，历史唯物主义和历史唯心主义，根本不能互相结合、互相纳入、互相包含或互相归结。完全归结不能，部分归结也不能。"② 文章强调，一些人在人道主义问题上宣传的错误观点，就是企图抹杀历史唯物主义同人道主义历史观这种历史唯心主义的对立，把两种不同的历史观混同起来。胡乔木文章中的这些基本观点，实际上是对邓小平在党的十二届二中全会上重要讲话精神的理论阐述，今天看来仍然是站得住的。

马克思创立自己的新世界观的思想历程，是离开黑格尔走向费尔巴哈，又超越费尔巴哈，走向历史唯物主义的过程。费尔巴哈的唯物主义是人本主义的唯物主义。唯物主义者费尔巴哈一进入社会历史领域，进入对人与社会的认识，就陷入了唯心史观，成为"上半截"的唯心主义者。马克思之所以能超越费尔巴哈，是因为他在劳动发展史中找到了理解社会历史的锁钥，从直接生活的物质生产出发来认识整个社会生活，认识社会的历史发展。马克思和恩格斯批评费尔巴哈"从来没有看到现实存在着的、活动的人，而是停留于抽象的'人'，并且仅仅限于在感情范围内承认'现实的、单个的、肉体的人'"。③ 马克思把人作为在社会历史中行动的人去考察，不再是用人去说明社会历史，而是从社会历史出发去理解人、说明人，从而实现了"从费尔巴哈的抽象的人转到现实的、活生生的人"。④ 不超越作为世界观、历史观的人道主义，就没有马克思主义的辩证唯物主义和历史唯物主义。

把我们党所说的以人为本混同于人道主义的历史观，是离开马克思主义的科学思想体系去解读它，是从历史唯物主义向后倒退。作为科学发展观核心的以人为本，是历史唯物主义基本原理的表达和运用，同作为世界观、历史观的人道主义是根本对立的，决不能将二者混为一谈。现实的人的本质、人性，都是在具体的社会历史条件下，在其所从事的社会实践中，在现实的社会关系中形成的，因而体现着一定的社会关系的总和。人

---

① 《胡乔木文集》第 2 卷，人民出版社 1993 年版，第 582 页。
② 同上书，第 596 页。
③ 《德意志意识形态》，《马克思恩格斯选集》第 1 卷，人民出版社 1995 年版，第 78 页。
④ 《马克思恩格斯选集》第 4 卷，人民出版社 1995 年版，第 241 页。

道主义的历史观之所以是唯心主义历史观，是因为它假定了一种脱离具体社会历史条件和社会关系的先在的一般"人性"，并从这种"人性"出发去理解社会历史，说明社会现象。近年来相当流行的种种抽象地谈论"人性化"的观点，不能不说是自觉或不自觉地表现出这种人道主义历史观的影响和对以人为本的误解。

第三，以人为本不是主张"全人类的利益高于一切"。

"全人类的利益高于一切"是戈尔巴乔夫提出来的，是他的"人道的民主的社会主义"的"新思维"。他宣扬"全人类利益高于阶级利益"，"全人类的价值高于一切"，要"使国际关系人性化、人道主义化"。这一主张的错误，首先在于它不符合客观实际。自原始公社制解体以后，人类社会就分裂为各个不同的阶级，在阶级对立中运动、发展。今天的世界，资本主义的生产方式、社会制度不仅使资本主义国家内部分裂为两大对立的阶级，也使世界分裂为不同的世界。人类在 20 世纪经历了两次世界大战，经历了战后的冷战时期，21 世纪又发生了战后最严重的金融危机、经济危机，至今世界仍然很不安宁。霸权主义和强权政治依然存在，局部冲突和热点问题此起彼伏，全球经济失衡加剧，南北差距拉大，传统安全威胁和非传统安全威胁相互交织，世界和平与发展两大问题一个也没有解决。因此，我国高举和平、发展、合作的旗帜，反对各种形式的霸权主义和强权政治，主张各国人民携手努力，推动建设持久和平、共同繁荣的和谐世界。面对冷战时期分裂的世界，戈尔巴乔夫宣扬的"全人类利益高于一切"完全是欺人之谈。它掩盖了现实社会中深刻的矛盾，特别是阶级矛盾，只能解除人民的思想武装，为西方敌对势力和霸权主义、强权政治张目。

当今世界，随着经济全球化的深入发展，环境、资源、人口等一系列全球性问题凸显出来，需要从人类整体包括子孙后代的利益出发，协调全人类的行动，妥善处理。因此，我国主张各国人民在环保上相互帮助、协力推进，共同呵护人类赖以生存的地球家园。这也是以人为本的题中之义。必须看到，人与自然的关系，是同人们之间的社会关系缠绕在一起，分不开的。只有在人们之间社会联系和社会关系的范围内，才会有人们对自然界的关系和对自然界的影响。当代环境危机的根源存在于人类社会之中，实质上是资本主义制度的危机。2010 年春应对气候变化的哥本哈根全球峰会上的激烈争论就是明证。因此，面对全球性问题，决不能回避、掩盖社会矛盾。坚决反对某些国家、某些人为了一己私利破坏环境和资源，转嫁危机，对于解决全球性问题，维护人类整体的利益是不可缺少的。抹杀现实世界中客观存在的矛盾，抽象地设定一个高于一切的"全人类利益"，只能是一种脱离实际的空谈，甚至是一种欺骗或陷阱，与我们所主张的以人为本具有完全不同的性质。

第四，以人为本不能归结为以个人为本。

有意无意地将以人为本归结为以个人为本、以某个或某些个人为本，这也是一种时常可以见到的观点。我们在实际生活中看到，有一些为了个人或小团体局部利益而损害国家、人民利益的行为，却用"以人为本"作自我辩解。"我是人，所以要以我为本"，或"他是人，所以要以他为本"，这是某些论者的逻辑。把以人为本当作个人为本这种理解不能说毫无道理，但它是片面的，终究是不正确的。"全部人类历史的第一个前提无疑是有生命的个人的存在。"① 人民是由无数现实的、具体的个人组成的，不是离开具体个人的抽象的、独立的存在。以人为本，无疑包含着对个人的地位、作用和利益的肯定、尊重和维护。因此，不能离开现实的个人讲以人为本，把以人为本变成一句空话。但是，人民作为整体不能归结为其中的某一个或某一些个人，人民与其中的个人之间是既对立又统一的整体与部分的关系。离开了部分没有整体，肯定整体必然肯定其中的部分，但部分又不等于整体，部分与整体之间也是有矛盾的。处理这一矛盾必须以人民的整体利益为本而又同时照顾个人利益，如果在处理这种矛盾关系时以个人而不是以人民为本，把部分夸大起来代替了整体，那就是对整体的否定，对人民群众利益的否定，这样就会本末倒置。以个体为本位、以自我为中心的观念，同确认人民群众是历史主体的马克思主义的世界观、历史观、价值观不相容，因而背离了党中央提出以人为本的精神实质。

第五，以人为本同中国古代的民本思想有本质区别。

《尚书》中说，"民惟邦本，本固邦宁"。这种以"民"为"邦本"的思想表明统治者在一定程度上看到了"民"的力量，看到了"庶人"之于"君"，犹如水之于舟，"水则载舟，水则覆舟"。这种认识，在封建社会中是一种进步的有价值的思想，属于传统思想文化中的精华。我们讲

① 《马克思恩格斯选集》第1卷，人民出版社1995年版，第67页。

的以人为本和它有批判继承的关系。这一思想在古代文献中主要表述为
"以民为本"，可以称为"民本"思想。它有时也用"以人为本"来表
达。唐代《贞观政要·务农》中既有"以民为本"，也有"以人为本"，
讲的是同一种思想。

　　古代民本思想与我们党讲的以人为本的区别，首先表现于其中的
"民"不同于我们讲的"人"。它不是指人民，也不是指人类或个人，而
是指与"君"相对应的臣民。孟子讲的"民为贵，社稷次之，君为轻"
中的"民"，就是对应于"君"以及属于君的"社稷"而言的。"以民为
本"是站在君而不是民的立场上讲的，是说国君为了固自己的邦，保住
江山社稷，就要重视民，抓住民这个固邦之本，否则载舟之水就会变成覆
舟之水。所以，这里的出发点、落脚点都是君，而不是民，价值主体是君
而不是民。这种以民为本中的爱民，和爱牛、爱马差不多，是"老鼠爱
大米"，爱你就是要吃你，是为了用你而看重你，为了君而重视民。民是
手段，君才是目的。民不是被当作价值主体而给予尊重、为之奉献，是被
当作价值客体而予以占有和利用。所以，中国古代以民为本思想的实质是
以君为本，君这个本体作为不言而喻的前提隐含在其中，没有说出来。因
此，我们党讲的以人为本和中国古代的民本思想，既有唯物史观和唯心史
观的本质区别，又有工人阶级、人民大众立场和剥削阶级立场的根本
对立。

二　以人为本的含义和精神实质是什么？

　　准确地理解以人为本，不仅要辨析它的含义"不是"什么，更要弄
清它的含义是什么、它的精神实质是什么。

　　中国共产党是以马克思主义为指导思想和理论基础的党，党的基本理
论是中国化的马克思主义理论。因此，对于党的理论创新中新提出的以人
为本这一重要理念，必须坚持马克思主义的立场、观点和方法，把它放到
马克思主义的科学理论体系中去解读；必须坚持从实际出发，把它放到理
论与实践的相互关系中去理解；必须根据它在现实生活中特别是在党的重
要文献中的实际应用去解读，而不能仅仅从语源学上去理解。

　　毛泽东对"实事求是"的阐述，是运用中国古典文献中的语言表达
我们党的马克思主义思想的一个典范，我们今天理解以人为本的含义时，

可以从中获得有益的启示。出自《汉书·河间献王传》的"修书好古，实事求是"一语，原来是讲的一种读书、做学问的态度，而毛泽东用"实事求是"来概括我们对待马克思主义应有的态度时，对它作了明确的界说："'实事'就是客观存在着一切事物，'是'就是客观事物的内部联系，即规律性，'求'就是我们去研究。我们要从国内外、省内外、县内外、区内外的实际情况出发，从其中引出其固有的而不是臆造的规律性，即找出周围事变的内部联系，作为我们行动的向导。"① "实事求是"四个大字作为毛泽东思想的精髓，作为我们党的思想路线和马克思主义学风的集中概括，其准确的含义就是如此。因此，今天我们理解和阐释党的实事求是思想，其经典的出处和解读的文本依据不是《汉书》，而是毛泽东的《改造我们的学习》。我们党在十六大后提出以人为本这一执政理念时，也对它作了明确的阐述。这些阐述集中体现于党的总书记胡锦涛同志的历次重要讲话中，而其中最重要的，是党的十七大报告中的这样一段话：

　　"必须坚持以人为本。全心全意为人民服务是党的根本宗旨，党的一切奋斗和工作都是为了造福人民。要始终把实现好、维护好、发展好最广大人民的根本利益作为党和国家一切工作的出发点和落脚点，尊重人民主体地位，发挥人民首创精神，保障人民各项权益，走共同富裕道路，促进人的全面发展，做到发展为了人民、发展依靠人民、发展成果由人民共享。"②

　　这就是党的十七大对以人为本的科学内涵和精神实质的阐释，是迄今为止党的文献中关于以人为本的最完整、精辟的也是最权威的论述。我们解读以人为本的含义，应该以这一段论述为依据，把认识统一到党的十七大精神上来。历史上和现实中对"以人为本"一语在其他意义上的种种解读和运用，虽然同我们所讲的以人为本不无联系，因而不能拒之于自己的理论视野之外，但是都不能当作解读科学发展观中的以人为本的依据。

　　正确理解以人为本的含义，必须正确解读其中的"人"和"本"，正如对"实事求是"的科学认识离不开对其中"实事"、"是"和"求"的

　　① 《毛泽东选集》第 3 卷，人民出版社 1991 年版，第 801 页。
　　② 《十七大以来重要文献选编》（上），中央文献出版社 2009 年版，第 12 页。

解读一样。笔者认为，以人为本的"本"，就是十七大报告这段论述中讲的"根本"、"出发点"、"落脚点"、"主体地位"，而不是本体论、存在论意义上的世界本体或本原。以人为本的"人"，首先的、主要的是指这段论述中反复强调的"人民"，其次，也在一定的场合包括了所有与自然、与物相对应的"人"。在这一段共 144 字的论述中，"人民"一词出现了 9 次。党的十七大对以人为本的阐述，始终是围绕着"人民"这个关键词展开的。

马克思主义的基本原理都体现着世界观和方法论的统一。以人为本作为我们党的执政理念，既是对现实世界中客观存在的本质关系的反映，又是我们处理事物本质关系的基本原则。人们在社会生活、社会实践中同时发生着两种关系，一种是人与自然的关系，一种是人们之间的社会关系。对以人为本的含义，我们可以从这两种关系中去考察，并把这两方面结合起来。

根据这样的理解，以人为本的内涵可以概括为：人民为本是以人为本的基本内涵，无论处理人与自然的关系或人们之间的社会关系，都必须以人民为本；人与自然关系中的人类为本是以人为本的内涵之一；以人为本包含着对个人的地位、作用和利益的肯定，但不能归结为以个人为本。

马克思在论述"生产的一切时代有某些共同标志，共同规定"时说，"主体是人，客体是自然，这总是一样的"。① 在任何时代，在人与自然的关系中，总是人是主体，自然是客体。而在这种关系中作为主体的人，是整个人类，包括所有的人。在自然面前，与"物"相对应，要以整个人类为本。我们坚持作为伦理原则、道德规范的社会主义人道主义，就体现了这种以人为本的精神。社会主义人道主义实施的对象是所有的人，不限于人民，而是要把所有的人都同自然物、同动物区别开来，当作人来对待。所以完整意义上的以人为本包括了人与自然关系上的人类为本或人人为本这一层含义。看不到这一点，就不能深入地理解和阐明坚持社会主义人道主义的理论依据。这当然不是说，只有人类为本才适用于人与自然的关系，人民为本只适用于处理社会关系。人民为本适用于所有场合，是我们在一切社会实践中都必须遵循的基本准则。

人民为本作为以人为本的基本内涵，体现了它的精神实质。

---

① 《马克思恩格斯选集》第 2 卷，人民出版社 1995 年版，第 3 页。

在我们党的马克思主义世界观、历史观中，"人民"是一个非常重要的关键词。胡锦涛同志强调指出："相信谁、依靠谁、为了谁，是否始终站在最广大人民的立场上，是区分唯物史观和唯心史观的分水岭，也是判断马克思主义政党的试金石。"① 就历史观而言，是否承认人民群众是历史的创造者，是推动历史前进的根本动力，这条分水岭把唯物史观和唯心史观区分开来了。列宁曾经把以往的历史理论的根本缺陷概括为不懂得社会发展客观规律和看不到人民群众的作用这两条，从而指明了唯物史观和唯心史观的根本分歧之所在。"人民，只有人民，才是创造世界历史的动力"②，这是历史唯物主义最基本的原理。就党的性质而言，中国共产党是中国工人阶级的先锋队，而工人阶级的阶级地位决定了它同人民群众的根本利益完全一致，因此，党始终代表最广大人民的根本利益，没有自己特殊的利益，把全心全意为人民服务作为自己唯一的宗旨。这是检验我们是否坚持了党的性质的试金石。细读党中央关于以人为本的各种论述，可以感受到，处处都体现着相信人民的力量、维护人民的利益、依靠人民群众的精神。以人为本，实际上是在新的历史条件下对马克思主义关于人民群众的地位和作用的理论，对我们党的群众观点和群众路线的一种集中表达，而这就是它的精神实质之所在。因此，从精神实质上说，"以人为本的'人'，是指人民群众"。"以人为本的'本'，就是本源，就是根本，就是出发点、落脚点，就是最广大人民的根本利益。"③

党的十七大报告强调"尊重人民主体地位"，这是对"相信谁、依靠谁、为了谁"的明确回答，突出地体现了以人为本的精神实质。"主体地位"，从根本上说，从世界观、历史观的层面说，就是"历史主体"的地位，也就是作为历史的创造者、根本动力的地位。以人为本，就是正确回答"相信谁"的问题，相信历史是人民群众创造的。在这一基础上，"主体地位"还包括价值主体和实践主体的地位。从价值观的层面说，以人为本，就是维护人民的价值主体地位，正确回答"为了谁"的问题，把人民根本利益作为我们价值追求的出发点、落脚点和价值判断、价值选择的根本标准，坚持人民利益高于一切、重于一切、大于一切。从实践观的

---

① 《十六大以来重要文献选编》（上），中央文献出版社 2005 年版，第 369 页。
② 《毛泽东选集》第 3 卷，人民出版社 1991 年版，第 1031 页。
③ 中共中央宣传部：《科学发展观学习读本》，学习出版社 2008 年版，第 26 页。

层面说，以人为本，就是尊重人民的实践主体地位，正确回答"依靠谁"的问题，坚持实践和认识的主体是人民群众而不是少数个人，发挥人民的首创精神，从人民中获取无穷无尽的力量源泉。价值观、实践观的问题，归根到底也是世界观、历史观的问题。所以，以人为本以马克思主义世界观、历史观为基础，体现了世界观、历史观和价值观、实践观的统一。

所以笔者认为，以人民为本，尊重人民主体地位，一切相信人民，一切为了人民，一切依靠人民，这就是作为科学发展观核心的以人为本的精神实质。

（原载《毛泽东邓小平理论研究》2010 年第 12 期；收入《以人为本与中国特色社会主义建设》，现代教育出版社 2011 年版）

走自己的路

——试论"独立自主"思想的科学内涵、精神实质和重要地位

提要 独立自主思想具有丰富的内涵,表现于处理国家关系、国际上党际关系、国内阶级关系、内外力量关系及外交政策等各个方面。独立自主集中体现于对历史发展道路的选择。"把马克思主义基本原理同中国具体实际相结合,走自己的路",是独立自主的精神实质。独立自主不仅是毛泽东思想的活的灵魂,也是中国特色社会主义理论体系和整个中国化马克思主义的活的灵魂。

"独立自主"是毛泽东思想活的灵魂的三个基本方面之一。依笔者所见,它也是中国特色社会主义理论体系的活的灵魂的一个基本方面。这一思想在整个中国化马克思主义中具有极为重要的地位。深入研究独立自主思想的科学内涵、精神实质和重要地位,对于推进马克思主义中国化研究具有重要意义。

一 独立自主的科学内涵

中国共产党人的独立自主思想是在党领导人民进行革命、建设和改革的历史实践和理论探索中形成和发展起来的。它既表达于党的理论阐述中,又体现在党的路线、方针、政策中,为党和人民群众所践行。它来自实践又指导实践,接受了实践检验,又在实践中不断发展。它历经建党90年来的发展,具备了极为丰富的思想内涵。

第一,独立自主思想,是中国人民争取民族独立、捍卫国家主权的思想。独立自主,就是中国人民推翻帝国主义的民族压迫,拒绝一切外来干

涉，自己当家做主。

独立自主中的"独立"，首先是中华民族的独立；"自主"，首先是国家的自主，即维护国家主权。自1840年鸦片战争后，中国一步步沦为半殖民地半封建社会。"半殖民地半封建社会"，这就是中国的基本国情。它意味着中国少了两件东西，就是独立和民主；又多了两件东西，就是帝国主义的压迫和封建主义的压迫。因此，近代中国面临着实现民族独立、人民解放的历史任务。这是中国富强和人民富裕的历史前提。而帝国主义和中华民族的矛盾，又是中国各种矛盾中最主要的矛盾。所以，推翻帝国主义的压迫，实现国家和民族的独立，是党领导中国人民首先要完成的任务，因而也是中国共产党人独立自主思想的首要内涵。

1922年召开的党的二大，在中国第一次明确提出了反帝反封建的民主革命纲领，把"推翻国际帝国主义的压迫，达到中华民族的完全独立"① 列入党的纲领。1949年中国革命的胜利和中华人民共和国的成立，把这一独立自主的主张变成了中国大地上的现实。1949年6月，当建国伟业实施之际，毛泽东在新政治协商会议筹备会上强调："中国必须独立，中国必须解放，中国的事情必须由中国人民自己作主张，自己来处理，不容许任何帝国主义国家再有一丝一毫的干涉。"② 1949年9月30日，毛泽东在中国人民政治协商会议第一届全体会议的宣言中宣告中华人民共和国成立时，指出："我们四万万七千五百万中国人现在是站立起来了"，"中国的历史，从此开辟了一个新的时代"。③

新中国的成立和民族独立的实现并不意味着这层意义上的独立自主思想失去了现实意义。维护民族独立、反对外来干涉始终是我国的一项重要任务。1982年邓小平在党的十二大开幕词中表达了这一思想，他说："中国人民珍惜同其他国家和人民的友谊和合作，更加珍惜自己经过长期奋斗得来的独立自主权利。任何外国不要指望中国做他们的附庸，不要指望中国会吞下损害我国利益的苦果。"④ 这种捍卫国家主权和民族独立，决不附庸他人的独立自主精神，贯穿于新中国的全部历史。

---

① 《中国共产党第二次全国代表大会文件（1922年7月）》，《中共中央文件选集》（1921—1925），中共中央党校出版社1982年版，第36页。
② 《毛泽东选集》第4卷，人民出版社1991年版，第1465页。
③ 《毛泽东文集》第5卷，人民出版社1996年版，第347、348页。
④ 《邓小平文选》第3卷，人民出版社1993年版，第3页。

　　第二，独立自主思想，是中国共产党人和中国人民根据中国国情自主决定中国革命、建设和改革道路的思想。独立自主意味着在世界社会主义运动中正确处理同无产阶级国际组织之间的关系、同各国共产党之间的关系，依自己的见解行事，走自己的道路。

　　中国共产党是在第三国际的帮助下建立起来的。党的一大决议中就有"党中央委员会应每月向第三国际报告工作"[①] 的规定。1922年党的二大做出了加入第三国际的决议，宣布"完全承认第三国际所决议的加入条件二十一条"，成为"国际共产党之中国支部"。[②] 而"加入条件"的第二十一条规定："党员如果原则上否认共产国际所提出的义务和提纲，应该开除出党。"[③] 由于这种上下级之间的领导和被领导的关系，党在相当长的一个时期中的正确与错误、成功与失败，都同共产国际直接相关。一方面，共产国际的指导和帮助在许多问题上对幼年的中国共产党起了积极作用；另一方面，共产国际的思想禁锢和组织控制又对中国共产党从中国实际出发探索中国革命道路起了消极、阻碍作用。如毛泽东所指出的："有先生有好处，也有坏处。""从1921年党成立到1934年，我们就是吃了先生的亏，纲领由先生起草，中央全会的决议也由先生起草，特别是1934年，使我们遭到了很大的损失。"[④] 土地革命战争时期的三次"左"倾路线错误，都同共产国际直接关联。当时在国际共产主义运动中和我们党内盛行的把马克思主义教条化，把共产国际决议和苏联经验神圣化的错误倾向，使中国革命几乎陷于绝境。以毛泽东为代表的中国共产党人的独立自主思想，正是作为同它相对立的思想，在反对这种错误倾向的斗争中形成和发展起来的。

　　从1927年走上井冈山开始，毛泽东和我们党从中国实际出发，找到了一条农村包围城市、武装夺取政权的道路，一条分两步走，通过新民主主义革命走向社会主义的道路。1930年，毛泽东在《反对本本主义》中针对教条主义大声疾呼"没有调查，没有发言权"，提出"中国革命斗争的胜

---

　　① 《中国共产党第一个决议》，《中共中央文件选集》（1921—1925），中共中央党校出版社1982年版，第9页。

　　② 《中国共产党加入第三国际决议案》，《中共中央文件选集》（1921—1925），中共中央党校出版社1982年版，第39页。

　　③ 同上书，第45页。

　　④ 《毛泽东文集》第8卷，人民出版社1999年版，第338—339页。

利要靠中国同志了解中国情况"，号召"到群众中作调查去"！① 1935年1月的遵义会议在中国共产党与共产国际完全失去联系的情况下，在事实上确立了毛泽东在红军和党中央的领导地位，标志着中国共产党走上了一条独立自主的道路，成为党的历史上一个生死攸关的转折点。毛泽东后来说："真正懂得独立自主是从遵义会议开始的。"② 1935年七八月召开的共产国际七大，决定将工作重点转移到制定国际工人运动的基本政策、策略路线，一般不直接干涉各国共产党内部组织事务。1938年党的六届六中全会进一步确立了毛泽东在全党的领导地位，提出了马克思主义中国化的命题。经过延安整风，1945年党的七大确立毛泽东思想为指导思想，使全党有了牢固的理论基础。没有中国共产党的独立自主，就没有毛泽东思想的创立和领导地位的确立，就不可能开辟出适合中国国情的革命道路。毛泽东在新中国成立后回顾说："中国这个客观世界，整个地说来，是由中国人认识的，不是在共产国际管中国问题的同志们认识的。"③ 他还指出："俄国的问题只能由列宁解决，中国的问题只能由中国人解决。"④

中国特色社会主义道路的开辟，也是中国共产党人坚持独立自主的结果。邓小平在1986年的一次谈话中论述"建设有中国特色的社会主义"时，明确地把它同"独立自主"直接联系起来，他说："我们历来主张世界各国共产党根据自己的特点去继承和发展马克思主义，离开自己国家的实际谈马克思主义，没有意义。所以我们认为国际共产主义运动没有中心，不可能有中心。我们也不赞成搞什么'大家庭'，独立自主才真正体现了马克思主义。"⑤

可见，独立自主，既是中华民族在世界民族之林中的独立自主，也是中国工人阶级和中国共产党在世界社会主义运动、国际无产阶级和党际关系中的独立自主。

第三，独立自主思想，是正确处理统一战线中无产阶级和资产阶级关系、统一性和独立性关系的思想，是在抗日民族统一战线中处理国共两党关系方面保证我党独立性的思想。

① 《毛泽东选集》第1卷，人民出版社1991年版，第115、109、116页。
② 《毛泽东文集》第8卷，人民出版社1999年版，第339页。
③ 同上书，第299页。
④ 同上书，第5页。
⑤ 《邓小平文选》第3卷，人民出版社1993年版，第191页。

统一战线是党在中国革命中的三大法宝之一。要取得革命胜利，必须建立广泛的统一战线。尤其是在抗日战争时期，国共合作抗日是救亡图存的唯一正确道路。没有抗日民族统一战线的建立与坚持，就不可能有抗日战争的发动、坚持和胜利。而坚持统一战线中的独立自主原则，是把抗日战争引向胜利之途的中心一环。

1935 年 12 月毛泽东在瓦窑堡会议上领导我们党确立抗日民族统一战线的策略时，就提出了"共产党和红军在民族统一战线中的领导作用"①问题。抗战初期，毛泽东敏锐地分析了蒋介石企图统制共产党、限制和削弱红军和抗日根据地的政策，分析了共产党内发生的迁就国民党的无原则倾向，尖锐地提出并论述了"在统一战线中，是无产阶级领导资产阶级呢，还是资产阶级领导无产阶级？是国民党吸引共产党呢，还是共产党吸引国民党"②的问题。他强调，"一定要实行'统一战线中的独立自主'这个原则，一定要克服投降主义或迁就主义"。③

1937 年 11 月王明从共产国际回国后，反对党中央坚持统一战线中独立自主的政策，提出了比较系统的右倾投降主义主张，要"一切服从统一战线"、"一切经过统一战线"，并公开宣扬他的错误主张，危害了党的实际工作。1938 年召开的党的六届六中全会纠正了这一错误。毛泽东在全会上指出，"一切经过统一战线"是不对的。不应该用这个口号把自己的手脚束缚起来，而应该既有"先奏后斩"，又有"先斩后奏"，还有"斩而不奏"、"不斩不奏"。他强调，"我们的方针是统一战线中的独立自主，既统一，又独立"，必须"保存党派和阶级的独立性，保存统一战线中的独立自主"，"把统一战线中的统一性和独立性、民族斗争和阶级斗争，一致起来"。④

坚持统一战线中的独立自主的实质，是坚持无产阶级在统一战线中的领导权。中国新民主主义革命的胜利，没有一个最广泛的统一战线是不可能的，而"没有中国共产党的坚强的领导，任何革命统一战线也是不能胜利的"⑤。毛泽东指出，资产阶级极力影响无产阶级和共产党，"力求消

① 《毛泽东选集》第 1 卷，人民出版社 1991 年版，第 157 页。
② 《毛泽东选集》第 2 卷，人民出版社 1991 年版，第 391 页。
③ 同上书，第 395 页。
④ 同上书，第 539、540 页。
⑤ 《毛泽东选集》第 4 卷，人民出版社 1991 年版，第 1257 页。

灭无产阶级和共产党在思想上、政治上、组织上的独立性，力求把无产阶级和共产党变成资产阶级及其政党的尾巴"。① 忽视了这一事实，就是右倾机会主义。在抗日战争中存在着两种投降主义：民族的投降主义和阶级的投降主义。离开了统一战线中的独立自主这个原则，就是阶级的投降主义。阶级投降主义是民族投降主义的后备军，"为了使反对民族投降主义的斗争坚决有力，必须反对共产党内部和无产阶级内部的阶级的投降倾向"。② 党中央的正确路线，是"力争领导权，力争独立自主的路线"，"也就是共产党领导的人民大众，反对日本帝国主义及其走狗的抗日战争的路线"。③ 坚持独立自主，就要对国民党采取又团结又斗争的方针，以斗争求团结，就要保持共产党在思想上、政治上和组织上的独立性，实行自己的政治路线，放手发动群众，领导全国人民抗战，就要坚持党对八路军、新四军和其他人民军队的绝对领导，壮大人民力量。

这层意义上的独立自主，是中国工人阶级和它的先锋队中国共产党在国内阶级关系和政党关系中的独立自主。

第四，独立自主思想，是处理自力更生和争取外援相互关系的思想，它回答了中国革命和建设依靠什么力量的问题。独立自主，就是自力更生为主，争取外援为辅。

无论革命或建设，都有一个依靠什么力量的问题，有一个如何处理自己力量与外部援助关系的问题。独立自主是对这个问题的回答。近代以来资本主义的发展使历史成为世界历史，世界上的事情联成一气，想要割开也不可能了。侵略中国的日本帝国主义，是世界性的敌人，中国的抗战是世界性的抗战，是世界反法西斯战争的一部分。中国与世界的紧密联系是一个事实，因而也是我们的立脚点之一。国际援助是缩短战争时间的一个重要条件。因此，我们不仅要有国内的统一战线，还要有国际反法西斯的联合阵线。我们要努力争取外援，而决不能自处孤立。但是，我们不依靠外援，而是把自力更生当作自己的基本立脚点。毛泽东说："我们是主张自力更生的。我们希望有外援，但是我们不能依靠它，我们依靠自己的努力，依靠全体军民的创造力。"④ 无产阶级革命是国际性的事业，需要各

---

① 《毛泽东选集》第 2 卷，人民出版社 1991 年版，第 608 页。
② 同上书，第 396 页。
③ 《毛泽东文集》第 3 卷，人民出版社 1996 年版，第 315 页。
④ 同上书，第 1016 页。

国无产阶级相互支援。但是，"在全世界无产阶级联合起来这个国际主义的原则下，要学会自力更生，准备没有援助"。① 依靠自力更生，才能始终立于不败之地。

　　革命是如此，社会主义建设也是如此。从 20 世纪 50 年代中期到 70 年代的二十几年中，我国完全或基本上处于没有外援的状况，主要靠自力更生。我们不是不要外援，更不是闭关自守，但是主要靠自己的力量。没有外援迫使我们奋发努力，禁运和封锁激发我们自力更生，这是坏事变成好事。毛泽东把"独立自主搞建设"概括为："自力更生为主，争取外援为辅，破除迷信，独立自主地干工业、干农业、干技术革命和文化革命，打倒奴隶思想，埋葬教条主义，认真学习外国的好经验，也一定研究外国的坏经验——引以为戒，这就是我们的路线。"② 我国长期的历史经验反复证明，这条路线是完全正确的。邓小平曾把它当作中国的"首要经验"介绍给外国朋友，他说："你们想了解中国的经验，中国的经验第一条就是自力更生为主。我们的很多东西都是靠自己搞出来的。""我们向第三世界朋友介绍的首要经验就是自力更生。"③ 这样做，可以振奋起整个国家奋发图强的精神，把人民团结起来，克服困难。他在论述我国的对外开放政策时重申："我们一方面实行对外开放，另一方面仍然坚持建国以来毛泽东主席一贯倡导的自力更生为主的方针。必须在自力更生的基础上争取外援。"④ 邓小平在党的十二大概括说："中国的事情要按照中国的情况来办，要依靠中国人自己的力量来办。独立自主，自力更生，无论过去、现在和将来，都是我们的立足点。"⑤ 后来，"自力更生，艰苦创业"写进了党在社会主义初级阶段的基本路线，成为建设中国特色社会主义的重要指导原则。

　　第五，独立自主思想表现在国家的对外活动方面，就是奉行独立自主的和平外交政策。它是在外交关系和国际事务中坚持中国人民自己做主的思想。

　　中国人民经过千辛万苦才争得民族独立，因而在取得国家政权之后必

---

① 《毛泽东文集》第 3 卷，人民出版社 1996 年版，第 393 页。
② 《毛泽东文集》第 7 卷，人民出版社 1999 年版，第 380 页。
③ 《邓小平文选》第 2 卷，人民出版社 1994 年版，第 406 页。
④ 同上。
⑤ 《邓小平文选》第 3 卷，人民出版社 1993 年版，第 3 页。

然在对外政策方面坚持独立自主。新中国从成立之日起，就声明愿遵守平等、互利及互相尊重领土主权等项原则同任何外国建立外交关系。我国一贯奉行独立自主的和平外交政策。我们主张，国家之间的关系应该建立在和平共处五项原则的基础之上。国家不分大小，应该完全平等。国际间的事情要由各国商量解决，不能由少数大国来决定。中国坚决反对霸权主义，反对干涉别国内政，决不屈从于任何外来压力。毛泽东强调："反对大国欺侮我们。就是说，不许世界上有哪个大国在我们头上拉屎拉尿。""资本主义大国也好，社会主义大国也好，谁要控制我们，反对我们，我们是不允许的。"①

坚持独立自主的和平外交政策，就是对于一切国际事务，都从中国人民的根本利益和各国人民的共同利益出发，根据事情本身的是非曲直，决定自己的立场和政策。不依附任何大国，不同任何大国或国家集团结盟，不搞军事集团，不参加军备竞赛，不进行军事扩张。对于国际舆论的压力，泰然处之，不受他们挑动。中国不打别人的牌，也不让别人打我们的牌。

奉行独立自主的和平外交政策，是独立自主地走中国特色社会主义道路的必然要求和必然结果。邓小平指出："为什么说我们是独立自主的？就是因为我们坚持有中国特色社会主义道路。否则，只能是看着美国人的脸色行事，看发达国家的脸色行事。"②

二　"独立自主"的精神实质

独立自主的思想表现于处理国家关系、国际上党际关系、国内阶级关系、内外力量关系和外交政策等各个方面，多方面思想内容相互联结、相互交织，构成了一个整体。那么，贯穿在这个整体中的精神实质是什么呢？

1982 年，邓小平在党的十二大开幕词中第一次明确提出了"建设有中国特色的社会主义"这一具有重大历史意义的命题。他是这样论述的："把马克思主义的普遍真理同我国的具体实际结合起来，走自己的路，建

---

①　《毛泽东文集》第 8 卷，人民出版社 1999 年版，第 370 页。

②　《邓小平文选》第 3 卷，人民出版社 1993 年版，第 311 页。

设有中国特色的社会主义，这就是我们总结长期历史经验得出的基本结论。"①

2008 年，胡锦涛同志在纪念党的十一届三中全会召开 30 周年大会上的讲话中，在全面总结改革开放 30 年的成就和经验后得出一个重要结论："30 年的历史经验归结到一点，就是把马克思主义基本原理同中国具体实际相结合，走自己的路，建设中国特色社会主义。"②

邓小平的论述，概括的是到 1982 年党的十二大为止党的长期历史经验的"基本结论"；胡锦涛同志所概括的，是 1978 年到 2008 年 30 年的历史经验"归结到一点"的结论。这些都是在重要历史关节点上作出的历史性总结，都是在最高层次上对党的历史经验的简明概括，值得深入学习和研究。比较这两段话可以看到，它们从理论内容到文字表述几乎都是一样的。这一结论包括两个要点，一是"把马克思主义基本原理同中国具体实际相结合，走自己的路"；二是"建设中国特色社会主义"。如果说，"建设中国特色社会主义"是对中国走什么道路的回答，那么，"把马克思主义基本原理同中国具体实际相结合，走自己的路"则是回答了中国特色社会主义这条道路是如何找到的、今后应该如何去走的问题，是我们坚持这条道路的立场、观点和方法。

笔者认为，"把马克思主义基本原理同中国具体实际相结合，走自己的路"，这一基本结论不仅适合于改革开放以来 30 年的历史，而且对于建党 90 年来的历史，对于我们党过去、现在和将来的各个历史阶段都是适用的。独立自主思想的精神实质，就是"把马克思主义基本原理同中国具体实际相结合，走自己的路"。它包括紧密关联的两层含义。

第一，独立自主就是"走自己的路"。

"走自己的道路"是邓小平著作中反复多次出现的命题③，它集中表达了独立自主的实质。独立自主的"自"，即"走自己的路"中的"自己"，是独立自主的主体。这个主体，从总体上说，就是中国人民，是同中国最广大人民根本利益一致因而代表了中国人民利益的中国工人阶级，是除了代表工人阶级和人民群众的利益外没有任何特殊利益的中国工人阶

①　《邓小平文选》第 3 卷，人民出版社 1993 年版，第 3 页。
②　《十七大以来重要文献选编》（上），中央文献出版社 2009 年版，第 809 页。
③　参见《邓小平文选》第 3 卷，人民出版社 1993 年版，第 3、27、62、63、95、135、256 页。

级的先锋队中国共产党。在不同的具体场合，"自己"的具体含义可以有所不同，或指党，或指中国工人阶级，或指中国人民，这是同一主体在不同具体条件下的不同层次的表现，没有原则性的不同。

国家、人民、阶级、政党的价值判断和价值选择，集中表现在对国家发展道路的看法上。独立自主，集中表现在自己"走路"上。如何走路，包括如何选择道路和如何去走两个方面。一是自主决定走什么路。自己从中国实际出发找到要走的路，而不是跟在别人后面爬行，走别人走过的路，或听命于人，由他人决定中国的道路。二是自己的路靠自己走。依靠自己的力量而不是依靠外援走路，在自力更生的基础上争取外援，走好自己的路。所以，"走自己的路"，是独立自主的集中体现。

第二，只有把马克思主义基本原理同中国具体实际相结合，才能走好自己的路。

"走自己的路"不是随心所欲，不是主观随意地选择道路。正确道路的选择，应该是合规律性与合目的性的统一。一是要符合社会历史发展客观规律，符合中国实际；二是要符合人民根本利益。这二者是统一的。只有从人民根本利益出发，才能揭示并运用社会客观规律；只有遵循社会客观规律，才能实现人民根本利益。怎样才能找到既符合客观实际、客观规律又代表中国人民根本利益的道路呢？说到底，必须以马克思主义为指导，从中国实际出发。这就是"把马克思主义基本原理同中国具体实际相结合"。

马克思主义是工人阶级的科学世界观。工人阶级是人类历史上最伟大的一个阶级，它在社会生产体系中的地位决定了它的阶级利益与最广大人民的利益一致，与社会发展客观规律一致，因而代表着人类和社会的未来。马克思主义从创立之日起就是作为自觉的工人阶级的世界观问世的，它是工人阶级达到自我意识、从自在的阶级发展成自为的阶级的标志。正因为如此，只有马克思主义才创立了唯物主义历史观，揭示出历史发展的规律，把人类对社会的认识变成了科学。自从中国人民学会了马克思主义，拿它作为观察国家命运的工具，中国革命的面貌就为之一新，进入了以社会主义为前途的新民主主义革命阶段。而在此之前，先进的中国人向西方国家寻找真理，虽然是前赴后继，可歌可泣，却始终只能在黑暗中摸索，找不到救国救民的出路。没有马克思主义与中国工人运动的结合，就没有中国革命事业的领导核心中国共产党。没有马克思主义的指导，就不可能开辟出把中国革命、建设和改革引向成功的道路。

但是，马克思主义不是教条而是行动的指南。它所阐明的，是社会发展普遍规律和认识世界的根本立场、根本方法，而不是关于中国社会、中国革命、中国建设的具体结论。社会发展普遍规律在不同国家、不同历史阶段有不同表现。每个国家都有自己的国情，有由国情决定的具有各自特殊性的历史发展道路。因此，走自己的路，没有马克思主义不行；不能正确对待马克思主义也不行。中国新民主主义革命的道路，党的过渡时期总路线指明的中国成功实现社会主义改造的道路，引领中国发展进步的中国特色社会主义道路，都是以马克思主义为指导、从中国实际出发开创的道路，都是把马克思主义基本原理同中国具体实际相结合的辉煌成果。可见，"把马克思主义基本原理同中国具体实际相结合"，决定着"走路"的方向、途径和走法，是独立自主思想中一个具有决定性意义的因素。

只有坚持"结合"原则，才能"走自己的路"；只有"走自己的路"，才真正做到了"结合"。这二者的统一，就是"独立自主"的真谛。独立自主既是一种思想理论，又是一种渗透在思想理论及其实践中的精神，即坚持"结合"原则、走自己的路的精神。中国共产党和中国人民的具有极为丰富内容的"独立自主"的思想和实践，其真精神就是"把马克思主义基本原理同中国具体实际相结合，走自己的路"。

三　独立自主思想的重要地位

自觉地坚持独立自主，必须充分认识这一思想的重要地位，认识它在中国化马克思主义中的地位，在中国社会主义价值观中的地位。

第一，独立自主思想是中国化马克思主义的活的灵魂的一个重要方面。

1981年党的十一届六中全会通过的《关于建国以来党的若干历史问题的决议》对毛泽东思想作了全面论述。《决议》在概括和阐述毛泽东思想的多方面内容后作出一个重要论断："毛泽东思想的活的灵魂，是贯串于上述各个组成部分的立场、观点和方法，它们有三个基本方面，即实事求是，群众路线，独立自主。"① 这里把独立自主与实事求是、群众路线

---

① 《十一届三中全会以来党的历届全国代表大会中央全会重要文件选编》（上），中央文献出版社1997年版，第202页。

一起，论定为毛泽东思想的活的灵魂。

笔者认为，独立自主也是中国特色社会主义理论体系的活的灵魂的一个重要方面。包括邓小平理论、"三个代表"重要思想以及科学发展观等重大战略思想在内的中国特色社会主义理论体系，是和毛泽东思想一脉相承的。一脉相承的"脉"，首先就是毛泽东思想的活的灵魂，即实事求是、群众路线、独立自主。所谓"活的灵魂"，就是贯串于理论的各个组成部分的立场、观点和方法。毛泽东思想包括关于新民主主义革命、关于社会主义革命和社会主义建设、关于革命军队的建设和军事战略、关于政策和策略、关于思想政治工作和文化工作以及关于党的建设六个方面的内容；实事求是、群众路线和独立自主不是与它们并列的一个方面的思想内容，而是"毛泽东同志把辩证唯物主义和历史唯物主义运用于无产阶级政党的全部工作，在中国革命的长期艰苦斗争中形成"的"具有中国共产党人特色的""立场、观点和方法"①，所以称为"毛泽东思想的活的灵魂"。认真学习和研究中国特色社会主义理论体系可以看到，独立自主与它的多方面思想内容的关系也是如此，是贯串于其中的立场、观点和方法。如上所述，邓小平在党的十二大第一次提出"建设有中国特色的社会主义"时，胡锦涛同志在把改革开放 30 年的历史经验归结为一点，重申"建设中国特色社会主义"时，都是直接与"把马克思主义基本原理同中国具体实际相结合，走自己的路"联系在一起的，也就是说，都是把它看作坚持独立自主得出的结论。邓小平强调，"中国革命的成功，是毛泽东同志把马克思列宁主义同中国的实际相结合，走自己的路。现在中国搞建设，也要把马克思列宁主义同中国的实际相结合，走自己的路"。②他还提出，无论是农村或城市的改革，都是"走自己的路"，"这是我们吃了苦头总结出来的经验"。③党的十七大总结了改革开放以来的十条宝贵经验，即"十个结合"，"把坚持独立自主同参与经济全球化结合起来"是其中之一。胡锦涛同志在阐述这条经验时指出，独立自主是我们的根本基点，他说："在我们这样一个人口众多的发展中社会主义大国，任何时候都必须把独立自主、自力更生作为自己发展的根本基点，任何时候都要

---

①　《十一届三中全会以来党的历届全国代表大会中央全会重要文件选编》（上），中央文献出版社 1997 年版，第 202—203 页。

②　《邓小平文选》第 3 卷，人民出版社 1993 年版，第 95 页。

③　同上。

坚持中国人民自己选择的社会制度和发展道路"，"坚持中国的事情按照中国的情况来办、依靠中国人民自己的力量来办"。①

独立自主在毛泽东思想中的地位，也是它在整个中国化马克思主义中的地位，即是说，是它的活的灵魂的一个基本方面。

第二，独立自主是中国社会主义核心价值观的重要构成因素。

社会主义的价值观念是社会主义的根本经济制度、政治制度在思想观念中的反映，它包括多方面的内容。2006年党的十六届六中全会提出了社会主义核心价值体系这一重要概念，并把它的基本内容概括为四个方面，即马克思主义指导思想、中国特色社会主义共同理想、时代精神和民族精神以及社会主义荣辱观。在建设社会主义核心价值体系的过程中，凝练社会主义核心价值观的问题引起了学术理论界的关注和讨论。笔者认为，所谓社会主义核心价值观，就是社会主义价值观念中的核心观念，它是贯串于社会主义的各种思想观念并统摄它们的核心观念，也就是其中的活的灵魂。

社会主义社会是在中国共产党的领导下，以马克思主义特别是中国化马克思主义为指导思想和理论基础建立起来的。因此，中国化马克思主义的活的灵魂，也就是中国社会主义价值观念的核心或活的灵魂。

独立自主思想既体现了马克思主义的科学世界观，又继承和弘扬了中华民族精神，是具有中国特色的社会主义核心价值观。它具有深厚的中国历史文化渊源。中华民族精神，是以爱国主义为核心的团结统一、爱好和平、勤劳勇敢、自强不息的精神。中华民族历来注重自强不息、自胜自立。《周易》中的"天行健，君子以自强不息"千古流传。我国先哲们主张自主自制，自禁、自使、自夺、自取、自行、自止。中国共产党人的独立自主思想，是中华民族精神在中国革命、建设和改革实践中的升华，又是马克思主义的辩证唯物主义和历史唯物主义世界观的体现。马克思主义关于内部矛盾是事物发展的动力，内因是根据、外因是条件的原理，关于矛盾的普遍性与特殊性、共性与个性的关系是事物矛盾问题精髓的原理，关于社会基本矛盾运动推动社会发展的原理，关于人民群众是历史的创造者、决定历史发展方向的原理，为独立自主思想提供了充分的理论依据。中国共产党90年来的历史实践和辉煌成就，为独立自主思想提供了牢固

---

① 《十七大以来重要文件选编》（上），中央文献出版社2009年版，第805页。

的实践基础。因此，独立自主同实事求是、群众路线（"群众路线"也可按照科学发展观这一马克思主义中国化最新理论成果的核心理念表达为"以人为本"）一样，是社会主义价值观中的核心观念，是构成社会主义核心价值观的重要因素。

综上所述，我们应该全面把握独立自主思想的丰富内涵，领会它的精神实质，认识它的重要地位，在一切理论工作和实际工作中坚定不移地把马克思主义基本原理同中国具体实际相结合，走自己的路。

（原载《学习论坛》2011 年第 12 期）

中　编

马克思主义经典著作研读

五

马克思恩格斯列宁历史唯物主义
经典著作研读

"历史唯物主义的起源"

——马克思《关于费尔巴哈的提纲》研读

提要 《关于费尔巴哈的提纲》是马克思主义新世界观的历史起点和逻辑起点。《提纲》揭露和批判从前一切唯物主义的主要缺点，初步制定了科学的实践观，打开了认识社会历史的大门，在一系列重大问题上第一次提出了马克思主义的根本观点，作出了经典性的表述。《提纲》鲜明地体现了马克思主义的阶级性和实践性两个显著特点。

恩格斯晚年曾在一封信中写道："关于历史唯物主义的**起源**，在我看来，您在我的《费尔巴哈》。"《路德维希·费尔巴哈和德国古典哲学的终结》中就可以找到足够的东西——马克思的附录其实就是它的起源！① 被恩格斯称为"历史唯物主义的起源"的"马克思的附录"，就是《关于费尔巴哈的提纲》。

一 "包含着新世界观天才萌芽的第一个文件"

1845 年春，27 岁的马克思在一个笔记本上写下了一份十一条的提纲，他在笔记的上端写着："关于费尔巴哈。" 1888 年，恩格斯在马克思的旧笔记本中发现了这个提纲。恩格斯认为，"这是匆匆写成的供以后研究的笔记，根本没有打算付印。但是它作为包含着新世界观的天才萌芽的第一个文件，是非常宝贵的"。② 因此，恩格斯把这个提纲作为他的《路德维希·费尔巴哈和德国古典哲学的终结》一书的附录公开发表。恩格斯对

---

① 《马克思恩格斯选集》第 4 卷，人民出版社 1995 年版，第 721 页。
② 同上书，第 212—213 页。

《提纲》的个别地方作了修改，发表时的标题是《马克思论费尔巴哈》。1995 年出版的《马克思恩格斯选集》中文第 2 版在《关于费尔巴哈的提纲》这个总标题下，同时收入了《提纲》的两个稿本。其中，《关于费尔巴哈》是 1845 年马克思写在笔记本中的稿本，《马克思论费尔巴哈》是 1888 年恩格斯发表的稿本。

1888 年《提纲》发表时，马克思这位最伟大的思想家已经在 5 年前的 1883 年 3 月他 65 岁时停止了思想，历史走过了不到半个世纪的行程，但是，在这个《提纲》中萌芽的马克思主义的新世界观，却如恩格斯晚年所描述的，已经"在世界一切文明国家里，在西伯利亚矿山的囚徒中，在加利福尼亚的采金工人中，拥有无数的信徒；而这个学说的创始人、当时受到人们的憎恨和诽谤最多的一个人——卡尔·马克思，临到逝世时，却是新旧两大陆无产阶级的经常被请教的和永远乐于帮助的顾问"。①

"包含着新世界观的天才萌芽的第一个文件"，恩格斯这一论断准确地判定了《提纲》在马克思主义形成、发展中的历史地位。《提纲》是马克思主义新世界观的历史起点和逻辑起点。我们学习马克思主义的经典著作，也可以以研读《提纲》为起点。

1845 年春写下这个《提纲》的时候，马克思正处在创立自己新世界观的一个重要转折点上。列宁曾经写道："马克思在 1844—1847 年离开黑格尔走向费尔巴哈，又超过费尔巴哈走向历史（和辩证）唯物主义。"②这是对马克思的世界观形成过程的准确概括，而《提纲》就是马克思超过费尔巴哈走向历史唯物主义的标志。

19 世纪 30 年代马克思在柏林大学上学时，正是黑格尔主义在德国独占统治的时期。马克思曾经参加青年黑格尔派的团体"博士俱乐部"的活动，他 1841 年大学毕业时提交的论伊壁鸠鲁哲学的博士论文，"就其当时的观点来说，还是一个黑格尔唯心主义者"。③ 不过，博士论文已经表现出马克思对辩证法的深刻理解，这成为后来他的思想向前发展的重要因素。1842—1843 年为《莱茵报》撰稿并担任编辑的工作，使马克思直接

---

① 《马克思恩格斯选集》第 4 卷，人民出版社 1995 年版，第 210 页。
② 《列宁全集》第 55 卷，人民出版社 1990 年版，第 293 页。
③ 《列宁选集》第 2 卷，人民出版社 1995 年版，第 414 页。

卷入了德国资产阶级反对封建制度的现实政治斗争。对现实的关注和对经济问题的研究使马克思转向唯物主义，并转而批判黑格尔的唯心主义。马克思在1843—1844年写的《黑格尔法哲学批判》、《〈黑格尔法哲学批判〉导言》、《1844年经济学哲学手稿》以及与恩格斯合著的《神圣家族》等著作表明，他已经离开了黑格尔。他在从革命民主主义转向共产主义的同时，从唯心主义转向了唯物主义。

但是，在1845年春写下《提纲》之前，马克思从总体上说还没有超过费尔巴哈。费尔巴哈（1804—1872年）是德国著名哲学家。他的思想发展进程是一个黑格尔主义者走向唯物主义的发展进程。1841年，费尔巴哈的《基督教的本质》出版，"它直截了当地使唯物主义重新登上王座"①，在黑格尔唯心主义统治下的德国产生了极大的解放思想的作用。马克思也受到了强烈影响。恩格斯晚年回忆说："这部书的解放作用，只有亲身体验过的人才能想象得到。那时大家都很兴奋：我们一时都成为费巴尔哈派了。马克思曾经怎样热烈地欢迎这种新观点，而这种新观点又是如何强烈地影响了他（尽管还有种种批判性的保留意见），这可以从《神圣家族》中看出来。"②

写作于1844年的《神圣家庭》正好反映了马克思的思想发展到写作《提纲》之前的状况。马克思和恩格斯在他们合作的这第一部著作中深入地批判了以鲍威尔为代表的青年黑格尔派的思辨唯心主义，并且在对物质生产、对无产阶级和人民群众等问题的论述中接近于历史唯物主义的观点，但是，他们对于费尔巴哈的人本主义的缺陷还缺乏认识。他们的一些已经接近于历史唯物主义的思想，其表述却带着费尔巴哈人本主义的色彩。虽然他们自己的许多思想实际上已经超越了费尔巴哈，却对费尔巴哈给予过高的评价。在马克思的《1844年经济学哲学手稿》中，也存在着这种虽然已经超越了费尔巴哈，但在研究方法和表述方式上仍然带着费尔巴哈人本主义色彩的现象。拿《提纲》同这些著作相比，我们可以感受到，青年马克思在他思想发展的那个"狂飙时期"③，正在迅速地离开费尔巴哈向着新的世界观前进。

---

① 《马克思恩格斯选集》第4卷，人民出版社1995年版，第222页。

② 同上。

③ 同上书，第212页。

费尔巴哈的唯物主义思想代表了马克思之前唯物主义发展的最新成果。即使是这样一位伟大的唯物主义者，一走进社会历史的理论领域，也不能继续在唯物主义的道路上前进，而是陷入了历史唯心主义，这表明了马克思创立历史唯物主义在人类思想发展史上具有何等重要的划时代的意义。马克思以"关于费尔巴哈"为这个提纲命名，《提纲》的聚焦点正是费尔巴哈。虽然费尔巴哈对马克思的影响比黑格尔之后任何哲学家的影响都要大，但是马克思在这个提纲中，对费尔巴哈已经从以前的高度赞扬转变为深刻的批判，他用这种方式向曾经影响了自己的旧哲学告别。一种崭新的世界观就这样在批判旧哲学中萌芽了。它后来成长为参天大树，带来了人类对社会历史的认识和各门社会科学发展中的根本变革。

这种变革的发生，当然不仅仅是由马克思和恩格斯个人的因素决定的，而是当时历史条件下的社会产物。随着欧洲各主要国家资本主义制度的确立和大工业的发展，到 19 世纪 30—40 年代，无产阶级和资产阶级之间的阶级斗争在欧洲最先进的国家的历史中升到了重要地位。1831 年和1834 年的法国里昂工人起义，1838—1842 年达到高潮的英国宪章运动，1844 年的德国西里西亚纺织工人起义，标志着无产阶级作为独立的政治力量登上了历史舞台，成为"在历史观上引起决定性转变的历史事实"①。马克思不同于青年黑格尔派其他人的一个明显特点是，他关注现实，关注劳动群众，面向无产阶级，投身工人运动。伴随着历史前进的步伐，在社会实践和严肃的理论研究中，马克思在 1845 年的春天快步走到了创立新的世界观、历史观的转折点。

写下《提纲》后不久，马克思和恩格斯于 1845 年秋至 1846 年 5 月合著了《德意志意识形态》。在这部著作中，《提纲》中简略表达出来的一些重要思想被展开了，"萌芽"长成了大树，一个新的世界观在这里成熟。《德意志意识形态》是马克思主义世界观形成的标志。我们今天研读马克思《关于费尔巴哈的提纲》时，对照阅读《德意志意识形态》，特别是它的第一章，可以帮助我们更充分地理解《提纲》中的思想。

---

① 《马克思恩格斯选集》第 3 卷，人民出版社 1995 年版，第 738 页。

二　揭露和批判从前一切唯物主义的主要缺点，提出新的实践观

　　青年马克思是从德国古典哲学的旧营垒中走出来的，他的新世界观是在批判旧哲学中产生的。马克思在 1859 年回忆说，1845 年春他和恩格斯"决定共同阐明我们的见解与德国哲学的意识形态的见解的对立，实际上是把我们从前的哲学信仰清算一下。这个心愿是以批判黑格尔以后的哲学的形式来实现的"①。这一批判的成果，就是《德意志意识形态》，而《提纲》就是《德意志意识形态》中阐述的思想的萌芽。《提纲》中的观点，是通过对费尔巴哈为代表的旧哲学的批判而产生和表达出来的。

（一）从前的一切唯物主义的主要缺点

　　《提纲》第一条的开头写道："从前的一切唯物主义——包括费尔巴哈的唯物主义——的主要缺点是：对对象、现实、感性，只是从**客体**的或者**直观**的形式去理解，而不是把它们当作**人的感性活动**，当作**实践**去理解，不是从主体方面去理解。"② 这里指出了，以费尔巴哈为代表的"从前的一切唯物主义"的"主要缺点"，是不能从实践的观点去理解客观世界。

　　费尔巴哈的哲学是人本主义的唯物主义。他认为哲学的对象是人和自然界，自然界是人的基础，人是自然界的一部分。费尔巴哈批判了黑格尔的思辨哲学，指出它颠倒了思维和存在的关系，他说："思维是从存在而来的，然而存在并不来自思维。存在是从自身、通过自身而来的。"③ 这表明了费尔巴哈鲜明的唯物主义立场。《提纲》中提到的"对象、现实、感性"，都是费尔巴哈哲学中的用语，是指客观事物或客观世界，也就是与"思维"相对应的"存在"。费尔巴哈认为现实事物都是作为人的感性

---

　　① 《马克思恩格斯选集》第 2 卷，人民出版社 1995 年版，第 34 页。
　　② 《马克思恩格斯选集》第 1 卷，人民出版社 1995 年版，第 58 页。本文以下凡引自《提纲》中的文字，不再加注，或只注明引自《提纲》的第几条。
　　③ 《费尔巴哈哲学著作选集》上卷，生活·读书·新知三联书店 1959 年版，第 115 页。

对象而存在的，所以"就是感性的存在，直观的存在，感觉的存在"。①
把客观世界看作人的感觉、直观反映的对象，这是应当予以肯定的唯物主
义观点，但是，马克思尖锐地揭示了这种观点的另一面：它没有看到客观
世界是人的"实践"这种"感性活动"的对象，即"不是把它们当作人
的感性活动，当作实践去理解"。费尔巴哈强调人属于自然界，却没有看
到人也作为主体能动地改变自然界。"他把人只看作是'感性对象'，而
不是'感性活动'。"② 所以说，他对客观世界"只是从客体的或直观的
形式去理解"，而"不是从主体方面去理解"。

马克思还指出："费尔巴哈想要研究跟思想客体确实不同的感性客
体，但是他没有把人的活动本身理解为**对象性的**活动。"③ 费尔巴哈反对
黑格尔的思辨唯心主义把"绝对精神"这样的"思想客体"当作真实的
存在和哲学研究的对象，他把"感性客体"即自然界和人当作自己研究
的对象，但是他没有看到，作为这个"感性客体"中的一部分的"人的
活动"，本身是一种"对象性的活动"，即改变客观对象的物质活动，也
就是实践。在费尔巴哈对客观世界的理解中，没有实践的位置。他没有看
到人的实践活动作为物质世界中的一个特殊部分的重要意义。

后来马克思和恩格斯在《德意志意识形态》中对费尔巴哈不懂得实
践的意义这一主要缺点作了更详尽的阐述。他们指出，"他没有看到，
他周围的感性世界决不是某种开天辟地以来就直接存在的、始终如一的
东西，而是工业和社会状况的产物，是世世代代活动的结果"。④ "打个
比方说，费尔巴哈在曼彻斯特只看见一些工厂和机器，而一百年以前在
那里只能看见脚踏纺车和织布机。"⑤ 人的实践改变着周围的世界，所
以对于周围的客观事物，除了当作人的直观的对象，从客体方面去理解
外，还要当作人的"感性活动"即实践的对象，从主体方面去理解。
看不到实践的意义，就不能真正理解已经在实践的作用下改变了的周围
世界，也不能理解人类的历史。因为，"先于人类历史而存在的那个自
然界，不是费尔巴哈生活其中的自然界；这是除去澳洲新出现的一些珊

---

① 《费尔巴哈哲学著作选集》上卷，生活·读书·新知三联书店 1959 年版，第167 页。
② 《马克思恩格斯选集》第 1 卷，人民出版社 1995 年版，第 77—78 页。
③ 《提纲》第一条。
④ 《马克思恩格斯选集》第 1 卷，人民出版社 1995 年版，第 76 页。
⑤ 同上书，第 77 页。

瑚岛以外今天在任何地方都不再存在的、因而对于费尔巴哈来说也是不存在的自然界"①。

（二）唯心主义是不知道现实的实践活动的

人是具有能动性的主体。费尔巴哈和从前的唯物主义者不懂得实践的意义，因而未能理解人的能动性。与此同时，人的能动性却被唯心主义抽象地发展了。马克思在批评旧唯物主义的同时，分析了唯心主义在能动性方面的情况："结果竟是这样，和唯物主义相反，唯心主义却发展了能动的方面，但只是抽象地发展了，因为唯心主义当然是不知道现实的、感性的活动本身的。"②

人的能动性表现在实践活动和意识活动两个方面。实践是人对世界的能动的改造，意识是人对世界的能动的反映。如毛泽东所指出的："思想等等是主观的东西，做或行动是主观见之于客观的东西，都是人类特殊的能动性。"③ 各种唯心主义哲学，都是把人的意识中的某一个方面、某一个环节夸大起来，当成了本原的存在。比如黑格尔的思辨哲学把绝对精神当成世界的本原，而实际上绝对精神不过是被夸大了的人的精神，特别是人的思维活动中的概念这种形式。所以说，唯心主义发展了能动的方面。但是，人的能动性是以实践为基础的，意识的能动性是在实践的基础上产生的。人的意识之所以能够能动地反映世界，是由于实践的需要、实践的推动。唯心主义"不知道现实的、感性的活动本身"，它离开实践夸大了意识的能动性，所以"只是抽象地发展了"能动的方面。

无论是"从前的一切唯物主义"，或唯心主义，都不懂得实践。马克思主义的新的世界观、历史观，正是以科学的实践观区别于一切旧哲学而萌生、发展起来的。

（三）《提纲》初步制定了科学的实践观

马克思指出费尔巴哈的主要缺点是不懂得实践，并不是说他没有讲到过"实践"。费尔巴哈也讲"实践"，但是他并没有形成科学的实践观。

---

① 《马克思恩格斯选集》第1卷，人民出版社1995年版，第77页。
② 《提纲》第一条。
③ 《毛泽东选集》第2卷，人民出版社1991年版，第477页。

马克思指出："他在《基督教的本质》中仅仅把理论的活动看作是真正人的活动，而对于实践则只是从它的卑污的犹太人的表现形式去理解和确定。因此，他不了解'革命的'、'实践批判的'活动的意义。"①

在《基督教的本质》这本批判基督教的名著中，费尔巴哈把"实践"与宗教联系在一起，他说"宗教的基本立场，是实践的立场"②。他贬斥实践，热烈地赞美理论，他写道："实践的直观，是不洁的、为利己主义所玷污的直观，因为，在这样的直观中，我完全以自私的态度来对待事物。""与此相反，理论的直观却是充满喜悦的、在自身之中得到满足的、福乐的直观，因为，它热爱和赞美对象；在自由知性之光中，对象像金刚石一样闪发出耀目的光辉，像水晶一样清澈透明。"③ 他把实践理解为利己主义的活动，而仅仅把理论看作是高尚的真正人的活动。他还批判了犹太教，认为"功用主义、效用，乃是犹太教之至高原则"，因为犹太教中描写的现象，"都是为了有利于以色列"，"仅仅只是以色列族之被人格化了的自私自利，把一切别的民族都排除在外，是绝对的偏颇"。④ 可见，他是从"卑污的犹太人的表现形式"去理解和确定"实践"的含义的，他不了解改变世界的、具有"革命的"意义的实践活动。

在《提纲》第一条里，马克思通过对旧唯物主义以及唯心主义"不了解"、"不知道"实践的揭露和批判，初步表达了自己新的实践观。按照这种实践观，实践是"人的感性活动"，是"现实的、感性的活动"，是"对象性的活动"，是"'革命的'、'实践批判的'活动"；对于客观事物、客观世界，既要理解为人的直观的对象，又要看到它们是人通过实践改变着的对象，客观世界中包含着作为主体的人的实践活动及其影响；对于人的主体能动性，不能抽象地仅仅理解为意识的能动性，它首先是表现于实践这种现实的感性活动之中。虽然这些思想刚刚在批判旧哲学中产生，还没有展开，但是一种崭新的科学的实践观，已经初步形成了。作为马克思一生两大发现之一的唯物主义历史观，已经在这里萌芽。恩格斯曾经把马克思主义称为"在劳动发展史中找到了理解全部社会史的锁钥的

---

① 《提纲》第一条。
② 《费尔巴哈哲学著作选集》下卷，商务印书馆1984年版，第223页。
③ 同上书，第235—236页。
④ 同上书，第145页。

新派别"①。作为人类最基本的实践活动的生产劳动是理解社会历史的锁钥。马克思关于生产劳动的思想，在《提纲》中已经以萌芽的形式包含在关于实践的阐述之中。在不久后写下的《德意志意识形态》中，马克思和恩格斯通过对生产劳动中生产力与生产关系矛盾的研究，阐明了唯物主义历史观，同时也就进一步展开了马克思主义的科学实践观，也彰显了实践观在历史唯物主义中的重要地位。

三　以新的实践观为锁钥打开认识社会历史的大门

《提纲》第一条对旧唯物主义主要缺点的批判是整个《提纲》的切入点，在批判中形成的新的实践观是《提纲》的核心思想。在《提纲》第二条至第九条中，马克思以新的实践观为锁钥，推开了认识人类历史奥秘的大门，论述了社会历史中的一系列重大问题，其中一些根本观点后来成为马克思主义的经典性论断。

（一）实践是检验真理的标准和人的认识的基础

认识人类社会和客观世界，必须确定认识活动的立足点和判断认识的真理性的标准。在《提纲》第二条中，马克思从新的实践观出发回答了真理的标准问题。

历来的哲学家们提出过多种区分真理和谬误的标准，比如以某种经典或圣人之言为标准，以是否清楚明白为标准，以个人的良知或多数人的意见为标准，等等。费尔巴哈把直观当作真理的标准。他说："思维也就没有别的真理标准"，"能决定这一点的唯一标准，乃是直观"。"只有那通过感性直观而确定自身，而修正自身的思维，才是真实的。"② 费尔巴哈的真理标准与历史上哲学家们提出的各种真理标准的共同点是，局限于思维、认识的范围之内，把某种认识或认识的某种属性当作真理的标准，因而都是主观的标准。马克思说："人的思维是否具有客观的真理性，这并不是一个理论的问题，而是一个**实践的**问题。"这一重要论断第一次跳出

---

① 《马克思恩格斯选集》第4卷，人民出版社1995年版，第258页。
② 《费尔巴哈哲学著作选集》上卷，生活·读书·新知三联书店1959年版，第179、178页。

了主观认识的圈子，针对着费尔巴哈以及从前的一切真理标准观点鲜明地指出了，人的思维是否具有真理性，这个问题在理论的或主观思维的范围内是不能解决的，只有通过实践才能解决。"人应该在实践中证明自己思维的真理性，即自己思维的现实性和力量，自己思维的此岸性。"人们应该通过实践来证明自己的思维是符合客观实际的真理，这同时也就是证明自己的思维具有正确认识客观现实并通过实践转化为现实的能力。这里说证明"自己思维的此岸性"，是用实践的观点回应了康德的不可知论。康德认为，虽然人的认识是由独立于人之外的"自在之物"引起的，但是"自在之物"在"彼岸"，而人的认识只能停留在现象的"此岸"，不能达到"彼岸"。在马克思看来，人的实践能够证明自己的思维可以达到对客观事物本身的真理性认识，它的对象就在"此岸"，没有不可知的"彼岸"。这样，马克思既用实践解决了人的认识能不能获得真理，即世界是否可知的问题，反驳了不可知论；又用实践回答了如何区分认识中的真理和谬误的问题，确立了客观的真理标准。人的认识只能来自实践，并且由实践来检验，因此，"关于离开实践的思维的现实性或非现实性的争论"，无论是争论离开实践的思维是否具有现实性，或离开实践去争论人的思维是否具有现实性，都如同中世纪的经院哲学一样，是脱离实际的烦琐无聊的争论，是没有意义的。

《提纲》中提出的实践是检验真理的标准的思想，是马克思主义的认识论和历史观的一块基石。这一思想后来在马克思主义哲学的发展中得到了进一步的发挥。恩格斯在驳斥不可知论的时候说："对这些以及其他一切哲学上的怪论的最令人信服的驳斥是实践，即实验和工业。既然我们自己能够制造出某一自然过程，按照它的条件把它生产出来，并使它为我们的目的服务，从而证明我们对这一过程的理解是正确的，那么康德的不可捉摸的'自在之物'就完结了。"① 毛泽东明确地表达了只有实践才是检验真理的标准的思想，他说："究竟谁发现了真理，不依靠主观的夸张，而依靠客观的实践。只有千百万人民的革命实践，才是检验真理的尺度。"②

费尔巴哈把直观当作真理的标准，是同他把直观当作整个人类认识的

① 《马克思恩格斯选集》第4卷，人民出版社1995年版，第225—226页。
② 《毛泽东选集》第2卷，人民出版社1991年版，第663页。

基础相联系的。马克思在《提纲》第五条和第九条中，对费尔巴哈关于"直观"的思想作了进一步的分析。

《提纲》第五条是："费尔巴哈不满意**抽象的思维**而诉诸**感性的直观**；但是他把感性不是看作**实践的**、人的感性的活动。""抽象的思维"、"感性的直观"和"实践"这三个概念，集中表达了黑格尔、费尔巴哈和马克思关于人类认识的基础的不同观点。费尔巴哈不满意黑格尔哲学的抽象的思维，并给予尖锐的批判。黑格尔逻辑学的整个体系是以纯粹的"存在"作为开端推导出来的，费尔巴哈批评说，"你的不确定的、纯粹的存在只是一个抽象的东西"，"它被证明是不真实的开端"，"为什么就不从真实的开端开始呢?"① 他说"黑格尔的逻辑学，是理性化和现代化的神学，是化为逻辑学的神学"。② 同黑格尔相对立，费尔巴哈诉诸感性的直观，他说，"直观是生活的原则"，"直观提供出与存在直接同一的实体"。③ 他称赞"直观提供本质、真理、现实"，"直观是根老固实的，物质的、信实于自己的对象的，不啰嗦的，厌恶花言巧语的。直观的成效，是货真价实的"。④ 从黑格尔的"抽象的思维"到费尔巴哈的"感性的直观"，是唯物主义对唯心主义的超越。但是，费尔巴哈只知道"感性的直观"，而不知道实践这种"人的感性的活动"，这是他的唯物主义的致命的局限性。从费尔巴哈的"感性的直观"到马克思的"实践"，是从旧唯物主义到新唯物主义的跨越。把实践还是把直观当作人的认识的基础，是马克思主义与旧唯物主义在认识论和历史观中的原则区别。

《提纲》第九条进一步批评说："**直观的**唯物主义，即不是把感性理解为实践活动的唯物主义，至多只能做到对'市民社会'的单个人的直观。"在社会历史的领域中，费尔巴哈的直观的唯物主义的缺陷进一步显露出来。

由于不了解实践的意义，费尔巴哈以为单靠直观就能认识人和社会。他写道："观察自然、观察人吧! 在这里你们可以看到哲学的秘密。"⑤ 离开实践去观察人与社会，就不能理解人们在实践中结成的社会关系以及由

---

① 《费尔巴哈哲学著作选集》上卷，生活·读书·新知三联书店1959年版，第62、61页。
② 同上书，第103页。
③ 同上书，第111页。
④ 同上书，第270页。
⑤ 同上书，第115页。

此决定的人与社会的本质，只能把人当作孤立的个体去观察，因而"至多只能做到对'市民社会'的单个人的直观"。这里，马克思借用了 18 世纪法国学者的"市民社会"这一用语来表达资产阶级社会中的经济关系。费尔巴哈面对着的是当时资产阶级社会中处于一定的物质经济关系中的现实的人，却只能把他们当作孤立的单个的人去"直观"，这样就不可能认识人与社会的本质。这说明，旧唯物主义离开实践把直观当作认识的基础，不仅是一种认识论上的根本缺陷，也是其在历史观中陷入唯心主义的一个根本原因。

（二）环境的改变和人的自我改变统一于实践

人与环境（包括教育）的关系问题是正确认识社会发展和人的发展必须回答的一个重要问题。马克思在《提纲》第三条中运用实践的观点回答了从前的哲学家们未能解决的这个问题。

马克思说："有一种唯物主义学说，认为人是环境和教育的产物，因而认为改变了的人是另一种环境和改变了的教育的产物。"18 世纪法国唯物主义哲学家爱尔维修就持这样的观点。他是唯物主义的经验论者，认为人的一切观念都是后天获得的，他"把他的唯物主义运用到社会生活方面"①，认为人们"精神上的差异，是由于他们所处的不同环境，由于他们所受的不同的教育所致"②。他所说的环境，是指社会环境，其中最重要的是法律和政治制度。他认为法国的专制制度扼杀了人们的思想和美德，由此他得出了变革现存的政治法律制度的结论。那么，怎样才能改变政治法律制度呢？他认为法律是否完善取决于立法者，因此，"必须有天才，才能用好法律代替坏法律"。③ 这样，本来是要用唯物主义经验论来说明人的观念是环境的产物，却又得出了天才人物的观念决定环境的结论，陷入自相矛盾之中。造成这种理论困境的根本原因是什么呢？《提纲》中说："这种学说忘记了：环境正是由人来改变的，而教育者本人一定是受教育的。因此，这种学说必然会把社会分成两部分，其中一部分凌驾于社会之上。"社会环境是人的实践的产

---

① 《马克思恩格斯全集》第 2 卷，人民出版社 1957 年版，第 165 页。
② 《十八世纪法国哲学》，商务印书馆 1963 年版，第 467—468 页。
③ 同上书，第 549 页。

物，环境的改变也是实践发展的结果。离开人的实践，就不能正确说明社会环境的产生及其发展变化，只能寄希望于少数天才人物来改变社会环境，再靠改变了的环境来改变人。这样就必然把社会中的人分成两部分，一部分是凌驾于社会之上的改变环境的人，另一部分是处在社会下层的被环境决定的人。社会环境与人的关系包括教育与人的关系。他们把人看作教育的产物，却忘记了教育者也一定是受教育的，这样就必然把人分成凌驾于社会之上的教育者和受教育者两部分。恩格斯在1888年整理发表《提纲》时，加上了"例如，在罗伯特·欧文那里就是如此"。这可以帮助我们理解马克思的思想。19世纪三大空想社会主义者之一罗伯特·欧文是环境决定论者。恩格斯曾写道："罗伯特·欧文接受了唯物主义启蒙学者的学说：人的性格是先天组织和人在自己的一生中、特别是在发育时期所处的环境这两个方面的产物。"[1] 欧文企图通过天才人物来改变社会环境和教育群众，他真诚地身体力行进行试验，但他的失败证明了他的空想是行不通的。

马克思指出："环境的改变和人的活动或自我改变的一致，只能被看作是并合理地理解为**变革的实践**。"[2] 这一论断以实践为基础，从根本上解决了社会发展与人的发展的关系问题。

每一代人开始历史活动的时候，都遇到现成的生产力、生产关系等社会环境，它们是前一代人实践活动的结果，"预先规定新的一代本身的生活条件，使它得到一定的发展和具有特殊的性质"[3]；生活在这种环境中的人又通过自己的实践改变环境，"每一代一方面在完全改变了的环境下继续从事所继承的活动，另一方面又通过完全改变了的活动来变更旧的环境"[4]。这样，"人创造环境，同样，环境也创造人"[5]。作为前提的创造人、决定人的社会环境是由以往的实践创造的，它们又在新的实践中得到改变和发展，成为下一代人从事实践活动、改变社会环境的前提。社会环境和人在实践发展的过程中相互作用，社会的发展和人的发展统一于"革命的实践"。

---

[1]　《马克思恩格斯选集》第3卷，人民出版社1995年版，第729页。
[2]　《提纲》第三条。
[3]　《马克思恩格斯选集》第1卷，人民出版社1995年版，第92页。
[4]　同上书，第88页。
[5]　同上书，第92页。

从唯物主义经验论出发的环境决定论者陷入唯心主义的历史观，除了因为他们把社会环境仅仅归结为政治法律制度而不懂得物质的生产力和社会关系外，根本原因是只看到环境决定人，看不到人也通过实践改变环境，把人看作是消极被动的。离开社会实践，就找不到改变环境也改变人的决定力量，因而也不能正确认识人与环境之间的关系。

毛泽东以马克思主义的实践观为基础，论述了改造客观世界和改造主观世界的关系，他说："无产阶级和革命人民改造世界的斗争，包括实现下述的任务：改造客观世界，也改造自己的主观世界——改造自己的认识能力，改造主观世界同客观世界的关系。"① 这是在新的实践中对马克思的思想的发挥。

（三）宗教的社会根源和宗教消亡的现实途径

对宗教的批判是费尔巴哈的思想的重要方面。《提纲》第四条分析了费尔巴哈的宗教观，在肯定他的贡献的同时着重指出他的不足，进而指出了宗教产生的社会根源和宗教消亡的现实途径。

费尔巴哈认为，一切宗教都把世界分为宗教世界和人间世界，"宗教是人跟自己的分裂：他放一个上帝在自己的对立面"；上帝是无限的、完善的、永恒的、全能的、神圣的，而人是有限的、非完善的、暂时的、无能的、罪恶的，上帝与人的这种对立、分裂，"这是宗教的起点"。② 他就从这种"宗教上的自我异化"，即"世界被二重化为宗教的、想象的世界和现实的世界"这一事实出发来分析、批判宗教，"致力于把宗教世界归结于它的世俗基础"。③ 他认为，是人按照自己的形象创造了上帝，"上帝的一切特性只是从人那里得来的——上帝是人所希望的目的——就是人自己的本质，自己的目的，但被设想成为实际的实体了"④。

因此，费尔巴哈说："近代哲学的任务，是将上帝现实化和人化。"⑤但是，他没有看到，"在做完这一工作之后，主要的事情还没有做"⑥。马

---

① 《毛泽东选集》第 1 卷，人民出版社 1991 年版，第 296 页。
② 《费尔巴哈哲学著作选集》下卷，商务印书馆 1984 年版，第 60 页。
③ 《提纲》第四条。
④ 《费尔巴哈哲学著作选集》上卷，生活·读书·新知三联书店 1959 年版，第 163 页。
⑤ 同上书，第 122 页。
⑥ 《提纲》第四条。

克思指出："世俗基础使自己从自身中分离出去，并在云霄中固定为一个独立王国，这一事实，只能用这个世俗基础的自我分裂和自我矛盾来说明。"既然宗教是从世俗世界中产生的，那么它的根源就应该到世俗世界自身的矛盾中去寻找。这里所说的"世俗基础的自我分裂和自我矛盾"，是指阶级社会中的阶级矛盾、阶级对立。在《德意志意识形态》中，马克思和恩格斯从物质生产出发来考察整个社会历史，也追溯到了宗教产生的现实物质基础，他们指出，对于宗教的本质，"应该既不在'人的本质'中，也不在上帝的宾词中去寻找这个本质，而只有到宗教的每个发展阶段的现成物质世界中去寻找这个本质"。①宗教是支配着人们日常生活的外部力量在人们头脑中的幻想的反映。在历史的初期，首先是自然力量获得了这样的反映。进入阶级社会后，与一定经济关系相联系的支配着人们的异己的社会力量也获得了这种反映，成为宗教产生和存在的社会阶级根源。

既然宗教的产生有其社会的阶级的根源，那么只有对社会进行变革，才能使宗教归于消亡。马克思说："对于这个世俗基础本身首先应当从它的矛盾中去理解，然后用排除矛盾的方法在实践中使之革命化。因此，例如，自从发现神圣家庭的秘密在于世俗家庭之后，对于世俗家庭本身就应当从理论上进行批判，并在实践中加以变革。"在1845年春写下《提纲》之前，马克思已经把对宗教的批判同对现实的批判联系起来，把对天国的批判变成对尘世的批判，"向德国制度开火"②，提出"必须推翻那些使人成为被侮辱、被奴役、被遗弃和被蔑视的东西的一切关系"。③不过当时他主要还是批判现存的政治制度和法律制度。后来随着历史唯物主义的形成和发展，马克思主义把反对宗教的斗争同反对阶级剥削制度的斗争联系起来。恩格斯说："当社会通过占有和有计划地使用全部生产资料而使自己和一切社会成果摆脱奴役状态的时候……当谋事在人，成事也在人的时候，现在还在宗教中反映出来的最后的异己力量才会消失，因而宗教反映本身也就随着消失。"④列宁也指出："同宗教的斗争不应该局限于抽象的思想宣传，不能把它归结为这

---

① 《马克思恩格斯全集》第3卷，人民出版社1960年版，第170页。
② 《马克思恩格斯全集》第3卷，人民出版社2002年版，第202页。
③ 同上书，第207—208页。
④ 《马克思恩格斯选集》第3卷，人民出版社1995年版，第668页。

样的宣传；而应该把这一斗争同目的在于消灭产生宗教的社会根源的阶级运动的具体实践联系起来。"①

（四）人的本质在其现实性上是一切社会关系的总和

费尔巴哈把宗教世界归结于世俗世界，也就是把宗教的本质归结于人的本质。他说："属神的本质不是别的，正就是属人的本质。"② 马克思从批判费尔巴哈的宗教观进而深入到批判他对人的本质的理解，揭示了人的本质。

马克思指出了费尔巴哈对人的认识的两个错误，一是把人看作"抽象的——**孤立的**——人的个体"③；二是把人的本质看作"类"的共同自然属性。

费尔巴哈用人来说明宗教，因而他认为"宗教感情"就是人与人之间的感情，是人与人的爱和友情。但是，他离开历史的进程，把这种感情当作一种独立存在的和固定的东西，为此他又假定出一个代表人类的"人"的个体。这个"人"，是抽象的孤立的个人，不属于任何社会。马克思和恩格斯在《德意志意识形态》中指出，他没有从人们的社会联系去观察人，"从来还没有看到现实存在着的、活动的人，而是停留于抽象的'人'，并且仅仅限于感情范围内承认'现实的、单个的、肉体的人'"，除了观念化的爱与友情，他不知道人与人之间还有什么关系。④

费尔巴哈离开人的社会实践和社会联系去看人，"因此，他只能把人的本质理解为'类'，理解为一种内在的、无声的、把许多个人纯粹自然地联系起来的普遍性"⑤。他把人仅仅看成生物界的一个"类"，"在类中一切人都是共同一致的，他们的种族、部族和民族的差别都消失了"。⑥他认为人的本质就是这个"类"的纯粹自然的普遍性，这就是"理性、意志、心"，他说："人自己意识到的人的本质究竟是什么呢？或者，在人里面形成类，即形成本来的人性的东西究竟是什么呢？就是理性、意

---

① 《列宁选集》第 2 卷，人民出版社 1995 年版，第 250 页。
② 《费尔巴哈哲学著作选集》下卷，商务印书馆 1984 年版，第 39 页。
③ 《提纲》第六条。
④ 《马克思恩格斯选集》第 1 卷，人民出版社 1995 年版，第 78 页。
⑤ 《提纲》第六条。
⑥ 《费尔巴哈哲学著作选读》下卷，商务印书馆 1984 年版，第 519 页。

志、心。"①

　　马克思通过对费尔巴哈的批判揭示了人的本质，指出："人的本质不是单个人所固有的抽象物，在其现实性上，它是一切社会关系的总和。"②这一经典性的重要论断提出了一种崭新的人的本质观。

　　关于人和人的本质，历史上有各种不同的说法，其共同的缺陷，一是脱离社会关系把人看作孤立的个人，二是离开社会的历史发展把人的本质看作某种生来就有的不变的东西。马克思在历史观上的根本变革，就是把人们的物质生产活动作为考察社会历史的出发点，因而也由此出发来认识人和人的本质。《提纲》中关于人的本质的科学论断，正是从这种实践观出发得出来的。人为了生存，必须进行物质生活资料的生产，正是生产劳动使人同动物区别开来而成为人，"一当人开始生产自己的生活资料的时候……人本身就开始把自己和动物区别开来"③。也正是生产劳动决定了个人是什么样的人，"个人是什么样的，这取决于他们进行生产的物质条件"。④ 由于"生产本身又是以个人彼此之间的交往为前提的"⑤，人们只有结成一定的生产关系才能从事生产，在生产关系的基础上又形成了其他多种复杂的社会关系，所以现实中的个人，不是费尔巴哈所想象的抽象的孤立的人类个体，而是在一定的社会关系中从事物质生产、社会实践的人。正是这种社会实践和社会关系决定了他是一个什么样的人，决定了他的本质。不同的社会关系，决定了不同人的本质。社会实践和社会关系是历史的、变化发展的，人的本质也是变化发展的，而不是固定不变的。

　　从这一关于人的本质的观点出发，才能正确地认识各个具体的人以及他们的思想、感情。在《提纲》的第七条中，马克思指出："费尔巴哈没有看到，'宗教感情'本身是**社会的产物**，而他所分析的抽象的个人，实际上是属于一定的社会形式的。"现实社会中的每一个人都属于一定的社会形式，人的感情或费尔巴哈所说的"宗教感情"也是一定的社会历史条件、社会关系的产物。

---

①　《费尔巴哈哲学著作选读》下卷，商务印书馆1984年版，第27—28页。
②　《提纲》第六条。
③　《马克思恩格斯选集》第1卷，人民出版社1995年版，第67页。
④　同上书，第68页。
⑤　同上。

（五）社会生活在本质上是实践的

人类社会是物质世界的一部分，社会运动是物质运动的基本形式之一，它具有区别于其他物质运动形式的特殊本质。不懂得这一特殊本质，就不能把它同自然界中的物质运动区分开来，不能正确认识人类社会及其历史发展。《提纲》第八条中说："全部社会生活在本质上是**实践的**。"这一经典论述高度概括了社会生活的本质。自然运动是由各种无自觉意识的盲目力量相互作用构成的，社会历史则是由作为能动主体的人的实践活动构成的，这就是社会与自然界的本质区别。所谓社会，就是人们在实践中结成的社会关系，特别是生产关系，"生产关系总和起来就构成所谓社会关系，构成所谓社会，并且是构成一个处于一定历史发展阶段上的社会，具有独特的特征的社会"①。社会实践是人类社会一切现象存在和发展的基础。实践体现了人类社会区别于自然界的特殊本质。发展着的不同历史阶段的实践决定着不同社会的本质。历史上的唯物主义者一进入社会历史领域，就陷入唯心史观，其认识方面的原因就是不懂得实践这一社会运动的特殊本质。

一切社会意识，不论正确的或错误的，都是人们在实践中对社会存在的反映。马克思和恩格斯说："甚至人们头脑中的模糊幻象也是他们的可以通过经验来确认的、与物质前提相联系的物质生活过程的必然升华物。"② 有些社会意识，如宗教的神的观念，黑格尔的思辨哲学那样的唯心主义理论，由于在现实世界中找不到它们现成的原型而带上了神秘主义的色彩，不知道它们是从哪里来的。批判它们的错误，不仅要指出它们与客观实际不相符合，还要揭露它们产生的根源，给予合理的说明，抹去它们的神秘主义的色彩。马克思说："凡是把理论导致神秘主义的神秘东西，都能在人的实践中以及对这个实践的理解中得到合理的解决。"要对各种神秘主义观念作出合理的解释，就要分析社会实践的状况，说明它们是如何在特定的社会实践的条件下，在对这种实践的理解中产生的。马克思这一论述深刻地指出了，认识和批判一切错误思想

---

① 《马克思恩格斯选集》第 1 卷，人民出版社 1995 年版，第 345 页。
② 同上书，第 73 页。

的根本途径，就是"从物质实践出发来解释观念的形成"①，这就给了我们战胜神秘主义观念的思想武器。比如对于宗教的神的观念，仅仅像费尔巴哈那样指出人按照自己的形象创造了神是不够的，还要指出原始社会中生产力水平的低下、阶级社会中阶级利益的对立使人们受到异己力量的支配，才产生了幻想的反映。这就是从实践中以及对实践的理解中去合理地说明它。

四 马克思主义的阶级基础和历史使命

在《提纲》的最后两条，马克思指出了新唯物主义与旧唯物主义在阶级基础和社会功能方面的根本区别。

（一）马克思主义的阶级基础

《提纲》第十条指出："旧唯物主义的立脚点是'**市民**'社会，新唯物主义的立脚点则是**人类**社会或社会化的人类。"这里的"'**市民**'社会"和"**人类**社会或社会化的人类"，分别指资产阶级和无产阶级，以及它们所代表的社会制度，它们分别是费尔巴哈为代表的旧唯物主义和马克思的新唯物主义的"立脚点"，即阶级基础。

马克思和恩格斯说："'市民社会'这一用语是在18世纪产生的，当时财产关系已经摆脱了古典古代的和中世纪的共同体。真正的市民社会只是随同资产阶级发展起来的；但是市民社会这一名称始终标志着直接从生产和交往中发展起来的社会组织，这种社会组织在一切时代都构成国家的基础以及任何其他的观念的上层建筑的基础。"② 在马克思的著作中，"市民社会"首先是指资产阶级社会，广义的"市民社会"则是在一般的意义上指同上层建筑、意识形态相对应的社会经济关系。"市民"，指资产阶级。马克思和恩格斯在《共产党宣言》中说："从中世纪的农奴中产生了初期城市的城市市民；从这个市民等级中发展出最初的资产阶级分子。"③《提纲》第十条中"'**市民**'社会"这种表述表明，它是指"资产

---

① 《马克思恩格斯选集》第1卷，人民出版社1995年版，第92页。
② 同上书，第130—131页。
③ 同上书，第273页。

阶级"社会和这个社会中的资产阶级。18 世纪的法国唯物主义哲学和包括费尔巴哈的唯物主义在内的德国古典哲学，反映了当时法国和德国的资产阶级发展资本主义的要求，分别充当了法国和德国资产阶级革命的前导。它们的立脚点，是资产阶级和资本主义社会。

　　在写下《提纲》之前，马克思已经通过科学研究和工人运动的实践，认识到只有无产阶级才是未来新社会的创造者，并且自觉地把自己的哲学同无产阶级联系在一起。他在 1843 年写的《〈黑格尔法哲学批判〉导言》中说："哲学把无产阶级当作自己的物质武器，同样，无产阶级也把哲学当作自己的精神武器。""这个解放的头脑是哲学，它的心脏是无产阶级。哲学不消灭无产阶级，就不能成为现实；无产阶级不把哲学变成现实，就不可能消灭自身。"① 因此，马克思主义的新世界观从萌芽时起，就把无产阶级和它所代表的未来的人类新社会作为自己的立脚点，正如恩格斯在他晚年所说的，这个"新派别""一开始就主要是面向工人阶级的"。② 马克思认为，无产阶级不解放全人类就不能解放自己，就不能消灭作为阶级的自身，因此它代表着"**人类**社会"或"社会化的人类"。

（二）马克思主义的历史使命

　　马克思创立的新世界观既用实践的观点去看物质世界和人类社会，也用实践的观点来看自身，它把通过实践改变世界作为自己的社会功能、历史使命。《提纲》的最后一条是："哲学家们只是用不同的方式**解释**世界，而问题在于**改变**世界。"

　　以往的哲学家们由于缺乏实践的观点，他们的不同的哲学学说不过是对世界作不同的解释。比如青年黑格尔派的哲学家们，他们尽管满口讲的都是"震撼世界的"词句，但不过是为反对"词句"而斗争，而不是反对现实的现存世界，所以他们不过是"用另一种方式来解释存在的东西"，或"借助于另外的解释来承认它"。③ 而在马克思和恩格斯看来，"'解放'是一种历史活动，不是思想活动"④，因此，"对实践的唯物主

---

① 《马克思恩格斯选集》第 1 卷，人民出版社 1995 年版，第 16、17 页。
② 《马克思恩格斯选集》第 4 卷，人民出版社 1995 年版，第 258 页。
③ 《马克思恩格斯选集》第 1 卷，人民出版社 1995 年版，第 66 页。
④ 同上书，第 74 页。

义者即共产主义者来说，全部问题都在于使现存世界革命化，实际地反对并改变现存的事物"①。马克思和恩格斯不是书斋里的学者，他们是共产主义者。他们之所以去从事哲学研究，是为了寻求无产阶级解放和人类解放的道路，是要为社会主义的理论和实践奠定哲学世界观的基础，因为，"为了使社会主义变为科学，就必须首先把它置于现实的基础之上"②。所以，马克思和恩格斯是"实践的唯物主义者"，他们当然要科学地解释世界，但决不停留于对世界的解释，而是自觉地把自己的哲学当作无产阶级改变世界的精神武器。

毛泽东在《实践论》中高度概括地阐述了马克思主义哲学的特点："马克思主义的哲学辩证唯物论有两个最显著的特点：一个是它的阶级性，公然申明辩证唯物论是为无产阶级服务的；再一个是它的实践性，强调理论对于实践的依赖关系，理论的基础是实践，又转过来为实践服务。"③ 这两个显著特点，在《提纲》中已经鲜明地显示出来。伦敦马克思墓前的石碑上，用金色大字镌刻着马克思的两段名言。一段是《共产党宣言》的最后一句话："全世界无产者，联合起来！"另一段就是"哲学家们只是用不同的方式解释世界，而问题在于改变世界"。马克思一生给人类留下了无比丰富的精神财富，而这两句话最集中地体现了马克思主义的根本性质，申明了它的历史使命。这就告诉我们，学习马克思主义，必须站在无产阶级的立场，把它当作指导实践、改变世界的理论武器来理解和把握。只有这样，才能真正弄懂并正确地运用马克思主义，特别是它的唯物史观。

（原载《思想理论教育导刊》2010 年第 2 期；收入《马克思主义基本原理研究（第 1 辑，2011）》，中国社会科学出版社 2011 年版；《马克思主义史学理论研究（第 1 辑，2011）》，中国社会科学出版社 2011 年版）

---

① 《马克思恩格斯选集》第 1 卷，人民出版社 1995 年版，第 75 页。
② 《马克思恩格斯选集》第 3 卷，人民出版社 1995 年版，第 732 页。
③ 《毛泽东选集》第 1 卷，人民出版社 1991 年版，第 284 页。

党的性质决定党的宗旨

——读《共产党宣言》笔记一则

提要 《宣言》阐明的工人阶级与人民群众的关系、共产党与工人阶级的关系的原理，为我们坚持党的工人阶级先锋队性质、党的全心全意为人民服务的宗旨以及这二者的统一奠定了理论基础。为人民服务体现了工人阶级的阶级立场和马克思主义的理论特征，不是什么抽象的道德原则或"普世价值"。

《共产党宣言》是人类历史上第一个马克思主义政党共产主义者同盟的纲领，是工人阶级的科学世界观即马克思主义问世的标志，而我们党，如毛泽东所说，"从它一开始就是一个以马克思列宁主义为理论基础的党"①，所以《宣言》是我们的"老祖宗"，我们党始终是建立在由《宣言》奠定的马克思主义的理论基础之上的。"老祖宗不能丢啊!"② 丢了这个老祖宗，就不是共产党了。

看一个党是个什么样的党，一是看它的性质，二是看它的宗旨。"性质"表明它"是什么"，宗旨表明它"做什么"。中国共产党的根本性质，在于它是中国工人阶级的先锋队。中国共产党的根本宗旨，是全心全意为人民服务。这二者是统一不可分的。党的性质决定党的宗旨，党的宗旨体现党的性质。《宣言》阐明的基本原理，为确定马克思主义政党的性质和宗旨奠定了理论基础。《宣言》阐明了两个极为重要的关系。一个是工人阶级和人民群众的关系，一个是共产党同工人阶级的关系。正是这两个关系决定了马克思主义政党的性质、宗旨以及这二者的统一。我们坚持党的

---

① 《毛泽东选集》第 3 卷，人民出版社 1991 年版，第 109 页。
② 《邓小平文选》第 3 卷，人民出版社 1993 年版，第 369 页。

性质、党的宗旨以及这二者的统一，需要深入学习、领会这些原理。

《宣言》在第一章中阐明了工人阶级的历史地位，从而说明了工人阶级与人民群众的关系："无产者只有废除自己的现存的占有方式，从而废除全部现存的占有方式，才能取得社会生产力。""无产阶级，现今社会的最下层，如果不炸毁构成官方社会的整个上层，就不能抬起头来，挺起胸来。"① 这也就是说，无产阶级只有解放全人类才能解放自己。由此就决定了，无产阶级的革命实践所代表的不仅是本阶级的而且是最广大人民的利益，因而它不仅能够动员本阶级而且能够吸引最广大的人民群众参加，这就是《宣言》中所说的："过去的一切运动都是少数人的或者为少数人谋利益的运动。无产阶级的运动是绝大多数人的、为绝大多数人谋利益的独立的运动。"②

《宣言》在第二章一开头就明确提出和回答了一个问题："共产党人同全体无产者的关系是怎样的呢？"回答是："共产党人不是同其他工人政党相对立的特殊政党。他们没有任何同整个无产阶级的利益不同的利益。"③ 没有不同的或特殊的利益，但它有自己"不同的地方"。这主要有两条，一条是，"在无产者不同的民族的斗争中，共产党人强调和坚持整个无产阶级共同的不分民族的利益"；另一条是，"在无产阶级和资产阶级的斗争所经历的各个发展阶段上，共产党人始终代表整个运动的利益"。④ 这两条结合在一起，就是说，它代表无产阶级的整体的和长远的利益，而不是只代表某个局部的或某个阶段的利益。

总之，无产阶级的阶级地位决定了它解放全人类的历史使命，从而决定了它大公无私的阶级品质，决定了它与最广大人民群众根本利益的一致性，而共产党作为马克思主义科学理论武装起来的工人阶级的先锋队，能够自觉认识到工人阶级的阶级地位和历史使命并为之而奋斗，自觉代表工人阶级和最广大人民的根本利益。所以，正是《宣言》中阐明的关于工人阶级与人民群众的关系、共产党与工人阶级的关系的原理，为我们坚持党的工人阶级先锋队性质、党的全心全意为人民服务的宗旨以及这二者的统一奠定了理论基础。

资产阶级的政党，由于其阶级地位与工人阶级相对立，决定了它们不

---

① 《马克思恩格斯选集》第 1 卷，人民出版社 1995 年版，第 283 页。
② 同上。
③ 同上书，第 285 页。
④ 同上。

可能代表广大人民的利益。因此，资产阶级以人民的或人类的利益相标榜，赋予自己的意识形态主张如自由、民主、平等、人权、博爱等以抽象的普遍的形式，把它们说成是"普世价值"或全人类共同的价值，这不过是一种虚伪的说教或欺骗的宣传。它掩盖了客观存在的、不容抹杀的阶级对立，其功能是模糊工人阶级的阶级意识，维护资产阶级狭隘的阶级利益。

工人阶级政党不等于马克思主义政党。在《宣言》产生之前和之后，与共产党同时存在的，还有其他无产阶级政党，所以《宣言》中特地论述了"共产党人同其他无产阶级政党不同的地方"①。共产主义者同盟的前身正义者同盟，就是一个由无产阶级化的手工业工人组成的无产阶级政党，但它不是工人阶级的先锋队。我们从恩格斯 1885 年写的《关于共产主义者同盟的历史》中可以看到，正义者同盟的一些领袖和骨干人物，也有优秀的个人品质和能力。有的人"果断刚毅，时刻准备牺牲生活幸福以至生命"，是"职业革命家的典型"。② 有的人有出众的毅力、决心和智力，又是"天生的外交家"③，能在极危险的情况下执行重要任务和进行宣传鼓动，后来在革命中牺牲。但是，这个同盟缺乏科学的理论，"社会学说很不确定"④。当时工人们还不能认识到自己的地位和自己同资本在历史上经济上的对立，不能认识到无产阶级的历史使命，只能暂时借助于"平等"、"博爱"、"正义"等口号和观念来"克服一切理论上的困难"⑤。只是在经过马克思、恩格斯长时期的工作，当同盟的成员接受了他们的科学理论，并且以宣言的形式阐述这一理论，作为同盟的纲领发表的时候，当正义者同盟更名为共产主义者同盟，"人人皆兄弟"的口号被"全世界无产者，联合起来"所代替的时候，才诞生了区别以往其他工人阶级政党的工人阶级先锋队，即马克思主义政党。

中国共产党正是这样的马克思主义政党。为什么党的根本宗旨是全心全意为人民服务？根本的原因就在于工人阶级与人民群众的关系、党与工人阶级的关系决定了工人阶级的马克思主义的政党必须始终为人民服务，也决定了只有工人阶级的马克思主义政党才能奉行全心全意为人民服务的

---

① 《马克思恩格斯选集》第 1 卷，人民出版社 1995 年版，第 285 页。
② 《马克思恩格斯选集》第 4 卷，人民出版社 1995 年版，第 191 页。
③ 同上书，第 192 页。
④ 同上书，第 195 页。
⑤ 同上书，第 196 页。

宗旨。我们在全体人民中，在社会各阶层都倡导为人民服务的精神，因为在一定的意义上这是大家都应当做到也可以做到的。但是，全心全意为人民服务的根本宗旨具有鲜明的工人阶级特性和马克思主义理论特征，而不是什么抽象的道德原则，资产阶级政党根本做不到，非马克思主义的工人政党和组织也不可能真正做到。只有站在工人阶级的立场，坚持以马克思主义为指导，才能真正做到全心全意为人民服务。

党的宗旨是由党的性质决定的。因此，要真正做到坚持我们党的全心全意为人民服务的宗旨，就必须坚持党的工人阶级先锋队性质。坚持党的性质和宗旨，必须坚持《宣言》阐明的科学社会主义的基本原则，并把它们同中国实际和时代特征结合起来。

马克思和恩格斯在《宣言》撰写 25 年后写的《宣言》1872 年德文版序言中说："不管最近 25 年来的情况发生了多大的变化，这个《宣言》中所阐述的一般原理整个说来直到现在还是完全正确的。"① 在马克思主义中国化的过程中，我们党以马克思主义为指导，立足于新的实践，不断提出一些新的理论观点。胡锦涛同志在党的十七大报告中指出："《共产党宣言》发表以来一百六十年的实践证明，马克思主义只有与本国国情相结合、与时代发展同进步、与人民群众共命运，才能焕发出强大的生命力、创造力、感召力。"对我们党的重要理论观点的阐释，既不能离开中国实际和时代特征，又必须始终遵循《宣言》的基本立场和基本原理，否则就会发生偏离，对"以人为本"的阐释就是如此。

"以人为本"在党的十七大被论定为"科学发展观的核心"，而科学发展观被确定为"发展中国特色社会主义必须坚持和贯彻的重大战略思想"。所以，如何阐释"以人为本"，是关系到党的指导思想的重大理论问题。

有的人用作为历史观的人道主义来解读"以人为本"，把它同"人民为本"对立起来，进而抹杀历史唯物主义同人道主义的历史观的对立，把马克思主义说成是人道主义，把以人为本说成是以个人为本。这就偏离了党的十七大的精神。我们对"以人为本"的解读，必须遵循《宣言》的基本立场。

十七大报告阐释"坚持以人为本"的第一句话就是："全心全意为人民服务是党的根本宗旨，党的一切奋斗和工作都是为了造福人民。"接下

---

① 《马克思恩格斯选集》第 1 卷，人民出版社 1995 年版，第 248 页。

来的论述是："要始终把实现好、维护好、发展好最广大人民的根本利益作为党和国家一切工作的出发点和落脚点，尊重人民主体地位，发挥人民首创精神，保障人民各项权益，走共同富裕道路，促进人的全面发展，做到发展为了人民、发展依靠人民、发展成果由人民共享。"我们必须把对"以人为本"的科学内涵和精神实质的理解统一到党的十七大精神上来。在十七大报告中界定以人为本的科学内涵的上述这段共 136 字的论述中，"人民"一词出现了 9 次，"人"这个词在"促进人的全面发展"这一句中出现了一次。这就是说，十七大报告对"以人为本"中的"人"，主要是用"人民"这个概念来阐释的。就人与自然的关系而言，"主体是人，客体是自然"①，人既是实践和认识的主体，也是价值主体，如列宁所说："世界不会满足人，人决心以自己的行动来改变世界"②。人改变世界是为了满足自己的需要。在这个意义上，"以人为本"中的"人"，是人类或所有的人。在社会关系（而不是人与物或人与自然的关系）的范围内说，以人为本的"人"，就是人民，以人为本，就是以人民为本。这就是"以人为本"的精神实质。"人民"当然包括了人民中的每一个人，以人为本当然包括为其中的每个人谋利益，但以人为本不是以个人为本，既不是仅仅以"人民"之内的某一个人为本，更不是以"人民"之外的那些个人为本。"以人为本"实质上是对党的全心全意为人民服务的宗旨以及党的群众观点、群众路线的集中表达，正因为如此，它才成为我们党的重大战略思想科学发展观的核心。以人为本的理念和全心全意为人民服务的根本宗旨一样，代表了最广大人民的根本利益，因而具有广泛的号召力，为最广大人民群众所拥护和践行。之所以如此，正是因为它们体现了工人阶级的阶级立场和马克思主义的理论特征，它们都不是什么抽象的"普世价值"。如果离开了《宣言》阐明的工人阶级与人民群众的关系、共产党与工人阶级关系，离开了马克思主义的阶级分析，忘记了由党的性质决定的党的根本宗旨，就不能正确理解"以人为本"的科学内涵和精神实质。

（原载《高校理论战线》2008 年第 4 期；《马克思主义文摘》2008 年第 8 期、《思想理论教育导刊》2008 年第 5 期摘要转载）

---

① 《马克思恩格斯选集》第 2 卷，人民出版社 1995 年版，第 3 页。
② 《列宁全集》第 55 卷，人民出版社 1990 年版，第 183 页。

历史唯物主义基本原理的经典表述

——马克思《〈政治经济学批判〉序言》研读

提要 马克思的《〈政治经济学批判〉序言》是世世代代想要准确理解唯物史观的人们都不能不研读的著作。马克思在《序言》中对历史唯物主义基本原理作出了简明而完整的经典性概括，阐明了生产方式是社会发展的决定力量、社会存在决定社会意识，阐明了社会的结构、社会基本矛盾运动的规律、社会形态演进的历史进程和资本主义的历史地位，体现了马克思主义的科学性与阶级性的完美统一。

1859 年，刚过不惑之年的马克思在经过自己一生中黄金时代 15 年的潜心研究后，出版了他的《政治经济学批判》第一分册。这本书的出版标志着马克思主义政治经济学创立过程中的一个重要阶段，同时在历史唯物主义的发展史上具有重要意义。马克思在一封信中说："这部著作第一次科学地表述了关于社会关系的重要观点。"① 这些重要观点以高度概括的语言集中表述在该书的序言中。这篇序言成了后来人们理解和阐述唯物主义历史观的经典依据。世世代代的人们要想准确、深刻地理解历史唯物主义，都不能不认真研读它的原创者马克思本人对其基本原理所作的这一最重要的简明而完整的表述。

一 《序言》：对唯物主义历史观要点的扼要阐述

（一）马克思在政治经济学领域的研究和唯物主义历史观的形成

马克思在《序言》中说明了自己研究政治经济学的经过。这一经过

---

① 《马克思恩格斯文集》第 10 卷，人民出版社 2009 年版，第 167 页。

同时也是马克思的唯物主义历史观形成、运用和得到证明的过程，它表明了作为马克思主义完整科学体系中组成部分的历史唯物主义和政治经济学之间不可分割的紧密联系。

马克思上大学读的是法律专业，又专心致力于研究历史和哲学，毕业时取得哲学博士学位。大学毕业后，马克思在1842—1843年间作为《莱茵报》的编辑，撰写文章参与了莱茵省关于林木盗窃法、关于摩泽尔农民状况等问题的辩论，这使他"第一次遇到要对所谓物质利益发表意见的难事"①，促使他去研究经济问题。离开《莱茵报》后，在开展历史和政治方面的研究特别是研究法国革命史的基础上，马克思先后写作了《黑格尔法哲学批判》和《〈黑格尔法哲学批判〉导言》。对黑格尔法哲学的批判使马克思认识到，"要获得理解人类历史发展过程的锁钥，不应当到被黑格尔描绘成'大厦之顶'的国家中去寻找，而应当到黑格尔所那样蔑视的'市民社会'中去寻找"，而"关于市民社会的科学，也就是政治经济学"。② 在黑格尔那里，"市民社会"是指社会物质生活关系的总和。为了解剖物质的生活关系，就必须研究政治经济学。

马克思1843年10月到达巴黎，与卢格筹办《德法年鉴》。1845年2月他被法国当局下令驱逐，移居布鲁塞尔，在那里居住到1848年二月革命爆发。在巴黎和布鲁塞尔的这几年是马克思的思想迅速发展、新的世界观形成的时期。马克思在巴黎开始系统地研究政治经济学，写下了9本经济学札记，即《巴黎笔记》，其中包括恩格斯发表在《德法年鉴》上的《国民经济学批判大纲》一文的摘要。马克思称赞恩格斯的这篇著作是"批判经济学范畴的天才大纲"。马克思在巴黎写下的《1844年经济学哲学手稿》是他把哲学研究与政治经济学研究结合起来取得的重大成果，它通过异化劳动理论初步解剖了资本主义经济制度，批判了资产阶级的经济学，由此开始了以劳动为锁钥的对社会发展史的探索。在1845年3月写的评论李斯特的《政治经济学的国民体系》的文章中，马克思通过批判李斯特唯心主义的生产力理论，发挥了自己唯物主义的生产力理论，并且预言无产阶级明天将砸碎自身的锁链。在这期间，马克

---

① 《马克思恩格斯文集》第2卷，人民出版社2009年版，第588页。本文以下凡出自这篇文章的引语均不再加注。

② 《马克思恩格斯全集》第16卷，人民出版社1964年版，第409页。

思的哲学研究与政治经济学研究交替进行，彼此促进。1844 年 8—11
月，马克思和恩格斯完成了他们合作的第一部著作《神圣家族》，通过
批判鲍威尔为代表的青年黑格尔派的唯心主义接近了唯物主义的历史
观。1845 年春，马克思写下了《关于费尔巴哈的提纲》，并且和恩格斯
在布鲁塞尔决定共同通过批判黑格尔以后的德国哲学系统地阐明自己的
见解，不久后开始写作《德意志意识形态》。这部长篇巨著在马克思生
前没有发表，但是它第一次对唯物主义历史观作了比较系统的阐述，标
志着新的历史观的形成。

　　在 1847 年撰写出版的《哲学的贫困》中，马克思通过批判蒲鲁东的
唯心史观和经济观，第一次以论战的方式阐明了唯物史观的主要观点。在
1847 年 12 月关于雇佣劳动与资本的演说和 1848 年 1 月关于自由贸易问题
的演说中，马克思运用唯物史观揭露了资本家对雇佣工人的残酷剥削，揭
示了资本主义制度的本质。1848 年 2 月，马克思和恩格斯合著的《共产
党宣言》发表，这一纲领性文件以透彻而鲜明的语言向全世界公开阐明
了共产党人的新的世界观和历史观。

（二）对历史唯物主义基本原理作出经典表述

　　马克思说："我所得到的，并且一经得到就用于指导我的研究工作的
总的结果，可以简要地表述如下"。接下来的一大段文字以高度概括的语
言对历史唯物主义的要点"作了扼要的阐述"①。此后一百多年来，这一
阐述无论是在恩格斯、列宁、毛泽东的著作中，或在各种历史唯物主义的
教科书中，都曾被大段地加以引用和阐发，始终被认为是马克思本人对历
史唯物主义基本原理的经典的"完整的表述"②。

　　马克思这一段经典论述所表达的历史观，是他在 19 世纪 40 年代通过
对哲学、历史特别是对政治经济学的研究形成，并首先在《德意志意识
形态》、《共产党宣言》等著作中表述出来的。1848 年 2 月革命爆发后，
马克思中断了理论研究，投身于革命实践之中。他的唯物主义历史观的基
本思想在欧洲革命风暴中经受住了实践的检验。马克思 1849 年迁居伦敦
后才得以重新进行他的研究工作。当时英国站在资本主义经济关系发展的

---

① 《马克思恩格斯文集》第 2 卷，人民出版社 2009 年版，第 597 页。
② 《列宁选集》第 2 卷，人民出版社 1995 年版，第 424 页。

最前列，伦敦是国际贸易和世界金融的中心，英国博物馆中堆积着大量政治经济学著作和资料，所以伦敦对于考察资产阶级社会是一个方便的地点。从 1850 年开始，马克思把主要精力集中于政治经济学研究。到 1853 年，他写下了 24 个笔记本的《伦敦笔记》。面对 1857 年的资本主义经济危机，马克思"发狂似地通宵总结"① 自己的经济学研究，写下了 8 个笔记本的以"政治经济学批判"为标题的 1857—1858 年经济学手稿，这就是《资本论》的第一稿。1859 年出版的《政治经济学批判》第一分册就是在这些手稿的基础上写成的。1867 年《资本论》第一卷出版时，马克思在其序言中说，"这部著作是我 1859 年发表的《政治经济学批判》的续篇"②。

列宁曾指出，《〈政治经济学批判〉序言》中所表述的"天才的思想"，在 19 世纪 40 年代提出时"暂且还只是一个假设"③，"马克思在 40 年代提出这个假设后，就着手实际地（请注意这点）研究材料"④。马克思运用唯物主义历史观，根据大量材料研究了商品经济体系，揭示了资本主义产生、发展的规律。马克思主义政治经济学是建立在唯物主义历史观的基础上的，同时它又是对唯物史观的科学性的证明。正因为如此，当马克思的政治经济学研究的成果在《政治经济学批判》第一分册中问世时，他创立的唯物主义历史观也在这本书的《序言》中得到了经典性的表述。列宁指出："自从《资本论》问世以来，唯物主义历史观已经不是假设，而是科学地证明了的原理。"⑤

《资本论》问世后的一个多世纪来，马克思在《〈政治经济学批判〉序言》中阐述的历史唯物主义基本原理在亿万人民的社会实践中又经受了反复的检验，被证明为科学真理，并且不断丰富和发展。

二　社会存在决定社会意识

人类社会是一个由多种因素构成的有机整体。马克思在《序言》中

---

① 《马克思恩格斯文集》第 10 卷，人民出版社 2009 年版，第 140 页。
② 《马克思恩格斯文集》第 5 卷，人民出版社 2009 年版，第 7 页。
③ 《列宁选集》第 1 卷，人民出版社 1995 年版，第 7 页。
④ 同上书，第 9 页。
⑤ 同上书，第 10 页。

阐明了唯物主义历史观最基本的范畴，勾画出社会形态的一般结构，确立了历史唯物主义最基本的原理。

（一）生产力和生产关系、经济基础和上层建筑范畴

生产力和生产关系，经济基础和上层建筑，生产方式，社会存在和社会意识，这些都是唯物主义历史观最重要的基本范畴。马克思和恩格斯制定这些科学范畴并运用它们揭示出社会的本质和规律，是人类对社会历史认识中的飞跃。《序言》作为马克思对自己的研究工作总的结果的简要表达，集中地阐明了这些范畴及其相互关系，揭示了社会有机体的基本结构。

在马克思19世纪40年代的著作中，已经广泛使用"生产力"这一概念，而对于人们之间的生产关系，当时更多的是用"交往关系"、"交往形式"、"交换和消费形式"等来表达的，这种物质关系作为国家和观念的上层建筑的基础，则被称为"市民社会"。马克思指出，物质生活资料的生产是人们把自己和动物区别开来的第一个历史活动。生产力作为人们从事生产活动的能力，对每一代人来说，"是一种既得的力量，是以往的活动的产物"，"是人们应用能力的结果"。① 而"在人们的生产力发展的一定状况下，就会有一定的交换和消费形式"，"就会有相应的市民社会"。② "市民社会包括个人在生产力发展的一定阶段上的一切物质交往"，"在一切时代都构成国家的基础以及任何其他的观念的上层建筑的基础"。③

到1859年，这些概念及其间的相互关系，都在《序言》中得到了更精辟的表述，从而作为唯物主义历史观最重要的基本范畴被确立起来。《序言》中说："人们在自己生活的社会生产中发生一定的、必然的、不以他们的意志为转移的关系，即同他们的物质生产力的一定发展阶段相适合的生产关系。"这一论断明确地提出并阐明了"生产关系"这个概念：其一，生产关系是人们在自己生活的社会生产中发生的关系；其二，生产关系是不以人们自己的意志为转移的即具有客观性的关系，如后来列宁所

---

① 《马克思恩格斯文集》第10卷，人民出版社2009年版，第43页。
② 同上书，第42—43页。
③ 《马克思恩格斯文集》第1卷，人民出版社2009年版，第582、583页。

指出的，它是"物质的社会关系（即不通过人们的意识而形成的社会关系）"①；其三，一定的生产关系是同物质生产力的一定发展阶段相适合的，也就是说，它是由生产力决定的，是因生产力的发展阶段不同而不同的关系。制定"生产关系"这一科学概念，在唯物主义历史观的创立中具有关键性的意义。

《序言》进而运用"生产关系"的概念提出并阐明了"经济基础"和"上层建筑"这一对重要范畴："这些生产关系的总和构成社会的经济结构，即有法律的和政治的上层建筑竖立其上并有一定的社会意识形式与之相适应的现实基础。""经济基础"就是社会的经济结构，它是由生产关系的总和构成的。社会的经济结构之所以被称为"经济基础"，是因为有上层建筑竖立其上，它是上层建筑的现实基础；而"上层建筑"，则包括建立在一定的经济基础之上的法律的和政治的制度、设施以及与之相适应的社会意识形式。

这样我们可以看到，生产力决定生产关系，生产关系的总和构成社会的经济基础，在经济基础之上竖立着法律的、政治的和意识形态的上层建筑；社会形态的基本结构就这样被清晰地勾画出来了。这就使科学地认识社会历史发展规律成为可能。

（二）物质资料的生产方式制约着整个社会生活过程

马克思说："物质生活的生产方式制约着整个社会生活、政治生活和精神生活的过程。"这一重要论断明确地指出了生产方式在历史发展中的决定作用。

社会历史的发展最终是由什么因素决定的，这是历史研究中一个根本性的问题。旧的唯心主义的历史观总是从人们的头脑中，或从社会之外的神秘力量去寻找历史变迁的终极原因，而马克思则揭示了，人们首先必须吃、喝、住、穿，然后才能从事其他活动，物质资料的生产是整个社会生活及整个历史的基础，因而物质生活的生产方式就是社会历史的最终决定因素。马克思和恩格斯在《德意志意识形态》中对自己的历史观作了这样的论述："这种历史观就在于：从直接生活的物质生产出发阐述现实的生产过程，把同这种生产方式相联系的、它所产生的交往形式即各个不同

---

① 《列宁选集》第 1 卷，人民出版社 1995 年版，第 8 页。

阶段上的市民社会理解为整个历史的基础，从市民社会作为国家的活动描述市民社会，同时从市民社会出发阐明意识的所有各种不同的理论产物和形式，如宗教、哲学、道德等等，而且追溯它们产生的过程。这样做当然就能够完整地描述事物了（因而也能够描述事物的这些不同方面之间的相互作用）。"① 这里已经相当明确地表达了从物质生产活动及其方式出发来描述整个社会生活的历史观。在《序言》中，生产方式制约着整个社会生活的原理得到了更加简要而明确的表述。恩格斯指出，这个原理"对于一切历史科学（凡不是自然科学的科学都是历史科学）都是一个具有革命意义的发现"，因为这个原理揭示了，"在历史上出现的一切社会关系和国家关系，一切宗教制度和法律制度，一切理论观点，只有理解了每一个与之相应的时代的物质生活条件，并且从这些物质条件中被引申出来的时候，才能理解"。②

在马克思的著作中，"生产方式"一词在不同场合有过不同的用法。《序言》中的"生产方式"这一概念，作为唯物主义历史观的基本范畴，体现着生产力和生产关系的统一。马克思经常在这种既包括生产力又包括生产关系的意义上使用"生产方式"这一概念。比如他说："资本主义的生产方式，和任何别的生产方式一样，不仅不断再生产物质的产品，而且不断再生产社会的经济关系，即再生产产品形成上的经济的形式规定性。"③

（三）不是人们的意识决定人们的存在，而是人们的社会存在决定人们的意识

社会存在和社会意识的关系问题是历史观的基本问题，对这一问题的回答是区分历史唯物主义和历史唯心主义的标准。制定了生产关系的科学概念，揭示了生产方式在社会历史发展中的决定作用，也就正确地解决了社会存在和社会意识的关系问题。《序言》对这个问题明确地作出了同一切唯心主义历史观根本对立的唯物主义的回答。

马克思主义诞生之前，在对社会历史的认识中，唯心主义历史观占据

---

① 《马克思恩格斯文集》第1卷，人民出版社2009年版，第544页。
② 《马克思恩格斯文集》第2卷，人民出版社2009年版，第597页。
③ 《马克思恩格斯文集》第7卷，人民出版社2009年版，第987页。

着统治地位，而唯心史观的根本错误，就是颠倒了社会存在和社会意识的关系，把社会意识当作决定的方面。马克思和恩格斯在《德意志意识形态》中已经针对着青年黑格尔派的唯心主义指出："意识在任何时候都只能是被意识到了的存在，而人们的存在就是他们的现实生活过程。""不是意识决定生活，而是生活决定意识。"① 即使是人们头脑中的模糊的幻象，也是他们的物质生活过程的必然升华物。道德、宗教、哲学等各种意识形态，都没有自己独立的历史发展，它们是随着人们的物质生产和物质交往而改变的。在《序言》中，马克思把历史唯物主义的这一根本原理明确表述为："不是人们的意识决定人们的存在，相反，是人们的社会存在决定人们的意识。"

社会存在决定社会意识这一基本原理的确立，从根本上划清了历史唯物主义与历史唯心主义的界限，标志着马克思在整个世界观史上实现了变革。

恩格斯在他写的书评《卡尔·马克思〈政治经济学批判。第一分册〉》中高度评价了马克思这一论断的重大理论意义和实践意义，指出，这个原理对于没有被唯心主义欺骗束缚住的人来说是不言自明的，但是它不仅对于理论，而且对于实践都是最革命的结论。"人们的意识取决于人们的存在而不是相反，这个原理看来很简单，但是仔细考察一下也会立即发现，这个原理的最初结论就给一切唯心主义，甚至给最隐蔽的唯心主义当头一棒。关于一切历史的东西的全部传统的和习惯的观点都被这个原理否定了。政治论证的全部传统方式崩溃了。"② 从前所有对于历史的见解，都是建立在思想观念是历史变动的最终原因的基础之上的。确立了社会存在决定社会意识的历史唯物主义基本原理，历史才破天荒第一次被置于它的真正基础之上，有关社会历史的各门学问才有可能成为真正意义上的科学。

三　生产力和生产关系、经济基础和上层建筑的矛盾运动与社会革命

人类社会是一个不断发展的过程。社会的变革和发展是由生产力和生

---

① 《马克思恩格斯文集》第 1 卷，人民出版社 2009 年版，第 525 页。
② 《马克思恩格斯文集》第 2 卷，人民出版社 2009 年版，第 598 页。

产关系、经济基础和上层建筑的矛盾运动决定的。马克思揭示了这一矛盾运动的规律，得出了革命的结论。

（一）社会基本矛盾运动引起社会革命

马克思说："社会的物质生产力发展到一定阶段，便同它们一直在其中运动的现存生产关系或财产关系（这只是生产关系的法律用语）发生矛盾。于是这些关系便由生产力的发展形式变成生产力的桎梏。那时社会革命的时代就到来了。随着经济基础的变更，全部庞大的上层建筑也或慢或快地发生变革。"这段论述精辟地阐明了生产力的发展及其与生产关系的矛盾导致社会革命的客观必然性和一般过程。

第一，生产力的发展必然会同生产关系发生矛盾。

人们只有以一定的方式结合起来，才能进行生产，只有在一定的社会关系的范围内，才会有对自然界的关系。因此，生产总是在一定的生产关系中进行的，生产力总是在一定的生产关系中运动的。随着人们需要的变化和物质生产的发展，生产力总是处于不断发展之中，因而必然同保持着相对稳定的生产关系发生矛盾。生产力和生产关系的矛盾是人类社会中最基本的矛盾。

生产关系作为人们的经济关系会在上层建筑领域中反映为法的关系。法律上讲的所有权，就是生产资料所有制在法权上的反映。"财产关系"是一种法律用语，它的内容是由经济关系决定的，所以马克思指出，财产关系只是生产关系的法律用语。

第二，当生产关系变成生产力的桎梏时，社会革命的时代就会到来。

生产力和生产关系的矛盾在社会发展的不同阶段有不同的性质和特点。一定的生产关系是适应生产力的一定发展阶段而形成的，所以它在这一阶段是同生产力相适合的促进生产力发展的形式。随着生产力的发展，原有的生产关系会由新变旧。当旧的生产关系成为严重阻碍生产力发展的桎梏时，"由于最重要的是不使文明的果实——已经获得的生产力被剥夺，所以必须粉碎生产力在其中产生的那些传统形式"。[①] 这时历史的发展就产生了变革生产关系的客观要求，形成了变革生产关系的物质前提，呼唤着社会革命的到来。

---

① 《马克思恩格斯文集》第 1 卷，人民出版社 2009 年版，第 613—614 页。

第三，全部庞大的上层建筑必然随着经济基础的变更或慢或快地发生变革。

一定社会的上层建筑都是建立在一定的经济基础之上并为自己的经济基础服务的。经济基础决定上层建筑的性质和发展，要求它同自己相适合。当生产力的发展引起生产关系的变革时，必然要求变革建立在原有经济基础之上的上层建筑。马克思的论断包含了相互关联的两个要点。一是"全部庞大的上层建筑"的各个部分都一定要适合经济基础的状况而改变，并无例外；二是上层建筑中不同部分的变革有"或慢或快"的不同，不是同步的。这是因为，由经济基础决定的上层建筑也有其相对的独立性，上层建筑的不同部分有不同程度、不同表现的相对独立性。同国家政权为核心的政治上层建筑的剧烈变革相比，观念上层建筑即意识形态的变革是一个相当漫长的过程。

马克思和恩格斯创立自己新的历史观时，针对占据着统治地位的唯心史观，着重强调生产力对生产关系、经济基础对上层建筑的决定作用，实现了从历史唯心主义到历史唯物主义的根本变革。而对于国家、意识形态等上层建筑的能动的反作用，当时还未能作出充分的阐述。恩格斯在他的晚年，针对着那种把经济因素说成是唯一决定因素的对唯物主义历史观的曲解，着重强调了历史的辩证法，论述了上层建筑各种因素的相对独立性和能动作用，从而阐明了历史的发展是经济归根到底起决定作用基础上各种因素间相互作用的过程，丰富和发展了历史唯物主义。

生产关系和生产力之间的矛盾、上层建筑和经济基础之间的矛盾，是贯穿人类社会始终、推动历史发展的社会基本矛盾。历史唯物主义关于社会基本矛盾的理论揭示了历史发展的基本规律，得出了非常革命的结论。

（二）两个"决不会"的科学思想

马克思在《序言》中指出了社会革命时代到来的必然性，又提出了考察社会变革的基本方法："在考察这些变革时，必须时刻把下面两者区别开来：一种是生产的经济条件方面所发生的物质的、可以用自然科学的精确性指明的变革，一种是人们借以意识到这个冲突并力求把它克服的那些法律的、政治的、宗教的、艺术的或哲学的，简言之，意识形态的形式。"区分生产的经济条件方面的物质变革与意识形态的各种形式这二者，把后者看作前者的反映、表现，以物质经济条件而不是以意识形态为根据来分析形势，就把社会存在决定社会意识的原理转化成了认识社会历史的方法论原则，运用于考察变革的时代。马克思根据这样的考察，得出了两个"决不会"的结论。

社会革命是旧的社会形态灭亡，被新的社会形态所取代。革命的发生，是因为随着生产力的发展旧的生产关系变成了生产力的桎梏。社会革命的终极原因，不应当在人们的头脑中去寻找，而应当在生产力和生产关系的矛盾中去寻找。因此，当一种生产关系适合生产力的性质，能够促进生产力发展的时候，这种生产关系是不会消灭的；当生产力还没有发展到要求用一种新的生产关系取代原有的生产关系的时候，是不会有新的生产关系产生出来的。所以马克思说："无论哪一个社会形态，在它所能容纳的全部生产力发挥出来以前，是决不会灭亡的；而新的更高的生产关系，在它的物质存在条件在旧社会的胎胞里成熟以前，是决不会出现的。"

这两个"决不会"表明，革命不是人为地制造出来的，而是社会运动客观规律的表现，是历史发展中的必然。马克思两个"决不会"的思想所强调的，是社会革命有其客观根源，是革命发生的客观必然性，但是，有些人却曲解马克思的思想，用来指责、否定已经发生的革命。有人认为，俄国十月社会主义革命是在条件不成熟的情况下人为地制造的，所以注定要垮台；中国通过社会主义改造建立社会主义制度也是主观地人为的，所以应该退回去搞资本主义。实际上，俄国十月革命和中国革命之所以发生，正是因为旧的生产关系以及维护它的上层建筑已经成了生产力的桎梏，代之以新的生产关系和上层建筑已经成了生产力发展的迫切要求。没有这样的客观根源，革命就不会发生，更不会取得胜利。革命的发生和革命的成功已经成为任何人都无法否认的历史事实，这是社会实践对其具有客观根源和客观必然性的证明。

欧洲 1848 年革命后，恩格斯在论述这场革命时指出："把革命的发生归咎于少数煽动者的恶意那种迷信的时代，早已过去了。现在每个人都知道，任何地方发生革命动荡，其背后必然有某种社会要求，而腐朽的制度阻碍这种要求的满足。"他强调，革命爆发和失败的原因"不应该从一些领袖的偶然的动机、优点、缺点、错误或变节中寻找，而应该从每个经历了动荡的国家的总的社会状况和生活条件中寻找"。① 恩格斯写下这些话之前，在写给马克思的一封信中还说过："革命是一种与其说受平时决定社会发展的法则支配，不如说在更大程度上受物理定律支配的纯自然现象。或者更确切地说，这些法则在革命时期具有大得多的物理性质，必然性的物质力量表现得更加强烈。"② 俄国十月革命和中国革命的发生，本身就是两个"决不会"规律的表现，革命中强烈地表现出来的，正是根源于生产力和生产关系、经济基础和上层建筑之间矛盾冲突的"必然性的物质力量"。

四　社会形态的历史演进

在揭示社会基本矛盾运动规律的基础上，《序言》提出了"社会形态"的概念，概述了社会形态演进的历史进程，指出了资本主义的历史地位。

（一）社会形态演进的几个时代

马克思两个"决不会"的论断中使用了"社会形态"这个概念。《序言》中还使用了"经济的社会形态"的概念。马克思说："大体说来，亚细亚的、古希腊罗马的、封建的和现代资产阶级的生产方式可以看做是经济的社会形态演进的几个时代。"这一简明的论断包含着极为丰富的深刻的思想。

"社会形态"和"经济的社会形态"，是马克思创立的唯物主义历史观的重要范畴。"社会形态"是概括一定性质的社会并把社会发展不同阶段区分开来的一个整体性概念。与一定的生产力状况相适应，一定的经济基础与上层建筑结合起来，就构成一定的社会形态。在马克思以前，经济学家和社会学家们谈论的是"一般社会"，他们从所谓"人的本性"出发，去讨论一般社会的目的和实质是什么，不能区分不同性质的社会；他们着眼于社会意识去观察和说明社会，不能发现各国社会现象中的重复性和常规性，不能认识社会发展的规律。而马克思观察社会

---

① 《马克思恩格斯文集》第 2 卷，人民出版社 2009 年版，第 351—352、352 页。

② 《马克思恩格斯全集》第 27 卷，人民出版社 1972 年版，第 210 页。

历史所用的方法，是从社会生活的各种领域中划分出经济领域，从一切社会关系中划分出生产关系。生产关系是不通过人们意识而形成的物质的社会关系，是决定其余一切关系的基本的原始的关系。如列宁所指出的，通过对生产关系的分析，"立刻就有可能看出重复性和常规性，把各国制度概括为社会形态这个基本概念。只有这种概括才使人有可能从记载（和从理想的观点来评价）社会现象进而以严格的科学态度去分析社会现象"。①

一定的社会形态在历史上的产生、发展和消灭，有其客观的必然性，是一种"自然史的过程"。马克思在《资本论》第 1 卷第 1 版的序言中说："我的观点是把经济的社会形态的发展理解为一种自然史的过程。"② 列宁指出："只有把社会关系归结为生产关系，把生产关系归结于生产力的水平，才能有可靠的根据把社会形态的发展看作自然历史过程。"③ 社会形态的发展之所以是一种客观的自然史的过程，是因为作为经济基础与上层建筑之统一的社会形态，其发展变化是由社会基本矛盾运动决定的，社会形态发展变化的规律就是生产力与生产关系、经济基础与上层建筑矛盾运动的规律，因而具有不依人们主观意志为转移的客观性。唯心主义历史观在观察社会现象时，只看到人们的社会思想和主观目的，不能把这些思想和目的归结于物质的社会关系，因而不能把历史现象的演进看作自然历史过程。

划分不同社会形态的标准，是生产方式，特别是以生产资料所有制为基础的生产关系，所以社会历史的发展表现为"经济的社会形态"的演进。马克思在 19 世纪 40 年代发表的《雇佣劳动与资本》中，就把一定历史阶段上的社会理解为一定的生产关系的总和，并以此为根据划分出"古典古代社会"、"封建社会"和"资产阶级社会"等几个阶段，他说："生产关系总和起来就构成所谓社会关系，构成所谓社会，并且是构成一个处于一定历史发展阶段上的社会，具有独特的特征的社会。古典古代社会、封建社会和资产阶级社会都是这样的生产关系的总和，而其中每一个生产关系的总和同时又标志着人类历史发展中的一个特殊阶段。"④ 在

---

① 《列宁选集》第 1 卷，人民出版社 1995 年版，第 8 页。
② 《马克思恩格斯文集》第 5 卷，人民出版社 2009 年版，第 10 页。
③ 《列宁选集》第 1 卷，人民出版社 1995 年版，第 8—9 页。
④ 《马克思恩格斯文集》第 1 卷，人民出版社 2009 年版，第 724 页。

《序言》中，马克思把"亚细亚的"、"古希腊罗马的"、"封建的"和"现代资产阶级的"生产方式看作是社会形态演进的几个时代。这里所说的"亚细亚的"生产方式，当时是指东方存在过的以土地公有制为基础的原始的生产方式。后来随着研究的深入，特别是在 1877 年摩尔根的《古代社会》出版后，马克思和恩格斯利用摩尔根的成果开展深入的科学研究，对人类早期的原始社会有了清晰的认识，此后便把以"亚细亚生产方式"为基础的社会看作是原始社会的最后阶段，是从原始社会到阶级社会的过渡阶段，并用原始社会取代"亚细亚生产方式"在社会形态演进中的位置，完成了五种社会形态理论。

马克思和恩格斯在世时，已经实证地考察了原始社会、奴隶社会、封建社会和资本主义社会；社会主义社会是他们从对资本主义的分析中作出的科学预测，今天已经被历史的发展所证实。五种社会形态理论是通过对社会历史的深入研究，从客观实际中抽象出来的科学理论，它揭示了世界历史发展的总规律，经受住了历史实践的检验。迄今为止，人类社会发展中先后出现了这五种社会形态，这是不争的事实；社会历史中从未出现过除这五种之外的别的什么社会形态，这同样是不可否认的事实。社会发展的一般规律在不同历史条件下有不同的具体表现。由于自身具体条件的不同和国际环境的影响，并非所有民族都以典型的形式依次经历了五种社会形态的更替，其间既有某一社会形态的跨越，也有前进中暂时的曲折、倒退；一定形态的社会并非以某种纯粹的形式存在，而是包含着或多或少的其他社会形态的因素。这些复杂的情况并未否定五种社会形态演进规律的客观普遍性，而是表明历史的发展总是普遍性与特殊性的统一，普遍规律体现于多样性的形式之中。

历史唯物主义的社会形态理论揭示了社会发展的内在动力和由此决定的历史的阶段性、顺序性，揭示了五种社会形态依次更替是一种自然历史过程，指明了历史前进的方向。它是指导我们从实际出发去认识各国历史进程的科学理论，而不是可以套用到具体历史过程上去剪裁历史的公式或教条。社会形态理论对于各门社会科学的意义，正如达尔文的进化论对于生物学的研究一样重要。列宁说："达尔文推翻了那种把动植物物种看作彼此毫无联系的、偶然的、'神造的'、不变的东西的观点，探明了物种的变异性和承续性，第一次把生物学放在完全科学的基础之上。同样，马克思也推翻了那种把社会看作可按长官意志（或者说按社会意志和政府意志，反正都一样）随便改变的、偶然产生和变化的、机械的个人结合体的观点，探明了作为一定生产关系总和的社会经济形态这个概念，探明了这种形态的发展是自然历史过程，从而第一次把社会学放在科学的基础之上。"① 没有这一科学理论做基础，就不会有真正的社会科学。

（二）资产阶级生产关系：社会生产过程的最后一个对抗形式

马克思在《序言》中对历史唯物主义基本原理的概述，最后得出了关于资本主义社会历史地位的结论。

资产阶级的生产关系是在封建社会内部随着商品生产和商品流通的发展而必然地产生和发展起来。它的基础是生产资料的资本家所有制。资本主义生产方式是以生产剩余价值为目的的生产方式，它的存在以两个社会阶级的存在为前提，一方面是占有生产资料的资本家阶级，一方面是失去了生产资料、仅有自己的劳动力可以出卖的无产阶级。资本和雇佣劳动的关系决定着这种生产方式的全部性质。资本主义生产实质上就是剩余价值的生产，就是对剩余劳动的吸取。剩余价值的占有是资本主义剥削的实质，因而资本主义生产关系是对抗性的生产关系。这种对抗从本质上说不是个人的对抗，而是个人生活于其中的社会关系的对抗。资本家和雇佣工人作为资本主义生产方式的主要当事人，本身不过是资本和雇佣劳动的体现者，人格化。马克思在《资本论》第 1 卷第 1 版的序言中说，《资本论》中涉及的人，"只是经济范畴的人格化，是一定的阶级关系和利益的承担者"。"不管个人在主观上怎样超脱各种关系，他在社会意义上总是这些关系的产物。同其他任何观点比起来，我的观点是更不能要个人对这些关系负责的。"② 生产的社会性和生产资料的资本主义私人占有之间的矛盾是资本主义生产方式固有的基本矛盾，它包含着资本主义社会中一切冲突的萌芽，决定了资本主义的历史命运。

资本主义生产关系曾经极大地推动了生产力的发展，创造了历史上空前强大的生产力。但是，这种社会化的生产力发展到一定阶段，就不可避免地同狭隘的资本主义私有制发生冲突，达到同它们的资本主义外壳不能相容的地步，要求炸毁这个外壳。虽然资产阶级可以在资本主义生产方式

---

① 《列宁选集》第 1 卷，人民出版社 1995 年版，第 10 页。
② 《马克思恩格斯文集》第 5 卷，人民出版社 2009 年版，第 10 页。

容许的范围内通过对生产关系的调整来缓和矛盾，但终究不能克服这种矛盾和对抗。在资产阶级社会的胎胞里发展起来的强大的社会化的生产力，为全社会占有生产资料和共同组织社会化生产准备了物质经济条件，同时，资本主义越发展，无产阶级的力量就越壮大，资产阶级造就了置自身于死地的社会力量。因此，资本主义生产方式固有的矛盾决定了它的历史过渡性质，它必然为社会主义社会所代替。资本主义是人类历史上最后一个内在地包含着对抗性的社会基本矛盾和阶级结构的社会形态。

马克思主义的科学理论"代表的只是这样一个阶级，这个阶级的历史使命是推翻资本主义生产方式和最后消灭阶级。这个阶级就是无产阶级"。[1]《序言》作为对马克思主义历史观的经典表述，在阐述历史发展一般规律的基础上，最后以宣告资本主义社会形态的灭亡而结束，这充分体现了马克思主义世界观、历史观的科学性与阶级性的完美的统一。

在三卷《邓小平文选》的最后，有一段结论性的话："我坚信，世界上赞成马克思主义的人会多起来的，因为马克思主义是科学。它运用历史唯物主义揭示了人类社会发展的规律。封建社会代替奴隶社会，资本主义代替封建主义，社会主义经历一个长过程发展后必然代替资本主义。这是社会历史发展不可逆转的总趋势，但道路是曲折的。"[2] 这是中国化的马克思主义对马克思揭示的人类社会发展规律的扼要概括，其落脚点同样是资本主义必然为社会主义所代替的现实历史结论。

（原载《思想理论教育导刊》2011 年第 2 期）

---

[1]　《马克思恩格斯文集》第 5 卷，人民出版社 2009 年版，第 18 页。
[2]　《邓小平文选》第 3 卷，人民出版社 1993 年版，第 382—383 页。

从《家庭、私有制和国家的起源》
看马克思恩格斯文明思想

提要　《家庭、私有制和国家的起源》是马克思和恩格斯著作中文明思想发展的最高成果。以《起源》为中心来考察，马克思恩格斯文明思想的主要观点可以概括为：文明时代论，文明动力论，文明进步论，从对抗到非对抗的文明矛盾论。

改革开放新时期以来，党中央先后提出了建设社会主义物质文明和精神文明、建设社会主义政治文明以及建设生态文明的任务。随着我国文明建设实践的拓展，对文明的学术理论研究也逐步深入地展开。实践和理论的发展都要求我们认真学习和研究马克思恩格斯的文明思想。在马克思和恩格斯的著作中，对文明问题论述最集中、最系统的，是恩格斯的名著《家庭、私有制和国家的起源》（以下简称《起源》）。本文以《起源》为中心，联系他们的其他著作，对马克思恩格斯文明思想的基本观点作初步探讨。

一　《起源》在马克思恩格斯文明思想发展中的地位

《起源》在马克思恩格斯文明思想的发展中具有特殊重要地位。

标志着马克思主义成熟和问世的著作《德意志意识形态》和《共产党宣言》中已有多处关于文明的论述。从 19 世纪 40 年代到恩格斯 1884 年写作《起源》的数十年中，马克思恩格斯文明思想不断丰富、发展。关于文明的思想、理论是随着人类对文明史认识的发展而发展的。而正是在这数十年间，人们开始对文化起源问题作系统研究，一批人类文化学著作相继问世。尤其是路易斯·亨·摩尔根 1877 年出版的《古代社会》一书，标志着人类对文明社会史前史的认识发生了飞跃，也成为推动马克思恩格斯文明思想发展的重要因素。

19 世纪 80 年代后恩格斯对《共产党宣言》中一个重要观点的修改，集中体现了马克思恩格斯对文明社会史前史认识中的飞跃。1848 年发表的《宣言》中说："至今一切社会的历史都是阶级斗争的历史。"① 从《宣言》1883 年德文版序言开始，恩格斯对它作了修改。在 1888 年英文版序言中，这一思想被表述为"人类的全部历史（从土地公有的原始氏族社会解体以来）都是阶级斗争的历史"。② 恩格斯加了一个注释，对这一修改作了说明，其中说："在 1847 年，社会的史前史、成文史以前的社会组织，几乎还没有人知道。"③ 从《资本论》的出版史中也可以看到摩尔根《古代社会》的影响。1867 年出版的《资本论》第 1 卷第 1 版中曾有"在家庭内部，随后在氏族内部"这样的提法，后来在 1883 年的第 3 版中，恩格斯根据马克思《路易斯·亨·摩尔根〈古代社会〉一书摘要》在这里加了一个注："后来对人类原始状况的透彻的研究，使作者得出结论：最初不是家庭发展为氏族，相反地，氏族是以血缘为基础的人类社会的自然形成的原始形式。由于氏族纽带的开始解体，各种各样家庭形式后来才发展起来。"④

马克思非常重视摩尔根的《古代社会》，在 1880—1881 年对该书作了详细摘要，并在批语中对摩尔根的一些论点作了纠正、发挥和补充。恩格斯高度评价《古代社会》是"今日划时代的少数著作之一"，认为它的发现"对于原始历史所具有的意义，正如达尔文的进化理论对于生物学和马克思的剩余价值理论对于政治经济学的意义一样"。⑤ 《起源》以"就路易斯·亨·摩尔根的研究成果而作"为副标题，表明了它同这本书的直接关联。恩格斯认为，马克思曾打算联系他的唯物主义历史研究所得出的结论来阐述摩尔根的研究成果，因而他说自己写作《起源》"在某种程度上是实现遗愿"，是"补偿我的亡友未能完成的工作"。他在写作

---

① 《马克思恩格斯文集》第 2 卷，人民出版社 2009 年版，第 31 页。
② 同上书，第 14 页。
③ 同上书，第 31 页。
④ 《马克思恩格斯文集》第 5 卷，人民出版社 2009 年版，第 407 页。
⑤ 《马克思恩格斯文集》第 4 卷，人民出版社 2009 年版，第 16、28 页。本文以下凡引自《起源》中的文字，均不再加注。

《起源》时运用了马克思的《路易斯·亨·摩尔根〈古代社会〉一书摘要》，多处引用了其中的批语。由此我们可以认为，《起源》既反映了恩格斯也反映了马克思在《古代社会》出版后文明思想的新发展。后来列宁也曾依据《起源》来阐述原始社会的历史和国家的产生，他说恩格斯这本书"是现代社会主义的基本著作之一，其中每一句话都是可以相信的"。①

在马克思主义发展史中，《起源》第一次科学地阐述了原始社会的历史，阐明了家庭、私有制和国家的起源，阐明了文明的起源，使唯物主义历史观建立在系统地研究包括原始社会在内的全部历史的基础之上，丰富和发展了马克思主义的历史观和文明思想。因此，虽然《起源》不是阐述文明思想的专著，学习和研究马克思、恩格斯文明思想必须同其他著作联系起来，但是它代表了马克思和恩格斯著作中文明思想发展的最高成果，是我们研究马克思恩格斯文明思想的最重要的著作。

二　文明时代论

"文明"概念是文明思想的集中体现，文明思想是展开了的文明概念。我们的讨论就从《起源》中的文明概念开始。

在《起源》中，"文明"一词从一开始就是同"时代"相连而出场的，并且在全书大多数场合都同"时代"直接连接，表述为"文明时代"这样一个关于时代的概念。该书中的"文明期"、"文明民族"、"文明社会"、"文明国家"等概念，也都是建立在文明时代这一概念的基础之上的。可见，《起源》中的文明思想首先是一种文明时代论。

文明时代是同蒙昧时代、野蛮时代相对应的时代。摩尔根把人类的历史分为三个主要时代，即蒙昧时代、野蛮时代和文明时代，又把蒙昧时代和野蛮时代分别分为低级、中级和高级三个阶段。他主要研究了蒙昧时代和野蛮时代。恩格斯认为，虽然在摩尔根这本著作发表后关于人类原始史的材料已经大大丰富起来，但是他的卓越的基本观点并没有被代替，他给原始历史建立的系统，在基本要点上仍然有效。恩格斯采用了摩尔根的分期法，作为进一步研究的基础。《起源》第一章根据摩尔根的研究成果阐

---

① 《列宁专题文集·论辩证唯物主义和历史唯物主义》，人民出版社 2009 年版，第 284 页。

述了蒙昧时代、野蛮时代及其中各阶段的特征，这样就在文明时代的起点上把它同蒙昧时代、野蛮时代区分开来了。

同野蛮时代相比，文明时代有哪些基本特征呢？

第一，文明时代和野蛮时代的区别，首先是表现在物质生产方面。

这一思想，用摩尔根的话来说就是："生产上的技能，对于人类的优越程度和支配自然的程度具有决定的意义。""人类进步的一切大的时代，是跟生活来源扩充的各时代多少直接符合的。"

恩格斯把摩尔根对三个历史时代的分期概括为："蒙昧时代是以获取现成的天然产物为主的时期；人工产品主要是用做获取天然产物的辅助工具。野蛮时代是学会畜牧和农耕的时期，是学会靠人的活动来增加天然产物生产的方法的时期。文明时代是学会对天然产物进一步加工的时期，是真正的工业和艺术的时期。"不停留于获取或增加天然产物，而是进步到加工天然产物，这是文明时代在物质生产方面的特征。

在这一基础之上，文明时代还形成了以下一些特征。

第二，在生产关系方面，产生了私有制，社会分裂为对立的阶级。

实行土地公有、共同生产、产品直接分配的原始共产制的氏族制度，是进入文明时代之前"一切野蛮人所共有的制度"，而在氏族解体中到来的文明时代，"在经济上有下列特征：（1）出现了金属货币，从而出现了货币资本、利息和高利贷；（2）出现了作为生产者之间的中间阶级的商人；（3）出现了土地私有制和抵押；（4）出现了作为占统治地位的生产形式的奴隶劳动"。人被当成了可以交换的商品，即奴隶。随着奴隶制的出现，"发生了社会分成剥削阶级和被剥削阶级的第一次大分裂。这种分裂继续存在于整个文明期"。

第三，在社会上层建筑中，产生了国家。

野蛮时代的氏族社会，是不需要国家，而且根本不知道国家和国家权力为何物的社会。在经济发展到一定阶段时，实行平等、自由的民主制的氏族制度就被炸毁，国家由于社会分裂而成为必要了。"国家是文明社会的概括。"

国家代替了氏族组织。它按地区来划分国民，用特殊的公共权力代替了居民的自动的武装组织，为了维持公共权力向公民征税。官吏作为社会机关而凌驾于社会之上。经济上占统治地位的阶级借助于国家而成为政治上也占统治地位的阶级，获得了镇压和剥削被压迫阶级的新手段。

第四，文字的发明和应用是进入文明时代的重要标志。

恩格斯说，在野蛮时代高级阶段，"由于拼音文字的发明及其应用而过渡到文明时代"。他在修改《宣言》中关于阶级斗争的观点时，把阶级社会的历史称为"有文字记载的全部历史"①，这也是将文字的应用作为区分文明时代和野蛮时代的一个基本特征。

第五，城市的出现，是文明时代代替氏族社会的一个标志。

恩格斯说，在新的设防城市的周围屹立着高峻的墙壁，"它们的堑壕成了氏族制度的墓穴，而它们的城楼已经高耸入文明时代了"。这里用城市的堑壕和城楼生动、形象地划分了氏族制度和文明社会两个不同时代。恩格斯指出，"城市和乡村的对立作为整个社会分工的基础固定下来"，是文明时代的一个"特征"。对立的表现，"或者是像古代那样，城市在经济上统治乡村，或者是像中世纪那样，乡村在经济上统治城市"。

第六，从对偶制家庭发展为专偶制家庭，是进入文明时代的标志之一。

专偶制家庭是在野蛮时代中级阶段和高级阶段交替的时期，从对偶制即或长或短时期内的成对配偶制中产生的。专偶制是个体婚制。"它的最后胜利乃是文明时代开始的标志之一。"这是文明时代和野蛮时代的区别在家庭关系方面的表现。恩格斯在详尽地论述了几种主要婚姻形式后概括说："群婚制是与蒙昧时代相适应的，对偶婚制是与野蛮时代相适应的，以通奸和卖淫为补充的专偶制是与文明时代相适应的。"

专偶制是随着母权制的覆灭而迅速发展起来的建立在丈夫的统治之上的婚姻制度。"母权制被推翻，乃是女性的具有世界历史意义的失败。"

综上所述，对天然产物进行加工的工业和艺术，私有制和阶级对立，国家的产生，文字的发明和应用，城市建筑，丈夫统治的专偶制家庭，这些就是恩格斯在《起源》中提出和阐明的人类进入文明时代的主要标志，也就是文明时代区别于野蛮时代的基本特征。这几个特征不是彼此孤立地出现、偶然地会聚在某一历史时期的社会现象。它们是由物质生产的一定发展阶段决定的社会整体特征在生产关系、社会结构、政治上层建筑、精神文化、城市建筑以及家庭关系等不同方面的表现，是相互关联的。

---

① 《马克思恩格斯文集》第 2 卷，人民出版社 2009 年版，第 31 页。

　　文明的起源和标志问题至今仍然是学界热烈讨论的一个课题。① 我们从当今不同学科的各种学术论著和学术讨论中都可以看到，恩格斯《起源》中关于文明时代的标志和特征的理论，至今保持着强大的生命力。比如，今天考古学家们根据出土文物和遗址发掘中的城镇和城市，文字，宏伟建筑如王宫神庙城墙寨堡等三个方面的实物认证来判定文明的产生，② 而这些实物正是表征了《起源》中阐明的文明时代所具有的那些社会性质。

　　讨论马克思和恩格斯著作中的文明概念和文明思想，有一个问题是不能不回答的：在摩尔根划时代的著作《古代社会》问世之前，马克思和恩格斯著作中的文明概念是指什么历史时期，同后来《起源》中阐明的"文明时代"是什么关系？他们著作中的文明概念前后发生了什么变化？其间是否包含着一以贯之的基本思想？

　　恩格斯在《反杜林论》中说过，傅立叶"把社会历史到目前为止的全部历程分为四个发展阶段：蒙昧、野蛮、宗法和文明。最后一个阶段就相当于现在所谓的资产阶级社会"。③ 依笔者所见，马克思和恩格斯著作中在不同场合使用"文明"一词所指称的时代，主要包括以下几种情形。一是与傅立叶一样，指资产阶级社会。比如《宣言》中说，资产阶级"把一切民族甚至最野蛮的民族都卷到文明中来了"，"它迫使一切民族——如果它们不想灭亡的话——采用资产阶级的生产方式；它迫使它们在自己那里推行所谓的文明，即变成资产者"。④ 这个意义上的文明，又称为"现代文明"⑤，或直接称为"资产阶级文明"⑥。二是指在中世纪之前就已经产生的文明，又称"古代文明"。比如，恩格斯写作于1850年的《德国农民战争》中说："中世纪完全是从野蛮状态发展而来的。它把古代文明、古代哲学、政治和法学一扫而光，以便一切从头做起。"⑦ 三是指古代产生而延续到资产阶级社会的文明。比如，《德意志意识形态》

---

　　① 例如，《中国社会科学报》2011年8月11日第5版，8月16日第5、6、7版集中发表了十余篇文章，讨论与此相关的问题。

　　② 参见齐世荣主编《人类文明的演进》上卷，中国青年出版社2001年版，第20页。

　　③ 《马克思恩格斯文集》第9卷，人民出版社2009年版，第276页。

　　④ 《马克思恩格斯文集》第2卷，人民出版社2009年版，第35、35—36页。

　　⑤ 同上书，第56页。

　　⑥ 同上书，第690页。

　　⑦ 同上书，第235页。

中说:"城乡之间的对立是随着野蛮向文明的过渡、地域局限性向民族的过渡而开始的,它贯穿着文明的全部历史直至现在。"① 这同后来《起源》中的文明概念是一致的,而"古代文明"和"现代文明"则分别是指其中的不同阶段或不同时期。由此我们可以看到,从《德意志意识形态》到《起源》,马克思和恩格斯著作中的"文明"概念在发展、变化中保持了基本内涵的一致性,是统一的。区别于野蛮时代的"文明时代",与分别指称不同时期的文明概念之间,是整体和部分的统一。

如前所述,在摩尔根《古代社会》发表之前,由于人类还没有认识自己的原始史,马克思和恩格斯曾误以为"至今一切社会的历史"都是阶级斗争的历史,误以为家庭出现在氏族之前,这不能不影响他们对"文明时代"的认识。但需要指出的是,这并不意味着他们当时完全不了解从野蛮到文明的历史发展。在《德意志意识形态》中,"野蛮向文明的过渡"被理解为"部落制向国家的过渡"、"地域局限性向民族的过渡"。当时马克思和恩格斯认为,历史上的"第一种所有制形式是部落所有制",那时生产和分工不发达,人们靠狩猎、捕鱼、畜牧,或者最多靠耕作为生,存在"潜在于家庭中的奴隶制";"第二种所有制形式是古典古代的公社所有制",那是"积极公民的一种共同私有制",分工已经比较发达,随着私有制的发展,产生了城乡对立和国家之间的对立,"公民和奴隶之间的阶级关系已经充分发展"。② 同后来的《起源》相比,当时还缺乏对人类原始史的科学认识,但他们的基本思想,是根据生产、分工的发展和由此决定的所有制的变化,以及城市、国家等方面的特征,把历史发展看作从野蛮到文明的过渡。后来,马克思在《政治经济学批判(1857—1858 年手稿)》中研究了"亚细亚的所有制形式",认为它是土地所有制的第一种形式,那时"人类素朴天真地把土地当做共同体的财产"。③ 在 1859 年写的《〈政治经济学批判〉序言》中,马克思说:"亚细亚的、古希腊罗马的、封建的和现代资产阶级的生产方式可以看做是经济的社会形态演进的几个时代"。④ 到 19 世纪 70 年代,恩格斯在《反杜林论》中指出,毛勒关于原始德意志马尔克制度的"划时代的著作"(引

① 《马克思恩格斯文集》第 2 卷,人民出版社 2009 年版,第 556 页。
② 《马克思恩格斯文集》第 1 卷,人民出版社 2009 年版,第 521 页。
③ 《马克思恩格斯文集》第 8 卷,人民出版社 2009 年版,第 124 页。
④ 《马克思恩格斯文集》第 2 卷,人民出版社 2009 年版,第 592 页。

者注：毛勒关于马尔克制度的著作从 1854 年开始出版），以及受毛勒影响
的日益增多的其他著作，"证明在所有欧洲和亚洲的文明民族中都存在过
原始的土地公有，而且阐述了这种所有制的存在和解体的各种形式。"①
正是在这些成果的基础上，《反杜林论》中论述了奴隶制的阶级对立和国
家是如何随着生产的发展在原始土地公有制的解体中产生的。这些都表
明，在摩尔根的《古代社会》之前，马克思和恩格斯已经通过对"亚细
亚生产方式"和农村公社的研究，认识到原始土地公有制的存在及其解
体，并把这一过程看作是从野蛮到文明的过渡。《起源》中的文明时代
论，是这些思想在《古代社会》问世之后的新发展。它弥补了过去的不
足，纠正了失误，而又保持了认为历史是从原始公有制因生产发展产生了
国家而过渡到文明这种原本是正确的基本观点，合乎逻辑地发展到了一个
新的高度。

如果我们以 1877 年摩尔根《古代社会》发表和随后马克思、恩格斯
对它的研究为时间节点来考察马克思和恩格斯文明思想的发展历程，那
么，一方面，看不到此前他们对人类原始历史认识的局限性是片面的、不
符合实际的，那样就不能理解《起源》对马克思主义历史观和文明思想
的新发展；另一方面，如果以为此前他们对原始历史全无认识，那也是片
面的、不符合实际的，那样就会否定马克思主义历史观和文明思想发展中
的统一性或前后一贯性。

在马克思和恩格斯生活的年代，资产阶级社会是文明发展的最高形
式。马克思在 1857—1858 年经济学手稿的《导言》中论述政治经济学的
方法时说，资产阶级社会是最发达的生产组织，因而对它的理解"能使
我们透视一切已经覆灭的社会形式的结构和生产关系"。人体解剖对于猴
体解剖是一把钥匙，"资产阶级经济为古代经济等等提供了钥匙"。② 对文
明的研究同样是如此。马克思和恩格斯对文明时代的研究，固然离不开同
野蛮时代的对比，但主要是通过对资产阶级社会的解剖来进行的。所以，
在《古代社会》出版之前，虽然马克思和恩格斯对人类原始史的认识有
其明显的历史局限性，但由于对资产阶级社会做了深刻剖析，他们关于文
明的观点本质上是正确的，因而后来在《起源》中保持下来。

---

① 《马克思恩格斯文集》第 9 卷，人民出版社 2009 年版，第 183 页。
② 《马克思恩格斯文集》第 8 卷，人民出版社 2009 年版，第 29 页。

以下我们继续探讨他们的文明思想的主要观点。

三 文明动力论

推动文明形成和发展的动力是什么？这是文明观中的一个基本问题。基于不同历史观的文明理论，作出了不同回答。《起源》中关于文明动力理论的核心思想，是生产决定论，即认为文明的起源和发展归根结底是由生产决定的。

恩格斯在《起源》第一版序言中明确提出了"两种生产"的理论。他说："根据唯物主义观点，历史中的决定性因素，归根结底是直接生活的生产和再生产。但是，生产本身又有两种。一方面是生活资料即食物、衣服、住房以及为此所必需的工具的生产；另一方面是人自身的生产，即种的繁衍。一定历史时代和一定地区内的人们生活于其下的社会制度，受着两种生产的制约。"这一重要思想贯穿在《起源》全书之中。

总的来看，社会制度一方面受劳动的发展阶段制约，另一方面受家庭的发展阶段制约，但是两种生产在社会发展不同阶段的地位和作用是不同的。其中，"劳动越不发展，劳动产品的数量，从而社会的财富越受限制，社会制度就越在较大程度上受血族关系的支配"。而在"组织成为国家的新社会"代替"以血族团体为基础的旧社会"之后则是另一种情形："在这种社会中，家庭制度完全受所有制的支配"。

人的自身生产的历史，就是家庭史。恩格斯运用摩尔根的成果，在《起源》第二章《家庭》中深入研究了家庭史，阐述了从杂乱性关系的原始状态中先后发展出来的四种家庭形式，即血缘家庭、普那路亚家庭、对偶制家庭和专偶制家庭。在1891年第四版序言中，又评述了从1861年巴霍芬的《母权论》出版到摩尔根的家庭史观点的发展历程。

恩格斯高度评价巴霍芬在《母权论》中证明了古代一切民族起初都是母权制，认为这"在1861年是一个完全的革命"。同时他又批评巴霍芬不应该用宗教观念的变化来解释家庭的发展："照巴霍芬看来，并不是人们的现实生活条件的发展，而是这些条件在人们头脑中的宗教反映，引起了男女两性相互的社会地位的历史性的变化。"他指出："这种认为宗教是世界历史的决定性杠杆的观点，归根结底必然导致纯粹的神秘主义。"从原始状态的杂乱性关系到血缘家庭，是家庭组织上的第一个进步。在血缘家庭中，婚姻集团按照辈分来划分，从而排除了父母和子女之间的性关系。从血缘家庭到普那路亚家庭，是第二个进步。在普那路亚家庭中，若干数目的姊妹（她们互称普那路亚，即亲密的同伴）是她们共同的丈夫们（他们也互称普那路亚）的共同的妻子，但这些共同的丈夫之中排除了她们的兄弟。这样，姊妹和兄弟之间的性关系也被排除了。对于推动这一进步的原因，恩格斯赞同摩尔根的看法，认为这是因为自然选择的效果显示出来了："没有血缘亲属关系的氏族之间的婚姻，生育出体质上和智力上都更加强健的人种。"恩格斯说："不容置疑，凡近亲繁殖因这一进步而受到限制的部落，其发展一定要比那些依然把兄弟姊妹婚姻当做惯例和规定的部落更加迅速，更加完全。"这一家庭关系的进步直接导致了氏族的建立。"氏族不仅是必然地，而且简直是自然而然地从普那路亚家庭发展而来的"，而氏族"构成地球上即使不是所有的也是大多数野蛮民族的社会制度的基础"。摩尔根的贡献就在于，他"首次绘出家庭史的略图"，进而"出乎意料地给我们阐明了原始时代——国家产生以前社会制度的基本特征"。恩格斯说："摩尔根在美国，以他自己的方式，重新发现了40年前马克思所发现的唯物主义历史观。"为什么给予如此之高的评价呢？因为摩尔根用物质生活资料的生产来划分历史时期，用人自身的生产说明了原始家庭史和社会制度，这种历史观和研究方法同马克思是一致的。

如果说氏族制度的建立主要是由人的自身的生产决定的，那么氏族制度的解体，历史向文明时代的推进则主要是由物质生活资料的生产决定的。

恩格斯在论述从对偶制家庭到专偶制家庭的演变时说："自然选择已经通过日益缩小婚姻共同体的范围而完成了自己的使命"，它再也没有事可做了。"如果没有新的、社会的动力发生作用，那么，从成对配偶制中就没有任何根据产生新的家庭形式了。但是，这种动力开始发生作用了。"这种新的、社会的动力，就是物质生活资料生产的发展。

原始社会氏族制度的前提，是生产极不发达，人口极度稀少，人类差不多完全受大自然的支配。但人们并不是停留在这个阶段。家畜的驯养和繁殖，使游牧部落从其余的野蛮人群中分离出来，发生了第一次社会大分工。第二次大分工是手工业和农业分离。第三次大分工创造了不再从事生产而只从事产品交换的商人阶级。畜牧业、农业、家庭手工业生产的发展，劳动生产率的提高，财富的增加，使交换和私有制产生并发展起来，创造了全新的社会关系。由于人的劳动力已经能够生产出超过维持劳动力所必需的产品，使用他人的劳动力便成为可能，战争中的俘虏变成了奴隶。"从第一次社会大分工中，也就产生了第一次社会大分裂，分裂为两大阶级：主人和奴隶、剥削者和被剥削者。"氏族制度是从那种没有任何内部对立的社会中生长出来的，而且只适合于这种社会。它除了舆论以外，没有任何强制手段。当社会由于自己的全部经济生活条件而必然分裂为互相对立的阶级时，氏族制度已经过时了。它被国家代替了。历史由此进入到文明时代。

恩格斯总结说："根据以上所述，文明时代是社会发展的这样一个阶段，在这个阶段，分工、由分工而产生的个人之间的交换，以及把这二者结合起来的商品生产，得到了充分的发展，完全改变了先前的整个社会。"这里明确指出了，文明时代是由于生产的发展改变了整个社会而到来的。

这是恩格斯关于文明起源的一贯的思想。在《反杜林论》中，他用三章的篇幅深入批判了杜林的"暴力论"。杜林认为，"政治关系的形式是历史上基础性的东西，而经济的依存不过是一种结果或特殊情形，因而总是次等的事实"；"本原的东西必须从直接的政治暴力中去寻找"。① 恩格斯则证明，暴力仅仅是手段，经济利益才是目的，经济关系比政治关系更具有基础性。阶级对立和奴隶制国家，都是随着生产的发展和私有财产的出现而产生的。随着未来生产力的极大提高，统治阶级和剥削阶级将成为多余的而被消灭。

马克思在《〈政治经济学批判〉序言》中说："物质生活的生产方式制约着整个社会生活、政治生活和精神生活的过程。不是人们的意识决定人们的存在，相反，是人们的社会存在决定人们的意识。"② 以生产决定论为核心思想的文明动力论，是唯物主义历史观这一根本原理在文明理论中的贯彻。相反，巴霍芬的宗教观念决定论，杜林的暴力论，当代夸大以宗教为主的文化因素在历史中的作用的亨廷顿的"文明冲突"论，以及其他种种把文化观念当作历史根本动力、把全部历史归结为文化史的理

① 《马克思恩格斯文集》第 9 卷，人民出版社 2009 年版，第 165 页。
② 《马克思恩格斯文集》第 2 卷，人民出版社 2009 年版，第 591 页。

论，则是唯心主义历史观在文明理论中的表现。

《起源》主要研究文明社会的史前史及其向文明时代的转变，因而在文明动力的问题上，也主要是论述了文明起源的动力。当我们研究进入文明时代之后各阶段文明发展的动力问题时，这一基本观点也是适用的。

需要注意的是，《起源》中着重论述文明的动力"归根结底是直接生活的生产和再生产"，并非把生产当作唯一的动力而否定其他因素的作用。后来，针对19世纪90年代出现的把唯物史观曲解为"经济唯物主义"的观点，恩格斯在多篇书信中专门论述了这个问题。他指出："根据唯物史观，历史过程中的决定性因素归根到底是现实生活的生产和再生产。无论马克思或我都从来没有肯定过比这更多的东西。"① 他强调："如果有人在这里加以歪曲，说经济因素是唯一决定性的因素，那么他就是把这个命题变成毫无内容的、抽象的、荒诞无稽的空话。"② 当我们讲到生产或经济的决定作用时，"归根到底"这个限定语决不是可有可无的。"归根到底"表明了这种作用的根源性和终极性，同时又意味着它不具有唯一性，起作用的还有其他因素，还表示它的作用不一定具有直接性，它也可以通过中间环节间接地起作用。政治斗争，国家权力，宪法和法律，政治的、法律的和哲学的理论，宗教、艺术、科学等，它们是在生产、经济的基础上产生的，但它们一旦形成，就在文明发展中起着自己的作用。整个发展过程是在相互作用的形式中进行的。"经济的前提和作用归根到底是决定性的。但是政治等等的前提和条件，甚至那些萦回于人们头脑中的传统，也起着一定的作用，虽然不是决定性的作用。"③ 坚持唯物而又辩证的观点，才能全面、准确地把握马克思恩格斯的文明思想。

四　文明进步论

学界对文明概念和文明史的理解不尽一致，但是确认文明的进步性，

---

① 《马克思恩格斯文集》第10卷，人民出版社2009年版，第591页。
② 同上书，第591页。
③ 同上书，第592页。

把文明看作人和社会进步的标志，是具有相当大普遍性的共识。例如，中国大百科全书把"文明"界定为："人类改造世界的物质和精神成果的总和；社会进步和人类开化状态的标志。"① 这也是我国学术著作中广泛引用和认同的文明概念。笔者认为，把文明的产生和发展看作历史的进步，是马克思和恩格斯一贯的思想。在《起源》中，文明的进步性问题不是论述的重点，没有专门提出来讨论，但是它被当作不言而喻的前提包含在全书之中。

确认文明的进步性，一是承认文明对于野蛮的进步性，即人类从原始野蛮状态进入文明时代是巨大的历史性进步；二是肯定文明自身的进步性，即从古代文明到现代文明的发展是历史进步的过程。坚持文明进步论就要看到，历史循环论和历史终结论的观点，把历史看作无规律可循的偶然事件堆积的观点，都是不符合实际的。

马克思 1847 年出版的《哲学的贫困》，是第一次以论战方式科学地表达了唯物主义历史观的著作。其中写道："没有对抗就没有进步。这是文明直到今天所遵循的规律。"② 这里针对着蒲鲁东的观点，强调的重点是对抗，即文明从一开始就建立在对抗的基础上，但是文明在对抗中进步的思想也得到了明确的表达。这一论断提出了一条重要规律：文明是在对抗中进步的。

在《反杜林论》中，针对杜林的非历史的观点，恩格斯对文明的进步性作了充分阐述。杜林蔑视和厌恶到目前为止的历史，认为这不过是谬误的历史、无知和野蛮的历史、暴力和奴役的历史，"是没有意义的"。③ 恩格斯指出，正是"太古时代"的历史建立了后来全部更高发展的基础，而未来又将会有空前的科学、技术和社会的成果。针对杜林用泛泛的空话来痛骂奴隶制，因为希腊文化是以奴隶制为基础的而对它嗤之以鼻，恩格斯明确指出："在当时的情况下，采用奴隶制是一个进步。"④ 当时生产力的提高、交往的扩大、国家和法的发展、艺术和科学的创立，都有赖于从事单纯体力劳动的群众同管理劳动、经营商业和掌管国家以及后来从事艺术和科学的少数特权分子之间的大分工，而"这种分工的最简单的完全

① 《中国大百科全书·哲学》，中国大百科全书出版社 1987 年版，第 924 页。
② 《马克思恩格斯全集》第 4 卷，人民出版社 1958 年版，第 104 页。
③ 《马克思恩格斯文集》第 9 卷，人民出版社 2009 年版，第 122 页。
④ 同上书，第 88 页。

自发的形式，正是奴隶制"。所以"进步到以阶级对立为基础的社会，这只能通过奴隶制的形式来完成。甚至对奴隶来说，这也是一种进步"。① 因为作为大批奴隶来源的战俘，以前是被杀掉甚至被吃掉的，现在至少能保全生命了。恩格斯写道："没有奴隶制，就没有希腊国家，就没有希腊的艺术和科学；没有奴隶制，就没有罗马帝国。没有希腊文化和罗马帝国所奠定的基础，也就没有现代的欧洲。我们永远不应该忘记，我们的全部经济、政治和智力的发展，是以奴隶制既成为必要、又得到公认这种状况为前提的。在这个意义上，我们有理由说：没有古希腊罗马的奴隶制，就没有现代的社会主义。"② 文明进步论的思想在这里已经表达得淋漓尽致了。

文明的进步性问题，是恩格斯在写作《起源》之前已经论述过的问题，它不属于写作《起源》时恩格斯给自己提出来的需要解决的任务。但是《起源》在着重批判阶级剥削制度的同时，也处处体现出文明进步论的思想。

生产的进步既是文明时代到来的根源，也是文明进步的首要表现。从石器、铜器到铁器，从采集、猎取天然产物，到畜牧和农耕，再到加工天然产物的工业和艺术，分工和交换的发展，劳动生产率的提高，财富的增加，是物质生活资料生产方面的进步。它直接改善了人类的生活状态，并且为其他一切进步提供了物质基础。从杂乱的性关系开始，一步步走出血缘家庭，从群婚走向对偶制，再走向专偶制，实现个体婚制，"是一个伟大的历史的进步"。这是人的自身生产方面的进步。从专偶制中，还"发展起来了我们应当归功于专偶制的最伟大的道德进步：整个过去的世界所不知道的现代的个人性爱"。文字的发明和应用是文明进步在精神文化方面的标志，也是精神文化方面其他进步所不可缺少的基础和条件，此后，"在文明的怀抱中科学曾经日益发展，艺术高度繁荣的时期一再出现"。在社会政治生活方面，国家取代氏族制度是历史的必然，也是历史的进步。恩格斯在赞叹"十分单纯质朴的氏族制是一种多么美妙的制度"的同时，又指出："我们不要忘记，这种组织是注定要灭亡的。"因为，这个时代的人们，"他们都还依存于——用马克思的话说——自然形成的共

---

① 《马克思恩格斯文集》第 9 卷，人民出版社 2009 年版，第 189 页。
② 同上书，第 188 页。

同体的脐带。这种自然形成的共同体的权力必然要被打破，而且也确实被打破了"。没有统治和奴役存在的余地，这是"氏族制度的伟大，但同时也是它的局限"。当社会一天天成长，越来越超出氏族制度的范围时，面对发生在眼前的事情，它已经无能为力。只有国家才"完成了古代氏族社会完全做不到的事情"。

在完成《起源》两年之后写作的《路德维希·费尔巴哈和德国古典哲学的终结》中，恩格斯通过批判性地阐述黑格尔的辩证法，对人类历史不断进步的思想作了更精辟的概括："一切依次更替的历史状态都只是人类社会由低级到高级的无穷发展进程中的暂时阶段。"[1] 他指出，每一个阶段都是必然的，对它发生的那个时代和那些条件来说都有其存在的理由，而对它自己内部逐渐发展起来的新的更高的条件来说，它就变成过时的和没有存在的理由了，它不得不让位于更高的阶段，而这个更高的阶段也会走向衰落和灭亡。如果我们把《起源》同这些论述联系起来，恩格斯关于文明进步的思想就可以得到更加深入的理解。

从野蛮时代到文明时代，是在生产发展的基础上整个社会面貌改变的过程，文明的进步也表现于相互关联的物质生活资料的生产和人自身的生产、精神文化、政治制度等各个方面，是整个社会和人自身的历史性进步。文明和文明进步，都是整体性、综合性的概念。今天我们从物质文明、精神文明、政治文明以及生态文明的统一中来认识文明问题，全面推进文明建设，正是把文明和文明进步当作整体来把握的。

当然，文明的进步性是就文明发展的总趋势而言的。在人类文明史中，出现了众多的文明体。国家作为文明产生所不可缺少的标志，迄今为止也是一定的文明体存在的标志之一。在历史的进程中，各个文明体之间或彼此隔绝，或相互交往，或友好往来，或彼此争斗，或相互融合，或先后相继。它们汇合在一起，共同构成了波浪起伏、曲折前进的人类文明史。由于种种内部的和外部的、自然的和人为的原因，一定的文明体在其生命历程中有前进也有后退，有向前或向后的跳跃，有辉煌灿烂的篇章，也有的逐渐衰亡或突然毁灭，湮没在流沙般的历史长河之中。认识文明发展的进程，必须从实际出发做具体的历史的分析。

---

[1] 《马克思恩格斯文集》第 4 卷，人民出版社 2009 年版，第 270 页。

五 从对抗到非对抗的文明矛盾论

如前所述，马克思在《哲学的贫困》中提出"没有对抗就没有进步"是文明遵循的规律时，其侧重点在于强调文明进步过程中的对抗性。同样的，恩格斯在《起源》中也着重论述了文明进步中的矛盾和对抗。

《起源》论述了从奴隶制到资产阶级社会文明发展中的矛盾和对抗，同时预言了资产阶级社会的消灭和国家的消失。恩格斯关于文明时代矛盾运动的思想，是从对抗转变到非对抗的文明矛盾论。

对抗的根源存在于生产包括物质生活资料生产和人自身生产的矛盾之中。两种生产中的矛盾运动是结合在一起的。马克思在《路易斯·亨·摩尔根〈古代社会〉一书摘要》中说："傅立叶认为专偶婚制和土地私有制是文明时代的特征。现代家庭在萌芽时，不仅包含着 servtius（奴隶制）而且也包含着农奴制，因为它从一开始就是同田野耕作的劳役有关的。它以缩影的形式包含了一切后来在社会及其国家中广泛发展起来的对抗。"①这里认为，萌芽中的基于土地私有制的个体家庭已经以缩影的形式包含了农业生产、家庭生活以及后来社会和国家中的一切矛盾和对抗。恩格斯在《起源》中引用了这段论述，进而把个体婚制作为"文明社会的细胞形态"，根据它剖析了文明社会内部的矛盾。专偶制的起源不是个人性爱，它是"以经济条件为基础，即以私有制对原始的自然产生的公有制的胜利为基础的第一个家庭形式"。它是权衡利害的婚姻。这种个体婚制的唯一目的，就是保持丈夫在家庭中的统治地位，生育确凿无疑是属于他的、将要继承他的财产的子女。所以它一开始就只是对妇女而不是对男子的专偶制。恩格斯说："在历史上出现的最初的阶级对立，是同个体婚制下夫妻间的对抗的发展同时发生的，而最初的阶级压迫是同男性对女性的压迫同时发生的。"这里揭示了，阶级对立和个体婚制下夫妻间的对抗，是人类进入文明时代时在物质资料生产和人自身生产这两方面同时发生的对抗。就人自身的生产来说，个体婚制虽然是一个伟大的历史进步，但"同时也是相对的退步，因为在这种进步中，一些人的幸福和发展是通过另一些人的痛苦和受压抑而实现的"。而在物质资料的生产中，"生产的

_____

① 《马克思恩格斯全集》第 45 卷，人民出版社 1985 年第 1 版，第 366 页。

每一进步，同时也就是被压迫阶级即大多数人的生活状况的一个退步。对一些人是好事，对另一些人必然是坏事，一个阶级的任何新的解放，必然是对另一个阶级的新的压迫。"因为，文明时代"几乎把一切权利赋予一个阶级，另一方面却几乎把一切义务推给另一个阶级"。

总之，"由于文明时代的基础是一个阶级对另一个阶级的剥削，所以它的全部发展都是在经常的矛盾中进行的。"鄙俗的贪欲是文明时代从它存在的第一天起直到现代资产阶级社会的起推动作用的灵魂。"最卑下的利益——无耻的贪欲、狂暴的享受、卑劣的名利欲、对公共财物的自私自利的掠夺——揭开了新的、文明的阶级社会。"对贪欲的这种严厉谴责，并不是把道德上的堕落当成历史变动的终极原因，因为追求个人财富的贪欲是从阶级剥削私有制经济关系中必然地产生和起作用的。"这一新社会自身，在其整整两千五百余年的存在期间，只不过是一幅区区少数人靠牺牲被剥削和被压迫的大多数人而求得发展的图画罢了，而这种情形，现在比从前更加厉害了。"

马克思和恩格斯主要是通过对现代资产阶级社会的解剖来揭露文明时代的对抗性矛盾的。早在《起源》之前，马克思就对资产阶级社会的对抗性矛盾作过深刻的剖析。在《资本论》中，马克思透彻地分析了资本主义生产方式中的矛盾。他还专门研究了资本原始积累的历史，无情地揭露它"是用血和火的文字载入人类编年史的"。[①]"美洲金银产地的发现，土著居民的被剿灭、被奴役和被埋葬于矿井，对东印度开始进行的征服和掠夺，非洲变成商业性地猎获黑人的场所——这一切标志着资本主义生产时代的曙光。"[②]资产阶级文明的矛盾在它的殖民地暴露得更加露骨。马克思说："当我们把目光从资产阶级文明的故乡转向殖民地的时候，资产阶级文明的极端伪善和它的野蛮本性就赤裸裸地呈现在我们面前，它在故乡还装出一副体面的样子，而在殖民地它就丝毫不加掩饰了。"[③]即使是在资产阶级的故乡，当阶级斗争激化，无产阶级觉悟到要用革命手段推翻资产阶级统治的时候，资产阶级文明的残酷性也会充分暴露出来。在《法兰西内战》中，马克思愤怒地揭露和谴责资产阶级对巴黎公社的血腥

---

① 《马克思恩格斯文集》第5卷，人民出版社2009年版，第822页。
② 同上书，第860—861页。
③ 同上书，第690页。

镇压，揭示了资产阶级文明是"建立在劳动奴役制上的罪恶的文明"①。他指出："每当资产阶级秩序的奴隶和被压迫者起来反对主人的时候，这种秩序的文明和正义就显示出自己的凶残面目。那时，这种文明和正义就是赤裸裸的野蛮和无法无天的报复。"② 凡尔赛军队的"士兵们穷凶极恶的暴行则反映出雇佣他们作为保镖的那个文明所固有的精神。这种为处置自己在战争结束后的杀戮中留下的成堆尸体而感到困难的文明，真是光辉灿烂的文明啊！"③

　　既肯定和赞扬文明在对抗中取得的进步和成就，又揭露和谴责文明进步过程中的矛盾、对抗和罪恶，这里表现出从实际出发的严肃态度和科学精神。因为这种矛盾是历史本身所固有的，不以人们的意志为转移，否认其中的任何一面，都是片面的、不符合实际的。1893 年，阅尽人世沧桑的晚年恩格斯在一封信中生动地写道："历史可以说是所有女神中最残酷的一个，她不仅在战争中，而且在'和平的'经济发展过程中，都驾着凯旋车在堆积如山的尸体上驰骋。而不幸的是，我们人类却如此愚蠢，如果不是在几乎无法忍受的痛苦逼迫之下，怎么也不能鼓起勇气去实现真正的进步。"④ 问题就在于，应该如何对待文明进程中必然存在的矛盾。我们必须站在工人阶级和人民大众的立场，坚持唯物而又辩证的世界观、历史观和方法论，遵循客观规律，做历史进程中一定阶段和一定条件下应该做的事情，来维护人民根本利益，推动历史前进。马克思和恩格斯在《共产党宣言》中对资产阶级的非常革命的历史作用、深刻的现实矛盾和必然灭亡的未来趋势的分析，对无产阶级的历史地位、历史使命和共产党人的纲领的阐述，已经充分体现了这种立场和世界观、历史观。这种立场和世界观、历史观贯穿在他们的全部理论和全部实践之中。

　　《起源》把到当时为止的文明时代分为三大时期："奴隶制是在希腊罗马时代所固有的第一个剥削形式；继之而来的是中世纪的农奴制和近代的雇佣劳动制。这就是文明时代的三大时期所特有的三大奴役形式。"资产阶级的生产关系是社会生产过程的最后一个对抗形式。到恩

① 《马克思恩格斯文集》第 3 卷，人民出版社 2009 年版，第 175 页。
② 同上书，第 174 页。
③ 同上书，第 175 页。
④ 《马克思恩格斯文集》第 10 卷，人民出版社 2009 年版，第 650—651 页。

格斯离世时为止，人类还没有走出资产阶级社会，所以恩格斯始终强调文明时代是在对抗中进步的，公开的或隐蔽的奴隶制始终伴随着文明时代。与此同时，《起源》中坚定地预言，阶级和国家都不可避免地要消失，"在生产者自由平等的联合体的基础上按新方式来组织生产的社会，将把全部国家机器放到它应该去的地方，即放到古物陈列馆去，同纺车和青铜斧陈列在一起"。这将是文明发展中崭新的阶段，即《宣言》所预言的用自由人联合体代替存在着阶级和阶级对立的资产阶级旧社会的共产主义社会。

恩格斯曾论述将来资本主义生产方式消灭后家庭关系的发展趋势。他指出，专偶制是由于经济的原因即私有制而产生的，但是，当这种原因消失时，专偶制不仅不会消失，相反，只有那时它才能完全实现。家庭史是如此，整个文明史也是如此。人类是随着对抗性生产关系和阶级关系的产生而进入文明时代的，但是当私有制和阶级对立消失时，文明时代并不会结束，相反，将大踏步地前进，使以往的一切都黯然失色。

社会主义制度的建立，使科学社会主义从理想变成了现实，也使文明发展跨入了一个新的时期。同此前文明时代的三个时期相比，文明的进步表现出新的特点、新的规律。最大的区别是，社会主义生产关系和由此决定的社会基本矛盾不再具有对抗的性质。因此，文明在对抗中进步，这是文明从产生一直到资产阶级社会的规律，但并不是文明时代的永恒的规律。生产归根到底起决定作用的基础上各种因素相互作用推动文明发展的规律将继续发挥作用，但文明将不再是在对抗中进步。用列宁的话来说，"对抗和矛盾完全不是一回事。在社会主义下，对抗将会消失，矛盾仍将存在。"①

所以，马克思主义关于文明时代矛盾运动的理论，是从对抗过渡到非对抗的文明矛盾论。

马克思恩格斯文明思想作为马克思主义科学思想体系的一部分，是同这整个体系不可分的。它体现了马克思主义观察文明问题的立场、观点和方法，为我们在新的历史条件下研究人类文明史、解决当代人类文明发展面临的新课题提供了不可或缺的理论武器。

理论和实践是在相互作用中发展的。马克思主义是指导实践的科学理

---

① 《列宁文集》第 60 卷，人民出版社 1990 年版，第 281—282 页。

论，也是在实践中不断发展的理论。中国人民正在中国特色社会主义道路上全面推进社会主义的中华文明建设。马克思主义文明观必将在同中国实际相结合中获得新的发展，并指引我们探索新的文明发展道路，为人类文明作出较大的贡献。

（原载《马克思主义研究》2013 年第 7 期）

"对马克思的历史观的一个概述"

——《路德维希·费尔巴哈和德国古典哲学的终结》第四章导读

提要　《路德维希·费尔巴哈和德国古典哲学的终结》第四章是对唯物主义历史观的一个概述。它论述了马克思创立唯物主义历史观的过程；论述了唯物主义历史观是如何从人们的思想动机追溯到隐藏在背后的物质原因，从而揭示出社会发展的客观规律的；论述了国家、政治制度、法以及哲学、宗教等意识形态都是由经济关系决定的，阐明了经济基础决定上层建筑的基本原理。

恩格斯的名著《路德维希·费尔巴哈和德国古典哲学的终结》（以下简称《费尔巴哈论》）写作于 1886 年。1890 年恩格斯在一封信中讲到应该根据原著而不是第二手材料来研究唯物史观时，特别提到了《费尔巴哈论》和《反杜林论》，他说，"我在这两部书里对历史唯物主义作了就我所知是目前最为详尽的阐述"。①

以康德、黑格尔和费尔巴哈为主要代表的德国古典哲学是马克思主义哲学的直接理论来源，二者密切关联，又有本质区别。19 世纪 80 年代，马克思主义"在世界的一切文明语言中都找到了拥护者"②；同时，德国古典哲学有某种复活，在英国等国出现了新黑格尔主义，在德国出现了新康德主义。恩格斯认为，很有必要对马克思主义与德国古典哲学的关系作出全面系统的阐述，既阐明马克思和他怎样从黑格尔哲学出发又怎样同它脱离，也阐明他们同费尔巴哈的思想的关系。恩格斯写作本书的直接起

---

① 《马克思恩格斯文集》第 10 卷，人民出版社 2009 年版，第 593 页。
② 《马克思恩格斯文集》第 4 卷，人民出版社 2009 年版，第 265 页。

因，是德国社会民主党的理论杂志《新时代》约请他写文章评述丹麦哲学家施达克1885年出版的《路德维希·费尔巴哈》一书。施达克在这本书中极力维护费尔巴哈，但他把费尔巴哈说成是唯心主义者。

《费尔巴哈论》全书共四章。第一章论述黑格尔的哲学，阐明黑格尔辩证法的革命性质及其与唯心主义体系之间的矛盾，由这一矛盾导致的黑格尔学派的解体，青年黑格尔派的施特劳斯、鲍威尔、施蒂纳等人之间的争论，以及费尔巴哈唯物主义的产生。第二章论述费尔巴哈的唯物主义。恩格斯总结哲学发展的历史经验，提出了思维与存在的关系问题是哲学的基本问题的著名论断，确定了区分唯物主义和唯心主义的标准，运用这一标准澄清了施达克把费尔巴哈说成是唯心主义者的混乱思想，阐明了费尔巴哈的哲学是唯物主义，同时指出它的缺陷，也分析了18世纪法国唯物主义的机械性和形而上学性的缺陷。第三章批评费尔巴哈在历史观方面的唯心主义，着重评析了他的唯心主义的宗教观和道德观。

在第四章的开头，恩格斯总结前三章说，施特劳斯、鲍威尔、施蒂纳、费尔巴哈，都是黑格尔哲学的分支，其中"唯有费尔巴哈是个杰出的哲学家"，而"他也停留在半路上，他下半截是唯物主义者，上半截是唯心主义"[①]。这是批评费尔巴哈虽然在自然观和一般世界观方面是唯物主义者，但是一进入社会历史观领域，又陷入了唯心主义。恩格斯指出，在黑格尔学派解体的过程中还产生了另一个真正结出果实的派别，这就是以马克思的名字命名的理论。而第四章的内容，就是"对马克思的历史观的一个概述"。

一　从唯心主义、形而上学到唯物辩证法：把唯物主义世界观彻底地运用到一切领域

恩格斯的概述是从马克思和他怎样同黑格尔哲学脱离讲起的。"同黑格尔哲学的分离在这里也是由于返回到唯物主义观点而发生的。"唯物主义是同唯心主义相对立的哲学基本派别。哲学家们依照如何回答思维与存

---

① 《马克思恩格斯文集》第4卷，人民出版社2009年版，第296页。（以下凡引自《费尔巴哈论》第四章的文字，均不再加注。）

在、精神与自然界何者是本原的问题而分成了唯物主义和唯心主义两大阵营，其中，"凡是认为自然界是本原的，则属于唯物主义的各种学派"。①所以，唯物主义就是对现实世界按照它本身在人们面前所呈现的那样来理解它，抛弃一切同事实不相符合的唯心主义怪想，"除此以外，唯物主义并没有别的意义"。这是一切唯物主义哲学的共同特征。但是，从前的唯物主义却都未能把这一观点贯彻到底，马克思主义与它们的不同就在于，"第一次对唯物主义世界观采取了真正严肃的态度，把这个世界观彻底地（至少在主要方面）运用到所研究的一切知识领域里去了"。历史唯物主义就是把唯物主义世界观贯彻到社会历史领域的伟大成果。

（一）把黑格尔的辩证法倒转过来

历史唯物主义的创立，是同对黑格尔的辩证法的改造分不开的。恩格斯论述了黑格尔的辩证法是如何"被倒转过来"的。

黑格尔哲学是一个庞大的客观唯心主义体系。在黑格尔看来，"绝对观念"从来就存在着，并且在辩证发展，而黑格尔的整个体系，就是对它的辩证发展过程的描述。黑格尔哲学体系包括"逻辑学"、"自然哲学"和"精神哲学"三部分，依次描述"绝对观念"发展的三个阶段。在《逻辑学》中，"绝对观念"作为纯粹概念自我发展。在这一阶段的最后，它使自己"外化"，转化为自然界，于是进入"自然哲学"阶段，这时绝对观念披上了自然的物质的外衣，采取自然必然性的形式向前发展，但是它并没有意识到它自己。在自然阶段的最后出现了人，于是进入"精神哲学"阶段，绝对观念在人身上达到了自我意识，它的发展体现到历史中，而全部发展的最高阶段就是黑格尔哲学。人类终于通过黑格尔哲学达到了对绝对观念的认识，认识的发展和历史的发展也就到达了终点。"这样一来，黑格尔体系的全部教条就被宣布为绝对真理"，"革命的方面就被过分茂密的保守的方面所窒息"。②

黑格尔把概念与现实世界的关系完全颠倒了。在他那里，绝对观念是本原的存在，是整个现存世界的真正的活的灵魂，自然界和历史中的辩证发展被看作是概念的自己运动的翻版。"这种意识形态上的颠倒是应该消

---

① 《马克思恩格斯文集》第 4 卷，人民出版社 2009 年版，第 278 页。
② 同上书，第 271 页。

除的。"马克思和恩格斯对黑格尔的辩证法的改造，就是重新唯物地把人们头脑中的概念看作现实事物的反映，而不是把现实事物看作绝对观念的某一阶段的反映。这样一来，"辩证法就归结为关于外部世界和人类思维的运动的一般规律的科学"。

对立统一的辩证运动是包括自然界和人类社会在内的现实世界所固有的；人类思维运动也是受辩证规律支配的，所不同的只是，人的头脑可以自觉地运用这些规律。所以外部世界的辩证规律和人类思维运动的辩证规律在本质上是同一的，在表现上是不同的。这两个系列的规律，对于提出各种辩证法理论的哲学家们来说，都具有不依他们的意志为转移的客观性。马克思主义的唯物辩证法就是对这些辩证规律的自觉反映，就是关于外部世界和人类思维运动的一般规律的科学，而黑格尔的唯心辩证法，实际上是以歪曲的形式反映了现实世界的辩证运动。马克思曾经严肃地指出这二者之间的根本区别："我是唯物主义者，而黑格尔是唯心主义者。"[①] "我的辩证方法，从根本上来说，不仅和黑格尔的辩证方法不同，而且和它截然相反。在黑格尔看来，思维过程，即甚至被他在观念这一名称下转化为独立主体的思维过程，是现实事物的创造主，而现实事物只是思维过程的外部表现。我的看法则相反，观念的东西不外是移入人的头脑并在人的头脑中改造过的物质的东西而已。"[②] 黑格尔以唯心主义的方式第一个全面地有意识地叙述了辩证法的一般运动形式，但是辩证法在黑格尔手中神秘化了。马克思和恩格斯剥去了黑格尔体系的神秘外壳，把在黑格尔那里倒立着的辩证法倒转过来，拯救了自觉的辩证法。德国的制革工人约瑟夫·狄慈根通过自己的学习、钻研，得出了同马克思、恩格斯相近的结论。他在 1869 年出版的第一本专著《人脑活动的本质》中，以自己的独特方式论述了辩证唯物主义的基本原理。列宁曾称他是"按照自己的方式发现了辩证唯物主义的工人哲学家"。[③] 这也从一个侧面表明，辩证法的规律是客观现实世界自身所固有的。

按照辩证法的基本思想，"世界不是既成事物的集合体，而是过程的集合体"，一切事物和反映事物的概念、思想，都处在生成和灭亡的不断

① 《马克思恩格斯文集》第 10 卷，人民出版社 2009 年版，第 280 页。
② 《马克思恩格斯文集》第 5 卷，人民出版社 2009 年版，第 22 页。
③ 《列宁全集》第 18 卷，人民出版社 1988 年版，第 259 页。

变化中。辩证法摆脱了阻碍它贯彻到底的唯心主义的束缚后，它的这一基本思想就可以被彻底地运用到一切领域中去了。唯物辩证法推翻了一切关于最终的绝对真理和与之相应的绝对的人类状态的观念。在它看来，人们的一切知识都受着他们所处环境的制约，必然具有局限性，永远不会最终完成对世界的认识。而"历史同认识一样，永远不会在人类的一种完美的理想状态中最终结束；完美的社会、完美的'国家'是只有在幻想中才能存在的东西；相反，一切依次更替的历史状态都只是人类社会由低级到高级的无穷发展进程中的暂时阶段"①。这样，正确认识社会历史的方法就找到了。

（二）自然科学的发展与唯物辩证法的创立

马克思、恩格斯创立唯物辩证法和唯物主义历史观，既是对黑格尔的唯心辩证法的改造，也是对旧唯物主义的形而上学思维方法的克服。形而上学在历史上的产生和克服，是同自然科学的发展分不开的。恩格斯论述了这一认识发展的历史过程。

形而上学是同辩证法相对立的发展观和思维方法，它的主要特征是，用静止的而不是发展的、孤立的而不是联系的观点去看世界，"把事物当作一成不变的东西去研究"。17、18 世纪，这种思维方法无论在自然科学或哲学中都占据了支配地位，这是由当时的历史条件特别是自然科学发展的状况决定的，所以说"这种方法在当时是有重大的历史根据的"。人们必须先知道一个事物是什么，然后才能看到事物中发生的变化，必须先分门别类地研究不同的事物，然后才能把它们联系起来去把握。所以直到18 世纪末，自然科学"主要是搜集材料的科学"，关于既成事物的科学。人类对自然的认识在这种研究中获得了巨大进展，但同时也在自然科学和哲学中造成了静止地、孤立地观察事物的形而上学思维方法。

进入 19 世纪后，自然科学在迅速发展中呈现出新的特点，成为"本质上是整理材料的科学"，关于过程、关于发生和发展、关于联系的科学。19 世纪诞生的生理学、胚胎学、地质学，都是研究其客观对象形成、发展过程的科学。特别是细胞学说、能量守恒和转化定律以及达尔文的进化论这三大成果，使人类对自然过程的相互联系的认识大踏步地前进了。

---

① 《马克思恩格斯文集》第 4 卷，人民出版社 2009 年版，第 270 页。

当自然科学发展到可以系统地研究自然界中事物的发展变化和相互联系的时候，"在哲学领域内也就响起了旧形而上学的丧钟"。当人们能够依靠自然科学所提供的事实描绘出自然界联系的总的图画的时候，从前那种靠想象来填补知识空白的唯心主义和形而上学的自然哲学就被排除了。形而上学思维方法被唯物辩证法所取代，是人类认识合乎规律地发展的结果。

二　历史进程是受内在的一般规律支配的

在马克思创立唯物主义历史观之前，社会历史的理论领域被唯心史观统治着。哲学家们用他们头脑中臆造的联系代替现实的联系，把历史看作是由某种观念支配的过程。比如在黑格尔那里，历史的发展就是为了实现他的绝对观念。要清除唯心主义臆造的人为的联系，就必须发现现实的联系。因此，把唯物主义世界观贯彻到社会历史领域，创立科学的历史观，"归根到底，就是要发现那些作为支配规律在人类社会的历史上起作用的一般运动规律"。

恩格斯深入地阐述了唯物主义历史观是如何揭示出社会发展的客观规律的。他着重地阐明了以下思想。

（一）个人的动机对历史的结果只有从属的意义，偶然性受内部隐蔽着的规律支配，历史是各种作用合力的结果

社会发展史和自然发展史相比，有一个根本不同的特点。自然界中的运动是由各种没有意识的盲目的动力相互作用构成的，其中没有任何事情是作为预期的自觉的目的发生的，因而自然规律的客观性比较容易被人们所认识。而社会历史是由人的活动构成的，每个人无论是经过深思熟虑或凭激情行动，都是在追求自己的目的，没有任何事情的发生是没有自觉的意图、预期的目的的。那么，支配历史进程的，究竟是人们的主观动机呢，还是客观规律？恩格斯指出，虽然人们行动的目的是预期的，但是行动实际产生的结果并不是预期的。因为人们预期的目的在大多数场合都互相干扰，彼此冲突，所以很少如愿以偿，甚至得到的是恰恰相反的结果。无数的单个愿望和单个行动冲突的结果，在社会历史领域中造成了一种同自然界中相似的状况，即似乎都是由偶然性支配着。

但是，没有离开必然性的纯粹的偶然性。在社会历史中也和在自然界

中一样，在表面上是偶然性起作用的地方，这种偶然性始终是受内部隐蔽着的规律支配的，而问题只是在于发现这些规律。人们通过每一个人追求自己预期的目的来创造历史，"而这许多按不同方向活动的愿望及其对外部世界的各种各样作用的合力，就是历史"。这就表明，个人的动机对历史的结果来说只有从属的意义，它不是决定历史的真正动力。正如马克思1868 年在一封信中所说的："我们每一个人都是更多地受环境的支配，而不是受自己的意志的支配。"①

（二）探索历史规律的唯一途径：探究使广大群众行动起来并引起重大历史变迁的动因

既然是人们行动的合力构成了社会的历史，那么，探索历史的规律，就应该追究支配人们行动的动机是如何产生的，隐藏在行动者思想动机背后的历史原因究竟是什么。旧唯物主义的肤浅之处就在于，它从来没有提出这样的问题，没有想到去研究人们思想动机背后的动力。它仅仅看到人们的思想动机就停了下来，把思想动机当成了历史的决定因素。这样，它也就看不到历史发展的规律性，以为"在历史的研究中不能得到很多有教益的东西"。恩格斯由此得出结论说："旧唯物主义在历史领域内自己背叛了自己，因为它认为在历史领域中起作用的精神的动力是最终原因。"旧唯物主义之所以一进入社会历史领域就陷入唯心主义，并不是因为它承认精神动力的作用，而是因为没有追溯到隐藏在精神动力背后的物质原因。

黑格尔的历史哲学比旧唯物主义要深刻得多，它认为历史人物的表面动机和真实动机都不是历史事实的最终原因，在这些动机背后还有别的动力。但是黑格尔哲学的唯心主义体系决定了它不是从历史本身中寻找历史的动力，而是"从哲学的意识形态把这种动力输入历史"，把绝对观念当作历史发展的动力。例如，对于古希腊历史，黑格尔不是从其本身的内在联系去说明，而是把它说成是绝对精神的实现。黑格尔在他的历史哲学中把世界历史描写成绝对精神发展的过程。按照他的描述，当绝对精神从古代的东方来到希腊的时候，希腊成了美丽自由的天国，人们的理想和现实的东西织成一体，就像一种美丽的"艺术作品"，所以"美好的个性"构

---

① 《马克思恩格斯文集》第 10 卷，人民出版社 2009 年版，第 295 页。

成了希腊精神的中心。

恩格斯指出，要探究那些自觉或不自觉地隐藏在历史人物动机背后的真正的最后的动力，那么，"与其说是个别人物，即使是非常杰出的人物的动机，不如说是使广大群众、使整个的民族，并且在每一民族中间又是使整个阶级行动起来的动机"；"不是短暂的爆发和转瞬即逝的火光，而是持久的、引起重大历史变迁的行动"。这一论述指出了探索历史发展规律的唯一正确的途径。第一，历史活动是群众的事业，创造历史、决定历史发展方向的，是人民群众而不是个别人物，杰出人物是群众的代表，因此，只有探究使广大群众、整个民族、整个阶级行动起来的动机背后的原因，才能找到历史的真正动力。第二，历史发展是偶然性和必然性的统一，偶然性受必然性支配，所以只有不拘泥于历史的细节，探究持久的引起重大历史变迁的行动背后的原因，才能透过偶然的表现找到支配历史进程的规律。

循着这样的途径去探索历史的动力和社会发展的规律，就必须研究阶级斗争在历史发展中的作用。

（三）阶级斗争"是现代历史的动力"，而阶级斗争归根到底是围绕着经济解放进行的

恩格斯以英国和法国为例，阐明了阶级斗争"是现代历史的动力"。自从原始公社解体以后，社会分裂为对立的阶级，社会的历史成为阶级斗争的历史。但是，在奴隶制社会和封建社会中，由于社会划分为各个不同的等级，阶级的对立被掩盖了，阶级斗争在社会发展中的作用不容易被人们所认识。18世纪从英国开始的工业革命，使机器大工业发展起来，同时在社会关系方面造就了工业资产阶级和工业无产阶级，阶级对立简单化了。英国工业资产阶级的经济力量随着大工业发展起来，但土地贵族仍然在政治权力中占据着优势地位。工业资产阶级要求改革选举制度，在19世纪二三十年代掀起了国会改革运动。土地贵族和资产阶级这两个阶级争夺统治的要求，成为英国全部政治斗争的中心。1815年6月欧洲各国组成的第七次反法联盟在滑铁卢大败法军，11月与法国签订了第二次巴黎条约，即欧洲和约。拿破仑彻底垮台后，法国波旁王朝第二次复辟，直到1830年波旁王朝再次被推翻，是法国历史上的复辟时期。复辟后的波旁王朝力图恢复封建贵族地主的统治地位，但是资产阶级的力量已经空前强

大起来，资产阶级与封建贵族对权力的争夺，成为法国政治斗争的中心。阶级斗争存在的事实，已经被法国复辟时期的历史学家梯叶里、基佐、米涅、梯也尔等人意识到了，所以他们把阶级斗争看作是"理解中世纪以来法国历史的钥匙"。马克思在 1852 年致魏德迈的信中说过："无论是发现现代社会中有阶级存在或发现各阶级间的斗争，都不是我的功劳。在我以前很久，资产阶级历史编纂学家就已经叙述过阶级斗争的历史发展"。①例如，基佐说："为着理解政治制度，应该研究社会中的不同的阶层及其相互关系。"② 梯叶里曾经把英国革命的历史描写为资产阶级与贵族的斗争。米涅在论述 1789 年到 1814 年的法国革命史时从社会各阶级的需要去观察历史事变。③ 这些表明，揭示阶级斗争在社会历史中的作用的客观条件已经具备了。

在法国，1830 年的七月革命推翻了波旁王朝，巩固了资产阶级对封建贵族的胜利，同时也把无产阶级和资产阶级之间的阶级斗争在历史中提升到了重要地位。1831 年和 1834 年的两次里昂工人起义，标志着无产阶级作为独立力量登上了政治舞台。英国 19 世纪三四十年代的宪章运动，成为英国无产阶级第一次独立的政治斗争，同时也是世界上第一次广泛的、真正群众性的、政治性的无产阶级革命运动。这样，在英国和法国，无产阶级已经被承认是为争夺统治而斗争的"第三个战士"。这时阶级关系已经非常简化，除了闭眼不看事实的人之外，人们都可以看到，"这三大阶级的斗争和它们的利益冲突是现代历史的动力"。

为什么认识到阶级斗争是现代历史的动力就可以从人们行为的思想动机探寻到隐藏在精神动力背后的历史的真正动力呢？因为阶级是由于经济的原因而产生的，阶级斗争是为了经济利益而进行的。阶级是随着生产资料私有制的产生而产生的。是生产力的发展导致了私有财产的形成，使原始公社解体、奴隶制产生，进入阶级社会。封建土地占有制的产生，是奴隶制生产方式内部矛盾发展的结果，但是在公元 4—5 世纪的欧洲，正当罗马奴隶社会内部产生了封建主义因素，土地贵族逐步封建化时，日耳曼人用暴力征服了西罗马帝国，摧毁了奴隶制度，成为封建制的土地占有

---

① 《马克思恩格斯文集》第 10 卷，人民出版社 2009 年版，第 106 页。
② 转引自普列汉诺夫《论一元论历史观之发展》，生活·读书·新知三联书店 1961 年版，第 16 页。
③ 同上书，第 17—18 页。

者，这样，封建的土地占有制初看起来似乎可以归于暴力掠夺这种政治原因，因而使其经济原因不易被人们所认识。与此相比较，显而易见的是，"资产阶级和无产阶级这两个阶级是由于经济关系发生变化，确切些说，是由于生产方式发生变化而产生的"。在封建社会后期，随着从行会手工业到工场手工业再到机器大工业的发展，城市市民、小手工业者发生分化，产生了资产阶级和无产阶级。在进一步的发展中，资产阶级所代表和推动的新的生产力同封建土地占有制及各种封建特权制度发生了冲突，封建制度成了生产力发展的桎梏，在17世纪的英国和18世纪的法国导致了资产阶级革命，打碎了封建桎梏，使生产力获得了前所未有的巨大发展。但是，资本主义大工业的发展又同资本主义的生产关系发生了冲突。一方面是人民群众越来越无产阶级化和贫困化，一方面是生产过剩，产品没有销路。生产无限扩大的趋势与劳动群众有支付能力的需求相对缩小的矛盾，暴露了资本主义生产方式所固有的基本矛盾，即生产社会化和资本主义私人占有之间的矛盾，"这个矛盾必然要求通过改变生产方式来使生产力摆脱桎梏"。这一矛盾的阶级表现，就是无产阶级反对资产阶级的阶级斗争。

（四）"一切政治斗争都是阶级斗争"，"一切阶级斗争都是政治斗争"

恩格斯指出："一切政治斗争都是阶级斗争，而一切争取解放的阶级斗争，尽管它必然地具有政治的形式（因为一切阶级斗争都是政治斗争），归根到底都是围绕着经济解放进行的。"这一重要论断深刻地阐明了政治斗争、阶级斗争、经济利益之间的关系。

"一切政治斗争都是阶级斗争。"这一论断指出了政治斗争的阶级实质和经济根源。历史唯心主义把人们的思想当作历史变动的最终原因，把政治变动当作决定全部历史的最重要的变动，而马克思则证明，"在全部纷繁复杂的政治斗争中，问题的中心仅仅是社会阶级的社会的和政治的统治，即旧的阶级要保持统治，新兴的阶级要争得统治"，而阶级的产生和存在则是由于"基本的物质条件"。① 阶级间的政治对抗是一切政治斗争的基础，所以"一切政治斗争都是阶级斗争"。离开马克思主义的阶级观

---

① 《马克思恩格斯文集》第3卷，人民出版社2009年版，第458页。

点，就看不到阶级划分是政治派别划分的最根本的基础，看不清各种形式的政治斗争的实质。

"一切阶级斗争都是政治斗争。"这一论断指出了以国家政权为中心的政治斗争在阶级斗争中的重要地位。由于政治是经济的集中表现，阶级的根本利益最终只有通过夺取政权才能实现。被压迫阶级不取得国家政权，就不能获得解放，所以他们反对统治阶级的斗争必然要变成政治的斗争，变成首先是反对这一阶级的政治统治的斗争。马克思说："一切阶级运动本身必然是而且从来就是政治运动。"① 工人阶级反对资本主义雇佣劳动制度不能局限于经济斗争，必须把政治斗争提到首位。只有当阶级斗争抓住国家政权机构时，才是充分发展的阶级斗争。

用历史唯物主义的观点去观察阶级社会的历史和各种现象，就必须坚持阶级分析的方法，揭示政治事变中的阶级关系和各阶级的经济利益，同时看到围绕着经济利益进行的阶级斗争必然具有政治的形式，归根到底以维护或夺取政治权力为集中表现。这样才能抓住问题的本质，在看来迷离混沌的状态中发现支配历史进程的一般规律。

恩格斯后来概括说，"历史唯物主义"这个名词所表达的"关于历史过程的观点"，就是认为"一切重要历史事件的终极原因和伟大动力是社会的经济发展，是生产方式和交换方式的改变，是由此产生的社会之划分为不同的阶级，是这些阶级彼此之间的斗争"。②

三 国家、政治制度和意识形态是由经济关系决定的

恩格斯论述了国家、政治制度、法以及意识形态同经济关系之间的联系，阐明了历史唯物主义关于经济基础决定上层建筑的基本原理。

（一）经济关系领域是决定性的因素，国家、政治制度处于从属地位

传统的唯心主义历史观把国家看作是决定因素，而把市民社会即社会经济关系看作是被国家决定的因素。比如黑格尔在他的法哲学中，就把国家看作是规定者，而把市民社会和家庭看作被规定者，甚至把国家神圣

① 《马克思恩格斯文集》第10卷，人民出版社2009年版，第333页。
② 《马克思恩格斯文集》第3卷，人民出版社2009年版，第508、509页。

化，看作地上的神物。这种错误观点的一个认识根源，是只看表面现象，没有深入到事物的本质，而表面现象是与这种看法相符合的。正如一个人行动的动力只有通过他的头脑，变成他的意志，才能使他行动起来一样，一个社会中的要求也只有通过国家，以法律的形式变成国家的意志，才能得到普遍推行。但是，这只是问题的形式方面，如果从形式深入到内容，追问国家意志的内容是什么，这些内容是从哪里来的，就可以看到，国家意志的内容都是反映了社会经济关系变化的需要，反映了经济关系中占优势地位的阶级的需要，而一定阶级在社会经济关系中的优势地位是由生产力的发展及其与生产关系的矛盾运动决定的。所以，从形式上或从表面上看是国家规定市民社会的行动，而从内容或从实质上说，是市民社会把自己的需要变成了国家意志。这就表明，"国家、政治制度是从属的东西，而市民社会、经济关系的领域是决定性的因素"。这种形式与内容、表面现象与本质的矛盾，也表现在国家与社会中统治阶级的关系上。虽然国家意志实质上是由社会中占优势地位的阶级的需要决定的，但是国家一旦产生，就表现出对社会的独立性，似乎它是凌驾于社会各阶级之上的，而且它代表一定阶级的性质越明显，就越需要掩盖自己的阶级性，因而"它越是成为某个阶级的机关，越是直接地实现这一阶级的统治，它就越独立"。这说明，不透过表面现象，就看不清国家和政治制度被经济关系所决定的实质。

恩格斯着重根据资本主义时代的历史阐明了国家并不是可以离开经济基础的独立领域，国家的存在和发展归根到底只有从社会经济生活条件中才能得到解释，同时指出，只要认真研究从前各个时代的历史，就可以充分地证实这一点。如果说在大工业和铁路的时代，国家总的说来还只是集中反映了社会中支配着生产的阶级的经济需要。那么，在生产力还不够发展的以前的时代，由于人们要花更多的时间来满足自己的物质需要，所以政治生活更加依赖于物质的经济的条件。

国家的意志是通过法律形式取得普遍效力的。经济关系决定国家、政治制度，包括决定法。法是社会的经济生活条件的表现。

西方法制思想史上曾经用公法和私法来划分法律部门。恩格斯指出，无论公法或私法，都是由经济关系决定的。"私法本质上只是确认单个人之间的现存的、在一定情况下是正常的经济关系。"私法是对一定社会条件下人与人之间正常的经济关系的确认，是对已经存在的经济关系的反映，而不是创造出现实中还没有的经济关系，这表明它是由一定的经济关系所决定并为它服务的。正如马克思在讲到拿破仑法典时所说的，它"并没有创立现代的资产阶级社会。相反地，产生于 18 世纪并在 19 世纪继续发展的资产阶级社会，只是在这本法典中找到了它的法律的表现"。①

不过，在资本主义各国，由于具体历史条件不同，私法确认现存经济关系所采取的形式也不尽相同，呈现出复杂的情况。恩格斯对此做了具体分析。这种确认可以是保存大部分旧的封建法的形式而赋予它资产阶级的内容。西方两大法系中发源于英国的英美法系就是如此，这主要是由 17 世纪英国资产阶级革命时期的历史条件决定的。西方另一大法系是欧洲大陆法系，又称罗马法系，它把"商品生产者社会的第一个世界性法律即罗马法"作为基础。罗马法产生于古罗马奴隶制社会，在资本主义条件下，为了以它为基础，适应新的需要来确认个人之间现存的经济关系，有的是通过审判的实践使它适合于当时社会的状况，有的是依靠法学家把它加工成适合当时社会状况的特殊法典。而在建立了纯粹的资产阶级统治的法国，则是"在资产阶级大革命以后，以同一个罗马法为基础，制定出像法兰西民法典这样典型的资产阶级社会的法典"。恩格斯指出，民法准则作为对社会经济生活条件的法律形式的表现，在不同条件下有表现得好或坏的区别，比如普鲁士邦法，"即使从法学观点看来也是不好的"。这说明，法为自己的经济基础服务，有服务得好或不好的不同情形，但它们都是"以法的形式表现了社会的经济生活条件"。对法的不同形式及其形成原因和作用做具体分析，可以使我们更深入地理解法是由社会经济生活条件决定的。

（二）意识形态同自己的物质存在条件的联系

意识形态与国家、政治制度一样，也是由经济关系决定的。

"国家作为第一个支配人的意识形态力量出现在我们面前。"这一论断指出了，国家作为阶级统治的机关，既是一种有组织的暴力，同时也是一种意识形态力量。一个阶级是社会上占统治地位的物质力量，同时也是社会上占统治地位的精神力量，它既支配着物质生产资料，同时也支配着精神生产资料。所以，国家一旦产生，马上就产生了相应的意识形态，使

———————
① 《马克思恩格斯全集》第 6 卷，人民出版社 1961 年版，第 292 页。

占统治地位的物质关系也以思想的形式表现出来，并且为物质关系服务。但是，意识形态又具有相对的独立性。由于精神劳动和物质劳动的分工，统治阶级中的一部分人作为该阶级的思想家专门从事精神生产，并且在意识形态的不同领域由于职业分工而独立化，因而在不同学科部门中经历了世代相继的独立发展，积累起大量材料。"任何意识形态一经产生，就同现有的观念材料相结合而发展起来，并对这些材料作进一步的加工"，所以意识形态的一个特点是，"把思想当作独立地发展的、仅仅服从自身规律的独立存在的东西来对待"。意识形态的这种相对独立性使人们容易忘记它是由经济关系所决定的这一本质。恩格斯以法学为例做了分析。由于经济事实要获得法律上的确认就必须采取法律动机的形式，并且必须同现行的整个法的体系协调一致，根除一切内部矛盾，所以在职业的政治家、法学家那里，"同经济事实的联系就完全消失了"，"现在法律就是一切，而经济内容则什么也不是"。但是，实际上，当思想家、理论家们通过加工观念材料来从事精神生产的时候，"人们头脑中发生的这一思想过程，归根到底是由人们的物质生活条件决定的"，只不过他们自己并没有意识到而已。

同政治思想、法律思想相比，哲学和宗教是意识形态中抽象层次更高的因而离物质经济基础更远的形式，这使得认识它们同物质条件之间的联系更加困难。哲学主要是通过总结自然知识和社会知识，也通过政治法律制度等中间环节形成世界观层面的哲学范畴、哲学命题来反映客观世界，所以它同物质经济基础之间的关系因多种错综复杂的因素变得模糊了。恩格斯指出，这一联系是存在的。比如文艺复兴时期的思想文化，包括哲学思想，虽然形式上打着复兴古希腊罗马文化的旗子，实际上则是反映了当时新的资本主义生产方式的发展和新兴资产阶级的要求，其内容本质上是和中小市民阶级发展为大资产阶级的过程相适应的。而在资本主义发展起来之后的 18 世纪的英国和法国的哲学以及 19 世纪德国黑格尔的哲学中，特别是在一些既是哲学家又是政治经济学家的学者那里，其思想观念同资本主义生产方式的关系就更加明显。比如 18 世纪英国的哲学家、经济学家休谟就是如此。《反杜林论》的《〈批判史〉论述》这一章（这一章是由马克思写的）中曾指出，休谟"对当时英国迅速发展的资本主义社会作了进步的和乐观的赞扬，因而他的论丛（引者按：指大卫·休谟《政治论丛》1752 年爱丁堡版）自然要博得资本主义社会的'赞许'"。①

四　宗教的起源、发展归根到底是由物质生活条件决定的

在论述意识形态时，恩格斯通过考察宗教产生和发展的历史，阐明了它归根到底是由物质生活条件决定的。

（一）原始宗教的产生和民族宗教的兴灭

恩格斯说："宗教是在最原始的时代从人们关于他们自身的自然和周围的外部自然的错误的、最原始的观念中产生的。"这一论断对原始宗教产生的根源作出了明确的概括。

在原始社会，由于生产力水平低，知识贫乏，人们不能正确认识自身和外部自然界。由于完全不知道自己身体的构造，不能正确解释做梦的现象，人们把自己的思维和感觉当成了寓于身体之中而在死亡时就离开身体的灵魂的活动，因而产生了灵魂不死的观点。灵魂不死是宗教的基本观念之一。由于人类受异己的自然力量的支配，产生了对自然界的依赖感、恐惧感和神秘感，因而把自然力人格化，产生了最初的神的观念。恩格斯说："在原始人看来，自然力是某种异己的、神秘的、超越一切的东西。在所有文明民族所经历的一定阶段上，他们用人格化的方法来同化自然力。正是这种人格化的欲望，到处创造了许多神。"② 可见，原始宗教产生于由当时的生产力水平、实践发展水平决定的愚昧无知的观念。

民族宗教的兴灭同样也表明了宗教同物质生活条件之间不可分割的联系。虽然庞大的罗马帝国已经在公元 1 世纪初建立起来，但在基督教产生并发展成为国教之前，罗马帝国境内没有统一的宗教，只有各民族的民族宗教。民族宗教"从各民族的社会条件和政治条件中产生，并和这些条件紧紧连在一起"。③ 在每一个民族中形成的民族的神，不越出它们所守护的民族领域。"只要这些民族存在，这些神也就继续活在人

---

① 《马克思恩格斯文集》第 9 卷，人民出版社 2009 年版，第 256 页。
② 《马克思恩格斯全集》第 20 卷，人民出版社 1971 年版，第 672 页。
③ 《马克思恩格斯文集》第 3 卷，人民出版社 2009 年版，第 597 页。

们的观念中；这些民族没落了，这些神也就随着灭亡。"不仅被罗马世界帝国征服的那些古老民族的神灭亡了，而且连从前适合于罗马城邦共和国这个狭小圈子的神也灭亡了。这就表明，民族宗教也依赖于一定的社会基础，"宗教的这种基础一旦遭到破坏，沿袭的社会形式、传统的政治设施和民族独立一旦遭到毁灭，那么从属于此的宗教自然也就会崩溃"。①

（二）世界宗教的产生及其历史演变：以基督教为例

原始社会的宗教是自发的宗教，阶级社会的宗教则是人为的宗教，其产生有阶级的根源，其中的世界宗教尤其是如此。佛教、基督教和伊斯兰教这三大宗教"多少是人工造成的世界宗教"。② 恩格斯着重论述了基督教的产生及其演变的历史。

罗马世界帝国需要建立一个世界宗教来为巩固自己的统治服务，所以它在罗马城兴建万神殿，在把罗马皇帝奉为最高神的同时，也把被它征服的各民族神请进万神殿供奉，但是这种建立世界宗教的努力并不成功，因为"一种新的世界宗教是不能这样用皇帝的敕令创造出来的"。

基督教最初产生于公元1世纪中叶，到公元2世纪发展成为罗马帝国境内影响很大的宗教。从其观念材料来说，它是在犹太神学等东方神学与斯多亚派等庸俗化了的希腊哲学的混合中产生的。犹太教是一神教，它把犹太的民族神耶和华当作唯一的真神、天地的创造主。晚期斯多亚派的哲学是一种主张禁欲主义和宿命论的神秘主义的宗教伦理学说。公元1世纪的哲学家斐洛用希腊哲学解释犹太教经典，把犹太神学和希腊哲学结合起来，建立了一种神秘主义学说。恩格斯说："基督教起源于通俗化了的斐洛派的观念"。③ 基督教起初流传于穷人和奴隶之中。他们在现实的物质生活中感到绝望而去追寻精神上的安慰，设法从外在世界遁入内心世界，蔑视一切尘世享乐。后来罗马帝国的上层人士和显贵也加入教会。在基督教流传演化的过程中，忍耐顺从、精神忏悔、宿命论等观念的流行使罗马统治者看到它可以为自己服务，由迫害它转为利用它，在公元4世纪正式

---

① 《马克思恩格斯文集》第3卷，人民出版社2009年版，第597页。
② 《马克思恩格斯文集》第4卷，人民出版社2009年版，第289页。
③ 《马克思恩格斯文集》第3卷，人民出版社2009年版，第594页。

承认基督教为合法宗教，进而使其上升为罗马帝国国教。这一变化过程"足以证明它是适应时势的宗教"，表明了它同社会环境的紧密联系。

在中世纪的欧洲，基督教成为维护封建统治的精神工具，罗马天主教会成为封建制度的巨大的国际中心。基督教按照封建的方式建立了自己的教阶制。它以罗马教皇为最高统治者，内有红衣主教、大主教、主教、修道院长等不同等级。基督教神学统治着社会精神生活，把哲学、政治学、法学等意识形态的其他一切形式都合并到神学中，成为神学中的科目。"中世纪的历史只知道一种形式的意识形态，即宗教和神学。"① 因此，"当时任何社会运动和政治运动都不得不采取神学的形式"。要在群众中掀起巨大的风暴，就必须让群众的切身利益披上宗教的外衣出现。一些宗教异端和宗教改革就是这样出现的。12—13世纪传播于法国南部的阿尔比派，就是基督教的一个异端，它反映了城乡商人和手工业居民对封建的天主教的反抗，遭到了教皇英诺森三世组织的十字军的残酷镇压。中世纪的市民阶级是资产阶级的前身，它们从兴起时就给自己造成了无财产的城市平民，即无产阶级的前身，所以宗教异端也分成了反映这两个形成中的不同阶级要求的市民温和派和平民革命派。这两派互相对立，平民革命派"甚至也为市民异教徒所憎恶"。

正在兴起的市民阶级代表了封建社会中孕育着的新的资本主义生产关系，因而是不可战胜的，所以新教异端是不可根绝的。随着市民阶级的发展，他们反对封建贵族的斗争发展成为全国性规模的宗教改革。16世纪德国由马丁·路德领导的宗教改革，就是市民阶级披着宗教的意识形态外衣反对封建主义和罗马教皇独裁统治的第一次大规模的行动。后来，德国农民将宗教改革引向了社会革命，爆发了由闵采尔领导的大规模的农民战争，使整个革命达到了顶点，但是遭到封建统治者的镇压而失败。当时德国市民阶级没有发展到足够强大，不足以把城市平民、下级贵族和农民联合起来，并且在农民战争中背弃了农民，路德的宗教改革发生了蜕化。德国宗教改革、农民战争以及德意志内战的结果，路德教取得了合法地位，路德教所主张的世俗国家对宗教的领导权得以实现，因而"君主攫取了革命的全部果实"。同路德在德国的宗教改革相比，出走到瑞士日内瓦的法国人加尔文"以真正法国式的尖锐性突出了宗教改革的资产阶级性

---

① 《马克思恩格斯文集》第4卷，人民出版社2009年版，第289页。

质"。加尔文主张个人的财富和奋斗中的成功是上帝恩典的标志，鼓励新
生的资产阶级去冒险、创业。"加尔文的信条正适合当时资产阶级中最果
敢大胆的分子的要求。"① 加尔文在日内瓦成功地实践了他的宗教改革主
张。他废除了罗马教阶体制，教职人员通过选举产生。"加尔文的教会体
制是完全民主的、共和的；既然上帝的天国已经共和化了，人间的王国难
道还能仍然听命于君王、主教和领主吗?"② 加尔文教传播到了许多国家
和地区。尼德兰发生了以加尔文教为旗帜的资产阶级革命，建立了共和
国，使荷兰摆脱了西班牙和德意志帝国的统治。在英国，特别是在苏格
兰，加尔文教创立了一些活跃的共和主义政党。英国 1688 年发生的被称
为"光荣革命"的政变，是继 1642 年革命之后英国资产阶级革命的第二
幕。"在这里，加尔文教显示出它是当时资产阶级利益的真正的宗教外
衣。"议会通过的法律规定天主教徒不得担任英国国王。由于资产阶级同
贵族间的妥协，加尔文教没有得到完全的承认，英国的国教会恢复了，但
不是恢复到由国王充任教皇的天主教，而是强烈地加尔文教化了，它更多
的是采用了加尔文教的形式。

　　加尔文教在法国的境遇同它在英国相比又是另一种情形。法国信仰加
尔文新教的人被称为胡格诺教徒。1685 年法国国王路易十四取消了 1598
年颁布的给予胡格诺教徒一定政治和宗教权利的《南特敕令》。新教徒遭
到暴力镇压，教士被驱逐出境或处死，教徒被强迫改信天主教，许多教徒
逃亡国外。但是，路易十四的暴力镇压未能阻止法国资产阶级的思想和政
治力量的发展，而是促使资产阶级抛弃宗教外衣，打出理性的旗帜，以纯
粹政治的形式进行反对封建专制的革命。法国资产阶级启蒙思想家的先驱
培尔宣扬理性，主张把宗教信仰与道德、教会与国家分开。法国启蒙运动
的领袖伏尔泰抨击封建制度和天主教会，要求实现自由、平等的理想天
国。1789 年的法国大革命完全抛开了宗教的外衣。出席国民议会的资产
阶级的代表已经不是新教徒，而是自由思想家。大革命中还推行教会世俗
化和非基督教化。恩格斯指出，这一变化表明："基督教进入了它的最后
阶段。此后，它不能成为任何进步阶级的意向的意识形态外衣了；它越来
越变成统治阶级专有的东西，统治阶级只把它当作使下层阶级就范的统治

────────────

① 《马克思恩格斯文集》第 3 卷，人民出版社 2009 年版，第 511 页。

② 同上。

手段。"不同的阶级根据自己的需要利用不同的宗教。既然宗教只是被当作统治手段，那么它的利用者自己是否相信它就无关紧要了。

由于意识形态的各个领域都在其相对独立的历史发展中形成了一种巨大的保守力量，所以一种宗教一旦形成，总是要包含某些传统的材料。从形式上看，宗教是通过对传统材料的加工而发展的，但是，这些观念材料为什么会变化、如何变化呢？从原始宗教、民族宗教到基督教产生和演变的历史表明，"这些材料所发生的变化是由造成这种变化的人们的阶级关系即经济关系引起的"。仅此一点就足以说明，虽然宗教离开物质生活最远，好像是同物质生活最不相干，实际上它归根到底仍然是由人们的物质生活条件决定的。

马克思的历史观即历史唯物主义的产生，结束了唯心主义的历史哲学，正如唯物辩证的自然观结束了唯心主义的自然哲学一样，因为它表明，在社会历史中与在自然界中一样，应该从事实中发现联系，而不应该从头脑中想出联系。历史唯物主义的创立实现了人类科学思想中的伟大变革。毛泽东说，马克思和恩格斯创立辩证唯物论和历史唯物论，"在人类认识史上起了一个空前的大革命"。①

欧洲 1848 年革命后，资产阶级拿走了革命的果实。德国资产阶级埋头发展实业，德国工业迅速发展，机器大工业代替了小手工业和工场手工业。资本主义的发展同时造就了人数众多的工人阶级，历史开始进入"资产阶级和现存国家同工人阶级公开敌对的时代"。在包括哲学在内的历史科学的领域内，德国资产阶级因其阶级地位的变化失去了理论兴趣和无所顾忌的科学精神。工人阶级的阶级地位决定了它的根本利益同社会发展的必然趋势一致，因而自觉地去追求客观真理，探寻支配历史进程的一般规律。"科学越是毫无顾忌和大公无私，它就越符合工人的利益和愿望。"马克思和恩格斯之所以能够在劳动发展史中找到理解全部社会史的锁钥而创立新的历史观，一个根本原因就在于他们"一开始就主要是面向工人阶级的，并且从工人阶级那里得到了同情"。工人阶级是马克思的唯物主义历史观的阶级基础。我们学习、理解和运用马克思的历史观，也必须坚持科学真理性与工人阶级的阶级性的统一。

（原载《思想理论教育导刊》2010 年第 8、9 期）

---

① 《毛泽东选集》第 1 卷，人民出版社 1991 年版，第 303—304 页。

坚持和发展马克思主义的一个范例

——恩格斯晚年书信对历史唯物主义的发展及其当代启示

提要 恩格斯晚年书信是坚持和发展马克思主义的一个范例，为我们研究马克思主义观提供了深刻启示。马克思主义的发展主要表现为基本原理的发展，它同时意味着把已经确立的基本原理当作新观点的基础予以坚持。恩格斯提出的马克思主义不是教条而是指南的经典性论点，是正确对待马克思主义的基本准则。

坚持马克思主义与发展马克思主义的关系问题，是马克思主义观的一个重大问题。从 1883 年马克思逝世到 1895 年恩格斯逝世的 12 年中，恩格斯紧随社会实践前进的步伐，始终坚持并不断发展了马克思主义，为我们提供了光辉的范例。今天我们开展马克思主义观的研究，探讨如何坚持和发展马克思主义，应该向恩格斯寻求启示。本文以恩格斯晚年书信对历史唯物主义的发展为例作一些讨论。

恩格斯晚年书信中相当集中地对历史唯物主义作了阐述。其主要背景，一方面是资产阶级学者对历史唯物主义的攻击，一方面是德国社会民主党内的"青年派"对历史唯物主义的歪曲。前者以莱比锡大学教授保尔·巴尔特 1890 年出版的《黑格尔和包括马克思及哈特曼在内的黑格尔派的历史哲学》一书为代表，后者的代表人物是"青年派"的理论家保尔·恩斯特等人。二者的共同之处是，都把马克思创立的唯物主义历史观曲解为"经济唯物主义"；不同的是，巴尔特以此批评马克思的理论，而"青年派"则以党内理论家自居，宣扬被他们曲解得面目全非的"马克思主义"。二者殊途同归，一起对唯物主义历史观提出了挑战。面对他们的挑战，恩格斯不仅科学地阐释了而且进一步发展了历史唯物主义。关于这些书信的内容，已有许多论著作过阐释。本文的旨趣是，纵览马克思、恩格斯相关思想和范畴形成的过程，从马克思主义观研究的视角探讨恩格斯晚年书信中的历史唯物主义思想是如何在坚持的前提下丰富和发展马克思主义的。

恩格斯写这些书信时，已是古稀之年，"是整个文明世界中最卓越的学者和现代无产阶级的导师"①。他历尽斗争风雨和历史沧桑，积累了极为丰富的实践经验，理论上高度成熟，炉火纯青。他在思想理论领域纵横驰骋，《反杜林论》、《家庭、私有制和国家的起源》、《路德维希·费尔巴哈和德国古典哲学的终结》等一批阐述了唯物史观的经典大作已经问世。虽然晚年书信的写作，因限于时间，不能像为报刊写文章那样字斟句酌，为此恩格斯要求收信人"不要过分推敲上面所说的每一句话，而要把握总的联系"②，但他此时是厚积薄发，直抒胸臆，解决各种复杂问题得心应手，游刃有余。中国人所谓"七十而从心所欲不逾矩"，正是他此时的写照。因此，只要我们研读这些书信时遵循恩格斯的嘱咐，注重于领会其精神实质而不过分拘泥于文字，就可以看到，它们是以书信这种特殊形式谈笑自如、简洁明快地呈现了长期实践和理论研究的成果，因而历史唯物主义的基本原理在这些书信中得到丰富和发展是势所必然的。

一 坚持基本原理是发展的前提：坚持把经济关系看作社会历史的决定性基础

确认经济关系是社会历史的决定性基础，是唯物史观区别于唯心史观的根本观点，是马克思和恩格斯在历史观中实现的根本变革。在标志着唯物史观成熟的第一部著作《德意志意识形态》中，马克思和恩格斯指出，"这种历史观就在于：从直接生活的物质生产出发阐述现实的生产过程，把同这种生产方式相联系的、它所产生的交往形式即各个不同阶段上的市民社会理解为整个历史的基础"。③ 1859 年马克思在《〈政治经济学批判〉序言》中对唯物史观作出经典表述，其中明确指出："物质生活的生产方式制约着整个社会生活、政治生活和精神生活的过程。"④ 1877 年，恩格

① 《列宁专题文集·论马克思主义》，人民出版社 2009 年版，第 51 页。
② 《马克思恩格斯文集》第 10 卷，人民出版社 2009 年版，第 670 页。
③ 《马克思恩格斯文集》第 1 卷，人民出版社 2009 年版，第 544 页。
④ 《马克思恩格斯文集》第 2 卷，人民出版社 2009 年版，第 591 页。

斯在《卡尔·马克思》一文中概括了马克思在"整个世界史观"上实现的变革，他说"以前所有历史观"的基础，是认为"一切历史变动的最终原因，应当到人们变动着的思想中去寻求"，而按照马克思的观点，每一时期的观念和思想"可以极其简单地由这一时期的经济的生活条件以及由这些条件决定的社会关系和政治关系来说明"。① 不确立这些观点，就没有唯物主义历史观。否定这些观点，就背离了历史唯物主义。

恩格斯晚年书信中始终不渝地坚持这些根本观点。他多次强调："根据唯物史观，历史过程中的决定性因素归根到底是现实生活的生产和再生产。"② "经济运动是最强有力的、最本原的、最有决定性的。"③ "我们把经济条件看做归根到底制约着历史发展的东西。"④

马克思和恩格斯创立唯物史观时，面对千百年来占据统治地位的唯心史观，为了反驳论敌，不能不强调被他们否认的主要原则，把重点放在从基本经济事实中引出政治、法和意识形态观念，而对于上层建筑、意识形态的能动方面则不是始终有时间、地点和机会给予充分的阐明。这是历史唯物主义后来被曲解为"经济唯物主义"的一个历史原因。所以恩格斯晚年通信中论述的侧重点，是政治和意识形态的相对独立性和能动作用。正因为如此，此时坚持唯物史观的基本立场，重申经济对于政治和思想观念的最终决定作用具有特殊的重要意义。因为，坚持经济的决定作用，是正确理解上层建筑的相对独立性和能动作用的前提，只有在这个前提下才能全面、准确地把握它们之间的关系。

马克思主义的科学思想体系主要是由它的基本原理构成的，同时包括经典作家将这些基本原理运用于当时历史条件下的具体事物而得出的具体结论，因而马克思主义的坚持或发展，也在基本原理和具体结论两方面表现出来。由于基本原理同具体结论相比具有更大的普遍性和应用价值，所以无论对马克思主义的坚持或对它的发展，都主要是表现在基本原理上，而不限于它的具体结论。把坚持和发展的统一仅仅理解为坚持基本原理、发展具体结论，是片面的，不科学的。马克思主义的发展，从本质上说，是它的基本原理的丰富和发展。没有基本原理的发展，马克思主义就失去

---

① 《马克思恩格斯文集》第 3 卷，人民出版社 2009 年版，第 457、459 页。
② 《马克思恩格斯文集》第 10 卷，人民出版社 2009 年版，第 591 页。
③ 同上书，第 601 页。
④ 同上书，第 668 页。

了活力。但是，作为经受过社会实践反复检验的科学理论，马克思主义在发展中始终保持着自身质的规定性，因而发展并不意味着否定已经确立的基本原理，而是在已有的基础上沿着它自身的本性所规定的方向继续前进，增添新的原理。在这里，坚持是发展的前提，发展本身同时也意味着把已有原理当作新观点的基础予以坚持。不发展，就不能真正坚持，而离开坚持，否定已被实践证明的基本原理去"发展"，就会走偏方向。人的认识同它所反映的客观对象一样，是在对立面的统一中运动、发展的。对于事物之间固有的对立统一关系，人们在着重强调某一侧面时，容易忽视另一侧面。对于历史进程中不可避免地会产生的各种错误倾向，在着重反对某一种倾向时，容易发生另一种倾向。因此，恩格斯晚年书信中时时提醒人们不忘经济的最终决定作用绝非多此一举，它有效地防范了对新观点的误解和曲解，显示了以丰富实践经验为基础的理论上的高度成熟。这对于我们今天处理好坚持马克思主义与发展马克思主义的关系是极富有启发性的。

各种思想理论都是通过其特有的一系列概念、范畴来建构和表达的，所以马克思主义的坚持和发展也表现于它的概念、范畴在保持原有体系的基础上不断丰富、整合和精确化。

在马克思和恩格斯的著作中，在不同场合对社会历史的决定性因素有过多种表述，如本文前引的经典性论述中就有"物质生产"、"物质生活的生产方式"、"经济的生活条件"等。恩格斯晚年书信中也使用了多种相互关联的概念和表达方式，如"物质存在条件"、"物质存在方式"、"现实生活的生产和再生产"、"经济条件"、"经济运动"、"经济发展"、"经济状况"、"经济关系"、"经济基础"等。它们被分别运用于不同场合，其含义因语境及相对应的概念不同而有所区别，但总的说来都是对应于上层建筑或其中的政治和意识形态而言的，属于同一序列的概念，其中的关键词是"经济"和"生产"。

理论的完善和理论领域的斗争都需要对这些概念和思想加以整合，对决定社会历史发展的物质经济条件作出综合性的概括。恩格斯晚年书信中对上述概念作了整合和集中阐述。在 1894 年 1 月致瓦·博尔吉乌斯的信中，恩格斯把"社会历史的决定性基础"统称为"经济关系"，并阐述了其中包括的内容。他说："我们视之为社会历史的决定性基础的经济关系，是指一定社会的人们生产生活资料和彼此交换产品（在有分工的条件下）的方式。"① 按照恩格斯论述的精神，这里所说的经济关系，是指体现了生产力与生产关系的统一的生产方式，既包括生产和产品交换中人们之间的关系，也"包括生产和运输的全部技术"。技术，或以技术装备为标志的生产力，"决定着产品的交换方式以及分配方式，从而在氏族社会解体后也决定着阶级的划分，决定着统治关系和奴役关系，决定着国家、政治、法等等"。② 除现实的生产力和生产关系外，恩格斯还指出了其他几种因素："这些关系赖以发展的地理基础"，即一定社会的地理环境、自然条件；"先前各经济发展阶段的残余"，即一定时期内保存下来的旧经济的残余；"围绕着这一社会形式的外部环境"，即国际经济环境、对外经济交往。最后，"种族本身就是一种经济因素"。③ 这后者是因为，"生产本身又有两种"，除生活资料的生产外，还有"人自身的生产，即种的繁衍"。④ 这样，"什么是社会历史的决定性基础"这一唯物史观的重大问题，在恩格斯晚年书信中得到了一个迄今看来仍然是完整的回答。后来斯大林在《论辩证唯物主义和历史唯物主义》中对"社会物质生活条件"的概括，可以看作是对恩格斯这篇书信中的思想的发挥和阐述，而且对于某些方面的内容而言，恩格斯的综合概括更加详尽。全面地认识所有这些因素的作用，才能准确把握决定社会发展的物质的经济的力量。应该看到，这些因素在社会发展中的作用并不是等同的。按照马克思恩格斯一贯的思想，物质资料的生产方式是其中最重要的决定社会存在和发展的基本力量，而这一点正是恩格斯晚年书信中特别强调的。

二　在坚持的基础上致力于发展：相对独立性和相互作用

在坚持已经确立的基本原理的基础上，恩格斯晚年书信主要是面对新的实践和理论斗争的新形势致力于历史唯物主义的新发展。发展的主要着力点，是阐明政治上层建筑和意识形态的相对独立性和反作用，发展的主要思想成果可以概括为以下几点。

---

① 《马克思恩格斯文集》第 10 卷，人民出版社 2009 年版，第 667 页。
② 同上。
③ 同上书，第 667、668 页。
④ 《马克思恩格斯文集》第 4 卷，人民出版社 2009 年版，第 14、15 页。

（一）　建立"相对独立性"和"反作用"的范畴

马克思在世时，马克思和恩格斯的著作中已经包含相当丰富的有关政治上层建筑和意识形态的相对独立性和反作用的思想，但还没有建立起"相对独立性"和"反作用"的范畴。这些思想表现于大量关于国家机器、政治暴力、思想观念的形成、发展及其作用的论述之中，有时还呈现于基本原理层面的表述中。例如，马克思《〈政治经济学批判〉序言》中关于全部庞大的上层建筑都会随着经济基础的变更"或慢或快地"发生变革的经典论断，已经蕴含着上层建筑的不同部分具有不同程度的相对独立性的思想。恩格斯在《反杜林论》中论述了"政治权力在对社会独立起来"以后的发展，分析了政治权力和暴力对经济发展起作用的不同情况。① 马克思在《资本论》中使用过"反作用"的概念。在《资本论》第 3 卷论述资本主义地租的起源的第 47 章中，马克思说，劳动地租这种榨取无酬剩余劳动的独特经济形式，"决定了统治和从属的关系，这种关系是直接从生产本身中生长出来的，并且又对生产发生决定性的反作用"。② 不过，这里是在论述劳动地租这一具体的经济问题时讲到"反作用"的，而且论证的侧重点仍然是经济对政治的决定作用，所以接下来的话是："但是，这种从生产关系本身中生长出来的经济共同体的全部结构，从而这种共同体的独特的政治结构，都是建立在上述的经济形式上的。"③ 这里表述出来的关于"统治和从属的关系"对生产具有"决定性的反作用"的思想，对于我们理解上层建筑的反作用无疑是非常重要的，但是马克思在这里还没有把上层建筑的相对独立性和反作用当作历史观的基本范畴明确地提出来并加以论证。笔者认为，今天已经为人们所熟知的历史唯物主义中"相对独立性"和"反作用"的范畴，是由恩格斯在晚年书信中明确提出并给予论证的，这是恩格斯的一个重要贡献。

"相对独立性"和"反作用"都是恩格斯晚年书信中反复多次出现的概念，其内涵在概念的实际运用中得到了明确的规定。恩格斯说："总的说来，经济运动会为自己开辟道路，但是它必定要经受它自己所确立的并

---

① 《马克思恩格斯文集》第 9 卷，人民出版社 2009 年版，第 190—191 页。
② 《马克思恩格斯文集》第 7 卷，人民出版社 2009 年版，第 894 页。
③ 同上。

且具有相对独立性的政治运动的反作用，即国家权力的以及和它同时产生的反对派的运动的反作用"。① 他又说："经济的前提和条件归根到底是决定性的。但是政治等等的前提和条件，甚至那些萦回于人们头脑中的传统，也起着一定的作用，虽然不是决定性的作用。"② 这些论述表明，"反作用"是同"决定性的"作用相对应的范畴，它"不是决定性的作用"。"反作用"是被经济所决定的政治和思想观念"反过来"对决定自身的因素起作用，影响经济的发展，所以恩格斯又称之为"第二性的作用"而与"始因"相对应："物质存在方式虽然是始因，但是这并不排斥思想领域反过来对物质存在方式起作用，然而是第二性的作用。"③ "具有相对独立性的政治运动的反作用"这种提法表明，反作用属于政治等具有相对独立性的因素，它本身就是相对独立性的一种表现，是其中最突出的表现。"相对独立性"比"反作用"具有更加宽泛的外延，它不只是表现于反作用。被经济决定的政治和意识形态一旦产生，就有自身运动的规律和自己的发展阶段，就会相互影响并反过来对经济发生影响，但它们又必定受到经济的制约，不能离开经济而独立，这就是"相对独立性"。

确立"相对独立性"和"反作用"范畴，不仅要诉诸经验的事实，而且需要作出理论论证，要阐明"为什么"。恩格斯从社会分工的角度作了深入的分析，因为他认为"从分工的观点来看问题最容易理解"。④

分工是一种极为重要的社会历史现象。马克思、恩格斯早年在《德意志意识形态》中就对分工作过深入研究，指出"分工和私有制是相等的表达方式"⑤，"分工的各个不同发展阶段，同时也就是所有制的各种不同形式"⑥。后来恩格斯在《反杜林论》和《社会主义从空想到科学的发展》中又明确提出，"分工的规律就是阶级划分的基础"。⑦ 为了阐明相对独立性是如何产生的，恩格斯在晚年书信中先从分工的角度论述了现实社会中人们比较熟悉、容易理解的产品贸易对生产的相对独立性、货币贸易

---

① 《马克思恩格斯文集》第 10 卷，人民出版社 2009 年版，第 597 页。
② 同上书，第 592 页。
③ 同上书，第 586 页。
④ 同上书，第 596 页。
⑤ 《马克思恩格斯文集》第 1 卷，人民出版社 2009 年版，第 536 页。
⑥ 同上书，第 521 页。
⑦ 《马克思恩格斯文集》第 9 卷，人民出版社 2009 年版，第 298 页；《马克思恩格斯文集》第 3 卷，人民出版社 2009 年版，第 562 页。

对商品贸易以及生产的相对独立性。产品贸易是由生产决定的，但它一旦离开生产而独立起来，就在总的说来受生产运动支配的限度内循着自身固有的规律运行，有自己的发展阶段，并且反过来极大地促进了生产的发展。货币贸易是由生产和商品贸易决定的，但它一旦同商品贸易分离，就在被决定的条件下和范围内有了自己的特殊规律和发展阶段，还扩大到证券贸易，产生了股票，它反作用于生产，使得总的说来支配着货币贸易的生产有一部分为货币贸易所直接支配。

恩格斯说，他的这些见解，"基本上也已经回答了""关于历史唯物主义本身的问题"①，即关于上层建筑为什么会有相对独立性的问题。这是因为，从分工的观点来看，经济运动与国家的关系，是同上述生产和商品贸易的关系以及两者和货币贸易的关系相类似的："社会产生它不能缺少的某些共同职能。被指定执行这种职能的人，形成社会内部分工的一个新部门。这样，他们也获得了同授权给他们的人相对立的特殊利益，他们同这些人相对立而独立起来，于是就出现了国家。然后便发生像在商品贸易中和后来在货币贸易中发生的那种情形。"② 随着生产力的发展而必然出现的社会分工，一方面同私有制相联系，构成了阶级划分的基础；一方面使国家的产生成为必然。国家是随着社会分工中产生了某些共同职能和专门执行这些职能的人而出现的，这些人构成了社会中的特殊部门，形成了与授权给他们的人不同的甚至对立的特殊利益，并且追求自己的独立性和特殊利益。国家的相对独立性和反作用正是由此而产生出来的。

恩格斯的这些思想无论就理论建设或实际运用来说都有很高的价值。比如，它为我们今天深入研究和回答社会主义社会的国家机关及其工作人员中为什么会产生以权谋私的腐败现象以及如何预防和治理腐败提供了重要的思路和理论武器。社会主义制度的根本性质是同腐败行为不相容的，所以，同剥削制度下腐败的根源就在其自身而不在它物不同，社会主义社会中的腐败现象，其根源不在社会主义制度本身，而仍然在于剥削制度和剥削阶级。笼统地用"权力寻租"或"权力异化"去解释不同社会中的腐败现象是不科学、不彻底的，因为它没有揭示出腐败的根源。但是，由分工的规律所决定的国家权力的相对独立性，是社会主义社会的国家机关

① 《马克思恩格斯文集》第 10 卷，人民出版社 2009 年版，第 596 页。
② 同上。

也同样必然具有的，所以在私有制和剥削阶级思想影响仍然存在的社会环境下，必然会有某些国家工作人员去追求"同授权给他们的人相对立的特殊利益"，"追求尽可能大的独立性"①，由此便滋生出种种腐败现象。因此，只要国家权力没有消亡，防范受人民委托为人民执掌权力的部门和工作人员追求其特殊利益，乃至从社会公仆变为社会主人，就是政权机关建设一个不可或缺的重要内容，是它的题中应有之义，这同坚持和加强人民民主专政是完全统一的。

恩格斯把国家权力对经济发展的反作用概括为三种情况。一是"沿着同一方向起作用"，即对经济发展起同向促进作用；二是"沿着相反方向起作用"，即对经济发展起反向阻碍作用；三是"阻止经济发展沿着某些方向走，而给它规定另外的方向"。② 在第三种情况下，国家权力强行改变经济发展方向，会造成人力和物力的浪费，对经济发展带来巨大损害，所以其作用归根到底还是归结为第二种情况。恩格斯还预见到，无产阶级专政的国家权力也必然具有反作用于经济的强大力量，而这正是无产阶级为夺取政权而斗争的重要目的。"如果政治权力在经济上是无能为力的，那么我们何必要为无产阶级的政治专政而斗争呢？"③

从分工的观点看，意识形态之所以具有相对独立性和反作用，也是因为哲学、神学、政治、法律、经济等不同学科各自构成了分工的特定领域和各类专业人员从业的特殊部门。每一学科领域都有自己经过世代相继的人们头脑中的加工而传承下来的思想材料，新的一代以此为前提，通过对现有材料的加工来制造思想产品，所以意识形态的发展有明显的历史继承性，这使其在受经济发展支配的前提下有自己相对独立的发展道路和发展规律，也使社会意识的发展同经济的发展具有不平衡性，以至于"经济上落后的国家在哲学上仍然能够演奏第一小提琴"。④ 相对独立发展的意识形态的各种形式彼此间又相互影响，比如"对哲学发生最大的直接影响的，是政治的、法律的和道德的反映"。⑤ 而思想产品一旦被制造出来，不论是正确的或错误的，都会反过来影响经济发展和全部社会发展。这就

---

① 《马克思恩格斯文集》第 10 卷，人民出版社 2009 年版，第 597 页。
② 同上。
③ 同上书，第 600 页。
④ 同上书，第 599 页。
⑤ 同上书，第 600 页。

是意识形态的相对独立性和反作用。

恩格斯从意识形态的相对独立性深刻地说明了为什么唯心史观能够长期占据人们的头脑，为我们提供了一个剖析唯心主义历史观的思想武器。思想观念从外观上看具有独立的历史，这种表面现象迷惑了大多数人。因为思想家只同思想材料打交道，他认为这些材料就是由思维产生的，而不去追溯其根源，他也不知道推动他去加工材料的真正动力是物质的经济的原因，这样一来，神学、哲学、政治学、经济学的发展，就似乎只是思维历史中不同阶段的相继更替，完全不越出思维领域。一种学说"克服"另一种学说，"被看做纯粹的思想胜利"，而"不是被看做改变了的经济事实在思想上的反映"。①

上层建筑的"相对独立性"和"反作用"这两个概念，丰富和发展了历史唯物主义的范畴体系和理论内涵。离开这两个概念，历史唯物主义的范畴体系就是不完备的。今天我们很难设想，如何不用这两个概念而把历史唯物主义的基本原理讲清楚、讲完全。

（二）阐明"归根到底"的决定作用和"相互作用"

经济"归根到底"起决定作用是针对着把经济说成是"唯一"决定性因素的所谓"经济唯物主义"提出来的。恩格斯指出，"说经济是唯一决定性的因素"，这是对唯物史观"加以歪曲"，是把"历史过程中的决定性因素归根到底是现实生活的生产和再生产"这个命题"变成毫无内容的、抽象的、荒诞无稽的空话"。②"唯一"决定是对"归根到底"决定的歪曲，是把真理夸大而走向了荒谬。为了划清历史唯物主义与"经济唯物主义"的界限，防止和纠正对唯物史观的曲解，恩格斯讲到经济的决定作用时，总是将其限定在归根到底的意义上，不厌其烦地加上"归根到底"或"最终的"、"最本原的"这一类的限定语，以至于"归根到底"一语反复出现，有时在一篇书信中达三、四次之多。这就明确地告诉我们，理解唯物史观关于经济决定政治和思想、文化的观点，"归根到底"这一限定决不是可有可无的。

"归根到底"意味着，经济起着最终的、最本原的但并不是唯一的决

---

① 《马克思恩格斯文集》第 10 卷，人民出版社 2009 年版，第 658 页。
② 同上书，第 591 页。

定作用；也不一定是直接的决定作用，它常常是以其他因素为中介而发生作用的。经济的决定作用具有终极性、根源性，但不具有唯一性，也不一定具有直接性。"归根到底"这一限定，为充分肯定其他因素的重要作用，包括一定条件下的如马克思所说的"决定性的反作用"留下了空间。明确作出"归根到底"的限定，进一步完善了历史唯物主义关于经济关系在社会历史中的决定作用的基本原理。

恩格斯晚年阐明经济决定作用的"归根到底"的性质，是同他此时侧重研究了经济与政治、思想关系的"形式方面"相关联的。恩格斯指出："经济状况是基础，但是对历史斗争的进程发生影响并且在许多情况下主要是决定着这一斗争的形式的，还有上层建筑的种种因素"，如宪法、法律，政治的、法律的和哲学的理论，宗教观点和教义体系等。[①] 这里着重提出的"形式"问题，是相对于"内容"而言的。马克思和恩格斯创立唯物史观时，首先注重的是内容方面，着重就思想观念的内容揭示其客观根源。这是完全必要的，当时必须这样做。后来，随着实践和理论的发展，从内容和形式的统一来全面认识经济与政治、思想之间关系的任务提上了日程。恩格斯在晚年书信中回顾这一过程时说："我们这样做的时候为了内容而忽略了形式方面，即这些观念等等是由什么样的方式和方法产生的。"他说："在这方面我们大家都有同样的过错。"[②] "形式方面"的问题，就是政治上层建筑和意识形态具体说来是通过什么样的方式产生的问题。恩格斯晚年正是通过对这些问题的研究，从分工的观点阐明了上层建筑产生的方式，从而揭示了它所必然具有的相对独立性。

任何事物都有其内容和形式两个方面。从内容和形式的统一来认识历史的进程，可以更全面地看到其中经济和政治、思想观念等因素各自的作用，避免把经济的决定作用简单化。我们不能简单地机械地断言，经济决定内容，政治、思想决定形式。无论就历史事件的内容方面或形式方面而言，经济和政治、思想因素各自都有自己的影响。但是，应该看到，经济关系归根到底决定着历史事件的实际内容，而上层建筑的各种因素对历史斗争进程的影响"在许多情况下主要是决定着这一斗争的形式"。忽视历史事件和历史发展进程的形式方面，就容易导致把经济视为唯一决定性的

---

①　《马克思恩格斯文集》第 10 卷，人民出版社 2009 年版，第 591 页。

②　同上书，第 657 页。

因素。

　　从青年马克思、恩格斯创立唯物史观，到恩格斯晚年书信的写作，他们对社会历史的研究从注重内容到关注形式方面，从着力阐明本原的决定作用到深入研究第二性的作用，从而达到两方面统一的完整的认识，这是一个合乎规律的认识发展过程。它启示我们，正因为马克思主义是来自实践的正确反映客观对象本质和规律的科学理论，所以它必然随着客观过程的推移和社会实践的发展而不断前进。马克思主义认识论所揭示的人类认识和科学真理在实践、认识、再实践、再认识的循环往复中不断前进的认识基本规律对它自身也是完全适用的。所以，与时俱进是由马克思主义的实践性和科学性所决定的固有理论品质。坚持马克思主义的基本原理并按照其实践本性研究和回答实践中的新情况新问题，必然会产生新的思想理论成果，而决不会保守、僵化。这同时也表明，与时俱进的理论创新，是实事求是地面向实践艰苦研究的结果，而不是追求"创新"虚名的跟风逐潮。

　　"相互作用"是恩格斯晚年书信中反复强调的又一个重要思想。"相互作用"的思想是对社会历史运动的真实反映，同时也是确立"归根到底"决定作用与"相对独立性"、"反作用"的观念后必然得出的逻辑结论。此前在19世纪70年代至80年代初撰写的《自然辩证法》中，恩格斯已经通过对自然界和自然科学的研究阐发了"相互作用"的观点，他说"相互作用是我们从现今自然科学的观点出发在整体上考察运动着的物质时首先遇到的东西"，自然科学证实了黑格尔说过的"相互作用是事物的真正的终极原因"。[1] 在晚年书信中，恩格斯深入阐述了社会历史运动中的相互作用。他说："整个伟大的发展过程是在相互作用的形式中进行的。"[2] 经济的决定作用和上层建筑的反作用构成了相互作用。经济领域的不同因素之间（如生产力和生产关系之间、生产和贸易之间、商品贸易和货币贸易之间）、上层建筑的各部分之间（如政治上层建筑和意识形态之间、意识形态的不同形式之间）也相互作用。无论是从整体来看的人类社会的历史，或每个重大的历史事件，都是由多种因素的相互作用构成的，都是在相互作用中前进的。否认相互作用，把历史看作经济单方

---

①　《马克思恩格斯文集》第9卷，人民出版社2009年版，第481、482页。
②　《马克思恩格斯文集》第10卷，人民出版社2009年版，第601页。

面决定的过程，那么"把理论应用于任何历史时期，就会比解一个简单的一次方程式更容易了"。① 而这样就必然曲解历史，既不能正确理解历史发展规律，也不能正确说明具体历史事件。

相互作用意味着原因与结果的相对性和二者的相互转化，所以恩格斯结合因果关系的辩证法来论述相互作用问题。他指出："一种历史因素一旦被其他的、归根到底是经济的原因造成了，它也就起作用，就能够对它的环境，甚至对产生它的原因发生反作用。"② 当一种因素"对产生它的原因发生反作用"时，其间的因果关系就发生了转化，原先的结果变成了新的反作用关系中能动地发挥作用的原因。所以，并非只有经济状况才是原因，才是积极的，而其余一切不过是消极的结果。否认相互作用，是"把原因和结果非辩证地看做僵硬对立的两极"③，这里"所缺少的东西就是辩证法"，"总是只在这里看到原因，在那里看到结果"④，相互作用的观点深刻地反映了社会历史运动中因与果之间固有的辩证规律，单一的经济决定论则是形而上学思维方式的产物和表现，"对他们说来，黑格尔是不存在的"⑤。

相互作用并不意味着作用的双方之间力量相等。恩格斯指出："相互作用的力量很不相等"。⑥ "这是在**归根到底**不断为自己开辟道路的经济必然性的基础上的相互作用。"⑦ 恩格斯一方面在讲到经济的决定作用时总不忘强调其"归根到底"的含义，从而为相互作用留下足够的空间；另一方面在讲到相互作用时又总不忘强调经济发展"具有最终的至上权力，这在我看来是确定无疑的"⑧，决不给唯心主义历史观留下可乘之隙。这就启示我们，坚持和发展马克思主义，必须把坚持两点论和坚持重点论统一起来。

"归根到底"的决定作用和"相互作用"的统一，把彻底的唯物主义和高度的辩证思维结合在一起，既反对唯心主义，又反对形而上学，显现

---

① 《马克思恩格斯文集》第 10 卷，人民出版社 2009 年版，第 592 页。
② 同上书，第 659 页。
③ 同上。
④ 同上书，第 601 页。
⑤ 同上。
⑥ 同上
⑦ 同上书，第 668 页。
⑧ 同上书，第 600 页。

了马克思主义的历史观既唯物又辩证的性质。

（三）回答人们怎样"自己创造自己的历史"

社会是由现实的人构成的，但社会运动又有其不依个人意志为转移的客观规律。夸大人们历史活动的主动性，就看不到历史发展的客观规律性，而否认人们历史活动的主动性，就会陷入宿命论。因此，人们如何创造历史的问题，是历史观研究中的一个重点，也是一个难点。弄清这个问题，才能理解尊重社会发展客观规律同发挥人的历史能动性的关系，正确认识人与社会的历史。

马克思和恩格斯早在青年时期就提出了人们自己创造历史的思想。他们在《神圣家族》中已经指出："历史不过是追求自己目的的人的活动而已。""历史"并不是把人当做达到自己目的的工具来利用的某种特殊人格，它什么事情也没有做，创造一切的是现实的、活生生的人。① 在《德意志意识形态》中，他们论述了有生命的个人的存在是全部人类历史的第一个前提，而人们为了能够"创造历史"，就必须进行物质生活资料的生产。恩格斯在 1886 年写的《路德维希·费尔巴哈和德国古典哲学的终结》中，提出了"合力论"的思想，阐明了各个人追求自己预期目的的"各种各样作用的合力，就是历史"。② 在后来写作的书信中，恩格斯进一步发挥和发展了这些思想，深入回答了人们怎样"自己创造自己的历史"的问题。

第一，通过对经济与政治、思想关系的分析进一步阐明了人们历史创造活动的基础或前提。

马克思在 1846 年 12 月致安年柯夫的信中已经指出，生产力不是由人们自由选择的，而是由前一代人创立的，社会制度、社会形式也不是由人们自由选择的，而是由一定的生产力决定的。这些思想在恩格斯晚年书信中得到了更明确的表达。他说，"我们自己创造着我们的历史"，但是"是在十分确定的前提和条件下创造的"③，"是在现实关系的基础上进行创造的"④。基于对经济与政治、思想因素的不同地位的深刻、全面的理

---

① 《马克思恩格斯全集》第 2 卷，人民出版社 1957 年版，第 118—119 页。
② 《马克思恩格斯文集》第 4 卷，人民出版社 2009 年版，第 302 页。
③ 《马克思恩格斯文集》第 10 卷，人民出版社 2009 年版，第 592 页。
④ 同上书，第 668 页。

解，恩格斯对作为历史创造活动基础的现实关系作了进一步分析，指出其中经济的前提和条件归根到底是决定性的，政治的前提和条件，以及人们头脑中的观念，则起着一定的"不是决定性的作用"①。他特别强调："在这些现实关系中，经济关系不管受到其他关系——政治的和意识形态的——多大影响，归根到底还是具有决定意义的，它构成一条贯穿始终的、唯一有助于理解的红线。"② 这就为我们全面、科学地分析人们历史创造活动的基础特别是把握其中的基本线索指明了方向。

第二，通过对"合力论"的阐述和对经济与政治、思想关系的分析，阐明了历史创造中必然性和偶然性的关系。

恩格斯在晚年书信中对"合力论"的思想作了进一步阐述。由于历史创造中有无数相互交错的力量构成的无数个力的平行四边形，最终的结果是从许多单个意志的相互冲突中产生出来的，"可以看作一个作为整体的、不自觉地和不自主地起着作用的力量的产物"，所以社会发展有其客观规律和必然趋势，"总是像一种自然过程一样地进行"。③ 但这并不意味着个人意志在历史发展中的作用等于零，"相反，每个意志都对合力有所贡献，因而是包括在这个合力里面的"。④

个人意志与合力的关系，经济与政治、思想的关系，决定了历史创造中既有必然趋势，又有偶然表现，是这二者的统一。马克思在 1871 年 4 月致库格曼的信中论述过偶然性在历史发展中的作用，他指出，发展的加速和延缓在很大程度上取决于偶然性，"如果'偶然性'不起任何作用的话，那么世界历史就会带有非常神秘的性质"。⑤ 恩格斯在《自然辩证法》中论述了自然界中必然性与偶然性的联系，剖析了把必然性和偶然性割裂开来、对立起来或并列起来的种种形而上学观点。在《路德维希·费尔巴哈和德国古典哲学的终结》中，他又阐述了社会发展中偶然表现与必然规律的关联，指出："在表面上是偶然性在起作用的地方，这种偶然性始终是受内部的隐蔽着的规律支配的。"⑥ 恩格斯晚年书信中理论的新进

① 《马克思恩格斯文集》第 10 卷，人民出版社 2009 年版，第 592 页。
② 同上书，第 668 页。
③ 同上书，第 592、593 页。
④ 同上书，第 593 页。
⑤ 《马克思恩格斯文集》第 10 卷，人民出版社 2009 年版，第 354 页。
⑥ 《马克思恩格斯文集》第 4 卷，人民出版社 2009 年版，第 302 页。

展在于，他把对必然性与偶然性关系的分析同经济归根到底起决定作用与相互作用统一的思想联系起来，从而更深刻地揭示了历史进程中必然性、偶然性的不同地位、相互关联及其原因。他指出，在到现在为止的所有社会里，都是"以偶然性为其补充和表现形式的必然性占统治地位"，而"通过种种偶然性来为自己开辟道路的必然性，归根到底仍然是经济的必然性"。① 正因为历史发展中的必然性归根到底是经济的必然性，所以其他领域越是远离经济而接近于纯粹抽象的意识形态，在其发展中就越是表现为偶然现象；而这些偶然现象的曲线时间越长、范围越广，其中轴线就越是接近经济发展的轴线，与它平行而进。这就表明，要把握历史发展中的必然性，就必须深入研究经济关系是如何起最终决定作用的；另一方面，认识到经济是"归根到底"的而不是唯一的决定因素，对于理解必然性总是要以偶然性为其补充和表现形式，克服对历史规律和历史进程的简单化的看法是不可缺少的。

如何看待历史上伟大人物出现的必然性和偶然性，是理解人们如何自己创造自己的历史的一个重要问题，对此恩格斯以拿破仑为例作了分析。当时历史条件下的法国需要一个强有力的人物来执掌政权，所以这种人物的出现是历史的必然，而恰巧拿破仑这个科西嘉岛人充当了这一角色，则是偶然的现象。每当历史的发展需要有某种历史角色的时候，就必然会出现这样的人物；而恰巧某个伟大人物在一定时间出现于某一个国家，则是一种偶然现象，但是，如果没有这个人，他的角色一定会由另一个人来代替。这就表明，偶然性背后有必然性，而必然性一定会通过某种偶然现象表现出来。所以，伟大人物的出现也是必然性和偶然性的统一，这是人们创造自己历史的过程中必然性和偶然性关系的重要表现。

综上所述，恩格斯在晚年书信中，一方面通过建立"相对独立性"、"反作用"等重要范畴，阐明了经济关系归根到底起决定作用基础上各种因素间的相互作用，从而更加全面、深入地揭示了社会历史发展的规律；一方面通过"合力论"的发挥，阐明了个人在历史中的作用，从而更深入地回答了人们怎样自己创造历史的问题。这两方面的思想成果分别深化了对作为客体的社会运动和作为历史主体的人的活动的认识。这二者之间的内在关联在于：无论社会历史中无数个"力的平行四边形"的关系多

---

① 《马克思恩格斯文集》第10卷，人民出版社2009年版，第669页。

么复杂，但其中构成"合力"的每一个人的意志，无论本人自觉与否，在归根到底的意义上都是由经济关系决定的。因此，个人意志不能改变历史的必然趋势，而又对历史有所贡献。正是在这里，我们看到历史唯物主义坚持社会发展具有客观规律性的观点同肯定个人意志在社会历史中的作用的观点具有其深刻的内在统一性，显示了马克思主义的历史观是十分完备而严整的科学思想体系。

三　确立正确对待马克思主义的基本准则：马克思主义不是教条而是指南

在恩格斯的晚年，马克思主义在世界的一切文明语言中都找到了拥护者，正在全世界广泛传播，与此相联系，如何正确认识和对待马克思主义的问题提上了重要日程。党内"青年派"对历史唯物主义的曲解和巴尔特的攻击，使这个问题进一步凸显出来。恩格斯在晚年书信中阐明了对待马克思主义应有的科学态度，这是对坚持和发展马克思主义的又一个重要贡献。

随着德国社会民主党的日益壮大，许多大学生、著作家和其他没落的年轻资产者纷纷涌入党内，引起了"德国党内发生的著作家和大学生骚动"，① "青年派"就是一些这样的人。他们"对他们宣称要加以维护的那个世界观完全理解错了"，同时又"对于在每一特定时刻起决定作用的历史事实一无所知"，他们的理论中充斥着"被歪曲得面目全非的'马克思主义'"。② 所以恩格斯说，"关于这种马克思主义，马克思曾经说过：'我只知道我自己不是马克思主义者'"。③ 在青年派的理论家们那里，历史唯物主义只是一个套语，他们把这个套语当作标签贴到各种事物上去，用套语把自己相当贫乏的知识构成体系。他们很少去研究实际的历史，唯物史观被他们"当做不研究历史的借口"。④ 恩格斯一贯主张，"我们的理论不是教条"，他批评有些人"用学理主义和教条主义的态度"对待马克思主义，"对他们来说，这是教条，而不是行动的指南"。⑤ 恩格斯在致保

---

① 《马克思恩格斯文集》第 4 卷，人民出版社 2009 年版，第 395 页。
② 同上书，第 396 页。
③ 《马克思恩格斯文集》第 10 卷，人民出版社 2009 年版，第 590 页。
④ 同上书，第 586 页。
⑤ 同上书，第 560、557 页。

尔·恩斯特的信中针对着他的错误严肃地指出:"如果不把唯物主义方法当做研究历史的指南,而把它当做现成的公式,按照它来剪裁各种历史事实,那它就会转变为自己的对立物。"① 恩格斯强调:"我们的历史观首先是进行研究工作的指南。"② 直到逝世前不久,恩格斯在 1895 年 3 月的一封书信中还再次强调:"马克思的整个世界观不是教义,而是方法。它提供的不是现成的教条,而是进一步研究的出发点和供各种研究使用的方法。"③

社会历史的发展有其普遍规律,但不同国家、不同阶段的历史以及社会生活的不同领域又各有其特殊性,具体的历史过程、历史事件都是普遍性与特殊性的统一、必然性与偶然性的统一。因此,揭示了历史发展一般规律的唯物主义历史观不能代替对具体历史过程、历史事件的认识,唯物史观的诞生决不是人类对社会历史的认识的终结,而是认识的新的起点。所以恩格斯提出:"必须重新研究全部历史。"④ 他要求详细研究各种社会形态存在的条件,设法从这些条件中找出相应的政治、私法、美学、哲学、宗教等的观点。这个领域无限广阔,需要人们出大力,认真开展研究。恩格斯认为,"对于经济史的不负责任的忽视"⑤,是达到正确理解唯物主义历史观的最大障碍,使人们难以抛掉学校里灌输的唯心主义历史观。所以他特别强调要研究经济史,批评附依于党的青年著作家很少有人下工夫去钻研经济学、经济学史、商业史、工业史、农业史和社会形态发展史。深入研究各方面的历史,就必须把唯物史观当作研究工作的指南,而不能像黑格尔的思辨唯心主义那样把辩证法当作构造体系的杠杆。用套语代替对历史的研究,就必然使主观认识脱离客观实际,既曲解历史,又歪曲唯物主义历史观,把它变成自己的对立物。

由恩格斯最先提出的马克思主义不是"教条"、"公式"、"套语",而是"指南"的重要思想,为一代又一代的马克思主义者在实践中运用马克思主义、坚持和发展马克思主义奠定了思想理论基础,已经成为正确认识和对待马克思主义的基本准则。列宁称恩格斯的这些观点是"经典

---

① 《马克思恩格斯文集》第 10 卷,人民出版社 2009 年版,第 583 页。
② 同上书,第 587 页。
③ 同上书,第 691 页。
④ 同上书,第 587 页。
⑤ 同上书,第 669—670 页。

性的论点"，他说："恩格斯在谈到他本人和他那位著名的朋友时说过：我们的学说不是教条，而是行动的指南。这个经典性的论点异常鲜明有力地强调了马克思主义的往往被人忽视的那一方面。"① 这些论点经过列宁的阐述得到了丰富和发展，并更加深入人心。

以毛泽东为代表的中国共产党人直接继承并且发展了恩格斯和列宁的思想。毛泽东 1938 年在党的六届六中全会上提出："马克思、恩格斯、列宁、斯大林的理论，是'放之四海而皆准'的理论。不应当把他们的理论当作教条看待，而应当看作行动的指南。"② 毛泽东领导的延安整风，集中批评了对待马克思主义的教条主义态度。我们党确立的把马克思主义普遍真理同中国具体实际相结合的原则、党的实事求是的思想路线，极大地丰富和发展了恩格斯和列宁关于马克思主义不是教条而是行动的指南的思想。毛泽东在延安整风报告中倡导以马克思主义为指导系统地周密地研究经济、财政、政治、军事、文化、党务，研究近百年的中国史和经济史、政治史、军事史、文化史的论述，读来让人感到同恩格斯晚年书信中关于研究历史的论述有某种惊人的相似。笔者不知道当时毛泽东是否已经读过恩格斯晚年书信，可以肯定的是，他们在对待马克思主义的态度上，所坚持的是同一种立场、观点、方法，因而对于如何去研究历史必然得出一致的结论。中国共产党人在继承和发展马克思主义的同时，也继承和发展了马克思主义创始人对待马克思主义的科学精神。今天当我们致力于马克思主义学习型政党建设的时候，恩格斯提出的正确对待马克思主义的经典性论点仍然是我们必须遵循的思想准则。

（原载《解放军理论学习》2011 年第 11 期；收入《38 位著名学者纵论马列主义经典著作》，中国社会科学出版社 2012 年版）

---

① 《列宁专题文集·论马克思主义》，人民出版社 2009 年版，第 157 页。
② 《毛泽东选集》第 2 卷，人民出版社 1991 年版，第 533 页。

在反对自由主义民粹派的斗争中
捍卫和阐发唯物主义历史观

——列宁《什么是"人民之友"以及他们如何 攻击社会民主党人?》第一编研读

提要 列宁在《什么是"人民之友"以及他们如何攻击社会民主党人?》中通过批判自由主义民粹派的唯心史观和主观唯心主义方法,捍卫并系统阐发了马克思创立的唯物主义历史观。列宁阐明了"社会经济形态的发展是一种自然历史过程"是马克思唯物史观的"基本思想",用"两个归结"概括和阐明了马克思创立唯物史观的方法,阐明了"自从《资本论》问世以来,唯物主义历史观已经不是假设,而是证明了的原理"。

《什么是"人民之友"以及他们如何攻击社会民主党人?》(以下简称《什么是"人民之友"》)是列宁批驳俄国自由主义民粹派观点、捍卫马克思主义科学世界观的重要著作。该书写作于 1894 年春夏,共三编,当年分编出版(其中第二编至今没有找到)。在第一编中,列宁通过批判米海洛夫斯基的唯心史观和他在社会学研究中的主观唯心主义方法,系统地阐述了唯物主义历史观的基本思想,捍卫了唯物主义历史观的崇高地位。

一 反对自由主义民粹派,捍卫唯物主义历史观

(一) 在俄国传播马克思主义必须批判民粹主义

1861 年俄国废除农奴制后,随着资本主义大工业的发展,工人阶级队伍逐渐壮大。从 19 世纪 80 年代开始,俄国出现了一批马克思主义团体。要把马克思主义同俄国工人运动结合起来,建立马克思主义政党,开

展社会主义工人运动，必须在俄国传播马克思主义。当时在先进工人和同情革命的知识分子中最为流行的民粹主义思想，成了在俄国传播马克思主义的主要思想障碍。

早期的民粹派大都是坚决反对封建沙皇专制制度的民主革命派。他们以人民的"精粹"自居，穿着农民装"到民间去"，企图在农民中发动反对沙皇政府的斗争。但是，民粹派不懂得社会发展的规律，把资本主义在俄国的出现看作是一种"偶然的"现象，认为俄国可以在村社的基础上直接走向社会主义；不承认工人阶级是俄国社会最先进的阶级，把农民小生产者看作实现社会主义的主要依靠力量；认为历史是"英雄"创造的，人民群众是"群氓"。他们用个人恐怖手段刺杀统治阶级的个别代表人物，转移了人民群众同统治阶级作斗争的视线。19 世纪 80 年代后，民粹派发生了分化，一部分民粹派分子继续坚持反对沙皇政府的立场；大多数民粹派分子放弃了反对沙皇政府的斗争，主张同沙皇政府调和妥协，与俄国自由派合流，蜕变成了自由主义民粹派。

为了开辟马克思主义在俄国传播的道路，必须开展反对民粹主义的斗争。19 世纪 80 年代，普列汉诺夫从民粹主义转向马克思主义，1883 年创立了"劳动解放社"。他撰写了《社会主义与政治斗争》等一批著作宣传马克思主义，批判民粹主义，给了民粹主义以沉重打击。但是，直到 90 年代初期，民粹主义仍然博得一些革命青年的同情。只有从思想上理论上彻底批判民粹主义，才能为进一步传播马克思主义、促进工人运动与社会主义的结合、创立俄国马克思主义政党扫清道路。这个任务是由列宁完成的。

（二）列宁回击自由主义民粹派对唯物主义历史观的进攻

《什么是"人民之友"》一书的副标题是"答《俄国财富》杂志反对马克思主义者的几篇文章"。列宁在全书开头就指出："《俄国财富》对社会民主党人发动进攻了。"[①] 当时《俄国财富》在自由主义民粹派的理论家米海洛夫斯基等人的领导下成了自由主义民粹派的中心。米海洛夫斯基在该刊 1893 年第 10 期宣布要对俄国的马克思主义者"论战"，随后该刊连续发表了几篇"批判"马克思主义的文章。列宁在该书第一编中彻底

---

① 《列宁专题文集·论辩证唯物主义和历史唯物主义》，人民出版社 2009 年版，第 153 页。

批驳了米海洛夫斯基发表在该刊 1894 年第 1 期和第 2 期上的《文学和生活》一文，揭露了这些以"人民之友"自居者其实是"社会民主党最凶恶的敌人"。①

米海洛夫斯基采用曲解、捏造等不正当的手法攻击马克思主义。列宁把对他的观点的批驳同对他手法的揭露结合在一起，一边剖析他对马克思主义的歪曲、捏造，一边驳斥了他反对唯物主义历史观的理论观点。

米海洛夫斯基攻击说，马克思没有自己的唯物主义历史观，只有经济理论，没有哲学；马克思宣布自己发现了唯物主义历史观，但是这个历史观从来没有论证和检验过；唯物主义历史观企图说明"一切"，说明"人类的全部过去"；唯物主义历史观是"经济唯物主义"，只讲经济的作用，不考虑"社会生活的全部总和"；马克思关于历史必然性的思想否定了个人活动的作用和道德观念的作用，把个人当成了受历史必然性支配的傀儡；马克思依靠黑格尔的辩证法来证明自己关于历史进程的观点，他的理论是建立在黑格尔"肯定、否定、否定之否定"的三段式上的。

《什么是"人民之友"》是一部论战性著作，它以粉碎米海洛夫斯基等人对马克思主义的进攻为首要目的和中心线索，在驳论中立论。正是这部著作以及列宁后来写作的《俄国资本主义的发展》完成了从思想上理论上彻底粉碎民粹主义的任务。这本书第一编最重要的理论价值，在于它以论战的方式对唯物史观基本原理及其历史地位所作的深刻阐述。这是我们今天学习时应着重领会的内容。

这本书第一编没有划分章、节，而是针对着米海洛夫斯基的观点和手法层层深入地展开批驳，一气呵成，在驳论中阐述了多方面的理论问题。列宁的论述主要集中在两个问题上。一是通过论证"社会经济形态的发展是一种自然历史过程"，阐明了历史唯物主义的基本原理和方法；二是通过论述马克思从提出到检验唯物主义历史观的过程，阐明了历史唯物主义的科学真理性和历史地位。以下我们分别讨论这两个问题。

二　"社会经济形态的发展是一种自然历史过程"

列宁在该书中对唯物史观的阐述，是围绕着"马克思关于社会经济

---

① 《列宁专题文集·论辩证唯物主义和历史唯物主义》，人民出版社 2009 年版，第 154 页。

形态发展的自然历史过程这一基本思想"① 展开的。马克思在《资本论》第 1 卷第 1 版序言中说："本书的最终目的就是揭示现代社会的经济运动规律。"他又说："我的观点是：社会经济形态的发展是一种自然历史过程。"② 列宁指出，只要把这两句话对照一下就可以看出，"《资本论》的基本思想就在于此"。③

（一）用唯物主义的观点和方法研究社会历史

马克思主义和民粹主义在社会历史观中的对立，是历史唯物主义和历史唯心主义的对立。这种对立首先表现于对研究对象、研究任务和研究方法的不同看法。

米海洛夫斯基等主观社会学家把"一般社会"当作自己的研究对象，他们所争论的，是"一般社会是什么、一般社会的目的和实质是什么"④这一类的问题。米海洛夫斯基说："社会学的根本任务是阐明那些使人的本性的这种或那种需要得到满足的社会条件。"（转引自列宁《什么是"人民之友"》，《列宁专题文集·论辩证唯物主义和历史唯物主义》第158 页。本文以下引用的米海洛夫斯基的言论，凡转引自列宁《什么是"人民之友"》一书的，不再加注）而他用来衡量社会现象的标准，是所谓"人的本性"。在他看来，事物有合乎心愿的，有不合乎心愿的，社会学研究的任务就是"找到合乎心愿的事物，消除不合乎心愿的事物"，即"找到实现如此这般理想的条件"。他明确提出："社会学应从某种空想开始"。列宁一针见血地指出："这句话绝妙地说明了他们的方法的实质。"⑤这一实质就是唯心主义历史观和主观唯心主义方法。从"空想"开始，以先验的"人的本性"和主观"愿望"为尺度，去研究虚构出来的"一般社会"，寻找实现"理想"的条件，这就是他们给自己规定的研究对

---

① 《列宁专题文集·论辩证唯物主义和历史唯物主义》，人民出版社 2009 年版，第 158 页。
② 《马克思恩格斯选集》第 2 卷，人民出版社 1972 年版，第 207、208 页。在《马克思恩格斯选集》第 2 卷 1995 年第 2 版以及 2009 年出版的《马克思恩格斯文集》第 5 卷中，译文有所不同。我们这里采用的，是 2009 年出版的《列宁专题文集·论辩证唯物主义和历史唯物主义》一书所载列宁《什么是"人民之友"》中的引文。本文以下引用马克思的论述，凡列宁在《什么是"人民之友"》中引用过的，均采用这一版本中列宁的引文。
③ 《列宁专题文集·论辩证唯物主义和历史唯物主义》，人民出版社 2009 年版，第 157 页。
④ 同上书，第 158 页。
⑤ 同上。

象、研究任务和研究方法。所以他们的社会学是"主观社会学"，他们的方法是"社会学中的主观方法"。米海洛夫斯基就是社会学主观学派的代表人物。

列宁指出，他们"总是先验地臆造一些永远没有结果的一般理论"①。因为，"既然你连任何一种社会形态都没有研究过，甚至还未能确定这个概念，甚至还未能对任何一种社会关系进行认真的、实际的研究，进行客观的分析，那你怎么能得出关于一般社会和一般进步的概念呢"？② 关于"一般社会"的种种议论，实际上是把历史上特定社会形态尤其是资本主义社会形态下的范畴普遍化、永恒化，所以这是一种资产阶级观念。列宁说："资产者最大的特点，就是把现代制度的特征硬套在一切时代和一切民族身上。"③ 他又指出，这些理论"不过是当时社会思想和社会关系的征象"，"不过是把英国商人的资产阶级思想或俄国民主主义者的小市民社会主义理想充做社会概念罢了"。④

与以往长期统治着社会历史理论领域的唯心主义历史观相对立，马克思给自己提出的任务是"揭示现代社会的经济运动规律"。"现代社会"，就是资本主义社会，而不是什么"一般社会"。马克思的《资本论》专门研究资本主义社会的发展规律。列宁说："他抛弃了所有这些关于一般社会和一般进步的议论，而对一种社会（资本主义社会）和一种进步（资本主义进步）作了科学的分析。"⑤

马克思认为，判断一个时代不能以它的意识为根据，而应该考察它的物质生活中的矛盾，考察"生产的经济条件方面所发生的物质的、可以像自然科学那样精确地确定的变革"。⑥ 他把物质决定意识的基本原理彻底地贯彻到社会历史领域。所以马克思对资本主义社会的研究，是从客观实际出发去揭示其本身固有的规律，而不是从空想出发用"人的本性"去评论它和设计它。列宁指出，"伟大的空想社会主义者及其渺小的模仿

----

① 《列宁专题文集·论辩证唯物主义和历史唯物主义》，人民出版社 2009 年版，第164 页。
② 同上。
③ 同上书，第 174 页。
④ 同上书，第 165 页。
⑤ 同上。
⑥ 同上书，第 159 页。

者即主观社会学家"① 用"人的本性"去评论现代制度，而马克思不限于评价和斥责这个制度，他对这个制度作了科学的解释，对它的活动规律作了客观分析。"社会经济形态的发展是一种自然历史过程"就是他研究得出的结论。米海洛夫斯基攻击说，马克思主义之所以能在工人中广泛传播，不是因为它具有科学性，而是因为它答应给工人们美好的"未来的远景"。列宁指出，只有空想社会主义才极详细地描绘未来的社会，想以这种制度的美景吸引人类，而马克思靠的是科学地分析现代资产阶级制度，说明在这个制度下剥削的必然性，探讨这个制度的发展规律，研究它的发展趋势，"社会主义学说正是在它抛弃了关于合乎人的本性的社会条件的议论，而着手唯物主义地分析现代社会关系并说明现在剥削制度的必然性的时候取得成就的"。② 马克思主义与主观社会学用两种对立的历史观和方法去研究社会，得出了完全不同的结论。

（二）"把社会关系归结于生产关系，把生产关系归结于生产力的水平"，才能把社会经济形态的发展看作是自然历史过程，科学揭示社会发展的规律

马克思是如何得出"社会经济形态的发展是一种自然历史过程"这一重要结论的呢？这是列宁在该书中着重阐述的一个问题。列宁通过引用并阐发马克思在《〈政治经济学批判〉序言》中对自己历史观的表述指出，马克思"所用的方法，就是从社会生活的各种领域中划分出经济领域，从一切社会关系中划分出生产关系，即决定其余一切关系的基本的原始的关系"。③

在唯物史观创立之前，社会学家们都是直接着手探讨和研究政治法律形式，而不善于往下探究生产关系这样简单的、原始的关系，他们一碰到政治法律形式是由当时人类某种思想产生的事实，就停了下来，似乎社会关系是由人们自觉地建立起来的，社会历史是由人们的思想动机支配的。从卢梭的《社会契约论》到种种空想社会主义的思想，都明显地表现出这种唯心主义历史观。列宁指出，这种历史观是同对历史事实的观察相矛

---

①　《列宁专题文集·论辩证唯物主义和历史唯物主义》，人民出版社 2009 年版，第 178 页。

②　同上书，第 205 页。

③　同上书，第 158—159 页。

盾的。因为，社会成员自觉地按照某种原则建立一定的完整的社会关系，这是从来没有过的事情。实际的情形是，大众只是不自觉地去适应社会关系，而且根本不了解自己生活于其中的是特殊的历史的社会关系。比如，人们已经在商品交换关系中生活了很多世纪，但是直到马克思主义的政治经济学诞生之前，人们并不能解释这种关系，甚至没有意识到这里存在着社会关系，所以交换关系并不是人们按照某种原则自觉地建立起来的。

那么，人们的社会关系是如何产生的呢？马克思在《〈政治经济学批判〉序言》中概述了自己研究所得的结果：人们在自己生活的社会生产中发生一定的关系，即同他们的物质生产力的一定发展阶段相适应的生产关系，这些生产关系的总和构成社会的经济结构，即有法律的和政治的上层建筑竖立其上并有一定的社会意识形式与之相适应的现实基础。这就是说，一定的上层建筑是由作为生产关系之总和的经济基础决定的，而一定的生产关系是由一定发展阶段的物质生产力决定的。所以社会关系并不是人们从主观愿望出发自觉地建立的，它归根到底是由物质生产力决定的。列宁反复强调，马克思的基本思想，是把社会关系分成物质的社会关系和思想的社会关系，思想的社会关系是物质的社会关系的上层建筑，而物质的社会关系是不以人的意志和意识为转移而形成的，是人维持生存的活动即生产劳动的结果。对政治法律形式的说明，要在物质生活关系中去寻找。

马克思正是通过这样的划分，才得出了社会经济形态的发展是一种自然历史过程的科学结论，揭示出社会发展的客观规律，从而使人类对社会的认识提到了科学的水平。在这以前，社会学家面对错综复杂的社会现象分不清重要现象和不重要现象，由于他们对社会的考察局限于政治法律形式和人们的思想，所以不能发现各国社会现象中的重复性和常规性，至多只能记载这些现象，收集素材。从各种社会关系中划分出生产关系，就找到了分析社会现象的客观标准。因为，正是生产关系的总和构成了社会的经济结构。而一分析生产关系，就可以看出社会现象中的重复性和常规性，把重复性这个一般科学标准应用到对社会的认识上来，把各国社会制度概括为社会形态这个基本概念，从而"使人有可能从记载（和从理想的观点来评价）社会现象进而以严格的科学态度去分析社会现象"。① 比如，不同的资本主义国家由于历史和现实的种种原因各有其特殊性，呈现

---

① 《列宁专题文集·论辩证唯物主义和历史唯物主义》，人民出版社 2009 年版，第 161 页。

出纷繁复杂的不同社会现象，但只要分析生产关系就可以看到，资本家占有生产资料剥削雇佣劳动是其共同特征，这样就可以把在欧洲和非欧洲各个国家表现得不同的现代制度归结为一个共同基础，从而在划分出一个资本主义国家和另一个资本主义国家不同之处的同时，研究一切资本主义国家的共同之处。只有这样的研究，才能使对社会历史的认识成为真正的科学。

　　同自然史相比，人类社会的历史发展有其特殊性。马克思在《资本论》中说："如维科所说的那样，人类史同自然史的区别在于，人类史是我们自己创造的，而自然史不是我们自己创造的。"① 但是，正如恩格斯在《路德维希·费尔巴哈和德国古典哲学的终结》中所指出的："不管这个差别对历史研究，尤其是对各个时代和各个事变的历史研究如何重要，它丝毫不能改变这样一个事实：历史进程是受内在的一般规律支配的。"② 其原因就在于，在社会发展中是物质的生产力决定物质的社会关系，物质的社会关系决定思想的社会关系。马克思正是在这个意义上指出社会形态的发展是一种自然历史过程。马克思的这一基本思想，"从根本上摧毁了"唯心主义历史观"以社会学自命的幼稚说教"。③

　　列宁概括说："只有把社会关系归结于生产关系，把生产关系归结于生产力的水平，才能有可靠的根据把社会形态的发展看做自然历史过程。"④ 这"两个归结"的概括对我们理解唯物主义历史观具有重要的方法论意义。《政治经济学批判》序言和《资本论》第 1 卷第 1 版序言都是马克思在自己经济研究的标志性成果发表的重要时刻概述了自己历史观的重要著作，列宁把这两篇序言结合在一起，阐明了马克思的"基本思想"，又用"两个归结"概括了马克思创立唯物主义历史观的方法。马克思正是通过这"两个归结"，也就是通过对生产力与生产关系、经济基础与上层建筑之间关系的分析，才得出了"物质生活的生产方式制约着整个社会生活、政治生活和精神生活的过程"，"不是人们的意识决定人们的存在，相反，是人们的社会存在决定人们的意识"的根本结论，创立了历史唯物主义，结束了唯心主义在社会历史领域中的统治，把对历史的

---

① 《马克思恩格斯文集》第 5 卷，人民出版社 2009 年版，第 429 页。
② 《马克思恩格斯文集》第 4 卷，人民出版社 2009 年版，第 302 页。
③ 《列宁专题文集·论辩证唯物主义和历史唯物主义》，人民出版社 2009 年版，第 158 页。
④ 同上书，第 161 页。

认识置于科学的基础之上。不弄懂"两个归结"的科学方法，就难以树立唯物主义的历史观，也不能深刻理解对社会历史的认识为什么能成为科学和怎样才能成为科学。

三　历史唯物主义是"唯一科学的历史观"

针对米海洛夫斯基攻击马克思没有自己的哲学，诋毁唯物主义历史观的言论，列宁阐明了历史唯物主义是唯一科学的历史观。

（一）《资本论》的问世使唯物主义历史观从天才的假设成为得到科学证明的原理

米海洛夫斯基问道："马克思在哪一部著作中叙述了自己的唯物主义历史观呢？"他回答说，"马克思没有这样的著作"，"全部马克思主义文献中也没有这样的著作"。这样，他就从根本上抹杀了马克思创立唯物主义历史观的事实。他又说，马克思"在40年代末发现并宣布了一个崭新的唯物主义的和真正科学的历史观"，但是"它没有经过大量的和多样的实际材料的检验"，"这个理论一直没有被科学地论证过和检验过"。这样，他就否认了唯物主义历史观是经受了实践检验的科学理论。

米海洛夫斯基说马克思没有"叙述"过自己的唯物主义历史观的理由是：《资本论》只是"经济理论"，如果说马克思创立了新的历史观，那就是他"说明了人类的全部过去"，总结了"至今有过的一切历史哲学理论"，而马克思没有这样的著作。列宁指出，历史唯物主义从来没有企求"说明一切"，而只是指出唯一科学的说明历史的方法，说这个理论企求说明"人类的全部过去"，这是捏造。米海洛夫斯基的手法是"首先歪曲马克思，接着讥笑自己的捏造"。① 至于米海洛夫斯基推崇的那些"关于历史过程的著名理论"，列宁指出，它们十之八九都是"关于什么是社会、什么是进步等等纯粹先验的、独断的、抽象的议论"。② 这些议论毫

① 《列宁专题文集·论辩证唯物主义和历史唯物主义》，人民出版社2009年版，第167页。
② 同上书，第164页。

无用处，"就像肥皂泡一样，一出现就化为乌有"。① 要想有所进步，就必须抛弃这些理论，把对事实的研究放在科学的基础上。马克思正是抛弃了关于一般社会的议论，从分析事实开始，通过研究资本主义这一社会形态探明了社会形态的发展是自然历史过程。所以，读了《资本论》，以及《共产党宣言》、《哲学的贫困》，"竟在那里找不到唯物主义，还有比这更可笑的怪事吗？"② 应该反问："马克思在哪一部著作中没有叙述过自己的唯物主义历史观呢？"③

　　列宁着重通过对《资本论》的理论和方法的阐述，驳斥了历史唯物主义"没有被科学地论证过和检验过"的责难，阐明了唯物史观的科学性。这是我们学习该书需要着重领会的又一个重要问题。

　　马克思的唯物主义历史观是在 19 世纪 40 年代诞生的。马克思和恩格斯 1845 年至 1846 年合著的《德意志意识形态》标志着它的形成。马克思 1847 年撰写出版的《哲学的贫困》，第一次以论战的方式概述了它的主要观点。1848 年发表的《共产党宣言》向全世界宣示了这一崭新的世界观。1859 年马克思在《〈政治经济学批判〉序言》中表述的"我研究政治经济学所得到的结果"④，就是他在 40 年代形成的唯物史观的基本原理。这一历史观是通过对唯心主义哲学的批判，对政治方面的历史和现实的研究，对工人运动实践的总结，以及对政治经济学的研究形成的。理论只有回到实践中去，经过实践检验，才能作为科学真理确立起来，这是人的认识发展的规律。马克思主义的理论同样是如此。在 19 世纪 40 年代，马克思自己的政治经济学的科学体系还没有诞生，唯物史观还没有通过对资本主义社会经济形态的分析得到全面的验证，所以列宁说，唯物主义历史观"在那里暂且还只是一个假设"⑤，虽然它"本身已经是天才的思想"，"是一个第一次使人们有可能以严格的科学态度对待历史问题和社会问题的假设"。⑥

　　1848 年席卷欧洲的革命风暴使唯物主义历史观刚刚诞生就经受了革

---

① 《列宁专题文集·论辩证唯物主义和历史唯物主义》，人民出版社 2009 年版，第 165 页。
② 同上书，第 163 页。
③ 同上书，第 164 页。
④ 同上书，第 159 页。
⑤ 同上书，第 160 页。
⑥ 同上。

命实践的检验。马克思和恩格斯投身到革命实践之中，并且在《路易·波拿巴的雾月十八日》、《德国的革命和反革命》等著作中成功地运用历史唯物主义总结了法国、德国革命的经验。这是唯物史观科学真理性的有力证明。特别是在这场革命之后，马克思 1850 年起在伦敦重新进行经济研究工作，集中精力运用唯物史观研究资本主义经济，创立了自己的政治经济学，从而通过全面、深刻地分析资本主义社会的历史与现实验证了历史唯物主义的基本原理。

　　《资本论》是马克思的主要著作。《资本论》第 1 卷于 1867 年出版。1883 年马克思逝世后，由恩格斯根据马克思的文稿编辑的《资本论》第 2 卷和第 3 卷先后于 1885 年和 1894 年出版。马克思一生花费数十年工夫研究了大量实际材料，根据这些材料极其详尽地分析了资本主义的活动规律和发展规律。米海洛夫斯基讥笑马克思"翻遍了数量惊人的实际材料"，"细心研究""极其琐碎的细节"。他企图以此证明《资本论》只是最狭义的"经济理论"，没有提出概括性的哲学思想。而列宁指出，米海洛夫斯基所说的这种"对有关事实的细心研究"，就是"马克思得出他的结论的方法"。① 这种方法恰好体现了唯物主义的历史观和严格的科学态度。

　　列宁强调指出，马克思揭示资本主义的发展规律时，他的分析"仅限于社会成员之间的生产关系"，"一次也没有利用这些生产关系以外的任何因素来说明问题"。② 这正是马克思"两个归结"的方法的体现。马克思从分析商品开始，阐明了商品作为资本主义的经济细胞，包含着资本主义生产关系各种矛盾的萌芽。商品生产和商品交换必然地产生了货币，在进一步的发展中，货币转化为资本，产生了剩余价值的生产。列宁指出，马克思的分析使人们看到，商品社会经济组织怎样发展，怎样变成资本主义社会经济组织而在资本主义生产关系中造成了资产阶级和无产阶级这两个对抗的阶级，又怎样提高社会劳动生产率而"带进一个与这一资本主义组织本身的基础处于不可调和的矛盾地位的因素"③，即造成了与资本主义私有制生产关系相对抗的强大的社会化的生产力。正是这种生产

---

① 《列宁专题文集·论辩证唯物主义和历史唯物主义》，人民出版社 2009 年版，第 157 页。
② 同上书，第 162 页。
③ 同上。

力发展到与资本主义生产关系不相容时将炸毁资本主义的外壳，敲响资本主义私有制的丧钟。马克思完全用生产关系来说明资本主义社会形态的构成和发展，所以他是"以对资本主义制度的这种客观分析，证明了资本主义制度变为社会主义制度的必然性"。①

米海洛夫斯基把历史唯物主义曲解为"经济唯物主义"，"硬说它荒谬到不愿考虑社会生活的全部总和"。② 列宁指出，事实完全相反，马克思主义者"是最先提出不仅必须分析社会生活的经济方面而且必须分析社会生活的各个方面这一问题的社会主义者"。③《资本论》的研究并不以通常意义的"经济理论"为限。对资本主义生产关系的分析构成了《资本论》的骨骼，与此同时，马克思在《资本论》中"又随时随地探究与这种生产关系相适应的上层建筑，使骨骼有血有肉"。④ 因此，"这部书使读者看到整个资本主义社会形态是个活生生的形态"。⑤ 这里有资本主义社会的日常生活的各个方面，有它的生产关系所固有的阶级对抗的实际社会表现，有维护资本家阶级统治的资产阶级政治上层建筑，有资产阶级的自由平等之类的思想，有资产阶级的家庭关系等，而且马克思还在序言中概括指出了贯穿全书的基本思想。这就表明，《资本论》正是"把堆积如山的实际材料总结为几点概括性的、彼此紧相联系的思想"⑥，把对客观实际的深入分析上升到了社会历史观的高度。如同达尔文推翻了神创论，探明了物种的变异性和承续性，第一次把生物学放在完全科学的基础上一样，"马克思也推翻了那种把社会看做可按长官意志（或者说按社会意志和政府意志，反正都一样）随便改变的、偶然产生和变化的、机械的个人结合体的观点，探明了作为一定生产关系总和的社会经济形态这个概念，探明了这种形态的发展是自然历史过程，从而第一次把社会学放在科学的基础之上"。⑦

《资本论》是运用唯物史观分析一个最复杂的社会形态的范例，这种运用就是对唯物史观的科学性的检验，它同时表明，"十分自然，这种方

---

① 《列宁专题文集·论辩证唯物主义和历史唯物主义》，人民出版社 2009 年版，第 178 页。
② 同上书，第 182 页。
③ 同上。
④ 同上书，第 162 页。
⑤ 同上。
⑥ 同上。
⑦ 同上。

法也必然适用于其余各种社会形态"。① 所以列宁得出结论说："自从《资本论》问世以来，唯物主义历史观已经不是假设，而是科学地证明了的原理。"②

（二）唯物主义历史观是唯一科学的说明历史的理论和方法

在该书中，列宁还通过批驳米海洛夫斯基其他一些攻击唯物史观的观点，阐明了历史唯物主义理论和方法的科学性。其中最值得注意的，是关于历史必然性和关于马克思的辩证方法的论述。

米海洛夫斯基歪曲和攻击唯物史观关于历史必然性的思想，把它说成是否定个人的作用和思想道德观念的作用的宿命论。他讥笑说，从历史必然性思想得出的结论是：社会活动家都是"被动者"，是"被历史必然性的内在规律从神秘的暗窖里牵出来的傀儡"。支撑这种"傀儡"论的思想理论，是米海洛夫斯基宣扬的"决定论和道德观念之间的冲突"、"历史必然性和个人作用之间的冲突"。按照这种"冲突"论，肯定决定论就否定了道德观念在历史上的作用，肯定历史必然性就否定了个人在历史上的作用，把个人当成了纯粹被动的"傀儡"。列宁指出，其实这里并没有什么冲突，所谓冲突完全是米海洛夫斯基捏造出来的。他捏造的原因是担心"决定论会推翻他所如此酷爱的小市民道德"，他宣扬冲突论的目的是"想把这个冲突解决得使道德观念和个人作用占上风"③，即坚持唯心史观。按照唯物主义历史观，经济关系归根到底决定着历史的发展，而道德等被经济关系所决定的思想观念也在历史中起着重要作用。历史发展有其必然的趋势，而体现着历史必然趋势的"合力"正是由无数个人意志构成的。所以，历史唯物主义既坚持决定论，反对理性、良心、自由意志等决定历史发展的唯心史观，又承认思想观念的作用；既确认历史必然性，反对英雄创造历史的唯心史观，又肯定个人在历史上的作用，把这两方面统一起来。这里并不存在什么"冲突"。列宁阐明了历史发展中这种辩证统一的关系："决定论思想确认人的行为的必然性，摒弃所谓意志自由的荒唐的神话，但丝毫不消灭人的理性、人的良心以及对人的行动的评价。

① 《列宁专题文集·论辩证唯物主义和历史唯物主义》，人民出版社 2009 年版，第 166 页。
② 同上书，第 163 页。
③ 同上书，第 179 页。

恰巧相反，只有根据决定论的观点，才能作出严格正确的评价，而不致把什么都推到自由意志上去。同样，历史必然性的思想也丝毫不损害个人在历史上的作用：全部历史正是由那些无疑是活动家的个人的行动构成的。"① 这里的问题并不在于是否承认个人的作用，而在于如何看待个人作用同历史必然性的关系以及同人民群众作用的关系。列宁指出："在评价个人的社会活动时会发生的真正问题是：在什么条件下可以保证这种活动得到成功？有什么保证能使这种活动不致成为孤立的行动而沉没在相反行动的汪洋大海里？"② 同样的，这里的问题也不在于是否承认道德等思想观念的作用，而在于如何看待思想观念的作用同经济的决定作用的关系。米海洛夫斯基主张，推动历史前进的，是历史活动家个人的思想和感情，他说："具有自己的一切思想和感情的活的个人，冒着风险成为历史活动家。是他，而不是什么神秘力量提出历史的目标，并且突破自然界和历史条件的自发力量所造成的重重障碍而推动事变向目标前进。"③ 他之所以用"傀儡"论、"冲突"论曲解和攻击历史必然性思想，是因为历史唯物主义推翻了他的唯心主义历史观和主观唯心主义方法。

米海洛夫斯基歪曲和攻击马克思的辩证方法，他把马克思的辩证法混同于黑格尔的唯心辩证法，把黑格尔的三段式加在马克思头上，并把它说成是唯物主义历史观的"基石"。列宁分两点驳斥了这一谬论，阐述了马克思的辩证方法。

第一，列宁阐明了马克思的辩证法与黑格尔辩证法的本质区别。

列宁指出，米海洛夫斯基在读马克思主义文献时常常碰见"辩证方法"、"辩证思维"，他以为这个方法"就是按黑格尔三段式的规律来解决一切社会学问题"④，但这种看法是荒谬的。马克思的辩证方法，"正是社会学中的科学方法"，这个方法就是"把社会看做处在不断发展中的活的机体"，"客观地分析组成该社会形态的生产关系，研究该社会形态的活动规律和发展规律"。⑤ 凡是读过恩格斯在《反杜林论》和《社会主义从空想到科学的发展》中，马克思在《资本论》和《哲学的贫困》中关于

---

① 《列宁专题文集·论辩证唯物主义和历史唯物主义》，人民出版社 2009 年版，第 179 页。
② 同上书，第 179—180 页。
③ 转引自《列宁全集》第 1 卷，人民出版社 1984 年版，第 359 页。
④ 《列宁专题文集·论辩证唯物主义和历史唯物主义》，人民出版社 2009 年版，第 185 页。
⑤ 同上。

辩证方法的定义和叙述的人都可以看到，其中根本没有说到黑格尔的三段
式。马克思在《资本论》第 1 卷第 2 版的跋中引用过发表在《欧洲通报》
上的一段关于《资本论》方法的评论，认为这段评论对他的辩证方法的
说明是十分确切的，而这段评论也没有一句话提到"三段式"等"米海
洛夫斯基先生用骑士姿态加以攻击的那些胡说"。① 马克思在这篇跋中还
明确指出，他的辩证方法不仅和黑格尔的方法不同，而且"截然相反"。
黑格尔把观念当作现实事物的创造主，而马克思认为"观念的东西不过
是物质的东西的反映"。② 可见，米海洛夫斯基所攻击的，是马克思著作
中没有的、由他自己捏造出来的东西，他不过是像堂·吉诃德一样"用
骑士姿态"攻击自己想象出来的对象。

　　第二，列宁批驳了米海洛夫斯基攻击马克思依靠黑格尔的三段式来证
明社会革命和建立生产资料公有制的必然性的观点。

　　米海洛夫斯基说，历史进程的实质"根本不可捉摸"，唯物主义历史
观也没有捉摸住。马克思关于未来必然建立公有制的观点"纯粹是维系
在黑格尔三项式链条的最末一环上的"，马克思的辩证方法是"把任何事
物都想象为有它的过去、现在、将来"。列宁指出，他这些攻击马克思的
论据完全是从杜林那里拿来的，他"从杜林那里剽窃了""一套歪曲捏造
的手法"。③ 恩格斯在《反杜林论》中已经彻底批驳了杜林的谬论，"给
了杜林一个绝妙的答复"，而"这个答复对米海洛夫斯基先生也是完全适
用的"。④ 因此，列宁用几页的篇幅引用了恩格斯《反杜林论》中的论述，
作为对米海洛夫斯基的答复。马克思通过历史的、经济的分析得出了资本
主义私有制必然被公有制所代替的结论，然后才说，"这是否定的否定"，
"这还是一个按一定的辩证规律完成的过程"。⑤ 说马克思把辩证法当作证
明的工具，依靠它从过去、现在推论未来，这纯粹是捏造。所以列宁指
出，米海洛夫斯基是"在奋勇的杜林先生的帮助下，把一个不可思议的
胡说偷偷加在马克思的头上，似乎马克思在用三段式证明资本主义灭亡的

---

① 《列宁专题文集·论辩证唯物主义和历史唯物主义》，人民出版社 2009 年版，第 187 页。
② 同上。
③ 同上书，第 185 页。
④ 同上书，第 188 页。
⑤ 同上书，第 193 页。

必然性"，然后再"得意扬扬地来攻击这个胡说"。① 而事实上，马克思的辩证方法"恰恰是社会学中的唯心主义方法和主观主义方法的否定"。②

　　通观全编，列宁通过驳论，深入地论述了历史唯物主义是"唯一科学的历史观"③，有力地捍卫了历史唯物主义的崇高地位，令人信服地阐明了，在我们还没有看见另一种科学地解释某种社会形态的活动和发展的尝试以前，"唯物主义历史观始终是社会科学的同义词"。④

　　　　（原载《思想理论教育导刊》2012 年第 11 期；中国人民大学书报资料中心复印报刊资料《马克思列宁主义研究》2013 年第 2 期转载）

---

① 《列宁专题文集·论辩证唯物主义和历史唯物主义》，人民出版社 2009 年版，第 203 页。
② 同上书，第 203 页。
③ 同上书，第 163 页。
④ 同上。

六

毛泽东经典哲学著作研读

《实践论》对推进马克思主义
中国化的几点启示

提要　《实践论》是马克思主义中国化的典范。毛泽东在抗日烽火中写作《实践论》，体现了对理论与实践关系的深刻洞见。《实践论》比较完整地回答了"如何认识世界"的问题，是因为当时实践的发展迫切需要从哲学高度回答如何认识中国的问题。《实践论》之所以出自毛泽东笔下，是因为毛泽东兼有革命实干家和理论家的优秀品质。《实践论》启示我们，推进马克思主义中国化，无论就其目的、途径、成果和创造主体而言，都必须坚持理论和实践的统一。

《实践论》是毛泽东最重要的哲学代表作之一。它和《矛盾论》一起，标志着毛泽东哲学思想体系的形成。毛泽东对自己著作的评价甚为苛刻，有些发挥了极大作用的名著，他也表示不满意。① 但是对于《实践论》，他例外地表示"比较满意"："对已经发表过的东西，完全满意的很少。比如，《实践论》算是比较满意的。"② 毛泽东对自己著作的这种评价，据笔者所见到的，类似的似乎只有《反对本本主义》（原题目为《调查工作》），他说："'文章是自己的好'，我对自己的文章有些也并不喜欢，这一篇我是喜欢的。"③ 而《反对本本主义》同《实践论》在思想内容上是有直接关联的。《实践论》中阐述的有些认识论观点，在《反对本本主义》中已初步形成。

自从 2007 年党的十七大总结出"把坚持马克思主义基本原理同推进

---

① 参见《毛泽东文集》第 7 卷，人民出版社 1999 年版，第 15、17 页。
② 同上书，第 15 页。
③ 《毛泽东文集》第 8 卷，人民出版社 1999 年版，第 252 页。

马克思主义中国化结合起来"这一"宝贵经验"① 以来，我国学术理论界对马克思主义中国化的研究形成了一个新的高潮。毛泽东是马克思主义中国化的开创者和代表。《实践论》是马克思主义中国化的典范。本文就《实践论》对推进马克思主义中国化的启示谈几点认识。

一 《实践论》的写作时间给了我们什么启示？

毛泽东是在什么历史时刻写作《实践论》的？为什么他在这样的时刻还要写哲学著作？思考这个问题可以得到一个启示：满足中国实践需要，是推进马克思主义中国化的根本目的。

毛泽东在《实践论》中说："马克思主义看重理论，正是，也仅仅是，因为它能够指导行动。"②《实践论》的写作，本身就是看重理论最突出的表现。毛泽东写作《实践论》，花大力气推进马克思主义中国化，正是，也仅仅是为了满足中国实践对理论的需要。毛泽东在 1959 年 12 月至 1960 年 2 月读苏联《政治经济学教科书》的谈话中，明确表达了这一思想，他说："我们在第二次国内战争末期和抗战初期写了《实践论》、《矛盾论》，这些都是适应于当时的需要而不能不写的。"③

《实践论》写作于 1937 年 7 月。这一个月，除了写作《实践论》外，毛泽东还做了些什么呢？这正是抗日烽火在中国大地上熊熊燃起的时刻。7 月 7 日，卢沟桥事变爆发，全国性抗日战争开始。7 月 8 日，中共中央通电全国，大声疾呼"平津危急！华北危急！中华民族危急！"号召"为保卫国土流最后一滴血！全中国同胞，政府，与军队，团结起来，筑成民族统一战线的坚固长城，抵抗日寇的侵掠！"④ 这是中华民族生死存亡的关头，也是促使蒋介石和国民党转变政策、建立抗日统一战线的关头。面对复杂的局势，毛泽东总览全局，提出了当前工作的"总方针"，即"一面促成蒋氏建立全国抗战之最后决心"，"一面自己真正地准备一切抗日

---

① 《十七大以来重要文献选编（上）》，中央文献出版社 2009 年版，第 8 页。
② 《毛泽东选集》第 1 卷，人民出版社 1991 年版，第 292 页。
③ 《毛泽东文集》第 8 卷，人民出版社 1999 年版，第 109 页。
④ 《中共中央为日军进攻卢沟桥通电（1937 年 7 月 8 日）》，《建党以来重要文献选编（1921—1949）》第 14 册，中央文献出版社 2011 年版，第 356、357 页。

救亡步骤"。① 按照这一方针，毛泽东展开了非常繁忙的工作。7 月 13 日，他在延安共产党员和机关工作人员紧急会议上做抗战动员，号召每一个共产党员和抗日革命者"随时出动到抗日前线"。7 月 14 日，毛泽东和朱德发布关于红军在十天内准备完毕，待命开赴抗日前线的命令。7 月 18 日，毛泽东在延安市民大会上讲演，"演词激昂，听众均摩拳擦掌，热血沸腾，愿赴抗日战场，与日寇决一死战"。② 7 月 23 日，毛泽东撰写《反对日本进攻的方针、办法和前途》一文，指明了抗战中存在的两种方针、两套办法和两个前途。这一个月中，毛泽东为促成蒋介石下定全国抗战的最后决心，为组织抗日统一战线，为红军改编和准备开赴前线参战，撰写了大量电文、信函。毫无疑问，这期间毛泽东的工作中心，他所关注的头等大事，是当月爆发的抗日战争。

然而，就是在这个七月和随后到来的八月，毛泽东写下了他一生中最重要也最系统的哲学著作《实践论》和《矛盾论》。在寇深祸亟、烽火连天的时刻，毛泽东一边站在最前沿组织和领导中国人民伟大的抗日战争，一边从事最深沉的哲学著述，这真是人类哲学思想史上的奇观，它本身就包含了深刻的哲理，值得我们深思。

马克思说："哲学家们只是用不同的方式解释世界，问题在于改变世界。"③ 这一名言道出了马克思主义同此前一切哲学的一个本质区别。在马克思看来，解释世界当然也是重要的，但改变世界才是哲学的根本目的。毛泽东不是书斋里的学者。如果只是为了解释世界，如果只是为了哲学思想的发展或人类文化的积累和传承，毛泽东是决不会在那样的历史关头去写哲学论文的。《实践论》和《矛盾论》的写作，源自一位高瞻远瞩的革命家兼理论家对中国革命事业的远见卓识和对理论与实践关系的深刻洞见。

虽然同政治思想等社会意识的其他形式相比，哲学是一种"更高的即更远离物质经济基础的意识形态"。哲学的概念和命题，表现为最高层次的抽象思维，"在这里，观念同自己的物质存在条件的联系，越来越错综复杂，越来越被一些中间环节弄模糊了"。但是，"这一联系是存在着的"。④

---

① 《毛泽东 1937 年 7 月 14 日致张云逸电》，《毛泽东年谱（1893—1949）》中卷，中央文献出版社 2002 年版，第 3 页。

② 《毛泽东传（1893—1949）》，中央文献出版社 2004 年版，第 470 页。

③ 《马克思恩格斯文集》第 1 卷，人民出版社 2009 年版，第 502 页。

④ 《马克思恩格斯文集》第 4 卷，人民出版社 2009 年版，第 308 页。

因此，无产阶级把哲学当做自己的精神武器。谋求解放的无产阶级不能没有这个精神武器。对这一精神武器的需求，具有长远的基础性的意义，有时也会成为直接实践中迫切的要求。如果说，1917 年俄国十月革命前夕的 8 月至 9 月，列宁还在从事理论著述，写作《国家与革命》，阐述"马克思主义关于国家的学说与无产阶级在革命中的任务"（这是《国家与革命》的副标题），是因为这一理论问题当时具有最迫切的政治实践意义，那么，毛泽东在抗日烽火中写作《实践论》和《矛盾论》，也是为了锻造现实实践中迫切需要的理论武器，是"适应于当时的需要而不能不写的"。马克思主义理论和实践统一的本质特征在这里得到了最显明的体现。

二　《实践论》回答了什么问题？

是什么需要使《实践论》成为当时不能不写的著作呢？是因为从理论上回答实践中提出的认识论问题已经成为当时一种紧迫的需要。

毛泽东说："任何国家的共产党，任何国家的思想家，都要创造新的理论，写出新的著作，产生自己的理论家，来为当前的政治服务，单靠老祖宗是不行的。"[①] 他说，列宁写作《社会民主党在民主革命中的两种策略》、《帝国主义论》、《国家与革命》等著作，都是为了解决新的问题，都是因为此前已有的著作不足以回答新发生的问题。[②] 那么，《实践论》回答了什么问题呢？

《实践论》围绕着认识和实践的关系这个主题，系统地阐述了辩证唯物主义的认识论。与前人相比，它提出了许多新的思想。

《实践论》全面地阐述了认识对实践的依赖关系，回答了"什么是认识的基础"的问题。

马克思最先把实践引入认识论，实现了人类认识史上的革命变革。针对着不可知论，马克思和恩格斯着重论述了"认识论中的实践标准"[③] 问题，如列宁所指出的，"马克思在 1845 年，恩格斯在 1888 年和 1892 年，都把实践标准作为唯物主义认识论的基础"。[④] 列宁关于"生活、实践的

---

① 《毛泽东文集》第 8 卷，人民出版社 1999 年版，第 109 页。
② 同上。
③ 《列宁专题文集·论辩证唯物主义和历史唯物主义》，人民出版社 2009 年版，第 94 页。
④ 同上。

观点，应该是认识论的首要的和基本的观点"① 的著名论断，也主要是从真理标准的角度作出论证的。《实践论》的新贡献在于，它不仅阐述了"真理的标准只能是社会实践"②，而且论述了实践是认识的来源、认识发展的动力和认识的目的，从而全面系统地阐明了"人的认识一点也不能离开实践"③，这就从哲学理论上牢固地确立了实践作为认识的基础的地位。

《实践论》提出了关于认识发展过程中两次飞跃循环往复的理论，回答了"人的认识究竟怎样从实践发生，而又服务于实践"④ 的问题。

对于人类认识事物的复杂过程，马克思和恩格斯虽然有过许多论述，并且留下了《资本论》这样的认识事物的典范，但并未从认识论层面作出完整的概括。列宁深入阐述了有关认识过程的诸多问题，他在《哲学笔记》中写道："从生动的直观到抽象的思维，并从抽象的思维到实践，这就是认识真理、认识客观实在的辩证途径。"⑤ 这是对认识过程的精辟概括，但这一论断并未得到展开和论证。《实践论》继承并发展了列宁的认识论思想，提出了完整的关于认识发展过程的理论。

第一，毛泽东把认识运动中相对独立的过程概括为两个"飞跃"。第一个是"从感性的认识到理性的认识之能动的飞跃"。⑥ 毛泽东阐明了感性认识和理性认识两个阶段之间的关系，评析了哲学史上的经验论和唯理论、实际工作中的经验主义和教条主义。第二个飞跃是"从理性的认识到能动的实践这一个飞跃"。⑦ 这是理性认识回到实践中去，指导实践、改造世界，同时又检验理论和发展理论的过程。毛泽东强调，这是认识过程中更重要的飞跃，而第一个飞跃只是认识运动的"一半"，而且是"非十分重要的那一半"。这样，《实践论》既通过对认识过程的考察正确解决了认识论史上长期争论的感性和理性两个认识阶段之间的关系问题，又超越了以往人们仅仅从感性和理性的关系去理解认识过程的局限性，着重

---

① 《列宁专题文集·论辩证唯物主义和历史唯物主义》，人民出版社 2009 年版，第 49 页。
② 《毛泽东选集》第 1 卷，人民出版社 1991 年版，第 284 页。
③ 同上。
④ 同上。
⑤ 《列宁全集》第 55 卷，人民出版社 1990 年版，第 142 页。
⑥ 《毛泽东选集》第 1 卷，人民出版社 1991 年版，第 292 页。
⑦ 同上。

阐述了认识运动中十分重要的后一半，揭示了"认识以实践始以实践终"① 的完整过程。

第二，毛泽东通过论述认识的反复性，阐明了人们认识一定事物的完整过程，即"对于在某一发展阶段内的某一客观过程的认识运动"。② 他指出，经过两个"飞跃"，认识运动"完成了，又没有完成"，因为各种主客观条件的限制使人们的认识难免发生错误，难以一次完成，许多时候须反复失败过多次，才能纠正错误而达到主观和客观相符合。因此，人们对一定对象认识的全过程，是两个"飞跃"多次反复的过程。

第三，毛泽东阐明了人类认识就其总体而言是在两个"飞跃"的循环往复中无限发展的过程。他指出，人们对某一客观过程的认识可以完成，但是对于过程的推移而言，认识运动并没有完成，因为无论自然界或人类社会，都是在矛盾运动中不断发展变化的。"社会实践中的发生、发展和消灭的过程是无穷的，人的认识发生、发展和消灭的过程也是无穷的。"③ 毛泽东由此阐述了真理的发展是不断地从相对走向绝对的过程。

两个"飞跃"，对一定事物认识的反复性，对整个世界认识的无限性，这是《实践论》阐述认识运动的三个层次。通过这三个层次的深入分析，《实践论》揭示了人类认识运动是两个"飞跃"多次反复、无限发展的过程。这就是认识发展的基本规律。毛泽东用一个简明的公式对认识规律作出精辟的概括："实践、认识、再实践、再认识，这种形式，循环往复以至无穷，而实践和认识之每一循环的内容，都比较地进到了高一级的程度。"④《实践论》的论述，始终贯穿着实践的观点和辩证的观点，清晰地完整地阐明了"基于实践的由浅入深的辩证唯物论的关于认识发展过程的理论"。⑤ 这样，它就在比较完整的意义上回答了"如何认识世界"的问题，达到了哲学认识论发展中一个新的高度，为马克思主义认识论、为人类对世界的认识作出了重要贡献。

在我国第二次国内战争末期和抗日战争初期，担负着繁重领导工作的毛泽东之所以把辩证唯物主义认识论的研究摆上重要日程，是因为党在领

---

① 《毛泽东哲学批注集》，中央文献出版社 1988 年版，第 37 页。
② 《毛泽东选集》第 1 卷，人民出版社 1991 年版，第 294 页。
③ 同上书，第 295 页。
④ 同上书，第 297 页。
⑤ 同上书，第 286 页。

导中国革命的实践中迫切需要从哲学理论思维的高度回答如何认识中国的
问题。

中国无产阶级的先锋队，在十月革命以后学了马克思列宁主义，在
1921 年建立了中国共产党，立即进入政治斗争。到 1937 年 7 月，党已经
走过了 16 年的历程，经历了第一次大革命和土地革命战争两个阶段，又
刚刚进入抗日战争的新阶段。在这 16 年中，党经历了北伐战争的胜利，
又遭受了 1927 年的失败；经历了革命根据地和红军的大发展，又遭受了
第五次反"围剿"的严重挫折，进行了艰苦的二万五千里长征。党运用
马克思主义，在实践中逐步认识中国国情，分析中国的社会性质、经济结
构、阶级关系和历史特点，制定自己的路线、政策和战略、策略，在战胜
敌人和反对党内错误思想的斗争中从幼年开始走向成熟。在这艰难探索的
历程中，党内发生了教条主义和经验主义的错误。特别是 1931 年至 1935
年 1 月统治党中央长达 4 年之久的王明"左"倾教条主义，使中国革命
受了极大的损失。这一错误的思想根源，在于违背了马克思主义的世界
观、方法论、认识论，不能正确对待马克思主义，不能正确认识中国国
情。正如 1945 年党的扩大的六届七中全会《关于若干历史问题的决议》
所指出的："一切政治路线、军事路线和组织路线之正确或错误，其思想
根源都在于它们是否从马克思列宁主义的辩证唯物论和历史唯物论出发，
是否从中国革命的客观实际和中国人民的客观需要出发。""一切政治上、
军事上和组织上的错误，都是从思想上违背马克思列宁主义的辩证唯物论
和历史唯物论而来，都是从主观主义和形式主义、教条主义和经验主义而
来。"① 对于政治、军事、组织路线的思想根源的这种认识，毛泽东在
1939 年研究哲学问题的读书批注中已经有相当明确的表达，他写道："一
切大的政治错误没有不是离开辩证唯物论的。"② 1935 年 1 月的遵义会议
确立了毛泽东在党和红军中的领导地位，实现了历史性转折，而在政治
上、军事上、组织上的错误得到纠正之后，到 1936 年、1937 年，从哲学
思想上总结历史经验的任务提上了日程。《实践论》和《矛盾论》正是在
这样的历史时刻应运而生的。

这是因为，理论只有彻底，才能说服人。导致政治、军事、组织上错

① 《毛泽东选集》第 3 卷，人民出版社 1991 年版，第 987、990 页。
② 《毛泽东哲学批注集》，中央文献出版社 1988 年版，第 311—312 页。

误的思想根源，只有追溯到哲学世界观、方法论、认识论的层面，才能得到彻底解决。是否懂得认识对实践的依赖关系、认识在实践中辩证发展的过程，是反对王明"左"倾教条主义斗争中最根本的认识论问题，因而成了毛泽东在《实践论》中研究的中心问题。《实践论》在总结历史经验、实现理论创新的同时，运用新取得的理论成果从认识论的层面透彻地剖析了经验主义特别是教条主义的错误，深刻地指出："唯心论和机械唯物论，机会主义和冒险主义，都是以主观和客观相分裂，以认识和实践相脱离为特征的。""我们的结论是主观和客观、理论和实践、知和行的具体的历史的统一，反对一切离开具体历史的'左'的或右的错误思想。"①《实践论》对认识论基本原理的发展源自中国革命实践，这些原理又被运用于分析中国革命实践中的重大问题，这正是它所阐明的理论与实践关系的原理在其自身的直接体现。

　　当马克思 1845 年春在《关于费尔巴哈的提纲》中提出自己新的实践观时，他不仅从认识论的视角指出了实践是真理的标准，而且在历史观的意义上指出了"全部社会生活在本质上是实践的"，还批评了费尔巴哈对客观世界本身不是"当做实践去理解"②，从而肯定了实践在物质世界这个本体中的意义。有些论者对《实践论》颇有微词。他们认为，同马克思《关于费尔巴哈的提纲》相比较，毛泽东这篇以"实践"为论题的著作主要只是从认识论的视角去论述实践的意义，而没有从本体论和社会历史观的意义上对实践作出全面的阐述，这是低估了实践在马克思主义哲学中的地位。笔者认为，对《实践论》的这种批评是不符合实际的，是一种脱离社会实践去理解哲学发展的书生之论。首先，《实践论》是一篇认识论著作，而不是多视角地全面地专论"实践"的著作。毛泽东写作这篇认识论著作而又以"实践论"命名，是因为当时中国革命实践特别是党内反对王明教条主义的斗争凸显了阐明认识论问题的迫切需要，而现实中有关认识论的最突出的问题又是必须深刻理解认识对实践的依赖关系。历史的实践决定着认识发展的逻辑。实践的需要决定了哲学理论发展的重点和走向。其次，《实践论》着重阐明实践在认识中的地位和作用决不是忽视实践作为物质世界中的特殊运动形式、作为社会生活的本质的地位和

① 《毛泽东选集》第 1 卷，人民出版社 1991 年版，第 295、296 页。
② 《马克思恩格斯文集》第 1 卷，人民出版社 2009 年版，第 501、499 页。

作用，而是以对实践的全面的科学的理解为前提的。《实践论》一开头就指出，马克思以前的唯物论之所以不能了解认识对社会实践的依赖关系，是因为他们"离开人的社会性，离开人的历史发展，去观察认识问题"，①这就直接把认识论同历史观联系起来，清楚地表明了从唯物主义历史观去理解实践及其与认识关系的立场。《实践论》对实践在认识中的地位和作用的阐述，从特定的视角深化了对实践的理解，而决不是如某些论者所批评的那样，降低了对实践意义的认识。

有的论者批评《实践论》中"实践、认识、再实践、再认识"的公式，认为它把实践和认识分割开来，导致了对复杂认识过程的简单化理解，似乎实践时没有认识，而认识时已离开了实践。对认识过程的这种简单化理解是存在着的，但是不应归咎于《实践论》对认识规律的简明概括。这是一种望文生义的误解或曲解。实际上，以简化的形式表达复杂的过程，是人类认识的本性。任何科学的基本原理、公式对于其对象的表述都是简单化的。因为它只抽取其中的本质和一般规律，舍弃了现象和特殊性、个性，而现象总是比本质和规律复杂、丰富得多。当人的认识以逻辑的东西去反映历史的过程时，逻辑和历史的同一总是被简化的。如列宁所指出的："如果不把不间断的东西割断，不使活生生的东西简单化、粗糙化，不加以划分，不使之僵化，那么我们就不能想象、表达、测量、描述运动。思想对运动的描述，总是粗陋化、僵化。"他认为，"这就是辩证法的**实质**"②。认识论对认识运动的描述，也必然是简单化的，并且正因为如此，它才能揭示复杂认识过程的实质；如果认识论的研究试图无遗漏地记载认识过程的一切方面和细节，就不可能把握认识发展的规律。人的认识必须如实反映对象的本来面目，不因简单化而使认识脱离客观实际，但认识反映事物的本质和规律又必须采取简单化的形式，这是认识过程中一个不可避免的矛盾，这一矛盾的不断产生又不断解决推动着认识的发展。因此，科学的认识并不在于不采取简单化的形式，而在于它必须抓住事物的关键，揭示过程的本质。《实践论》对认识运动规律的概括正是如此。没有这一概括，人们对认识规律的理解就不可能像今天这样透彻，马

---

①　《毛泽东选集》第 1 卷，人民出版社 1991 年版，第 282 页。
②　《列宁全集》第 55 卷，人民出版社 1990 年版，第 219 页。

克思主义认识论也不可能像在我国今天这样广泛地深入人心。①

毛泽东写作《实践论》和《矛盾论》取得的巨大理论成果，用辩证唯物主义认识论和唯物辩证法武装了中国共产党人，为马克思主义中国化奠定了哲学理论基石，对党的理论和实践发生了深远影响。此后毛泽东写下的大量著作，党的新民主主义革命理论和总路线、总政策，延安整风的理论和实践，1945 年党中央关于若干历史问题的决议，党的七大报告等党的历史上辉煌的理论成果和实践成果，无不闪耀着在《实践论》和《矛盾论》中得到了深入阐述的辩证唯物主义和历史唯物主义的思想光芒。甚至表达我们党的思想理论的话语体系，也处处显现出《实践论》和《矛盾论》的深刻影响。从一定意义上可以说，假如没有《实践论》和《矛盾论》，这一切就不会是人们今天看到的这个样子。历史的发展已经充分证明，毛泽东在 1937 年 7 月那样的历史时刻写作《实践论》，是完全必要的，是不能不写的。

三　为什么毛泽东能写出《实践论》？

毛泽东在读苏联《政治经济学教科书》时，多次批评了这本书的写法，他说，"一看就可以知道是一些只写文章、没有实际经验的书生写的。这本书说的是书生的话，不是革命家的话"。他分析说，有两种人都没有把理论和实践结合起来："他们做实际工作的人没有概括能力，不善于运用概念、逻辑这一套东西；而做理论工作的人又没有实际经验，不懂得经济实践。"② 不难看出，这些论述包含着他长期从事革命实践和理论创造的丰富经验和深刻体会，实际上是从理论创造的主体这一层面触及了马克思主义发展中的一条重要规律。笔者认为，这条规律就是：虽然实际工作者和理论工作者都为马克思主义理论的发展作出了贡献，但是，只有那些既具备丰富实践经验又具备深厚理论素养的革命家兼理论家，才能写出经典性的马克思主义著作，只有他们才是工人阶级、人民群众创造和发展自己的科学世界观的杰出代表。马克思、恩格斯、列宁都是这样的理论家，毛泽东也是这样的理论家。

---

①　参见田心铭《认识的反思》，人民出版社 2000 年版，第 255—259 页。
②　《毛泽东文集》第 8 卷，人民出版社 1991 年版，第 139—140 页。

如果说 20 世纪 30 年代后半期产生《实践论》和《矛盾论》这样的哲学论著是由中国的社会历史条件决定的历史的必然，那么这些著作出自毛泽东的笔下则是因为毛泽东兼有革命家和理论家的优秀品质，是因为长期的革命实践和理论研究使他具备了实现理论创造的主观条件。

党中央 1945 年《关于若干历史问题的决议》一开头就提出了一个重要论断："中国共产党自 1921 年产生以来，就以马克思列宁主义的普遍真理和中国革命的具体实践相结合为自己一切工作的指针，毛泽东同志关于中国革命的理论和实践便是此种结合的代表。"[①] 这一论断既指出了把马克思主义同中国实际相结合是全党的事业，是全党奋斗的结果；又指出了毛泽东在其中所特有的重要地位和作用。

从 1920 年接受马克思主义并创建长沙共产主义小组算起，1937 年写作《实践论》时的毛泽东，已经经历了十七八年马克思主义指导下的革命实践。毛泽东从建党初期起就是一位实干家。他从事过工人运动、农民运动、统一战线工作，从 1927 年领导秋收起义开始又从事军事工作，开辟了中国农村包围城市、武装夺取政权的革命道路。作为在长期革命实践中涌现出来的领袖，毛泽东以 1935 年的遵义会议为标志担负起领导中国共产党和中国革命的职责。毛泽东又是一位理论家。从 1920 年读《共产党宣言》开始，他一贯重视马克思主义理论的学习和研究。在革命战争环境下，他如饥似渴地搜集和研读马克思主义著作。在 1929 年 11 月 28 日从汀州写给党中央的信中，他索要《列宁主义概论》、《俄国革命运动史》等著作和党内报刊，强调"我们望得书报如饥似渴，务请勿以事小弃置"。[②] 在同一天写给李立三的信中，他说："我知识饥荒到十分，请你时常寄书报给我。"[③] 1932 年 4 月毛泽东指挥红军打下漳州后，他亲自到龙溪中学图书馆找书，找到了《资本论》、《两种策略》、《"左"派幼稚病》、《反杜林论》等著作，运到中央苏区研读，还推荐给其他领导同志。[④] 长征到达陕北后，他更加广泛地搜集和研读马克思主义著作，特别是哲学著作。

历史造就了毛泽东。他既不是那种"只写文章、没有实际经验的书

---

① 《毛泽东选集》第 3 卷，人民出版社 1991 年版，第 952 页。
② 《毛泽东书信选集》，中央文献出版社 2003 年版，第 22 页。
③ 同上书，第 24 页。
④ 《毛泽东传（1893—1949）》，中央文献出版社 2004 年版，第 299 页。

生"，又不是那种"没有概括能力，不善于运用概念、逻辑"的实际工作者。作为革命家和实干家，他高度重视理论，以理论思维见长；作为理论家，他又有其他理论家难以具备的极其丰富的实际斗争经验。毛泽东酷爱读书，又坚决反对"本本主义"。他在 1930 年写的《反对本本主义》中就明确提出："马克思主义的'本本'是要学习的，但是必须同中国的实际情况相结合。"① 他提出了"没有调查，没有发言权"②，"不做正确的调查同样没有发言权"③ 的著名论断，多次亲自开展大规模的社会调查，创造了调查研究这一把理论与实际结合起来的重要途径和方法。注重并善于把理论和实践紧密结合在一起，是他既高于其他革命家又超越其他理论家的突出优点和特长。

包括哲学思想在内的社会意识形态，归根到底都是社会存在在人们头脑中的反映，其内容都来自社会实践，它们的发展从根本上说都是由社会实践推动的。但是，如恩格斯所指出的："任何意识形态一经产生，就同现有的观念材料相结合而发展起来，并对这些材料作进一步的加工"④，因为，"在每一科学领域中都有一定的材料，这些材料是从以前的各代人的思维中独立形成的，并且在这些世代相继的人们的头脑中经过了自己的独立的发展道路"⑤。所以，哲学社会科学的发展，就其表现形式而言，都是通过对本学科领域中长期形成的思想材料的加工改造实现的。理论家必须善于同思想材料打交道。没有社会实践的推动，就没有哲学社会科学的发展；不熟悉本学科领域的思想材料，"不善于运用概念、逻辑这一套东西"，也不可能实现理论创新。因此，现实社会中，虽然实际工作者或理论工作者都对理论的发展作出了贡献，但是，只有集革命家和理论家于一身的优秀人才，才能成为创造理论、发展理论的杰出代表。毛泽东正是这样的无产阶级革命家、战略家和理论家，伟大的马克思主义者。他潜心于理论研究，从哲学理论思维的高度总结自己亲身参加并直接领导的中国革命的丰富实践经验，这使他具备了实现理论创新的最优越的主观条件。

《实践论》正是在这样的条件下诞生的。为了总结第二次国内革命战

① 《毛泽东选集》第 1 卷，人民出版社 1991 年版，第 111—112 页。
② 同上书，第 109 页。
③ 《毛泽东年谱（1893—1949）》上卷，中央文献出版社 2002 年版，第 338 页。
④ 《马克思恩格斯文集》第 4 卷，人民出版社 2009 年版，第 309 页。
⑤ 《马克思恩格斯文集》第 10 卷，人民出版社 2009 年版，第 658 页。

争的历史经验，1935 年 12 月，毛泽东在瓦窑堡作了《论反对日本帝国主义的策略》的报告，批判了党内过去长期存在的狭隘的关门主义和革命急性病，系统地阐述了党的政治策略，解决了第二次国内革命战争时期党的政治路线上的问题。1936 年，他又写了《中国革命战争的战略问题》，总结了第二次国内革命战争时期党内在军事问题上的大争论，系统地阐述了有关中国革命战争战略方面的问题。从政治方面、军事方面的总结追溯到哲学思想的层面，这是合乎规律的认识发展过程。以上著作中已经触及了哲学思想，包含了对认识论问题的论述。在《论反对日本帝国主义的策略》中，毛泽东批判了"圣经上载了的才是对的"这种教条主义的思维方式。① 在《中国革命战争的战略问题》中，一些后来在《实践论》中上升为哲学概念和命题的思想已经在对军事问题的论述中得到了某种表达。例如，毛泽东论述了指挥员在指挥战争中达到主观和客观符合的认识过程，指出从侦察收集材料开始，经过"去粗取精、去伪存真、由及此彼、由表及里的思索"，构成判断，作出计划，这是"一个整个的认识情况的过程"，而从计划执行起到战局终结止，"这是又一个认识情况的过程，即实行的过程"。执行中如果发现计划和情况不符合或不完全符合，"就必须依照新的认识，构成新的判断"。他还强调，"读书是学习，使用也是学习，而且是更重要的学习"。② 这些思想，距《实践论》中阐述的认识辩证运动的原理，只有一步之遥了。从 1936 年 11 月开始，毛泽东致力于哲学研究，到 1937 年 7 月以前，他研读了西洛可夫、爱森堡等著，李达、雷仲坚译的《辩证唯物论教程》和米丁等著，沈志远译的《辩证唯物论与历史唯物论》（上册），写下了一万多字的批注。其中许多批注集中在认识论上，成为写作《实践论》的直接准备。1937 年 4—8 月，在经过近一年时间的准备后，毛泽东在抗大讲授马克思主义哲学，撰写了 6 万多字的《辩证法唯物论（讲授提纲）》，共授课 110 多小时，而《实践论》就是讲稿的主要部分之一。③ 如果说 1937 年 7 月《实践论》的问世从整体上标志着毛泽东认识论思想的飞跃，那么这个飞跃是在此前长期社会实践和理论思考中酝酿成熟的。而且，构成这一理论体系的许多思想观

---

① 《毛泽东选集》第 1 卷，人民出版社 1991 年版，第 154 页。

② 同上书，第 179—181 页。

③ 《毛泽东年谱（1983—1949）》上卷，中央文献出版社 2002 年版，第 671—672 页。

点，如同构成一部机器的零部件一样，已经通过头脑的加工先期生产出来了。我们从毛泽东 1936 年至 1937 年 7 月以前研读哲学著作的批注中可以看到，许多重要批注后来或几乎一字不差地，或经过进一步加工后写进了《实践论》。就毛泽东本人的哲学思想发展而言，《实践论》的诞生也是长期积累基础上的必然结果。

四   沿着《实践论》的方向推进马克思主义中国化

如果说《实践论》作为毛泽东认识论思想第一次飞跃的产物，其真理性问题在 1937 年写作时"是没有完全解决的，也不能完全解决的"①，那么此后 70 多年来，这些思想回到中国亿万人民群众革命、建设和改革的实践之中，经受了反复的"实践、认识、再实践、再认识"的检验。《实践论》没有结束真理，它没有回答认识论中的所有问题。半个多世纪以来，马克思主义的认识论没有停止前进的脚步。无论《实践论》中论述过的或没有论述过的问题，都有了许多新的成果。但是，无可置疑的是，《实践论》系统阐述的辩证唯物主义认识论原理已经被实践证明为科学真理。

把马克思主义普遍真理同中国具体实际相结合，是中国共产党建党 90 年来最根本的历史经验。这一"结合"原则表现于怎样对待马克思主义理论方面，就是要实现马克思主义中国化，发展中国化的马克思主义。在新的历史条件下推进马克思主义中国化，应该从毛泽东的理论和实践中寻求启示，沿着《实践论》的方向前进。

第一，《实践论》启示我们，推进马克思主义中国化的根本目的，是满足不断发展的中国实践对理论的需要。

马克思主义是适应实践的需要产生的。马克思和恩格斯从创立自己的科学理论之日起就强调："对实践的唯物主义者即共产主义者来说，全部问题都在于使现存世界革命化，实际地反对并改变现存的事物。"②《实践论》产生于中国实践的需要。马克思主义中国化要不断推进，是因为中国实践在不断发展，理论如果不随之发展，就会与实践相分离。理论也可

① 《毛泽东选集》第 1 卷，人民出版社 1991 年版，第 292 页。
② 《马克思恩格斯文集》第 1 卷，人民出版社 2009 年版，第 527 页。

以满足人们精神生活的需求，理论研究也有繁荣学术、传承文化的目的和功能。但是，丰富人们的精神生活、繁荣学术文化之所以必需，终究是同人们在社会实践中的需要分不开的。所以在归根到底的意义上，只有以回答实践中的新问题、满足新的实践需要为目的，才能真正推进马克思主义中国化。理论创新是解决新的实践问题的结果，而不是研究的出发点，不是目的本身。把创新作为出发点，为创新而创新，就不能真正创新。为学术而学术，不能真正繁荣学术。

第二，《实践论》启示我们，推进马克思主义中国化的根本途径，是以马克思主义为指导，从中国实际出发，把马克思主义基本原理同中国人民的实践相结合。

《实践论》始终坚持马克思主义认识论的基本原理，又根据中国革命的丰富实践把它向前推进了一大步。马克思主义中国化发生在马克思主义产生之后、回到实践中去的第二次"飞跃"的过程之中，它是以马克思主义科学世界观的确立为前提的。因此，必须坚持马克思主义基本原理，而不能离开它的基本原理从头开始，另起炉灶。用毛泽东的话来说，我们是马克思主义的"分店"。"似乎马克思主义只有一家，别无分店"①，这是不对的。"分店也可以搞一点马克思主义"。② 但是，不能"再搞一个主义"，"我们还是作为马克思列宁主义的分店好"。③ 推进马克思主义中国化又必须从中国实际出发。中国的实践有自己的特殊性，中国新的历史阶段的实践也有其特殊性。中国共产党之所以能发展马克思主义，是因为我们的实践超过了马克思，做了马克思没有做过的事情，而实践当中是要出理论的。马克思主义中国化，包括同中华民族的历史文化相结合，使其带上中国的民族形式，具有中国作风和中国气派。但是，理论的源泉是实践。就理论与实践的关系而言，历史文化是流而不是源。因此，中国化马克思主义的新的思想内容归根到底来自新的实践。必须立足于新的实践，通过总结实践经验、回答新的问题来推动马克思主义中国化的历史进程，发展中国化的马克思主义。

第三，《实践论》启示我们，推进马克思主义中国化的成果，包括

---

① 《毛泽东文集》第 7 卷，人民出版社 1999 年版，第 106 页。

② 同上。

③ 《毛泽东文集》第 5 卷，人民出版社 1996 年版，第 261 页。

发展马克思主义理论和推进实践两个方面，也是理论和实践的统一。

《实践论》中新概念、新命题的产生，是以中国革命实践为基础的认识论思想发展的必然结果。马克思主义的理论创新不是脱离实际的单纯逻辑推演，不是语词翻新的文字功夫，更不是采摘其他思想流派的时髦名词术语和思想观点来装点门面、制造不同思想的混合体，而是把新的实践经验上升为理论，"使中国革命丰富的实际马克思主义化"①，创造出新的概念和命题，丰富马克思主义的范畴体系和理论体系，坚定地沿着马克思主义自己的方向前进。新的理论成果的确立，不是在理论观点提出之日，而是在经受住新的实践检验之后。除了表现为理论形态外，马克思主义中国化的成果还体现于实践之中，存在于中国革命、建设和改革的成就之中。《实践论》不只是写在书本上，它也写在中国的大地上，写在半个多世纪以来的中国历史中。假如没有实践中的辉煌成就，我们就没有根据说马克思主义中国化已经获得了成功。回答"什么是马克思主义"、"什么是中国化马克思主义"，既是一个理论的问题，也是一个实践的问题，不能离开党的实践和党的历史仅仅从书本上去解读。

第四，《实践论》启示我们，推进马克思主义中国化，必须努力造就理论和实践相统一的理论创造主体。

创立和发展马克思主义的主体，从根本上说，是工人阶级、人民群众，是作为工人阶级先锋队的马克思主义政党，但是必须通过个人特别是代表人物体现出来。虽然在现代社会条件下，实际工作和理论工作的分工是不可避免的，实际工作者和理论工作者各自的局限性也是不可避免的，但是，实际工作者应该努力学习理论，特别是学习马克思主义经典原著，加强理论素养；理论工作者应该面向实践，调查研究，并尽量做一些实际工作，加强实践锻炼。不论实际工作者或理论工作者，都应该加强对实际问题的理论思考，一起向着理论和实践相结合的方向前进。社会历史的发展需要理论和实践统一的优秀人才，它就必然会造就这样的人才，但是历史必然性的实现离不开我们的自觉努力。

总之，理论和实践的统一，既是《实践论》阐明的核心观点，又是《实践论》的写作本身所体现出的马克思主义发展规律。沿着《实践论》

――――――――――

① 《毛泽东文集》第2卷，人民出版社1993年版，第374页。

的方向推进马克思主义中国化，无论就理论创新的目的、途径、成果或创造主体而言，都必须始终坚持理论和实践的统一。

（原载《毛泽东思想研究》2012 年第 2 期；《中国社会科学内部文稿》2011 年第 5 期载有本文）

对立统一规律的系统阐述

——《矛盾论》研读

提要 《矛盾论》全面系统地阐述了对立统一规律，为马克思主义中国化奠定了重要的哲学世界观和方法论基石。学习唯物辩证法，要抓住对立统一规律这个核心，坚持矛盾分析的方法；要把唯物主义和辩证法统一起来，既反对唯心主义；又反对形而上学；要把握共性和个性、绝对和相对的道理这一唯物辩证法的精髓；要把握矛盾双方之间既同一又斗争的关系，在对立面的统一中把握对立面。

《矛盾论》是毛泽东最重要的哲学代表作之一。它和《实践论》一起，标志着毛泽东哲学思想系统化体系的形成，为马克思主义中国化奠定了哲学世界观和方法论的基石。《矛盾论》总结中国革命的历史经验，继承和发展马克思、恩格斯和列宁的辩证法思想，全面系统地阐述了唯物辩证法的核心对立统一规律，是我们认识世界、改造世界的精神武器。

一　运用对立统一规律观察社会现象,解决社会问题

（一）对立统一规律是唯物辩证法最根本的规律

《矛盾论》是专门阐述对立统一规律的哲学论文。它开篇就指出了对立统一规律在唯物辩证法中的重要地位："事物的矛盾法则，即对立统一的法则，是唯物辩证法的最根本的法则。"①

这一论断是对列宁哲学思想的继承。列宁在《哲学笔记》中写道：

---

① 《毛泽东选集》第 1 卷，人民出版社 1995 年版，第 299 页。以下凡出自《矛盾论》的引文，均不加注。

"就本来的意义讲，辩证法是研究对象的本质自身中的矛盾。"他在《谈谈辩证法问题》中说，对立统一"是辩证法的实质"。① 所以列宁认为，"可以把辩证法简要地规定为关于对立面的统一的学说，这样就会抓住辩证法的核心，可是这需要说明和发挥"②。列宁没有来得及作出"说明和发挥"。《矛盾论》正是抓住对立统一法则这一"实质"和"核心"，作了系统的发挥，对唯物辩证法作出了重要贡献。

对立统一规律之所以是唯物辩证法最根本的规律，是因为它是客观世界本身的根本规律。毛泽东指出："事物矛盾的法则，即对立统一的法则，是自然和社会的根本法则，因而也是思维的根本法则。"辩证唯物主义是物质世界的本质和发展规律在人的头脑中的正确反映。对立统一规律在客观世界中的重要地位决定了它在唯物辩证法理论中的核心地位。所以，我们要紧紧围绕这个核心来学习和运用唯物辩证法。

（二）唯物辩证法是同形而上学相对立的宇宙观

毛泽东指出："在人类认识史中，从来就有关于宇宙发展法则的两种见解，一种是形而上学的见解，一种是辩证法的见解，形成了互相对立的两种宇宙观。"宇宙观，又称世界观。在哲学世界观中，由于对世界本原问题的不同回答，形成了唯物主义和唯心主义的对立统一。由于对世界发展问题的不同回答，形成了辩证法和形而上学的对立统一。毛泽东说，唯物主义和唯心主义，辩证法和形而上学，是哲学中的"两个对子"。"一讲哲学，就少不了这两个对子。"③ 这两个对子不是并列的。唯物主义和唯心主义是哲学中的两个基本派别，而辩证法和形而上学总是分别同唯物主义或唯心主义结合在一起，通常也被称为两种发展观。马克思主义用唯物主义和辩证法相统一的观点去观察社会历史和一切事物，它既坚持唯物主义，反对唯心主义；又坚持辩证法，反对形而上学。

形而上学的基本特征，是用孤立的、静止的和片面的观点去看世界。孤立的观点，就是看不到事物之间的联系。静止的观点，就是看不到事物的发展，只看到事物数量的增减、场所的变更，看不到一事物可以变成另

---

① 《列宁专题论文集·论辩证唯物主义和历史唯物主义》，人民出版社 2009 年版，第148 页。

② 同上书，第 141 页。

③ 《毛泽东文集》第 7 卷，人民出版社 1999 年版，第 193 页。

一种事物。片面的观点，就是只看到矛盾的一方而看不到另一方，也就是否认事物的矛盾。在历史上，形而上学曾经长期同唯心主义结合在一起，属于唯心主义世界观。形而上学也曾经同唯物主义结合在一起，比如 17、18 世纪英、法等国的唯物主义哲学，就是形而上学的唯物主义。

辩证法是同形而上学相对立的发展观。辩证法也有唯物主义和唯心主义之分。在古代有朴素的唯物主义的辩证法。产生于 18 世纪末 19 世纪初的德国哲学家黑格尔的唯心主义辩证法，把辩证法思想系统化了。马克思主义的辩证法是唯物辩证法。唯物辩证法的基本特征，是用联系的、发展的和对立统一的全面观点去看世界，"主张从事物的内部、从一事物对他事物的关系去研究事物的发展，即把事物的发展看做是事物内部的必然的自己的运动，而每一事物的运动都和它的周围其他事物互相联系着和互相影响着"。

唯物辩证法和形而上学的分歧归结到一点，就在于是否承认事物的矛盾以及内部矛盾是事物发展的动力。毛泽东曾概括说："所谓形而上学，就是否认事物的对立统一、对立斗争（两分法）、矛盾着对立着的事物在一定条件下互相转化，走向它们的反面，这样一个真理。"[1] 而唯物辩证法主要地就是教导人们去观察、分析矛盾和解决矛盾。毛泽东还指出，联系、发展的问题，都可以在对立统一这个"核心规律中予以说明"，因为，"所谓联系就是诸对立物间在时间和空间中互相联系，所谓发展就是诸对立物斗争的结果"。[2] 所以，坚持唯物辩证法、反对形而上学的关键，就是掌握对立统一规律。

（三）事物发展的根本原因在于事物内部的矛盾性

内部矛盾是事物发展的内因，一事物与他事物的相互联系、相互影响是事物发展的外因。对内因和外因关系的不同看法，是唯物辩证法与形而上学相互对立的重要表现。

形而上学主张外因论。它认为事物变化的原因不在其内部而在外部，是由于外力的推动。对于社会的变化，它不是从社会内部矛盾去找原因，而是用社会外部的地理、气候等条件去说明。比如 18 世纪法国启蒙学者

---

① 《毛泽东文集》第 8 卷，人民出版社 1999 年版，第 348 页。
② 同上书，第 326 页。

孟德斯鸠认为，气候是决定社会政治制度最强有力的因素，土地的肥瘠和面积的大小也决定社会政治制度。这种"地理环境决定论"就是一种外因论。外因论不能解释一事物变成他事物的现象，不能说明为什么存在多种不同质的事物。

唯物辩证法认为事物发展的根本原因在于其内部的矛盾性，而不在事物外部。发展之所以是"事物内部的必然的自己的运动"，就是因为发展的根本原因在自身而不在他物。强调内部矛盾是发展的根本原因，不是排除外部原因。外因是事物发展的第二位的原因。排除外因的作用，就否认了事物之间的联系，陷入了孤立的观点。内因和外因不是互不相干而是彼此关联的，外因对事物发展的影响是通过影响事物内部矛盾的变化而发生的。所以，内因是根据，外因是条件，外因通过内因而起作用，这就是事物发展中内因和外因之间的关系。

地理、气候等自然环境是人类生存和社会发展的重要条件。社会发展必须处理好人与自然的关系，保护环境，节约资源，建设生态文明。但是，社会的变化，主要是由于社会内部矛盾的发展。生产力和生产关系之间、阶级之间、新旧之间等矛盾的发展，推动了社会的前进和新旧社会的代谢。同社会的变化相比，地理、气候等自然条件自身的变化是非常缓慢的，不能引起社会的迅速变化。帝国主义的俄国变为社会主义的苏联，封建的闭关锁国的日本变为帝国主义的日本，中国的封建社会变成半殖民地半封建社会，以及中国革命的发生、发展，都不能用并无显著变化的地理和气候条件来解释。当代随着大工业的发展，气候、环境、资源的变化加剧，给社会发展带来了一系列全球性问题，这是人类活动的结果，其原因和解决的办法主要应从社会内部去寻找。

分析一个国家、一个政党的变化，要把握内因、外因及其相互关联。俄国十月革命开创了世界历史的新纪元，对世界各国特别是中国产生了深刻影响，表明在历史日益成为世界历史的条件下，各国之间的互相影响是极其巨大的。但是中国革命之所以发生、发展，根本原因在于中国社会内部的矛盾。十月革命送来的马克思列宁主义使中国革命的面目为之一新，是因为它适合了中国社会的需要，被中国人民掌握了。中国共产党在领导中国革命过程中的成功或挫折，根本原因在于党自身。所以，"一个政党要引导革命到胜利，必须依靠自己政治路线的正确和组织上的巩固"。

（四） 用矛盾普遍性原理观察和分析事物的矛盾运动

坚持唯物辩证法，反对形而上学，就要深入研究事物的矛盾法则。《矛盾论》对这一法则的阐述是从分析矛盾的普遍性入手的。

毛泽东把矛盾的普遍性概括为两点："其一是说，矛盾存在于一切事物的发展过程中；其二是说，每一事物的发展过程中存在着自始至终的矛盾运动。"一方面，"一切事物"中都有矛盾，没有什么事物是不包含矛盾的；另一方面，事物"自始至终"都有矛盾，没有什么时间是不包含矛盾的。当旧过程被新过程代替时，新过程又包含着新矛盾，开始它自己的矛盾发展史。所以，矛盾的存在是普遍的、绝对的。事事有矛盾，时时有矛盾。矛盾无处不在，无时不有。世界是由矛盾组成的，没有矛盾就没有世界。

唯物辩证法的矛盾普遍性原理是以科学史为依据，由不断发展的社会实践来证明的。《矛盾论》引用恩格斯、列宁的论述并列举大量事实阐明了，物质的各种运动形式和反映物质运动的各门科学中都充满矛盾。"不论是简单的运动形式，或复杂的运动形式，不论是客观现象，或思想现象"，矛盾普遍地存在于一切过程中。毛泽东特别指出，那种认为过程开始时只有差异，发展到一定阶段才出现矛盾的观点是不符合实际的。差异就是矛盾。事物发展过程各阶段的不同，"是矛盾的差别性的问题，不是矛盾的有无的问题"。否认开始阶段的矛盾，就把这一阶段发展的原因归结为外部原因，陷入了外因论。

揭示客观世界固有的对立统一规律，是为了运用这一规律去认识世界、改造世界。在认识和实践活动中运用对立统一规律，就是分析事物的矛盾。矛盾的普遍性、绝对性，意味着矛盾分析方法的普遍适用性。列宁把对立统一规律定义为"承认（发现）自然界（精神和社会两者也在内）的一切现象和过程都包含有互相矛盾、互相排斥、相互对立的趋向"，这也就是说，矛盾分析方法是研究任何事物发展过程所必须应用的方法。马克思的主要著作《资本论》，就是分析"事物发展过程的自始至终的矛盾运动"的典范。《资本论》的矛盾分析方法，是普遍适用的"一般辩证法"的方法。学习《矛盾论》，就是要学习用矛盾分析方法去认识一切事物，特别是分析中国的历史和当代中国的基本国情，并科学地预见历史的未来走向。

二　从矛盾的特殊性入手来认识事物的本质

矛盾普遍性的原理告诉我们认识任何事物都必须分析矛盾，但还没有回答如何分析矛盾的问题。对具体事物矛盾的认识必须从分析矛盾的特殊性入手。研究矛盾的特殊性，是认识事物的基础。这也是《矛盾论》研究的重点。

（一）从几种情形深入研究矛盾的特殊性

毛泽东对矛盾的特殊性分五种情形作了详尽的阐述。

一是各种物质运动形式中的矛盾都带特殊性。世界上的物质运动之所以有不同的形式，就是因为任何运动形式内部都包含着本身特殊的矛盾，它们构成了事物特殊的本质。机械运动、物理运动、化学运动、生物运动和社会运动的特殊本质，是由各自特殊的矛盾所规定的。矛盾特殊性的原理为科学分类提供了哲学理论依据。科学体系中学科的划分，不是由人们主观决定的，其客观根据就是科学对象所具有的特殊的矛盾性。不同领域的特殊矛盾和特殊本质，构成了不同科学研究的对象，从而使各门学科区分开来。二是每一种物质运动形式在其发展长途中每一个过程的矛盾都带特殊性。先后交替的各种社会形态，就是社会运动在其发展长途中的不同过程，它们的矛盾各有其特殊性，决定了各社会形态的特殊本质。三是每一个发展过程中矛盾的各个方面都有其特殊性。一个大的事物在其发展过程中包含着许多矛盾，这些矛盾不仅各有其特殊性，而且每一矛盾的两方面又各有其特点。只有研究矛盾各方面的特点，才能认识矛盾总体的特殊性。四是各个发展过程在其各个发展阶段上的矛盾都带有特殊性。事物的发展过程显现为不同的发展阶段，原因是根本矛盾虽然性质未变但逐渐激化，受其影响的其他大小矛盾有的激化了或缓和了，有的解决了或发生了。不注意各阶段中矛盾的特点，就不能适当地处理事物的矛盾。五是各个发展阶段上的矛盾的各个方面都有特殊性。不研究矛盾各方面的特点，就不能从总体上认识各阶段的矛盾。

《矛盾论》关于这五种情形的论述，并不是制定分析一切事物矛盾的固定不变的程序，而是阐明了分析事物矛盾特殊性的方法。总起来说，认识事物的矛盾，要坚持全面的观点，既从矛盾的总体上，又从矛盾的各方面去分析；要坚持发展的观点，对事物不同过程、不同阶段矛盾的特点作层层深入的分析。

（二）人的认识是在由特殊到一般，由一般到特殊的循环往复中不断深化的

列宁说过："辩证法也就是（黑格尔和）马克思主义的认识论。"① 始终把辩证法和认识论的研究紧密结合在一起，是《矛盾论》的一个重要特点。毛泽东在分析矛盾的特殊性时，阐明了由特殊到一般，又由一般到特殊的认识发展规律。

由于特殊的矛盾构成一事物区别于他事物的特殊本质，不认识矛盾的特殊性就无从辨别事物，所以人类认识运动的秩序，是先从认识个别的特殊的事物开始，而不能是先从认识一般开始。"人们总是首先认识了许多不同事物的特殊的本质，然后才有可能更进一步地进行概括工作，认识诸种事物的共同的本质。"这就是"由特殊到一般"。有了对事物共同本质的认识后，人们又以这种认识为指导，"继续地向着尚未研究过的或者尚未深入地研究过的各种具体的事物进行研究，找出其特殊的本质"。这就是"由一般到特殊"。由此新获得的对事物特殊本质的认识，又可以补充、丰富和发展对事物共同本质的认识，这又是新一轮的"由特殊到一般"了。所以，"这是两个认识的过程：一个是由特殊到一般，一个是由一般到特殊。人类的认识总是这样循环往复地进行的，而每一次的循环（只要是严格地按照科学的方法）都可能使人类的认识提高一步，使人类的认识不断地深化"。一条重要的认识发展规律就这样被揭示出来了。

毛泽东运用这条认识规律深刻地分析了教条主义的错误。《矛盾论》写作的目的，就是从哲学思想的高度总结党的历史经验，克服存在于党内的严重的教条主义思想。王明"左"倾教条主义不是从中国实际出发，而是从"本本"出发决定中国革命的路线、方针、政策。他们既不懂得只有认识个别事物的特殊本质才能充分认识诸种事物的共同本质，不知道书本上的理论是从哪里来的；又不懂得认识事物的共同本质后还必须继续研究具体的事物，不懂得应该如何运用理论。这样他们就把一般真理当成了凭空出现的纯粹抽象的公式，脱离中国实际照搬照用书本上的结论。从

---

① 《列宁专题文集·论辩证唯物主义和历史唯物主义》，人民出版社 2009 年版，第 151 页。

认识过程去分析，他们的错误就在于违背了由特殊到一般，又由一般到特殊的认识规律，颠倒了人类认识真理的正常秩序。

（三）具体地分析具体的情况是马克思主义的活的灵魂

列宁指出，马克思主义的最本质的东西，马克思主义的活的灵魂，就在于具体地分析具体的情况。这是我们运用马克思主义必须遵循的方法论原则。矛盾特殊性的原理是这一原则的重要哲学理论基础。毛泽东结合我们党反对教条主义的实际，论述了这一原则。

首先，只有具体地分析具体的情况，才能正确地认识事物。"离开具体的分析，就不能认识任何矛盾的特性。"理论只能指出事物中共同的一般的东西，不能代替对具体事物矛盾特殊性的认识，所以当我们把马克思主义理论运用到对客观现象的研究时，"必须从客观的实际运动所包含的具体的条件，去看出这些现象中的具体的矛盾、矛盾各方面的具体的地位以及矛盾的具体的相互关系"。教条主义者拒绝对于具体事物的研究，结果弄得一无是处。

其次，只有具体地分析具体的情况，才能正确地解决矛盾。不同质的矛盾，只有用不同质的方法才能解决。毛泽东指出了现实社会实践中一系列重要矛盾的不同解决方法：无产阶级和资产阶级的矛盾，用社会主义革命的方法去解决；人民大众和封建制度的矛盾，用民主革命的方法去解决；殖民地和帝国主义的矛盾，用民族革命战争的方法去解决；社会主义社会中工人阶级和农民阶级的矛盾，用农业集体化和农业机械化的方法去解决；共产党内的矛盾，用批评和自我批评的方法去解决；社会和自然的矛盾，用发展生产力的方法去解决。我们党在长期实践中正是运用这些方法正确地解决了各种不同质的矛盾，不断把中国革命和建设事业推向前进。相反，教条主义者离开具体分析，千篇一律地使用一种自以为不可改变的公式到处硬套，结果只能使革命遭到挫折，或将本来做得好的事情弄得很坏。正反两方面的经验都证明，"用不同的方法解决不同的矛盾，这是马克思列宁主义者必须严格地遵守的一个原则"。而要做到这一条，就必须对具体事物作具体的分析。

（四）研究问题忌带主观性、片面性和表面性

主观性、片面性和表面性，是人们认识活动中常见的错误。毛泽东把

辩证法和认识论结合起来，对这些现象作了深刻的分析。

所谓主观性，就是不知道客观地看问题，也就是不知道用唯物的观点去看问题。马克思和恩格斯，同样地列宁和斯大林，总是指导人们应用辩证法到客观现象的研究时不要带任何的主观随意性。列宁把"考察的客观性"看作是"辩证法的要素"中首要的一条。[①] 这是因为，马克思主义坚持能动的反映论，认为人的认识只有同客观实际相符合才是真理，否则就是谬误。只有从客观实际出发，避免主观随意性，才能达到暴露周围世界的内在矛盾，从其总体和内部联系上把握周围世界的发展。

所谓片面性，就是不知道全面地看问题。全面地看问题，就要从分析矛盾双方的特点入手，达到对矛盾总体的认识。如果不了解矛盾各方的特点，例如，对于中国和日本、共产党和国民党、无产阶级和资产阶级、农民和地主、顺利情形和困难情形、过去和将来、个体和总体、缺点和成绩等矛盾，只了解一方，不了解另一方，就是片面地看问题。这也就是只看见局部，不看见全体；只见树木，不见森林。中国古代"知彼知己，百战不殆"、"兼听则明，偏信则暗"的名言，都是要求看到事物的两个方面，表达了朴素的辩证法思想。既然矛盾的各方面都是事物本身所固有的，人们要真正地认识事物，就必须把握它的一切方面、一切联系。虽然人的认识只能不断地接近对象，而不可能达到最后的完成，但是只有要求全面性，才能不断地前进，防止错误，防止僵化。

1936 年，毛泽东在《中国革命战争的战略问题》中，运用矛盾分析方法对敌人的强大和红军的弱小、敌人"围剿"和红军反"围剿"以及进攻和防御等矛盾的双方做了深入的分析，从军事上总结了第二次国内革命战争的经验。1937 年，他在《矛盾论》中进一步把实践经验上升到哲学的高度，丰富了唯物辩证法的理论和方法。后来在 1938 年写的《论持久战》中，毛泽东成功地运用矛盾分析方法，从分析中国和日本矛盾双方各自的四个特点入手，把握了战争的全部基本要素，从而阐明了抗日战争的基本特点、发展规律和指挥战争的基本原理，科学地预见到战争的历史进程。这些思想在八年抗战的实践中得到了完全的证实，显示了唯物辩证法的科学真理性和强大力量。

所谓表面性，就是对矛盾总体和矛盾各方的特点都不去看，否认深入

[①]　《列宁专题文集·论辩证唯物主义和历史唯物主义》，人民出版社 2009 年版，第 139 页。

事物里面精细地研究矛盾的必要，满足于粗枝大叶地看到一点矛盾的形相。这样就不能真正地认识事物和解决矛盾，不能不在工作中出乱子。

片面性、表面性也是主观性。因为，客观事物本来是互相联系的和具有内部规律的，人们不去如实地反映这些情况，而只是片面地或表面地看它们，那就是主观主义的表现。使认识与客观实际相符合，是认识的根本要求。我们坚持矛盾分析的方法，反对主观性、片面性和表面性，就是为了防止认识与客观实际相分离。

（五）运用唯物辩证法要把握事物矛盾问题的精髓

《矛盾论》在论述矛盾的普遍性和特殊性后，阐明了矛盾的普遍性和特殊性的关系，提出了"关于事物矛盾的问题的精髓"的著名理论。

矛盾的普遍性既是指矛盾的存在是普遍的、绝对的，也是指矛盾的共性，而矛盾的特殊性则是矛盾的个性。"矛盾的普遍性和矛盾的特殊性的关系，就是矛盾的共性和个性的关系。"由于事物范围的极其广大和发展过程的无限性，在一定场合为普遍性的东西，在另一些一定场合则变为特殊性，反过来也是如此，所以矛盾的普遍性和特殊性的区分是相对的。例如生产社会化和生产资料私人占有的矛盾，对于资本主义各国来说是矛盾的普遍性，对整个社会历史发展来说，则是一定历史阶段上的矛盾的特殊性。分析矛盾的普遍性和特殊性的关系，必须把问题放在某一个确定的具体范围去讨论。

每一个事物内部不但包含了矛盾的特殊性，而且包含了矛盾的普遍性。矛盾的特殊性和普遍性是相互联结而不是彼此分离的，所以我们研究事物时，应当去发现事物内部矛盾的特殊性和普遍性这两方面及其相互联结。

一方面，"普遍性即存在于特殊性之中"，不能离开特殊性而单独存在。"共性，即包含于个性之中，无个性即无共性。"毛泽东后来还说过："没有一种普遍性不是建筑在特殊性的基础上的。没有特殊性哪里有普遍性？"[①] 所以，不研究特殊性、个性，就不能认识普遍性、共性。如果离开特殊性、个性、个别，把普遍性、共性、一般当作单独存在的东西，那不仅是把理论当成了凭空出现的教条，而且是把反映事物共性的概念当成

---

① 《毛泽东文集》第 3 卷，人民出版社 1996 年版，第 340 页。

了离开具体事物独立自存的实体。一些唯心主义哲学的失足之处就在这里。正因为如此，离开对具体社会形态的研究去讨论"一般社会"，只能臆造出毫无结果的理论，而马克思则通过解剖资本主义社会中矛盾的特殊性，阐发了一般阶级社会中生产力和生产关系矛盾的普遍性，揭示了社会发展的普遍规律。

另一方面，"在特殊性中存在着普遍性"，特殊性不能离开普遍性而存在。个性中有共性，个别一定与一般相连而存在。看不到特殊性中包含着普遍性，就把具有特殊性、个性的事物当成了孤立的存在物，而这样一来，人们就不可能从认识个别的和特殊的事物扩大到认识一般的事物，也不可能以共同的认识为指导，去研究个别的特殊的事物，这就根本否认了科学理论产生的可能性及其指导作用。

客观世界的辩证法决定认识的辩证法。人类认识之所以是由特殊到一般，又由一般到特殊的循环往复的发展过程，正是因为每一事物内部既包含了矛盾的特殊性又包含了矛盾的普遍性，正是由普遍性和特殊性、共性和个性既彼此区别又相互联结的关系决定的。而运用马克思主义理论对具体情况做具体分析，就是以普遍性的认识为指导去研究那些尚未深入研究过的或新冒出来的具体事物的特殊性，达到普遍性与特殊性、理论与实际相统一的认识，其客观依据也在于矛盾的普遍性与特殊性的辩证关系。

把马克思主义普遍真理同中国具体实际相结合，是中国共产党一贯坚持的思想原则。遵循这条原则，我们党走出了一条通过夺取新民主主义革命的胜利向社会主义转变的民主革命的道路，一条适合中国国情的社会主义改造的道路，又在新的历史时期开辟了中国特色社会主义道路。这一"结合"原则的哲学理论基础，从唯物辩证法的视角看，就是矛盾的普遍性与特殊性的辩证关系以及由此决定的由特殊到一般，又由一般到特殊的认识发展规律。中国特色社会主义所体现的科学社会主义基本原则与中国实际、时代特征的统一，是矛盾普遍性与特殊性的辩证法在我国社会主义实践中的生动体现。

把握矛盾的普遍性与特殊性的关系，是运用对立统一规律乃至全部唯物辩证法理论去分析事物矛盾，认识和改造世界的关键所在。"这一共性个性、绝对相对的道理，是关于事物矛盾的问题的精髓，不懂得它，就等于抛弃了辩证法。"毛泽东的这一思想，丰富和发展了马克思主义的辩证法理论和方法论。

三　研究事物发展过程中的主要矛盾和主要矛盾方面及其转化

主要矛盾和非主要矛盾、矛盾的主要方面和非主要方面的差别性，也属于矛盾的特殊性。研究矛盾的特殊性，如果不注意这两种差别性，就将陷入抽象的研究，不能具体地懂得矛盾的情况，也就不能找出解决矛盾的正确方法。《矛盾论》把这两个问题特别提出来，单列一节作了论述。

（一）研究任何过程都要抓住其主要矛盾

在复杂事物的发展过程中，有许多的矛盾存在，其中必定有一种起着领导的决定的作用，它的存在和发展规定或影响着其他矛盾的存在和发展。这就是主要的矛盾。其他处于次要和服从地位的矛盾，则是非主要矛盾。

研究事物的矛盾，不能把过程中所有的矛盾平均看待，而必须把它们区别为主要的和次要的两类，用全力找出主要矛盾。捉住了这个主要矛盾，一切问题就迎刃而解了。这就是研究任何实际问题或理论问题都应该采用的抓主要矛盾的方法。毛泽东说："万千的学问家和实行家，不懂得这种方法，结果如堕烟海，找不到中心，也就找不到解决矛盾的方法。"这是对历史经验的深刻总结。

毛泽东运用这个方法精辟地分析了现实的社会矛盾，其中着重分三种情况分析了"半殖民地的国家如中国"的主要矛盾。一种是帝国主义向这种国家举行侵略战争的时候，帝国主义和这种国家间的矛盾成为主要矛盾，这种国家内的各种矛盾都暂时降为次要矛盾。另一种是帝国主义不是用战争而是采用政治、经济、文化等形式进行压迫的时候，半殖民国家的统治阶级就会与帝国主义结盟，共同压迫人民大众，人民大众则采取国内战争的形式去反对他们的同盟，因而显出内部矛盾的特别尖锐性。再一种是帝国主义通过分化革命阵线内部或直接出兵援助国内反动派的时候，外国帝国主义和国内反动派公开站在一个极端，人民大众则站在另一极端，成为一个主要矛盾。这种立足于中国历史与现实，又考虑到其他国家的经验而作出科学分析，准确地反映了中国的客观实际，同时对认识其他半殖民地国家的矛盾也具有普遍性意义。毛泽东后来又概括说："帝国主义和中华民族的矛盾，封建主义和人民大众的矛盾，这些就是近代中国社会的主要矛盾。""而帝国主义和中华民族的矛盾，乃是各种矛盾中的最主要的矛盾。"① 指引中国革命取得胜利的新民主主义革命的路线和纲领，即"无产阶级领导的人民大众的反帝反封建的革命"②，就是建立在对中国社会主要矛盾科学分析的基础之上的。这是成功运用马克思主义矛盾分析方法的一个范例。

（二）事物性质的变化是由矛盾主要方面和非主要方面的互相转化造成的

事物中每一矛盾的两方面，其发展也是不平衡的，不可以平均看待。其中必有一方面处于支配地位，起主导作用。这就是矛盾的主要方面。他方面则是矛盾的次要方面。

主要矛盾和次要矛盾、矛盾的主要方面和次要方面的差别性，都是矛盾力量的不平衡性。"世界上没有绝对地平衡发展的东西，我们必须反对平衡论，或均衡论。"有时候似乎势力均敌，但这只是暂时的和相对的情形，基本的形态则是不平衡。毛泽东后来还指出："平衡和不平衡这个矛盾的两个侧面，不平衡是绝对的，平衡是相对的。"③ 正因为如此，每一事物中的多种矛盾必定有主要矛盾和次要矛盾之分，而每一矛盾的两方面必定有主要方面和次要方面之分。

"事物的性质，主要地是由取得支配地位的矛盾的主要方面所规定的。"矛盾的主要方面和次要方面的区别不是固定不变的，而是互相转化的。矛盾双方斗争力量的增减，决定着双方在不同过程或不同阶段上互易其位置。当这种转化发生时，事物的性质也就随着起变化。在困难和顺利这一对矛盾中，当困难是矛盾的主要方面而顺利是其次要方面时，由于革命党人的努力，能够克服困难，开展顺利的新局面；而在相反的情况下，如果革命党人犯了错误，顺利也能转化为困难。所以，在困难的时候要看到光明，要提高勇气，而在顺利的时候要谨慎，防止骄傲起来导致失败。学习中知与不知的矛盾也是如此。努力学习马克思主义，可以由无知转化为有知，由知之不多转化为知之甚多，达到能够自由运用。

毛泽东特别指出，生产力和生产关系、理论和实践、经济基础和上层

---

① 《毛泽东选集》第 2 卷，人民出版社 1991 年版，第 631 页。
② 《毛泽东文集》第 3 卷，人民出版社 1996 年版，第 304 页。
③ 《毛泽东文集》第 8 卷，人民出版社 1999 年版，第 131 页。

建筑这些矛盾，其双方的地位也是可以在一定的条件下互相转化的。生产力、实践、经济基础，一般地表现为主要的决定的作用。但是，当着不变更生产关系，生产力就不能发展的时候，生产关系的变更就起了主要的决定的作用。当着没有革命的理论，就不会有革命的运动的时候，革命理论的创立和提倡就起了主要的决定的作用。当着政治文化等上层建筑阻碍着经济基础的发展的时候，对于政治上和文化上的革新就成为主要的决定的东西了。这样看问题，并不违反唯物论，"因为我们承认总的历史发展中是物质的东西决定精神的东西，是社会的存在决定社会的意识；但是同时又承认而且必须承认精神的东西的反作用，社会意识对于社会存在的反作用，上层建筑对于经济基础的反作用。这不是违反唯物论，正是避免了机械唯物论，坚持了辩证唯物论"。马克思在《资本论》中曾经讲到过"决定性的反作用"。① 恩格斯在晚年书信中论述了政治和意识形态等上层建筑对经济运动的反作用，指出把经济说成是"唯一决定性的因素"，是对唯物史观的"歪曲"。② 《矛盾论》中关于生产关系对生产力、理论对实践、上层建筑对经济基础在一定条件下起"主要的决定的作用"的思想，是以新的实践经验为基础，对马克思和恩格斯思想的丰富和发展。

（三）"新陈代谢是宇宙间普遍的永远不可抵抗的规律"

这是《矛盾论》通过对事物内部新与旧这对矛盾两方面的不同地位及其互相转化的分析得出的一个重要结论。

"依事物本身的性质和条件，经过不同的飞跃形式，一事物转化为他事物，就是新陈代谢的过程。"由于任何事物内部都有其新旧两个方面的矛盾，而每一矛盾双方的主次地位都是可以互相转化的，所以经过曲折的斗争，新的方面由小变大，上升为支配的东西；旧的方面则由大变小，变成逐步归于灭亡的东西。"而一当新的方面对于旧的方面取得支配地位的时候，旧事物的性质就变化为新事物的性质。"

毛泽东阐明的新陈代谢规律对于正确认识社会历史具有重要意义。恩格斯曾经指出，"一切依次更替的历史状态都只是人类社会由低级到高级的

---

① 《马克思恩格斯文集》第 7 卷，人民出版社 2009 年版，第 894 页。
② 《马克思恩格斯文集》第 10 卷，人民出版社 2009 年版，第 591 页。

无穷发展进程中的暂时阶段"。① 为什么历史中的每一个阶段都会走向衰落和灭亡，而被新的更高的阶段所代替呢？就是因为事物内部都有新与旧的矛盾，而矛盾双方的主次地位都可以在一定条件下相互转化，由此决定了新陈代谢是普遍的永远不可抵抗的规律。毛泽东指出，在资本主义社会中，资产阶级已从旧的封建时代的附庸地位转化成了取得支配地位的力量，而随着生产力的发展，资产阶级由新变旧，无产阶级作为新的力量逐步壮大起来，最后夺取政权成为统治阶级，社会的性质，就由旧的资本主义社会转化成新的社会主义社会。在中国，由于帝国主义处在矛盾主要方面的地位，使中国由独立国变成了半殖民地，但是，中国人民在斗争中生长起来的力量必然会打倒帝国主义，把中国由半殖民地变成独立国，同时，国内旧的封建地主阶级将被打倒，人民将在无产阶级领导下由被统治者变为统治者，这时中国社会的性质就会由旧的半殖民地半封建社会变为新的民主的社会。辛亥革命打倒清朝帝国，北伐战争打倒北洋军阀，以及共产党领导的革命根据地内地主和农民之间统治和被统治地位的转化都证明，"世界上总是这样以新的代替旧的，总是这样新陈代谢、除旧布新或推陈出新的"。毛泽东后来还指出："过渡到共产主义的时候，社会主义阶段的一些东西必然是要灭亡的。就是到了共产主义阶段，也还是要发展的。"②

四　研究矛盾诸方面的同一性和斗争性

矛盾就是对立面的统一。对立和统一，或斗争和同一，是矛盾双方之间同时存在的两种关系，斗争性和同一性是矛盾的两种基本属性。

（一）有条件的相对的同一性和无条件的绝对的斗争性相结合，构成了一切事物的矛盾运动

矛盾的同一性又称统一性，包含两层含义。第一，矛盾双方在一定条件下相互依存。每一矛盾的双方，都以和它对立的方面为自己存在的前提，双方共处于一个统一体中。一切矛盾着的事物以及由此决定的人们心中矛盾着的概念，任何一方都不能独立存在。假如没有和它作对的另一

① 《马克思恩格斯文集》第 4 卷，人民出版社 2009 年版，第 270 页。
② 《毛泽东文集》第 8 卷，人民出版社 1999 年版，第 108 页。

方，它自己就失去了存在的条件。第二，矛盾双方在一定条件下相互转化。事物内部矛盾着的两方面，因为一定的条件而各向着和自己相反的方面转化了去，向着它的对立方面所处的地位转化了去。这表明，双方之间是互相贯通的，有一条由此达彼的桥梁。这是矛盾同一性的更重要的表现。它告诉我们，客观事物中矛盾诸方面的统一不是死的、凝固的，而是生动的、有条件的、可变动的、暂时的、相对的，是依一定条件向其反面转化的，所以我们应该揭露形而上学的错误思想，宣传事物本来的辩证法，促成事物的转化，达到革命的目的。

矛盾的同一性是有条件的。具备了一定的条件，两个相反的东西才共处于一个统一体中，构成一定的矛盾，互相依存，互相转化。唯物辩证法是对现实矛盾的科学反映，它既指出矛盾是可以转化的，又强调现实的、具体的矛盾的转化都是有条件的，不具备一定的必要的条件，就不能转化。无条件的转化只存在于神话、童话之中，那是复杂的现实矛盾的变化在人们头脑中主观的、幻想的反映。离开具体条件讲转化，就会陷入幻想，还可能把辩证法变成诡辩。中国的新民主主义革命可以避免资本主义的前途，向社会主义转变，是因为具备了转变的具体条件。

矛盾的斗争性，是指矛盾双方的互相排斥、互相对立。

矛盾的斗争性是无条件的。无论什么事物的运动都采取相对静止和显著变动两种状态，而两种状态的运动都是由事物内部矛盾双方的互相斗争所引起的。当事物的运动只有数量的变化而没有性质的变化时，事物呈现出相对静止的状态；当量变达到某个最高点，引起统一物的分解，发生性质的变化时，事物呈现出显著变动的状态。事物总是不断地由量变发展到质变，由相对静止的状态转变到显著变动的状态，而矛盾的斗争则存在于两种状态中，并经过质变达到矛盾的解决。所以，"对立的统一是有条件的、暂时的、相对的，而对立的互相排除的斗争则是绝对的"。毛泽东后来还强调说："矛盾、斗争、分解是绝对的，统一、一致、团结是相对的，有条件的。有了这样的观点，就能够正确认识我们的社会和其他事物；没有这样的观点，认识就会停滞、僵化。"①

不能把矛盾斗争的无条件性理解为事物的矛盾斗争可以脱离具体的环境条件。毛泽东在读艾思奇编的《哲学选辑》时写道："具体的斗争形态也是

---

① 《毛泽东文集》第8卷，人民出版社1999年版，第131页。

在一定条件之下的。说斗争无条件，是指矛盾的普遍性、永久性，不是说具体的矛盾。"① 任何事物都不能脱离具体的环境而存在，所以矛盾的具体的斗争形态也是在一定条件之下的。具体事物中矛盾双方的关系都是"一定条件下的斗争与一定条件下的统一"。② 所以，既要看到矛盾的斗争是普遍的、永久的、绝对的，又要对具体事物中矛盾斗争的形态、表现做具体的分析。

矛盾的同一性和斗争性是彼此结合在一起的两种属性。正是这二者的结合构成了一切事物的矛盾运动。事物的矛盾法则，就是矛盾的双方既对立又统一，推动事物发展的法则。毛泽东用中国古代"相反相成"的成语说明了矛盾双方之间既斗争又同一的关系。"相反"就是说两个矛盾方面互相排斥、互相斗争。"相反相成"就是说相反的东西有同一性。一方面，"斗争性即寓于同一性之中"。矛盾的斗争是一定的统一体中的斗争，不能离开同一性单独存在。另一方面，"在同一性中存在着斗争性"。看不到同一性中有斗争性，就抹杀了矛盾双方的差别，否认了矛盾，把事物当成了凝固不变的东西。所以，坚持唯物辩证法，必须全面把握矛盾双方之间既对立又统一的关系。列宁写道："辩证的东西 = '在对立面的统一中把握对立面'。"③ 反对片面性，不仅要反对只看到事物中矛盾的一方而看不到另一方，还要反对在矛盾双方的同一和斗争这两重关系中只看到一方而看不到另一方。毛泽东曾多次批评把矛盾的同一性和斗争性割裂开来的错误。他批评斯大林在《苏联共产党（布）历史简明教程》中讲事物的内在矛盾时"只讲对立面的斗争，不讲对立面的统一"，是"形而上学"，批评苏联《简明哲学辞典》中关于战争与和平、资产阶级与无产阶级、生与死等现象没有同一性，只是互相排斥，不能在一定条件下互相转化的说法"是根本错误的"。④ 他还指出，列宁死后，苏联的辩证法少了，"他们有时强调斗争不讲统一，有时强调统一不讲斗争。这两种片面性都是形而上学，都是缺少辩证法"。⑤ 毛泽东领导我们党制定的统一战线的政策，"既不是一切联合否认斗争，又不是一切斗争否认联合，而是综合联合和斗争两方面的策略"⑥，强调"统一不忘斗争，斗争不忘统一"⑦，

---

① 《毛泽东哲学批注集》，中央文献出版社 1988 年版，第 374 页。
② 同上书，第 373 页。
③ 《列宁全集》第 55 卷，人民出版社 1990 年版，第 83 页。
④ 《毛泽东文集》第 7 卷，人民出版社 1999 年版，第 194 页。
⑤ 《毛泽东著作专题摘编》（上），中央文献出版社 2003 年版，第 140 页。
⑥ 《毛泽东选集》第 2 卷，人民出版社 1991 年版，第 763 页。
⑦ 《毛泽东文集》第 2 卷，人民出版社 1993 年版，第 222 页。

这是把矛盾的同一性和斗争性结合起来的典范。

（二）对抗是矛盾斗争的一种形式，而不是它的一切形式

研究矛盾的斗争性，必须区分对抗和非对抗这两种形式，并注意它们的相互转化。

"对抗是矛盾斗争的一种形式"，即外部冲突的形式，比如人类历史中剥削阶级和被剥削阶级之间的对抗、战争的爆发、炸弹的爆炸，就是对抗的形式。对抗"不是矛盾斗争的一切形式"，矛盾的斗争还有非对抗的形式，即不表现为外部冲突的形式。

矛盾斗争形式的不同，是由矛盾性质的不同决定的。"矛盾和斗争是普遍的、绝对的，但是解决矛盾的方法，即斗争的形式，则因矛盾的性质不同而不同。"有些矛盾具有公开的对抗性，有些矛盾则不具有对抗性。具有对抗性的矛盾并非任何时候都表现为对抗的斗争形式。在阶级社会中，剥削阶级和被剥削阶级长期并存于一个社会中，互相斗争着，但只有当矛盾发展到一定阶段的时候，双方才取外部对抗的形式。对抗性的矛盾和非对抗性的矛盾是可以相互转化的。"根据事物的具体发展，有些矛盾是由原来还非对抗性的，而发展成为对抗性的；也有些矛盾则由原来是对抗性的，而发展成为非对抗性的。"

解决这两种不同性质的矛盾，要用不同的方法。不能用对抗的形式去解决一切矛盾，也不能不用对抗的形式去解决对抗性的矛盾。我们坚持马克思列宁主义的社会革命论，是因为存在着对抗性的矛盾，"舍此不能完成社会发展的飞跃，不能推翻反动的统治阶级，而使人民获得政权"。我们反对用过火的斗争解决党内正确思想和错误思想的矛盾，是因为犯错误的同志如果改正错误，就不会发展为对抗。

列宁说："对抗和矛盾断然不同。在社会主义下，对抗消灭了，矛盾存在着。"后来，毛泽东总结新的历史经验，提出了正确处理社会主义社会中人民内部矛盾和敌我矛盾两类不同性质矛盾的学说，这是马克思主义的辩证法思想在社会主义实践中的重要发展。

（原载《贵州师范大学学报》2011 年第 3 期）

构建社会主义和谐社会的重要理论基础

——学习《关于正确处理人民内部矛盾的问题》中关于社会主义社会矛盾的理论

提要 毛泽东《关于正确处理人民内部矛盾的问题》运用对立统一规律观察社会主义社会，提出了社会主义社会基本矛盾和两类不同性质矛盾的学说，在马克思主义发展史上第一次系统阐述了关于社会主义社会矛盾的理论。这一理论为我们今天构建社会主义和谐社会提供了重要理论基础。

毛泽东的重要著作《关于正确处理人民内部矛盾的问题》（以下简称《正处》）在马克思主义发展史上第一次明确提出并系统阐述了关于社会主义社会矛盾的理论。笔者认为，这一理论是我们今天构建社会主义和谐社会的重要理论基础。本文围绕这一观点谈一些认识。

构建社会主义和谐社会的理论基础，广义地说，是不断发展着的整个马克思主义的科学理论体系。构建社会主义和谐社会的理论作为中国化马克思主义的最新思想成果之一，本身就是发展着的马克思主义中的一个内在构成部分，是与整个体系融为一体、不可分割的，因而是以这整个体系为理论基础的。在马克思主义的理论宝库中，关于社会主义社会矛盾的理论是构建社会主义和谐社会最直接的理论基础，而这一理论是毛泽东在《正处》中对马克思主义的一个伟大贡献。

毛泽东没有提出构建社会主义和谐社会的理论。明确提出构建社会主义和谐社会的战略任务和基本要求，形成构建社会主义和谐社会的战略思想，是 21 世纪的事情，是十六大以后党的理论创新的重大成果。但是，在毛泽东的著作中，不难发现这一思想的源头。1944 年，毛泽东在一次讲话中提出，"对自己人、对人民、对同志、对官长、对部下要和，要团结"。① 1957 年 2 月，毛泽东在《正处》中说："国家的统一，人民的团结，国内各民族的团结，这是我们的事业必定要胜利的基本保证。"② 这里已经蕴含着对社会主义条件下社会和谐重大意义的深刻认识。同年 7 月，毛泽东在一篇文章中提出，"我们的目标，是想造成一个又有集中又有民主，又有纪律又有自由，又有统一意志、又有个人心情舒畅、生动活泼，那样一种政治局面"。③ 这里所描绘的，正是我们所要构建的社会主义和谐社会中的政治局面。

更重要的是，毛泽东用他关于社会主义社会矛盾的学说为我们今天构建社会主义和谐社会奠定了最重要的理论基础。

第一，毛泽东把对立统一规律运用于社会主义社会，确立了认识社会主义社会的根本方法论原则。

早在 1937 年，毛泽东在《矛盾论》中就根据列宁的论断提出对立统一法则是唯物辩证法最根本的法则，并且对对立统一规律作了系统阐述。承认矛盾的普遍性、坚持矛盾分析的方法，应该是马克思主义者观察和处理一切问题的根本方法。但是，对许多人说来，承认对立统一规律是一回事，应用这个规律去观察和处理问题又是一回事。社会主义社会是人类历史上崭新的社会制度，社会主义社会还有没有矛盾，这是历史发展中新提出的问题。"无矛盾论"曾经成为苏联哲学界一种主流的观点。在《正处》中，毛泽东不仅重申"对立统一规律是宇宙的根本规律"，这个规律在自然界、人类社会和人们的思想中都是普遍存在的，并且总结新中国建立后的实践经验，明确提出并肯定地回答了社会主义社会还有没有矛盾的问题。他指出，没有矛盾的想法是不符合客观实际的天真的想法。许多人不承认社会主义社会还有矛盾，因而在社会矛盾面前缩手缩脚，处于被动地位，不懂得正确地处理和解决矛盾。后来他在 1957 年 11 月召开的莫斯科共产党和工人党代表会议上讲话时进一步指出："有些人说社会主义社会可以'找到'矛盾，我看这个提法不对。不是什么找到或找不到矛盾，

① 《毛泽东文集》第 3 卷，人民出版社 1996 年版，第 210 页。
② 《毛泽东著作选读》下册，人民出版社 1986 年版，第 757 页。本文以下的引文，凡出自《关于正确处理人民内部矛盾的问题》的，均不再加注。
③ 《毛泽东著作选读》下册，人民出版社 1986 年版，第 819 页。

而是充满着矛盾。"①

毛泽东关于对立统一规律的系统阐述，特别是他关于社会主义社会充满着矛盾的理论为我们今天构建社会主义和谐社会提供了最根本的世界观和方法论基础。回答什么是和谐、什么是社会和谐、什么是社会主义和谐社会的问题，不能离开对立统一规律和矛盾分析的方法。没有矛盾就没有世界。和谐不是无矛盾的状态，而是一定事物矛盾存在和发展中的一种状态。社会和谐不是社会中没有矛盾，而是一定社会中矛盾得到妥善处置、正确解决时呈现的一种状态。没有矛盾就不成其为社会，同样的，没有矛盾就没有社会主义社会。因此，促进社会和谐，构建和谐社会，不是否认矛盾或回避矛盾，不是否定对立统一规律、放弃矛盾分析的方法，而是要通过对不同社会中矛盾的分析、比较认清构建社会主义和谐社会的客观依据和客观必然性，通过正确分析和处理社会主义社会中的各种不同矛盾来促进社会和谐。

第二，毛泽东关于社会主义社会基本矛盾的学说为我们认识社会和谐是中国特色社会主义的本质属性提供了重要理论基础。

党的十六届六中全会通过的《关于构建社会主义和谐社会若干重大问题的决定》作出了一个极其重要的论断："社会和谐是中国特色社会主义的本质属性。"② 这一论断揭示了社会和谐与中国特色社会主义之间的本质联系，指出了社会和谐作为本质属性是社会主义社会所固有的，也是社会主义社会区别于其他性质的社会所特有的，从而表明，构建社会主义和谐社会是建设中国特色社会主义的一项重大战略任务。

事物的内部矛盾决定事物的性质，一定社会的基本矛盾决定这个社会的本质以及它同其他社会之间的本质区别。离开对社会基本矛盾的分析，就不能深刻理解和准确把握社会和谐这一中国特色社会主义的本质属性。而关于社会主义社会基本矛盾的理论，是由毛泽东在《正处》中首次提出的。

早在 19 世纪 40 年代，马克思、恩格斯就在《德意志意识形态》、《哲学的贫困》等著作中，逐步形成了生产关系的概念，揭示了生产力和生产关系的辩证运动，奠定了唯物史观的基础。1859 年，马克思在著名

---

① 《毛泽东文集》第 7 卷，人民出版社 1999 年版，第 332 页。
② 《十六大以来重要文献选编》（下），中央文献出版社 2008 年版，第 648 页。

的《〈政治经济学批判〉序言》中总结自己的研究成果，对生产力与生产关系、经济基础与上层建筑之间的辩证关系及由此决定的整个人类社会的矛盾运动作出了高度概括，成为对唯物史观最重要的经典表述。但是，这里还没有提出"社会基本矛盾"的概念。恩格斯和列宁的著作中出现过"基本矛盾"的概念。恩格斯曾经把资本主义社会中生产资料社会化和社会产品被个别资本家所占有的矛盾称为现代社会"一切矛盾的基本矛盾"。[1] 列宁在分析资本主义经济危机时说过，"危机是由现代经济制度中另一个更深刻的基本矛盾，即生产的社会性和占有的私人性之间的矛盾引起的"。[2] 但是，这些论述，都还没有达到在社会发展一般规律的层面对社会基本矛盾的完整认识和明确表述。至于斯大林，当他断言在苏联社会主义制度下"生产关系同生产力状况完全适合"[3] 时，实际上就否定了生产关系同生产力的矛盾是贯穿人类社会始终的基本矛盾。

毛泽东在《正处》中明确指出："在社会主义社会中，基本的矛盾仍然是生产关系和生产力之间的矛盾，上层建筑和经济基础之间的矛盾。不过社会主义社会的这些矛盾，同旧社会的生产关系和生产力的矛盾、上层建筑和经济基础的矛盾，具有根本不同的性质和情况罢了。"这一高度概括的论述具有十分丰富的思想内容和重要的理论意义。其一，它明确地将社会的基本矛盾概括为生产关系和生产力之间的矛盾、上层建筑和经济基础之间的矛盾这两对矛盾。其二，它内在地蕴含着这两对矛盾是贯穿于一切社会形态中的基本矛盾的论断。其三，它包含着社会基本矛盾在不同社会中有不同性质和表现的思想，明确指出了社会主义社会的基本矛盾具有与旧社会根本不同的性质和情况。毛泽东还具体分析了当时我国社会中生产关系和生产力之间、上层建筑和经济基础之间又相适应又相矛盾的情况和种种表现。

认识社会和谐问题，必须从分析社会基本矛盾入手。社会基本矛盾性质的不同使人类社会发展中出现的几种基本社会形态区分为对抗性的社会形态和非对抗性的社会形态。在我国社会主义制度下，以公有制为主体的生产关系、以共产党领导的人民民主专政国家政权为核心的政治上层建筑

---

① 《马克思恩格斯选集》第 3 卷，人民出版社 1995 年版，第 758 页。
② 《列宁全集》第 2 卷，人民出版社 1984 年版，第 137 页。
③ 《列宁主义问题》，人民出版社 1964 年版，第 652 页。

和以马克思主义为指导的社会主义意识形态决定了生产关系和生产力之间、上层建筑和经济基础之间的矛盾是非对抗性的矛盾，这些矛盾可以通过社会主义改革不断得到解决，实现社会主义制度的自我完善和发展，从而使整个社会呈现和谐状态。正如胡锦涛同志所指出的："我国社会的基本矛盾是非对抗性的，我们具有不断促进社会和谐、最终建成社会主义和谐社会的根本政治前提和社会制度保证。"[①] 在封建主义、资本主义等剥削制度下，由于其基本的生产关系中劳动者与生产资料相分离，一个阶级占有另一个阶级的劳动，因而生产关系与生产力之间存在着对抗性的矛盾，进而决定了维护剥削制度的上层建筑同经济基础的变革要求之间也存在着对抗性的矛盾，所以社会和谐只能是人们孜孜以求的美好憧憬，而不可能真正实现。正是社会基本矛盾性质的不同决定了社会和谐是中国特色社会主义的本质属性，而剥削阶级社会不可能具有社会和谐的本质属性。毛泽东在《正处》中说："资本主义社会的矛盾表现为剧烈的对抗和冲突，表现为剧烈的阶级斗争，那种矛盾不可能由资本主义制度本身来解决，而只有社会主义革命才能加以解决。社会主义社会的矛盾是另一回事，恰恰相反，它不是对抗性的矛盾，它可以经过社会主义制度本身，不断地得到解决。"50 年前的这些论述，今天仍然闪耀着真理的光芒，为我们理解"社会和谐是中国特色社会主义的本质属性"提供了深刻的启示。在"社会主义和谐社会"这一概念中，"社会主义"四个字不是可有可无的，它标明了我们所要构建的和谐社会的社会制度属性，表明构建和谐社会必须坚持中国特色社会主义道路。如果离开对不同社会中社会基本矛盾的分析去讲和谐社会，把和谐社会看作是任何社会制度下都可以实现的，那就否定了构建和谐社会的根本政治前提和社会制度保证，就可能偏离我们党确定的构建社会主义和谐社会的指导思想和原则。

第三，毛泽东关于社会主义社会两类不同性质矛盾的学说为我们今天构建社会主义和谐社会提供了重要理论基础。

什么样的社会矛盾在其存在和发展中可以呈现为和谐状态？如何处理这些矛盾才能促进社会和谐？今天我们回答这些问题，不能不到毛泽东两类不同性质矛盾的理论中寻求启示。

---

① 胡锦涛：《在中共十六届六中全会第二次全体会议上的讲话》，《十六大以来重要文献选编》（下），中央文献出版社 2008 年版，第 677 页。

　　列宁已经注意到了对抗与矛盾的关系问题，他在读布哈林《过渡时期经济学》一书时写道："对抗和矛盾完全不是一回事。在社会主义下，对抗将会消灭，矛盾仍将存在。"① 毛泽东在《矛盾论》中引用了列宁的这一论述，并专设一节明确地提出和阐述了"对抗在矛盾中的地位"问题，指出矛盾斗争的形式因矛盾的性质不同而不同，有对抗的形式，也有非对抗的形式。在《正处》中，毛泽东根据新的实践经验运用他在《矛盾论》中锻造的这一锐利的唯物辩证法的思想武器分析社会主义社会的矛盾，提出了正确区分和处理社会主义社会两类不同性质矛盾的学说。他明确指出："在我们的面前有两类社会矛盾，这就是敌我之间的矛盾和人民内部的矛盾。这是性质完全不同的两类矛盾。"他分析了这两类矛盾的不同性质："敌我之间的矛盾是对抗性的矛盾。人民内部的矛盾，在劳动人民之间说来，是非对抗性的；在被剥削阶级和剥削阶级之间说来，除了对抗性的一面以外，还有非对抗性的一面。"他还指出："一般说来，人民内部的矛盾，是在人民利益根本一致的基础上的矛盾。"毛泽东阐述了如何分别采用专政和民主这两种不同的方法去解决两类不同性质的矛盾。毛泽东关注的重点，是正确处理人民内部矛盾的问题。他说，"关于正确处理人民内部矛盾的问题，这是一个总题目"，"也要说到敌我矛盾的问题，但是重点是讨论人民内部的矛盾问题。"

　　正如"对抗是矛盾斗争的一种形式，而不是矛盾斗争的一切形式"②一样，和谐也只是矛盾存在和发展的一种状态，而不是一切矛盾运动中都存在的状态。一般说来，在社会运动中，一种矛盾，只有它本身的性质是非对抗性的，才能在其存在和发展过程中始终呈现为和谐状态；对抗性的社会矛盾虽然并非始终表现为剧烈的冲突，在其量变过程中也会呈现出平稳的有时是缓和的状态，但只要它没有转化为非对抗性的矛盾，其最终的解决就难免表现为外部冲突的形式。一个社会，只有当其社会成员之间基本的社会关系或社会矛盾是根本利益一致基础上的非对抗性的矛盾时，整个社会才能成为和谐社会；建立在阶级对立基础上的剥削阶级社会不可真正实现社会和谐。

　　从两类不同性质矛盾的视角来分析，为什么社会主义社会能够实现社会

　　① 《列宁全集》第60卷，人民出版社1990年版，第281—282页。
　　② 《毛泽东选集》第1卷，人民出版社1991年版，第314页。

和谐呢？首先，在社会主义社会中，大量的社会矛盾是人民内部矛盾。由于广大人民群众的根本利益是一致的，人民内部的各种矛盾只要处理得当，不会表现为剧烈的冲突。其次，我国社会主义初级阶段也存在着对抗性的敌我矛盾，如极少数与国外敌对势力相互呼应图谋颠覆我国社会主义制度和共产党领导的资产阶级自由化分子与人民群众的矛盾、极少数严重危害国家和人民利益的腐败分子与人民群众的矛盾就是对抗性的矛盾，但是，由于人民掌握了国家政权，处于当家做主的地位，只要我们运用人民民主专政的力量正确处理这些矛盾，维护社会主义制度和共产党的领导，巩固人民的政权，这些矛盾就可以被控制在一定的范围之内并不断得到解决，而不会妨碍整个社会的和谐发展。在事物发展过程中，事物矛盾的性质并不是固定不变的，如毛泽东在《矛盾论》中所指出的："根据事物的具体发展，有些矛盾是由原来还非对抗性的，而发展成为对抗性的；也有些矛盾则由原来对抗性的，而发展为非对抗性的。"① 在社会主义条件下，可以把一些对抗性的矛盾转化为非对抗性的矛盾，或用非对抗性的方法解决这些矛盾，从而促进社会和谐。另一方面，人民内部矛盾如果处理不好，也可能转化为对抗性矛盾而危害社会和谐。从一定意义上说，构建社会主义和谐社会的关键，就是要正确地区分并用适当的方法处理好两类不同性质的社会矛盾。

　　党的十六届六中全会《决定》指出："构建社会主义和谐社会，是我们党以马克思列宁主义、毛泽东思想、邓小平理论和'三个代表'重要思想为指导，全面贯彻落实科学发展观，从中国特色社会主义事业总体布局和全面建设小康社会全局出发提出的重大战略任务。"② 这一论述明确指出了我们构建社会主义和谐社会的指导思想是马克思列宁主义和中国化的马克思主义，而不能是别的什么理论。中国历史上有关社会和谐的思想为我们提供了有益的思想资源。国外处理社会关系的理论和做法值得我们研究和借鉴。但是，指导我们构建社会主义和谐社会的理论基础只能是马克思主义，而在构建社会主义和谐社会的理论建设和实践探索中，毛泽东的《关于正确处理人民内部矛盾的问题》是一篇特别重要的马克思主义的文献，值得我们深入学习和研究。

　　（原载《中华魂》2007 年第 7 期；《马克思主义文摘》2007 年第 10 期摘发）

---

① 《毛泽东选集》第 1 卷，人民出版社 1991 年版，第 335 页。
② 《十六大以来重要文献选编》（下），中央文献出版社 2008 年版，第 648 页。

下 编

>>

探索与辨析

七

理论和现实问题探讨

不能离开中国实际谈马克思主义

提要 邓小平关于"离开自己国家的实际谈马克思主义，没有意义"的重要论断，同毛泽东在延安整风中倡导的马克思主义学风一脉相承，是马克思主义的实践精神在新的历史下的生动体现。应该运用这一思想来审视我们的理论研究，端正学风。离开中国实际谈论马克思主义，就离开了我们研究马克思主义的根本目的，没有意义。

把马克思主义基本原理同中国具体实际相结合，是中国共产党最根本的历史经验。坚持这一"结合"原则，要处理好马克思主义同中国实际的关系，一方面不能离开中国实际谈马克思主义，另一方面不能离开马克思主义谈中国实际。本文就其中前一方面的问题作一些讨论。

一 立足中国实践看什么是马克思主义基本原理

讨论"把马克思主义基本原理同中国具体实际相结合"的原则，不能不涉及对其中"马克思主义基本原理"的理解。这里先就此谈一点认识。

在我们党的历史文献中，对于"结合"原则，有过一些不同的表述。除了其中的"马克思主义"也表述为"马克思列宁主义"、"具体实际"也表述为"具体实践"（笔者认为，这些表述本质上是相同的。此处不论）外，"结合"原则中的"基本原理"也曾表述为"普遍真理"、"普遍原理"，或直接称为"马克思主义"、"马克思列宁主义的理论"。

这一"结合"原则是 1945 年党的七大在确立毛泽东思想指导地位的同时确立的。邓小平在 1956 年回顾说："十一年前，中国共产党第七次全国代表大会确立了这样的原则，即马克思列宁主义的普遍真理与中国革命的具体实践相结合，以此来指导我国的革命，指导我国的建设。"他说："这个原则是我们党和毛泽东同志根据革命中失败和成功的经验总结起来，并在第七、第八两次党代表大会上加以肯定的。"①

从延安整风时期提出"马列主义普遍真理与中国具体实际相结合"这个口号，到1945年4月党的六届七中全会《关于若干历史问题的决议》，到党的七大，论及这一原则时主要表述为"马克思列宁主义的普遍真理"②，或"马克思主义的普遍真理"。③ 在八大开幕词中，毛泽东的表述是："把马克思列宁主义的理论和中国革命的实践密切地联系起来，这是我们党的一贯的思想原则。"④ 1982年邓小平在党的十二大开幕词中第一次提出"建设有中国特色的社会主义"这一命题时，把它同"结合"原则直接联系起来，他也是表述为"马克思主义的普遍真理"，他说："把马克思主义的普遍真理同我国的具体实际结合起来，走自己的路，建设有中国特色的社会主义，这就是我们总结长期历史经验得出的基本结论。"⑤ 1981年党的十一届六中全会《关于建国以来若干历史问题的决议》中论述毛泽东思想是"结合"的产物时，在同一句话中用了"马克思列宁主义的基本原理"和"马克思列宁主义的普遍原理"⑥ 两种表述方式。改革开放新时期以来，《中国共产党章程》中论述毛泽东思想时的表述，从1982年的十二大到1987年的十三大，用的是"马克思列宁主义的普遍原理"，从1992年的十四大到2007年的十七大，用的是"马克思列宁主义基本原理"。2008年12月，胡锦涛同志在纪念党的十一届三中全会召开30周年大会上的讲话中说："30年的历史经验归结到一点，就是把马克思主义基本原理同中国具体实际相结合，走自己的路，建设中国特色社会主义。"

笔者作以上梳理，意在说明，目前通用的马克思主义的"基本原理"，同我们党以往长期使用的"普遍真理"、"普遍原理"等本质上是

---

① 《邓小平文选》第1卷，人民出版社1989年版，第258页。
② 《毛泽东选集》第3卷，人民出版社1991年版，第952页。
③ 《刘少奇选集》上卷，人民出版社1981年版，第319页。
④ 《毛泽东文集》第7卷，人民出版社1999年版，第116页。
⑤ 《邓小平文选》第3卷，人民出版社1993年版，第3页。
⑥ 《三中全会以来重要文献选编》（下），人民出版社1982年版，第825页。

一致的，只是表述方式有所不同。明确这一点，对于我们理解"马克思主义"和"马克思主义基本原理"是必要的。在笔者看来，马克思主义基本原理，就是马克思主义经典著作中经过实践反复检验而确立起来的，具有普遍的真理性因而也具有普遍的实践指导作用的理论。称之为"基本原理"，是相对于关于特定对象的个别性结论或理论判断而言的。普遍的真理性和普遍的指导意义，就是基本原理区别于个别性理论判断的主要特征，也是判定一个思想、观点是否属于基本原理的条件或标准。正是为了强调同个别性理论判断的区别，新时期以来党的文献主要采用了"基本原理"这种表述方式。应该看到，此前从毛泽东到邓小平讲到"结合"原则时所说的马克思主义"普遍真理"，或马克思主义"理论"，或"马克思主义"，本来也就是指这种具有普遍性的理论。他们从来就反对照搬现成的结论，因而强调坚持"普遍真理"。作为我们党的指导思想的理论基础的"马克思主义"或"马克思列宁主义"，从来就是指它的基本原理或普遍真理，而不是指经典作家著作中的个别性结论。

　　基本原理都具有普遍性，并不意味着其适用范围都具有时空上的无限性。除了适用于整个物质世界的辩证唯物主义的基本原理外，马克思主义其他基本原理的适用范围都有其时空上的条件性，或有限性。马克思主义的三个主要组成部分——哲学、政治经济学和科学社会主义的基本原理，各有不同的适用范围。同样是马克思主义哲学的基本原理，历史唯物主义关于社会发展规律的理论与自然辩证法的适用范围不同，而其中关于阶级和阶级斗争理论的适用范围又不同于社会基本矛盾理论，它不适用于社会发展中阶级尚未产生的和将来阶级消灭后的阶段。所以基本原理的普遍性不具有绝对性的意义，同时也不可能划出一个固定的普遍性大小的范围来界定什么是"基本原理"。立足于中国实践来看问题，马克思主义理论中那些已被实践证明为具有科学真理性和实践指导意义的，适用范围虽有不同但包括中国而又不限于中国的思想、观点，都是"基本原理"的某种构成因素。其中不能不包括了适用范围不同、重要性也有所区别的思想理论。

　　马克思主义基本原理不是一些彼此独立的观点的集合体，而是具有内在层次性结构的科学思想体系。这是因为，真理都是具体的，而"具体之所以具体，因为它是许多规定的综合，因而是多样性的统一。因此它在思维中表现为综合的过程"。① 所以，"真理就是由现象、现实的一切方面的总和以及它们的（相互）关系构成的"②。单个的命题难以准确地表达具体真理，因而马克思主义基本原理从实质上说不是以单个命题的形式呈现的，无论其整体或某一方面的基本原理，都是由一系列不同层次的概念、命题相互关联构成的体系。我们可以像《关于建国以来党的若干历史问题的决议》在论述毛泽东思想时所做的那样，用"关于"某一方面的理论而不是简单地用单一的命题去表述它们。

因此，笔者认为，马克思主义作为工人阶级的科学世界观，就是由它的各种基本原理有机构成的思想体系。我们党坚持以马克思主义为指导，从来就是指以马克思主义基本原理或普遍真理为指导；而坚持马克思主义基本原理同中国具体实际相结合，又始终是把对"基本原理"的理解同马克思主义理论的整体联系在一起而不是分离开的。基于这样的认识，本文以下讨论"马克思主义"同中国实际的关系，也就是讨论"马克思主义基本原理"同中国实际的关系。

二　离开中国实际谈马克思主义没有意义

邓小平说："离开自己国家的实际谈马克思主义，没有意义。"③ 这是一个掷地有声的重要论断。我们应该高度重视，深入研究。他在这里说的是"自己国家"，不限于中国。这是因为，正如他曾经指出的，"马克思列宁主义的普遍真理与本国的具体实际相结合，这句话本身就是普遍真理"。④ 中国共产党人确立的"结合"原则，具有超越中国范围的普遍性意义。

为什么离开本国实际谈马克思主义没有意义？这是由理论与实践的关系，特别是由马克思主义的实践性特点决定的。人的认识对实践的依赖关系，不仅表现于实践是认识的来源、认识发展的动力和认识的真理性的标准，而且在于认识以实践为目的，因而任何认识和理论离开实践就失去了价值。如毛泽东所指出的，无产阶级认识世界的目的，只是为了改造世

① 《马克思恩格斯文集》第8卷，人民出版社2009年版，第25页。
② 《列宁全集》第55卷，人民出版社1990年版，第166页。
③ 《邓小平文选》第3卷，人民出版社1993年版，第191页。
④ 《邓小平文选》第1卷，人民出版社1989年版，第258—259页。

界，此外再无别的目的。我们学习、研究马克思主义，既不是为着好看，也不是因为它有什么神秘，只是为了用它指导实践。

马克思主义按其本性来说就是实践的。它从诞生之日起就把自己当作无产阶级的精神武器。它不仅要解释世界，更要改变世界。"马克思首先是一个革命家。他毕生的真正使命，就是以这种或那种方式参加推翻资本主义社会及其所建立的国家设施的事业，参加现代无产阶级的解放事业。"① 创立科学理论，是马克思参加无产阶级解放事业的"这种或那种方式"中的一种，因而始终是同实践的方式结合在一起而不是相分离的。《共产党宣言》就是理论与实践结合的结晶，是马克思主义理论与实践统一的生动体现。它既是马克思主义理论问世的标志，又是世界上第一个无产阶级国际组织共产主义者同盟的宣言，是它的创建工作最终完成的标志。《法兰西内战》既是马克思主义的重要理论文献，又是巴黎公社革命实践的忠实记录和经验总结。作为科学家的马克思，发现了人类历史的发展规律，发现了资本主义生产方式和资本主义社会的运动规律；与此同时，作为革命家的马克思，满腔热情、坚韧不拔地为宣传群众、组织群众反对资本主义进行斗争，他的"全部活动的顶峰"是"创立伟大的国际工人协会"。恩格斯评价说，"协会的这位创始人即使没有别的什么建树，单凭这一成果也可以自豪"。② 对于马克思主义这一生来就是为了实践并且始终以实践为目的的科学理论，如果脱离本国人民改变世界的实践对它作纯粹学术的学院式研究，就从根本上背离了它的本性，不能真正理解它的精神实质，更不能实现它的价值。

对于中国共产党和中国人民来说，马克思主义从来就不是一种书斋里的学问，不是古董鉴赏家手中的玩物。在帝国主义和封建主义双重压迫下陷于苦难深渊的中国人民，没有那种把马克思主义当作纯学术去研究和鉴赏的闲情。中国人民是在探索救国救民之路的艰难跋涉中找到马克思主义的。在马克思主义同中国工人运动结合中诞生的中国共产党，从一开始就把它当作观察和改变国家命运的工具。党把马克思主义同中国实际相结合，领导中国人民取得新民主主义革命和社会主义改造的胜利而建立了新中国和社会主义制度，马克思主义理论也在中国伴随着实践前进的脚步实

---

① 《马克思恩格斯文集》第 3 卷，人民出版社 2009 年版，第 602 页。
② 同上。

现了中国化,并成为国家的指导思想。马克思主义在中国的命运,始终同中国人民的实践结合在一起,始终同中国人民、中国共产党、中国社会主义的命运休戚与共。今天,党和国家之所以高度重视马克思主义理论工作,实施马克思主义理论研究和建设工程,设立马克思主义一级学科,建立大批马克思主义一级学科和二级学科的学科点,设立大批研究项目,大力培养马克思主义理论人才、理论队伍,正是因为我们的实践需要马克思主义,建设中国特色社会主义、实现中华民族伟大复兴的事业需要马克思主义。13 亿中国人民正致力于推动科学发展、促进社会和谐、通过全面建设小康社会推进中国特色社会主义的实践。如果远离中国实际和中国人民的实践,把对马克思著作、思想的研究纯学术化,就离开了我们研究马克思主义的根本目的。

当然,繁荣学术,发展理论,满足精神生活的需求,在相对的意义上都可以当作学术理论研究的目的之一,但它们的意义或价值最终都依存于理论对实践的价值。学术、理论之于实践,只有相对的独立性。完全脱离实践的学术的繁荣只是虚假繁荣,没有真实的意义。经不住实践检验的学术理论只是虚幻的精神之花,不能真正满足人民的精神需求。理论的意义或价值归根到底是在于它能满足实践的需要。不同中国人民的实践发生关系,马克思主义理论的研究就没有意义。

邓小平关于离开自己国家实际谈马克思主义没有意义的论断,同毛泽东在延安整风中批评理论和实际分离、倡导理论和实际统一的马克思主义学风是一脉相承的。当年毛泽东把学风问题当作"第一个重要的问题"[1]提到全党面前。今天马克思主义理论研究的健康发展,也有赖于继续端正学风,在学术理论研究中不断进行自我审视、自我校正。当前非常需要运用邓小平关于离开本国实际谈马克思主义没有意义的思想来审视我们的理论工作。本文以下结合我国哲学界关于"什么是马克思主义哲学"的讨论谈谈这个问题。

三　离开中国实际讨论"什么是马克思主义哲学"没有意义

从 20 世纪 80 年代关于"实践唯物主义"的讨论以来,我国哲学界

---

① 《毛泽东选集》第 3 卷,人民出版社 1991 年版,第 813 页。

一直存在着有关什么是马克思主义哲学的争论。实质性的分歧，不在于马克思主义哲学是不是"实践的唯物主义"，而在于辩证唯物主义是不是马克思主义哲学。在坚持辩证唯物主义的同时，在强调马克思主义哲学实践性特点的意义上称之为"实践的唯物主义"并无不妥。问题在于，有些论者用"实践唯物主义"以及实践本体论、实践一元论、实践存在论、实践的人本主义等来否定辩证唯物主义。20 多年前就有人提出，马克思和恩格斯的哲学"不能同构"，辩证唯物主义不是马克思的哲学，而是源自恩格斯的列宁、斯大林的哲学。类似的观点一直有人在谈论。近年来，此类观点又一次以连篇累牍地撰文批判辩证唯物主义的尖锐形式凸显出来，引起了学界的关注。有论者称，辩证唯物主义是冒牌的假的马克思主义哲学，是旧哲学的复辟，是"以物为本"而不是"以人为本"的哲学，要对它进行"彻底清算"。其论证的基本方法，是文本引证。一方面用引文来证明"辩证唯物主义"一语不是出自马克思，而是出自狄慈根、普列汉诺夫，它是列宁的失误，是斯大林的曲解，是苏联和中国的教科书哲学；一方面试图用各种引文证明，只有他们自己主张的某种哲学才是马克思的或马克思主义的哲学。他们的论证，一个明显的方法论特点是，离开中国共产党 90 年来的历史，离开中国共产党和中国人民的实践，去谈论什么是马克思主义哲学。

马克思主义的生命在于它同人民群众实践的结合，而党领导下的自觉的群众性社会实践，是实现这种结合的主要途径或主要方式。结合主要不是通过分散的个人的实践活动实现的，而是以马克思主义为指导建立作为工人阶级先锋队的马克思主义政党，党制定自己的路线、方针、政策，领导人民进行有纲领有组织的斗争，来实现工人阶级和人民群众推翻旧制度、创立和建设新社会的历史使命。中国共产党就是中国人民拿起马克思主义这个武器的组织者和领导者。马克思主义在世界上人口最多的国家，在长达 90 年的时间里，在全国规模上同整个阶级、整个民族的实践相结合，通过亿万人民的实践变成巨大的物质力量，使中国发生了翻天覆地的变化，这是马克思主义发展史上空前的大事件，也是世界历史上的奇观。在马克思主义诞生至今 160 多年的历史中，中国共产党 90 年的历史具有极为重要的地位。马克思主义之所以是真理，不但在于马克思、恩格斯创立自己学说的时候，而且在于它为日后的实践所证实的时候；马克思主义的价值，也是在长期的实践中才得以实现、得以显现出来的。因此，在中国回答"什么是马克思主义哲学"的问题，离开了中国的实践是没有意义的。这里首先必须回答：什么是中国共产党和它领导的中国人民 90 年来的理论和实践中的哲学？

答案十分明确：是辩证唯物主义和历史唯物主义。

第一，在中国共产党 90 年来的全部重要文献中，无一例外地把马克思主义哲学称为辩证唯物主义和历史唯物主义（或辩证唯物论和历史唯物论）。"辩证唯物主义和历史唯物主义"载入了《中华人民共和国宪法》（宪法第二十四条）。这当然不只是一个简单的提法或表述方式问题。这种始终如一的表述方式向世人昭示，我们党和国家以马克思主义作为指导思想的理论基础，从哲学世界观的层面说，就是坚持以辩证唯物主义和历史唯物主义为指导；建党 90 年、新中国成立 62 年来党领导下的中国人民的实践，都是以辩证唯物主义和历史唯物主义为指导的实践。正如胡锦涛同志所概括的："毛泽东思想、邓小平理论和'三个代表'重要思想虽然形成于我国革命、建设和改革的不同历史时期，面对着不同的历史任务，但都贯穿了辩证唯物主义和历史唯物主义的世界观和方法论。"①

第二，辩证唯物主义和历史唯物主义通过党的思想路线贯彻于党的全部实际工作之中。党章明确规定，党的思想路线是，一切从实际出发，理论联系实际，实事求是，在实践中检验真理和发展真理。这是党在全部实际工作中遵循的路线。这条思想路线同辩证唯物主义和历史唯物主义的关系，实际上是马克思主义哲学的理论形态同它在实际工作中的表现形态的关系。邓小平阐明了这种关系，他说："马克思、恩格斯创立了辩证唯物主义和历史唯物主义的思想路线，毛泽东同志用中国语言概括为'实事求是'四个大字。"②"马克思主义的辩证唯物主义和历史唯物主义，也就是毛泽东同志概括的实事求是。"③

第三，党在各个历史时期的总路线（或称政治路线、基本路线），如中国新民主主义革命的总路线、党在过渡时期的总路线、党在社会主义初级阶段的基本路线，都是以辩证唯物主义和历史唯物主义为指导，从中国实际出发制定的。这些总路线集中概括了党在各个历史时期的奋斗目标和

---

① 《十六大以来重要文献选编》（上），中央文献出版社 2005 年版，第 644 页。
② 《邓小平文选》第 2 卷，人民出版社 1994 年版，第 278 页。
③ 《邓小平文选》第 3 卷，人民出版社 1993 年版，第 118 页。

方针、政策，是党和人民行动的指南。正如 1945 年党中央在《关于若干历史问题的决议》中所指出的："一切政治路线、军事路线和组织路线之正确或错误，其思想根源都在于它们是否从马克思列宁主义的辩证唯物论和历史唯物论出发，是否从中国革命的客观实际和中国人民的客观需要出发。"① 因此，党的总路线的贯彻实施，集中体现了辩证唯物主义和历史唯物主义同亿万中国人民群众实践的结合；在这些路线指引下中国革命、建设和改革的辉煌成果，就是中国人民的实践对辩证唯物主义和历史唯物主义的科学真理性和崇高价值的证明。

因此，决不能离开建党以来中国共产党和中国人民的实践去讨论什么是马克思主义哲学的问题。在党和人民的历史和现实实践面前，那种否认辩证唯物主义是马克思主义哲学而把马克思主义哲学说成是论者自己刚刚从书本中发掘出来的某种理论的主张，面临着一系列无法回避的、不可克服的理论难题。

其一，如果马克思主义哲学自从产生之后就因被误解或曲解而同人民群众的实践相隔绝，直到今天才被这些论者从马克思的书本中解读出来，那么，马克思主义哲学经受过社会实践的检验吗？我们今天坚持马克思主义的根据是什么？对于一种从来未曾付诸实践因而未曾检验过的哲学，我们究竟为什么需要它，为什么一定要坚持它？

其二，如果辩证唯物主义不是马克思主义哲学而是某种完全要不得的旧哲学，那么应该如何解释它在中国革命、建设和改革中的成功实践？应该如何看待党和人民的历史？我们这个始终坚持以辩证唯物主义和历史唯物主义为指导的党，究竟是建立在什么样的哲学理论基础之上的呢？

其三，那些据称是马克思的哲学，但却是刚刚由论者们"发现"因而从未同人民群众的实践发生关系的理论，诸如实践本体论、实践一元论、实践存在论、实践人本主义等，它们靠什么来证明自己的真理性和价值？论者们凭什么理由要求党和人民接受它们？

马克思在自己的新世界观刚刚萌芽时就指出："人的思维是具有客观的真理性，这不是一个理论的问题，而是一个实践的问题。人应该在实践中证明自己思维的真理性。"② 正是立足于这一以实践为真理标准的观点，

① 《毛泽东选集》第 3 卷，人民出版社 1991 年版，第 987 页。
② 《马克思恩格斯文集》第 1 卷，人民出版社 2009 年版，第 500 页。

马克思轻蔑地把那些关于离开实践的思维的争论，当作不屑一顾的问题撇在一旁，他说："关于思维——离开实践的思维——的现实性或非现实性的争论，是一个纯粹经院哲学的问题。"① 讨论经院哲学的问题是没有意义的，不值得的。邓小平关于"离开本国实际谈马克思主义，没有意义"的论断，不正是马克思主义的这一实践精神在新的历史条件下的生动体现吗？

胡锦涛同志在庆祝中国共产党成立 90 周年大会上的讲话中，再次要求全党"牢固树立辩证唯物主义和历史唯物主义世界观和方法论"。他还强调指出："马克思主义，理论源泉是实践，发展依据是实践，检验标准也是实践。"② 对于那些一边批判辩证唯物主义，一边离开中国实践去谈论什么是马克思主义哲学而提出来的种种哲学理论，我们也不妨当作经院哲学的问题撇在一旁，沿着马克思主义同中国实际相结合的方向，走自己的路，在实践中坚持和发展马克思主义。

（原载《文化学刊》2012 年第 2 期；《马克思主义文摘》2012 年第 8 期摘发）

---

① 《马克思恩格斯文集》第 1 卷，人民出版社 2009 年版，第 500 页。
② 胡锦涛：《在庆祝中国共产党成立 90 周年大会上的讲话》，《人民日报》2011 年 7 月 2 日。

科学发展观：以人为本和
科学发展的统一

提要　"第一要义"和"核心"之间的关系，是理解科学发展观的一个关键问题。以人为本规定了我国发展的性质和方向，科学发展规定了实现以人为本的根本途径。把握科学发展和以人为本的统一，才能把科学发展观作为一个完整的体系深入理解并贯彻落实。

科学发展观是一个完整的体系。这个体系的第一要义是发展，核心是以人为本。"第一要义"和"核心"之间的关系，是理解科学发展观的一个关键问题。本文围绕这一关系谈几点认识。

一　为什么以人为本是科学发展观的核心？因为以人为本规定了发展的性质和方向

和平与发展是当代世界的两大问题，世界各国都在谋求发展。人们共同追求的"发展"，当然有其共同的规定性，或普遍性。但是，事实上又存在着不同的发展。这种不同，就其表现而言，有质量的高低、速度的快慢、近期的和长远的不同后果、对不同社会阶级和阶层的不同利害关系、对环境的不同影响等，而从实质上说，是存在着不同性质、不同方向的发展和发展观。不同的发展和发展观是由什么决定的呢？从社会客体方面说，决定于不同的社会根本制度；从历史主体方面说，决定于为谁发展和靠谁发展。谋求发展，始终有一个为谁发展、靠谁发展、发展成果归谁所有的问题，正是对这个问题的不同回答，决定了发展的性质和方向，从而也决定了发展的不同后果。党的十七大在阐述必须"坚持以人为本"时强调："要始终把实现好、维护好、发展好最广大人民的根本利益作为党和国家一切工作的出发点和落脚点"，"做到发展为了人民、发展依靠人民、发展成果由人民共享"。① 这就明确地回答了发展为了谁、发展依靠谁、发展成果归于谁的问题，从而规定了我们所谋求的发展的性质和方向。

以人为本之所以能正确地规定我国发展的性质和方向，是由它本身的科学内涵和精神实质决定的。笔者认为，以人为本的完整的内涵，包含了人与自然关系中的人类为本，或人人为本，它确认了人类在自然界中的主体地位，并为我们坚持作为伦理原则和道德规范的社会主义人道主义提供了根本依据，但以人为本的基本内涵，是以人民为本。从精神实质上说，以人为本，就是以人民为本，尊重人民主体地位，其中包括：尊重人民的历史主体地位，一切相信人民；尊重人民的价值主体地位，一切为了人民；尊重人民的实践—认识主体地位，一切依靠人民。以人为本是对马克思主义关于人民群众是创造历史的根本动力的基本原理和我们党的群众观点、群众路线的集中表达。正因为如此，它才成为科学发展观的核心。作为我们党的执政理念的以人为本，同中国古代的民本思想、近代以来西方的人本主义或人道主义之间，有批判继承、借鉴吸收的关系，又有本质的区别。这种区别，是唯物史观和唯心史观的区别，也是阶级性质的区别。以人为本内在地包含了对个人的利益、地位和作用的肯定，但不是以个人为本，因为以个人为本正是对以人民为本的否定。以人为本包含了在自然面前要以整个人类为本这层含义，但它要求在自然面前首先也应该以人民为本，所以它同"全人类利益高于一切"的欺人之谈有本质区别。

以人为本之所以是科学发展观的核心，就是因为它规定了为谁发展、靠谁发展、发展成果归谁所有，从而也就确认了我们的发展必须是科学发展。"第一要义是发展"中的"发展"，就是科学发展。"科学发展"是我们所说的"发展"的题中之义。因为只有科学发展，才是符合人民根本利益的发展。只有坚持从人民的根本利益出发，并且处处依靠人民群众，才能处理好发展中的各种关系，遵循客观规律，实现科学发展。

总之，为了人民，发展才有明确的目标和正确的方向；依靠人民，发展才有不竭的动力；成果由人民共享，发展才能造福于社会。离开以人为本，发展就会走偏方向，就会失去动力，就不是科学的发展，所以，坚持

---

① 《十七大以来重要文献选编》（上），中央文献出版社 2009 年版，第 12 页。

以人为本，才能实现科学发展。

二　为什么发展是科学发展观的第一要义？因为科学发展规定了落实以人为本的根本途径

实现好、维护好、发展好最广大人民的根本利益，仅有良好的主观愿望是不够的，还必须探寻并确定实现人民根本利益的正确途径。在社会历史活动中，人们都在追求自觉的目的，但是人们行动的后果并不是取决于主观的动机，而是取决于实践活动是否符合客观的规律。科学发展观之所以是指引我国经济社会发展的科学理论，不仅是因为它确定了以人为本的核心理念，也是因为它用科学发展规定了实现以人为本的根本途径。

人类解放和人的幸福是千百年来人们追求的理想。但是，在唯物史观诞生之前，由于不懂得社会发展的客观规律，这种追求终究只能陷入种种关于人性、人类之爱、人的价值、人的尊严的空谈，而找不到实现人类解放和幸福的现实途径。正如恩格斯所指出的，"正义"、"人道"、"自由"、"平等"、"博爱"等"这些字眼固然很好，但在历史和政治问题上却什么也证明不了"，"只能是一种'虚无飘缈的幻想'"。① 马克思主义在历史观上实现的变革，就在于它不再是从抽象的人、人性、人的本质出发去说明社会，而是从社会物质生活条件出发来说明历史，把物质生产看作社会发展的决定力量，把生产力的发展、生产力同生产关系的矛盾，以及在阶级社会中作为这一矛盾的表现的阶级斗争，看作历史发展的动力，从而揭示出社会发展的客观规律、必然趋势，找到了一条推动历史前进、实现从阶级解放到人类解放的根本途径。我们党正是以马克思主义为指导，从中国实际出发，历尽艰难曲折、流血牺牲，认清了中国社会、中国革命的性质和规律，才领导中国经过新民主主义革命走上了社会主义道路，实现了民族独立、人民解放，又经历了曲折的探索，才开辟出一条符合我国实际和时代特征的中国特色社会主义道路，使人民生活达到了总体小康，使十三亿中国人民稳定地走上了富裕安康的广阔道路。

人类社会的历史、中国近代以来的历史都证明，只有遵循客观规律特别是社会发展规律前进，才能真正实现人民的根本利益。科学发展，从根

---

① 《马克思恩格斯全集》第6卷，人民出版社1961年版，第325页。

本上说，就是充分发挥主体的能动作用而又符合客观实际、遵循客观规律的发展。在新世纪新阶段，只有以发展为第一要义，坚持科学发展，才能真正做到以人为本。

社会发展在其不同阶段会提出不同的历史任务，人民群众的根本利益就集中体现在这些历史任务的实现上。马克思主义政党只有审时度势，在科学分析国际国内社会历史条件的基础上，认清社会历史发展的要求，集中表达人民群众的利益和愿望，提出明确的奋斗目标，并带领人民群众为之奋斗，才能实现人民的根本利益。在我国现阶段，发展是解决中国一切问题的基础和关键。以发展为第一要义，坚持以经济建设为中心，把解放和发展生产力、增强综合国力作为根本任务，聚精会神搞建设，一心一意谋发展，全面建设小康社会，符合我国社会主义初级阶段的基本国情，符合人民过上美好生活的深切愿望。而发展必须是科学发展，是符合自然规律、社会规律和人的实践活动规律的发展。实现科学发展，必须转变经济发展方式，增强自主创新能力，正确处理好和快的关系，坚持好字优先，又好又快地发展。

总之，遵循客观规律，坚持科学发展，才能实现好、维护好和发展好人民的根本利益，才能保护和发挥人民群众创造历史的作用。科学发展是人民根本利益所系，也是人民伟大力量所在。离开发展这个第一要义去讲以人为本，就会陷入毫无实际意义的"人类之爱"一类的空谈。所以，坚持科学发展，才能落实以人为本。

三　科学发展和以人为本是如何统一的？这是尊重社会发展客观规律和尊重人民历史主体地位的统一

社会历史既是人们自己活动的产物，又是受内在的一般规律支配的，人和社会是在历史主体和客体的相互作用中发展的。历史唯物主义和历史唯心主义的根本分歧，从对社会客体和对历史主体的看法两个方面表现出来。表现于对社会客体的看法上，在于是否承认社会发展的客观规律；表现于对历史主体的看法上，在于是否承认人民群众的历史主体地位。

科学发展和以人为本，分别回答了关于社会客体和历史主体的这两个根本问题，因而集中体现了历史唯物主义的基本立场和根本观点，反对历史唯心主义。坚持科学发展，就是确认社会发展有其客观规律，并积极地遵循和运用客观规律推动历史的发展。坚持以人为本，就是尊重人民的历史主体地位，发挥人民的首创精神，保障人民的各项权益。因此，科学发展观中科学发展和以人为本的统一，体现了如胡锦涛同志所说的"坚持尊重社会发展规律与尊重人民历史主体地位的一致性，坚持为崇高理想奋斗与为最广大人民谋利益的一致性"。① 这二者的统一，也就是坚持社会发展客观规律和人的自觉活动的统一，坚持人的实践中合规律性和合目的性的统一，坚持社会经济发展和人的全面发展的统一，它体现了科学发展观的客观真理性和价值合理性的统一。这就表明，科学发展观是以人为本和科学发展相统一的发展观，是马克思主义关于发展的世界观和方法论的集中体现。

那么，怎样才能实现科学发展、落实以人为本呢？总结我国发展实践、借鉴国外发展经验，我们看到，发展应该是全面的、整体性的，而不能是片面的；应该是协调的、平衡性的，而不能是畸形的；应该是持久的、连续性的，而不能是只顾一时的。因此，"全面协调可持续"是科学发展观的基本要求。实现科学发展、落实以人为本还必须遵循科学的方法论原则，"统筹兼顾"就是这样的方法论原则，我们称它为科学发展观的根本方法。它要求正确认识和处理建设中国特色社会主义中的各种重大关系，兼顾既对立又统一的每一矛盾的双方，它是唯物辩证法的核心对立统一规律在实践和认识活动中的运用，集中体现了马克思主义关于发展的方法论。

由此看来，以党的十七大报告中的"四句话"为其总概括的科学发展观是如何构成一个完整体系的呢？"第一要义是发展"和"核心是以人为本"讲的是科学发展观的根本原则和核心理念，"基本要求是全面协调可持续"是这些根本原则、核心理念的具体化和展开，"根本方法是统筹兼顾"规定了贯彻落实科学发展观的方法论原则。因此，"四句话"既集中表达了科学发展观的科学内涵、精神实质和根本要求，同时也体现了科学发展观作为一个体系的内在逻辑结构。把握科学发展和以人为本的内在关联、有机统一，才能把科学发展观作为一个完整的体系深入理解并贯彻落实。

（原载《红旗文稿》2010 年第 1 期；收入《新中国人学理路——第十一届全国人学论文集》，中国商业出版社 2010 年版）

---

① 《十七大以来重要文献选编》（上），中央文献出版社 2009 年版，第 107 页。

文明进步中人的发展与社会发展的统一

——对马克思恩格斯关于人的发展思想的一点理解

提要 《共产党宣言》中关于用自由人联合体代替资产阶级旧社会的论述体现了对人的发展的高度重视。对这段论述存在着不同理解。必须坚持人的发展与社会发展的统一，在改造社会、推动社会发展中实现人的全面发展。离开社会去讲人自身的发展，或只讲社会发展、忽视人自身的发展，都是片面的。离开社会发展讲人的发展，不能不陷入历史唯心主义的空想。

党的十七大报告在阐述"以人为本"的科学内涵和精神实质时，强调"促进人的全面发展"。马克思恩格斯关于人的发展的思想已成为学界研究的一个热点。本文拟就其中的一个问题，即人的发展与社会发展的关系问题，谈谈对马克思恩格斯思想的理解。

一 从对《宣言》一个著名论断的理解说起

《共产党宣言》第二章结尾的以下一段话，是几乎所有讨论马克思恩格斯关于人的发展思想的论著都加以引用的：

"代替那存在着阶级和阶级对立的资产阶级旧社会的，将是这样一个联合体，在那里，每个人的自由发展是一切人的自由发展的条件。"[①]

不过，人们引用的方式和做出的解读不尽相同。有一种方式是，只引后半段，只讲"每个人的自由发展"或"一切人的自由发展"，不讲"联合体"，更不讲这个"联合体"对"资产阶级旧社会"的否定，这样就离

---

① 《马克思恩格斯文集》第 2 卷，人民出版社 2009 年版，第 53 页。

开了对社会的改造和社会发展去讲人的自由发展。有的论者甚至将人的发展同对旧社会的改造对立起来，宣称恩格斯晚年强调《宣言》中的这段话，是"修改了"《宣言》中关于"消灭私有制"的观点。

恩格斯确实非常重视《宣言》中的这一段话。1894 年 1 月 3 日，意大利社会党人朱·卡内帕写信请求恩格斯为将于 1894 年 3 月起在日内瓦出版的周刊《新纪元》找一段题词，用简短的字句表述未来的社会主义纪元的基本思想，以区别于但丁曾说的"一些人统治，另一些人受苦难"的旧纪元。恩格斯在来信的背面写道："除了《共产主义宣言》中的下面这句话，我再也找不出合适的了。"接下来就是《宣言》第二章结尾的那段话。①

显而易见的是，恩格斯引用来说明"新纪元"的这段话，与但丁阐述"旧纪元"的话一样，讲的是"纪元"、是"社会"，而不是离开社会的人。《宣言》中所说的"联合体"，是"代替"那存在着阶级和阶级对立的"资产阶级旧社会"的社会共同体。其一，这里讲的是"联合体"，即社会，是由什么样的人构成的社会；其二，这里讲的是代替"旧社会"的新社会。这个"联合体"的出现，是以《宣言》所预言的资产阶级旧社会的灭亡为条件的。《宣言》在结束语中公开宣布，共产党人的目的"只有用暴力推翻全部现存的社会制度才能达到"。② 这也表明，实现建立自由人联合体的目的是以推翻旧社会制度为前提的。《宣言》中还说："在资产阶级社会里，资本具有独立性和个性，而活动着的个人却没有独立性和个性。"而共产党人"正是要消灭资产者的个性、独立性和自由"。③ 可见，建立自由人联合体的新社会，是"消灭资产者的个性、独立性和自由"之后的事情。这才是《宣言》的本意。那种离开社会变革讲人的自由发展的观点，尤其是把建立自由人联合体与出自同一个《宣言》的"消灭私有制"相对立的思想，离《宣言》的本意相去太远了。说它是断章取义的误解甚至是曲解，恐怕也不为过。

二　"个人是什么样的，这取决于他们进行生产的物质条件"

以《宣言》昭告于世的马克思主义新世界观，是在《关于费尔巴哈

---

① 《马克思恩格斯文集》第 10 卷，人民出版社 2009 年版，第 666 页。
② 《马克思恩格斯文集》第 2 卷，人民出版社 2009 年版，第 66 页。
③ 同上书，第 46、47 页。

的提纲》中萌芽、在《德意志意识形态》中发育成熟的。因此，研读《提纲》和《德意志意识形态》，可以更深入地理解《宣言》中的思想。

《德意志意识形态》中说："个人是什么样的，这取决于他们进行生产的物质条件。"① 这一论断明确表达了一个观点：人的发展取决于社会尤其是物质生产方式的发展。这是马克思恩格斯关于人的发展的一个基本思想。他们关于人的发展的论述始终贯穿着这个思想。

正确认识社会的本质、人的本质、人与环境的关系，是解决人的发展与社会发展关系问题的理论前提。在《提纲》中，马克思以新的实践观为基础，回答了这几个重大问题。关于社会的本质，他说："全部社会生活在本质上是实践的。"关于人的本质，他说："人的本质不是单个人所固有的抽象物，在其现实性上，它是一切社会关系的总和。"关于人与环境的关系，他说："环境的改变和人的活动或自我改变的一致，只能被看做是并合理地理解为革命的实践。"② 这里所说的"环境"，是与"教育"相联系的，可见首先是指社会环境，而不只是指自然环境。"环境的改变"与"人的活动或自我改变"的关系问题，主要就是后来人们讨论的社会发展与人的发展的关系问题。在马克思看来，这两者统一于实践。

如果说《提纲》中的关键词是"实践"，那么《德意志意识形态》中的一个关键词是"生产"。这两者的关联在于：物质生活的"生产"是人类最基本的"实践"，《提纲》中关于"实践"的思想，在《德意志意识形态》关于"生产"的论述中充分展开了。正是这一展开使"萌芽"发育到成熟，标志着一种新世界观的诞生。

《德意志意识形态》对新世界观的阐述是从确定历史的"前提"开始的。它指出："全部人类历史的第一个前提无疑是有生命的个人的存在。"③ 历史的前提决定了研究问题的出发点，所以"我们的出发点是从事实际活动的人"。④ 而人的产生，即人从动物中分离出来的标志，是生产："一当人开始生产自己的生活资料，即迈出由他们的肉体组织所决定的这一步的时候，人本身就开始把自己和动物区别开来。"⑤ 所以，生产

---

① 《马克思恩格斯文集》第 1 卷，人民出版社 2009 年版，第 520 页。
② 同上书，第 501、500 页。
③ 同上书，第 519 页。
④ 同上书，第 525 页。
⑤ 同上书，第 519 页。

是人与社会的历史起点。人们为了能够"创造历史"，必须能够生活。为了生活，首先就需要吃喝住穿以及其他一切东西。"因此第一个历史活动就是生产满足这些需要的资料，即生产物质生活本身"，这是迄今为止"一切历史的基本条件"。① 由此就决定了，现实中的个人，从来就不是处在某种虚幻的离群索居和固定不变状态中的人，他们以一定的方式，在一定的物质的、不受他们任意支配的界限、前提和条件下进行物质生产活动，发生一定的社会关系。正是这种实践活动和实践中形成的社会关系的总和，决定了他是一个什么样的人。这就表明，"个人是什么样的"，归根到底取决于物质生产："他们是什么样的，这同他们的生产是一致的——既和他们生产什么一致，又和他们怎样生产一致。"②

在马克思、恩格斯看来，人的自身发展的片面性或全面性，是同社会分工直接关联的。生产力的发展水平最明显地表现于分工发展的程度。只要分工还不是出于自愿，而是人们获取生活资料所必需的，劳动对人来说就还是一种同他对立的压迫人的力量。分工限定了个人特殊的活动范围，这个范围是强加于他的，他不能超出这个范围，这使他不能全面发展自己而变得片面。而且，与分工同时出现的还有劳动及其产品的不平等的分配，"分工和私有制是相等的表达方式"。③ 因此，"分工使精神活动和物质活动、享受和劳动、生活和消费由不同的个人来分担这种情况不仅成为可能，而且成为现实"。④

总之，在马克思、恩格斯看来，由于个人离不开社会，社会关系的总和决定人的本质，个人在精神上的现实丰富性完全取决于他的现实关系的丰富性，因此，单个人的解放的程度必然是与历史发展的进程一致的。

《德意志意识形态》的第一章以《费尔巴哈》为标题，它主要是通过对费尔巴哈唯心史观的批判来阐明历史唯物主义基本思想的。费尔巴哈没有从人们现有的社会联系，也就是使人们成为现在这种样子的周围生活条件来观察人，这使他"停留于抽象的'人'"，所以，"当他看到的是大批患瘰疬病的、积劳成疾的和患肺痨的穷苦人而不是健康人的时候，他便不得不求助于'最高的直观'和观念上的'类的平等化'"。马克思、恩格

① 《马克思恩格斯文集》第 1 卷，人民出版社 2009 年版，第 531 页。
② 同上书，第 520 页。
③ 同上书，第 536 页。
④ 同上书，第 535 页。

斯指出："这就是说，正是在共产主义的唯物主义者看到改造工业和社会结构的必要性和条件的地方，他却重新陷入唯心主义。"① 马克思、恩格斯对费尔巴哈的批判启示我们，离开社会发展去讲人的解放和人的发展，正如离开社会关系去讲人的本质和人性一样，不能不陷入历史唯心主义的空想。

三　在改造社会、推动社会发展中实现人的全面发展

恩格斯把《宣言》中用自由人联合体代替资产阶级旧社会的论述看作是对社会主义新纪元最恰当的表述，表明马克思、恩格斯高度重视人的自由发展，把它作为奋斗的目标。人的发展问题上的一个重要分歧是在于：怎样才能实现这样的目标，即什么是实现人的发展的现实道路。在马克思、恩格斯看来，只有改造社会、推动社会发展，才能实现人的自由而全面的发展。

马克思、恩格斯探索人的解放、人的发展现实途径的过程，也就是他们的科学世界观形成的过程。当现实的政治斗争使青年马克思转向唯物主义时，他于1843年在《〈黑格尔法哲学批判〉导言》中提出了"人的解放"的目标，并且看到了只有无产阶级才能实现人类的解放，他说："德国人的解放就是人的解放。这个解放的头脑是哲学，它的心脏是无产阶级。"② 在《1844年经济学哲学手稿》中，马克思用异化劳动理论无情地揭露和批判了资本主义生产方式对工人的摧残："工人创造的对象越文明，工人自己越野蛮"，"劳动生产了美，但是使工人变成畸形"，"劳动生产了智慧，但是给工人生产了愚钝和痴呆"。工人的劳动"不是自由地发挥自己的体力和智力，而是使自己的肉体受折磨、精神遭摧残"。③ 他提出，由于整个的人类奴役制就包含在工人对生产的关系中，工人的解放包含普遍人的解放，所以，"社会从私有财产等解放出来、从奴役制解放出来，是通过工人解放这种政治形式来表现的"。④ 共产主义就是私有财产和人的异化的扬弃。不过，这时马克思的思想还没有完全脱离费尔巴哈

① 《马克思恩格斯文集》第1卷，人民出版社2009年版，第530页。
② 同上书，第18页。
③ 同上书，第158、159页。
④ 同上书，第167页。

人本主义的影响，他假定了一种先在的人的本质和人性，因而把共产主义看作是对这种人的本质的占有和向合乎这种人性的人的复归。后来，以《提纲》和《德意志意识形态》为标志，马克思超越费尔巴哈走向历史唯物主义，才以新的实践观为基础，通过对物质生产的研究揭示了人与社会的本质，从而找到了实现人的解放和人的全面发展的现实途径。

在《德意志意识形态》中，马克思、恩格斯指出，"人"并不是受词句统治和奴役的，所以也不能用词句去解放。"只有在现实的世界中并使用现实的手段才能实现真正的解放。"① 没有蒸汽机和珍妮走锭精纺机就不能消灭奴隶制，没有改良的农业就不能消灭农奴制。当人们还不能使自己的吃喝住穿在质和量方面得到充分保证的时候，人们就根本不能获得解放。因此，"解放"是一种历史活动，不是思想活动。"'解放'是由历史的关系，是由工业状况、商业状况、农业状况、交往状况促成的。"②

在《德意志意识形态》中，后来宣示于《宣言》中的用自由人联合体代替资产阶级旧社会的思想已经酝酿成熟。"只有在共同体中，个人才能获得全面发展其才能的手段，也就是说，只有在共同体中才可能有个人自由。"③ 不难看到，"每个人的自由发展是一切人的自由发展的条件"的思想，在这里已经初步表达出来。需要注意的是，马克思、恩格斯明确地区分了两种不同的"共同体"，即剥削阶级社会中的"虚假的共同体"和未来共产主义社会的"真正的共同体"。在过去的虚假的共同体中，"个人自由只是对那些在统治阶级范围内发展的个人来说是存在的，他们之所以有个人自由，只是因为他们是这一阶级的个人"④。自从奴隶的劳动使奴隶主阶级中的少数人得以脱离生产劳动而获得专门从事精神生产和社会管理的自由，就为社会中一部分人自身的发展创造了条件。但是，人自身发展的自由不属于社会的大多数成员。"由于这种共同体是一个阶级反对另一个阶级的联合，因此对于被统治的阶级来说，它不仅是完全虚幻的共同体，而且是新的桎梏。"⑤ 所以对无产者来说，"为了实现自己的个性，就应当消灭他们迄今面临的生存条件"。"他们应当推翻国家，使自己的

---

① 《马克思恩格斯文集》第 1 卷，人民出版社 2009 年版，第 527 页。
② 同上。
③ 同上书，第 571 页。
④ 同上。
⑤ 同上。

个性得以实现。"① 只有在这之后建立起来的新社会中，才能实现"在真正的共同体的条件下，各个人在自己的联合中并通过这种联合获得自己的自由"。②

《德意志意识形态》中还指出，单个人不得不隶属于分工而变得片面的现象，只有通过消灭私有制和消灭异化劳动本身才能消除。"在共产主义社会里，任何人都没有特殊的活动范围，而是都可以在任何部分内发展，社会调节着整个生产，因而使我有可能随自己的兴趣今天干这事，明天干那事"。③ 只有在这样的社会中，才能真正实现每个人自由而全面的发展。

《德意志意识形态》中的这些思想，在马克思和恩格斯后来的著作中一直保持下来。

在《反杜林论》中，恩格斯指出，当社会成为全部生产资料的主人时，社会就消灭了生产资料对人的奴役。"生产劳动给每一个人提供全面发展和表现自己的全部能力即体能和智能的机会，这样，生产劳动就不再是奴役人的手段，而成了解放人的手段。""这个社会造就全面发展的一代生产者。"④ 在《哥达纲领批判》中，马克思预言了"共产主义社会高级阶段"人与社会发展的远景，指出，那时"迫使个人奴隶般地服从分工"的情形将会消灭，脑力和体力劳动的对立也随之消失，劳动本身将成为生活的第一需要，"随着个人的全面发展，他们的生产力也增长起来，而集体财富的一切源泉都充分涌流"，社会将在自己的旗帜上写上："各尽所能，按需分配"!⑤ 这样的社会，就是"每个人的自由发展是一切人的自由发展的条件"的自由人联合体。这是共产党人的最高理想。这一理想的实现，将意味着阶级、国家权力和党自身的消灭，那时人类将进到大同境域。

四　坚持人的发展与社会发展的统一

马克思、恩格斯强调只有在共产主义社会高级阶段才能真正实现每个

---

① 《马克思恩格斯文集》第 1 卷，人民出版社 2009 年版，第 573 页。
② 同上书，第 571 页。
③ 同上书，第 537 页。
④ 《马克思恩格斯文集》第 9 卷，人民出版社 2009 年版，第 311、313 页。
⑤ 《马克思恩格斯文集》第 3 卷，人民出版社 2009 年版，第 435—436 页。

人的自由而全面的发展的目标，并不是放弃现阶段实现人的全面发展的努力，仅仅把它作为一个远景目标推到遥望的未来，其精神实质是在于，坚持人的发展和社会发展的统一。

人是社会运动的主体，社会是以人为主体的特殊形式的物质运动。没有离开社会的孤立的个人，也没有离开现实个人的"社会"。人的产生与社会的产生、人的本质与社会的本质，都是在实践的基础上统一的。因此，人的发展与社会的发展是一个统一的历史过程，是文明进步中相互制约又相互促进的两个方面。离开社会去讲人自身的发展，或只讲社会发展、忽视人自身的发展，都是片面的。

如前所述，在剥削阶级社会中，文明的进步也使社会中一部分人获得了个人发展的自由，因而相对意义上的全面发展的人，并非仅仅存在于对未来社会的向往之中，在历史上也是在一定范围内存在的。我国正处在社会主义初级阶段，还不具备消灭分工和私有制对人的束缚以实现每个人自由而全面的发展的社会条件。我们只有立足基本国情，以经济建设为中心，坚持四项基本原则，坚持改革开放，解放和发展社会生产力，巩固和完善社会主义制度，建设富强民主文明和谐的社会主义现代化国家，才能为不断推进人的全面发展创造条件。但是，社会主义的初级阶段已经是初级阶段的社会主义，同剥削阶级统治的旧社会有本质区别。生产力一定程度的发展、公有制为主体的经济关系、人民当家做主的国家政权和以马克思主义为指导的意识形态，为人民群众实现个人自身的发展提供了必要的经济基础、政治前提和文化条件，要求我们高度关注并从经济、政治、文化、社会建设各个方面致力于促进人的全面发展。在社会主义条件下，推进人自身的全面发展，同推进社会经济文化发展是互为前提、互为基础的。人越全面发展，就越能创造更多的社会物质文化财富，而物质文化条件越充分，又越能推进人的全面发展。党的十七大阐明的以"以人为本"为核心的科学发展观，在提出经济社会发展各项要求的同时，强调"促进人的全面发展"，体现了坚持社会发展与人的发展的统一。

坚持推进人的全面发展，对于教育事业具有特殊的重要意义。这是因为，教育是培养人的事业。恩格斯1847年就在《共产主义原理》中提出，教育将使年轻人摆脱分工给每个人造成的片面性，未来的共产主义社会将使自己的成员能够全面发挥他们的才能。马克思在《资本论》中说："未来教育对所有已满一定年龄的儿童来说，就是生产劳动同智育和体育相结合，它不仅是提高社会生产的一种方法，而且是造就全面发展的人的唯一方法。"① 我国的教育方针明确提出了"德智体美全面发展"的要求，这既体现了马克思主义重视人的发展的思想，又完全符合我国社会发展和教育发展的实际。只有坚持全面发展，才能培养出中国特色社会主义事业的合格建设者和可靠接班人。

（原载《党政干部学刊》2012 年第 11 期）

---

① 《马克思恩格斯文集》第 5 卷，人民出版社 2009 年版，第 556—557 页。

社会和谐与中国特色社会主义

提要　社会和谐是中国特色社会主义的本质属性，不是不同社会形态的共同属性，这是由社会矛盾尤其是社会基本矛盾性质的不同决定的。中国特色社会主义的本质属性是一个包含多种因素和特征的整体，社会和谐是其中一个重要方面。构建社会主义和谐社会必须依靠党和人民的自觉努力，必须坚持中国特色社会主义道路，必须坚持以马克思主义为指导，必须坚持以科学发展观来统领。

党的十六届六中全会通过的《关于构建社会主义和谐社会若干重大问题的决定》（以下简称《决定》）在第一部分开宗明义地指出："社会和谐是中国特色社会主义的本质属性。"① 这一重要论断揭示了社会和谐与中国特色社会主义二者之间的本质关系，是我们坚持在中国特色社会主义道路上构建和谐社会的重要理论基础。深入、准确地理解这一论断的科学内涵，对于领会和贯彻《决定》的精神具有关键性的重要意义。本文就此谈谈学习体会。

一　只有社会主义才具有社会和谐的本质属性

"社会和谐是中国特色社会主义的本质属性"这一科学论断，用"中国特色社会主义"阐明"社会和谐"，揭示了我们所要构建的和谐社会的社会制度属性。

本质是事物根本的质，一个事物的本质同事物自身具有直接同一性，它使一事物成为该事物而与其他事物区别开来。本质属性是事物本质的表

---

① 《十六大以来重要文献选编》（下），中央文献出版社 2008 年版，第 648 页。

现。"社会和谐是中国特色社会主义的本质属性"这一论断揭示了，社会和谐这一属性既是中国特色社会主义所固有的，又是它所特有的。任何肯定同时也是否定。社会和谐不是封建社会、资本主义社会或其他剥削社会的本质属性，不是不同社会形态的共同属性或人类社会的一般性质，是这一命题不言而喻的题中应有之义。在中国，社会和谐是社会主义的新中国区别于旧中国的本质属性，中国长期的封建社会、近代以来的半殖民地半封建社会都不是也不可能是真正的和谐社会。在当代世界，社会和谐是坚持走中国特色社会主义道路的中国区别于资本主义社会的本质属性，资本主义国家的社会，离开社会主义道路重新走上资本主义道路的那些国家的社会，都不是也不可能是真正的和谐社会。如果社会和谐可以作为本质属性为不同时代、不同性质的社会所共有，它就不能被称为中国特色社会主义的本质属性。而我们看到，在近年来关于和谐社会的讨论中，确有不少有意无意、若明若暗地离开社会根本制度去理解、阐释社会和谐问题的情形，或将社会和谐当作不同社会的共有属性或人类社会的一般性质来理解，或认为社会和谐与否取决于文化传统或文化选择的不同，或仅仅取决于人们的主观努力。我们应该按照党的六中全会《决定》的精神审视这些观点，澄清模糊认识。

社会和谐之所以是中国特色社会主义的本质属性而不为其他性质的社会所具有，是由社会矛盾尤其是社会基本矛盾性质的不同决定的。对立统一规律是物质世界运动发展的根本规律，矛盾分析方法是我们认识事物的根本方法。任何事物都是作为矛盾统一体存在和发展的，和谐是事物矛盾存在的一种状态，是一定事物在其矛盾得到妥善处置、正确解决时呈现的一种状态。当事物的矛盾不具有对抗的性质，矛盾双方之间具有一致、合作、依存的关系，事物发展处于量变阶段时，事物矛盾的斗争呈平和的形式，不表现为外部冲突，事物就呈现和谐状态。人类社会都是在生产力与生产关系、经济基础与上层建筑的矛盾运动中发展的。这一社会基本矛盾决定了其他种种社会矛盾。社会基本矛盾的内容、形式和性质的不同使社会在发展中区分为不同的社会形态。人类历史发展中已经出现的几种基本社会形态按其社会基本矛盾性质的不同可以分为对抗性的社会形态和非对抗性的社会形态。一个社会是否具有社会和谐的本质属性，归根到底取决于其社会基本矛盾是否具有对抗的性质。以公有制为主体的经济基础、以共产党领导的人民民主专政的国家政权为核心的政治上层建筑和以马克思主义为指导的社会主义意识形态决定了社会主义社会的基本矛盾是非对抗性的矛盾，可以通过改革不断得到解决，实现社会主义制度的自我完善和发展，从而使整个社会呈现和谐状态。在社会主义基本矛盾的基础上产生的人民内部矛盾是人民根本利益一致基础上的矛盾，只要处理得当，不会表现为剧烈的冲突。我国社会中大量的矛盾属于人民内部矛盾。处于社会主义初级阶段的中国仍然存在着具有对抗性质的敌我矛盾，但只要我们正确认识和处理这些矛盾，运用人民民主专政的力量，巩固人民的政权，这些对抗性矛盾的存在也不会妨碍整个社会的和谐发展，还可以把一些对抗性矛盾转化为非对抗性矛盾，或用非对抗的方法解决这些矛盾。总之，社会主义社会基本矛盾的性质决定了它具有社会和谐的本质属性。

　　封建主义、资本主义等建立在剥削制度之上的社会形态，其生产力与生产关系、经济基础与上层建筑之间存在对抗性的矛盾，这些矛盾在人们的社会关系中表现为阶级对立的关系，因而社会只能在剥削和被剥削、压迫和被压迫以及反对剥削和压迫的阶级对立中运动。由此就决定了，尽管实现社会和谐始终是人类孜孜以求的一个社会理想，但在存在着阶级压迫和阶级剥削的旧制度下却根本无法实现。剥削阶级社会也有其前进、上升和衰败、灭亡的不同阶段，也交替着社会战乱、动荡与和平、繁荣的不同时期，其社会矛盾包括阶级矛盾有时激烈，有时缓和，呈现出不同的状态，但是，无论是在封建社会的"太平盛世"或资本主义的和平、繁荣时期，其固有的对抗性的社会基本矛盾以及由此决定的阶级矛盾都依然存在着、发展着，表现为这样那样的对立和冲突，并且不可能在保持其根本制度的范围内得到根本解决。解决这些矛盾的根本途径只能是消灭这些制度本身。因此，和谐不是这些社会的本质属性，它们在一定时间、一定范围内呈现的社会矛盾得到缓和、社会相对平稳发展的状态，与社会主义社会的社会和谐具有根本性质的不同，不能相提并论，混为一谈。社会和谐表明社会矛盾没有激化，但社会矛盾缓和未必都意味着社会和谐，因为对抗性的社会矛盾也并非总是表现为激化的形式，也有缓和、平稳发展的阶段。社会和谐必然表现为社会稳定，但社会稳定不等于社会和谐。即使在剥削阶级社会的没落时期，反动统治者的高压和欺骗也可能造成一时的社会稳定。我们要构建的是"社会主义和谐社会"，其中的"社会主义"四个字，如同"社会主义市场经济"中的"社会主义"一样，决不是可有可无的，不是画蛇添足，而是画龙点睛，标明了我们所要构建的和谐社会的社会制度属性，标明了社会和谐是社会主义社会所特有的本质属性。

任何一个概念都是确定性与不确定性的统一，"和谐"一词也可以在不同的语境中、在不同的意义上使用，它们描述的对象既有共同的特征，也有不同的性质。在 21 世纪，中国在国际政治舞台上高举和平、发展、合作的旗帜，推动建设持久和平、共同繁荣的和谐世界。我们提出"建设和谐世界"的主张，反映了世界各国人民的共同愿望和人类社会发展的必然要求，也是为了为中国特色社会主义建设争取和平稳定、睦邻友好、平等互利、互信协作的良好外部环境。"建设和谐世界"的含义，是按照和平共处五项原则和其他公认的国际关系准则处理国际事务，发展国际关系，承认各国文化传统、社会制度、价值观念和发展道路的差异，反对霸权主义和强权政治，促进世界上所有文明、所有民族携手合作、共同发展。"建设和谐世界"之所以可能，并不是因为当代世界的各种矛盾（包括各国内部的矛盾和国家之间的矛盾）一概不再具有对抗的性质，而是因为，一方面在国际关系中，不同国家之间矛盾的解决办法，不同于一国内部矛盾的解决办法，各国可以在互相尊重主权和领土完整、互不侵犯、互不干涉内政、平等互利的基础上和平共处，以和平方式解决国际争端；另一方面，各国内部的矛盾只能由各国人民自己去解决，不容外人干涉，因而一国内部对抗性矛盾的存在并非必然导致国际关系中的对抗。所以，国际社会中的"和谐"与一国内部由其社会矛盾的非对抗性质决定的社会和谐，"和谐世界"中的"和谐"与我们所要构建的以民主法治、公平正义、诚信友爱、充满活力、安定有序、人与自然和谐相处为总要求的"社会主义和谐社会"中的"和谐"，是两个既有联系又有区别的概念。

二　扩展和深化对中国特色社会主义本质属性的认识

"社会和谐是中国特色社会主义的本质属性"这一科学论断，在用"中国特色社会主义"阐明"社会和谐"从而规定其社会制度属性的同时，又用"社会和谐"阐明"中国特色社会主义"，从而扩展和深化了对中国特色社会主义本质属性的认识。

事物的本质是一个统一的整体，它通过多方面的本质属性表现出来。事物某一方面的本质属性从一个侧面、在一种关系中表现事物的本质，多方面的本质属性结合在一起，共同表现事物完整的本质。社会主义的本质是一个极其丰富的整体，人们对它的认识，是在不断的实践探索和理论研究过程中，通过对社会主义各种本质属性的揭示而不断深化和发展的。

马克思和恩格斯在《共产党宣言》中肯定空想社会主义"提倡社会和谐"是"关于未来社会的积极的主张"，是"表明要消灭阶级对立"[①]，并且提出"代替那存在着阶级和阶级对立的资产阶级旧社会的，将是这样一个联合体，在那里，每个人的自由发展是一切人的自由发展的条件"。[②] 这些论述已经明显地包含着共产主义社会将通过消灭阶级对立而实现社会和谐的思想，表明他们把社会是否和谐看作是未来的新社会同资产阶级旧社会的重要区别。列宁在《哲学笔记》中做出了对立面的统一是"辩证法的实质"、"辩证法的核心"[③] 的重要论断，指出"发展是对立面的统一"。[④] 后来列宁又批评布哈林"资本主义是对抗的、矛盾的制度"这一说法"极不确切"，明确指出："对抗和矛盾完全不是一回事。在社会主义下，对抗将会消灭，矛盾仍将存在。"[⑤] 毛泽东继承和发展列宁的这些思想，在《矛盾论》中全面系统地论述了对立统一规律，论述了矛盾的同一性与斗争性的关系，阐明了对抗在矛盾中的地位，明确区分了矛盾斗争的对抗形式和非对抗形式、对抗性的矛盾和非对抗性的矛盾。后来他又在总结我国和其他国家社会主义实践经验的基础上，把对立统一规律运用于社会主义社会，提出了社会主义社会基本矛盾的理论，创立了关于人民内部矛盾和敌我矛盾两类不同性质矛盾的学说。毛泽东的这些思想丰富和发展了辩证唯物主义和历史唯物主义，成为马克思主义哲学的基本原理，为我们党今天提出构建社会主义和谐社会奠定了世界观、历史观和方法论的基础。新中国成立以来特别是进入改革开放新时期以来，我们党为促进社会和谐进行了长期的艰辛探索和不懈努力。党的十六届六中全会明确做出"社会和谐是中国特色社会主义的本质属性"这一论断，提出构建社会主义和谐社会的重大战略任务，并且做出全面的部署，标志着对社会和谐与中国特色社会主义关系认识的新的飞跃，对社会主义社会发展规律认识的新的高度，丰富和发展了对"什么是社会主义、怎样建设

① 《马克思恩格斯选集》第 1 卷，人民出版社 1995 年版，第 304 页。
② 同上书，第 294 页。
③ 《列宁全集》第 55 卷，人民出版社 1990 年版，第 305、192 页。
④ 同上书，第 306 页。
⑤ 《列宁全集》第 60 卷，人民出版社 1990 年版，第 281—282 页。

社会主义"的认识。

　　社会和谐是由社会主义的根本制度决定的本质属性，也是社会主义发展的必然要求。社会主义的根本任务是发展生产力。以经济建设为中心推动社会全面发展，需要社会和谐。只有在和谐的社会环境中，才能一心一意搞建设，聚精会神谋发展，才能充分发挥人民群众从事社会主义现代化建设的积极性主动性，使社会充满活力，使一切社会财富的源泉充分涌流。改革是社会主义社会经济和社会发展的强大动力。推进社会主义自我完善和发展的改革，也离不开社会和谐。只有努力构建和谐社会，排除不和谐不安定的因素，维护社会稳定，改革才能得到人民群众的理解、参与和支持。社会是经济、政治、文化有机统一的整体，无论是经济、政治、文化、社会各方面的建设与改革，或整个社会的全面协调可持续的发展，都只有在和谐的社会关系、社会环境中才能取得。离开对社会和谐的理解，就不能全面地认识中国特色社会主义的本质属性，不能全面地理解"什么是社会主义"；离开构建和谐社会的努力，就不能全面地把握"怎样建设社会主义"，不能全面地推进中国特色社会主义现代化建设事业。

　　准确地理解"社会和谐是中国特色社会主义的本质属性"这一科学论断，还应该看到，社会和谐并非中国特色社会主义唯一的或全部的本质属性，而是其中一个不可缺少的重要方面。中国特色社会主义的本质属性包括哪些方面的因素和特征，是一个有待进一步深入探讨的课题。邓小平指出："社会主义的本质，是解放生产力，发展生产力，消灭剥削，消除两极分化，最终达到共同富裕。"[1] 这无疑是对社会主义本质属性的精辟阐述。邓小平又说："总之，一个公有制占主体，一个共同富裕，这是我们所必须坚持的社会主义的根本原则。"[2] "社会主义与资本主义不同的特点就是共同富裕，不搞两极分化。"[3] 邓小平还把"必须坚持社会主义道路"、"必须坚持无产阶级专政"、"必须坚持共产党的领导"、"必须坚持马列主义、毛泽东思想"概括为"四项基本原则"。[4] 这一思想后来作为"两个基本点"之一写进了党的基本路线。这些论述都为我们全面深入地探讨中国特色社会主义的本质属性指明了方向。我们应该从社会的生产力

　　① 《邓小平文选》第3卷，人民出版社1993年版，第373页。

　　② 同上书，第111页。

　　③ 同上书，第123页。

　　④ 《邓小平文选》第2卷，人民出版社1994年版，第164—165页。

和生产关系、经济基础和上层建筑各方面以及它们的相互关联与矛盾运动中，从社会主义与资本主义的比较中去全面地思考和探讨社会主义尤其中国特色社会主义的本质属性，努力做出完整、准确的概括。"社会和谐是中国特色社会主义的本质属性"这一论断并没有否定或取代此前我们党对中国特色社会主义本质属性的认识，而是在原有的基础上进一步丰富和发展了这些认识，我们应该将它们统一在一起去理解和把握。从逻辑推理的形式来说，从"社会和谐是中国特色社会主义的本质属性"这一命题，推不出"中国特色社会主义的本质属性是社会和谐"，而只能推出"中国特色社会主义的有的本质属性是社会和谐"，因为在这种直言肯定判断的换位推理中，前提中的谓项是不周延的，换到结论中做主项也不能周延，正如从"张三是人"推不出"人是张三"，而只能推出"有的人是张三"一样。

中国特色社会主义的本质属性是一个包含多种因素和特征的整体，其中的各种因素、各种特征相互关联、不可分割，不能孤立地存在。一方面，如前所述，没有社会和谐，就不能建设中国特色社会主义的经济、政治和文化。另一方面，离开了经济上的公有制占主体多种所有制经济共同发展、共同富裕、解放生产力、发展生产力，政治上的共产党的领导和人民民主专政，思想文化上的马克思主义指导，就没有社会和谐。党的六中全会《决定》指出，构建社会主义和谐社会，是"从中国特色社会主义事业总体布局和全面建设小康社会全局出发提出的重大战略任务，反映了建设富强民主文明和谐的社会主义现代化国家的要求"。[①] 这就明确规定了构建社会主义和谐社会是建设中国特色社会主义总体布局和全面建设小康社会全局中极其重要的一部分，但又不等于其"总体"或"全局"；社会和谐是我们建设社会主义现代化国家的极为重要的目标，但又不是其全部目标，而是与富强、民主、文明相互关联的目标之一。这种规定无疑是以社会和谐在中国特色社会主义本质属性中固有的地位为依据的。邓小平讲到四项基本原则之间的关系时曾深刻地指出："四个坚持是'成套设备'。"[②] "成套设备"意味着它们是一个不可分割的有机整体，一个也不能少。这一论述为我们全面理解中国特色社会主义的本质属性、理解社会

---

① 《十六大以来重要文献选编》（下），中央文献出版社 2008 年版，第 648 页。
② 《邓小平年谱（1975—1997）》（下），中央文献出版社 2004 年版，第 133 页。

和谐在其中的地位提供了重要的方法论启示。

三　坚持在中国特色社会主义道路上构建社会主义和谐社会

"社会和谐是中国特色社会主义的本质属性"表明，既不能离开社会主义去理解什么是社会和谐，也不能离开社会和谐去理解什么是社会主义。这一科学论断以浓缩的形式包含了我们所要构建的社会主义和谐社会的性质、特征和要求，也从根本上规定了构建社会主义和谐社会的方向、原则和方法、途径。

构建社会主义和谐社会必须依靠党和人民的自觉努力。生气勃勃的社会主义是人民群众自己创造的，是在人民群众创造历史的进程中逐步完善和发展的。正如社会主义的本质是在社会主义社会的发展过程中逐步实现的一样，作为社会主义本质属性的社会和谐，也是在社会主义社会自身的发展进程中逐步达到的。社会规律同自然规律一样，具有不依人们主观意志为转移的客观性，但社会规律的实现又有其不同于自然规律的特殊性。在自然界运动中起作用的全是无意识的盲目的动力，构成社会历史运动的却都是具有自觉的意图、追求预期目的的人的活动，而社会规律就存在于由这些活动相互促进或相互干扰、冲突构成的历史进程中，所以社会规律的实现离不开历史主体的自觉努力。人类无须为促成或阻止日食或月食的发生作任何努力，因为人类的力量没有参与也就无从改变这种自然运动，但是社会领域的情形迥然不同，离开了人的活动，就没有社会历史，也没有社会规律。离开了作为历史主体的人民群众的历史主动性的发挥，就没有社会主义制度的建立和发展。社会主义作为人类历史上一种崭新的社会制度一旦建立起来，就具有达到社会和谐的历史必然性，但和谐社会的构建，还要靠人民群众在党的领导下长期的自觉的努力奋斗。这种努力应该贯穿社会主义社会发展的全过程，贯穿全面建设小康社会的全过程，而在当前显得尤为重要和紧迫。党的中央全会专门讨论构建社会主义和谐社会的问题并就此做出决定，表明了我们党对构建社会主义和谐社会的深刻认识和高度自觉。《决定》分析了我们面临的机遇和挑战，论述了构建社会主义和谐社会的有利条件，又指出了影响社会和谐的矛盾和问题，强调在当前我国改革发展的关键时期，必须把构建社会主义和谐社会摆在更加突出的地位。我们学习和贯彻《决定》的精神，首先必须充分认识构建社会主义和谐社会的重要性和紧迫性，认清它既是长期的历史任务又是重大的现实课题，把这一建设中国特色社会主义的重大战略任务抓紧抓好。

构建社会主义和谐社会必须坚持中国特色社会主义道路。《决定》指出："我们要构建的社会主义和谐社会，是在中国特色社会主义道路上，中国共产党领导全体人民共同建设、共同享有和谐社会。"① 这一重要论断明确指出了我们构建社会主义和谐社会的政治方向和历史路径。既然社会和谐是社会主义所固有的也是社会主义所特有的本质属性，那么，从根本上说，有社会主义才有社会和谐，离开中国特色社会主义道路，就没有社会和谐。构建社会主义和谐社会，只有作为中国特色社会主义事业中的一个部分，始终置于建设中国特色社会主义的总体布局之中才能真正实现。离开了这个总体，就不能实现社会和谐。如果离开"社会主义"去讲"和谐社会"，模糊了和谐社会的社会制度属性，把构建和谐社会看成是任何时代任何制度下单凭人们的主观努力就可以实现的，那就可能偏离中国特色社会主义道路去追求社会和谐。胡锦涛同志说："我们党把马克思主义基本原理同中国具体实际相结合，取得了新民主主义革命的胜利，建立了人民当家作主的新中国，进而建立了社会主义制度，为构建社会主义和谐社会创造了根本的政治前提。"他又指出："中国共产党的领导和我国的社会主义制度，为构建社会主义和谐社会提供了最根本的保证。"② 这些论述深刻地阐明了，中国共产党的领导和社会主义制度，既是构建社会主义和谐社会的"根本政治前提"，又是其"最根本的政治保证"。今天我们所拥有的构建社会主义和谐社会的有利条件，是在党的领导下，在社会主义道路上创设的，今后我们要构建社会主义和谐社会，也必须在中国共产党领导下坚持走中国特色社会主义道路。党在社会主义初级阶段的基本路线，是建设中国特色社会主义理论和实践的总纲。坚持在中国特色社会主义道路上构建社会主义和谐社会，集中到一点，就是必须坚持党的基本路线。第一，必须坚持以经济建设为中心。离开了这个中心，没有经济的高度发展，没有综合国力的增强和人民生活水平的提高，就不能凝聚人心，就没有社会和谐。第二，必须坚持四项基本原则。离开了四项基本原则，中国就不成其为社会主义国家。没有坚持四项基本原则这个政治保

---

① 《十六大以来重要文献选编》（下），中央文献出版社 2008 年版，第 650 页。
② 《十六大以来重要文献选编》（中），中央文献出版社 2006 年版，第 703、700 页。

证，就会陷入政治动荡、思想混乱，一盘散沙，四分五裂，就只有社会动乱，没有社会和谐。第三，必须坚持改革开放。不坚持改革开放，社会主义就失去了生机与活力，就不能实现自我完善、自我发展。推进经济体制、政治体制、文化体制、社会体制的改革和创新，才能为社会和谐提供体制、制度保障。第四，必须坚持富强民主文明和谐四位一体的奋斗目标。《决定》最后号召全党："为把我国建设成为富强民主文明和谐的社会主义现代化国家而奋斗！"同此前党的基本路线对党的奋斗目标的表述相比，这里增加了"和谐"二字，而其余的文字完全相同，这既是对党的基本路线的坚持，又是进一步的发展。

构建社会主义和谐社会必须坚持以马克思主义为指导。《决定》在论述构建社会主义和谐社会时指出："必须坚持以马克思列宁主义、毛泽东思想、邓小平理论和'三个代表'重要思想为指导。"① 这一论断明确规定了构建社会主义和谐社会的指导思想、理论基础。马克思主义是一个不断发展着的完整的科学体系。构建社会主义和谐社会，是党中央把马克思主义基本原理同中国特色社会主义建设新的实际相结合提出的重大战略思想，它是中国化马克思主义理论中的一个部分，是同马克思主义的整个科学体系不可分割、同其中的各个基本原理相互联系、相互规定的有机组成部分。因此，对于构建社会主义和谐社会进程中的各种实际问题和理论问题，都必须从客观实际出发，坚持运用马克思主义的立场、观点、方法去分析和认识，做出合乎实际的回答，推动实践的发展。中国历史上产生过不少有关和谐的思想，为我们今天构建社会主义和谐社会提供了传统文化的资源。我们倡导和谐理念，培育和谐精神，必须弘扬民族优秀文化传统，借鉴人类有益文明成果，但是指导我们思想的理论基础只能是马克思主义。当前思想领域特别是哲学社会科学学术领域中存在着盲目崇拜和搬运西方思想理论、把马克思主义边沿化的现象，对此我们必须保持警惕。

构建社会主义和谐社会的哲学理论基础是辩证唯物主义，特别是唯物辩证法的核心对立统一规律。《决定》指出："任何社会都不可能没有矛盾，人类社会总是在矛盾运动中发展进步的。构建社会主义和谐社会是一个不断化解社会矛盾的持续过程。"②《决定》指出我国社会总体上是和谐

---

① 《十六大以来重要文献选编》（下），中央文献出版社 2008 年版，第 650 页。

② 同上。

的，又分析了影响社会和谐的矛盾和问题，要求我们保持清醒头脑，积极主动地正视矛盾、化解矛盾。按照唯物辩证法的观点，世界就是由矛盾构成的。我们之所以要以极大的努力去构建和谐社会，正是因为现实社会中充满着需要不断认识和解决的矛盾。矛盾着的对立面又统一，又斗争，构成了矛盾运动，推动了事物的发展。同一性和斗争性是每一矛盾的双方之间同时存在的两种本质联系，正确认识和解决矛盾的一个关键，就是全面地认识和把握矛盾的同一性和斗争性的关系。列宁说："辩证的东西 = '在对立面的统一中把握对立面'。"① 对于任何矛盾的双方，只有在看到对立的同时不忘统一，在看到统一的同时又不忘对立，在对立中把握统一，在统一中把握对立，才能正确地处理矛盾，推动事物的发展。那种批判、否定所谓"矛盾对立的思维"，提倡所谓"和谐马克思主义"的议论，是背离唯物辩证法、不符合中央《决定》的精神的。我们党的历史上极为丰富的正反两方面经验反复证明，无论是片面地强调斗争性、离开统一讲对立、斗争，或片面地强调同一性、离开对立、斗争讲统一，都会在思想上陷入形而上学，在实践中偏离正确的轨道。只有全面地看到矛盾的同一性和斗争性这两种基本性质，才能最大限度地增加和谐因素，最大限度地减少不和谐因素，不断促进社会和谐。

构建社会主义和谐社会必须坚持以科学发展观来统领。《决定》在论述构建社会主义和谐社会的指导思想时强调："坚持以科学发展观统领经济社会发展全局。"② 这就规定了科学发展观与构建社会主义和谐社会的关系。十六大以来，党中央从新世纪新阶段党和国家事业发展全局出发提出了科学发展观，还提出了包括构建社会主义和谐社会在内的一系列重大战略思想，这些思想之间存在着内在联系。其中，科学发展观是统领，是贯穿其他重大战略思想的主线，其他重大战略思想是科学发展观在各个方面、各个领域的展开，它们紧紧围绕科学发展这个主题，相互贯通，相互联系，形成有机的整体。离开坚持科学发展观、坚持以科学发展观为统领去讲构建和谐社会，就会偏离中央《决定》的精神。科学发展观的核心是以人为本。构建社会主义和谐社会，必须坚持以人为本，把最广大人民的根本利益作为出发点和落脚点，实现好、维护好、发展好最广大人民的

---

① 《列宁全集》第55卷，人民出版社1990年版，第83页。
② 《十六大以来重要文献选编》（下），中央文献出版社2008年版，第650页。

根本利益，不断满足人民日益增长的物质文化需要，做到发展为了人民、发展依靠人民、发展成果由人民共享，促进人的全面发展。构建社会主义和谐社会，还必须围绕着科学发展这个主题，遵循自然和社会发展的客观规律，坚持全面发展、协调发展，实现可持续发展。

（原载《高校理论战线》2006 年第 11 期；中国人民大学书报资料中心复印报刊资料《社会主义论丛》2007 年第 3 期转载；《马克思主义文摘》2007 年第 1 期摘发）

社会主义核心价值体系是
和谐文化建设的根本

提要 我们所要建设的和谐文化，是崇尚和谐、追求和谐又具有内部和谐关系的文化，是社会主义性质的文化，是中国特色社会主义文化的重要组成部分。以社会主义核心价值体系为根本，是和谐文化建设的方向。离开社会主义核心价值体系这个根本，就没有和谐文化。

什么是我们所要建设的和谐文化

从字面上看，对和谐文化可以做出如下解读。一是可以解读为"和谐的"文化，即把"和谐"解读为文化的限定语，它从一个方面规定了"文化"的性质，即这种文化具有"和谐"的性质。各种文化都是由多种因素、多种成分构成的矛盾统一体，就其内部关系而言，不同的文化有和谐与不和谐之分。我们所要建设的文化，是和谐的文化，即内部各种因素协调统一而非相互冲突的文化。二是可以解读为"关于和谐的文化"，即把"和谐"解读为"文化"所反映的对象，和谐文化就是关于建设和谐的社会关系的文化。作为精神活动及其产物的文化，都是社会生活中一定的客观对象在人们头脑中的反映。社会关系有和谐与不和谐之分，建设和谐的社会关系，克服不和谐的社会关系，是一种包含着多方面活动的社会实践，这样的社会关系和社会实践反映在思想文化中，便形成了关于和谐的文化。按照这样的解读，和谐文化就是反映人们追求社会和谐的实践并服务于这种实践的文化。

对"和谐文化"的以上两种解读都是合理的，它们分别从一个方面说明了我们所要建设的和谐文化的性质，因而可以同时成立。第一，我们所要建设的和谐文化，是反映建设和谐社会的实践并服务于这种实践的文化；第二，这种文化自身具有内部和谐的性质，是一种和谐的文化。

但是，对"和谐文化"仅作这样的理解是不够的，应该看到，它还具有更加丰富和深刻的内涵。党的十六届六中全会《决定》指出："建设和谐文化，是构建社会主义和谐社会的重要任务。"① 这一论断指明了建设和谐文化的任务是在什么样的社会背景下，为了实现什么目标而提出来的。我们应该以此为依据来探讨我们所要建设的"和谐文化"的内涵。

进入新世纪新阶段，改革开放和现代化建设事业面临着前所未有的机遇和前所未有的挑战。我国社会总体上是和谐的，同时存在不少影响社会和谐的矛盾和问题。为了抓住机遇，应对挑战，把中国特色社会主义事业推向前进，必须把构建社会主义和谐社会摆在更加突出的地位。正是在这样的背景下，党的十六届六中全会提出，把构建社会主义和谐社会作为贯穿中国特色社会主义事业全过程的长期历史任务和全面建设小康社会的重大现实课题抓紧抓好。建设和谐文化，就是作为"构建社会主义和谐社会的重要任务"提出来的。这表明，我们所要建设的和谐文化，是我们所要构建的社会主义和谐社会的有机组成部分；建设和谐文化，是为构建社会主义和谐社会打造巩固的思想道德基础的重要工作。这就决定了和谐文化的社会制度属性。

毛泽东在《新民主主义论》中指出："一定的文化（当作观念形态的文化）是一定社会的政治和经济的反映，又给予伟大影响和作用于一定社会的政治和经济；而经济是基础，政治则是经济的集中表现。"② 这一经典性的论述阐明了马克思主义关于文化与政治、经济相互关系的基本观点。文化的性质，归根到底决定于它所反映和服务的经济和政治的性质。当代中国的先进文化，是由中国特色社会主义的经济和政治决定的文化，即中国特色社会主义文化。同样的，当代中国所要建设的和谐文化，是反映构建社会主义和谐社会的要求、为构建社会主义和谐社会服务的社会主义性质的文化，即社会主义和谐文化。

党的十六届六中全会《决定》指出："社会和谐是中国特色社会主义

---

① 《十六大以来重要文献选编》（下），中央文献出版社 2008 年版，第 660 页。
② 《毛泽东选集》第 2 卷，人民出版社 1991 年版，第 663—664 页。

的本质属性。"① 这一论断把"社会和谐"与"中国特色社会主义"联系在一起，揭示了二者之间的本质关系。"社会和谐"是中国特色社会主义所固有的，也是它区别于其他社会制度所特有的。因此，我们所要构建的和谐社会有其明确的社会制度属性。社会和谐不是不同社会形态的共同属性，不是人类社会的一般性质，这是由不同社会形态中的社会矛盾尤其是社会基本矛盾具有不同的性质决定的。如果社会和谐作为本质属性可以为不同时代、不同性质的社会所共有，它就不能被称为中国特色社会主义的本质属性。作为社会主义和谐社会的一部分而为它提供思想道德基础的和谐文化，当然也具有社会主义的性质。

总之，我们所要建设的和谐文化，是批判地继承了其他时代和其他社会制度下创造的优秀文化成果的社会主义性质的文化，是崇尚和谐、追求和谐又具有内部和谐关系的文化。它属于社会主义意识形态范畴，是中国特色社会主义文化的重要组成部分。

以社会主义核心价值体系为根本建设和谐文化

党的十六届六中全会《决定》指出："社会主义核心价值体系是建设和谐文化的根本。"② 这一论断为建设和谐文化指明了方向：以社会主义核心价值体系为根本建设和谐文化。

"根本"一词生动、形象而又准确、深刻地揭示了和谐文化与社会主义核心价值体系之间的关系。如果说和谐文化是一棵大树，那么社会主义核心价值体系就是它的根基和主干。没有根基就没有大树。离开社会主义核心价值体系，就没有和谐文化。

价值是人类社会生活中一种普遍存在的关系，是客体属性满足主体需要的关系。价值观是客观存在的价值关系在人们头脑中的反映。由于不同社会中有不同的经济利益关系和社会结构，不同的主体有不同的社会地位、不同的利益和价值需要，因而产生了各种不同的价值观念，并上升为不同的价值观体系。每一个社会都有自己占主导地位的价值观，这些价值观又都有自己的核心价值体系，它们是在一定社会基本的经济、政治制度

---

① 《十六大以来重要文献选编》（下），中央文献出版社 2008 年版，第 648 页。
② 同上书，第 660 页。

的基础上形成并为巩固和发展经济、政治制度服务的。我们要建设中国特色社会主义，构建社会主义和谐社会，也必须建设自己的价值观，特别是要大力建设社会主义核心价值体系。

大力建设社会核心价值体系，需要对这一体系的构成、对它的基本内容有自觉的认识和明确的概括。这是一个在实践中不断总结、不断提高的认识发展过程。历史经验告诉我们，为了大力倡导一种思想观念，需要对它做出简要、明确的概括。凡是在历史上产生重大影响的思想，在其自身形成和发展的过程中，总是一方面内容越来越扩展、深化，成为思想丰富的体系；一方面形式上越来越简明，凝结为简洁的命题和概念。越是内容丰富、深刻而形式上又简明、通俗的思想观念，就越能广泛普及、流传久远，产生深入、持久的社会影响。党的十六届六中全会第一次提出了"社会主义核心价值体系"的概念，并明确概括了它的基本内容，这是适应社会实践要求，对我们党和国家在社会主义初级阶段倡导的价值观念做出的最新的表述。党的十六届六中全会《决定》指出："马克思主义指导思想，中国特色社会主义共同理想，以爱国主义为核心的民族精神和以改革创新为核心的时代精神，社会主义荣辱观，构成社会主义核心价值体系的基本内容。"① 社会主义核心价值体系的基本内容，包括了指导思想、社会理想、精神动力和道德规范四个方面。建设中国特色社会主义必须有科学的指导思想作为理论基础。马克思主义是我们党和国家的指导思想，也是构建社会主义和谐社会的指导思想，是社会主义意识形态的旗帜，因而是社会主义核心价值体系的灵魂，它决定了社会主义核心价值体系的性质和方向。一个国家、一个社会必须有共同的社会理想，有了共同理想，才能统一思想，凝聚力量，共同奋斗。在中国共产党领导下，走中国特色社会主义道路，实现中华民族的伟大复兴，就是当代中国社会各个阶层、各个利益群体认同和接受的共同理想，它具有广泛的包容性和强大的感召力、亲和力和凝聚力。中国特色社会主义是十三亿中国人民正在走着的道路、正在从事的事业，是当代中国社会生活的主题，因此，中国特色社会主义共同理想是社会主义核心价值体系的主题。民族精神是一个民族的优秀文化传统最集中的表现，体现了一个民族的精神特质。以爱国主义为核心的团结统一、爱好和平、勤劳勇敢、自强不息的中华民族精神，深深熔

---

① 《十六大以来重要文献选编》（下），中央文献出版社 2008 年版，第 661 页。

铸在我们的民族意识、民族品格、民族气质之中，成为中华民族之魂。在新的历史时期，马克思主义与时俱进的理论品格、中华民族富于进取的思想品格同改革开放和社会主义现代化建设的实践相结合，又造就了以改革创新为核心的时代精神。民族精神和时代精神是维系中华各族人民的精神纽带，是建设中国特色社会主义的强大精神力量，因而是社会主义核心价值体系的精髓。构建社会主义和谐社会，必须确立全社会普遍奉行的价值准则和行为规范。胡锦涛总书记提出的以"八荣八耻"为主要内容的社会主义荣辱观对社会主义思想道德体系做出了全面而又通俗的表达，它把先进性与广泛性统一起来，为社会全体成员提供了道德判断和行为选择的标准和规范。因此，以"八荣八耻"为主要内容的社会主义荣辱观是社会主义核心价值体系的基础。

　　上述四个方面的基本内容结合在一起，构成了社会主义核心价值体系。价值（价值关系）和价值观分属于不同的领域，二者之间是被反映和反映的关系。社会主义核心价值体系属于价值观的领域，是当代中国最重要最基本的价值关系在价值观中的集中反映。当代中国基本的价值关系体现在我国的基本经济制度和政治制度之中。我们建设社会主义核心价值体系的根本目的，就是要巩固全党全国各族人民团结奋斗的共同思想基础，在中国特色社会主义道路上建设富强民主文明和谐的社会主义现代化国家，构建全体人民共同建设、共同享有的和谐社会。

　　（原载《光明日报》2007 年 9 月 25 日。署名：教育部邓小平理论和"三个代表"重要思想研究中心，田心铭执笔）

文化软实力是向与量的统一

提要　"力"是一种向量（或矢量），文化软实力也是如此。现实存在的各种文化，都是一定的方向与大小的统一体，忽视其量的大小或忽视其方向性，都不能准确地把握它。我们的文化自觉和文化自信，是对中国特色社会主义文化的自觉和自信。文化体制改革和文化建设必须全面把握文化软实力的"向"与"量"两个方面。

党的十七大明确提出了"文化软实力"的概念，党的十七届六中全会通过的《中共中央关于深化文化体制改革推动社会主义文化大发展大繁荣若干重大问题的决定》（以下简称《决定》）进一步强调要"增强国家文化软实力"。① 贯彻六中全会精神，需要对"文化软实力"开展多视角的研究。笔者认为，"文化软实力"是一定的向与量的统一体。本文对这一问题作初步探讨。

作为软实力的文化是一定的向与量的统一体

文化软实力中的"力"，是一个从力学中借用的概念。力学中的"力"，是一种有大小也有方向的量，即向量（或矢量）。文化软实力也是如此。现实存在的各种文化，都是一定的方向与大小的统一体，忽视其量的大小或忽视其方向性，都不能准确地认识和把握它。

确认文化具有方向性是马克思主义一贯的观点。恩格斯在阐述社会发展客观规律性时，提出了著名的"合力论"。他说，由特殊生活条件构成

---

① 《中共中央关于深化文化体制改革推动社会主义文化大发展大繁荣若干重大问题的决定》，人民出版社 2011 年版，第 8 页。本文以下凡出自《决定》的引文，不再加注。

的许多单个意志使社会运动中"有无数互相交错的力量，有无数个力的平行四边形，由此就产生出一个合力，即历史的结果"。① 这里他直接借用了力学中向量合成的理论，把社会运动中的意志当作向量来阐述。各种文化也是作为这样的向量在社会历史发展中起作用的。恩格斯还论述了国家对经济发展的反作用因其方向不同而区别为三种情形。一是"它可以沿着同一方向起作用"，即同向促进作用；二是"它可以沿着相反方向起作用"，即反向阻碍作用；三是"它可以阻止经济发展沿着某些方向走，而给它规定另外的方向"。② 这里，他是把国家的力量当作一种向量来分析其对经济的作用的。作为意识形态的文化，对经济的作用同样是如此。《决定》对文化的阐述，通篇包含着文化具有方向性的精神。《决定》指出："我们党历来高度重视运用文化引领前进方向"，反复强调"必须坚持社会主义先进文化前进方向"。

文化软实力之所以具有方向性，是由文化与经济、政治的关系决定的。毛泽东说："一定的文化（当作观念形态的文化）是一定社会的政治和经济的反映，又给予伟大影响和作用于一定社会的政治和经济；而经济是基础，政治则是经济的集中的表现。"③ 这一经典论断是我们认识文化与经济、政治的关系及其性质、作用的指南。虽然构成文化的诸多要素并非都属于意识形态范畴，但一定的文化就其总体而言属于社会意识形态。虽然影响文化的性质及其作用的因素非常复杂，包含各种历史的和现实的、物质的和精神的、民族的和地域的要素，但总体上看，作为意识形态的文化都是反映一定的经济和政治并为它们服务的。文化的性质，归根到底取决于其经济基础的性质，同时受到政治的强烈影响。文化的作用，终究取决于它同一定的经济、政治之间的关系。以社会发展客观规律和一定阶段上的历史总趋势为尺度来衡量，各种文化软实力既有大与小、强与弱之分，也有先进与落后、积极与消极之别，对社会发展分别起着促其前进或拉其倒退的不同作用，从而表现出不同的方向性。

《决定》指出："各种思想文化交流交融交锋更加频繁，文化在综合国力竞争中的地位和作用更加凸显，维护国家文化安全任务更加艰巨，增

---

① 《马克思恩格斯文集》第 10 卷，人民出版社 2009 年版，第 592 页。
② 同上书，第 597 页。
③ 《毛泽东选集》第 2 卷，人民出版社 1991 年版，第 663—664 页。

强国家文化软实力、中华文化国际影响力要求更加紧迫。"文化之所以成为综合国力竞争的重要因素，维护国家文化安全之所以成为艰巨的任务，正因为不同国家的文化既有大小、强弱的差异，又有性质、方向的不同。如果各国文化都是向着同一方向起作用的同质的量，那就难以构成竞争，更不会形成交锋之势，也不会发生文化安全问题。

各种文化并非是同质同向的，并不意味着其性质方向都是根本对立或截然相反的。在一定社会历史条件下，由经济、政治所决定，会出现基本性质、方向相对立的文化，但现实存在的文化是多种多样的，不只是非此即彼的两极；其间的关系也是错综复杂的，有各种不同性质、不同程度的相互反对或相互合作，相互对立又相互统一的关系。各种文化之间的差别和对立也不是僵硬的、固定不变的，而是在一定条件下相互转化的。正因为如此，它们才表现为"无数相互交错的力量"，构成"无数个力的平行四边形"。各种文化之间的关系，才是在"交流"中既有"交融"，又有"交锋"。我们必须看到各种文化在性质、方向上的区别，但不能用形而上学的思维方式对其作简单化的划分和处理。

培养高度的文化自觉和文化自信

《决定》提出，要"培养高度的文化自觉和文化自信"。文化自觉，即文化的自我意识、自我认识、自我觉醒。"自觉"的主体，是作为一定文化之主体的民族、国家、阶级、政党；"自觉"的对象，是这一定主体的文化。文化同一切事物一样，是普遍性与特殊性的统一，普遍性存在于特殊性之中。因此，在最一般的意义上，文化自觉，就是自觉认识文化同经济、政治的联系和区别，认清文化的地位、作用和发展的一般规律。文化自觉，更重要的是认识一定文化的特殊性，即它相对于其他文化的特殊性质和作用，它的过去、现在和未来发展。只有在同其他文化的比较中，才能真正达到对特定文化的自觉认识。在不同文化的相互比较中认识自身，实现文化自觉，既要分析其"量"的方面，更要认识其"向"的方面，并将二者统一起来。

文化具有多样性。世界上的文化多种多样、丰富多彩，人们可以从各种不同角度对文化进行划分。使不同文化区分开来的多种属性中，最重要的是文化的民族性和社会制度属性。文化自觉，最根本的是要认识自身的民族特性和社会制度属性。《决定》的主题，是坚持"中国特色社会主义文化发展道路"，实现"建设社会主义文化强国"的目标。我们培养文化自觉，从根本上说，就是要自觉认识我们的文化是"中国特色社会主义文化"。它是中国的，又是社会主义的。这两方面有机统一的认识，才是我们所要培养的"文化自觉"。

各种文化都是在一定的民族中，由处于共同地域、具有共同语言、共同心理的群体创造的。因此，民族性是文化的一个基本特征。一个民族的文化，凝聚着这个民族对历史的认识和对现实的感受，积淀了这个民族的精神追求和行为准则。《决定》中说，文化是民族的血脉，是人民的精神家园。中华各族人民在五千多年的文明发展历程中创造的灿烂文化，是中华民族发展壮大的强大精神力量。党的十七大提出了"弘扬中华文化，建设中华民族共有精神家园"的任务。《决定》要求在文化管理体制改革和文化产品生产经营中坚持以民族文化为主体，吸收外来有益文化，并推动中华文化走向世界。忘记了"中国特色"或"中华文化"这一基本属性，就谈不上文化自觉。

文化既然是建立在一定的经济基础之上、与政治紧密关联的，又是历史地发展着的，它就不能不具有社会制度属性。不同的社会制度会孕育和滋养不同的文化。毛泽东在《新民主主义论》中指出，在半殖民地半封建的中国，有帝国主义文化和半封建文化，它们是替帝国主义和封建阶级服务的；有旧的资产阶级的民主主义文化，它在外国帝国主义和中国封建主义思想同盟的进攻下偃旗息鼓，宣告退却；而我们党所主张的是新民主主义文化，即无产阶级领导的人民大众的反帝反封建的文化，这是民族的科学的大众的文化。党的十五大制定的社会主义初级阶段的基本纲领，规定我们今天所要建设的文化是"民族的科学的大众的社会主义文化"。①《决定》重申了这一观点。这就在坚持文化民族特性的同时，强调了我们的文化是不同于封建主义、资本主义的文化，具有为人民大众服务的社会主义性质。

因此，当代中国的文化自觉，是文化的中华民族自觉和社会主义自觉的统一。我们决不能离开文化的中华民族特性和社会主义性质，把文化自觉抽象地说成是对人类共同文化现象和传统文化生活方式的认同。从方法

---

① 《十五大以来重要文献选编》（上），人民出版社 2000 年版，第 19 页。

论的意义上说，一般只能在个别中存在，只能通过个别而存在。不同的文化中有文化的共性、普遍性，但现实中并没有离开具体社会形态而独立自存的"一般社会"，也没有离开具体社会形态和民族国家而独立自存的"一般文化"。离开民族特性和社会主义制度属性去谈论文化和文化自觉问题，是一种非科学的抽象，偏离了我们培养文化自觉的本来意义和精神实质。

文化自觉是文化自信的基础。我们的文化自信，是建立在对中国特色社会主义文化的科学认识基础之上的，是对自身文化价值的充分肯定和文化生命力的坚定信念。这种自信是中华民族的文化自信和社会主义的文化自信的统一。

我们的自信是对中华民族文化的自信。基于科学认识的民族文化自信，并不是否认本民族文化中有先进与落后、精华与糟粕之分，也不是文化上的盲目排外，妄自尊大。我们说中华文化源远流长、博大精深，这种自信是一种符合客观实际的科学认识。我们自信中华文化具有强大的凝聚力和吸引力，是因为自觉认识到中华文化中贯穿着以爱国主义为核心的团结统一、爱好和平、勤劳勇敢、自强不息的伟大民族精神。这已经在长期历史实践特别是近代以来争取民族独立、人民解放和国家富强、人民富裕的伟大实践中得到了充分证明。文化自信意味着坚持独立自主，走自己的路。与此同时，我们又以积极态度对待国外文化，博采各种文明之长为我所用。

我们的自信更是对中国特色社会主义文化的自信。我们自信中国特色社会主义文化渊源于中华民族五千多年文明史，又植根于中国特色社会主义实践，具有鲜明的时代特点，因而既有深厚底蕴，又富于青春活力。改革开放以来，我们走出了一条中国特色社会主义文化发展道路，即以马克思主义为指导，发展面向现代化、面向世界、面向未来的，民族的科学的大众的社会主义文化的道路。我们自信中国特色社会主义文化发展道路是符合中国实际和文化发展规律、符合中国人民根本利益的道路，自信坚持这条道路一定能实现建设社会主义文化强国的目标。

如果离开文化的性质和方向，不去分析中国文化的民族性和社会制度属性，仅仅从量的方面去认识、比较文化的大小、强弱，就难以真正建立起以科学认识为基础的对中国特色社会主义文化的自信。

文化的改革与发展必须同时关注其大小、强弱和性质、方向

文化软实力的大小、强弱与性质、方向既有本质关联，又有明显区别，其间是既对立又统一的关系。文化的改革和发展必须同时关注国家文化软实力的大小、强弱和性质、方向，坚持二者的统一。

从历史发展趋势看，先进文化必然走向强大，但在现实中未必已经强大，很可能还处于弱势地位；落后文化势必走向衰弱，但在现实中未必已经衰弱，很可能还处于强势地位。这种情况的发生，除了体现着新生事物成长壮大的一般规律外，还同文化及文化产品的特殊性密切相关。

区别于经济、政治的文化，本质上属于社会的精神生活、精神产品，但思想文化和精神产品不能离开一定的物质载体而独立存在。因此，文化力量的大小、强弱，首先取决于其思想内容特别是其中的核心价值体系，同时也与物质技术基础、经济实力、传播手段紧密关联。文化的本质在于其内在精神，这是文化之魂，但先进的文化之魂需要强健的物质身躯，这是文化之体。文化软实力的增强，有赖于魂与体的统一。一个国家的综合实力，包括国土资源、经济、军事等因素构成的硬实力和政治、文化等因素构成的软实力。软实力和硬实力是相互依存、相互作用的。要形成强大的软实力，离不开硬实力的支撑。魂与体、软实力与硬实力之间的关联，使文化的性质、方向同其大小、强弱之间呈现出复杂的情形。因此，文化体制改革和文化建设不能不全面地认识和把握文化软实力的"向"与"量"两个方面。

中国特色社会主义文化是先进文化，但中国还不是文化强国。美国的意识形态和价值观表明它的文化并不先进，但美国作为世界头号经济和军事强国也占有世界头号文化强国的地位，这是全世界都必须面对的现实。全世界56%的广播和有线电视收入、85%的收费电视收入、55%的电影票房收入来自美国。在全世界放映的影片中，好莱坞的电影占85%，即使在欧盟，好莱坞的大片也占高达80%以上的市场份额。[①]可见，力量的大小、强弱是文化软实力建设中一个不可忽视的方面。为了增强国家文化软实力，我们必须深化文化体制改革，解放和发展文化生产力；必须大力

---

① 《从数字看美国文化产业》，《光明日报》2011年11月16日第8版。

发展公益性文化事业，构建公共文化服务体系，发展现代传播体系；必须加快发展文化产业，构建现代文化产业体系，推进文化科技创新，扩大文化消费，推进中华文化走向世界。

一种文化力量的增大、增强并不能自动地保证它性质上的先进性，落后文化力量的增强反倒会对社会产生消极影响，因此，我们在文化体制改革和发展中必须自觉坚持社会主义先进文化前进方向。《决定》指出："社会主义核心价值体系是兴国之魂，是社会主义先进文化的精髓，决定着中国特色社会主义发展方向。"只有坚持马克思主义指导地位，坚定中国特色社会主义共同理想，弘扬以爱国主义为核心的民族精神和以改革创新为核心的时代精神，树立和践行社会主义荣辱观，把社会主义核心价值体系体现到精神文化产品创作生产传播各方面，才能坚持文化发展和文化软实力提升的正确方向，发挥文化在综合国力竞争中的积极作用。

我国社会主义初级阶段存在着不同性质的思想文化，社会思想意识日趋多样多元多变。增强国家文化软实力，不能不科学分析复杂的社会文化现象，辨析不同性质、不同指向的文化，区别对待，大力发展先进文化，支持健康有益文化，努力改造落后文化，坚决抵制腐朽文化。党的十七届四中全会通过的《关于加强和改进新形势下党的建设若干重大问题的决定》提出，要自觉划清社会主义思想文化同封建主义、资本主义腐朽思想文化的界限。这对于在提升文化软实力中保持正确方向是不可缺少的重要条件。建设与批判、立与破的统一，是文化发展的规律。用社会主义核心价值体系引领社会思潮，必须在尊重差异、包容多样的同时，坚决抵制各种错误和腐朽思想的影响。批判和反对新自由主义思潮、历史虚无主义思潮、"民主社会主义救中国"的思潮、"儒化中国"的思潮、"普世价值"论思潮和各种否定马克思主义指导地位的思潮，是用社会主义核心价值体系引领社会思潮的题中应有之义。划清界限，抵制错误和腐朽思想不是简单地否定、排斥资本主义思想文化。在对立中把握统一，在统一中把握对立，才是唯物辩证法的科学态度。资本主义思想文化中的一切有益经验和积极成果都应该学习借鉴，一切有利于发展我国文化事业和文化产业的经营管理理念、机制和技术手段都应该努力吸收。

文化软实力的"向"与"量"两个方面虽然相互区别，却又是相互结合、融为一体的。必须把它们统一在一个整体中，不能顾此失彼。《决定》阐明了建设社会主义文化强国的五条重要方针：坚持以马克思主义为指导，坚持社会主义先进文化前进方向，坚持以人为本，坚持把社会效益放在第一位，坚持改革开放。这"五个坚持"确立了我国文化改革发展的根本指导思想、根本性质、根本目的、根本要求和根本动力，体现了坚持文化发展的性质、方向和努力增大、增强文化力量的统一。遵循"五个坚持"的方针，就一定能把文化发展的"向"与"量"统一起来，增强国家文化软实力，实现我国社会主义文化的大发展大繁荣。

（原载《红旗文稿》2012 年第 2 期）

文明、生态文明与中国特色社会主义

提要 文明是反映人类进步状态的概念；在这一整体性概念之下，又有多个系列的文明概念。本文在梳理文明系列概念的基础上讨论生态文明建设与中国特色社会主义的关系。改革开放新时期以来，文明理论在我国是作为中国特色社会主义理论体系中的一部分，与中国特色社会主义总体布局紧密关联而发展的。"生态文明新时代"必然属于社会主义，也只能属于社会主义。必须在中国特色社会主义总布局中理解和加强生态文明建设。

文明发展中的生态问题，是全人类共同面对的世界整体性问题，又是贯穿人类历史全过程的永久性问题。党的 18 大把生态文明建设提到突出地位，纳入中国特色社会主义总布局，这无论对于生态文明建设或对于中国特色社会主义发展都具有重大现实意义和历史意义。历史地看，或许会成为文明理论发展和文明建设中一个阶段性的标志。本文拟在梳理文明系列概念的基础上就生态文明建设与中国特色社会主义的关系谈一点认识。

一 文明系列概念辨析

人类思维用概念反映客观事物的本质，并以概念为基本单元构成逻辑的理论体系，通过概念之间的关系揭示事物的本质联系、发展规律。关于文明的理论同样是如此。探讨生态文明建设与中国特色社会主义的关系，需要认识生态文明在文明发展中的位置，为此，有必要对文明系列相关概念进行梳理和辨析。

人类的历史，是在蜿蜒曲折的道路上进步、发展的历史。人类进步的过程反映在人们的思想和理论中，需要用一定的概念将其描述、表达出来。文明就是标志人类进步状态的范畴。人类进步状态可以从不同的角度去划分、分析和描述，由此便产生了一系列的文明相关范畴。生态文明是其中之一。

理解马克思主义的文明概念，不能离开历史唯物主义。历史唯物主义即唯物主义历史观，它把一切依次更替的历史状态都看作是人类社会由低级到高级的无穷发展进程中的暂时阶段。1859 年马克思在《政治经济学批判》序言中对他创立的唯物史观的基本原理作出经典表述。他把社会历史描述为在生产力与生产关系、经济基础与上层建筑的矛盾运动中发展的过程，把"社会形态"作为表述历史进程中各阶段的整体性范畴，指出："大体说来，亚细亚的、古希腊罗马的、封建的和现代资产阶级的生产方式可以看做是经济的社会形态演进的几个时代。"① 这些思想经进一步发展后称为五种社会形态理论。1992 年，邓小平在南方谈话中说，马克思主义是科学，"它运用历史唯物主义揭示了人类社会发展的规律。封建社会代替奴隶社会，资本主义代替封建主义，社会主义经历一个长过程发展后必然代替资本主义。这是社会历史发展不可逆转的总趋势，但道路是曲折的。"② 这是中国化马克思主义对社会形态演进规律的概括。

马克思主义文明思想作为马克思主义科学体系中的一部分，是建立在历史唯物主义的基础之上的。恩格斯的《家庭、私有制和国家的起源》代表了马克思和恩格斯文明思想发展的成果。恩格斯说，这本书"在某种程度上是实现遗愿"，是"稍微补偿我的亡友未能完成的工作"。③ 在《起源》中，文明首先是一个时代概念，是指区别于野蛮时代的以私有制和奴隶制国家产生为开端的"文明时代"。即使是在以 1877 年摩尔根《古代社会》出版为标志的人类对文明社会史前史的认识发生飞跃之前，马克思和恩格斯著作中的"文明"概念，也是与"野蛮"相对应、与"国家"相关联的。例如，他们在《德意志意识形态》中说："城乡之间的对立是随着野蛮向文明的过渡、部落制度向国家的过渡、地域局限性向民族的过渡而开始的，它贯穿着文明的全部历史直至现在"。④ 依笔者所见，马克思和恩格斯著作中在不同场合用"文明"一词指称不同时代的

① 《马克思恩格斯文集》第 2 卷，人民出版社 2009 年版，第 592 页。
② 《邓小平文选》第 3 卷，人民出版社 1993 年版，第 382—383 页。
③ 《马克思恩格斯文集》第 4 卷，人民出版社 2009 年版，第 15 页。
④ 《马克思恩格斯文集》第 1 卷，人民出版社 2009 年版，第 556 页。

文明，主要有三种情形①：一是指从人类进入奴隶制社会直至当时资产阶级社会的文明；二是指中世纪之前的"古代文明"②；三是指"资产阶级文明"③，又称为"现代文明"④。

因此，在马克思主义理论中，对文明的划分，首先是与社会形态的区分相联系，划分为不同社会形态下的文明，也就是奴隶社会的文明、封建社会的文明、资本主义文明（或资产阶级文明）以及社会主义文明。中国共产党早期的理论家瞿秋白就曾对"文明"做这样的历史分析，区分为"封建时代的文明"、"资产阶级的文明"、"无产阶级的文明"，并提出了"社会主义的文明"的概念。⑤ 我们今天讲的社会主义文明，就是这种划分中的一个概念，应该放到这个系列中去解读。这些不同性质的文明虽然也可以在同一空间中交叉并存，但历史地看，它们构成了文明演进中从低级到高级的系列，反映出文明发展阶段的规律性。这是前述邓小平概括的"人类社会发展的规律"在文明中的体现。

生产力是社会发展的最终决定力量。生产力的发展决定着人类社会产业结构的升级，从靠捕鱼狩猎为生，发展到农业占主导地位的农业社会，再到工业占主导地位的工业社会。"农业文明"、"工业文明"的概念，是这一进程中文明进步的反映，它们构成了文明概念中的又一个系列，即根据社会主导产业来对文明进行划分并反映其演进过程的系列。由于归根到底是生产力的发展及其与生产关系的矛盾决定着社会形态的演进，所以农业文明、工业文明等概念同社会形态系列的文明概念之间具有内在的关联性和一致性（当然，其间并非是一一对应的关系），可以并行不悖地运用于不同场合，从不同角度描述文明进步的历程。恩格斯在1852年9月23日到马克思的信中说，"我们建议用'资产阶级社会'和'工业和商业社会'这样的说法来表示同一个社会发展阶段"。他说，"资产阶级社会"更多地是指"资产阶级是统治阶级"，"商业和工业社会""更多地是专门指这个社会历史阶段所特有的生产和分配方式"。⑥ 同样地，今天我们可

① 参见田心铭《从〈家庭、私有制和国家的起源〉看马克思恩格斯文明思想》，《马克思主义研究》2013年第7期。
② 《马克思恩格斯文集》第2卷，人民出版社2009年版，第235页。
③ 同上书，第690页。
④ 同上书，第56页。
⑤ 参见钟哲明《邓小平精神文明建设思想研究》，山东人民出版社1999年版，第5页。
⑥ 《马克思恩格斯全集》第28卷，人民出版社1973年版，第139—140页。

以用"资产阶级文明"和"工业文明"（或在另外的场合，用"社会主义文明"和"工业文明"）从不同的角度指同一个文明。现在有些论者把"生态文明"理解为继农业文明、工业文明之后的一种新的文明形态，就是把它置于按主导产业结构划分的文明系列中来解读它。这种解读蕴含着超越传统工业文明创造新的文明形态的思想，有其合理的缘由，但是这样来解读"生态文明"是否准确尚需推敲，因为"生态"本身未必可以构成像农业、工业那样独立的主导产业并带来一种以它命名的产业结构。

从人类文明曙光初露的时代起，古往今来，文明演进中出现了数不胜数的各具特色的文明体。它们或相互交融，或彼此隔绝，或友好往来，或彼此争斗，或在空间中并存，或在时间中传承，汇合在一起，共同构成了人类文明史。不同的文明体，具有不同国家、民族、地域、文化的特点，体现了人类文明的多样性。由此又产生了反映这种多样性的一系列文明概念和文明划分，如世界古代六大文明①；东方文明、西方文明；中华文明、欧洲文明、美利坚文明，等等。我们可以运用这些概念来揭示、阐述文明多样性的规律，即文明在各种文明体的相互影响、相互作用中发展的规律。"中华文明"就是这种划分中的文明概念，应该放到这样的系列中去解读。2006 年 4 月，胡锦涛同志在耶鲁大学的演讲中论述了文明的多样性。他说："文明多样性是人类社会的客观现实，是当今世界的基本特征，也是人类进步的重要动力。"他从文明多样性的视角论述了文明的历史发展："人类历史发展的过程，就是各种文明不断交流、融合、创新的过程。人类历史上各种文明都以各自的独特方式为人类进步作出了贡献。"因此，他主张"推动不同文明的对话和交融"。②他还着重阐述了自立于世界文明之林的中华文明的特点，自豪地指出："中华文明是世界古代文明中始终没有中断、连续五千多年发展至今的文明。"③

文明是一个整体性、综合性的概念。文明的进步表现于其中相互关联、相互促进和制约的物质生活资料生产、精神文化、政治制度等各个方面。随着实践和理论的发展，出现了反映文明内部结构的物质文明、精神

---

① 参见庞卓恒《世界古代帝国和文化兴衰》，载《中外历史问题八人谈》，中共中央党校出版社 1998 年版，第 252—261 页。

② 胡锦涛：《在美国耶鲁大学的演讲（2006 年 4 月 21 日）》，《十六大以来重要文献选编》（下），中央文献出版社 2008 年版，第 431 页。

③ 同上书，第 428 页。

文明、政治文明等一系列概念。它们是对文明的又一种划分，即对文明内部不同部分的划分。这些概念之间的关系，反映了文明在内部矛盾运动中前进的规律。"生态文明"就是继物质文明、精神文明、政治文明之后这一系列中的又一个概念，应该把它放到这个系列中去理解和阐释。生态文明概念的提出，反映了对文明内部结构及各部分之间相互关系认识的深化，丰富了对文明的内容和文明建设规律的认识。

综上所述，文明是反映人类进步状态的整体性概念；在这一整体性概念之下，又有多个系列的文明概念。其中，基于社会形态划分的文明概念系列和基于产业结构升级的文明概念系列，反映了文明演进的社会历史性、时代性和阶段性发展的规律；表达不同国家、民族、地域、文化特点的文明概念系列，反映了历史上和现实中文明的多样性以及文明在多种文明体相互作用中发展的规律；表达文明中不同部分或不同方面的文明概念系列，反映了文明的内部结构性、系统性以及文明在其内部矛盾运动中发展的规律。在文明理论研究和文明建设实践中，一方面，我们可以进一步发挥、发展这些系列的概念以及由它们构成的体系，在理论的综合中构建并不断完善马克思主义的文明理论体系；另一方面，我们可以运用某一系列的或同时运用多个系列的文明概念去分析特定的对象，揭示它的本质、内部关系和发展规律。对当代中国文明建设的研究就是如此。以下我们着重讨论其中生态文明建设与中国特色社会主义的关系问题。

二　"建设生态文明"的提出与文明理论在中国特色社会主义实践中的发展

文明理论和文明建设实践是在相互作用中发展的。马克思主义文明理论指导了我国文明建设，它也必然在同中国具体实际相结合中发展。改革开放新时期以来，党领导人民在中国特色社会主义道路上全面推进社会主义的中华文明建设，使马克思主义文明理论特别是文明内部结构理论伴随实践前进的步伐获得了新的发展。

探讨文明理论在中国实践中的发展，需要认识中国化马克思主义理论形成、发展的途径或方式。中国化马克思主义理论是坚持马克思主义基本原理，立足中国实践，继承民族优秀传统，吸收国外先进思想成果而形成和发展的。总结实践经验上升到理论层面，是它形成的基本途径或方式。

这是理论和实践相结合的过程，同时也是领导和群众（包括群众中的哲学社会科学工作者和理论工作者）相结合的过程。"从群众中来，到群众中去"，是党的群众路线的根本工作方法。毛泽东阐述这一方法时说："这就是说，将群众的意见（分散的无系统的意见）集中起来（经过研究，化为集中的系统的意见），又到群众中去作宣传解释，化为群众的意见，使群众坚持下去，见之于行动，并在群众中考验这些意见是否正确。然后再从群众中集中起来，再到群众中坚持下去。如此无限循环，一次比一次地更正确、更生动、更丰富。这就是马克思主义的认识论。"① 这里所说的"意见"，应该包括从具体决策到基本理论的各个层次。实际工作中的决策是如此，党的理论层面的思想产品的形成同样是如此。领导者的头脑作为加工厂而起制成完成品的作用，其原料或半成品来自实践、来自群众。毛泽东说："我们这些人不生产粮食，也不生产机器，生产的是路线和政策。路线和政策不是凭空产生出来的"。② 党的理论中的重要概念、观点在党中央明确提出并做出规范性表述之前，通常都已经以各种形式出现在学术性的论著之中，继而又可能出现在领导人的讲话中，最后才经过郑重的决策进入党的正式文件，成为党的理论的构成部分，在全党和全国人民中宣传、贯彻。这也是"从群众中来，到群众中去"的循环往复的过程。物质文明和精神文明、政治文明、生态文明等概念以及运用这些概念表述的理论无不是如此。因此，研究文明理论在中国实践中发展的进程，既不可忽视学术探讨的层面，更要特别注意理论决策的层面，因为理论决策层面的即党的正式文件中的表述，是集中了党和人民智慧的思想制成品，是某一概念、观点成为中国特色社会主义理论构成部分的标志，而学界的著述则可视为其形成过程中的某种阶段性成果。马克思主义文明理论在中国改革开放新时期的发展，最显著的成果是不断深化了对文明内部结构及各部分相互关系的认识。党中央在中国特色社会主义理论中先后提出了物质文明和精神文明、政治文明、生态文明等概念，就是文明理论发展的重要标志。这一发展根源于实践的需要，来自对实践经验的总结，理论的生长点反映了文明建设实践的时代性、阶段性特征。总体上说，党的文明建设理论是随着中国特色社会主义总布局的理论与实践的发展而一步

---

① 《毛泽东选集》第 3 卷，人民出版社 1991 年版，第 899 页。
② 《毛泽东文集》第 8 卷，人民出版社 1999 年版，第 393 页。

步深化、发展的。

　　早在"五四"运动前后关于中西文化问题的争论中，我国就提出了"物质文明"和"精神文明"的概念。1978 年党的十一届三中全会实现工作重心向社会主义现代化建设转移后，经济建设和思想文化发展的关系问题在实践中突显出来。党中央在十一届四中全会讨论通过的 1979 年叶剑英同志《在庆祝中华人民共和国成立 30 周年大会上的讲话》中首次提出，"我们要在建设高度物质文明的同时"，"建设高度的社会主义精神文明"。① 1982 年，党的十二大把建设高度的社会主义精神文明提到了重要战略地位。邓小平在党的十二大开幕词中把"建设社会主义精神文明"② 列为今后一个长时期要抓紧的四件工作之一。1986 年党的十二届六中全会《关于社会主义精神文明建设指导方针的决议》提出了"总体布局"的概念，把精神文明建设放到总体布局之中，确定了它的位置。决议指出："我国社会主义现代化建设的总体布局是：以经济建设为中心，坚定不移地进行经济体制改革，坚定不移地进行政治体制改革，坚定不移地加强精神文明建设，并且使这几个方面互相配合，互相促进。"决议要求"从这个总体布局的高度，正确认识社会主义精神文明建设的战略地位"。③

　　后来，政治体制改革的任务也随着中国特色社会主义建设的发展提上了日程。1980 年 9 月，党中央政治局扩大会议讨论党和国家领导制度的改革问题，邓小平发表了《党和国家领导制度改革》的重要讲话。他指出，改革党和国家领导制度及其他制度，是为了充分发挥社会主义制度的优越性，加速现代化建设事业的发展。1986 年 9 月至 11 月，邓小平四次就政治体制改革问题发表谈话，把这个问题提上了议事日程。1987 年党的十三大阐述了政治体制改革的任务，并指出，邓小平《党和国家领导制度改革》的讲话是进行政治体制改革的指导性文件。政治体制改革的实践直接推动了政治文明理论的发展。"政治文明"一词越来越多地出现在学术理论文章中。2001 年，江泽民在全国宣传部长会议上的讲话中首

---

　　① 《十一届三中全会以来党的历次全国代表大会中央全会重要文件选编》（上），中央文献出版社 1997 年版，第 89、90 页。

　　② 《邓小平文选》第 3 卷，人民出版社 1993 年版，第 3 页。

　　③ 《十一届三中全会以来党的历次全国代表大会中央全会重要文件选编》（上），中央文献出版社 1997 年版，第 416—417 页。

次使用了"政治文明"的概念，分别用"政治文明"和"精神文明"来说明"政治建设"和"思想建设"，他说："法治属于政治建设、属于政治文明，德治属于思想建设、属于精神文明。"① 2002 年，党的十六大首次在党的代表大会文件中写入了"社会主义政治文明"的概念，把"建设社会主义政治文明"列为"全面建设小康社会的重要目标"，要求"不断促进社会主义物质文明、政治文明和精神文明的协调发展，推进中华民族的伟大复兴"。② 这样，就从文明结构中三个文明协调发展的理论层面对经济建设、政治建设、文化建设三位一体的总布局作出了阐释。2003 年 2 月，胡锦涛在十六届二中全会上的讲话中，围绕"建设社会主义政治文明"问题，总结历史经验，对其意义、性质、方向、任务做了比较系统的论述，丰富了我们党的政治文明建设的理论。

在我国，生态文明建设的理论同样是随着中国特色社会主义实践的发展特别是总体布局的完善而发展起来的。在我国经济快速增长的同时，人口、资源、环境问题突显出来，一步步提上了党和国家的重要议程。20 世纪 80 年代，计划生育和环境保护被确定为我国的基本国策。从 1991 年开始，党中央连续多年在 3 月全国"两会"期间召开座谈会，从专题研究人口问题，发展到研究、部署人口资源环境和可持续发展问题。2002 年党的十六大论述全面建设小康社会的目标时，除经济、政治、文化外，单列一条，提出了"生态环境得到改善"、"促进人与自然的和谐"，走"生产发展、生活富裕、生态良好的文明发展道路"的目标。③ 2007 年党的十七大报告写入了"生态文明"的概念，明确提出了"建设生态文明"的任务，要求做到"生态环境质量明显改善"，"生态文明观念在全社会牢固树立"④。这样，十七大在全面部署中国特色社会主义经济建设、政治建设、文化建设、社会建设，将此前三位一体的总布局发展为四位一体的同时，已经显露出向包括生态文明建设在内的五位一体发展的端倪。2012 年，党的十八大明确提出了"社会主义生态文明"的概念，确定建设中国特色社会主义"总布局是五位一体"，并单列一节对"大力推进生

---

① 江泽民：《在全社会大力宣传和弘扬为实现社会主义现代化而不懈奋斗的精神（2011 年 1 月 10 日）》，（《十五大以来重要文献选编》（中），人民出版社 2001 年版，第 1587 页。

② 《十六大以来重要文献选编》（上），中央文献出版社 2005 年版，第 24、43 页。

③ 同上书，第 15 页。

④ 同上书，第 16 页。

态文明建设"作出全面阐述。至此，中国特色社会主义建设完成了五位一体的总布局；与此同时，党的文明理论中形成了反映文明内部结构的系列概念。

回顾历史，可以清晰地看到文明概念和文明建设理论随着中国特色社会主义实践的发展而丰富、发展的轨迹。这就表明，改革开放新时期以来，文明理论在我国是作为中国特色社会主义理论体系中的一部分，与中国特色社会主义总体布局紧密关联而发展的。"社会主义生态文明"建设的概念和理论也是在这个过程中产生的。因此，紧密联系中国特色社会主义的理论和实践来看生态文明建设，应该是我们在当代中国研究生态文明问题的一条方法论原则。

三　生态文明建设与中国特色社会主义

改革开放新时期以来实践与理论发展的历史告诉我们，生态文明建设与中国特色社会主义之间存在不可分割的联系，因此必须将它置于中国特色社会主义中去理解。这里谈两点看法。

第一，只有坚持中国特色社会主义，才能真正建设生态文明。

人是自然的产物，又始终依赖于自然而存在。因此，处理好人与自然的关系，是人与社会发展中一个永恒的课题。随着生产力的发展和人类改造自然能力的提高，人与自然的关系以及对这种关系的认识走过了漫长的曲折的路程。从野蛮时代进入文明时代后，农业文明的发展使人类逐步摆脱完全被动地服从自然的状态，这时出现的"人定胜天"的思想反映了人类积极进取的精神。但是，即使在农业文明时代，人类对自然界的胜利也遭到了自然界的报复，造成了局部性的环境破坏。以机器大工业为标志的工业文明时代的到来，使人类利用和改造自然的物质生产能力突飞猛进地发展，而这同时也就意味着人类消耗自然资源、影响自然环境的力量迅猛增强。人类逐步学会认识自己干预自然界所造成的后果经历了一个长期过程，在这个过程中，自然界的报复使我们付出了沉重的代价。越来越严重的资源紧缺、环境破坏、气候变化教训了我们，唤起了人类的生态意识。早在100多年前，恩格斯就警告说："我们不要过分陶醉于我们人类对自然界的胜利。对于每一次这样的胜利，自然界都对我们进行报复。""我们每走一步都要记住：我们决不能像征服者统治异族人那样支配自然界，决不能像站在自然界之外的人似的去支配自然界——相反，我们连同我们的肉、血和头脑都是属于自然界和存在于自然界之中的；我们对自然界的整个支配作用，就在于我们比其他一切生物强，能够认识和正确运用自然规律。"① 这些真知灼见，今天仍不失为生态文明理论的重要基石，读来让人不能不为科学真理的力量所折服。

认识和处理人与自然的关系，是同人们之间的社会关系不可分的，必然受到社会关系的制约乃至决定性的影响。1847 年，当马克思刚刚创立自己的新世界观时，他就在《哲学的贫困》中指出："当文明一开始的时候，生产就开始建立在级别、等级和阶级的对抗上，最后建立在积累的劳动和直接的劳动的对抗上。没有对抗就没有进步，这是文明直到今天所遵循的规律。"② 从奴隶社会到资本主义社会，人类文明从未超越在对抗中进步的规律。体现人与自然关系的生态文明同样是如此。事实上，在分裂为对立阶级的社会中，人类并未作为一个统一整体自觉地从全人类的利益出发去处理与自然的关系。近代大工业是同资本主义生产关系一道产生和发展起来的，它所具有的改变自然的力量不能不受到资本与生俱来的逐利本性的支配。尽管越来越多的有识之士认识到生态危机对人类生存的严重威胁，尽管世界各国越来越多地达成某种共识并采取相应的共同行动，但从本质上说，处于资本主义生产方式中的大工业所具有的改变自然的力量不可能超越资本的逻辑而与自然和谐相处。资本主义生产方式由其本性所决定，必定要破坏人与自然的和谐，这是不依人们的意志为转移的。这一矛盾的根本解决，只能是最终消灭资本主义的阶级对立而代之以自由人联合体。社会主义文明同资本主义文明相比，根本的区别就在于社会主义社会基本矛盾不再具有对抗的性质，可以通过社会主义的自我完善、自我发展不断地得到解决，因而社会主义能够超越阶级社会中"没有对抗就没有进步"的文明发展规律，创造出一种新的文明形态。古老的中华文明在中国特色社会主义道路上发展到了中华社会主义文明（或社会主义中华文明）的新阶段。只有在社会主义文明中，才能真正达到人与自然和谐相处。"生态文明"从本质上说是同资本主义相对立而同社会主义不可分的。因此，我国把"生态文明"作为执政理念上升为国家战略在全社

---

① 《马克思恩格斯文集》第 9 卷，人民出版社 2009 年版，第 559—560、560 页。

② 《马克思恩格斯全集》第 4 卷，人民出版社 1958 年版，第 104 页。

会推行，这一前无古人的创举具有历史的必然性，它体现了文明发展规律和社会主义社会发展规律的统一，彰显了中国特色社会主义的制度优势，是中国特色社会主义对人类文明理论和实践发展的一个贡献。党的十八大号召，"努力走向社会主义生态文明新时代"。社会主义要求生态文明，也必然走向生态文明。"生态文明新时代"必然属于社会主义，也只能属于社会主义。

第二，必须在中国特色社会主义总布局中理解和加强生态文明建设。

党的十八大要求，"把生态文明建设放在突出地位，融入经济建设、政治建设、文化建设、社会建设各方面和全过程"。[①] 这一论断指明了生态文明建设在中国特色社会主义总布局中的位置。其一，它是五位一体总布局中一个不可缺少的方面，必须把它放在突出地位。在五个方面构成的整体中，"经济建设是中心和基础，政治建设是方向和保障，文化建设是灵魂和血脉，社会建设是支撑和归宿，生态文明建设是根基和条件"。[②] 离开生态文明这个根基，其他方面的建设就无以立足。其二，生态文明建设并不是与其他建设相分离而单独进行的工作，应该把它"融入"到其他各项建设之中，贯穿其他各项建设的"各方面和全过程"。这就是说，就我们所要实现的目标、任务和理念、政策来说，应该把生态文明单列，放在突出地位，而不能淹没在其他建设之中；但就文明建设的实践活动和过程来说，又不能把生态文明建设单独分离出来，而只能将其贯穿到其他各项建设之中，与它们结合在一起展开，融为一体。

生态文明建设的目标，是处理好人与自然的关系，实现人与自然和谐发展。实现这一目标的活动，不可能与其他方面的文明建设分离开来进行。劳动使猿变成人，从自然界中分化出来。物质生产是人与社会的历史起点，也永远是人与社会存在和发展的基础。人类一刻也不能停止生产，也就无时无刻不与自然发生矛盾。人与自然的矛盾是在物质生活资料的生产中发生的，也只能在这个过程中去解决。因此，生态文明建设永远不能同物质文明建设相分离。人们彼此结成一定的生产关系才能从事物质生产，与自然界发生关系。人们在生产发展的基础上必然进行精神生产并建

[①]　胡锦涛：《坚定不移沿着中国特色社会主义道路前进，为全面建成小康社会而奋斗——在中国共产党第十八次全国代表大会上的报告（2012 年 11 月 8 日）》，人民出版社 2012 年版，第 39 页。

[②]　马凯：《坚定不移推进生态文明建设》，《求是》2013 年第 9 期。

立政治上层建筑，在物质生产关系的基础上必然发生体现于精神文化和政治制度的思想的社会关系。因此，处理人与自然关系的生态文明建设也不能与精神文明建设、政治文明建设分离开来单独进行。"生态文明"与物质文明、精神文明、政治文明同属于反映文明内部结构的范畴，这一范畴的提出丰富了对文明结构的认识，但这并不意味着它是文明内部可以同物质文明、精神文明、政治文明简单地机械地分开和并列的一个部分。将生态文明建设列为五位一体总布局之一而突出其重要地位，并不是要在中国特色社会主义建设中离开物质文明、精神文明和政治文明建设单独划出一种生态文明建设的实践方式。同样的道理，从文明的历史进程看，生态文明也不能成为与工业文明相分离而取代工业文明的另一种文明形态。"社会主义生态文明新时代"将超越传统工业文明，建立新型工业文明，而不是否定工业文明。"社会主义生态文明"今天不是、将来也不会是某种独立于物质文明、精神文明和政治文明之外的"生态文明"。

党的十八大报告在阐述夺取中国特色社会主义新胜利的"基本要求"时指出："要坚持以经济建设为中心，以科学发展为主题，全面推进经济建设、政治建设、文化建设、社会建设、生态文明建设，实现以人为本、全面协调可持续的科学发展。"① 这里清晰地展现了中国特色社会主义建设的全景和生态文明建设在其中的位置。它告诉我们，生态文明建设作为这个整体中的一部分，必须围绕着经济建设这个中心和科学发展这个主题展开，服务于实现以人为本、全面协调可持续的科学发展的目标，融入经济建设、政治建设、文化建设、社会建设之中。因此，十八大提出"大力推进生态文明建设"，总体而言，不是在其他文明建设之外单独开展某一项工作，而是要在全社会树立尊重自然、顺应自然、保护自然的生态文明理念，坚持节约资源和保护环境的基本国策，坚持节约优先、保护优先、自然恢复为主的方针，推进绿色发展、循环发展、低碳发展，形成节约资源和保护环境的空间格局、产业结构、生产方式、生活方式，为人民创造良好生产生活环境。

中国特色社会主义的文明理论随着实践发展是一个永无止境的过程，

① 胡锦涛：《坚定不移沿着中国特色社会主义道路前进，为全面建成小康社会而奋斗——在中国共产党第十八次全国代表大会上的报告（2012 年 11 月 8 日）》，人民出版社 2012 年版，第 14 页。

还有许多问题需要我们去研究。例如，党的十八大部署生态文明建设时明确地列入了"加强生态文明制度建设"① 的内容；党的十六大后胡锦涛在论述建设社会主义政治文明时也特别强调制度建设，要求"坚持和发展我国社会主义政治制度的特点和优势"②；而党的十二大对物质文明和精神文明的界定是："改造自然界的物质成果就是物质文明"，"社会的精神生产和精神生活得到发展，这方面的成果就是精神文明"。③ 由此看来，党的理论中现有的物质文明、精神文明、政治文明和生态文明四个范畴明确包含了政治制度、生态文明制度的内容，但没有涵盖物质生产的制度（即经济制度、经济体制），也没有明确涵盖思想文化方面的制度。如何使文明范畴以及建立其上的理论更加完善，是一个需要不断深入研究的问题。

（原载《思想理论教育导刊》2013 年 11 期；中国人民大学学报资料中心复印报刊资料《中国特色社会主义理论》2014 年第 3 期转载）

---

① 胡锦涛：《坚定不移沿着中国特色社会主义道路前进，为全面建成小康社会而奋斗——在中国共产党第十八次全国代表大会上的报告（2012 年 11 月 8 日）》，人民出版社 2012 年版，第 41 页。

② 《十六大以来重要文献选编》（上），中央文献出版社 2005 年版，第 147 页。

③ 《十一届三中全会以来党的历次全国代表大会中央全会重要文件选编》（上），中央文献出版社 1997 年版，第 247 页。

略论我国社会腐败现象的成因

提要 剥削制度和剥削阶级是产生腐败的根本原因；剥削阶级腐朽思想是腐败产生的直接思想原因；公共权力的所有者和权力行使者之间的分离，是腐败产生的重要原因；除此之外，我国现阶段腐败现象蔓延还有其特殊历史条件。

腐败与反腐败的斗争是人民群众最关注的一个问题。在教育部历年组织的高校师生思想政治状况调查中，无论教师或学生，都连续多年将腐败问题列为影响我国社会稳定的首要因素。反腐败斗争关系着党和国家的生死存亡，已成为党和人民的共识。

我国进入改革开放新时期以来，为什么在经济社会发展取得巨大成就的同时，腐败现象也滋生蔓延起来？这是一个令许多人困惑的问题。有人将腐败的产生归因于社会主义公有制，认为公有制是腐败的根源；有人认为腐败产生是因为中国没有搞多党制和"三权分立"，权力缺少制约，不能不产生腐败；也有人认为腐败的原因是人性自私，自私自利是人人固有的本性，而这就是腐败的根源。这些看法都没有找到腐败的真正原因，更没有揭示出腐败的根源。

腐败是一种社会历史现象，是自从人类进入阶级社会之后就存在的，不是今天才有的；是当今世界各国都存在的，不是中国所独有的。引起腐败的既有普遍性的原因，又有特殊性的原因。处于不同地位的多种复杂原因结合在一起，导致了腐败。

同其他各种复杂事物一样，在引起腐败的多种原因中，有一种起决定作用的原因，即根本原因，或称根源。处于什么地位的因素才是根本原因呢？如果有这样一种因素，有它则必有腐败，杜绝其他原因只能减少而不能消灭腐败，无它则必无腐败，其他因素都不能离开它而单独导致腐败，那么，它就是腐败的根本原因或根源。

当今世界上引起腐败的根源是什么呢？

对此，邓小平做出过明确论断："只有社会主义才能消除资本主义和其他剥削制度所必然产生的种种贪婪、腐败和不公正现象。"① 这就是说，资本主义和其他剥削制度必然产生腐败，而只有社会主义才能消除腐败。

江泽民也指出："从本质上说，腐败现象是剥削阶级和剥削制度的产物。"②

这些论断在方法论上的一个共同特点是，不是从表层的社会现象或局部的社会因素中，不是从具体制度、体制中，更不是从人们的头脑中去寻找腐败的根源，而是将腐败这种社会现象同一定的社会根本制度联系起来，从而揭示出历史上不同时代、不同国家包括当今中国社会中一切腐败现象的共同根源：剥削制度和剥削阶级。

这些论断是正确的吗？它们是完全符合实际的，因而是正确的科学的结论。

一切腐败行为都是为了谋取私利而侵犯公众利益，腐蚀、破坏某种现存社会关系的行为。腐败的主要表现是公职人员利用手中掌握的公共权力谋取一己私利，即以权谋私。利己主义是导致一切腐败行为的直接原因。一些意志薄弱的党员、干部经不住灯红酒绿的诱惑，过不了金钱、美色、权力关，向往剥削阶级腐朽没落的生活方式，滋长了拜金主义、享乐主义和极端个人主义，从思想上被打开了缺口，种种贪赃枉法、行贿受贿、敲诈勒索、权钱交易、挥霍人民财富、腐化堕落的腐败行为便由此产生出来。所以，以个人主义、利己主义为核心的剥削阶级腐朽思想的蔓延，是引起腐败的直接的思想原因。

但是，思想本身没有独立的历史，任何思想都不是人们历史行为的最终动因。一切社会意识都是社会存在的反映，都是由社会存在决定的。追寻社会现象的根源，如果在找到某种思想原因时便停留下来，那是肤浅的。这些存在于当今中国社会中的腐朽思想是从哪里来的呢？它们既不是人们头脑中固有的，也不是从社会主义的根本制度中产生的，而是剥削制度在人们头脑中反映的产物。有的是几千年的剥削阶级旧社会中遗留下来

---

① 《邓小平文选》第 3 卷，人民出版社 1993 年版，第 143 页。
② 《江泽民论有中国特色社会主义（专题摘编）》，中央文献出版社 2002 年版，第 433 页。

的，有的是在对外开放的环境下从境外传入的，有的是因为中国还处在社会主义初级阶段，难以避免地反映某些现实的社会存在而产生的。所以，追根溯源，腐败的根源是剥削制度、剥削阶级。

剥削制度和剥削阶级是产生腐败的根本原因，但不是唯一原因。仅仅找到根源，还不能充分说明腐败是如何产生的，还必须分析其他原因。

公共权力的所有者和权力行使者之间不可避免的分离，是产生腐败的另一个具有普遍性的原因。在不同历史时代和不同国家，公共权力有不同的性质，但任何国家的政治权力从本质上说都不是属于某一个人，而是属于一定的阶级或社会集团的，然而权力的行使，却又不能不委托给某些个人，即在各级各部门任职的国家公职人员，这正如在现代社会化大生产的条件下，资产所有者不能不将其资产委托给企业的经营管理者去运营一样。而这样一来，执掌权力的个人与政治权力的所有者之间就有可能发生某种利益上的分离，政府官员有可能利用手中的公共权力去谋取个人的私利。在中国历史上，封建帝王对于贪赃枉法的官吏往往处以严刑峻法，原因就在于这些贪官污吏为一己的私利损害了由皇帝代表的地主阶级国家的利益。当代西方一些学者用"寻租"理论来解释腐败现象，认为政府管理经济生活限制了竞争，就会有人通过向政府官员行贿来谋求特许的权力，这种"寻租"行为导致了腐败。"寻租"理论未能找到腐败的根源，但其合理之处在于反映了执掌权力的个人可能背离委托他的权力所有者去谋私这种客观存在的矛盾。这一矛盾在不同性质的国家中都存在着，这是包括当代中国社会在内的不同社会中腐败产生的一个共同的原因，因而防范以权谋私是各国共同面临的反腐败课题。封建主义、资本主义条件下反腐败的经验我们也可以借鉴和吸收，当代世界不同社会制度的国家反腐败的经验可以相互交流，其原因正在于此。

根源于剥削制度的利己主义可以说明为什么会有人搞腐败，权力执行者与权力所有者的分离可以说明他们为什么能够搞腐败，但是，仅仅看到这些普遍性的原因，还不足以说明为什么近年来中国社会中会发生如此严重的腐败现象。为此，还必须分析现阶段中国社会中与腐败产生有关的特殊历史条件。

第一，中国处在改革开放的历史新时期。经济体制改革和市场经济发展过程中出现了许多体制上的漏洞和薄弱环节，使腐败行为者有机可乘。

进入改革开放新时期以来，中国社会生活中最显著的特点是改革，改革意味着社会经济关系、经济运行机制以及相应的法律、法规、行政规章制度、管理机构都处于显著变动的过程之中。许多原有的制度被废止了；许多新建立的制度处在试运行的过程中，还不成熟；有些制度刚建立不久，又被更新的尝试所取代；有些制度还没有来得及建立。在这样的变动过程中，客观上难免出现制度上的漏洞和薄弱环节，主观上可能因认识片面或认识滞后而在工作中发生失误，这就使腐败行为者获得了许多可乘之机。

中国经济体制改革的主要内容，是从原有的计划经济体制转到社会主义市场经济体制。直到 70 年代末，我国绝大多数商品由政府定价。到 90 年代初，基本上转到了价格由市场形成。在这一价格体系转变的过程中，经历了一个价格"双轨制"的过渡期。从 80 年代中期开始，国家规定国有企业生产的工业生产资料，完成国家计划后的部分，可以由企业自定价格。此后一个时期中，普遍出现了同一种商品有计划价和市场价两种价格的现象。谁能拿到计划内的紧缺物资而以市场价出售，就可能转手之间暴富。除了商品价格外，铁路运价、贷款利率、外汇汇率等也都存在"双轨制"。在当时能源、交通、原材料、资金、外汇供求关系紧张的情况下，相关的计划审批权成了一种可以被用于谋取私利的权力。于是，一些掌握权力的人收礼受贿，敲诈勒索，以权换钱；一些谋求计划内额度的企业或个人送礼行贿，或提供公费旅游、出国，送子女上学，私账公报，公车私用，以钱换权。权钱交易的腐败行为，就这样在两种价格体系转换交接的缝隙中大量滋生出来。

随着社会主义市场经济体制的建立，经济活动的范围不断扩大，一些新的生产要素开始进入市场，为此需要建立相应的经济制度和管理机构；随着新的管理职能出现和新的权力点的产生，又需要建立对管理机构和管理人员实施监督、制约以防范谋私的制度和机制。但是，规章制度和管理机构的建立和健全常常落后于经济的发展，而对管理机构和管理人员的监督机制的建立和健全常常又落后于新的管理职能的实施。因此，随着每一项新的改革措施出台，都可能出现一个缺乏制度约束或制度不健全、漏洞丛生的较为混乱的阶段。实行承包制，有人用不正当手段压低承包基数，或充当中间商，从中捞取巨额利润。证券市场开放之初，有人利用权力从事股票投机，甚至利用公款炒股。房地产市场开发之初，由于过去土地使用权没有进入市场，无偿划拨，有人以不正当手段无偿或低价取得土地租用权，转手倒卖，炒买炒卖地皮，或取得银行贷款兴建楼宇，借隐含在楼价中的地租牟取暴利。这些不正当牟利的行为，都离不开向掌握有关权力的部门和公职人员以种种公开或隐蔽的手段送礼行贿，搞权钱交易。等到新出现的问题引起了人们的关注，建立起相关的法律、法规、行政规章及管理、监督制度时，已经有一批腐败分子趁乱捞了一把，逃过了法纪的制裁；而随着新的改革措施出台，又有人钻新的空子，再打一个"时间差"，坐上了下一班车。

第二，实行改革开放后，出现了"一手硬，一手软"的现象，放松了思想教育，弱化了道德规范的作用，是腐败蔓延的又一个重要原因。在抓紧物质文明建设的同时，精神文明建设被放松了。利己主义、拜金主义思想以种种公开的或包装过的方式大肆传播，充斥于某些书报刊和影视音像传媒之中。有的传媒宣传"一切向前钱看"。按照这种观点，获取金钱成了"一切"行为的目的和人生唯一的追求，因而手中的权力乃至人的尊严、良心、人格等"一切"都可以拿到市场上去出售。当这种思想充塞了人们的头脑并支配他们的行动时，发生权钱交易的腐败行为就不是什么奇怪的事情了。

第三，20世纪80年代末90年代初，国内发生严重政治风波，东欧剧变、苏联解体，世界社会主义出现严重曲折，这对我们一些党员、干部的思想是一个冲击；极少数人散布的资产阶级自由化的观点，也腐蚀了一些人的思想。在这样的背景下，一些人丧失了正确的政治方向和崇高的理想，失去了精神支柱，发生了某种程度的信仰危机，于是转过头去追求剥削阶级腐朽的人生理想和生活方式，结果堕入了腐败的泥潭。所以邓小平说："腐败现象很严重，这同不坚决反对资产阶级自由化有关系。"①

第四，腐败与反腐败是一对矛盾，哪些地方腐败比较严重，往往是同那里反腐败的力度不够分不开的。有一些党员、干部没有真正认识到腐败的严重危害性和反腐败的极端重要性，还存在着不少妨碍反腐败的不正确的观念。比如有人把反腐败同经济建设、改革开放对立起来，认为反腐败会妨碍经济建设、改革开放，"经济要上，廉政要让"，"抓了案子，乱了班子，断了路子"。有人认为腐败是改革和经济发展不可避免的代价，甚至宣扬腐败有促进旧体制解体的积极作用，腐败是改革得以顺利进行的润滑剂。这些错误观点不能不影响反腐败斗争的开展。

---

① 《邓小平文选》第3卷，人民出版社1993年版，第325页。

只有找准了腐败的根源，全面地分析引起腐败的种种复杂原因，才能对症下药地开展反腐败斗争。

将腐败的根源归结于社会主义公有制是不正确的。既然腐败行为无不是在利己主义思想支配下产生的，那么，探寻腐败根源也就是探寻究竟是何种物质的社会关系反映在人们头脑中产生了利己主义思想。毫无疑问，这就是剥削阶级的私有制。而社会主义公有制的生产关系则要求集体主义思想并且必然产生以集体主义为核心的人生价值观和道德观。正如江泽民所指出的："社会主义制度作为区别于历史上任何剥削制度的崭新的社会制度，为从根本上清除腐败创造了条件。"① 把社会主义公有制说成是腐败的根源，恰好颠倒了腐败与不同社会制度之间的本质联系。

将腐败的根源归结于共产党和党领导下的人民民主专政的国家政权也是错误的。腐败现象是否在党内和国家政权机构中存在同共产党及其领导的国家政权是不是腐败的根源，这是两个不同的问题。政党是一定阶级的政治组织，国家政权的实质则是社会各阶级在国家中的地位，是它们之间的一种社会关系。中国共产党是中国工人阶级的先锋队，我国是工人阶级领导的以工农联盟为基础的人民民主专政的社会主义国家，这样一种性质的党和国家政权绝不是产生腐败的根源，而是反对腐败的决定性的力量。人民代表大会制度是我国的政体，共产党领导的多党合作和政治协商制度是我国社会主义的政党制度，它们都是同我们国家的根本性质相适应的政治制度。我们的政治体制并非完美无缺，腐败的产生同具体制度中的缺陷也不无关系，所以我们要在坚持四项基本原则的前提下继续积极稳妥地推进政治体制改革，坚持和完善社会主义民主制度，特别是要加强对权力的制约和监督，建立结构合理、配置科学、程序严密、制约有效的权力运行机制，从决策和执行等环节加强对权力的监督，保证把人民赋予的权力真正用来为人民谋利益。改革的目的是加强而不是削弱党的领导和人民民主专政的国家政权。有人宣扬实行私有化和多党制、"三权分立"可以消除腐败，这是违背基本的历史事实的。在几千年的私有制社会中和实行多党制、"三权分立"的现代西方资本主义国家，腐败现象延绵不绝，至今仍然存在着和发展着，在放弃社会主义制度而实行资本主义私有化的俄罗斯，贪污、受贿等腐败行为迅速蔓延到社会生活的各个角落，这些都是人

---

① 《江泽民论有中国特色社会主义（专题摘编）》，中央文献出版社 2002 年版，第 433 页。

所共知的不争的事实。

　　"人性自私"论是一种科学上不能成立的先验的假定。现实社会中私有观念相当普遍地存在是客观的事实，但却不能由此归纳推演出人性自私的结论。人的本质在其现实性上是一切社会关系的总和，而不是某种人人与生俱来的道德观念。利己主义不是人天生的本性，而是数千年来私有制生产关系深深打在人们身上的烙印。将腐败的根源归结为人的自私的本性，不仅掩盖了腐败的真正根源，而且会导致将腐败永恒化并且合理化的结论，似乎腐败行为是"合乎人性"的，是同人类社会共始终的，否认了腐败是在人类社会的一定历史阶段上产生又必然要在一定历史阶段上消灭的现象。这样，对腐败根源的探寻就会不自觉地转化成为腐败行为作辩护。

　　（原载《思想理论教育导刊》2003 年第 2 期；收入《高校"两课"教育教学热点难点问题解析》第 2 辑，高等教育出版社 2003 年版）

哲学社会科学为什么是科学？

提要　科学是人类反映客观世界的本质及其运动规律的知识体系，客观真理性是科学的根本属性。科学还具备对象的客观性、科学规律的可重复性和理论的可检验性、科学性与价值的统一、严谨的逻辑性等性质。许多人有意或无意地不承认哲学社会科学具备这些性质，这是哲学社会科学不被重视的原因之一。本文论述了哲学社会科学为什么具备这些性质，回答了哲学社会科学为什么是科学的问题。

近年来，江泽民总书记在多次讲话中强调，要高度重视哲学社会科学。他提出了一个命题："哲学社会科学与自然科学同样重要。"为什么哲学社会科学与自然科学同样重要？为什么有许多人轻视哲学社会科学，以至于我们有必要反复强调它们与自然科学同样重要？这是相互关联的两个问题。全面讨论这两个问题需要广泛涉及多方面的理论和实际，本文仅就其中一个方面谈一些认识。

邓小平说："科学当然包括社会科学。"① 哲学社会科学之所以与自然科学同样重要，首先是因为它们同自然科学一样是科学，而今天它们之所以未能受到与自然科学同样的重视，是因为许多人实际上不认为它们是科学。崇尚科学在我国正在蔚为风气，"科教兴国"已经深入人心，但遗憾的是，讲到科学，人们往往仅仅理解为自然科学，而排除了社会科学。

这里有必要先谈谈对"人文"、"人文科学"、"社会科学"等几个概念及其相互关系的理解。人文，即人与文化，指的是人的活动及其精神产物，它们是人文科学研究的对象，人文科学是以它们为研究对象的科学，比如艺术属于人文，而艺术学属于人文科学，语言属于人文，语言学属于

---

① 《邓小平文选》第 2 卷，人民出版社 1994 年版，第 48 页。

人文科学，所以这二者不是同一个概念。我们既应该重视人文科学，也应该重视人文本身，比如在学校教育中，既要重视艺术学、语言学的学习和研究，又决不可忽视艺术作品的熏陶、感染和语言能力的培养、训练，但不可将这两个概念混为一谈。当然，各门人文科学作为一种社会文化现象，其自身又可归入"人文"的范畴，这是另一个层次的问题。物质世界大而言之包括自然界和人类社会，相应地科学也有自然科学和社会科学之分，它们分别以自然界和人类社会为研究对象；哲学的对象则是包括自然界和人类社会在内的整个物质世界的普遍本质和最一般的规律。人文作为研究的对象，属于区别于自然界的人类社会，所以人文科学属于广义的社会科学（或称人文社会科学）。无论在我国或在现代西方用语中，"人文科学"一词通常有广义和狭义的两种用法，广义的用法是把它当作社会科学的同义语或近义词，例如《辞海》对"人文科学"一词的阐释大致就是如此；狭义的"人文科学"是指以人的活动、人的精神产物为对象的历史学、文艺学、语言学等学科①，以社会的结构、关系、规律为对象的经济学、政治学、社会学等学科则在狭义上被称为社会科学，二者合称为人文社会科学，也即广义的社会科学。这里我们所讨论的是广义的"社会科学"，不论对"人文科学"作广义或狭义的理解，它都包括了通常所称的"人文科学"，但不是指作为科学研究对象的"人文"本身。

　　科学是人类反映客观世界的本质及其运动规律的知识体系。严格意义上的科学，根本特征在于它作为一种认识成果具有客观真理性，它是经受过实践检验的与其对象相符合的真理性认识。在这个意义上，科学性是真理性的同义语。由这一根本性质所规定，科学还具备其他一些性质，如对象的客观性、科学规律的可重复性和理论的可检验性、科学性与价值的统一、严谨的逻辑性等，因而人们也可以根据是否具备这些性质来衡量一种学说是不是科学。自然科学具备这些性质，已为人们所公认。哲学社会科学之所以是科学，是因为它们也具备这些基本性质。哲学社会科学之所以不被重视，原因之一是许多人实际上有意或无意地不承认哲学社会科学具备这些性质，因而不把哲学社会科学认作严格意义上的科学，而仅仅将其视为一种"学科"。确认一门学科的知识内容的科学性，即它的真理性、可靠性，才能充分认识它的价值，它的地位和作用。因此，哲学社会科学

---

① 　参见庞卓恒《"人文学科"是一个模糊概念》，《高校理论战线》1996 年第 4 期。

为什么与自然科学同样重要的问题，首先就是哲学社会科学为什么是科学或为什么具备科学性的问题，而哲学社会科学为什么不被重视的问题，首先就是为什么许多人实际上不承认它们是科学或不承认它们具备科学性的问题。本文以下把这两个问题结合在一起，讨论为什么哲学社会科学是科学却又有许多人不承认它们是科学。为了行文方便，我们将主要在社会科学与自然科学的比较中展开讨论；至于哲学，当我们把它在科学性方面与自然科学相比较时，情形也与此相类似。

一　关于对象的客观性

任何一门科学都有其特定的对象，对象的客观性是一门学科产生并成为科学所不可缺少的前提。同自然科学相比，社会科学的对象有其特殊性。自然科学的对象，是独立于人之外的自然物质的运动及其规律，它的客观性易于为人们普遍承认。社会科学的对象，是人和社会，是人类社会发展的规律。社会的运动、社会的历史是由社会中人们自己的活动构成的，而每一个人的活动都受他的精神支配，每一个人都有自己的思想、感情、意志，有自己的价值观念、审美情趣、理想追求，这样一来，社会运动是否具有客观规律便似乎成了问题。这个问题常常困扰着人们，引起了对社会科学的科学性或真理性的怀疑。

揭示人类社会生活不同领域的规律，是社会科学中不同学科的任务，回答社会运动是否具有客观规律性，则是哲学的课题。证明社会规律的客观性是同从总体上揭示出社会发展最一般的规律不可分的，离开对社会发展普遍规律的阐明，关于社会发展具有客观规律性的论证就有可能沦为空洞的思辨。

研究对象的特殊性决定了人类对社会的认识同对自然的认识相比要困难得多。确认社会发展具有客观规律性，制定科学的社会历史观，比起在社会生活的不同局部领域发现某些规律更加困难，而没有科学的历史观，人类对社会的认识总的说来就不能成为真正的科学。在人类认识史上，社会科学的发展比起自然科学来要晚得多，关于社会生活的学问真正成为科学，不过是从 19 世纪 40 年代才开始的事情。历史必然影响和制约现实，今天许多人相信自然科学而不太相信社会科学，是同自然科学与社会科学不同的发展史相联系的，也可以说是时间中的历史在现实空间中的某种展现，因而是一种可以理解的并不奇怪的现象。

　　所幸的是，由于近代以来社会实践的推动，同时得益于自然科学发展的成果，一种科学的历史观已经产生出来。这是科学巨匠卡尔·马克思贡献给人类的两项主要思想成果之一，即唯物主义历史观。如恩格斯在马克思墓前所说的："正像达尔文发现有机界的发展规律一样，马克思发现了人类历史的发展规律。"① 恩格斯曾在《社会主义从空想到科学的发展》和《路德维希·费尔巴哈和德国古典哲学的终结》等著作中，阐述了这一新的历史观产生的历史和它的理论要点。由于这一发现，社会发展的客观规律性终于被揭示出来，并不断为后来历史发展的实践所证实，关于社会生活、社会历史的各门学科从此开始成为真正的科学。

　　正如关于社会历史的学科成为科学离不开科学的历史观一样，人们对社会科学的理解和评价也是同他们的历史观分不开的。承认社会科学研究对象的客观性从而建立起信任和重视社会科学的思想前提，需要有唯物主义的历史观。现实社会中社会科学不被信任不被重视的原因之一，是唯物主义的历史观尚未普遍地被人们所理解和掌握。

　　确认社会科学研究对象的客观性，关键在于理解社会存在和社会意识的关系。人们的行为无不受自己的思想支配，这是任何人观察社会生活时都会首先看到的事实，正因为如此，社会的历史常常被描述为思想的历史。但是，支配着人们行为的思想又是从哪里来的呢？在人们的思想动机背后又是什么因素在起作用呢？马克思在追溯这一问题的过程中深入地研究了人类的历史和现实的社会，他发现每一历史时期的观念、思想都可以由这一时期的经济生活条件以及由这些条件决定的社会关系来说明，由此他得出了一个根本改变了传统历史观的重要结论："不是人们的意识决定人们的存在，相反，是人们的社会存在决定人们的意识。"② 社会存在反映到人们头脑中形成思想，思想又支配人们的行为，从而影响社会存在，这种相互作用构成了社会的矛盾运动，推动了社会的发展，而在相互作用中，归根到底是社会存在决定社会意识而不是相反，由此就决定了，社会的历史及其规律并不以某一个人的意志为转移，社会运动具有客观的规律性，因而成为能够被社会科学所把握的客观对象。

---

　　① 《马克思恩格斯选集》第 3 卷，人民出版社 1995 年版，第 776 页。
　　② 《马克思恩格斯选集》第 2 卷，人民出版社 1995 年版，第 32 页。

　　有些社会科学直接以人们的精神活动、精神产品为对象，例如艺术学是以人类的艺术活动、艺术产品为对象，经济学史、政治学史、文学史等学科都以某种思想的历史为对象。在这种情况下，研究对象是否具有独立于研究者意识的客观性，是一个更为复杂的问题。这里应该看到，主观和客观、意识和物质的区分有不同层次，并非在任何意义上都是绝对的。各种思想、观点、学说，各种精神产品，都是一定历史条件下的客观物质、社会存在在思想家、艺术家们头脑中的反映，因而属于主观意识的领域，是第二性的东西。但是，对于以这些思想、学说和精神产品为研究对象的学者来说，它们存在与否、如何存在，它们的历史发展和现实运动又是一种客观的事实，并不以研究者的意志为转移。假如我们要研究当代中国的社会思潮，虽然"思潮"属于主观的即人们意识的领域，但当前是否存在某种思潮、它的状况如何，却不能由研究者随意杜撰，只能以客观的调查材料为依据去把握。属于主观领域的思想、观念却又具有独立于研究者意识之外的客观性，这是因为，世界归根到底是统一的物质世界，意识并不是某种绝对独立于物质之外与物质并存的实体，它本身也是物质运动的产物和表现，当意识或精神作为物质运动的形式之一通过某种可以感受到的物质载体、物质外壳出现在研究者面前时，研究者只能从实际出发去认识它的现象、把握它的规律。因此，即使是专门研究某些人类精神现象的人文学科，它们的对象仍然具有客观性，从而使这些学科具备了成为真正科学的前提条件。

　　承认作为研究对象的精神产物的客观性，当然并不意味着任何思想或精神产品的内容都具有客观真实性。这里必须把两个不同的问题区分开来。中国有一部家喻户晓的神话小说《西游记》，中国人的精神生活中有一个活灵活现大闹天宫的美猴王，这是思想领域中毋庸置疑的事实，具有客观性；同样毋庸置疑的是，世上从来不曾有一个亦人亦猴、神通广大的孙悟空，它只是思想史中的事实，而不是外部世界中的实在。因此，神话不是科学，但研究神话的起源、历史、本质、规律的理论可以成为科学。宗教告诉人们的神和天国是虚幻的、不真实的，不具有客观性，但数千年来人类社会中宗教源远流长，影响广泛深远，却是千真万确的事实，是具有客观性的研究对象。宗教不是科学，但对宗教的研究，如果正确揭示了宗教的起源、历史发展、本质和规律，就可以成为科学。

二　关于科学规律的重复性和理论的可检验性

科学的任务不是描述事物的现象，而是揭示事物的本质和规律。规律属于作为科学研究对象的客观事物，是事物运动自身所固有的，而不是由科学从外部加之于对象的。规律是物质运动中本质的必然的联系，是现象中具有普遍性的东西，是稳定地保持着的东西，因而规律的一个特点在于它的显现具有重复性。科学用自己制定的概念、范畴把物质运动中这种必然联系揭示出来，表述为"规律"的形式，这就是科学规律，它是构成各门科学理论体系的一种基本形式。物质运动规律的客观性、稳定性、重复性决定了科学中阐述的"规律"必须具备重复性。当一名科学家宣布他发现了某一条规律时，他所阐明的事物的联系必须是其研究对象中反复出现的东西，是其他人也可以反复观测到的事实，是在其他人的科学实验、社会实践中可以反复得到验证的事实，否则他的理论就不具有科学性，不能被称为科学理论。规律的重复性表现为科学理论的可检验性。牛顿力学之所以被公认为科学理论，是因为它所揭示的物质运动规律无数次地重复出现在人们的生产实践和科学实验中。社会科学之所以是科学，也是因为它所揭示的规律同样具有重复性。而社会科学的科学性之所以不像自然科学那样容易为人们所普遍认同，原因之一是，同自然规律相比，社会规律的重复性更难于被人们所认识。

世界上的事物千差万别，甚至不存在两片绝对相同的树叶。物质的运动千姿百态，即使是最简单的机械运动，由于运动物体及其环境条件不可能绝对相同，也不可能以毫无差别的形式绝对重复地出现。物质运动中重复出现的并不是普遍性与特殊性、共性与个性浑然一体的具体事物，而是包含在特殊性中的普遍性，包含在个性中的共性。因此，发现事物运动中重复出现的规律性现象并非是轻而易举的事情，光凭感性的直观是不够的，还需要有思维着的头脑。科学研究之所以成为专门的事业，之所以是一种历尽艰辛并且常常遭遇多次失败的探索，正是因为它需要从现象中发现本质，从个别中找到一般，从变动不居的事物运动中揭示重复显现的规律。

由于在自然界的运动中起作用的都是无意识的盲目的动力，天体运行，四时交替，草木荣衰，都没有自觉力量的参与，因而其重复性相对说来比较容易被人们发现和证实。而社会运动的动力就在人自身，极具个性的人的思虑或激情支配着人们的行动，每一个人都在追求他自觉的目的，并在相互结合或相互冲突中构成了历史的运动，因此任何历史事件、历史人物都决不会以重复的形式出现。历史发展中的本质联系深深隐蔽在充满着偶然性的变幻不定的社会生活画卷背后，使人们难以看清社会运动中的重复性，以至于人类进入文明时代之后的数千年中，历史发展的普遍规律还没有被揭示出来，关于社会历史的学科也就不能成为真正意义上的科学。然而，在社会运动中如同在自然运动中一样，任何事物毕竟都在个别中包含着一般，在特殊性中包含着普遍性。当人们仅仅着眼于思想的精神的作用去观察社会生活时，人们看到的只是个别的、特殊的现象，而一旦从思想动机追溯到它背后的物质原因，社会运动中具有普遍性、重复性的规律便开始显现出来。正如列宁所指出的："一分析物质的社会关系（即不通过人们的意识而形成的社会关系：人们在交换产品时彼此发生生产关系，甚至都没有意识到这里存在着社会生产关系），立刻就有可能看出重复性和常规性，把各国制度概括为社会形态这个基本概念。只有这种概括才使人有可能从记载（和从理想的观点来评价）社会现象进而以严格的科学态度去分析社会现象。①"列宁还说："只有把社会关系归结于生产关系，把生产关系归结于生产力的水平，才能有可靠的根据把社会形态的发展看作自然历史过程。②"自从有了唯物主义历史观，当社会科学家们运用生产力、生产关系、社会形态等科学概念去审视社会生活时，重复性这个一般科学标准便被运用到社会科学研究中来，历史运动中的规律性便逐步被揭示出来。

事物运动中重复性、规律性的显现有一个过程，人们对它的认识也需要一个过程。即使是在自然科学的研究中，发现重复性并得到人们的普遍认同从而确立起某一科学学说也绝非易事，往往要经历长期的发展历史。在地质学、天文学等学科中，科学假说比之其他自然科学部门显然更多一些，这同地壳运动、天体演化中的重复性、规律性显现在更长的时间跨度之中不无关系。社会运动中的许多规律，例如由社会基本矛盾运动决定的社会形态更替的规律，只有在大尺度的历史空间中才能充分显现出来，社

---

① 《列宁全集》第 1 卷，人民出版社 1984 年版，第 110 页。

② 同上。

会科学研究中规律的发现和理论的检验也就不能不经历长期的过程。

在自然科学研究中，人们可以采用特殊手段人为地制造出某一自然过程，使其在短时间内集中显现出自身的规律性，以便于观察它、认识它。在这种科学实验中，一次又一次地遭遇失败都是十分正常的事情，不会造成重大的危害。科学实验已经成为现代科学研究所不可缺少的重要手段。社会科学的研究对象是人和社会本身，探索性实践中的任何失败都是人和社会前进中的挫折，甚至是一种无法挽回的沉重的代价。社会科学发展中的实验性研究同人们自觉变革社会的实践是同一件事情，为了尽量减少损失、避免伤害，同自然科学的研究相比，这种试验不能不受到严格的限制，不可能像在实验室中做课题研究那样一次又一次地反复尝试。实践检验结果的显现和确认则有待于人与社会自身的发展，不能不经历长期的历史过程。这也是社会规律的重复性更难于被认识的重要原因。

尽管如此，自从唯物主义历史观在 19 世纪 40 年代诞生以来，科学理论指导下的亿万人民的实践，包括中国人民的革命和社会主义现代化建设，已经极大地改变了中国的面貌，推动了世界历史的前进，从而也用实践检验了理论，显示出社会科学理论的科学真理性和它的价值。

三　关于科学性与价值的统一

科学性与价值的关系问题包括两个方面。一是科学自身的价值或对科学的价值评估问题。科学知识作为真理性认识是人类认识世界和改造世界的武器，还能给人们以精神上的滋养。科学具有崇高的价值。对科学的价值也存在不同的看法，这不是本文所要讨论的问题。二是价值对科学性的影响问题，特别是社会科学的科学性同它的价值是否能统一以及如何统一的问题。有些人之所以不承认社会科学的科学性，问题正是发生在这里。

社会科学的科学性与价值的关系，同自然科学相比有明显的区别。这种区别，主要是由它们研究对象的不同决定的。以人类社会运动为研究对象的社会科学，其对象包括人们之间的利益关系、价值关系。社会科学的任务是揭示社会规律，而社会规律作为社会运动中本质的必然的联系，它们的形成是与社会中不同的价值主体及其相互关系不可分的，社会规律发生作用的结果，又牵扯着人们的利益，影响着人们之间的价值关系。研究对象的这种性质，不能不影响研究主体的认识活动和认识结果。人们认识和实践活动的目的，归根到底是追求价值。社会科学学者都是生活在一定历史条件下的一定社会关系中的人，他们都有自己的利益关系、价值关系，也都有自己的价值观念、价值标准、价值取向，他们研究什么、如何研究，在自己的学术活动中如何选题、如何定向、如何取材、如何加工思考而形成自己的思想产品，都不能不受其价值关系和价值观的制约。他们提出的观点、学说，都会渗进他们的价值观念，打上这样或那样的烙印。关于在社会科学研究中保持"价值中立"的说法，有时或许是反映了一种善良的愿望，但是是不可信的，有时甚至是虚伪的。这种情形，同自然科学的研究是不一样的。自然科学家也生活在一定的社会关系之中，当然也有自己的利益追求和价值取向，但他们研究的对象，是独立于人之外的自然。虽然不同的人们可以从自己的利益出发去利用自然规律，但自然规律对所有的人是"一视同仁"的，自然规律起作用的结果并不因人们社会地位、社会关系的不同而不同，因而人们对自然规律的认识和研究完全可以是客观的、价值中立的。社会科学具有意识形态性。作为意识形态，关于社会历史的不同理论是为不同的经济基础服务的，体现着不同的价值观和利益追求。自然科学不是意识形态，不为特定的经济基础服务。同社会科学相比，人们对各种自然科学理论的科学真理性的认同，较少受到特定的利益关系和价值偏见的影响，因而相对说来要容易得多。

那么，社会科学理论的意识形态性、价值性，是否在任何情况下都同科学性根本对立？是否对一切关于人与社会的理论来说都是它成为科学所不可逾越的障碍？假如事情果真如此，那就根本不可能有任何社会科学，不可能有关于人和社会的真理性认识。然而历史的事实却是，虽然成体系的相对完备的社会科学的诞生不过是 19 世纪以后的事情，但自进入文明时代以来，人类在社会生产和社会交往的实践中逐步地认识社会，认识自身，提出各种见解，著书立说，留下了极为丰富的文史典籍，其中不乏关于社会历史尤其是关于社会各局部领域中具体规律的真知灼见，这些包含着不同程度的真理性的认识，既被运用于当时的社会实践，又启迪着后人的智慧。历史上不同时期呈现过的繁荣盛世，几千年来生产与交换的发展、科学与技术的发现和发明、学术文化的积累和辉煌、社会的变革和进步，同这些真理性认识的作用不能说没有关系。许多先哲的遗训至今仍然像思想的火花一样闪耀着真理的光芒。所以，对于社会科学研究中价值追求与真理发现是否能统一的问题，不应该作笼统的绝对化的否定，而应该作具体的分析。

价值追求之所以可能影响真理的发现，是因为认识主体有可能为了个人或某些社会集团、社会阶级的私利而自觉或不自觉地蒙蔽事实真相，不能认清或有意曲解社会规律。这种情况之所以发生，是因为他们的利益同社会规律所决定的历史前进方向不相一致，因而社会规律起作用的结果是他们所不愿意看到或不愿意承认的。而这也就是说，人们的利益在多大程度上与社会规律起作用的结果、与历史前进的方向一致，他们就有可能在相应的程度上认识社会客观规律，获得关于社会历史的真理性认识。既然正是社会中的人们追求自己目的的活动构成了有规律的社会运动，那么，在社会发展的每一历史阶段，总有一定的阶级或社会集团其根本利益同当时历史发展的方向在某种程度上一致而成为推动社会进步的力量，这就使他们有可能探寻到这样或那样的真理，获得多少具有科学性的认识。当历史推进到 19 世纪，现代产业无产阶级作为独立的阶级力量登上历史舞台，成为历史的推动者。这个阶级在社会生产体系中的地位决定了它的阶级利益与社会发展的客观规律、历史前进的方向完全一致，与社会中绝大多数人的利益完全一致。阶级地位决定阶级品质，决定它能够大公无私地完全从客观实际出发去认识社会生活、社会历史，揭示社会规律，从而将人类对社会的认识变成真正意义上的科学。恩格斯说得好："科学越是毫无顾忌和大公无私，它就越符合工人的利益和愿望。"① 马克思主义科学理论特别是唯物主义历史观的诞生，是严格意义上的社会科学问世的标志，同时也是人类对社会的认识可以成为科学的证明。

笔者不赞成种种否认社会科学的科学性的观点，不赞成那种关于人文的学科只是"学科"而不能是"科学"的主张，但同时又认为，这些偏颇的从总体上说是不正确的观点也有某种历史的和现实的依据，它们说出了部分的事实，因为关于人与社会的思想、观点、学说确实曾经在长达数千年的时间中并未成为真正的即完整意义上的科学，在今天也远没有都成为科学。一个显而易见的事实是，无论是在历史上或在现实中，在社会历史的理论领域都存在着无数相互矛盾的甚至根本对立的观点、思想、学说，不仅在对各种具体问题的看法上是如此，从理论体系上看也是如此，唯物史观与唯心史观的对立就是明显的表现。社会科学发展中不同理论相

---

① 《马克思恩格斯选集》第 4 卷，人民出版社 1995 年版，第 258 页。

互对立、争论不休的情形，比起自然科学来要复杂得多、严重得多。不同的学说、理论中会有共同之点，它们也可能各有某些真理，但如果说多种不同的以至对立的理论全都是科学，那倒是非常奇怪的事情，是于理不通的。

因此，我们强调科学包括社会科学，强调社会科学是科学因而与自然科学同样重要，决不是大包大揽地将人文社会科学学科中的一切产品、一切理论都宣布为科学。人的认识中有真理也有谬误，真理和谬误是人类认识的一对双生子。社会科学研究既可以达到真理，也不可避免地会产生谬误。否认社会科学可以成为科学是错误的，忽视社会科学领域中谬误的存在同样是不正确的。"社会科学"、"人文科学"，有时是在学科划分的意义上使用的语言，被用来指称关于人与社会的学科领域，并不意味着凡出现在这一领域中的观点、学说自然而然都是科学的理论。从原则上确认社会科学可以成为并且已经成为科学是一回事，通过具体分析鉴别某种观点、学说是不是科学是另一回事。在这一学科领域也同在其他方面一样，长期的反复的社会实践将把科学真理和非科学的谬误区分开来。

强调社会科学也是科学并不意味着否认社会科学领域存在着许多非科学的思想，同样的道理，这一领域中大量非科学观点的存在，也不能成为否认社会科学的科学性并因此而忽视或轻视社会科学的理由。

四　关于理论体系的逻辑严谨性

科学是以概念、范畴的逻辑体系反映客观对象的。客观事物是相互联系的而不是彼此孤立的，正确反映了客观对象的科学理论必然表现为逻辑严谨的体系。概念要明确、判断要恰当、推理要合乎逻辑，是一种理论成为科学理论的必要条件。自然科学中的许多理论提供了人类思维中逻辑严谨的范例，相比之下，社会科学的状况还不能令人满意。这也是妨碍人们理解和确认社会科学的科学性的原因之一。在分析这一现象时，以下两个方面的情况是不应被忽视的。

其一，由于研究对象不同，社会科学与自然科学的概念、命题及体系构成的方式必然各有不同的特点。在自然科学的不同部门，理论表达的语言形式及其逻辑形式也并非一律，当然更不能以某种固定的模式去要求社会科学。人和社会是物质世界发展中最高级的因而也是最复杂的运动形式，由事物内部及事物之间多种矛盾决定的事物质的多样性和外部联系的广泛性，要求人的认识用内涵极为丰富的概念去反映它，有时甚至几乎不可能用一个定义去明确某一个概念，并且要求概念既具有确定性又具有灵活性，以便运用在不同的具体场合。因此，一方面制定出精确的概念并相应地确定概念的外延、做出严格的无歧义的判断和严密的推理，同自然科学相比要更加困难，另一方面人的认识活动在某些场合所不可缺少的非确定概念和模糊逻辑的运用，也会比自然科学中更多一些。

其二，对这一现象应该作历史的分析。如前所述，严格意义上的社会科学的诞生不过是 100 多年前 19 世纪中的事情，它的历史比自然科学要短得多。唯物主义历史观的建立使社会科学的出现成为可能，却并不能代替各门社会科学的研究。在社会科学的各个部门建立起完备的科学理论，绝非从唯物史观的概念、原理出发做演绎推理所能济事，必须依托丰富的社会实践经验，从客观实际出发，做周密的调查研究，详细地占有材料，并运用科学的方法经过艰苦的思维加工和反复的实践检验，才能逐步形成。而与此同时，经过了数千年发展的唯心主义历史观仍然存在并且在发展，这种历史观和各种偏颇的价值观主导下的关于社会历史的观点、思想也在继续产生和积累。因此，一方面在反映社会生活的各个领域中仍然存在着大量非科学的思想，它们缺乏逻辑上的彻底性和严整性是并不奇怪的事情；另一方面，诞生不久的正在建立和发展中的各门社会科学，同理论上的逐步成熟相伴随，在逻辑形式上也需要一个完善的过程。恩格斯在论述马克思的《资本论》时说过："一门科学提出的每一种见解，都包含着这门科学的术语的革命。"[①] 这一术语的革命已经发生并将继续发展。《资本论》以理论上的完备和逻辑上的严谨著称于世，流芳百年，这是连马克思的敌人也不能不承认的。"《资本论》的逻辑"已经成为一个专业术语，成为后人研究的一门学问。《资本论》为我们提供了社会科学研究中逻辑严密的典范，同时也就提供了社会科学可以同自然科学一样具备逻辑严谨性的证明。

（原载《高校理论战线》2002 年第 11 期；收入《人文教育与科学教育的融合（2002 年高等教育国际论坛文集）》，西北农林科技大学出版社 2003 年版）

---

① 《马克思恩格斯文集》第 5 卷，人民出版社 2009 年版，第 32 页。

八

理论是非辨析

"六个为什么"和"四条界限"的启示

提要 党中央提出弄清"六个为什么"和划清"四条界限",体现了重要的理论和方法论原则,启示我们:建设社会主义核心价值体系,开展思想政治教育,必须抓住坚持马克思主义指导思想这个灵魂和根本;既要讲清"是什么",又要讲清"为什么",让群众深入理解、自觉接受;既要讲坚持什么,又要讲反对什么,把论证和批判、立和破结合起来

2008 年党中央提出要研究和回答"六个为什么",2009 年党的十七届四中全会决议又提出要自觉划清"四条界限"。近年来,我国思想理论界贯彻党中央的这些重要精神,广泛深入地开展理论研究和宣传教育,有力地推动了社会主义核心价值体系建设和思想政治教育。党中央提出弄清"六个为什么"和划清"四条界限",这两项举措体现了重要的理论原则,给我们以深刻的方法论启示,值得认真学习、深入领会。

一 坚持马克思主义指导思想,是建设社会主义 核心价值体系和开展思想政治教育的灵魂

党中央提出的"六个为什么"的第一个是"为什么必须坚持马克思主义在意识形态领域的指导地位而不能搞指导思想的多元化","四条界限"的第一条是"马克思主义同反马克思主义的界限",其中的关键词都是"马克思主义"。将它们分别置于六个"为什么"和"四条界限"之首,表明坚持马克思主义指导思想是党中央提出弄清"六个为什么"和划清"四条界限"的首要之点,是其根本精神之所在。这就启示我们,思想文化领域的工作千头万绪,包含着无比丰富的内容,而做好工作的关

键，就是坚持马克思主义指导思想。抓住这一条，就抓住了中心环节，牵住了牛鼻子，就能坚持正确的理论方向和舆论导向，把握思想文化和意识形态工作的全局，掌握工作的主动权，发挥思想文化对经济和政治的积极能动作用。如果马克思主义被边缘化了，马克思主义的指导地位被动摇了，马克思主义同反马克思主义的界限被弄得模糊不清了，就会出现严重的思想混乱，思想文化领域的工作就不可能做好。

2006 年 10 月，党的十六届六中全会首次提出"建设社会主义核心价值体系"，并明确概括了这一体系四个方面的基本内容。其中第一个方面，就是"马克思主义指导思想"。党中央领导同志在阐述社会主义核心价值体系的科学内涵时，明确指出了马克思主义指导思想在其中的重要地位："马克思主义指导思想是社会主义核心价值体系的灵魂。建设社会主义核心价值体系，最根本的是坚持马克思主义的指导地位。"① 马克思主义指导思想决定了社会主义核心价值体系的性质和方向，因而是整个体系的"灵魂"。坚持马克思主义指导思想，就抓住了灵魂，抓住了根本。

这一体系中的"马克思主义指导思想"，是由"马克思主义"和"指导思想"两个概念构成的。这表明，我们所说的坚持马克思主义，包括相互关联的两方面的要求。一是坚持马克思主义的科学理论，即坚持用马克思主义的立场、观点、方法去观察社会现象，分析、解决各种理论问题和实际问题；二是坚持马克思主义在当代中国已经确立的指导地位，即坚持把马克思主义作为我们党和国家制定路线、方针、政策的理论基础，作为我们全部理论和全部实践的指导思想。坚持马克思主义指导思想，意味着把马克思主义作为指导思想来坚持，体现着坚持马克思主义基本原理和坚持马克思主义指导地位的统一。

"六个为什么"的中第一个，关键词是"马克思主义"和"指导地位"，突出地强调了马克思主义的地位问题。弄清"六个为什么"，关键是要弄清为什么必须坚持马克思主义在意识形态领域的指导地位。在我国社会主义初级阶段，随着经济社会的深刻变革，社会思想、价值观念日益多样化，对现实生活中的各种问题，不同的人有不同的回答。如果不确立统一的指导思想，整个社会的思想文化就会陷入混乱无序的状态。如果没

---

① 李长春：《在全国宣传部长会议上的讲话（2006 年 12 月 1 日）》，《十六大以来重要文献选编》（下），中央文献出版社 2008 年版，第 788 页。

有一种科学的理论作武器，就不能正确地回答各种重大的原则问题，不能巩固全国人民团结奋斗的思想基础。其余的五个"为什么"，分别以"社会主义"和"中国特色社会主义"、"人民代表大会制度"、"中国共产党领导的多党合作和政治协商制度"、"基本经济制度"以及"改革开放"为关键词，所提出和回答的，是有关中国的社会根本制度、政体、政党制度、基本经济制度以及发展道路五个方面的重大原则性问题。要深入地分析这些问题，针对人们思想上的种种疑虑和模糊认识讲清"为什么"，科学的思想理论武器只有一个，就是马克思主义。离开了马克思主义，就不能正确地认识中国的历史和现实，就讲不清这些"为什么"。如果搬来西方的思想理论作为观察中国社会现实、回答中国问题的指导思想和理论基础，就会在这些重大问题上得出完全不同的结论。所以，弄清第一个"为什么"，自觉坚持马克思主义在意识形态领域的指导地位，是正确回答其他几个"为什么"的前提，因而是弄清"六个为什么"的关键。

"四条界限"的第一条要求划清马克思主义同反马克思主义的界限，它所强调的是，正确理解马克思主义的科学理论、基本原理，认清马克思主义同反马克思主义在基本立场、观点上的区别和对立。当代思想文化领域，既有人站在公开反对马克思主义的立场，搬来西方资本主义的或中国古代封建主义的思想体系同马克思主义相对立；也有人打着马克思主义的旗号，搬来"民主社会主义"这种本质上是反马克思主义的思想冒充马克思主义的"正统"，与我们争夺思想理论阵地，还有人试图把一些非马克思主义的思想理论拿来"补充"、"纠正"、"改造"马克思主义，把它们同马克思主义"嫁接"，建立这样那样的非马克思主义的"马克思主义"，诸如"存在主义的马克思主义"、"儒学马克思主义"之类。因此，只有深入研究"什么是马克思主义"，划清马克思主义同反马克思主义的界限，才能避免鱼目混珠，防止以假乱真，真正坚持马克思主义的基本原理，坚持马克思主义的指导地位。"四条界限"中，马克思主义同反马克思主义的界限与其他三条界限之间不是并列的关系，而是"一总三分"的关系。马克思主义同反马克思主义的对立是意识形态领域斗争的焦点，所以划清第一条界限是个总题目，而其余的三条界限分别以"基本经济制度"、"民主"和"思想文化"为关键词，点出了当前的意识形态斗争在经济、政治、文化三个领域中的集中表现，也就是马克思主义同反马克思主义的对立在社会生活三个方面的主要表现。因此，划清马克思主义同反马克思主义的界限，对划清其他三条界限起着决定性的作用。只有这条界限划清了，才能划清其他三条界限。如果第一条界限模糊不清，其他三条界限就不可能真正划清。

所以，坚持马克思主义的科学理论和马克思主义的指导地位，是弄清"六个为什么"和划清"四条界限"的灵魂，是做好这两项工作的根本。

二　建设社会主义核心价值体系，开展思想政治教育，既要讲清"是什么"，又要讲清"为什么"

在党的思想宣传工作和思想政治教育中，讲清我们党的主张"是什么"，把党的理论、路线、方针、政策全面、准确地交给群众，无疑是非常重要的，而讲清楚"为什么"，让群众深入理解、自觉接受党的主张，对于实现党对人民群众的领导更是不可缺少的一环。"六个为什么"所涉及的重大理论和实际问题，是党中央多年来反复强调的，不是新提出的，但是，以这种形式把党在这些问题上的主张集中在一起提出来，就把讲清楚"为什么"提到了首要位置，体现了新形势下党中央对思想宣传和思想政治教育新的更高的要求。要在重大的政治原则上划清界限，只了解"是什么"是不够的，只有深入研究和回答"为什么"，才能划清"四条界限"，努力达到党的十七届四中全会决定提出这"四条界限"时所要求的"增强政治敏锐性和政治鉴别力，筑牢思想防线"，"坚决抵制各种错误思想影响，始终保持立场坚定、头脑清醒"。①

"六个为什么"和"四条界限"所涉及的有关国家制度和大政方针的问题，《中华人民共和国宪法》中早已有明确的规定。宪法规定了我国的国体和政体，规定了社会主义制度是中华人民共和国的根本制度，规定了马克思主义在中国的指导地位，规定了我国的基本经济制度和政党制度，规定了中国特色社会主义道路和改革开放的基本国策。因此，这些问题并不是尚待讨论和决定的问题，不是可以这样回答，也可以那样回答的问题，而是对已经存在的客观事实和国家根本大法已经做出的明确规定如何理解、认同的问题。如果我们的任务只是从法理上说明"为什么"，那么

---

① 《中共中央关于加强和改进新形势下党的建设若干重大问题的决定》，《十七大以来重要文献选编》（中），中央文献出版社 2011 年版，第 147 页。

宪法就是最权威的依据。毫无疑问，全国人民的思想认识都应该统一到宪法精神上来，任何人都无权背离宪法的明确规定。提出"为什么"，决不是要重新审视、重新讨论这些问题。但是，就党的理论工作和思想政治教育而言，仅仅诉诸法律的权威是远远不够的。思想宣传教育如果只靠引用法律条文吃饭，就成了板着面孔训人，必然严重脱离群众。这里还应该追问：为什么宪法要做这样的规定呢？或者说，为什么这样的规定是正确的呢？要增强思想政治教育的说服力、吸引力和实效性，把党的主张变成人民群众的自觉行动，就必须深入研究和回答这样的问题。党中央提出弄清"六个为什么"和划清"四条界限"，正是体现了这样的要求。

怎样才能讲清"为什么"呢？实际上，对于任何一种思想理论或政策主张，人们都要问一个"为什么"。如果刨根问底地追下去，可以看到，一种思想是否正确、行为是否正当，归根到底是看两条：一条是看它是否符合客观实际，另一条是看它是否符合人民根本利益。把客观真理性与价值合理性统一起来，就是要把坚持实事求是和维护人民根本利益统一起来。实事求是是我们党的思想路线。为人民服务是我们党的唯一宗旨。实事求是，一切从实际出发，这就是我们的真理；为人民服务，代表最广大人民的根本利益，这就是我们的价值准则。这两条，就是共产党人的"天经地义"。坚持实事求是和维护人民根本利益的统一，就是我们党确立自己的路线和制定各项方针政策的根本出发点和最根本的依据，也是党的思想宣传和思想政治教育工作的基本原则。毛泽东说："我们要教育人民认识真理"，①"代表先进阶级的正确思想，一旦被群众掌握，就会变成改造社会、改造世界的物质力量"②。毛泽东又指出："马克思列宁主义的基本原则，就是要使群众认识自己的利益，并且团结起来，为自己的利益而奋斗。"③"要使广大群众认识我们是代表他们的利益的，是和他们呼吸相通的。"④党的理论宣传和思想政治教育的任务，可以归结为帮助群众认识真理和帮助群众认识自己的利益这两条，这两条是相互关联的、统一的。弄清"六个为什么"，划清"四条界限"，就是做这样的工作。所以，讲清"为什么"，归根到底，就是要讲清党在各种重大问题上的主张为什

① 《毛泽东选集》第4卷，人民出版社1995年版，第1322页。
② 《毛泽东著作选读》下册，人民出版社1986年版，第839页。
③ 《毛泽东选集》第4卷，人民出版社1995年版，第1318页。
④ 《毛泽东选集》第1卷，人民出版社1995年版，第138页。

么既是符合客观实际的，又是代表人民根本利益的。

　　比如，为什么必须坚持马克思主义在意识形态领域的指导地位？这是因为，第一，马克思主义是科学的世界观，它揭示了物质世界的本质和规律，人类社会的本质和规律，资本主义的本质和它必然被社会主义代替的规律，符合客观实际，具有客观真理性。正如邓小平所说："我坚信，世界上赞成马克思主义的人会多起来的，因为马克思主义是科学。它运用历史唯物主义揭示了人类社会发展的规律。"① 第二，马克思主义是工人阶级的世界观，工人阶级的阶级地位决定了它只有解放全人类才能最后解放自己，它的利益同最广大人民的根本利益完全一致，因此马克思主义的科学理论就是工人阶级和最广大人民的根本利益的集中表达。坚持马克思主义就是维护人民的根本利益。马克思主义的科学真理性和它代表人民根本利益的价值合理性是由什么来证明的呢？是由社会实践来证明的，是由作为实践的总和的社会历史来证明的。实践是检验认识的真理性的标准，历史是最好的老师。中国近代以来一百多年的历史，1919 年五四运动和1921 年中国共产党成立以来 90 年的历史，1949 年新中国成立以来 62 年的历史，1978 年中国进入改革开放新时期以来 30 余年的历史都证明，中国革命、建设和改革取得的伟大成就，靠的是坚持以马克思主义为指导，把马克思主义同中国实际相结合。只有马克思主义才能指引我们建设富强、民主、文明、和谐的社会主义现代化国家，实现中华民族的伟大复兴，而这正是当代中国 13 亿人民的根本利益之所在。为什么不能搞指导思想多元化呢？第一，指导思想多元化的主张违背了"统治阶级的思想在每一时代都是占统治地位的思想"② 这条意识形态运动的客观规律，不符合历史上和现实中任何一个国家都有一种思想处于指导的或统治的地位的客观事实，不具有客观真理性。第二，宣扬指导思想多元化不过是意识形态斗争中的一种谋略，它本身就是代表着一定阶级经济利益和政治诉求的意识形态，其实质是挑战和否定马克思主义的指导地位，用西方搬来的资产阶级思想理论取而代之，所以推行指导思想多元化只能搞乱人们的思想，给国家和人民带来严重的灾难，这已经为东欧剧变、苏联解体的历史所证明。

---

　　① 《邓小平文选》第 3 卷，人民出版社 1993 年版，第 382 页。
　　② 《马克思恩格斯选集》第 1 卷，第 98 页。

讲清"为什么",帮助人民认识真理、认识自己的利益,是面向广大群众的深入细致的思想政治工作,靠的是讲道理、摆事实,是以理服人,以史育人。讲道理,理论上必须彻底,必须追溯到最根本的出发点,或逻辑起点。理论只有彻底,才能说服人。摆事实,必须以全部历史而不是个别实例为依据。试图用个别例子来证明重要的政治或理论结论,那不过是儿戏。从全部事实的总和来把握客观实际,才能为理论观点提供确凿的事实依据。把科学的理论和客观实际结合起来、统一起来,才能回答"六个为什么",划清"四条界限"。

三　建设社会主义核心价值体系,开展思想政治教育,既要讲坚持什么,又要讲反对什么,必须把论证和和批判、立和破结合起来

"六个为什么"的每一条,都既讲了坚持什么,又讲了"不能"搞什么:"为什么必须坚持马克思主义在意识形态领域的指导地位,而不能搞指导思想的多元化;为什么只有社会主义才能救中国,只有中国特色社会主义才能发展中国,而不能搞民主社会主义和资本主义;为什么必须坚持人民代表大会制度,而不能搞'三权分立';为什么必须坚持中国共产党领导的多党合作和政治协商制度,而不能搞西方的多党制;为什么必须坚持公有制为主体、多种所有制经济共同发展的基本经济制度,而不能搞私有化和单一公有制;为什么必须坚持改革开放不动摇,而不能走回头路。"①"六个为什么"中明确地包含着"六个不能"。"四条界限"的每一条,都列出了正反两种对立的思想观点和主张,明确地表达了批判和反对"反马克思主义"、"私有化和单一公有制"、"西方资本主义民主"以及"封建主义、资本主义腐朽思想文化"②的要求。这里体现出一条重要的方法论原则:在社会主义核心价值体系建设和思想政治教育中,必须自觉遵循真理发展的规律,把肯定和否定、赞成和反对、立和破结合起来,统一起来。

---

① 中共中央宣传部理论局:《六个"为什么"——对几个重大问题的回答》,学习出版社2009年版,第1—2页。
② 《中共中央关于加强和改进新形势下党的建设若干重大问题的决定》,《十七大以来重要文献选编》(中),中央文献出版社2011年版,第147页。

　　真理与错误相比较而存在、相斗争而发展，是人的认识发展和真理发展的一条规律。马克思主义从来就是在同各种反马克思主义思想的对立和斗争中形成和发展起来的。青年马克思和恩格斯1845—1846年合著《德意志意识形态》，目的是批判黑格尔以后的德国哲学，"把我们从前的哲学信仰清算一下"①，所以这本书的副标题是"对费尔巴哈、布·鲍威尔和施蒂纳所代表的现代德国哲学以及各式各样先知所代表的德国社会主义的批判"，而批判的结果是，这本巨著第一次比较系统地论述了唯物主义历史观，成为马克思主义哲学成熟的标志。恩格斯写作《反杜林论》，是为了回应杜林对马克思主义的挑战，但是，"消极的批判成了积极的批判"②，这本书比较系统地阐述了马克思主义的科学世界观。它所批判的对象几年之后就几乎被人们遗忘了，《反杜林论》却流传下来，成为每个觉悟工人必读的书。列宁的《唯物主义与经验批判主义》是批判马赫主义和俄国社会民主党内错误思想的论战性著作，但是它在批判的过程中系统地阐述了辩证唯物主义和历史唯物主义的一系列基本原理，成为辩证唯物主义认识论的重要的奠基之作，成为马克思主义哲学发展到列宁阶段的重要标志。历史经验表明，通过对错误思想的批判，可以确立真理、发展真理，也可以阐释真理、宣传真理。批判错误思想是扩大真理的阵地所必不可少的重要途径和有效方式。

　　立与破、论证与批判，是认识发展中相互区别又相互关联的两个方面，它们像手心手背一样不能彼此分开，既不是相互排斥的，也不能相互取代，而是相辅相成的。只立不破，或只破不立，只讲坚持什么而不讲反对什么，或只讲反对什么而不讲坚持什么，都是片面的，都是不利于认识的深化和理论的发展的。

　　任何肯定都是否定。坚持一种思想观点或社会主张，同时就意味着反对同它相对立的其他思想观点或社会主张，这是它的题中之义。因此，深入地论证一种科学观点，不能不批判与之相对立的种种错误观点。抗日战争时期，毛泽东在阐述我们党所主张的新民主主义的文化时明确地指出，现实中存在的，还有帝国主义文化和半封建文化，它们是非常亲密的两兄弟，结成文化上的反动同盟，反对中国的新文化，"不把这种东西打倒，

---

① 《马克思恩格斯选集》第2卷，人民出版社1995年版，第34页。
② 《马克思恩格斯选集》第3卷，人民出版社1995年版，第347页。

什么新文化都是建立不起来的。不破不立，不塞不流，不止不行，它们之间的斗争是生死斗争"。① 这里讲的破与立关系的道理是具有普遍性意义的。

既然任何肯定都内在地包含着否定，坚持什么本身同时也意味着反对别的什么，那么，是否可以用强有力的正面宣传代替对错误思想的批判呢？应该看到，正面的宣传教育固然可以帮助群众掌握识别错误思想的武器，但并不能代替对错误思想的剖析。一种具有广泛社会影响的错误思想，总是有其产生和蔓延的深刻的社会历史根源和认识论根源，并且可能经过自觉的加工具备了精巧圆滑的形式，既有自己论证的逻辑，又从充满矛盾的复杂的社会生活中找来了某些实例来"证明"自己，因而并不是轻而易举地就可以识别的。透过复杂的现象揭示错误思想的实质是一种艰苦的理论研究工作，开展这样的研究并将所获得的思想成果传播到群众中去，是意识形态工作中不可缺少的一部分，不是正面的宣传教育可以取代的。蕴含在正确主张之中的对错误观点的否定性、批评性的意见，在它们没有被展开时，还不能得到人们充分的认识和理解，甚至可能完全没有被意识到，因此，许多人虽然熟悉并赞同我们党的理论观点和政策主张，但是，当一种与之相背离的错误思潮袭来时，却缺乏应有的警惕性和识别能力，看不到它与正确观点之间的本质区别和尖锐对立，不能认清其谬误和危害，致使错误思潮往往得以泛滥一时。

弄清"六个为什么"，既要讲为什么"必须"，又要深入研究和回答为什么"不能"，为此就不能不批评错误的思想观点和社会政治主张。坚持马克思主义的指导地位，不能不批评指导思想多元化的观点；坚持科学社会主义和中国特色社会主义，不能不批评资本主义和民主社会主义；坚持人民代表大会制度，不能不批评"三权分立"；坚持社会主义中国的政党制度，不能不批评西方的多党制；坚持我国的基本经济制度，不能不批评搞私有化和单一公有制的观点；坚持改革开放，不能不批评种种走回头路的主张。划清"四条界限"，必须分析、比较两种互相对立的思想观点和主张，认清它们的本质区别。为此，既要学习马克思主义，又要研究和剖析反马克思主义的思想理论；既要深刻认识我国现阶段坚持社会主义公有制为主体、多种所有制经济共同发展的基本经济制度的历史必然性，又

① 《毛泽东选集》第2卷，人民出版社1995年版，第695页。

要分析主张私有化和单一公有制的表现与危害；既要认识发展中国特色社会主义民主的重要性、必要性，又要认识西方资本主义民主的实质；既要大力弘扬社会主义思想文化，又要批判封建主义、资本主义腐朽思想文化。

在世界多极化、经济全球化加快发展，各种思想文化相互激荡、国际文化竞争更加激烈的背景下，当前意识形态领域并不平静，各种非马克思主义思潮有所滋长，思想理论领域的噪音杂音时有出现，意识形态领域的斗争仍然是长期的、艰巨的、复杂的。客观形势不容许我们在思想理论宣传和思想政治教育中避开对错误思潮、错误观点的批判，不容许我们只讲"应该"、"必须"而不讲"不能"。为了有效地引领社会思潮，为了增强思想政治教育的说服力和实效性，掌握主动权，我们的思想理论和宣传教育工作必须有批判性，在坚持正面宣传教育的同时，敢于和善于批评、分析各种错误的思想观点，同它们划清界限。这是党中央提出弄清"六个为什么"和划清"四条界限"给我们的重要启示之一。

（原载《中华魂》2011年第4期）

坚持党的辩证唯物主义和
历史唯物主义世界观

——纪念中国共产党成立 90 周年

提要 关于辩证唯物主义是不是马克思主义哲学的争论，是事关党的思想路线和哲学基础的重大问题。社会实践是我们坚持辩证唯物主义和历史唯物主义的根本依据。辩证唯物主义和历史唯物主义表达在党的哲学理论和思想路线中，体现在党的总路线及其指引下的中国革命、建设和改革的道路中，是经受了长期实践检验的科学真理。离开社会的历史的实践讨论什么是马克思哲学，是经院哲学的问题。用实践本体论、实践人本主义取代辩证唯物主义，其根本错误恰好在于背离了马克思主义的实践观点。

1945 年，毛泽东在党的七大政治报告中说："我们的党从它一开始，就是一个以马克思列宁主义的理论为基础的党，这是因为这个主义是全世界无产阶级的最正确最革命的科学思想的结晶。"① 中国共产党之所以成为中国革命、建设和改革的领导核心，正因为它是建立在马克思主义理论基础上的中国工人阶级的先锋队。从哲学世界观的层面说，坚持以马克思主义为理论基础，就是坚持党的辩证唯物主义和历史唯物主义世界观。这是历史经验的总结，也是今后必须坚持的思想原则。在纪念建党 90 周年之际，面对学术理论研讨中质疑和否定辩证唯物主义的种种观点，很有必要就这个问题作一些讨论。

---

① 《毛泽东选集》第 3 卷，人民出版社 1991 年版，第 1093 页。

一　辩证唯物主义和历史唯物主义的胜利

2008 年 12 月，胡锦涛同志在回顾总结我国改革开放 30 年的成就和经验时说，30 年来的宝贵经验，"闪耀着马克思主义真理的光芒，是辩证唯物主义和历史唯物主义"①。在庆祝建党 90 周年之际，我们也可以说，90 年来党走过的道路和取得的成就，闪耀着马克思主义真理的光芒，都是辩证唯物主义和历史唯物主义的胜利。

恩格斯说过："我们党有一个很大的优点，就是有一个新的科学的世界观作为理论的基础。"② 对于这个科学世界观的构成，特别是辩证唯物主义和历史唯物主义在其中的地位，毛泽东曾在 1955 年党的全国代表会议上概括说："马克思主义有几门学问：马克思主义的哲学，马克思主义的经济学，马克思主义的社会主义——阶级斗争学说，但基础的东西是马克思主义哲学。"他强调："马克思主义的理论基础，即辩证唯物论和历史唯物论。"因此他又说："我劝同志们要学哲学"，"这个东西没有学通，我们就没有共同的语言，没有共同的方法，扯了许多皮，还扯不清楚。有了辩证唯物论的思想，就省得许多事，也少犯许多错误"③。毛泽东这番话明确表达了我们党对马克思主义哲学的地位和内容的理解：马克思主义哲学是整个马克思主义的理论基础；马克思主义哲学的内容是辩证唯物主义和历史唯物主义。这也是对党的历史经验的一种总结，它表明，在中国共产党的理论和实践中，坚持马克思主义指导思想，首要的一条就是坚持以辩证唯物主义和历史唯物主义为理论基础。

辩证唯物主义和历史唯物主义在我们党的理论和实践中的基础地位，可以从党的思想路线和政治路线这两个方面来说明。

（一）一条辩证唯物主义和历史唯物主义的思想路线

辩证唯物主义和历史唯物主义的理论基础作用，直接体现在党的思想路线的制定和贯彻之中。

---

① 《十七大以来重要文献选编》（上），中央文献出版社 2009 年版，第 808 页。
② 《马克思恩格斯文集》第 2 卷，人民出版社 2009 年版，第 599 页。
③ 《毛泽东文集》第 6 卷，人民出版社 1999 年版，第 395—396 页。

关于党的思想路线，邓小平 1980 年在党的十一届五中全会上有一段经典性的论述，他说："三中全会确立了，准确地说是重申了党的马克思主义的思想路线。马克思、恩格斯创立了辩证唯物主义和历史唯物主义的思想路线，毛泽东同志用中国语言概括为'实事求是'四个大字。实事求是，一切从实际出发，理论联系实际，坚持实践是检验真理的标准，这就是我们党的思想路线。"① 这一关于党的思想路线的概括，后来郑重地写进了《中国共产党章程》。从 1982 年党的十二大到 2007 年党的十七大，党章中都写着："党的思想路线是一切从实际出发，理论联系实际，实事求是，在实践中检验真理和发展真理。"这一表述同以上邓小平的论述相比，除了少量文字调整外，内容是完全一致的。党章明确规定："全党必须坚持这条思想路线"。②

邓小平说党的思想路线就是马克思和恩格斯创立的"辩证唯物主义和历史唯物主义的思想路线"，这是值得深入领会的。这一论断指出了党的思想路线同马克思主义的哲学辩证唯物主义和历史唯物主义之间不可分割的关系。笔者认为，这二者的关系，就是同一思想内容的哲学理论形态和它在实际工作中的表现形态的关系：辩证唯物主义和历史唯物主义是党的思想路线的哲学理论内容，党的思想路线是辩证唯物主义和历史唯物主义在党的实际工作中的集中体现。邓小平经常把党的思想路线简称为"实事求是的思想路线"③，同时明确指出，"马克思主义的辩证唯物主义和历史唯物主义，也就是毛泽东同志概括的实事求是"。④ 这就告诉我们，贯彻党的思想路线，也就是坚持辩证唯物主义和历史唯物主义；党的思想路线在党的事业中的重要地位和关键性作用，就是马克思主义的哲学辩证唯物主义和历史唯物主义在党和中国人民伟大事业中的基础性作用的直接体现。

1978 年邓小平领导我们党在十一届三中全会恢复的党的思想路线，是在毛泽东的领导下确立的，所以邓小平又把它称为"毛泽东同志的实事求是的思想路线"。⑤

---

① 《邓小平文集》第 2 卷，人民出版社 1994 年版，第 278 页。
② 《中国共产党第十七次全国代表大会文件汇编》，人民出版社 2007 年版，第 66 页。
③ 《邓小平文选》第 3 卷，人民出版社 1993 年版，第 254 页。
④ 同上书，第 118 页。
⑤ 同上书，第 254 页。

　　早在党的创建时期，毛泽东就提出，"唯物史观是吾党哲学的根据"。① 在第一次国内革命战争时期，毛泽东重视从实际出发分析中国社会的阶级关系，调查革命运动的实际情况，写下了《中国社会各阶级的分析》、《湖南农民运动考察报告》等著作。毛泽东在1930年写的《反对本本主义》，作出了"没有调查，没有发言权"的著名论断，论述了中国革命斗争的胜利要靠中国同志了解中国情况，马克思主义"必须同我国的实际情况相结合"，提出"必须洗刷唯心精神"、反对"本本主义"。② 特别是从延安时期开始，毛泽东写下了《实践论》和《矛盾论》等著作，系统地阐明了我们党的哲学世界观，并领导我们党通过延安整风运动和党的七大，确立了马克思主义的普遍真理同中国具体实际相结合的思想原则和实事求是的思想路线。

　　《实践论》和《矛盾论》从哲学的高度总结了党在第二次国内革命战争时期的经验，特别是反对王明"左"倾教条主义的经验，以中国共产党人丰富的实践经验为基础，发挥并且发展了马克思主义的认识论和辩证法，奠定了马克思主义中国化的哲学理论基石。《实践论》阐明了认识和实践、理论和实践、主观和客观、感性认识和理性认识、直接经验和间接经验、相对真理和绝对真理等一系列辩证关系，揭示出人类认识运动在实践、认识、再实践、再认识的循环往复中无穷发展的基本规律，丰富和发展了辩证唯物主义的能动的反映论。《矛盾论》抓住唯物辩证法的核心对立统一规律加以系统地发挥，论述了内因和外因、矛盾的普遍性和特殊性、共性和个性、绝对和相对、主要矛盾和非主要矛盾、矛盾的主要方面和非主要方面、矛盾的同一性和斗争性、对抗和非对抗等一系列辩证法范畴，构成了关于对立统一规律和矛盾分析方法的全面系统的理论，为我们党锻造了坚持唯物辩证法、反对形而上学，认识世界、改造世界的锐利武器。毛泽东的哲学思想后来随着党和人民实践的发展而继续发展。我国进入社会主义时期后，毛泽东在《关于正确处理人民内部矛盾的问题》中，运用对立统一规律分析社会主义社会，发展了历史唯物主义关于生产力和生产关系、经济基础和上层建筑的理论，提出了社会主义社会基本矛盾的学说、正确认识和处理敌我之间和人民内部两类不同性质矛盾的学说。毛

① 《毛泽东文集》第1卷，人民出版社1993年版，第4页。
② 《毛泽东选集》第1卷，人民出版社1991年版，第109—115页。

泽东提出并回答了"人的正确思想是从哪里来的"这一发人深省的问题，以生动的中国语言批评了以为人的正确思想是"从天上掉下来的"或"自己头脑中固有的"唯心主义观点，阐明了人的正确思想只能来自社会实践，阐明了通过实践"物质可以变成精神，精神可以变成物质"的辩证法。① 毛泽东的哲学思想把唯物主义和辩证法高度统一起来，把唯物辩证的自然观和历史观高度统一起来，体现了辩证唯物主义和历史唯物主义的科学精神。自延安整风以来，随着毛泽东哲学思想的普及，全党观察问题、讨论问题有了辩证唯物主义和历史唯物主义的"共同语言"、"共同的方法"，使党的实事求是的思想路线深入人心，为推进党的事业的发展奠定了思想理论基础。

（二）一条闪耀着辩证唯物主义和历史唯物主义真理光芒的道路

在我们党的理论和实践中，辩证唯物主义和历史唯物主义不仅以哲学理论和思想路线的形式直接表现出来，而且集中体现在党在各个历史时期的总路线及其指引下的中国革命、建设和改革的前进道路中。

党在各个历史时期的总路线（也称政治路线或基本路线）概括了党的奋斗目标和方针、政策，是党和人民行动的指南，因而集中显现出党走过的历史道路，也显现出党的理论和实践同辩证唯物主义和历史唯物主义的关系。1945 年党的七大前夕党中央做出的《关于若干历史问题的决议》，深刻地分析了党的政治路线、军事路线、组织路线同辩证唯物主义和历史唯物主义之间的关系，明确指出："一切政治路线、军事路线和组织路线之正确或错误，其思想根源都在于它们是否从马克思列宁主义的辩证唯物论和历史唯物论出发，是否从中国革命的客观实际和中国人民的客观需要出发。"决议指出，毛泽东在土地革命战争时期制定的正确路线，是他根据辩证唯物论和历史唯物论具体分析国内外现实情况及其特点，并总结历史经验的成果，"而一切政治上、军事上和组织上的错误，都是从思想上违背马克思列宁主义的辩证唯物论和历史唯物论而来"。② 笔者认为，这一论断按其精神实质来说，对于党的各个历史时期都是适用的。

在第二次国内革命战争初期，毛泽东就从"帝国主义间接统治的经

---

① 《毛泽东文集》第 8 卷，人民出版社 1999 年版，第 320—321 页。
② 《毛泽东选集》第 3 卷，人民出版社 1991 年版，第 989—990 页。

济落后的殖民地的中国"这一实际出发，运用矛盾分析方法分析了国内和国际的各种矛盾，认识到"中国迫切需要一个资产阶级的民主革命，这个革命必须由无产阶级领导才能完成"，并且回答了"中国的红色政权为什么能够存在"的问题，阐明了"工农武装割据"的思想。① 延安时期，毛泽东科学地分析中国社会的主要矛盾和半殖民地半封建社会的基本国情，阐明了中国革命的性质和任务、革命的对象和动力，制定了中国新民主主义革命的总路线，即"无产阶级领导的人民大众的反帝反封建的革命"。② 正是这条总路线指引着中国夺取了新民主主义革命的胜利。新中国建立后，在完成土地改革和恢复国民经济的基础上，党又从中国实际出发，制定并实施了"逐步实现国家的社会主义工业化，并逐步实现国家对农业、对手工业和对资本主义工商业的社会主义改造"的过渡时期总路线。③ 我国通过国家资本主义的形式实行对资本主义工商业的社会主义改造，通过"由具有社会主义萌芽、到具有更多社会主义因素、到完全的社会主义的合作化的发展道路"④，逐步实现对农业的社会主义改造，走出了一条适合中国国情、带有中国特色的社会主义改造的道路，使我国在国民经济基本上稳定发展和得到人民群众基本上普遍拥护的情况下完成了消灭私有制、建立社会主义生产资料公有制这一人类历史上最深刻的社会变革。

　　邓小平后来回顾说，整个新民主主义革命时期到社会主义革命和建设的初期，"在这个长时期中，毛泽东同志确实把马列主义的普遍原理同中国的实际结合得非常好"。"由于充分尊重中国的实际，一切从实际出发，我们取得了新民主主义革命的胜利，并顺利地进入了社会主义历史阶段。"⑤ 他指出，毛泽东"创造性地提出了农村包围城市的战略，走十月革命的道路，但采取与十月革命不同的方式"。⑥ "在搞社会主义方面，毛泽东主席的最大功劳是将马列主义的普遍真理同中国革命的具体实践结合

---

① 《毛泽东选集》第1卷，人民出版社1991年版，第47—50页。
② 《毛泽东文集》第3卷，人民出版社1996年版，第304页。
③ 《毛泽东文集》第6卷，人民出版社1999年版，第316页。
④ 《中国共产党中央委员会关于发展农业生产合作社的决议》，《建国以来重要文献选编》第4册，中央文献出版社1993年版，第662页。
⑤ 《邓小平文选》第3卷，人民出版社1993年版，第254页。
⑥ 同上。

起来。我们最成功的是社会主义改造。"① 正因为如此，邓小平强调，党的十一届三中全会以来制定的新的方针政策，"归根到底就是恢复和坚持毛泽东同志提出的实事求是的思想路线，根据这条思想路线来探索中国怎样建设社会主义"。②

经过 30 多年的努力，这一探索获得了伟大的成功。我们党已经开辟出一条中国特色社会主义道路，迎来了中华民族伟大复兴的光明前景。党的"一个中心，两个基本点"的基本路线概括了这条道路的基本内容。2007 年党的十七大又对"中国特色社会主义道路"作了全面的概括，同时指出："中国特色社会主义道路之所以完全正确、之所以能够引领中国发展进步，关键在于我们既坚持了科学社会主义的基本原则，又根据我国的实际和时代特征赋予其鲜明的中国特色。"

历史表明，从党的新民主主义革命总路线，到过渡时期总路线，到社会主义初级阶段的基本路线，都是马克思主义的普遍真理同中国具体实际相结合的产物。党在各个历史时期制定的已被实践证明是正确的政治路线，不论就其内容或形成过程来说，都是建立在辩证唯物主义和历史唯物主义的基础之上的。从适合中国国情的民主革命道路、社会主义改造道路到中国特色社会主义道路，党领导中国人民 90 年来走过的历史道路，闪耀着辩证唯物主义和历史唯物主义的真理光芒。

二　社会实践是坚持辩证唯物主义和历史唯物主义的根本依据

辩证唯物主义和历史唯物主义是指导实践并经受了实践检验的马克思主义的科学世界观，这本来是不容争辩的事实，但是自 20 世纪 80 年代以来，在我国的学术理论讨论中，质疑和否定辩证唯物主义的声音一直不绝于耳，近年来发展到了有人声称辩证唯物主义是"冒牌的假的马克思主义哲学"，要对它"进行彻底清算"的程度。这一学术理论之争直接关系到要不要坚持辩证唯物主义世界观和党的思想路线，不能不认真对待。由于相关的质疑主要是针对辩证唯物主义提出的，这里我们主要讨论有关辩证唯物主义的问题。

---

① 《邓小平文选》第 2 卷，人民出版社 1994 年版，第 313 页。
② 《邓小平文选》第 3 卷，人民出版社 1993 年版，第 254 页。

　　质疑或否定辩证唯物主义的论者，他们各自的哲学立场、观点和主张不尽相同。他们的各种论证集中起来，一是说辩证唯物主义不是马克思的哲学；二是提出不同的哲学主张来取代辩证唯物主义。仔细观察可以发现，在争论的背后存在着两个重要的理论问题。其一是，给一种哲学思想命名的根据是什么；其二是，我们坚持或否定一种哲学思想的根本依据是什么。

　　批评辩证唯物主义的论者们讲得最多的一个依据是，马克思从来没有把自己的哲学称为"辩证唯物主义"，马克思的著作中没有"辩证唯物主义"这个概念，所以辩证唯物主义不是马克思的哲学，而是恩格斯、列宁、斯大林、毛泽东等人对马克思哲学的曲解。

　　马克思的确没有用"辩证唯物主义"来称呼自己的哲学。后人用"辩证唯物主义"称呼马克思主义哲学是马克思逝世之后的事情。"辩证唯物主义"一语最先是由约瑟夫·狄慈根于1886年在《一个社会主义者在认识论领域中的漫游》中提出的，后来普列汉诺夫也用它指称马克思和恩格斯的世界观，并作了阐释。列宁更明确地断言，"马克思主义哲学即辩证唯物主义"，"辩证唯物主义即马克思主义"。① 应该看到，思想理论命名的最后依据，并不在于某个名称是否出于创立者本人，而在于它是否恰当地表达了这一思想理论的性质和内容，即名和实是否相符。青年马克思在《关于费尔巴哈的提纲》第十条中把自己的哲学主张称为"新唯物主义"，而把从前的唯物主义称为"旧唯物主义"。② "新唯物主义"表明了马克思的世界观与从前的一切唯物主义都有原则区别，但并未表达出这一新世界观特有的性质和内容，而且这时马克思的世界观刚刚萌芽，还没有成熟，所以"新唯物主义"并不是马克思对自己哲学的命名，也不是马克思主义哲学最恰当的名称。

　　马克思在说明自己的哲学立场和研究方法时，明确地表达了既坚持唯物主义又坚持辩证法的根本观点。他在自己的主要著作《资本论》第1卷第2版的跋中，既阐明了"我的辩证方法"，又阐明了"我的方法的唯物主义基础"。他阐明了自己的辩证法同黑格尔辩证法的联系和本质区别，既"公开承认我是这位大思想家的学生"，又指出："我的辩证方法，

---

① 《列宁选集》第2卷，人民出版社1995年版，第15、13页。
② 《马克思恩格斯文集》第1卷，人民出版社2009年版，第502页。

从根本上来说，不仅和黑格尔的辩证方法不同，而且和它截然相反。"① 马克思还宣布："我是唯物主义者，而黑格尔是唯心主义者。"他指出："黑格尔的辩证法是一切辩证法的基本形式，但是只有在剥去它的神秘的形式之后才是这样，而这恰好就是我的方法的特点。"② 唯物主义和辩证法的高度统一，体现在《资本论》和马克思的全部著作之中。列宁和中国共产党人关于"马克思主义哲学即辩证唯物主义"的观点，完全符合马克思的思想的实际，准确地表达了马克思主义哲学的性质和内容，因而是完全正确的。

　　有些论者从马克思的著作中寻找个别词句当作马克思对自己哲学思想的命名，以此来论证他们关于什么是马克思主义哲学的主张，但他们的引证却完全曲解了马克思的本意。马克思和恩格斯在《德意志意识形态》中说："对实践的唯物主义者即共产主义者来说，全部问题都在于使现存世界革命化，实际地反对并改变现存的事物。"③ 有论者据此提出，马克思把自己的哲学称为"实践唯物主义"。在强调马克思主义哲学具有实践性的显著特点这个意义上，我们也可以称之为"实践的唯物主义"，这同我们说马克思主义哲学是辩证唯物主义并不互相排斥，而是统一的。但是，这是后人的称呼，并不是马克思自己的命名。在马克思和恩格斯这段话中，并没有"实践的唯物主义"，更没有"实践唯物主义"这样的概念。他们在这里所讨论的是人，是"共产主义者"：共产主义者是"实践的"即致力于改变世界的"唯物主义者"，而不是仅仅解释世界的旧的唯物主义者。"实践的唯物主义者"只能解读为"实践的""唯物主义者"，而不能解读为"实践的唯物主义"者。又如，马克思在《关于费尔巴哈的提纲》第九条中说："直观的唯物主义，即不是把感性理解为实践活动的唯物主义，至多只能达到对单个人和市民社会的直观。"④ 有的论者引用这句话来证明，马克思把自己的哲学称为"实践活动的唯物主义"，或"把感性理解为实践活动的唯物主义"。这更是明显的断章取义。马克思批评包括费尔巴哈在内的旧唯物主义"不是把感性理解为实践活动"，是

① 《马克思恩格斯文集》第 5 卷，人民出版社 2009 年版，第 20—22 页。
② 《马克思恩格斯文集》第 10 卷，人民出版社 2009 年版，第 280 页。
③ 《马克思恩格斯文集》第 1 卷，人民出版社 2009 年版，第 527 页。
④ 同上书，第 502 页。

因为费尔巴哈"只是从客体的或者直观的形式去理解"① 客观世界，而不懂得实践的意义，但马克思从来没有把感性或客观世界仅仅归结为人的"实践活动"，从来没有像我们的某些论者那样，把"实践活动"当作唯一的存在和哲学的唯一对象。马克思作为彻底的唯物主义者，始终承认"外部自然界的优先地位"。② 从马克思批评旧唯物主义"不是把感性理解为实践活动"，推不出他主张新唯物主义就是"把感性理解为实践活动的唯物主义"这样的逻辑结论。通过引证个别词句来否定辩证唯物主义是马克思主义哲学，从其基本方法来说就是不正确的，而相关的具体论证也都是站不住脚的。

这一争论中更深层次的问题是：我们坚持或者否定一种哲学思想的根本依据究竟是什么？

一些论者提出了自己关于什么是马克思哲学的各种观点，如实践唯物主义、实践活动的唯物主义、实践本体论、实践一元论、实践人本主义、实践存在论，乃至实践唯心主义等，他们主张以此来取代辩证唯物主义。本文不拟对他们的论证一一辨析。这里要指出的是，所有这些论证都没有越出思想的领域。他们的论证都是试图从马克思著作的文本或西方思想理论的流变中去寻找根据来证明：马克思的哲学思想自产生之后就遭到了误读或曲解，被恩格斯、列宁、毛泽东等历代马克思主义者和共产党人付诸实践的，从来就不是真正的马克思主义哲学，真正的马克思主义哲学直到今天才被他们发现，从马克思的文本中解读出来。这样就发生了一个问题：马克思主义哲学诞生后的 100 多年来，它经受过社会实践的检验吗？我们弄清"什么是马克思主义哲学"到底是为了什么呢？

马克思在他的新世界观萌芽之际，就在《关于费尔巴哈的提纲》中指出："哲学家们只是用不同的方式解释世界，问题在于改变世界。"③ 马克思从来就把自己的哲学当作无产阶级改变世界的精神武器。1840 年鸦片战争以来，中国人民历尽千辛万苦寻求真理，在十月革命后找到了马克思主义，是为了把它当作改变中国命运的精神武器。正如毛泽东所说："我们学马克思列宁主义不是为着好看，也不是因为它有什么神秘，只是

---

① 《马克思恩格斯文集》第 1 卷，人民出版社 2009 年版，第 499 页。
② 同上书，第 529 页。
③ 同上书，第 502 页。

因为它是领导无产阶级革命事业走向胜利的科学。"①

只有符合客观实际的科学真理，才能充当改变世界的精神武器。如何从众多的哲学理论中鉴别出科学真理呢？马克思说："人的思维是否具有客观的真理性，这不是一个理论的问题，而是一个实践的问题。人应该在实践中证明自己思维的真理性，即自己思维的现实性和力量，自己思维的此岸性。"② 辩证唯物主义是不是客观真理，我们是不是应该坚持辩证唯物主义，这也不是一个理论的问题，而是一个实践的问题。我们之所以坚持辩证唯物主义，是因为马克思主义诞生 100 多年来的实践，中国共产党成立 90 年来的实践，证明了它是符合实际的客观真理，"是领导无产阶级革命事业走向胜利的科学"。

一个无可争辩的事实是，在中国共产党 90 年的历史中，被党付诸实践，因而在实践中发挥了作用、接受了检验的，就是在党的文献中始终被称为辩证唯物主义和历史唯物主义的马克思主义哲学，而决不是别的什么哲学。因此，那些直到今天才由一些论者"解读"出来的据说是马克思哲学的"主义"，不论其理论上的论证如何，它们从来没有同中国人民的实践发生过关系，则是不争的事实。我们不妨用马克思的一句话来评论关于这些"主义"的各种论证和争论："关于思维——离开实践的思维——的现实性或非现实性的争论，是一个纯粹经院哲学的问题。"③ 讨论经院哲学的问题是没有意义的。

有些反对辩证唯物主义而主张"实践活动的唯物主义"、"实践人本主义"乃至"实践唯心主义"的论者，也以马克思的信徒自居，热情地讴歌卡尔·马克思的哲学。值得深思的是，对于一种据说从一诞生就被曲解了，因而被历代的共产党人和人民群众的实践撇在一旁，直到今天才被某些论者重新发现的哲学，人们究竟为什么要肯定它、歌颂它呢？难道就因为它出自一个叫卡尔·马克思的人吗？我们坚持马克思主义哲学的目的和根本依据是什么？马克思本人把实践当作认识的目的和检验真理的标准。毛泽东说："马克思列宁主义之所以被称为真理，也不但在于马克思、恩格斯、列宁、斯大林等人科学地构成这些学说的时候，而且在于为

① 《毛泽东选集》，人民出版社 1991 年版，第 820 页。
② 《马克思恩格斯文集》第 1 卷，人民出版社 2009 年版，第 500 页。
③ 同上。

尔后的革命的阶级斗争和民族斗争的实践所证实的时候。辩证唯物论之所以为普遍真理，在于经过无论什么人的实践都不能逃出它的范围。"① 把马克思主义哲学同 100 多年来工人阶级和人民群众的社会实践隔离开来，就一笔抹掉了它在实践中已经发挥出来的伟大作用，也从根本上抽掉了它的科学真理性赖以确立的实践基础。这样"解读"马克思的哲学，究竟是维护它呢，还是贬损、践踏它？

　　一些反对辩证唯物主义的论者似乎特别强调"实践"，乃至把实践当作唯一的存在和哲学的唯一对象，把实践之外的物质都斥为"无"，可是他们论证问题的逻辑思路，却恰好背离了马克思主义的实践观点。他们把"什么是马克思主义哲学"变成了一个脱离人民群众实践的经院哲学的问题，把为什么要坚持马克思主义哲学变成了一个与实践无关的仅仅从书本上去求证的问题。这表明，社会的历史的实践被他们抛在了一旁，被他们夸大了的"实践"，不过是一个抽象的概念，他们"不了解'革命的'、'实践批判'活动的意义"，他们"是不知道现实的、感性的活动本身的"。② 他们的种种"实践哲学"，究竟是实践的唯物主义呢，还是表现出不同程度的实践的唯心主义（即以强调实践为特征的唯心主义）的倾向？

　　我们坚持辩证唯物主义和历史唯物主义的目的和依据，都在于社会实践，是因为以往的实践证明了它的科学真理性，更是因为今后的实践离不开它的指引。胡锦涛同志指出："毛泽东思想、邓小平理论和'三个代表'重要思想虽然形成于我国革命、建设和改革的不同历史时期，面对着不同的历史任务，但都贯穿了辩证唯物主义和历史唯物主义的世界观和方法论。"③ 作为我国经济社会发展的重要指导方针的科学发展观，同样也贯穿着辩证唯物主义和历史唯物主义的世界观和方法论。不断推进建设中国特色社会主义的伟大事业，一刻也离不开马克思主义的哲学世界观基础，这就是我们坚持辩证唯物主义和历史唯物主义的根本依据。

　　（原载《中华魂》2012 年第 5 期；《中国共产党 90 周年研究文集》（上），中央文献出版社 2011 年版）

---

① 《毛泽东选集》第 1 卷，第 292—293 页。
② 《马克思恩格斯文集》第 1 卷，人民出版社 2009 年版，第 499 页。
③ 《十六大以来重要文献选编》（上），中央文献出版社 2005 年版，第 644 页。

实践在世界中的位置

提要 实践具有本体性的意义，但实践不是世界的本体，世界的本体是包括实践在内的统一的物质世界。"实践本体论"的论证是"实践"和"本体"两个概念之间的逻辑循环，它把自在的自然排除在其"本体论"哲学之外。说"实践本体论"是由马克思创立的，不符合马克思哲学思想的实际。"实践存在论"把实践概念泛化，取消了"物质实践"和"观念"之间的关系问题，把物质实践消溶在意识活动之中。"实践本体论"、"实践存在论"是唯实践主义，不是实践的唯物主义，具有明显的实践唯心主义倾向。

由于实践和实践观固有的重要地位，正确理解马克思主义的实践观成为不同哲学观点争论的一个焦点，也成为理解马克思主义哲学本质的一个关键问题。

实践在世界中的位置问题，是有关实践和实践观的一个关键性问题。本文围绕这一问题谈一些看法。

一 实践具有本体性的意义

实践观是对实践的认识、反映。马克思主义的实践观是科学的即正确揭示了实践本质的实践观。马克思主义实践观是与整个马克思主义哲学一起，由马克思、恩格斯创立并由列宁、毛泽东等人继承和发展了的实践观。马克思主义哲学揭示了实践在世界中的位置。正确认识实践在世界中的位置，必须正确理解和把握马克思主义的实践观。

在《关于费尔巴哈》的提纲中，马克思把实践理解为"感性的人的活动"①，或"人的感性的活动"②，理解为"环境的改变和人的活动或自我改变的一致"。③ 这表明，马克思所理解的"实践"，第一，是指"人的活动"，它区别于自然界中的物质运动；第二，是人的"感性的活动"，是直接导致"环境的改变"和人的"自我改变"的活动，因而是人的物质性的活动。在《德意志意识形态》中，马克思和恩格斯说："对实践的唯物主义者即共产主义者来说，全部问题都在于使现存世界革命化，实际地反对并改变现存的事物。"④ 又说："我们所称为共产主义的是那种消灭现存状况的现实的运动。"⑤ 可见，在马克思和恩格斯看来，"实践"，是人"实际地反对并改变现存的事物"，它是"消灭现存状况的现实的运动"。以上这些论述，都出现在马克思主义哲学产生的历史起点上，其精神继续贯穿于马克思后来的著作中。这说明，马克思的"实践"概念，是指人所从事的改变世界的物质活动；我国哲学教科书中通行的将实践看作是人所特有的能动地改造客观世界的物质活动的观点，在马克思的著作中是有文本依据的。这种理解符合整个马克思主义哲学的精神实质，符合自己的客观对象，即社会实践，而不是如一些人所贬斥的那样，是"教科书哲学"对马克思的曲解。

　　按照我们对实践的这种理解，准确把握实践在世界中所处的位置，需要讲两句话，一是，实践具有本体性的意义；二是，实践不是世界的本体。本节先谈第一个方面。

　　实践具有本体性的意义，就是说实践是世界物质运动的一部分，是其中一个具有巨大能动作用的特殊部分，把握世界本体不能无视实践，必须看到实践对于世界本体的重要意义。

　　自人与社会诞生以来，社会实践就是一种客观存在，它必然在哲学家们的头脑中以这样那样的形式反映出来，因而无论在中国哲学或西方哲学中，都出现了实践这个概念和各种实践观，但它们或者对实践作了狭隘的理解，或者将实践仅仅当作一种观念。唯心史观的局限性使它们不可能达到对实践的科学认识，也不能理解实践在世界中的位置。在马克思主义以

①　《马克思恩格斯选集》第 1 卷，人民出版社 1995 年版，第 54 页。
②　同上书，第 56 页。
③　同上书，第 55 页。
④　同上书，第 75 页。
⑤　同上书，第 87 页。

前的哲学中，实践在世界中没有位置。马克思《关于费尔巴哈》的提纲第一条的内容，就是揭示和批判旧哲学的这一根本缺陷。一方面，他着重指出，"从前的一切唯物主义（包括费尔巴哈的唯物主义）的主要缺点是：对对象、现实、感性，只是从客体的或者直观的形式去理解，而不是把它们当作感性的人的活动，当作实践去理解，不是从主体方面去理解"，"他不了解'革命的'、'实践批判的'活动的意义"。① 另一方面，他又指出，唯心主义虽然发展了能动的方面，但是"唯心主义是不知道现实的、感性的活动本身的"②。这就是说，对于实践这种"现实的、感性的活动"，旧唯物主义"不了解"，唯心主义也"不知道"。无论是旧的唯物主义或唯心主义哲学，在它们对世界的理解中，都没有实践的位置。

　　那么，马克思是如何把"对象、现实、感性"，"当作实践去理解"的呢？他是如何了解"'革命的'、实践批判的活动的意义"的呢？我们可以从马克思写出《提纲》数月之后就动笔写作的《德意志意识形态》中找到答案。在这里，马克思和恩格斯不仅针对着费尔巴哈指出，"他周围的感性世界不是某种开天辟地以来就直接存在的、始终如一的东西，而是工业和社会状况的产物，是历史的产物，是世世代代活动的结果"，"甚至连最简单的'感性确定性'的对象也只是由于社会发展、由于工业和商业交往才提供给他的"③，而且在人类思想史上第一次深入地阐述了物质生活资料的生产是人类的第一个历史活动，阐述了基于物质生产中生产力与生产关系矛盾的社会矛盾运动如何推动了历史的发展，构成了迄今为止的人类社会的历史，从而向我们展现出实践改变世界的丰富的具体内容。实践改变世界，就表现在人与社会的历史与现实之中。作为马克思第一个伟大发现的人类社会发展规律的揭示，同时也就是对实践如何改变世界的阐明。世界是运动着的物质世界，而物质的运动在其演变中产生了越来越丰富、越来越复杂的形式，直至实践这样一种人类社会所特有的形式。因此，实践在世界中的位置问题，与人类社会运动在世界中的位置实质上是同一个问题。自人类出现在地球上以来，人类的活动已经极大地改变了周围世界的面貌。当我们说世界是包括自然界和人类社会在内的统一

---

① 《马克思恩格斯选集》第1卷，人民出版社1995年版，第54页。
② 同上。
③ 同上书，第76页。

的物质世界时，我们也就是在说，物质世界的本体中包括了实践这种物质运动形式。正是从这个意义上说，实践具有本体性的意义。"不了解"或"不知道"实践在世界本体中的存在及其重要意义，就忘记了马克思主义哲学与旧哲学的根本区别，不能把握马克思主义哲学的本质。

二　实践不是世界的本体

正确把握实践在世界中的位置，还必须看到问题的另一个方面：实践不是世界的本体。世界是包括实践这种运动形式在内的统一的物质世界，这才是世界的本体。世界本体不能归结为实践。

有些论者主张"实践本体论"，并且说"马克思创立了实践本体论"。其理由是：马克思把哲学的聚焦点从整个世界转向"人类世界"，而"人类世界只能是实践中的存在，实践构成人类世界的真正的本体"，所以，马克思"确认实践是人类世界的本体"。

这里有相互关联的两个问题需要讨论：一是，"实践本体论"是否符合客观世界的实际？二是，"实践本体论"是否符合马克思的哲学思想的实际？

第一，"实践本体论"是否正确，首先要看它是否符合客观世界的实际，要看世界的"本体"是否可以归结为"实践"。在《唯物主义和经验批判主义》这部名著中，列宁曾经针对着经验批判主义提出一个问题："在人出现以前自然界是否存在？"他说："这个问题对于马赫和阿芬那留斯的哲学来说，是特别棘手的。"因为，"自然科学肯定地认为：在地球上没有也不可能有人和任何生物的状况下，地球就已经存在了；有机物质是后来的现象，是长期发展的结果"①。"特别棘手"就在于，经验批判主义的哲学观点，比如阿芬那留斯的"原则同格"说，同自然科学的结论之间存在着尖锐的矛盾。自然科学的这些结论今天已经成为不争的常识，它们同"实践本体论"是根本对立的。"实践本体论"者是如何面对这个矛盾的呢？他们的办法是，把"本体"这个概念限定于已经由人类实践改造过的"人类世界"，把"人类世界"之外是否存在物质世界的问题宣布为没有意义的问题，甚至是"伪问题"，予以取消。这样，实践就从

---

① 《列宁全集》第18卷，人民出版社1988年版，第70页。

"本体"中被排除出去了。谁如果像列宁一样提出这一类的问题，那就斥之为旧哲学的"物质与精神二元分裂"或"主客二分"的思维方式，或是"近代认识论的思维方式"，而这样的思维方式在他们看来是必须抛弃的。总之，他们宣布按照他们所主张的思维方式，"实践"之外的物质世界无权进入他们的"本体论"哲学；至于这个世界本身是否存在，那是一个没有意义的、哲学不应该去考虑的问题。"实践本体论"遇到的障碍就这样被轻而易举地扫除了。似乎只要转变到他们那样的思维方式，实践之外的"本体"就被消除了，理论上的困难就不存在了。关于"实践本体论"的各种充斥着从西方哲学中搬来的时髦话语的繁琐论证，其实都不过是"实践"和"本体"这两个概念之间的逻辑循环：因为只有实践创造的人类世界才有资格成为本体，所以本体就是实践本体。为什么本体就是实践？因为只有实践才是本体。这就是"实践本体论"的基本逻辑。

　　哲学家们可以按照自己喜好的思维方式拒斥一切处于当下实践之外的客观事物，在自我封闭的观念世界中玩弄自己规定的概念，去创造自己的体系，这是他们的自由。但是，自在的世界是否服从他们的思维方式，是否因为他们的拒斥而消失，这是另一回事。人类实际的实践活动决不像玩弄概念那样自由，它在自己不断发展的过程中，随时可能遇到尚未被实践改变的自在之物，受到自在世界的纠缠。向前追溯，正是人类出现之前的那个自在的自然界在自己的运动变化中一步步地产生了生命物质，又经过从猿到人的发展才有了人和人的实践。没有自在的世界，根本就不会有作为实践主体的人和"人类世界"。这样看来，自在的自然界对于人类来说绝非是毫无意义的"无"。"实践本体论"告诉人们，作为实践本体的人类世界，就是注入了人的本质力量、"打上了人的烙印"的世界，它是"体现了人的需要、目的、意志和本质力量"的"人化自然"，这种"实践性"，是它的"根本特征"。按照这样的规定，今天影响着人类生产、生活的许多事物，是没有资格列入"人类世界"这个"实践本体"之中的，因为其中没有凝结人的意志和力量。比如"5·12"汶川大地震，它是地壳运动的结果，而不是人类实践的产物，它是"天灾"，而不是"人祸"，不具有"实践性"这个"根本特征"，所以没有资格进入"实践本体"。但是它真的来了。这个不速之客，完全不顾哲学家们关于非"实践本体"都是"无"的禁令，擅自闯入了人类的生活，给人和社会带来了巨大的震撼。我们当然希望它是"无"，希望它同我们的生活、同"人的生存"不发生任何关系，然而客观事实并不服从人的愿望，也不服从"实践本体论"哲学。人类可以通过自己的实践预防和消除地震的后果，甚至有可能在将来的某一天变害为利，但是不能消灭或改变地震本身，不能把它变成"实践本体"。如果说人类实践在地震面前并非无所作为，那恰是因为人们在实践中认真对待这种本身不具备"实践性"的客观事物，而不是将它宣布为"无"，将它是否存在的问题宣布为没有意义的问题或"伪问题"。这就以尖锐的形式告诉人们，自然界影响人、制约人与它被人的实践所改造并不完全是一回事，二者并非总是同步的，决不能无视那些人类的实践力量今天尚不可改变甚至永远也不可改变的自在的客观事物。

这样的事物还多着呢。就说太阳吧，人类依存于太阳的光和热，人类的实践一刻也离不开它，时时都在利用和变革它的光和热的种种直接的和间接的产物，但是，人类实践不能改变太阳，不能改变它的演化进程，也不能影响或改变太阳上时时都在发生的热核反应，太阳上至今还没有人的"目的、意志和本质力量"的烙印，也许永远也不会有。即使人类已经知道终究有一天太阳的演化将会导致地球和人类的毁灭，也仍然不能改变这个事实。所以，太阳不具有"实践性"这个"根本特征"，它不属于"实践本体"。太阳是如此，与它相关的或相类似的无数的事物都是如此。实际上，"万物生长靠太阳"，地球上的事事物物中未必能找到和太阳这个"非实践本体"毫无关联的存在。"实践本体论"可以将一切非"实践本体"都排除在自己的"本体论"哲学之外，不予理睬，却并不能将它们从人类的生产、生活中排除出去。它们仍然顽强地存在着，并且影响、制约着人。那种坚持要将其排除掉的哲学究竟能给我们带来什么呢？它对我们有什么意义？这样的思维方式同世界的客观实际符合吗？

第二，"实践本体论"也不符合马克思的哲学思想的实际。把"实践本体论"说成是由马克思"创立"的，难免有强加于人之嫌。

在马克思的著作中，从来没有"实践本体论"这样的提法，也找不到"实践本体论"者所希望的把世界的本体归结为人类实践的思想。有些论者费尽气力找了一些马克思的话，试图作出"实践本体论"的解释，但是没有一条是讲得通、站得住的。这里我们可以就其中被引用得最多的几段话作一些辨析。

马克思在《关于费尔巴哈》的提纲中批评费尔巴哈对对象"不是"

"当作实践去理解"的话，被有些论者解读为世界只能当作实践去理解，因而不存在人的实践之外的世界。实际上，当马克思批评费尔巴哈"只是"从客体的或者直观的形式去理解对象时，他并非反对把世界当作客体去理解，而是认为这样还不够，不能"只是"这样，还应该更进一步，还要"当作实践去理解"。即是说，应该既当作客体，又当作实践去理解。他没有否认作为客体的世界，没有把世界等同于人的实践。因为，当马克思在这个提纲中把实践理解为改变"世界"、改变"环境"的活动时，他已经把作为一种物质活动的"实践"和作实践对象的"世界"、"环境"作了区分，肯定了客体的存在。承认客体本身的存在，是通过实践改变客体的历史的和逻辑的前提。

在《德意志意识形态》中，马克思和恩格斯说，"先于人类历史而存在的那个自然界，不是费尔巴哈生活在其中的自然界；这是除去在澳洲新出现的一些珊瑚岛以外今天在任何地方都不再存在的、因而对于费尔巴哈来说也是不存在的自然界"[1]。在这里，马克思和恩格斯的本意，是针对着费尔巴哈不了解实践的意义，看不到人类实践改变了周围世界这种缺陷，指出他周围的世界已经不是先于人类历史而存在的那个自然界，而决不是像有些论者所曲解的那样，把这样的自然界宣布为对人类来说是"无"。因为，人类及其实践是作为世代延续的历史过程而存在的。对费尔巴哈或某一代人来说已经不存在的原始自然，曾经是产生了人类祖先的世界，也是他们最初所面对的世界。如果人类从来不曾面对这个自然界并通过自己的实践改变它，今天的人们"周围的感性世界"究竟是从何而来的呢？随着人类实践活动领域的扩大，与今天的人类及其实践尚无关联的自在自然，也会一步步实实在在地出现在我们的子孙面前。因此，在人类历史的某一阶段同人类活动不相关联，决不等于与人类无关，更不等于它本身并不存在。

在《1844 年经济学哲学手稿》中，马克思曾写道："被抽象地理解的，自为的，被确定为与人分隔开来的自然界，对人说来也是无。"[2] 这句话也被有些论者引来当作马克思主张"实践本体论"的根据。实际上，马克思这段话是针对着黑格尔的唯心主义指出，黑格尔所讲的那种"自然界"是不存在的，是"无"。我们从这段话的下文不难看清这一点。马

---

① 《马克思恩格斯选集》第 1 卷，人民出版社 1995 年版，第 77 页。

② 《马克思恩格斯全集》第 3 卷，人民出版社 2002 年版，第 335 页。

克思在这里所讨论的，不是现实的自然界，而是黑格尔哲学中关于自然界的抽象概念，或"抽象的自然界"。在黑格尔的哲学中，"自然界曾经被思维者禁锢于他的这种对他本身说来也是隐秘的和不可思议的形式即绝对观念、思想物中"，后来，黑格尔让绝对观念在其辩证运动中外化出自然界，"他把自然界从自身释放出去"，但是，"他实际上从自身释放出去的只是这个抽象的自然界"，"只是自然界的思想物"，"对他来说整个自然界不过是在感性的、外在的形式下重复逻辑的抽象概念而已"。① 总之，"自然界"在黑格尔的哲学中始终不过是一种抽象的"思想物"。这样的"自然界"当然"对人说来也是无"。马克思这一段批评黑格尔唯心主义的话同"实践本体论"毫不相干。

彻底的唯物主义者和辩证法大师马克思从来没有否认不依赖于人类的自然界的客观实在性，没有将其排除于世界"本体"之外而将"本体"归结为"实践本体"。相反，在马克思看来，"人是自然的一部分"②，"人直接地是自然存在物"。③ 马克思还指出："没有自然界，没有感性的外部世界，工人什么也不能创造。"④ 在《神圣家族》中，马克思和恩格斯强调："人并没有创造物质本身。甚至人创造物质的这种或那种生产能力，也只是在物质本身预先存在的条件下才能进行。"⑤ 在《哥达纲领批判》中，马克思指出："劳动不是一切财富的源泉。""自然界同劳动一样"也是物质财富的源泉，而且"劳动本身不过是一种自然力即人的劳动力的表现"。⑥ 想在马克思的著作中找出只言片语做依据将"实践本体论"强加给马克思，只能是徒劳的。一些论者做了那么多文章，却至今引不出一句令人信服的话来，就已经证明了这一点。

三　实践不等于人的存在

实践在世界中的位置问题，内在地包含着实践在人与社会中的位置问

① 《马克思恩格斯全集》第 3 卷，人民出版社 2002 年版，第 335—336 页。
② 同上书，第 272 页。
③ 同上书，第 324 页。
④ 同上书，第 269 页。
⑤ 《马克思恩格斯全集》第 2 卷，人民出版社 1957 年版，第 58 页。
⑥ 《马克思恩格斯选集》第 3 卷，人民出版社 1995 年版，第 298 页。

题。把握实践同人及人类社会的关系，也需要讲两句话：实践体现着人与社会的本质；实践不等于人的存在。

第一，实践体现着人与社会的本质。

"人猿相揖别"的标志，是制造和使用工具的劳动。正是劳动这种最基本的社会实践使人从自然界中分化出来，宣告了人与社会的诞生，使物质世界中从此有了社会运动这种特殊的运动形式。人区别于动物，社会区别于自然界，就在于劳动和以劳动为最基本的形式的社会实践。"全部社会生活在本质上是实践的。"① 人们在劳动中、在实践中结成了各种社会关系，在社会关系中从事劳动和其他社会实践。社会关系的总和构成了现实的人的本质，也构成了社会本身，并且使不同的社会、不同的人区分开来。马克思主义的唯物史观，正是"在劳动发展史中找到了理解全部社会史的锁钥"② 才得以诞生的。恩格斯称马克思《关于费尔巴哈》的提纲是"包含着新世界观的天才萌芽的第一个文件"③，这个文件中所包含的新世界观的胚芽是什么呢？这十一条提纲中的核心概念，就是"实践"。萌生于《提纲》中的科学的实践观，就是新世界观的胚芽。不久之后，这个胚芽在《德意志意识形态》中成长起来，生长出了生产、生产力、分工、生产方式、交往形式、所有制、生产关系、社会关系、社会结构、阶级、国家、革命等一系列范畴，并通过这些范畴揭示出社会历史的发展规律，宣告了一种新的世界观、历史观的诞生。马克思和恩格斯明确宣布："这种历史观就在于：从直接生活的物质生产出发阐述现实的生产过程，把同这种生产方式相联系的、它所产生的交往形式即各个不同阶段上的市民社会理解为整个历史的基础。"④ 以费尔巴哈为代表的旧的唯物主义哲学之所以一进入社会历史领域就陷入唯心主义，正是因为不懂得实践这个人与社会的本质特征。因此，离开马克思主义的实践观点，就会从根本上背离唯物史观。

第二，实践不等于人的存在。

实践对于人与社会的重要意义，使人们有可能把实践夸大起来，把实践的概念泛化。把实践等同于人的存在的"实践存在论"，就是这种夸大

① 《马克思恩格斯选集》第1卷，人民出版社1995年版，第56页。
② 《马克思恩格斯选集》第4卷，人民出版社1995年版，第258页。
③ 同上书，第213页。
④ 《马克思恩格斯选集》第1卷，人民出版社1995年版，第92页。

和泛化的表现。

"实践存在论"中的"存在",是指人的存在,因而也被称为"生存",存在论也被称为生存论。有的论者说,"生存论的本体论,即实践本体论"。"实践存在论"首先也是实践本体论,它也主张实践是世界的本体,世界是在实践中生成的,是作为人的世界而存在的。在主张"实践本体论"的基础上,"实践存在论"通过对"实践"的解释,又往前走了一步。它把实践等同于人的存在,因而又把世界的本体归之于人的存在。

有论者提出,马克思、恩格斯的实践观是与西方的思想传统一脉相承的,在西方思想传统中,实践"主要不是指物质生产劳动",而是指道德行为和政治行为,所以,实践既包括物质生产和生活,也包括精神生产和生活,"包括这两种生活活动的全部内容"。

按照他们的解释,人的一切活动都是实践,实践就是人的存在或生存本身。这样,随着实践被泛化为人的存在,实践本体论就演变成了人的存在本体论,或"实践存在论"。"实践存在论",就是他们对世界本体问题的回答。他们认为,在"本体论层面"把实践概念与存在概念结合起来,就产生了"存在论的新的哲学根基"。于是,实践是世界的本体,变成了人的存在就是世界的本体。他们认为,世界只是对于人才有意义,如果没有人,世界就无意义。

马克思主义的实践观之所以成为唯物史观的萌芽,正是因为马克思把实践理解为实际地改变环境、改变现存事物的"人的感性活动",而同黑格尔式的"抽象的思维"和费尔巴哈式的单纯的"直观"(马克思:《关于费尔巴哈的提纲》第五条①)区别开来,进而从物质生产劳动这一最基本的实践出发揭示出社会历史运动的规律。没有这样的实践概念,就没有唯物史观。马克思和恩格斯在论述自己新创立的唯物史观时明确指出:"这种历史观和唯心主义历史观不同,它不是在每个时代中寻找某种范畴,而是始终站在现实历史的基础上,不是从观念出发来解释实践,而是从物质实践出发来解释观念的形成。"② 这表明,"物质实践"和"观念"的关系问题,是历史观中的根本问题。马克思在历史观中实现的变革,就

---

① 《马克思恩格斯选集》第 1 卷,人民出版社 1995 年版,第 56 页。
② 同上书,第 92 页。

在于他不同于唯心史观"从观念出发来解释实践",而是"从物质实践出发来解释观念"。"实践存在论"将实践泛化为人的生存,将人的精神生活同物质生产一并塞进"实践"概念之中,搅成一锅粥,取消了"物质实践"和"观念"之间的关系问题,将二者一起归之于"人的存在",并且命其充当世界的本体,这样,历史唯物主义和历史唯心主义之间"从物质实践出发来解释观念"和"从观念出发来解释实践"的根本对立就被抹杀了,马克思在历史观上实现的根本变革也就被一笔勾销。哲学家们可以自己规定自己的"实践"概念,将人的一切活动都装入其中,也可以宣布这就是他们所认定的世界本体,这是他们的思想自由;但是,把他们的这些观点同马克思的唯物史观硬扯在一起,说成是原本就包含在马克思的哲学中而今天由他们发现了的思想,借此把他们的"实践存在论"贴上马克思主义的标签到处推销,甚至塞进教材,这就不能不引起我们的关注,不能不予以澄清。任何一个不带偏见的读者,无论翻阅马克思《关于费尔巴哈》的提纲,或《德意志意识形态》,或马克思的其他著作,都可以看到,在马克思那里,实践虽然是体现了人与社会本质的最重要的活动,但它不等于人的一切活动或人的存在,更不等于整个世界。假如马克思真的像有些人所称的那样继承了实践"主要不是指物质生产实践"的"西方思想传统",不区分物质实践和思想观念并厘清这二者之间的关系,那就根本不可能有历史唯物主义,就没有马克思主义。

实践作为人改变世界的活动,除了物质性外,也具有意识性、目的性,否则它就不是人的实践,而是自然界的物质运动了。但是,人们的实践是否包含意识活动是一回事,人们的意识活动本身是不是实践是另一回事,二者虽有关联,却不能混为一谈。实践是人所特有的内在地包含着意识因素的物质运动。一方面,它以目的性、自觉能动性、社会历史性同自然界中的物质运动区别开来,成为"客观过程的两个形式"① 之一。另一方面,如毛泽东所说,"思想等等是主观的东西,做或行动是主观见之于客观的东西"②,虽然二者都是人的能动性的表现,但是,究竟是停留在主观领域、不去改变对象,还是"主观见之于客观"、实际地变革现存的事物,使实践同思想等"主观的东西"区别开来了。"主观见之于客观",

---

① 《列宁全集》第 55 卷,人民出版社 1990 年版,第 158 页。
② 《毛泽东选集》第 2 卷,人民出版社 1991 年版,第 477 页。

这就是实践既区别于自然界的物质运动，又区别于人的主观意识活动的特殊本质。人变革对象的实践中都有意识活动，但是不变革对象而仅仅停留于意识领域的活动不是实践。人的行动都离不开思想，但是思想并不等于行动，这是社会生活中人所共知的事实。把人的一切活动都说成是实践，把实践等同于人的生存，似乎是重视实践、抬高实践，实际上是抹掉实践作为物质性活动的本质特征，把物质实践同观念混而不分，消溶在意识活动之中，这同样是"不了解'革命的'、'实践批判的'活动的意义"。①两极相通。把实践夸大、泛化，就同"不了解"、"不知道"实践的另一极汇合在一起了。

本文上一节中谈到的"实践本体论"所面临的理论困难，"实践存在论"都不能避免，因而这里不必另行讨论。需要指出的是，当"实践本体论"演变为"实践存在论"，从而将世界本体从人的实践进一步归之于人的存在时，它已经在离开唯物史观的道路上走得更远了。

四　唯实践主义不是实践的唯物主义

"实践存在论"、"实践本体论"是一种主张唯有实践才是世界的本体、本原的理论，因此，我们可以称之为唯实践主义，这就如同唯物主义、唯心主义分别是主张唯有物质或意识是世界的本体、本原的主义一样。

《德意志意识形态》中关于"实践的唯物主义者即共产主义者"②的话，常常被一些论者解释为马克思称自己的哲学为"实践的唯物主义"。这是一种误解或曲解，因为这段话讲的是人（即"唯物主义者"、"共产主义者"）而不是"主义"如何如何，这里只有"唯物主义者"这个关于人的概念，而没有"实践的唯物主义"这样的关于哲学的概念，"实践的"在这里是"唯物主义者"而不是"唯物主义"的限定语。在马克思的其他著作中，也找不到"实践的唯物主义"这样的哲学概念。这一曲解是应该澄清的。不过，马克思没有这样称呼自己的哲学，并不妨碍后人可以在一定的意义上把马克思主义哲学称为"实践的唯物主义"：它是一

---

① 《马克思恩格斯选集》第1卷，人民出版社1995年版，第54页。
② 同上书，第75页。

种以实践性为显著特征的唯物主义哲学。我们在坚持马克思主义哲学是辩证唯物主义的同时，也可以在强调其实践性特征的意义上称之为实践的唯物主义，将这二者看作是统一的，而不是相互排斥的。

这里我们关心的是，"实践本体论"、"实践存在论"这样的唯实践主义，是不是实践的唯物主义？

马克思主义的新世界观是从实践观点萌芽而形成的，又以实践性为显著特征区别于包括旧唯物主义和唯心主义在内的所有旧哲学，这一事实使人们形成了一种看法，似乎只要重视实践，把实践提到首位，就可以同一切非马克思主义的哲学区分开来，就是坚持实践的唯物主义，坚持马克思主义。实际上，得出这样的结论在逻辑上是很成疑问的。因为，重视实践不一定对实践有科学的理解，重视实践也不一定能保证一种哲学始终坚持唯物主义的基本立场；马克思主义产生之前的旧哲学都不懂得实践的重要性，不等于在此之后不可能出现重视实践却又属于唯心主义的哲学。哲学的历史发展已经证明了这一点。产生于 19 世纪后期的从 20 世纪初开始在美国流行的实用主义，就是一种把实践提到首位，以强调实践在西方哲学流派中独树一帜的唯心主义哲学。列宁在 1908 年就敏锐地指出了实用主义强调实践的特点和它的唯心主义性质，他指出：实用主义"认为实践是唯一的标准"，它"极其顺利地从这一切中推演出上帝，这是为了实践的目的，而且仅仅为了实践"。① 实用主义哲学为我们提供了一个标本，它证明以强调实践为特征的唯心主义哲学不仅是可能产生的，而且确实已经出现了。这种哲学，笔者称之为"实践的唯心主义"。笔者曾以实用主义为代表分析了实践的唯物主义与实践的唯心主义的对立，论述了坚持马克思主义的实践的唯物主义必须警惕和反对实践的唯心主义（田心铭：《实践的唯物主义与实践的唯心主义——马克思主义与实用主义哲学的比较研究》，《北京大学学报》1989 年第 1 期）。

恩格斯在《路德费希·费尔巴哈和德国古典哲学的终结》中提出了著名的关于哲学基本问题的理论，他依据对"思维对存在、精神对自然界的关系问题"的回答把哲学家区分为唯物主义和唯心主义两大阵营，提出了划分唯物主义和唯心主义的标准："凡是认为自然界是本原的……组成唯心主义阵营。""凡是认为自然界是本原的，则属于唯物主义的各

---

① 《列宁全集》第 18 卷，人民出版社 1988 年版，第 358 页。

种学派。"他特别强调："除此之外，唯心主义和唯物主义这两个用语本来没有任何别的意思"。① 哲学界有些人不赞同恩格斯的这些观点，但是这并不妨碍我们用这个标准去衡量包括他们的思想在内的各种哲学，因为恩格斯的这一理论是符合哲学发展的实际的。哲学上的派别和观点虽然极其复杂，但唯物主义和唯心主义的区别是一种最基本的最重要的区别，而区别的标准，只能是对精神和自然界何者为本原的回答。对于以马克思主义自居的"实践本体论"、"实践存在论"，我们理所当然地应该按照马克思主义关于哲学基本问题的观点根据对"本原"问题的回答去分析它、鉴别它。

"本原"和"本体"这两个概念有所不同，但密切相关。"本原"是对"派生"而言的，它所回答的是意识和物质，或精神和自然界二者之间归根到底谁决定谁的关系问题。"本体"直接回答"世界是什么"或"存在是什么"的问题。并非所有的哲学都直接回答了"本原"的问题，有的哲学还有意回避或明确否定这个问题，但由于人们在实践中无法回避自己的精神同自然界之间究竟是何关系的问题，所以各种哲学终究不能不以各自的方式对"本原"问题做出自己的回答。这种回答体现于它们对各种哲学问题的解决之中，而其中最集中最直接的，就是对"本体"问题的回答。

"实践本体论"、"实践存在论"把实践或人的存在宣布为世界的本体，反对把物质或自然界看作世界的本体，这已经是对本原问题的一种回答。虽然其中有一些论者没有明确地、直接地宣称意识或精神是本原的，但是当他们宣布人或人的实践之外的自然界都是"无"的时候，确实已经否认了物质或自然界的本原地位。

他们还提出，不赞成他们的"实践本体论"，那就是"自然本体论"或"抽象的物质本体论"。他们是坚持反对"自然本体论"或"抽象的物质本体论"的。在我们看来，"自然本体论"或一般意义上的"物质本体论"是否正确，是否合乎实际，同一般意义上的唯物主义是否正确、是否合乎实际是同一个问题。如恩格斯所说，"凡是认为自然界是本原的，则属于唯物主义的各种学派"。这"各种学派"中，有各种旧唯物主义哲学，它们在历史观领域陷入了唯心主义；同时，马克思主义作为一种唯物

---

① 《马克思恩格斯选集》第4卷，人民出版社1995年版，第223—225页。

主义，也包括在这"各种学派"之中。"自然本体论"或"物质本体论"这样的表述，可以将唯物主义同唯心主义区分开来，但是还不能将马克思主义同旧唯物主义区别开来，因此，它不能准确地表达马克思主义对世界本体问题的观点。马克思主义的本体论是辩证唯物主义的本体论，或辩证唯物主义的物质本体论。它把世界看作多样性统一的物质世界，看作辩证发展着的物质世界，看作包括人类社会、包括社会实践在内的物质世界。这种辩证唯物主义的本体论，不能简单地归结为或等同于"自然本体论"或"物质本体论"，否则就抹杀了它与旧唯物主义的原则区别；但是又不能把它同"自然本体论"或"物质本体论"分割开来或根本对立起来，否则就离开了一般唯物主义的基本立场，抹杀了唯物主义与唯心主义的本质区别。"实践本体论"、"实践生存论"反对"自然本体论"、"物质本体论"，是反对把自然界或物质看作世界的本体，因而同它们之间的对立，本质上是同唯物主义的基本原则的对立，而不只是同旧唯物主义的某些错误观点的对立。由此看来，反对"实践本体论"，决不是笼统地主张"自然本体论"或"抽象的物质本体论"，而笼统地反对"自然本体论"或"物质本体论"，则离开了唯物主义的基本立场。

马克思主义哲学作为实践的唯物主义，既是实践的，又是唯物主义的。离开了实践性，不是马克思主义；离开了一般唯物主义的基本立场，更不是马克思主义。"实践本体论"不是实践的唯物主义，而是一种具有明显的实践唯心主义倾向的哲学观点。这种唯心主义倾向，在"实践存在论"中表现得更加强烈，也更为明显。有些论者并不讳言自己的"实践存在论"同海德格尔的存在主义本体论的渊源关系，声言自己是将马克思的实践论与海德格尔的存在论"结合"起来，并且这样"结合"的结果，就转移到了"存在论的新的哲学根基"上了。海德格尔的本体论的"根"是人，是个人的存在。在他那里，个人的存在被当作一切存在的出发点，而非理性的心理体验又被当作人的存在的基本方式。既然是把这样的存在论作为哲学的根基搬来改造马克思主义的实践观，那么，离开唯物主义的基本立场、走向实践的唯心主义当然是并不奇怪的事情。

实践这种物质运动的特殊性，在于它是人所特有的活动，是包含着精神因素的物质活动。由于实践所固有的这一特点，那种夸大人的作用、夸大意识因素的唯心主义，也可以在实践的旗号之下，通过夸大实践的作用而表现出来。因此，坚持马克思主义的实践观，既要反对历史上常见的

"不知道"、"不懂得"实践的唯心主义和旧唯物主义，又要警惕和反对实践的唯心主义，这既是实用主义哲学给我们的历史启示，也是近些年来我国学界围绕着实践问题的哲学争论给我们的一条重要启示。

（原载《教学与研究》2010 年第 1 期；收入《哲学和美学的根本》，北京大学出版社 2010 年版）

简论思想政治教育的目的、
培养目标和教育内容

——兼评"德育非政治化"的观点

提要　我国思想政治教育的目的是"为社会主义现代化建设服务，为人民服务"，培养目标是"德智体美全面发展的社会主义建设者和接班人"，基本内容是社会主义核心价值体系，其核心是理想信念教育，灵魂是马克思主义指导思想的教育。政治性是德育固有的本质属性之一。"德育非政治化"的观点本身就有很强的政治性。没有超越于不同国家的"中性"的公民教育。《中华人民共和国宪法》从根本上规定了我国公民教育的内容。

思想政治教育已被确立为马克思主义一级学科下属的二级学科之一。思想政治教育的目的、培养目标和教育内容，是思想政治教育的理论和实践中的重大问题，也是学科建设中的重大问题。本文围绕这些问题，联系已经发生的争论作初步探讨。

一　从几个相关概念谈起

概念是浓缩了的判断，思想上理论上的分歧往往通过对概念的理解和运用表现出来。我们就从几个相关概念谈起。

关于"德育"。在我国的教育方针中，有关思想政治教育的内容是用"德"来表述的。对"德育"的不同理解，表现了对思想政治教育的不同看法。关于德育的内容，存在着"两要素"说（政治思想教育、道德教育）、"三要素"说（政治教育、思想教育、道德教育）、"五要素"说（道德教育、法纪教育、心理教育、思想教育、政治教育）等不同的学术观点。① 也有论者提出，德育只能是道德教育，我国现实中把政治教育、思想教育等内容包括在德育之内的做法是不合理的，这样不能与国际"接轨"，导致了"学校德育的政治化"，而这"正是实际德育工作存在的最大弊端"。②

关于"公民教育"。有论者认为，概括多方面的教育内容，应采用"公民教育"的概念。因为"公民教育具有较强的中性色彩，它不是强调为哪个阶级、哪个政党培养'接班人'，而是为社会培养下一代（公民）"，这样有助于克服"政治化问题"。③

关于"党化教育"。有人把中国共产党的思想政治教育称为"党化教育"，指责它是由党"通过执政当局强力推行的、旨在灌输党的意识形态教义和政策主张"的教育，是"把当权者的意志强加给整个社会"。论者提出要"用公民教育取代党化教育"，而"公民教育"的原则是"普世原则"。

对这些概念的理解，明显表现出不同观点的分歧，其中有些是事关政治方向、重大原则的问题。对相关的观点，笔者将结合本文各部分的议题作一些讨论。

二　研究思想政治教育的方法论原则

以马克思主义为指导，从中国实际出发，是我们研究任何问题都应该坚持的方法论原则，研究思想政治教育同样是如此。有关思想政治教育的意见分歧，是同秉持不同的方法论原则直接相关的。

思想政治教育是一门科学。把它当作学科来建设，就要追求科学化。但是，对于什么是思想政治教育的科学化，实际上存在着不同理解。在有些论者看来，思想政治教育研究要科学化，就要与国际"接轨"。他们离开当代中国思想政治教育的现实环境、实际内容和具体实践去讨论问题，试图提出某种不带有国家、民族、历史、阶级的局限性的范畴、规律、原则、方法，追求由这样的概念和命题构成的普遍适用于不同国家、不同社会制度的理论体系。其结果，往往是到西方去寻求理论根据，不加分析地

---

① 参见詹万生主编《整体构建德育体系总论》，教育科学出版社 2001 年版，第 310—312 页。

② 杜时忠：《德育十论》，黑龙江教育出版社 2003 年版，第 1—6 页。

③ 同上书，第 5 页。

从西方的哲学、教育学、政治学、经济学、社会学、管理学等各学科中搬来各种概念、术语，并借此显示自己论著的学术性和普遍适用性。这种做法隐含着对其研究对象的一种理解：似乎存在着某种超越社会历史条件的"一般的"思想政治教育，他们要去研究这种"思想政治教育一般"的规律和方法。这种思维方式不是思想政治教育研究中所特有的，它相当普遍地存在于哲学社会科学的研究中，也被搬到思想政治教育的研究中来了。

笔者认为，我们所要研究的"思想政治教育"，就是我们所从事的即中国共产党领导的中国的思想政治教育，而不是什么"一般的"思想政治教育。因为事实上只有一定社会历史条件下的思想政治教育，并不存在某种超越历史、超越社会根本制度的"一般的"思想政治教育。思想政治教育具有强烈的意识形态性，它是由一定社会的经济基础所决定，又为其经济基础服务的。在不同的历史条件和不同的社会制度下，思想政治教育的目的和它所要达到的目标，它所灌输和倡导的思想内容，虽然也有某些共同之处，但就其本质或整体而言，是不同的，甚至是根本对立的。

从历史观和方法论的层面说，试图研究"思想政治教育一般"，建立普遍适用的思想政治教育理论，实际上是从假设的一般"社会"、一般"人"出发的，走的是唯物史观产生之前社会历史研究的老路。唯心史观支配下的主观社会学从假设的"人的本性"出发，去研究"一般社会是什么、一般社会的目的和实质是什么"这一类的问题，而马克思在社会历史观中的变革，就是抛弃了所有这些关于"一般社会"的议论，专门对现实的资本主义社会作科学的分析，从而揭示出社会历史的本质和发展规律。那些关于"一般社会"的概念，实际上是把历史上特定社会形态尤其是资本主义社会形态下的范畴普遍化、永恒化，因为"资产者最大的特点，就是把现代制度的特征硬套在一切时代和一切民族身上"。① 正因为如此，我们看到，那些试图建立与国际"接轨"的"一般"社会理论的努力，结果总是以搬来西方的某种理论为归宿。

任何事物都在特殊性中包含着普遍性，不同社会制度、不同历史条件下的思想政治教育也有其普遍性、共性，揭示这种普遍性、共性，对于认识和实践的发展也是有意义的。它有利于通过比较，深化对不同的思想政治教育之特殊本质的认识，也有利于借鉴、吸收当代其他国家的和历史上

---

① 《列宁专题文集·论辩证唯物主义和历史唯物主义》，人民出版社 2009 年版，第 174 页。

的思想政治教育的经验和教训，为我所用。但是，一般只能在个别中存在，只能通过个别而存在，因而只有立足于对特殊性的研究，才能发现包含在特殊性中的普遍性。毛泽东对中国新民主主义革命道路、中国武装夺取政权的道路、中国革命战争的研究，邓小平对中国社会主义建设道路的研究，都是以马克思主义普遍真理为指导，立足于中国实际，从中国特殊国情出发的，而不是从什么"普世性"出发的，这丝毫没有降低他们理论成果的科学真理性和普遍性价值，反倒是他们得以发展马克思主义、发展科学社会主义，取得辉煌成果的最重要的条件。我们研究思想政治教育，可以借鉴外国的和历史上的一切有价值的实践经验和理论成果，但是必须以马克思主义为指导，从当代中国的实际出发。这才是正确的方法论原则。

三　从中国实际出发确定思想政治教育的目的和培养目标

教育是培养人的事业。教育的出发点、途径和落脚点问题，即为什么培养人、如何培养人、培养什么人的问题，是教育的根本问题，也是思想政治教育的根本问题。这里我们所要讨论的思想政治教育的目的问题，就是为什么培养人的问题；思想政治教育的目标问题，就是培养什么人的问题。需要说明的是，虽然本文主要是讨论思想政治教育问题，但由于思想政治教育的目的和培养目标，说到底也是整个教育的目的和培养目标，所以这里同时也是就涉及整个教育的一些根本问题展开讨论。

确定思想政治教育的目的和培养目标，必须从中国实际出发。什么是当代中国的实际呢？联系历史来考察现实，放眼世界而关注中国，我们看到：从1840年鸦片战争开始，中国逐步沦为半殖民地半封建社会，中国人民经过百年奋斗，到1949年，在中国共产党领导下迎来了新中国的诞生，赢得了民族独立和民族解放；从那时起，我们要再经过百年奋斗，到21世纪中叶基本实现现代化，把我国建设成为富强民主文明和谐的社会主义国家；为了实现这一宏伟目标，我们正在建设中国特色社会主义的道路上前进，这个伟大事业需要全国人民在党的领导下共同奋斗，为此，需要巩固全国人民团结奋斗的共同思想基础、增强全民族的凝聚力，需要培养造就数以亿计的高素质劳动者、数以千万计的专门人才和一大批拔尖创新人才；中国的发展离不开世界，而世界正处在大变革大调整之中，世界多极化、经济全球化深入发展，科技革命加速推进，同时世界仍然很不安宁，霸权主义和强权政治依然存在，各种思想文化相互激荡，综合国力竞争和各种力量较量更趋激烈，西方企图遏制中国的发展，从来没有放弃"西化"、"分化"中国的战略图谋。

这就是我们思考当代中国的教育时所面对的现实。从这样的现实出发，我们的教育，包括思想政治教育应该确立什么样的目的和培养目标呢？党和国家对这个问题的回答集中体现在党的，也是国家的教育方针之中。2002 年，党的十六大对教育方针做出更完整的新的表述。2010 年 7 月，在党中央、国务院召开的全国教育工作会议上，胡锦涛总书记再次重申："要全面贯彻党的教育方针，坚持教育为社会主义现代化建设服务，为人民服务，与生产劳动和社会实践相结合，培养德智体美全面发展的社会主义建设者和接班人。"① 笔者认为，这条教育方针的内容，就是以高度概括的形式明确回答了为什么培养人、如何培养人、培养什么人这三个根本问题。"教育为社会主义现代化建设服务，为人民服务"，回答了"为什么培养人"的问题，规定了我国办教育的根本目的，同时也就确定了思想政治教育的目的；"与生产劳动和社会实践相结合"，指出了培养人的基本途径；"培养德智体美全面发展的社会主义建设者和接班人"，回答了"培养什么人"的问题，确定了我国教育事业，同时也是思想政治教育所要达到的培养目标。

但是，党和国家的教育方针遭到了质疑。有些人表示不赞成这一方针。有人说，这条教育方针已经陈旧过时，落后于时代发展，需要升级换代。有人说，这条教育方针不科学，是"左"的方针，不能与国际"接轨"。

由此看来，教育方针做出了明确规定并不等于问题已经完全解决。就理论研究而言，还需要追问和回答"为什么"：我们为什么应该坚持教育方针确定的教育目的和培养目标？

四　为什么应该坚持"为社会主义现代化建设服务，为人民服务"的教育目的？

在社会生活中，针对人们的任何思想或行为都可以不断地追问"为

①　胡锦涛：《在全国教育工作会议上的讲话》（2010 年 7 月 13 日），《十七大以来重要文献选编》（中），中央文献出版社 2011 年版，第 877 页。

什么"：为什么应该坚持这样的而不是那样的思想观念或行为准则？这也就是追问思想或行为之合理性、正当性的最后根据。按照辩证唯物主义和历史唯物主义的世界观，这样的根据，说到底是两条。一条是，人们的思想和行为必须符合客观实际、客观规律。因为只有符合客观实际的思想才是真理，只有符合客观规律的行为才能在实践中获得成功。这就是要区分真和假。另一条是，人们的思想和行为必须符合最广大人民的根本利益。因为在社会历史领域，人们的一切行为都有自觉的意图，任何思想的背后都有利益的追求，区别在于所追求的是什么人的利益，是符合还是背离人民群众的利益。这就是要区分善和恶。以辩证唯物主义和历史唯物主义为指导思想的理论基础的中国共产党人，用中国语言对自己一切思想和行为所遵循的这两条基本准则做出了最简单也最明确的表达：第一条就是"实事求是"；第二条就是"为人民服务"。这两条是统一而不可分的。坚持实事求是，遵循客观规律去改造世界，就能维护和实现人民的根本利益，就是为人民服务。这就是"真"和"善"的统一。反之，违背客观规律，必然会损害人民的利益。"实事求是"和"为人民服务"，这就是我们的信仰，就是我们的天经地义，是我们一切思想和行为的最后根据。对于"为什么"的追问，不可能追溯到比这更远的地方了，因为在它们的背后再没有什么需要追溯的了。

教育方针把教育的目的规定为"为社会主义现代化建设服务，为人民服务"之所以是正确的，就在于它体现了遵循社会发展客观规律和维护人民根本利益的统一。这是因为，社会主义经过一个长过程发展代替资本主义是社会发展的客观规律，是不可改变的历史趋势，而新中国成立60余年，特别是改革开放30多年艰难探索的实践证明，走中国特色社会主义道路、建设社会主义现代化强国就是这条规律在当代中国的具体体现。只有沿着这条道路前进，才能实现中华民族的伟大复兴，使中国人民过上更加幸福美好的生活。教育的重要地位就在于，它是国家和民族发展最根本的事业。中国未来的发展、中华民族的伟大复兴，关键靠人才，基础在教育。因此，讨论思想政治教育或德育的目的问题，必须始终把握我国教育为社会主义现代化建设服务、为人民服务的根本目的，一刻也不能淡忘或偏离这一根本目的。我们应该由此出发来分析、评价各种关于思想政治教育（或德育）的目的的观点、提法。

有的论者认为，党和国家的教育方针及其指导下的中国教育，包括德育，是以社会为本位，而不是以人为本的，它把人当作工具，按照社会的需要来塑造人，而不是把学生当作目的，忽视了对个体的心灵和生命的关注，没有"人性化"，束缚了个人的发展。

这种观点的不当之处在于，它抽掉了社会关系去看人和人性，把个人与社会、个人与人民分割开来、对立起来，以个人的利益和发展为理由，否定教育为社会主义现代化建设服务、为人民服务的根本目的。如前所述，没有一般的"社会"，只有现实的具体的社会，即一定的生产关系总和构成的经济基础和由它决定的上层建筑之统一的特定形态的社会。"生产关系总和起来就构成所谓社会关系，构成所谓社会，并且是构成一个处于一定历史发展阶段上的社会，具有独特的特征的社会。"① 所以，离开中国实际抽象地谈论"社会本位"还是"个人本位"是没有意义的。在当代中国，以公有制为主体的生产关系和以人民当家做主的国家政权为核心的上层建筑的统一，决定了社会和个人、人民和个人在根本利益上的一致性。建设社会主义现代化强国，是全中国人民，也是每一个人的根本利益所在。国家的发展，是实现个人发展的根本条件。因此，维护受教育者的利益，是教育为社会主义现代化建设服务、为人民服务的题中之义。我国教育"为人民服务"，是为全体人民，首先是为每一个受教育者服务，它要求把促进学生健康成长作为学校一切工作的出发点和落脚点。按照社会和人民的需要培养人、塑造人，同实现个人的全面发展和个性发展是统一的。作为科学发展观核心的"以人为本"，其科学内涵和精神实质，就是如胡锦涛同志在党的十七大报告中所指出的，坚持"全心全意为人民服务是党的根本宗旨"，"要始终把实现好、维护好、发展好最广大人民的根本利益作为党和国家一切工作的出发点和落脚点，尊重人民主体地位，发挥人民首创精神，保障人民各项权益，走共同富裕道路，促进人的全面发展"。"以人为本"，是以包括个人在内的人民的根本利益和主体地位为本，它内在地包含着"促进人的全面发展"的科学内涵。教育以人为本，集中体现为育人为本。

把"以人为本"片面地理解为以个人为本，以此反对教育为社会主义现代化建设服务、为人民服务的方针，是对"以人为本"的曲解。正确理解思想政治教育或德育的目的，必须坚持社会主义集体主义的原则和

---

① 《马克思恩格斯文集》第 1 卷，人民出版社 2009 年版，第 724 页。

为人民服务的思想，从人民的根本利益出发来维护受教育者的利益，促进学生的发展。这才是真正的以人为本。把坚持教育为社会主义现代化建设服务、为人民服务同关心和促进学生个人的发展对立起来，实际上是从个体本位的观念出发，离开具体的社会历史条件抽象地看待个人与社会的关系，否认了我国现实社会中个人与社会、个人与人民之间根本利益的一致性，而视之为相互排斥的对立的关系，把教育"为社会"还是"为个人"当成了一道非此即彼的单项选择题。

五　为什么应该坚持"德智体美全面发展的社会主义建设和接班人"这一培养目标？

教育目的决定培养目标，培养目标集中体现了教育目的。思想政治教育以"德智体美全面发展的社会主义建设者和接班人"为培养目标，是由教育"为社会主义现代化建设服务，为人民服务"的根本目的决定的。说到底，就是因为社会主义现代化建设需要的正是这样的人，是因为学生成长为这样的人，既符合社会的、国家的、人民的需要，也是他们个人发展的需要，既是人民的根本利益所在，也是受教育者个人的切身利益所在。在学生的各种素质中，思想政治素质是最重要的素质。思想政治教育在教育的全局中处于首要地位，所以教育以育人为本，而育人又要以德育为先。思想政治教育要帮助学生形成正确的世界观、人生观、价值观，树立远大理想，陶冶高尚情操，从而为他们的全面发展确立正确的方向，为创新精神、实践能力的培养提供精神动力和科学思维方法。因此，思想政治教育必须始终瞄准"培养德智体美全面发展的社会主义建设者和接班人"这个目标，而不能偏离这个目标。

对于思想政治教育或德育的目标，可以从不同的层面、不同的角度去研究和阐明，因而可以有多种不同的表述。一种观点或提法是否正确，就看它是否符合这个根本目标，看它究竟是以自己的方式或从特定的角度体现了这一总的目标，还是否定或偏离了这一目标。比如，有一种常见的说法："教育的目标就是教学生学会做人。"这种说法具有模糊性，其正确与否，应该联系具体场合去分析，看它对"做人"作何种解释：做什么样的人。如果以不同的方式表达出来的归根到底是要教育学生"做"德、智、体、美全面发展的社会主义建设者和接班"人"，是这一目标的某种具体化或展开，那就是正确的，否则是不正确的。一种观点在多大程度上符合这一目标，就在多大程度上是正确的；在多大程度上偏离了这一目标，就在多大程度上是不正确的。

有的论者强烈反对教育以培养"社会主义的建设者和接班人"为目标，将其视为他们所反对的"德育政治化"的最集中的表现。本文以下将结合评析"德育非政治化"的观点讨论这个问题。

六　"社会主义核心价值体系"概括了我国　思想政治教育的基本内容

任何社会、任何国家的教育都要通过灌输和倡导一定的思想来实现自己的培养目标，达到自己办教育的目的。教育目的和培养目标决定思想政治教育的内容，思想政治教育的内容是为实现一定的教育目的和培养目标服务的。不同社会历史条件下教育目的和培养目标的不同，决定了它们的思想政治教育有不同的内容。

《中华人民共和国宪法》第二十四条规定："国家提倡爱祖国、爱人民、爱劳动、爱科学、爱社会主义的公德，在人民中进行爱国主义、集体主义和国际主义、共产主义的教育，进行辩证唯物主义和历史唯物主义的教育，反对资本主义的、封建主义的和其他的腐朽思想。"这是我国根本大法对思想政治教育内容的明确规定，是我们开展思想政治教育最根本的法律依据，也是辨析各种关于思想政治教育内容的观点是否正确的法律依据。

新中国成立以来的各个历史时期，党和国家根据社会实践的发展，对思想政治教育的内容做了大量阐述。毛泽东指出，要学习马克思主义理论，要加强爱国主义、集体主义、社会主义和共产主义的教育，要加强阶级教育，提高人民群众的阶级觉悟和思想觉悟，要加强唯物主义教育，崇尚科学，用无神论代替有神论。邓小平用"四有"来概括思想政治教育的内容，要求"教育全国人民做到有理想、有道德、有文化、有纪律"。[①] 他强调，这四条中，理想和纪律特别重要。"要特别教育我们的下一代下两代，一定要树立共产主义的远大理想。一定不能让我们

---

① 《邓小平文选》第 3 卷，人民出版社 1993 年版，第 110 页。

的青少年作资本主义腐朽思想的俘虏，那绝对不行。"① 教育部 2004 年编写下发的《"三个代表"重要思想教育理论学习纲要》把"三个代表"重要思想中关于思想政治教育内容的论述概括为：要进行马克思主义基本理论的教育；要进行爱国主义、集体主义和社会主义教育；要进行中国近代史、现代史和国情教育；要大力弘扬和培育民族精神；要开展艰苦奋斗的教育。党的十六大后，以胡锦涛同志为总书记的党中央提出"育人为本、德育为先"，多次阐明了思想政治教育的内容，特别强调要把握科学发展观的科学内涵和精神实质，要树立以"八荣八耻"为主要内容的社会主义荣辱观。

历史经验告诉我们，内容丰富的思想观念，需要概括为简单、明确的形式。凡在历史上产生重大影响的思想，在其发展过程中，总是一方面内容越来越扩展、深化，一方面形式上越来越简单、明确。随着我国社会实践和思想政治教育的发展，党和国家提出的思想政治教育的内容越来越丰富、完整，也越来越需要做出简单、明确的概括，以便于为广大群众所理解和把握，广泛普及，久远流传。正是在这一发展进程中，2006 年 10 月党的十六届六中全会的决定提出了"社会主义核心价值体系"这个概念；概括了它的四个方面的"基本内容"，即"马克思主义指导思想，中国特色社会主义共同理想，以爱国主义为核心的民族精神和以改革创新为核心的时代精神，社会主义荣辱观"；要求"把社会主义核心价值体系融入国民教育和精神文明建设全过程、贯穿现代化建设各方面"。② 2007 年党的十七大重申了这些根本观点，要求切实把社会主义核心价值体系转化为人民的自觉追求。这是对我国现阶段思想政治教育内容的一次新的整合。它构建了一个由四方面基本内容组成的体系，并且浓缩成了一个简明的概念。将来随着实践的发展和认识的深化，反映社会主义核心价值观的理论还会有新的发展，但迄今为止，这是最完整的概括，是现阶段我们把握思想政治教育内容的指导理论。

把社会主义核心价值体系"融入国民教育和精神文明建设全过程"，意味着在所有学校和整个社会都应该按照它的基本内容开展思想政治教育。思想政治教育是由全社会通过多种渠道展开的教育。不仅学校应该按

---

① 《邓小平文选》第 3 卷，人民出版社 1993 年版，第 111 页。
② 《十六大以来重要文献选编》（下），中央文献出版社 2008 年版，第 661 页。

照社会主义核心价值体系的要求全面育人、全方位育人、全过程育人，而且社会各方面都应该负起自己的责任，形成全社会的合力。应该看到，不管人们自觉与否认，实际上都在用自己的思想和行为影响学生，起着某种思想政治教育的作用。不仅学校各门课程都有育人功能，所有老师都在育人，全体教职员工都在影响学生的思想，而且党政机关、社会团体、社会各部门各单位也都在思想政治教育中扮演着某种角色。尤其是宣传、理论、新闻、文艺、出版等方面，实际上每天都在用自己的活动和精神产品影响人们的思想。对于思想政治教育，既有重视或不重视、做得多或少的不同，也有用什么思想去影响学生、教育内容正确或不正确的区别。根据什么去分析、判断人们在思想政治教育中所起的作用呢？社会主义核心价值体系理论给了我们一件有力的武器。判断学校及社会各方面的人们和他们所做的工作，如教书、管理和服务，书籍、报刊、广播影视、互联网等，在思想政治教育中起了什么样的作用，都应该用社会主义核心价值体系四个方面的基本内容去衡量，看其是体现和传播了这些思想，还是削弱和消解了这些思想，由此来辨别他们发挥了积极的还是消极的作用。

七　把握思想政治教育的核心和灵魂

由四方面基本内容构成的社会主义核心价值体系是一个内容丰富的整体，它把理论和实践、先进性要求和广泛性要求结合在一起，把政治、思想、道德等多方面的内容融汇在一个体系之中。把握思想政治教育的内容，必须抓住其中的核心和灵魂。

（一）社会主义核心价值体系是围绕着一个核心构成的，这个核心就是中国特色社会主义共同理想。2004 年 8 月《中共中央、国务院关于进一步加强和改进大学生思想政治教育的意见》中指出，大学生思想政治教育要"以理想信念教育为核心"。[①] 关于"理想信念教育"的含义，2005 年 1 月，胡锦涛同志在全国加强和改进大学生思想政治教育工作会议上的讲话中作了明确阐述，他指出，要使大学生"确立在中国共产党领导下走中国特色社会主义道路、为实现中华民族伟大复兴而奋斗的共同理想和坚定信念"，同时，"使他们中的先进分子树立共产主义的远大理

---

① 《十六大以来重要文献选编》（中），中央文献出版社 2006 年版，第 199 页。

想，确立马克思主义的坚定信念"。① 这一要求的基本精神，对所有学校和全社会的思想政治教育也是适用的。

有些论者反对对学生和人民进行中国特色社会主义共同理想教育。有人说，"中国特色社会主义共同理想"是"抵制普世文明的代名词"，"是旨在维护党专制的意识形态说教"，要"用全人类的普世价值观代替党化教育的'共同理想'"。面对这样的责难，我们需要追问和回答两个"为什么"。

第一，为什么思想政治教育的核心应该是理想信念教育而不能是别的什么内容？因为建设中国特色社会主义是当代中国社会生活的主题。当代中国，全国人民在干什么？中国共产党在干什么？用一句来概括，就是正在建设中国特色社会主义。"中国特色社会主义"，这是 13 亿中国人民正在走的道路，正在从事的事业。社会实践、社会生活的主题反映在思想上、理论上，中国特色社会主义共同理想理所当然地成了我国社会主义核心价值体系的主题和思想政治教育的核心。如果进一步追问，为什么建设中国特色社会主义成了当代中国社会生活的主题呢？这是因为，新中国成立 60 多年特别是改革开放 30 多年来的实践证明，只有这条道路才能引领中国发展进步，实现中华民族的伟大复兴。这条道路，既坚持了科学社会主义的基本原则，又符合我国实际和时代特征。一句话，坚持中国特色社会主义道路，就是遵循社会发展客观规律去实现和维护中国人民的根本利益。这就是思想政治教育以理想信念教育为核心的根本的、最终的依据。思想政治教育的任务，就是为实现这一崇高目的培养人才，所以教育的内容必须紧紧围绕着这一核心展开。思想政治教育丰富多彩的内容会聚到一点，就是要教育学生在中国共产党领导下走中国特色社会主义道路。如果离开了这个核心，就偏离了思想政治教育的正确方向。

第二，为什么有些论者为要用"普世价值"观反对"共同理想"教育呢？当代世界存在着各种不同的思想观念，"其中最有影响力，在本质上又截然不同的是两个思想体系"。一个是中国特色社会主义理论体系，"另一个是冷战结束后，美国政治当权者高调推出的'普世价值'，这是

---

① 胡锦涛：《切实加强和改进大学生思想政治教育工作》（2005 年 1 月 17 日），《十六大以来主要文献选编》（中），中央文献出版社 2006 年版，第 637 页。

新美帝国主义企图'重塑世界'的理论和政治主张"。① 当代世界这两个截然不同的思想体系追求的是完全不同的社会理想，代表着两种根本对立的政治立场和阶级利益、国家利益。用"普世价值"观反对开展中国特色社会主义共同理想的教育，其实质也正在于此。某些根本反对中国共产党的领导和社会主义制度的人，反对我们以理想信念教育为核心的思想政治教育是毫不奇怪的，对此我们不能不保持必要的警惕。

（二）"马克思主义指导思想"是社会主义核心价值体系首要的基本内容，同时又是贯穿在整个体系中的灵魂。这是因为，马克思主义是我们党和国家的指导思想。"马克思主义指导思想"作为思想政治教育的内容，包括马克思主义理论的教育和指导地位的教育两个方面，既要帮助学生学习、掌握马克思主义的基本原理，又要教育学生认识、理解马克思主义在中国的指导地位，把马克思主义作为指导思想来坚持。

马克思主义是我们的思想政治教育全部内容和全部工作的理论基础。把它作为思想政治教育的灵魂是什么意思呢？这就是要把马克思主义的科学理论贯穿于思想政治教育的全过程，以它为理论基础去论证和阐述中国特色社会主义共同理想、民族精神和时代精神，以及社会主义荣辱观；用马克思主义的立场、观点、方法去分析、认识思想政治教育中的各种理论问题和实际问题；用马克思主义作思想武器去分辨、澄清思想理论是非，释疑解惑。我们可以借鉴、吸收其他各种思想理论，但是不能搬运过来当作思想政治教育的指导思想和理论基础。只有这样，思想政治教育才具有科学真理性和理论彻底性，才具有说服力。

有些论者不赞成对学生进行马克思主义的教育，更不赞成把它当作指导思想和理论基础。其理由，一是认为，马克思主义是一个阶级、一个党派的意识形态，不具有"普世性"；二是认为，用马克思主义观点去"武装"、"占领"学生的思想，是不尊重个人的"思想自由"，维护"思想自由"就要反对"思想统一"。

我们的看法正好相反。第一，马克思主义之所以成为我们党和国家的因而也是思想政治教育的指导思想，正因为它是工人阶级的科学世界观。在存在着阶级对立或阶级还没有完全消灭的社会里，人们对社会历史的认

---

① 陈奎元：《关于当前科研工作的任务和实施创新工程的意见》，《中国社会科学报》2011年3月31日。

识不能不受到阶级利益的制约，各种社会思想理论体系不能不具有这样或那样的阶级性、意识形态性。一个阶级的利益在多大程度上同社会发展的客观规律一致，它才能在相应的程度上认识社会客观规律。剥削阶级的阶级偏见和狭隘眼界限制了他们对社会历史的认识，因而在他们的思想理论体系中，阶级性、意识形态性同科学性、真理性是相互排斥的，不能统一起来。就其思想理论体系的本质或整体而言，"普遍价值"观实际上是将本阶级的价值观冒充为全人类的价值观，用虚构的"普世性"掩盖其阶级性。而工人阶级是人类历史上最伟大的一个阶级，它的阶级地位决定了它的利益同社会发展的客观规律完全一致，同最广大人民的根本利益完全一致。"科学越是毫无顾忌和大公无私，它就越符合工人的利益和愿望。"① 因此，马克思主义作为工人阶级的世界观，既揭示了历史发展的客观规律，又代表了工人阶级和人民群众的根本利益，实现了科学性和阶级性、意识形态性的统一，真理和价值的统一。这正是它区别于其他各种社会思想理论的本质特征。

　　马克思主义的这一本质特征，体现在它的全部理论之中，并且在它诞生一百多年来特别是中国共产党成立 90 年来亿万人民的实践中得到了充分的验证。在半殖民地半封建的中国，正当中国人民历经千辛万苦寻求救国救民的真理时，1917 年十月革命的炮声给我们送来了马克思列宁主义，1919 年的五四运动推动了马克思主义同中国工人运动的结合，1921 年诞生了中国共产党，党领导人民经过 28 年的英勇奋斗，在 1949 年建立了人民民主专政的中华人民共和国，我国运用国家政权的力量实现了社会主义改造，在 1956 年建立了社会主义基本制度，又经过数十年的探索，开辟了一条建设中国特色社会主义的道路，迎来了民族复兴的光明前景。这就是 90 年来中国历史的基本进程，也就是历史和实践对马克思主义的科学真理性和价值的检验。这是我们坚持以马克思主义作为指导思想的最可靠的实践基础和历史根据。

　　第二，马克思主义指导思想的教育确实起着促进"思想统一"的作用，而这正是它的一种重要社会功能或价值。中国人民在前进的道路上还会遇到各种可以预见的和难以预见的风险，要实现国家的长治久安和中华民族的伟大复兴，必须把 13 亿人民紧密地团结在一起，为此必须有一个

---

① 《马克思恩格斯文集》第 4 卷，人民出版社 2009 年版，第 313 页。

科学理论作为各族人民团结奋斗的共同思想基础。这个理论基础就是马克思主义，特别是中国化的马克思主义。促进"思想统一"，是统一指导思想和理论基础，而不是"统一"对一切具体事物的看法，排斥不同意见的争论；是以实践为检验标准坚持真理、克服谬论，而不是阻止真理前进的脚步。用科学真理"武装"人们的头脑，不是禁锢思想，而是提供认识世界、发展真理的武器。如果科学真理"占领"人们的头脑就意味着限制思想自由，那我们为什么还要为真理而斗争呢？马克思主义并没有结束真理，而是在新的实践中不断开辟真理前进的道路。因此，马克思主义决不排斥"思想自由"，相反，它为人们的思想插上真理的翅膀，让思想在自由的天空翱翔。

综上所述，社会主义核心价值体系的基本内容，就是思想政治教育的基本内容；社会主义核心价值体系的主题，就是思想政治教育的核心和主题；社会主义核心价值体系的灵魂，就是思想政治教育的灵魂。我们的思想政治教育，应该把握核心，抓住灵魂，结合具体的实际情况，全面而有重点地展开。

八　关于"德育非政治化"的观点

我国思想政治教育的目的、培养目标和教育内容表明，思想政治教育具有强烈的政治性。思想政治教育必须"讲政治"。

有的书中提出了"德育政治化批判"这个命题，并且以此作为一个部分的标题展开专门论述。[①] 笔者认为，这是一个非科学的命题，而作者的批判和相关论述，实际上表达了一种"德育非政治化"的观点，是值得商榷的。这里讨论三个问题。

第一，关于"德育"及其与"思想政治教育"的关系。

如前所述，学界对"德育"概念有不同的理解，争论的焦点在于"德育"是否包括政治教育、思想教育。确定一个概念的内涵和外延的主要根据，是理论对实践的关系，是概念在社会生活中的实际运用。把"德育"理解为"道德教育"，从字面上看不失为合理的解读之一。从伦理学或道德建设的角度看，"道德教育"可以简称为"德育"。但是，作

---

① 　杜时忠：《德育十论》，黑龙江教育出版社 2003 年版，第 6 页。

为我国教育全局中与"智育"、"体育"、"美育"相对待的概念,"德育"不能仅仅归结为"道德教育"。我国的教育方针用"德智体美"四个字概括了教育的内容。"德"育包括哪些内容的问题应该这样来考察:为了实现教育方针规定的教育目的和培养目标,除"智"育、"体"育和"美"育外,用"德"育来概括的这一方面,应该包括哪些内容?开展哪些内容的教育,才能达到培养"全面发展的社会主义建设者和接班人"的目标,实现"教育为社会主义现代化建设服务,为人民服务"的目的?"德育"的含义问题,不只是一个文字解读的问题,不是仅仅从字面上推敲就可以确定的问题,而是一个需要从中国特色社会主义事业全局、从中国特色社会主义教育全局出发来确定的重大问题。它首先是教育实践中的一个重大问题,然后反映为一个理论问题。在我国教育的全局中,适应不同受教育阶段的学生应该有不同的教育内容,但从总体上看,开展与学生年龄和受教育水平相适合的正确的政治方向、政治立场、政治观点的教育,科学的世界观、人生观、价值观的教育,是不可缺少的,因而教育方针中的即当代中国教育中的"德"育概念包含了政治教育、思想教育的内容,这既是"实然",也是"应然",既是毋庸置疑的事实,也是完全合理的方针。正因为如此,在党和国家的重要文献中,"思想政治教育"和"德育"这两个概念是相通的,可以指称同一的对象,只是根据具体场合的需要,分别采用了这两种不同的表述方式。例如 1994 年 8 月《中共中央关于进一步加强和改进学校德育工作的若干意见》和 2004 年 8 月《中共中央、国务院关于进一步加强和改进大学生思想政治教育的意见》,分别以"德育"和"思想政治教育"为关键词,但都包括了政治教育、思想教育、道德教育的内容。如果像某些论者所主张的,德育只能是道德教育,不能包括政治教育、思想教育,那么,国家的教育方针中就没有了政治教育、思想教育的位置,以教育方针为依据的我国学校教育中就没有了政治教育、思想教育的地位。这种教育理论如果被付诸实践,必然会导致削弱和损害学校思想政治教育的严重后果。

因此,联系我国教育的实践以及"德育"概念在党和国家重要文献中、社会生活中使用的实际来看,把"德育"说成是不得包括政治教育、思想教育的"道德教育",不能不说是一种排斥政治教育、思想教育的"德育非政治化"的理论。从字面上做文章,根据"道德"与"政治"、"思想"等概念的区别来论证"德育"不能包括政治教育、思想教育,也是站不住的，因为这种论证的逻辑前提是把"德"仅仅解释为"道德"，所以认为"德育"若包含政治、思想教育就是概念混乱。但是在现代汉语中，"德"本身就包含了"道德"、"品行"、"政治品质"等多重含义，因而"德育"的释义正是"政治思想和道德品质的教育"。① 至于以与国际"接轨"为理由来排斥"德育"中政治教育、思想教育的内容，这种论证方法本身就是一种脱离具体社会形态从"一般社会"出发讨论问题的非科学的方法，蕴含了一种渗透着"普世价值"观的追求"一般教育"的思维方式，是不可取的。

第二，关于"公民教育"。

或许是为了避免直接得出用"道德教育"排斥政治教育、思想教育的结论吧，论者又提出，可以用"公民教育"来概括"多方面的内容"，以取代"思想政治教育"的概念。据说，"公民教育"这个概念是"中性"的，不是为哪个"阶级"、"政党"而是为"社会"培养人。其实，"公民"都是一定国家的公民，所以"公民"教育的内容是由国家的性质所决定，因国家的不同而不同，并且由国家的宪法和法律规定的。现实中并不存在某种超越不同国家和社会的一般的"公民教育"。以中华人民共和国公民为对象的"公民教育"的内容，必须以《中华人民共和国宪法》为根本依据。我国宪法中规定了中国共产党的领导地位和马克思列宁主义、毛泽东思想、邓小平理论和"三个代表"重要思想的指导地位，宪法第一条规定了我国的国体，即"中华人民共和国是工人阶级领导的、以工农联盟为基础的人民民主专政的社会主义国家"，宪法规定了我国以人民代表大会制度为根本制度的政体，规定了我国公民的权利和义务，规定了"国家的根本任务是，沿着中国特色社会主义道路，集中力量进行社会主义现代化建设"，宪法第二十四条又直接规定了与此相适应的政治、思想和道德教育的内容。这一切，无疑都是我国的"公民教育"所应有的内容。由此看来，在当代中国，能够有某种为了"社会"却又不为"阶级"（首先是工人阶级）、"政党"（首先是中国共产党）培养人的"中性"的"公民教育"吗？当代不同性质的国家中，究竟哪里存在着只为"社会"而不为"阶级"、"政党"培养人的"中性"的"公民教育"呢？我国当然应该有自己的公民教育，但是，把"公民教育"同"政治

---

① 《现代汉语词典》，商务印书馆2002年版，第262页。

教育"、"思想教育"对立起来，要求用它去取代思想政治教育，其实际的含义究竟是什么呢？在笔者看来，这是"德育非政治化"主张的又一种表达方式。

第三，关于教育方针中"接班人"的提法。

论者特别反对培养"接班人"的提法，把它作为"德育政治化"的典型表现来批判。其理由是，"培养社会主义接班人"是政治使命，以"接班人"为指向的教育是政治教育。的确，教育方针中的"接班人"这个概念有很强的政治性。为了适应建设中国特色社会主义事业的需要，实现我国办教育的目的，教育方针对培养目标提出了包括多方面要素的全面发展的要求，其中的"接班人"一词侧重体现了对培养对象的政治方面的要求。既讲"建设者"，又讲"接班人"，全面体现了中国特色社会主义教育的性质，构成了全面的培养目标。这里的根本分歧，不在于"接班人"的培养目标是否具有政治性，而在于这种具有政治性的培养目标是否具有合理性。邓小平始终是站在中国特色社会主义事业全局的战略高度来看教育的，他强调社会主义需要几代人、十几代人，甚至几十代人坚持不懈地努力奋斗，决不能掉以轻心。正因为如此，他多次用"接班人"、"革命接班人"、"无产阶级革命事业接班人"来表达他对下一代的殷切希望。他在全国教育工作会议上说："中小学教师和幼儿教育工作者，负有培养革命接班人的幼苗的重任。"① 他为中国少年先锋队建队40周年题词："培养有理想、有道德、有文化、有纪律的无产阶级革命事业接班人。"② 他要求"到什么时候都得讲政治"③，也从不讳言培养接班人是讲政治的要求。1992年春，他在南方谈话中说，"帝国主义搞和平演变，把希望寄托在我们以后的几代人身上"，所以要"把人民和青年教育好"，"要注意下一代接班人的培养"。④ 胡锦涛同志也反复强调培养"接班人"，他说："要坚持育人为本、德育为先，把立德树人作为教育的根本任务，努力培养德智体美全面发展的社会主义建设者和接班人。"⑤ 可见，把"接班人"列为培养目标的构成要素，是服务于我国教育的崇高

---

① 《邓小平文选》第2卷，人民出版社1994年版，第106页。
② 《邓小平年谱（1975—1997）》（下），中央文献出版社2004年版，第1292页。
③ 《邓小平文选》第3卷，人民出版社1993年版，第166页。
④ 同上书，第380、381页。
⑤ 《十六大以来重要文献选编》（下），中央文献出版社2008年版，第617页。

目的的，绝非如某些论者所言，政治教育都"有不平等，甚至欺骗、蒙蔽等特征"。① 政治教育是否具有欺骗性，不能从"一般社会"的观念出发一概而论，它取决于具体的社会条件下一定的政治教育所维护的国家政权、所坚持的政治方向同受教育者的根本利益是一致的，还是对立的。以培养社会主义事业接班人是"政治教育"、"政治使命"为由反对教育方针中"接班人"的提法，是"德育非政治化"观点的典型表现，是从"普世价值"观和"德育不得包括政治教育"的错误前提出发得出的错误结论。

思想政治教育或德育在社会生活的地位和功能，决定了它必然具有这样或那样的政治性。政治性是它的本质属性之一。教育的功能当然不能仅仅归结为政治功能，德育不能片面地归结为政治教育，政治性不是德育的全部属性。但是，完全脱离政治的"非政治化"的德育是不存在的。在当代国际背景下，要求我国的德育与国际"接轨"，不得以培养社会主义事业的接班人为目标，不得向学生灌输辩证唯物主义和历史唯物主义的世界观、人生观等，这本身就是具有很强的政治性的思想，并未摆脱论者所批判的"德育政治化"的制约。

另有论者提出"用公民教育取代党化教育"，以此作为他们所谓的"宪政改革"在教育方面的纲领，并明确表示其目的是反对"党专制的意识形态说教"，要"解构学校中的党务工作系统"，这就更加鲜明地表现出强烈的政治色彩，为我们提供了德育不可能"非政治化"的一个例证。"党化教育"这个概念本身就是对我们党的思想政治教育的诬蔑。中国共产党作为中国工人阶级的先锋队，除了代表工人阶级和人民群众的根本利益外没有自己的特殊利益，它根本不需要，因而实际上也不存在维护一党私利的什么"党化教育"。

需要指出的是，本文批评把德育仅仅归结为道德教育的观点，旨在强调必须全面地理解思想政治教育（或德育）。着重讨论这一方面的问题，决不意味着可以轻视道德教育的重要地位和作用。党中央颁布的《公民道德建设实施纲要》阐述了道德建设的重要地位和内容，社会主义核心价值体系中以"八荣八耻"为主要内容的社会主义荣辱观对道德教育的丰富内容做出了集中概括。只强调政治教育而忽视道德教育的观点也是片

---

① 杜时忠：《德育十论》，黑龙江教育出版社 2003 年版，第 11 页。

面的、不可取的。限于篇幅，本文不能就这些问题展开讨论。

（原载《思想理论教育导刊》2011 年第 6 期；中国人民大学书报资料中心复印报刊资料《思想政治教育》2011 年第 9 期转载；收入《中国文化软实力研究要论选》（第 1 卷），社会科学文献出版社 2011 年版；收入《思想理论教育前沿问题研究——〈思想理论教育导刊〉文萃》，高等教育出版社 2013 年版）

我们需要什么样的道德教育？

——兼评"德育非政治化"的观点

提要　我国现阶段的道德教育是中国特色社会主义事业的一部分，所以不能离开中国特色社会主义共同理想这个核心，必须坚持集体主义原则。"德育非政治化"论者反对我国的道德教育以培养社会主义的建设者和接班人为目标，要求我国的道德教育"与国际'接轨'"，主张"大力提倡个人主义"、"把个人主义作为时代的主旋律"，背离了我国道德教育的性质和方向。不同观点分歧的背后，是道德教育的指导思想、理论基础的对立。

当前学术理论界正在围绕我国社会现阶段的道德状况问题展开讨论。《求是》杂志 2012 年第 1、4、7 期连续发表 3 篇署名秋石的文章，作了深入阐述。笔者认为，在关于现实道德问题不同观点的争论背后，往往可以看到观察道德问题的不同思想理论和方法。研究道德现状及对策问题，必须坚持正确的立场和科学的方法。同对于道德现状的判断相比，这是一个更深层次的问题。

例如，以往一个时期中，存在着一种以批判"德育政治化"的形式表现出来的"德育非政治化"的观点，我们在当前的讨论中也听到了它的回声。"德育"一词在实际运用中有宽窄两种含义。广义的"德育"，即教育方针关于"德智体美全面发展"的规定中与智育、体育、美育相对应的德育，与马克思主义一级学科下的二级学科之一的"思想政治教育"是同义的，包括了政治、思想、道德、法纪等多方面的教育；狭义的"德育"，则是指其中的道德教育。与此相应，德育非政治化的观点也从两方面表现出来。一是主张"德育"只能是"道德教育"，必须排除政治教育、思想教育，否则就是"德育的政治化"；二是表现于对"道德教育"的看法上。对于前一方面的观点，笔者曾撰文予以评析（田心铭：《简论思想政治教育的目的、培养目标和教育内容——兼评"德育非政治化"的观点》，《思想理论教育导刊》2011 年第 6 期）本文拟结合当前关于道德现状的讨论，联系德育非政治化的主张在"道德教育"上的表现，谈谈道德教育中的几个基本理论问题。

一　道德教育不能离开中国特色社会主义共同理想这个核心

这也就是说，道德教育必须服务于建设中国特色社会主义的事业。

2006 年党的十六届六中全会提出的社会主义核心价值体系，是迄今为止对我国现阶段思想政治教育内容最完整的概括和整合。党中央反复强调，必须把它融入国民教育和精神文明建设的全过程，贯穿现代化建设的各方面。这个由四方面基本内容构成的体系，包括了政治教育、思想教育、道德教育等多方面内容。这也就是广义德育的基本内容。我国现阶段需要什么样的道德教育的问题，应该放到这个体系之中，与整个体系相联系来理解。这个体系的核心，是中国特色社会主义共同理想。社会主义核心价值体系的教育必须始终围绕着这个核心展开，道德教育作为其中的一部分，也决不能离开这个核心。

道德作为社会上层建筑中意识形态的构成因素之一，归根到底是由经济基础所决定，并同以政治为核心的上层建筑的整体紧密关联的。恩格斯在《反杜林论》中指出："人们自觉地或不自觉地，归根到底总是从他们阶级地位所依据的实际关系中——从他们进行生产和交换的经济关系中，获得自己的伦理观念。"他强调："一切以往的道德论归根到底都是当时的社会经济状况的产物。"① 不同的经济关系，必然产生出不同的道德。因此恩格斯指出，在当时欧洲最先进的国家中，向人们宣扬的，有三大类同时和并列地起作用的道德论："过去信教时代传下来的基督教的封建的道德"，"现代资产阶级的道德"，"未来的无产阶级道德"。其中，无产阶级的道德代表着现状的变革，代表着未来，因而拥有最多的能够长久保持的因素。②

---

① 《马克思恩格斯文集》第 9 卷，人民出版社 2009 年版，第 99 页。
② 同上书，第 98—99 页。

　　我们遵循这些论述所体现的马克思主义方法论原则来研究当前中国的道德问题，就应该这样提出问题：现阶段中国社会中存在着哪些类型的道德？我们应该大力倡导的是其中哪种类型的道德？认真观察现实中极其丰富、复杂的道德现象，无论是从社会实际生活中的道德实践或从学术观念层面反映实践的道德理论来看，都不难发现，当代中国仍然存在着封建的、资产阶级的和社会主义的三种类型的道德。它们产生于不同时代的社会经济关系和历史条件，在现实社会中处于不同的地位，具有不同的发展趋势，发挥着不同的社会作用，彼此间存在这样那样的复杂关系，并非是各自以单纯的形式存在而比肩并列的，但不容置疑的是，它们都是现阶段中国社会中仍然存在和起作用的道德。既然现实存在的不是某种单一的而是具有不同社会属性的不同类型的道德，那就不能不看到，我们所要大力提倡和建设的，并非具有不同社会属性的所有道德，也不是什么超越一切社会的"一般道德"或"道德一般"，而是作为中国特色社会主义有机构成部分的道德。

　　自1982年邓小平在党的十二大开幕词中提出"走自己的道路，建设有中国特色的社会主义"以来，中国共产党始终高举着"中国特色社会主义"这面旗帜前进。"中国特色社会主义"集中体现了当代中国的指导思想、发展道路、共同理想、社会制度和基本实践，因而成为凝聚力量、指引人民前进的旗帜。建设中国特色社会主义，是当代中国社会生活的主题，因而也成为社会主义核心价值体系的主题，成为我国思想政治教育包括道德教育的核心。

　　"中国特色社会主义"，作为当代中国的基本社会制度，是包括根本政治制度、基本政治制度、基本经济制度以及建立在它们基础上的经济体制、政治体制、文化体制、社会体制等各项具体制度的一整套制度体系。因此，它首先是一种基本的经济关系，同时又包括建立在这种经济关系上的政治法律制度和意识形态、思想文化，是由这些因素构成的有机统一的整体。我们所要建设和发展的道德，就是作为其中的一个构成因素而存在和起作用的社会主义道德，而不是别的什么道德。

　　但是我们看到，一个时期以来，在有些关于道德教育的论著中发出一种声音：我国教育方针中关于培养"社会主义建设者和接班人"的规定，是"德育政治化"的典型表现，它造成了学校德育的最大弊端。其理由是：它不能与国际"接轨"，导致了理论上的混乱；教育应该是"中性"

的，不能为哪个阶级、哪个政党培养接班人，只能为社会培养公民，培养接班人的教育与现代社会民主政治发展的大趋势背道而驰；人民有权选择自己的道德，过自己的道德生活，不需要统治阶级的政党来领导。这里发出一个明确的信息：他们要求道德教育不得具有社会主义的内容和性质，要求我国道德教育与中国特色社会主义相分离，而去"与国际'接轨'"。

虽然以理论形态明确表达出这类观点的论著尚不多见，但人们不难看到这种思想不同程度、不同形式的影响和表现，系统论证这种观点的著作获得优秀成果奖的事实也提醒我们，其影响不可低估。在人们自觉或不自觉地用来衡量道德现状的尺度中，在关于道德教育的内容、方式、发展方向的议论和诉求中，不难看到这样那样的离开中国特色社会主义共同理想这个核心去谈论道德问题的现象。因此，当前很有必要重提唯物史观关于道德问题的根本立场、观点和方法，重提党中央关于社会主义道德建设的根本要求，领会其精神实质，从中国社会主义初级阶段的基本国情出发，明确道德建设和道德教育中的一些基本问题。

党和国家历来强调加强"社会主义道德建设"。中共中央 2001 年 9 月印发的《公民道德建设实施纲要》把"公民道德建设的主要内容"规定为："社会主义道德建设要坚持以为人民服务为核心，以集体主义为原则，以爱祖国、爱人民、爱劳动、爱科学、爱社会主义为基本要求，以社会公德、职业道德、家庭美德为着力点。"《纲要》要求在公民道德建设中把这些主要内容具体化、规范化，"使之成为全体公民普遍认同和自觉遵守的行为准则"。① 2007 年党的十七大进一步提出："大力弘扬爱国主义、集体主义、社会主义思想，以增强诚信意识为重点，加强社会公德、职业道德、家庭美德、个人品德建设，发挥道德模范榜样作用，引导人们自觉履行法定义务、社会责任、家庭责任。"② 这些论述明确指出了"社会主义思想"、"爱社会主义"的思想在我国公民道德建设包括道德教育中的重要地位，要求将其贯穿到社会公德、职业道德、家庭美德和个人品德等各个领域之中。这就要求我们，道德教育必须紧紧围绕着中国特色社会主义这个核心展开，而决不能离开这个核心。

道德原则和道德要求归根到底都是从人们的利益中引申出来的，而建

---

① 《十五大以来重要文献选编》（下），人民出版社 2003 年版，第 1983—1984 页。
② 《十七大以来重要文献选编》（上），中央文献出版社 2009 年版，第 27 页。

设中国特色社会主义正是当代 13 亿中国人民共同的根本利益所在。以中国特色社会主义共同理想为核心的道德建设的原则和要求，既因其符合社会客观规律和中国国情而具有历史必然性、科学真理性，又因其代表了最广大人民的根本利益而具有价值立场、价值观上的正当性、合理性，因而具有最深厚的群众基础和现实的可行性。在不同历史时代和不同社会制度下，由于存在某些共同的社会历史背景，如私有财产、市场经济、公共生活秩序等，也会有共同的或多少一致的道德观念、道德规范，但道德原则和道德要求就整体而言在本质上是不同的甚至是对立的。如恩格斯所说："只有在不仅消灭了阶级对立，而且在实际生活中也忘却了这种对立的社会发展阶段上，超越阶级对立和超越对这种对立的回忆的、真正人的道德才成为可能。"① 在现实社会中，主张实行超越一切社会制度属性和阶级属性的"中性"的道德教育，是一种非科学的观点。道德教育"与国际'接轨'"，本身就是一种非科学的提法。那种认为只有远离社会主义思想、诉诸"普世价值"和"普世伦理"才能提升道德教育实效性的主张，是基于错误的历史观和道德理论误诊了当前中国社会中道德问题的病因和性质，开错了药方，只能导致削弱和破坏社会主义的道德建设。

二　道德教育不能离开集体主义原则

这就是说，社会主义的道德教育必须坚持以为人民服务为核心，以集体主义为原则。

服务于中国特色社会主义的道德建设和道德教育，必然要以集体主义为原则。中国特色社会主义事业既是为了亿万人民的事业，又是依靠亿万人民的集体力量才能实现的事业。公有制为主体的经济关系和人民当家做主的政治制度，为集体主义的道德提供了经济的和政治的基础，同时要求加强集体主义的道德建设以利于发展社会主义事业。亿万人民为一个共同理想奋斗，这本身就是集体主义的生动体现。

正因为如此，集体主义在我国被确立为社会主义道德建设的原则。《中华人民共和国宪法》第二十四条规定，国家"在人民中进行爱国主义、集体主义和国际主义、共产主义的教育"。《公民道德建设实施纲要》

① 《马克思恩格斯文集》第 9 卷，人民出版社 2009 年版，第 100 页。

规定，社会主义道德建设要坚持以为人民服务为核心、以集体主义为原则。1986 年党的十二届六中全会和 1996 年党的十四届六中全会先后做出的两个关于精神文明建设的决议，2007 年党的十七大报告和 2011 年党的十七届六中全会关于深化文化体制改革的决定，都始终一贯地、从无例外地强调弘扬集体主义思想、加强集体主义教育。

但是，一些主张德育非政治化的论者反对集体主义，力倡个人主义。一位论者在其获奖著作中说："我们过去视为社会主义道德核心的集体主义，其本身就可能存在重大缺陷。"他主张："在社会意识的培育上，不是宣扬集体主义，而是配合经济生活和政治生活，大力提倡个人主义，以独立个体为原点来建立一个开明、文明、民主的新秩序。""精神文化建设的当务之急"，是"给个人主义正名"。"今日中国应该把个人主义作为时代的主旋律，把培养独立个体作为优先考虑的教育目标。""必须以个人为出发点来进行社会改革。"① 这样，作者就鲜明地举起了一面与集体主义相对立的个人主义的旗帜。作者还强调，这不仅仅是一个道德问题，"正如本书的一贯立场，道德问题的根本解决，不在于道德教育和道德建设自身，而在于道德领域之外的社会制度"②。

如此鲜明的理论表述，如同前述鲜明地反对培养社会主义接班人的观点一样，尚不多见。笔者不拟在此处作全面的评析。需要指出的是，这种观点的影响同样也不可低估。在关于道德问题的讨论中，怀疑以至否定集体主义的思想常常自觉或不自觉地以不同的形式表现出来。如何看待集体与个人的关系，坚持集体主义、反对个人主义与维护个人利益的关系，尤其是一个需要认真思考和回答的问题。

有人认为，集体主义是道德教育中过高的脱离实际的要求，它以社会为本位，从社会需要出发来培养人，疏离了教育对象。道德教育只有以个体为本位，从个体出发，把个人当作根本目的，才能亲近学生，受到欢迎，取得实效。

集体与个人的关系问题，就是社会共同体与个人的关系问题。历史上和现实中存在的，只有以一定生产力之上的生产关系的总和为基础，由特定经济基础和上层建筑统一起来的具体形态的社会，没有离开具体社会形

---

① 杜时忠：《德育十论》，黑龙江教育出版社 2003 年版，第 217、221、224、228 页。
② 同上书，第 228 页。

态的"一般社会"。因此，离开具体社会形态，抽象地笼统地谈论"社会本位"还是"个体本位"，不是研究社会历史现象的科学方法。集体与个人的关系问题，不能从"一般社会"的假定出发去讨论，只能放到具体的社会制度、社会关系中去考察。在剥削阶级社会中，当统治阶级以国家、社会等共同体的名义要求个人服从时，国家、社会并不是代表个人利益的真实的集体，而是与个人相对立的"冒充的共同体"、"虚假的共同体"。马克思和恩格斯在《德意志意识形态》中指出："由于这种共同体是一个阶级反对另一个阶级的联合，因此对于被统治的阶级来说，它不仅是完全虚幻的共同体，而且是新的桎梏。"①要求个人服从这样的"共同体"，无非是要求服从其阶级统治和阶级剥削。而在马克思和恩格斯看来，这种"相对于个人而独立的虚假共同体（国家、法）的传统权力"，是一种"归根结底只有通过革命才能被打倒的权力"。②与此同时，他们又指出："在真正的共同体的条件下，各个人在自己的联合中并通过这种联合获得自己的自由。"③

　　社会主义集体主义原则中的"集体"，就是这种"真正的共同体"。我国社会主义的"集体"或"社会共同体"，从根本上说，就是在中国共产党领导下团结在一起的全国各族人民。这是人民根本利益一致基础上的集体，是集体利益和个人利益有机统一的集体。因此，社会主义的集体主义原则，是体现着集体利益和个人利益统一的原则。它既要求集体利益高于个人利益，又重视维护和发展个人利益。它把个人利益包含在集体利益之中，通过集体的发展来实现个人的利益和发展，又通过个人积极性的发挥来推动集体的发展。

　　当然应该看到，集体主义受到质疑，除了因为存在着与之对立的道德观念外，还有多方面的复杂原因。历史上一个时期中在"左"的思想影响下忽视了个人的正当利益和个性发展，使人们从片面的、扭曲了的形式中去了解集体主义。一些干部特别是领导干部中发生的影响恶劣的腐败现象，使人们怀疑现实中社会共同体的真实性和集体主义的真实性。历史上长期存在的封建社会中的整体主义，往往被混同于我们所倡导的集体主义，其

---

① 《马克思恩格斯文集》第 1 卷，人民出版社 2009 年版，第 571 页。
② 同上书，第 576 页。
③ 同上书，第 571 页。

危害性被当成了集体主义的弊端。我们应该通过对复杂社会现象的全面的历史的分析，把由社会主义制度的本质所规定的集体主义原则同对它的种种误解和曲解区分开来，全面、准确地阐释和坚持社会主义的集体主义。

在社会主义道德建设和道德教育中，"以集体主义为原则"是同"以为人民服务为核心"分不开的。坚持集体主义原则，其核心的或集中的表现，就是大力倡导为人民服务的精神。为人民服务的精神就是集体主义的精神。"为人民服务"明确回答了"为什么人"这个道德的核心问题，集中反映了社会主义制度对道德的要求，贯穿于社会道德的各个领域，因而成为社会主义道德的核心。中国共产党作为中国工人阶级的先锋队，除了代表中国最广大人民的根本利益外没有自己的特殊利益。党的根本性质和历史使命决定了它把全心全意为人民服务作为自己唯一的宗旨，始终为人民的利益奋斗，保持了党的先进性。同时，党又在全体人民中大力倡导为人民服务的精神，使其具有了广泛的群众性。

倡导于全社会的为人民服务的精神，就是"我为人人，人人为我"的精神。所谓"我为人人"，既表现于为个人服务，也表现于为集体的发展献力。同样的，"人人为我"，既表现于其他个人对我的帮助，也表现于社会共同体对我个人利益的促进。社会主义社会作为代表每个个人的真实的社会共同体，为了维护和发展全体人民的利益，一方面要把个人的力量凝聚到共同事业上来，通过社会的发展，实现个人的利益和发展；一方面要为每个人现实的个人利益和发展服务，并倡导社会成员之间互相帮助，服务他人。对于个人来说，就是既要积极投身于建设中国特色社会主义的共同事业，立足本职、忠于职守、敬业奉献；又要在日常社会生活中关心他人、服务人民、助人为乐。这两方面是统一的，都是为人民服务精神的体现，都是集体主义原则的贯彻。因此，集体主义、为人民服务，并非是可望而不可即的道德要求，更不是空洞的口号、虚假的大话。它就存在于实际生活之中，是人人都应当也都能够践行的道德准则。它扎根在现实的经济关系之中，奠立于中国特色社会主义制度之上，因而具有历史的必然性和现实的可行性。"八荣八耻"中的"以服务人民为荣，以背离人民为耻"，同"以热爱祖国为荣，以危害祖国为耻"一样，都具有最广泛的群众基础。中国大地上一个个感天动地的道德模范不断涌现，雷锋逝世50周年之际学习雷锋的高潮再一次兴起，都是集体主义原则和为人民服务精神具有现实性和强大生命力的证明。只要我们认真倾听、细心辨析，就不难发现，在关于道德现状的热烈争论中，在对道德模范的热情赞美、对败德行为的严厉谴责声中，甚至在人们忧心忡忡的叹息声中，正奏鸣着集体主义的主旋律。因为，尽管人们意见不一，但大多数人在议论中、思考中用来衡量社会各种道德现象的尺度，正是集体主义。

要求道德教育从社会本位转到个体本位、从社会需要出发转到从个体发展出发，以为这样才能亲近学生，才能落到实处，这是一种似是而非的观点。我国教育包括道德教育为社会主义现代化建设服务、为人民服务的方针，固然是从社会整体需要和人民群众的根本利益出发的，同时也是为了满足每个人的需要、实现个人的发展，体现着集体利益和个人利益的统一。以个体需要和个体发展为理由反对我国的道德教育以社会整体和人民根本利益为出发点，是把个人与社会对立起来，实际上是用旧的阶级对立社会中的眼光来看待今日的中国社会及其道德教育。这种从剥削阶级私有制社会中搬运过来的以个体为本位、从个人出发的教育理念，只能导致个人与他人疏离、与社会离心离德。对于那种大声疾呼"大力提倡个人主义"的德育理论，我们不能不保持警惕。

三　坚持把马克思主义基本原理同中国道德教育实际相结合

社会主义核心价值体系建设以中国特色社会主义共同理想为"核心"，社会主义道德建设以为人民服务为"核心"、以集体主义为原则。这两个"核心"相互关联，从不同层面规定了我国道德建设、道德教育的性质和方向、内容和要求。

社会主义核心价值体系建设是一个整体，道德建设是其中的一个部分。中国特色社会主义共同理想是这个体系的核心；社会主义荣辱观作为这个体系中的一部分，体现了社会主义道德的根本要求。社会主义核心价值体系是兴国之魂，是社会主义先进文化的精髓，决定着中国特色社会主义的发展方向。因此，中国的道德教育必须置于这个整体之中，由此确定其性质和方向、内容和要求。这就决定了，我们的道德教育是社会主义道德教育，必须服务于建设中国特色社会主义的事业，围绕中国特色社会主义共同理想这个核心展开，而决不能离开这个核心。德育非政治化观点的根本错误，就是离开中国特色社会主义去谈道德教育，背离了我国道德教育的性质和方向。

就社会主义道德建设本身而言，它又要以为人民服务为核心。这个

"核心"，规定了"为人民服务"在道德建设、道德教育中的地位，要求道德教育的多方面的内容必须围绕着为人民服务展开，着力于培养为人民服务的精神。这是道德教育贯彻集体主义原则的集中体现。

笔者认为，道德的社会制度属性问题和"为什么人"的价值取向问题，是道德建设和道德教育中必须正确回答的两个根本性问题。我国的道德教育服务于中国特色社会主义，以为人民服务为核心、以集体主义为原则，体现了社会主义方向与正确的价值导向的统一。德育非政治化论者一方面要求我国的道德教育离开培养社会主义接班人的目标去"与国际'接轨'"，一方面反对集体主义，主张"大力提倡个人主义"，让个人主义成为"时代的主旋律"，其社会理想与价值取向也是相互关联的。正如论者所坦言的，要实现其"把个人主义作为时代的主旋律"的道德理想，这一"道德问题的根本解决"，已不在于道德自身，而"在于道德领域之外的社会制度"。

在关于道德教育的不同观点分歧的背后，是道德教育的指导思想或理论基础的对立。

马克思主义指导思想是社会主义核心价值体系的灵魂，也是社会主义道德教育的理论和实践的灵魂。在包括道德在内的各种社会意识形态中，哲学处于基础性的地位，它为其他形式的意识形态提供世界观和方法论基础。马克思主义的哲学辩证唯物主义和历史唯物主义是马克思主义的哲学理论基础。道德教育坚持以马克思主义为指导，集中表现为用辩证唯物主义和历史唯物主义的观点去观察道德问题。

道德教育服务于中国特色社会主义事业，坚持以集体主义为原则、以为人民服务为核心，是以辩证唯物主义和历史唯物主义为指导，从中国实际出发得出的基本结论。而德育非政治化的观点所表现的，是离开具体社会形态，从"一般社会"出发去观察社会现象，离开具体的社会关系，从"一般人性"出发去观察人的唯心主义的历史观和方法论。

把马克思主义普遍真理同中国具体实际相结合，是中国共产党 90 余年来的全部历史经验"归结到一点"的基本结论。正确认识和解决现阶段的道德建设和道德教育问题，归根到底，要靠把马克思主义基本原理同中国道德建设的具体实际相结合。

（原载《红旗文稿》2012 年第 16 期；中国人民大学书报资料中心复印报刊资料《思想政治教育》2012 年第 11 期转载）

九

马克思主义无神论与宗教信仰自由

共产党员必须坚持辩证唯物主义世界观

提要　共产党员从入党时起，就在宪法规定的宗教信仰自由的范围内选择了辩证唯物主义的无神论的世界观，这是他作为一个公民享有的宗教信仰自由的权利。党员放弃辩证唯物主义而信仰宗教，是对党的指导思想的背离。辩证唯物主义是中国特色社会主义理论和实践所不可缺少的世界观基础。不树立辩证唯物主义世界观，就不可能真正理解和坚持中国特色社会主义。

中国共产党党员必须全心全意为人民服务，为实现共产主义奋斗终身，这是党章中的明确规定，也是广大党员的共识。党章规定的党的奋斗目标、党的宗旨与党的世界观之间有不可分割的联系，但是，近些年来，这种联系在有些党员包括党的干部那里变得模糊了。现实生活中可以看到，有些党员、干部可以一边讲建设中国特色社会主义、讲为人民服务，一边烧香拜佛，求神问卜，津津乐道于宗教信仰，热衷于宗教活动，似乎世界观上"信"什么是个人的事情，只要政治上拥护党的路线、努力为党工作就可以了。应该看到，坚持辩证唯物主义世界观，反对唯心主义有神论，是坚持作为党的指导思想的马克思主义的题中之义，共产党员必须坚持辩证唯物主义世界观。

一　坚持中国特色社会主义离不开马克思主义的哲学基础辩证唯物主义

党的十七大高举中国特色社会主义伟大旗帜，强调必须坚持中国特色社会主义道路和中国特色社会主义理论体系，得到了广大党员和全国人民的衷心拥护。不可忘记的是，中国特色社会主义的理论和实践有其不可缺少的世界观基础，这就是马克思主义的哲学辩证唯物主义。

中国特色社会主义道路之所以正确，是因为它坚持了科学社会主义的基本原则，同时根据中国实际和时代特征被赋予了中国特色。而科学社会主义之所以是科学，之所以不同于空想社会主义，是因为它建立在科学世界观的基础之上。社会主义曾经经历了从空想到科学的发展过程。空想社会主义者不懂得社会发展的客观规律，用幻想代替现实，企图靠个人天才的头脑设计出"最美好社会的最美好的计划"①，而"今后的世界历史不过是宣传和实施他们的社会计划"。② 马克思和恩格斯之所以能把社会主义从空想变成科学，是因为他们揭示了人类社会发展的规律，创立了唯物主义历史观，发现了剩余价值，揭示了资本主义生产的秘密，从而使唯物主义的世界观贯彻到社会历史领域，成为彻底的唯物主义，即辩证唯物主义，使社会主义建立在科学的世界观基础之上，找到了实现无产阶级解放和人类解放的现实道路。

马克思主义的哲学辩证唯物主义是关于包括自然和人类社会在内的整个物质世界的唯物而又辩证的根本观点，历史唯物主义作为关于人类社会的本质和发展规律的哲学，是其中最具独创性的成果。马克思主义是一个极其完备而严整的科学体系，辩证唯物主义、科学社会主义和马克思主义的政治经济学，是其中的主要组成部分。马克思主义的各个组成部分相互联结、相互依赖，谁也离不开谁，否定了其中任何组成部分，都不成其为一个科学体系。马克思主义的全部理论都是以辩证唯物主义为哲学基础的。在这个意义上可以说，没有辩证唯物主义，就没有科学社会主义，也没有中国特色社会主义。1909 年，列宁在《论工人政党对宗教的态度》一文中指出："社会民主党的整个世界观是以科学社会主义即马克思主义为基础的。"他同时强调："马克思主义的哲学基础是辩证唯物主义，它完全继承了法国 18 世纪和德国 19 世纪上半叶费尔巴哈的唯物主义历史传统，即绝对无神论的、坚决反对一切宗教的唯物主义的历史传统。"③

正因为如此，马克思和恩格斯对科学社会主义基本原则的阐述，始终是建立在辩证唯物主义和历史唯物主义的基础之上的。在《社会主义从

---

① 《马克思恩格斯选集》第 1 卷，人民出版社 1995 年版，第 304 页。

② 同上书，第 303 页。

③ 《列宁选集》第 2 卷，人民出版社 1995 年版，第 247 页。

空想到科学的发展》这部名著中，恩格斯首先分析了空想社会主义者的学说，指出"为了使社会主义变为科学，就必须首先把它置于现实的基础之上"①，继而论述了辩证唯物主义哲学的产生及其基本观点，然后以唯物主义历史观的基本原理为基础，阐述了科学社会主义的产生及其基本原则。而在这部著作的 1892 年英文版导言中，恩格斯更是直截了当地说："本书所捍卫的是我们称之为'历史唯物主义'的东西，而唯物主义这个名词是使大多数英国读者感到刺耳的。"② 为此，恩格斯用大段篇幅引用马克思与他合著的《神圣家族》中的文字，论述了"英国唯物主义的真正始祖"培根及其继承者霍布斯的唯物主义哲学思想，并且阐述了欧洲近代以来唯物主义与宗教唯心主义、社会主义与资本主义之间交织在一起的相互斗争的历史发展过程。这些都表明，不树立辩证唯物主义的世界观，就不可能真正理解和坚持科学社会主义，也不能真正理解和坚持中国特色社会主义。

二　共产党员不能信仰宗教唯心主义

一个立誓为共产主义奋斗终身的共产党员，必须把党的世界观作为自己的世界观，必须坚持辩证唯物主义和历史唯物主义，而不能信奉唯心主义，信奉有神论，信奉宗教。

马克思主义历来认为，宗教对于国家来说是私人的事情，但是对于工人政党来说决不是私人的事情。列宁指出："无产阶级政党要求国家把宗教宣布为私人的事情，但决不认为同人民的鸦片作斗争，同宗教等等作斗争的问题是'私人的事情'。"③《中华人民共和国宪法》第三十六条规定："中华人民共和国公民有宗教信仰自由。任何国家机关、社会团体和个人不得强制公民信仰宗教或者不信仰宗教，不能歧视信仰宗教的公民和不信仰宗教的公民。"宗教信仰自由是每一个公民都享有的权利。一个共产党员，从他面向党旗宣誓"志愿加入中国共产党"的时候起，他就已经向党表明，自己拥护党的纲领所规定的马克思主义指导思想，从而表明

---

① 《马克思恩格斯选集》第 3 卷，人民出版社 1995 年版，第 732 页。
② 同上书，第 698 页。
③ 《列宁选集》第 2 卷，人民出版社 1995 年版，第 255 页。

他在宪法规定的宗教信仰的范围内选择了辩证唯物主义的无神论的世界观。因此，公民有信仰宗教的自由，共产党员则必须坚持辩证唯物主义，而不能信仰有神论、信仰宗教。共产党员坚持无神论，这是他作为一个公民享有的宪法所规定的"不信仰宗教"的权利，正如其他有些公民选择了宪法规定的"信仰宗教"的权利一样，都是"宗教信仰自由"的表现。党员放弃辩证唯物主义而信仰宗教，是对党的指导思想的背离。

　　人们的政治立场、价值观同他们的世界观之间，有联系又有区别，既不是相互等同的，又不是彼此隔离的。由于存在着区别，所以对于人民群众，必须把宗教信仰与政治态度区分开来，不可相提并论。要尊重公民信仰宗教和不信仰宗教的自由，对广大信教群众坚持政治上团结合作、信仰上互相尊重，努力使广大信教群众在拥护中国共产党的领导和社会主义制度、热爱祖国、维护祖国统一、促进社会和谐等重大问题上取得共识，增强党在信教群众中的吸引力和凝聚力。由于政治立场、价值观同世界观之间又存在着内在的不可分割的联系，所以对于共产党员来说，不仅必须在政治上坚持正确的方向，坚持中国特色社会主义道路和全心全意为人民服务的宗旨，而且必须在世界观上坚持辩证唯物主义，坚持无神论，同宗教唯心主义划清界限。在我国民主革命时期，毛泽东曾经指出："共产党员可以和某些唯心论者甚至宗教徒建立在政治行动上的反帝反封建的统一战线，但是决不能赞同他们的唯心论或宗教教义。"[1] 在新世纪新阶段，胡锦涛总书记指出："我们中国共产党人是无神论者，不信仰任何宗教。"[2]

　　一个共产党员，如果在世界观上模糊了甚至背离了唯物主义的立场，模糊了唯物主义与宗教唯心主义的界限，他的政治信念和价值追求就失去了科学的世界观基础，就不可能真正懂得社会主义经过一个长过程发展后代替资本主义是历史发展的客观规律，就不能真正理解为什么必须坚持科学社会主义、坚持中国特色社会主义，为什么必须坚持党的为人民服务的宗旨，面对前进道路上必然出现的种种考验和形形色色的诱惑，他就难免动摇社会主义的方向和为人民服务的宗旨，丧失为党的事业努力奋斗的革命精神，乃至与党离心离德，丧失共产党员的立场，背离社会主义道路，

---

　　① 《毛泽东选集》第 2 卷，人民出版社 1991 年版，第 707 页。

　　② 胡锦涛：《在全国统战工作会议上的讲话（2006 年 7 月 10 日）》，《十六大以来重要文献选编》（下），中央文献出版社 2008 年版，第 554 页。

或沦为贪污受贿、腐化堕落的腐败分子。人们很难相信，那些不惜重金争先恐后到寺庙里烧"第一炷香"，跪倒在佛像前顶礼膜拜的共产党员能够像他们自己宣誓的那样"为共产主义奋斗终身"。某些政府机关请来风水先生指点迷津、改建门庭，某些腐败分子求签算卦、烧香拜佛，面对党纪国法的追究祈求"大师"指路、神灵保护的荒唐故事，值得我们深入思考。共产党员的世界观信仰问题，决不是"私人的事情"，不是无关宏旨的小事，必须引起重视，必须严肃对待。

三　坚持辩证唯物主义世界观才能正确贯彻党的宗教工作基本方针

宗教是一种复杂的社会历史现象，宗教工作是党的一项重要工作。共产党员只有牢固树立辩证唯物主义的世界观，坚持马克思主义的立场、观点、方法，才能全面、科学地认识宗教问题，全面理解和认真贯彻党的宗教工作基本方针，避免发生这样那样的偏离。

唯物主义无神论同宗教唯心主义在世界观上是根本对立的，所以，如列宁所指出的："马克思主义是唯物主义。正因为如此，它同18世纪百科全书派的唯物主义或费尔巴哈的唯物主义一样，也毫不留情地反对宗教。这是没有疑问的。"① 从实质上说，共产党员"必须不倦地进行无神论的宣传和斗争"。② 但是，同旧的唯物主义相比，马克思主义是辩证的唯物主义和历史的唯物主义，因而它又要求"必须善于同宗教作斗争"。③ 放弃同宗教唯心主义的斗争，或不善于开展斗争，都是不正确的。

不倦地进行无神论的宣传和斗争决不意味着可以"冒险地在政治上对宗教作战"④，决不意味着可以把对宗教的斗争提到首要的地位。列宁指出，那种把传播无神论当作主要任务，声称"打倒宗教"的观点，"是一种肤浅的、资产阶级狭隘的文化主义观点"，因为"这种观点不够深刻，不是用唯物主义的观点而是用唯心主义的观点来说明宗教的根源"。⑤

① 《列宁选集》第2卷，人民出版社1995年版，第250页。
② 《列宁选集》第4卷，人民出版社1995年版，第648页。
③ 《列宁选集》第2卷，人民出版社1995年版，第250页。
④ 同上书，第249页。
⑤ 同上书，第250—251页。

它把宗教的根源归结为人民的愚昧无知，不懂得宗教的主要的最深刻的根源是社会的根源，而这样的根源是不可能仅仅依靠宣传、教育的途径来消除的，只有通过实践实现对社会本身的改造才能逐步地消除它。因此，无神论的宣传应当服从于党的基本任务，而不能影响或妨碍党的基本任务的完成，马克思主义政党不应该冒险在政治上对宗教作战，不应该把宗教问题提到首要地位，而应该把反对宗教的斗争同消灭宗教产生的社会根源的社会革命、改革和建设的实践结合起来，同时通过耐心地组织和教育群众，使宗教渐渐消亡。但是，这决不是放弃对宗教的斗争，更不是要提倡宗教。以简单粗暴的态度对待宗教，向宗教宣战，或忘记了同宗教作斗争"是整个唯物主义的起码原则，因而也是马克思主义的起码原则"①，同样都是不正确的。

　　我国是一个多宗教的国家。在新的历史时期，宗教在部分群众生活中的影响有所增强，境外敌对势力利用宗教对我国进行的渗透不断加剧，宗教问题的复杂性凸显出来。胡锦涛同志指出："必须以科学的历史的观点看待宗教，全面认识宗教产生和存在的深刻历史根源、社会根源、心理根源，全面认识宗教在社会主义社会将长期存在的客观现实，全面认识宗教问题同政治、经济、文化、民族等方面因素相交识的复杂状况，全面认识宗教对一部分群众有较大影响的社会现象。"② 基于这种科学的认识，党中央制定了宗教工作基本方针，要求全面正确地贯彻党的宗教信仰自由政策；坚持依法管理宗教事务；坚持独立自主自办的原则；积极引导宗教与社会主义社会相适应。对于党的马克思主义的方针、政策，只有站在马克思主义的立场上才能真正理解。共产党员特别是党的干部，如果自己在世界观问题、宗教信仰问题上发生了动摇，离开了辩证唯物主义和历史唯物主义的立场，就不可能全面正确地贯彻党中央宗教工作的方针和政策。

　　宗教也是一种文化现象，从思想文化的视角看待宗教，必须以建设社会主义核心价值体系为根本，把尊重差异、包容多样同坚持用社会主义核心价值体系引领社会思潮统一起来。宗教作为一种有深厚历史渊源并且至今在相当一部分群众中有较大影响的思想文化，在社会主义初级阶段的社会文化生活中有它的一席之地，我们应该尊重差异，包容多样，努力实现

---

　　① 《列宁选集》第 2 卷，人民出版社 1995 年版，第 250 页。
　　② 《十六大以来重要文献选编》（下），中央文献出版社 2008 年版，第 554 页。

宗教与社会和谐相处。弘扬中华传统文化，保护、维修文化设施，也包括
对传统宗教文化的传承和宗教设施的保护。但是，部分地区出现的宗教活
动混乱、不正常发展、乱建寺观教堂、滥塑露天宗教造像等现象，是同建
设社会主义核心价值体系的要求相背离的，必须认真解决。在一些地方，
宗教设施的建设和宗教文化的宣传同市场经济产生的强大经济力量结合在
一起，表现出一种市场化、产业化的迅猛发展的势头，不能不对人民群众
特别是青少年科学世界观的形成产生消极的影响，侵蚀以马克思主义为指
导的社会主义思想文化阵地。发展文化产业，必须把社会效益摆在首位，
加强宏观调控和市场管理，积极主动地用社会主义核心价值体系去引领社
会思潮，引导宗教与社会主义社会相适应。胡锦涛同志严肃地指出："我
们保护宗教信仰自由，并不是要提倡信教，也不是要人为扩大宗教影响，
更不是说宗教活动可以不受法律约束。"① 某些党员干部热衷于乱建寺观
教堂，热衷于宗教文化的传播，自觉或不自觉地起到了提倡信教、人为扩
大宗教影响、推动宗教不正常发展的作用，不能说同他们自己世界观上的
动摇和迷失没有关系。

　　对广大党员干部进行坚持辩证唯物主义、历史唯物主义的教育，坚定
地树立马克思主义的科学世界观，反对宗教唯心主义，是建设社会主义核
心价值体系的必然要求，应该当作党的思想建设的一项重要任务明确地提
出来，引起全党的重视。

　　　　（原载《科学与无神论》2010 年第 1 期）

---

　　① 《十六大以来重要文献选编》（下），中央文献出版社 2008 年版，第 555 页。

坚持马克思主义与坚持科学无神论

提要 宣传科学无神论、批评有神论是否正当、是否合理，是无神论研究不能不回答的一个前提性问题。坚持科学无神论是坚持马克思主义的题中应有之义。坚持科学无神论不能不批评有神论，这是由其研究对象的特殊性决定的。不研究不批评有神论的科学无神论是不可能存在的。

在我国社会主义初级阶段，在社会思想多元多变的条件下，宣传科学无神论、批评有神论是否正当、是否合理，这是开展科学无神论研究不能不回答的一个前提性问题。引起一些学者忧虑的学术理论研究中"有神论有人讲、无神论无人讲"的现象，同人们在这个问题上存在种种疑虑不无关系。这个问题可以从不同方面去研究和回答，本文仅就坚持马克思主义与坚持科学无神论的关系谈一些看法。

一 坚持科学无神论是坚持马克思主义的题中应有之义

胡锦涛同志在纪念党的十一届三中全会召开 30 周年大会上的讲话中强调："马克思主义是我们立党立国的根本指导思想，是党和人民团结一致、始终沿着正确方向前进的根本思想保证。"① 马克思主义是科学的世界观和方法论，《中华人民共和国宪法》在《序言》中明确规定了马克思列宁主义、毛泽东思想、邓小平理论和"三个代表"重要思想在我国的指导地位，而坚持科学无神论是坚持马克思主义的题中应有之义。我认为，这就是我们坚持科学无神论、开展科学无神论研究和宣传的根本

① 《十七大以来重要文献选编》（上），中央文献出版社 2009 年版，第 796 页。

依据。

第一，坚持辩证唯物主义和历史唯物主义，必须坚持科学无神论。

胡锦涛同志在纪念十一届三中全会召开30周年大会上的讲话中明确提出了"什么是马克思主义、怎样对待马克思主义"的问题①，把它列于改革开放30年来我们党探索和回答的重大理论和实际问题之首。对于"什么是马克思主义"，人们可能存在这样那样的不同理解，但有一点可以肯定的是，马克思主义哲学是马克思主义的主要组成部分之一，是马克思主义科学思想体系的哲学理论基础，而马克思主义哲学就是辩证唯物主义，或称辩证唯物主义历史唯物主义（这种表述不是把辩证唯物主义和历史唯物主义并列为马克思主义哲学的两个部分，而是突出历史唯物主义在马克思主义哲学中的重要地位。辩证唯物主义是马克思主义哲学的总称）。尽管在学界有些人持不同观点，但在我们党历来的文献中，马克思主义哲学和辩证唯物主义历史唯物主义是同义语。正因为如此，党的十七届四中全会的《决定》再次强调，"牢固树立辩证唯物主义和历史唯物主义世界观和方法论"。②

坚持马克思主义，必须坚持辩证唯物主义历史唯物主义。辩证唯物主义把世界看作是多样性统一的物质世界，而"物质是某种既有的东西，是某种既不能创造也不能消灭的东西"③，是独立于人的意识之外的客观实在。马克思主义坚持从物质世界本身去说明世界，不附加任何外来的成分。这一根本立场排除了任何世外造物主存在的可能性，是同一切有神论的观点不相容的。不仅如此，马克思主义经典作家对唯物主义根本观点的阐述，对唯心主义的批评，历来就是直接同坚持无神论、批评有神论联系在一起的。

在《路德维希·费尔巴哈与德国古典哲学的终结》这部马克思主义哲学的重要著作中，恩格斯提出了关于哲学基本问题的理论，成为我们划分唯物主义和唯心主义的科学标准，坚持唯物主义、反对唯心主义的有力思想武器。恩格斯这一思想的经典表述是：

"思维对存在的地位问题，这个在中世纪的经院哲学中也起过巨大作

---

① 《十七大以来重要文献选编》（上），中央文献出版社2009年版，第809页。

② 《中共中央关于加强和改进新形势下党的建设若干重大问题的决定》，《十七大以来重要文献选编》（中），中央文献出版社2011年版，第146页。

③ 《马克思恩格斯选集》第4卷，人民出版社1995年版，第347页。

用的问题：什么是本原的，是精神，还是自然界？——这个问题以尖锐的形式针对着教会提了出来：世界是神创造的呢，还是从来就有的？

哲学家依照他们如何回答这个问题而分成了两大阵营。凡是断定精神对自然界说来是本原的，从而归根到底承认某种创世说的人（而创世说在哲学家那里，例如在黑格尔那里，往往比在基督教那里还要繁杂和荒唐得多），组成唯心主义阵营。凡是认为自然界是本原的，则属于唯物主义的各种学派。

除此之外，唯心主义和唯物主义这两个用语本来没有任何别的意思，它们在这里也不是在别的意义上使用的。"①

我们可以感受到，这一段关于坚持唯物主义、反对唯心主义的经典论述，闪耀着强烈的坚持无神论、反对有神论的思想光芒。其一，恩格斯指出，哲学基本问题在近代被明确地提出来，从一开始就是以质疑有神论的"尖锐的形式"提出来的，是"针对着教会"、针对着"世界是神创造的"观点提出的。其二，他指出，"凡是断定精神对自然界说来是本原的"人，在"归根到底"的意义上，都是"承认某种创世说的人"，这就指出了唯心主义同有神论之间的本质联系（当然，"归根到底"这一限定语，意味着唯心主义者并非都是直接主张创世说的人）。在辩证唯物主义的理论体系中，恩格斯这一段论述具有极为重要的基础性的地位，而这就表明，坚持无神论、反对有神论，是由马克思主义哲学的本质决定的，是辩证唯物主义与生俱来的一种科学精神。正因为如此，在马克思主义哲学的经典著作中，我们随处都可以看到，对辩证唯物主义根本观点的阐述，直接同对无神论的申明和对有神论的批判联系在一起。

例如，在《自然辩证法》中，恩格斯在运用自然科学发展的历史材料阐述辩证唯物主义自然观的同时，用辛辣的笔调批评了上帝主宰自然的观点："上帝在信仰上帝的自然研究家当中受到的待遇，比在任何地方都要糟糕。""在科学的推进下，一支又一支部队放下武器，一座又一座堡垒投降，直到最后，自然界无边无沿的领域全都被科学征服，不再给造物主留下一点立足之地。"②

又如，列宁在他的名著《唯物主义和经验批判主义》中，在阐述辩

---

① 《马克思恩格斯选集》第 4 卷，人民出版社 1995 年版，第 224—225 页。
② 同上书，第 309 页。

证唯物主义的基本观点时，也揭露了哲学唯心主义同有神论的内在关联，把它们放在一起给予深入的分析、批判。他说："凡是说物理自然界本身是派生的东西的哲学，就是最纯粹的僧侣主义哲学。""如果自然界是派生的，那么不用说，它只是由某种比自然界更巨大、更丰富、更广阔、更有力的东西派生出来的，只是由某种存在着的东西派生出来的，因为要'派生'自然界，就必须有一个不依赖于自然界而存在的东西。用俄国话说，这种东西叫作神。"① 列宁指出："唯心主义哲学的'科学的僧侣主义'，不过是通向公开的僧侣主义的前阶"，而"唯物主义认识论是'反对宗教信仰的万能武器'"。②

再如，列宁在《哲学笔记》中分析唯心主义的根源时，也把它同僧侣主义联系起来。他指出："唯心主义就是僧侣主义。""哲学唯心主义是经过人的无限复杂的（辩证的）认识的一个成分而通向僧侣主义的道路。""僧侣主义（＝哲学唯心主义）。"③

经典作家的这些思想，已经成为马克思主义的常识。笔者不厌其烦地重提这些观点，就是为了说明，坚持辩证唯物主义历史唯物主义，本身就蕴含着坚持无神论、反对有神论的思想。从一定意义上说，马克思主义经典作家对辩证唯物主义根本观点的论证，都可以当作对科学无神论的阐述去解读。

第二，坚持马克思主义宗教观，必须坚持科学无神论、反对有神论。

马克思主义作为一个完整的科学体系，不仅包括了哲学、政治经济学和科学社会主义三个主要组成部分，还包括其他多方面的科学理论，它们共同构成了马克思主义的整体。马克思主义宗教观就是其中的组成部分之一。马克思主义宗教观是马克思主义关于宗教的根本观点，它阐明了宗教的本质和发展规律、工人政党对宗教的态度等根本问题。如果说马克思主义观的基本问题是"什么是马克思主义、怎样对待马克思主义"，那么，对"什么是宗教、怎样对待宗教"的回答，就构成了马克思主义宗教观的基本内容。马克思和恩格斯在他们的新世界观形成的过程中，就对宗教问题给予特别的关注。马克思主义宗教观是同整个马克思主义一起诞生、

---

① 《列宁全集》第18卷，人民出版社1988年版，第239页。
② 同上书，第356—357页。
③ 《列宁全集》第55卷，人民出版社1990年版，第311页。

一起发展起来的。在"包含着新世界观的天才萌芽的第一个文件"①《关于费尔巴哈的提纲》中，在标志着马克思主义诞生的第一部成熟著作《德意志意识形态》中，都有大量关于宗教的论述。在系统论述马克思主义科学世界观的著作《反杜林论》、《路德维希·费尔巴哈和德国古典哲学的终结》中，都对宗教问题作了专门的阐述。坚持马克思主义，包括坚持马克思主义宗教观。坚持马克思主义宗教观，又必须把它放到马克思主义的整体之中，当作其中的一个有机组成部分，同其他各个部分联系起来去理解和运用。

马克思主义宗教观是无神论的宗教观。坚持无神论、反对有神论不等于马克思主义宗教观的全部内容，马克思宗教观不能仅仅归结为无神论，但是，科学无神论是马克思主义宗教观的核心。没有科学无神论，就没有马克思主义宗教观。不讲科学无神论，就离开了马克思主义宗教观。

首先，正确认识宗教的本质，必须坚持科学无神论。

恩格斯在《反杜林论》中指出："一切宗教都不过是支配着人们日常生活的外部力量在人们头脑中的幻想的反映，在这种反映中，人间的力量采取了超人间的力量的形式。"② 这是对宗教本质的深刻揭示。那种集中体现了宗教本质特征的在幻想中支配着人们日常生活的"超人间的力量"是什么呢？就是神。在多神教中，是许多神，在一神教中，是"一个万能的神"③。宗教的世界，就是神的世界，就是神及其栖身之所构成的世界。因此，认识宗教的本质，从根本上说，就是要揭示神的观念的本质。

其次，正确认识宗教的发展规律，必须坚持科学无神论。

宗教同其他事物一样，是作为发展过程而存在的。本质和规律是关于事物的同等层次的概念。对宗教发展规律的认识，同关于宗教本质的认识一样，是马克思主义宗教观的主要内容。而在马克思主义的经典著作中，对宗教的起源、发展和消亡的过程和规律的论述，其核心内容，就是揭示神的观念产生、发展和消亡的过程和规律。在《反杜林论》中，恩格斯分析了支配着人们的"异己的自然力量和社会力量"在人们头脑中以幻想的形式反映为神的历史过程。简略地说，这也就是宗教形成和发展的历

---

① 《马克思恩格斯选集》第4卷，人民出版社1995年版，第213页。
② 《马克思恩格斯选集》第3卷，人民出版社1995年版，第666—667页。
③ 同上。

史过程：在历史的初期，首先是自然力量被"人格化"，产生了原始的宗教和神话；随着社会的发展，"最初仅仅反映自然界的神秘力量的幻想的形象，现在又获得了社会的属性，成为历史力量的代表者"；在更进一步的发展阶段上，"许多神的全部自然属性和社会属性都转移到一个万能的神身上"，"这样就产生了一神教"。① 恩格斯还指出，在资本主义社会中，宗教之所以继续存在，是因为"现在还是这样：谋事在人，成事在神（即资本主义生产方式的异己支配力量）"。而将来当社会占有了全部生产资料的时候，也就是"当谋事在人，成事也在人的时候，现在还在宗教中反映出来的最后的异己力量才会消失，因而宗教反映本身也就随着消失"。② 这就告诉我们，理解马克思主义关于宗教从产生到消亡的发展规律的观点，一刻也不能离开对神的观念的历史分析，不能离开科学无神论。

再次，用马克思主义的科学态度正确对待宗教，必须坚持科学无神论。

阐明工人政党对宗教的态度，是马克思主义宗教观的重要内容。马克思主义宗教观是我们党和国家制定宗教工作的方针政策、指引我们做好宗教工作的重要理论基础。宗教具有长期性、复杂性、群众性、民族性、国际性。用马克思主义的科学态度对待宗教，仅靠对宗教本身的认识是不够的，还必须正确认识宗教同社会的经济、政治、文化、民族等方面因素相互交织的复杂关系。在马克思主义政党领导革命、建设和改革的过程中，如何对待宗教的问题必须放到党的事业的全局中去考察，必须服从和服务于党的中心工作，制定正确的方针政策。马克思主义从来反对"向宗教宣战"，反对"把宗教上的分野提到首位"③，也反对把对待宗教的态度归结为无神论的宣传。我们党制定了"全面正确地贯彻党的宗教信仰自由政策"，"坚持依法管理宗教事务"，"坚持独立自主自办的原则"和"积极引导宗教与社会主义社会相适应"等宗教工作基本方针。④ 这种对待宗教的科学态度和方针政策，是建立在对宗教的本质和发展规律的科学认识

---

① 《马克思恩格斯选集》第 3 卷，人民出版社 1995 年版，第 667 页。
② 同上书，第 668 页。
③ 《列宁选集》第 2 卷，人民出版社 1995 年版，第 248 页。
④ 胡锦涛：《在全国统战工作会议上的讲话》，《十六大以来重要文献选编》（下），中央文献出版社 2008 年版，第 555 页。

的基础之上的，而不是仅仅着眼于局部的或暂时的需要的权宜之计。如列宁所指出的："如果认为马克思主义对待宗教似乎是'温和'的态度是出于所谓'策略上的'考虑，是为了'不要把人吓跑'等等，那就大错特错了。"① 以辩证唯物主义历史唯物主义为哲学世界观基础、以科学无神论为核心的马克思主义的宗教本质观、宗教发展观，是我们正确理解和贯彻党的宗教工作方针政策所不可缺少的思想基础。列宁在坚决反对"向宗教宣战"的同时，又强调马克思主义"完全继承了""绝对无神论的、坚决反对一切宗教的唯物主义的历史传统"②，强调"我们应当同宗教作斗争。这是整个唯物主义的起码原则，因而也是马克思主义的起码原则"。③ 这就启示我们，离开科学无神论和马克思主义宗教观，就不能真正理解党的宗教工作的基本方针和政策，就会在工作中陷入盲目性，发生这样那样的偏离。

二　批评有论神是坚持科学无神论的题中应有之义

有些人不反对坚持无神论，但是不赞成批评有神论。他们担心批评有神论就违背了宗教信仰自由的政策，会影响社会和谐，希望把无神论的研究限制在不批评有神论的范围之内。这是"无神论无人讲"的一个重要原因。

虽然从原则上说，任何肯定都是否定，赞成一种观点，同时就意味着反对同它相对立的观点，破和立是同一个过程中不可分的两个方面，但在具体问题上，一般地说来，立并非直接就是破，在一定的范围内，人们也可以只正面论述一种观点而不去批评相反的观点。比如，依据社会实践和科学发展的成果论证唯物主义而不直接批评唯心主义，在一定的范围内是可行的。那么，我们是否可以对科学无神论的研究做出限定，只研究和宣传科学无神论而不去批评有神论呢？

笔者认为，科学无神论研究对象和基本结论的特殊性决定了坚持科学无神论就不能不反对有神论，研究和宣传科学无神论就不能不剖析和批评

---

① 《列宁选集》第 2 卷，人民出版社 1995 年版，第 250 页。
② 同上书，第 247 页。
③ 同上书，第 250 页。

有神论。如果要求把坚持无神论限定在正面研究和宣传的范围内而不得批评有神论，那无异于取消科学无神论的研究和宣传。

科学无神论在研究对象和基本结论方面区别于其他学科的特殊性是什么呢？其特殊性直接体现在这个"无"字上。除它之外，似乎很难找到还有哪一个学科是以"无……"命名的。任何一门科学都有自己确定的研究对象，如毛泽东所指出的："对于某一现象的领域所特有的某一种矛盾的研究，就构成一门科学的对象。"① 对象的客观性、确定性是一门学科区别于其他学科的根据，是该学科能够成为科学而在人类科学体系中占有一席之地的基本条件。各门社会科学之所以有资格同自然科学一样作为科学存在并获得同样的重视，一个基本前提就是，它们都有自己特定的客观对象；一种学说，如果没有客观的确定的对象，它就没有作为科学存在的权利。科学无神论的研究同样是如此。

那么，科学无神论的研究对象是什么呢？

科学无神论的研究对象不是神。在科学无神论看来，那种被称为"神"的东西，在物质世界中是根本不存在的，是虚幻的。这正是科学无神论最根本的观点。人们不能把某种"无"即不存在的东西当作自己研究的对象。如果科学无神论宣布以神为自己的研究对象，那么它的全部内容就是论证自己的对象的虚幻性，也就是论证自身没有真实的对象因而根本就不是科学。

科学无神论的研究对象，是关于"神"的观念。"有神"或"无神"，都是人们的观念，属于社会意识的领域。自发的朴素的无神观念和自觉的系统化的以无神为根本观点的科学，分属于社会意识的不同层次，后者可以通过对前者的研究、总结来形成自己的概念、范畴和命题，就此而论，科学无神论也把无神观念作为自己的研究对象。但是，无神观念又是从何而来的呢？无神观念并没有自己本体论意义上的反映对象，它从一开始就是作为有神观念的对立面出现在社会意识领域的，它是以否定的形式对有神观念的一种反映，始终是以反对有神论为根本指向的。假如不曾出现有神论，就根本不会有什么无神观念。因此，科学无神论除了研究无神观念外，在更深层次或根本的意义上，是以无神观念的对象为对象，即是以有神论作为自己的研究对象的。

---

① 《毛泽东选集》第 1 卷，人民出版社 1991 年版，第 309 页。

关于"神"的观念为什么也可以成为一种客观的研究对象呢？主观和客观的区分有不同的层次。在一定的范围内，即在哲学基本问题的范围之内，就物质是本原的、意识是派生的这种关系而言，物质和意识、客观和主观的区分是绝对的，不能把思想领域的东西混同于它所反映的客观物质。超出这一定的范围，客观和主观的区分具有相对性。一切思想观念在物质和意识的分野中都属于主观的领域，但某种思想观念是否存在、如何存在，作为社会思想领域中的事实，又具有客观性，不依任何研究者的意志为转移，只能从实际出发，依据社会生活中的实际材料去把握它，如实地反映它。实际上，社会科学中的许多学科，都是以人们的精神活动及其产品作为自己的研究对象的，这并不意味着它们的对象不具有客观性。世上从来不曾有一个亦人亦猴、神通广大的孙悟空，但中国人的精神生活中有一个活灵活现大闹天宫的美猴王却是不容置疑的事实。作为神话学的研究对象，它具有客观性。因此，神话不是科学，但研究神话可以成为科学（参见田心铭《哲学社会科学为什么是科学？》，《高校理论战线》2002 年第 11 期）。神是不存在的，但各种各样有关"神"的观念的存在却是千真万确的，正是这些观念构成了科学无神论的客观研究对象，使它具备了成为科学的基本前提，而"无神"则是它经过科学研究得出的根本结论。

这样看来，科学无神论作为一门科学，必须把有神论作为自己的研究对象。在人类社会生活中出现了有神论，才产生了反对它的无神论。有神论的产生和发展，是无神论产生和发展的历史前提和逻辑前提。无神论同有神论之间这种历史的，也是逻辑的内在联系表明，不研究或不批评（对于科学无神论来说，研究必然表现为批评）有神论的科学无神论是根本不可能存在的。正如恩格斯所指出的："无神论只是表示一种否定"，"无神论作为对宗教的单纯的否定，它始终要涉及宗教，没有宗教，它本身也不存在"。① 如果不允许对有神论的批评，那就是要求无神论取消自己的研究对象，从而取消科学无神论本身。在多大的范围内限制对有神论的批评，也就是在多大的范围内限制无神论的科学研究，而这是同一切从实际出发，大公无私、毫无顾忌地追求真理的科学精神相背离的。

---

① 《马克思恩格斯文集》第 10 卷，人民出版社 2009 年版，第 522 页。

三　坚持用马克思主义指导科学无神论的研究和宣传

本文以上的讨论说明，坚持马克思主义，贯彻党的宗教工作基本方针和政策，必须坚持科学无神论，反对有神论。

坚持马克思主义与坚持科学无神论之间相互关系的另一个方面是，开展科学无神论的研究和宣传必须坚持以马克思主义为指导，遵循党的宗教工作基本方针和政策，而不能有所偏离。

第一，科学无神论的研究必须坚持以辩证唯物主义历史唯物主义为指导思想和理论基础。

无神论有它自己悠久的历史。无论在中国，在欧洲，都出现过许多无神论者和无神论的思想学说，主张"无神"是它们的共同点，但它们的理论基础、研究方法和具体主张又各有不同。马克思主义是无神论，但无神论不都是马克思主义。马克思主义是科学的无神论，但无神论不都是科学的无神论。科学无神论的研究，应该以辩证唯物主义特别是历史唯物主义为理论基础，以社会实践和作为实践总结的科学史为依据，从客观实际包括反映有神论思想的历史资料和现实情况出发，把有神论放在它所由产生的社会历史条件下，同社会的经济、政治、文化联系起来去研究，科学地揭示"神"或有神论的本质和发展规律。科学无神论的研究不能离开人类文明的发展大道，不能拒绝而应该积极吸收历史上和现实中一切有益的思想成果。列宁曾经指出，共产党人的战斗的唯物主义应该重视吸收和运用 18 世纪老无神论者的成果，应该同倾向于唯物主义的现代自然科学家结成联盟，应该在一定程度上同资产阶级中的进步分子结成联盟，即使是对一些怀有偏见的资产阶级学者，列宁在批判他们的错误观点，斥之为"僧侣主义有学位的奴仆"① 的同时，也不忽视他们"驳斥了宗教偏见和神话"② 的著作，要求翻译出版他们的著作。但与此同时，列宁特别强调，应当坚持辩证唯物主义，"做一个以马克思为代表的唯物主义的自觉拥护者，也就是说，应当做一个辩证唯物主义者"。③ 因为，"任何自然科

---

① 《列宁选集》第 4 卷，人民出版社 1995 年版，第 649 页。
② 同上书，第 650 页。
③ 同上书，第 652 页。

学，任何唯物主义，如果没有坚实的哲学论据，是无法对资产阶级思想的侵袭和资产阶级世界观的复辟坚持斗争的"。①

第二，深入开展科学无神论的研究必须坚持马克思主义宗教观，建设马克思主义的宗教学。

有神论不等于宗教，粗俗的封建迷信活动、反社会的邪教也是有神论，但宗教是最重要最有影响因而最值得研究的有神论。科学无神论的研究同宗教研究是不可分的，它们的研究对象之间存在交叉重叠的关系。

一些唯心主义者和旧唯物主义者也在宗教研究中做了大量的工作，他们的成果可以作为我们科学无神论研究的参考和借鉴，但是他们的宗教观是非科学的。只有马克思主义的宗教观才能指导我们开展科学无神论的研究。费尔巴哈 4 对基督教的研究做出了重要贡献，他的《基督教的本质》"直截了当地使唯物主义重新登上王座"，解放了人们的思想，使青年马克思和恩格斯受到强烈的影响，"一时都成为费尔巴哈派了"。② 但是，马克思从开始创立自己新世界观的时候起，就开始批评费尔巴哈的宗教观，他在《关于费尔巴哈》的提纲中多处指出了费尔巴哈宗教观的缺陷。恩格斯晚年在《路德维希·费尔巴哈和德国古典哲学的终结》中，在"还一笔信誉债"，即"完全承认""在我们的狂飙时期，费尔巴哈对我们的影响比黑格尔以后任何哲学家都大"③ 的同时，又深入地分析和批评了费尔巴哈在宗教观方面表现出来的历史唯心主义。他指出："我们一接触到费尔巴哈的宗教哲学和伦理学，他的真正的唯心主义就显露出来了。"④ 他尖锐地批评说："费尔巴哈想以一种本质上是唯物主义的自然观为基础建立真正的宗教，这就等于把现代化学当作真正的炼金术。如果无神的宗教可以存在，那么没有哲人之石的炼金术也可以存在。"⑤ 费尔巴哈这样伟大的唯物主义者的宗教观尚且如此，其他非马克思主义的宗教观就更不能当作科学无神论研究的指导性理论来运用了。

宗教观作为关于宗教的根本观点，不等于对宗教进行具体实证研究的宗教学，马克思主义宗教观不等于以马克思主义为指导的宗教学。有不同

---

① 《列宁选集》第 4 卷，人民出版社 1995 年版，第 651—652 页。
② 《马克思恩格斯选集》第 4 卷，人民出版社 1995 年版，第 222 页。
③ 同上书，第 212 页。
④ 同上书，第 233 页。
⑤ 同上书，第 234 页。

的宗教观，也有建立在不同宗教观基础之上的宗教学。深入开展科学无神论的研究，必须建设马克思主义的宗教学。党中央从 2004 年开始实施的马克思主义理论研究和建设工程，把建设以马克思主义为指导的哲学社会科学的学科体系和教材体系作为工程的主要任务之一，宗教学的建设也被纳入其中。这一决策本身就体现出一种精神：必须坚持运用马克思主义的立场、观点、方法，开展各门社会科学的研究，建设和发展各门建立在马克思主义科学世界观基础上的社会科学（包括宗教学）。恩格斯晚年曾针对一些青年著作家把唯物史观当作"套语"和"标签"的现象，批评他们把唯物史观"当作不研究历史的借口"①，他明确提出了"必须重新研究全部历史"的要求，指出："必须详细研究各种社会形态存在的条件，然后设法从这些条件中找出相应的政治、私法、美学、哲学、宗教等等的观点。"② 马克思主义宗教观是研究宗教问题的指南而不是套语，不能被当作不研究具体宗教问题的借口。有关各种宗教问题的科学结论，只能从实际出发经过详细的研究才能产生。建设马克思主义的宗教学必须依靠这样的"详细研究"，而不能用套语去构建体系。科学无神论应该是马克思主义的宗教学的一个基本思想和基本内容，不坚持科学无神论、不剖析和批评有神论的宗教学不可能是马克思主义的宗教学。

第三，开展科学无神论的研究和宣传，必须遵循党的宗教工作基本方针和政策。

我们党以马克思主义为指导，从中国实际出发，制定了宗教工作基本方针和政策。这些方针和政策，是中国化马克思主义的宗教观在实际工作中的体现。坚持用马克思主义指导科学无神论的研究和宣传，必须认真学习中国化马克思主义的宗教观，贯彻党的宗教工作基本方针和政策。

党中央提出，"全面贯彻党的宗教工作基本方针，努力实现宗教与社会和谐相处，各宗教和谐相处，信教群众和不信教群众、信仰不同宗教群众和谐相处"。③ 坚持科学无神论、反对有神论，同党中央提出的这三个"和谐相处"的要求是否一致，会不会影响社会和谐？这是全面贯彻党的宗教工作基本方针不能不思考和回答的一个问题。

---

① 《马克思恩格斯选集》第 4 卷，人民出版社 1995 年版，第 691 页。
② 同上书，第 692 页。
③ 胡锦涛：《在全国统战工作会议上的讲话》，《十六大以来重要文献选编》（下），中央文献出版社 2008 年版，第 554 页。

社会和谐都是建立在一定的基础之上的。维护和加强这个基础，就能促进社会和谐。削弱和损害这个基础，就会破坏社会和谐。那么，实现宗教与社会之间、各宗教之间、信教群众与不信教群众以及信仰不同宗教群众之间和谐相处的基础是什么呢？是有神论，或无神论，或某一宗教的某种有神论吗？都不是。如果说和谐相处的基础是某种共同的宗教信仰或不信仰宗教，那就意味着这一方面的社会和谐是根本不可能实现的，因为现实中并不存在这样的基础。同宗教相关的社会和谐的基础恰好不在有无宗教信仰，而在其他方面。社会和谐之所以是中国特色社会主义的本质特征，是由社会主义的经济制度、政治制度以及建立在社会主义制度之上的中华各族人民根本一致的共同利益决定的。这就是我们构建社会主义和谐社会最根本的经济基础和政治基础。构建社会主义和谐社会的思想基础，则是以社会主义核心价值体系为根本内容的中国特色社会主义文化。正如党的十七大报告所强调的，要通过建设社会主义核心价值体系，增强社会主义意识形态的吸引力和凝聚力来"巩固全党全国各族人民团结奋斗的共同思想基础"。① 实现宗教方面的三个"和谐相处"，其经济、政治和思想的基础同样是如此。我国之所以能够实现宗教方面的和谐，是因为信教群众和不信教群众、信仰不同宗教的群众虽然在宗教信仰方面存在差异，但他们的根本利益是一致的，他们都拥护社会主义制度、中国共产党的领导和马克思主义的指导地位，追求中国特色社会主义共同理想，都以中华民族文化为共有精神家园。同宗教信仰方面的差异相比，这是异中之大同。与这种大同相比，宗教信仰方面的不同是大同中之小异。构建社会主义和谐社会不是不承认矛盾、回避矛盾，而是要正确处理矛盾。党的十七大报告指出，构建社会主义和谐社会"是在发展的基础上正确处理各种社会矛盾的历史过程和社会结果"。② 任何矛盾的双方之间都是既对立又统一的关系。在看到统一时就否认对立，或在看到对立时就否认统一，都是形而上学的思想，唯物辩证法则要求"在对立面的统一中把握对立面"③，看到统一时不否认对立，看到对立时又不忘统一。正确处理宗教问题上的矛盾，就要把存在着差异或对立的矛盾双方统一起来，求大同而

---

① 《十七大以来重要文献选编》（上），中央文献出版社2009年版，第26页。
② 同上书，第13页。
③ 《列宁全集》第55卷，人民出版社1990年版，第83页。

存小异。胡锦涛同志在提出努力实现宗教方面三个"和谐相处"要求的同时，又说："我们中国共产党人是无神论者，不信仰任何宗教。"① 这就明确指出了宗教信仰方面存在的差异，以辩证唯物主义的科学精神指出了坚持科学无神论同实现宗教方面"和谐相处"的要求是辩证统一的。

坚持科学无神论，反对有神论，是坚持马克思主义指导思想的必然要求，因而有利于巩固全国人民团结奋斗的共同思想基础，实现社会和谐。但是，马克思主义宗教观和党的宗教工作基本方针都是包含着多方面内容的整体，坚持科学无神论作为贯彻宗教信仰自由政策的一种体现，也必须放到这个整体之中，同其他各个部分联系起来去把握。如果把它从这个整体中单独抽取出来加以夸大，也会违背、偏离党的宗教工作基本方针。这里谈两点看法。

其一，不能夸大无神论宣传的意义，不能把它提到不应有的首要的地位。列宁曾经警告"无产阶级政党有夸大反宗教斗争意义的危险"，"不要冒险地在政治上对宗教作战"。② 恩格斯和列宁都认为，"向宗教宣战是一种愚蠢的举动"。③ 如果把无神论的宣传提到首位，就夸大了信教群众与不信教群众之间在宗教信仰上的差异，这就会损害社会和谐。列宁指出，宣布"打倒宗教"，"这是一种肤浅的、资产阶级狭隘的文化主义观点"。④ 夸大无神论的宣传工作，就其思想认识根源来说，是夸大了宗教在社会生活中的地位和作用，因而背离了唯物史观。

其二，无神论的研究和宣传要同尊重他人信仰宗教的自由统一起来。宣传无神论、反对有神论的法律依据，是《中华人民共和国宪法》第三十六条规定的"中华人民共和国公民有宗教信仰自由"。它是"全面正确地贯彻党的宗教信仰自由政策。既尊重群众信仰宗教的自由，又尊重群众不信仰宗教的自由"⑤ 的一种体现，因此，必须把"尊重群众不信仰宗教的自由"同"尊重群众信仰宗教的自由"这两方面统一起来。自由地信

---

① 胡锦涛：《在全国统战工作会议上的讲话》，《十六大以来重要文献选编》（下），中央文献出版社 2008 年版，第 554 页。

② 《列宁选集》第 2 卷，人民出版社 1995 年版，第 257、249 页。

③ 《列宁选集》第 2 卷，人民出版社 1995 年版，第 248 页；参见《马克思恩格斯选集》第 3 卷，人民出版社 1995 年版，第 246—247 页。

④ 《列宁选集》第 2 卷，人民出版社 1995 年版，第 250—251 页。

⑤ 胡锦涛：《在全国统战工作会议上的讲话》，《十六大以来重要文献选编》（下），中央文献出版社 2008 年版，第 555 页。

仰宗教，是宪法赋予信教群众的权利，这是与不信仰宗教、坚持无神论同等的权利。宣传无神论是行使自己的权利，公民在行使这一权利时不能干涉他人信仰宗教的权利。党中央要求"坚持政治上团结合作、信仰上互相尊重"[①]，"互相尊重"意味着各自可以坚持自己的观点而不同意别人的观点，但是又尊重而不干涉别人坚持自己的观点的权利。

在新世纪新阶段，随着我国社会结构和社会利益格局发生复杂的变化，人们的思想观念日趋多样，宗教在部分群众生活中的影响有所增强。同时，境外敌对势力利用宗教对我国的渗透不断加剧。在这种新的历史条件下，宗教问题固有的复杂性进一步凸显出来。正确处理复杂的宗教问题，关系着社会的和谐、人民的团结，关联着全面建设小康社会的宏图大业。做好科学无神论的研究和宣传，必须深入学习马克思主义宗教观，从客观实际出发，具体情况具体分析，全面理解和贯彻党的宗教工作基本方针。

（原载《科学与无神论》2010 年第 2 期；收入《马克思主义无神论研究（第 1 辑·2011）》，中国社会科学出版社 2013 年版）

---

① 胡锦涛：《在全国统战工作会议上的讲话》，《十六大以来重要文献选编》（下），中央文献出版社 2008 年版，第 555 页。

试论无神论研究宣传教育与
宗教信仰自由的统一

提要　无论从法律依据、理论基础、客观根据和根本出发点来说，开展无神论研究和宣传教育同贯彻党的宗教信仰自由政策都是统一的。深入理解这种统一需要弄清宗教与宗教意识形态的关系、宗教意识形态与有神论的关系、无神论与马克思主义无神论的关系。实现二者的统一要经过自觉的努力。开展无神论研究和宣传教育必须自觉遵守党的宗教信仰自由政策。坚持无神论需要克服对宗教信仰自由政策的误读。

我们党历来重视关于无神论的研究和宣传教育，认为这是一项长期任务，需要纳入科学研究规划和宣传思想工作的总体部署，锲而不舍地进行。尤其是共产党员应牢固地确立唯物主义世界观。党中央强调指出，这与贯彻党的宗教信仰自由政策并不矛盾。

为什么无神论研究和宣传教育与贯彻党的宗教信仰自由政策并不矛盾？怎样才能把这二者统一起来？研究和回答这些问题，对于排除无神论研究和宣传教育的思想障碍，维护无神论的话语权，是一个重要的理论课题，也是一个紧迫的现实任务。因为，有些同志不敢理直气壮地研究和宣传无神论，怕违背了党的宗教信仰政策；有些人反对宣传无神论，认为宣传无神论就会破坏宗教信仰自由政策。对于党的理论和政策主张，我们不仅要讲清楚"是什么"，更要弄清楚"为什么"和"怎么办"，这样才能把中央的精神变成群众的自觉行动。

一　统一的基础

作为我们党的指导思想的马克思主义和建立在这一理论基础上的党的

方针政策、国家的法律法规，无论其就整体或其中的某一方面来说，都是包含诸多丰富内容的体系，它的各个组成部分之间相互关联、相互衔接，构成一个有机的系统。这一系统中的各个部分不是相互排斥的，而是统一的。开展无神论研究宣传教育与贯彻党的宗教信仰自由政策，作为党的理论、政策和国家的法律法规体系中紧密关联的有机构成部分，具有共同的基础，因而是统一的。

第一，它们都以我国宪法为根本法律依据，其法律依据是统一的。

《中华人民共和国宪法》第三十六条规定："中华人民共和国公民有宗教信仰自由。"宪法同一条第二款规定："任何国家机关、社会团体和个人不得强制公民信仰宗教或者不信仰宗教，不得歧视信仰宗教和不信仰宗教的公民。"这表明，"信仰宗教"与"不信仰宗教"，同样都是公民享有的"宗教信仰自由"的权利，不信仰宗教而坚持无神论，也是"宗教信仰自由"的题中应有之义。而按照宪法第三十五条关于公民有言论、出版自由的规定，第四十七条关于公民有进行科学研究、文学艺术创作和其他文化活动的自由的规定，"不信仰宗教"的公民进行无神论的研究和宣传教育，无疑是他们依法享有的权利。宪法第二十四条关于国家"进行辩证唯物主义和历史唯物主义的教育"的规定则进一步表明，进行包括无神论在内的辩证唯物主义和历史唯物主义科学世界观的教育，是由国家倡导并且实行的。可见，从法理上说，开展无神论研究和宣传教育，与尊重和保护宗教信仰自由，二者同样是宪法赋予我国公民的权利。

第二，它们都以马克思主义为指导思想的理论基础，其理论基础是统一的。

马克思主义是完备而严密的科学世界观。"马克思主义的哲学基础是辩证唯物主义，它完全继承了法国18世纪和德国19世纪上半叶费尔巴哈的唯物主义的历史传统，即绝对无神论的、坚决反对一切宗教的唯物主义的历史传统。"① 从哲学世界观的层面说，它坚持彻底的唯物主义，毫不妥协地反对宗教神学。同时，按照马克思主义的宗教观，必须充分认识宗教问题的长期性、群众性和复杂性，不能用行政力量人为地消灭宗教，只能在保障宗教信仰自由的前提下，通过社会主义物质文明和精神文明的发展，逐步消除宗教得以存在的社会根源和认识根源，使宗教自然消亡。因

① 《列宁专题文集·论无产阶级政党》，人民出版社2009年版，第171页。

此，开展无神论研究和宣传教育，贯彻党的宗教信仰自由政策，同样都是运用马克思主义世界观去认识世界、认识人类社会得出的科学结论。

第三，它们都以物质世界和人类社会的本质和发展规律为依据，体现了实事求是的科学精神，其客观根据是统一的。

一切从实际出发，实事求是，是我们认识世界、改造世界必须遵循的基本准则。我们之所以宣传无神论，是因为世界就是运动着的物质世界，世界上本来就没有什么神，有神论是支配着人们日常生活的外部力量在人们头脑中的幻想的反映，是对客观世界的不符合实际的认识。错误的认识束缚了人们的思想，颠倒的世界观应该颠倒过来。宣传无神论是为了追求真理、解放思想，体现了实事求是的科学态度。我们之所以尊重和保护宗教信仰自由，是因为千百万群众信仰宗教是当今社会历史条件下依然存在并且必然长期存在的客观事实，宗教的产生、发展和消亡有其不依人们意志为转移的客观规律。不尊重宗教信仰自由，就是脱离客观实际，违背客观规律，必然带来严重后果。这已经为历史经验所证实。因此，开展无神论研究和宣传教育，贯彻党的宗教信仰自由政策，同样是以客观实际、客观规律为根据作出的决策，都是党的实事求是的思想路线的贯彻和体现。

第四，它们都以中国人民的根本利益为出发点和落脚点，其政治立场和价值观是统一的。

全心全意为人民服务，把实现好、维护好、发展好最广大人民的根本利益作为一切工作的出发点和落脚点，是中国共产党人最鲜明的政治立场，也是我们的价值观的核心。开展无神论研究和宣传教育，是为了帮助人们树立正确的世界观、人生观、价值观，科学地认识自然、认识社会、认识人自身，破除愚昧迷信，享受健康文明的生活，是为了巩固马克思主义在意识形态领域的指导地位，打牢全国人民团结奋斗的共同思想基础，推动社会主义精神文明和物质文明全面发展，以实现人民的根本利益。我们贯彻党的宗教信仰自由政策的根本出发点和落脚点，是要大力加强广大信教群众和不信教群众的团结，促进宗教关系的和谐，把人民群众的力量凝聚到建设中国特色社会主义这个共同目标上来，实现中华民族的伟大复兴。因此，开展无神论研究和宣传教育，贯彻党的宗教信仰自由政策，同样都是从人民根本利益出发做出的决策，都是共产党人的政治立场、根本宗旨和价值观的体现。

综上所述，无论从法律依据、理论基础、客观根据和根本出发点来说，无神论研究宣传教育和贯彻党的宗教信仰自由政策都是统一的，并不矛盾。但是，实际生活中确实存在着将这二者对立起来，视之为相互排斥的关系，坚持一方面就否定、反对另一方面的思想和行为。以下我们联系这些现象，分别就如何深入理解这二者的统一以及怎样才能实现统一作一些讨论。

二　理解统一需要弄清几个关系

为了深入理解无神论研究宣传教育与宗教信仰自由的统一，对宗教、对无神论都应作辩证的分析。这里需要弄清几个关系。

宗教都是有神论，但有神论并不都是宗教，还有迷信、邪教等其他表现。宗教和它自己的有神论也并不等同。宗教和它的有神论之间的联系和区别可以分两个层次来讨论。

（一）宗教和宗教意识形态

宗教和宗教意识形态是两个概念。宗教是一种意识形态，但又不只是意识形态，它还包含更多的构成要素。这二者的区别是事物整体与构成它的一个基本要素之间的区别。

在人类社会有机体中，宗教首先是在意识形态领域显现出来的，它表现为宗教教义和理论、宗教观念、宗教感情、宗教心理等意识形态的形式。马克思主义的创始人对宗教也首先是作为一种意识形态来研究的。马克思说，宗教是"一种颠倒的世界意识"。① 恩格斯在《路德维希·费尔巴哈和德国古典哲学的终结》中，把宗教作为意识形态的一种作了深入的阐述，他特别指出，"中世纪的历史只知道一种形式的意识形态，即宗教和神学"。② 构成宗教的核心要素，是它的意识形态。因此，着重把宗教当作一种意识形态去考察是理所当然的。但这并不意味着宗教仅仅是一种意识形态。成熟的宗教在长期的历史发展中已经形成为一种既有共同思想信仰又有共同利益诉求的社会群体、社会组织，宗教群体、宗教组织有自己的宗教行为或实践活动，如宗教仪式等。因此，宗教不仅仅是一种社

① 《马克思恩格斯文集》第 1 卷，人民出版社 2009 年版，第 3 页。
② 《马克思恩格斯文集》第 4 卷，人民出版社 2009 年版，第 289 页。

会意识或文化现象，而是作为一种具有相当广泛的群众性的社会力量出现在社会的经济、政治、文化各个领域，对社会生活发生多方面的影响。信教群众既有自己的思想信仰，也有自己的经济利益和政治态度。宗教就其自身的结构来说，包含了经济、政治和思想文化等多方面的因素。

正因为如此，如何对待宗教的问题，不只是一个思想领域的问题。宗教与社会、与国家的关系，信教群众与不信教群众的关系，比之有神论与无神论这种思想领域的关系，要宽泛、丰富得多。在人们的各种社会关系中，经济利益是基础，政治是经济的集中表现，思想信仰上的差异与共同的政治立场、经济利益相比，处于次要的地位。因此，在如何对待宗教的问题上，必须将其思想信仰方面同政治、经济方面区分开来，把它们各自放在应有的位置，而不能把思想信仰问题放在首位。从世界观上说，马克思主义坚决反对一切宗教的有神论和唯心主义；与此同时，马克思主义又坚决反对"在政治上对宗教作战"①，反对把宗教问题提到它所不应有的首要地位而分散了政治斗争和经济斗争的力量，要求无神论的宣传必须服从党的基本任务。

开展无神论的研究和宣传教育，当然不能不以这样那样的形式反对宗教的有神论和唯心主义。但它作为一种思想文化领域的活动，不仅因为实事求是、坚持真理而在思想上、理论上有其充分的合理性、正当性，而且是同政治上尊重信教公民的宗教信仰自由、团结信教和不信教的群众、维护每个公民的合法权利和根本利益并行不悖、相互统一的，决不是反对合法的宗教组织和正常的宗教活动；更不是要人为地取消宗教。如果不对宗教现象作全面的分析，把宗教简单地等同于它的意识形态，就有可能把宣传无神论、批评有神论这一意识形态方面的工作夸大成对待宗教的全部工作，因而等同于"对宗教作战"，把它同贯彻宗教信仰自由政策对立起来。这是一些党员和领导干部不敢按照党中央的指示精神加强无神论研究和宣传教育的一个重要原因。

（二）宗教意识形态和有神论

正确认识和对待宗教及其同无神论的关系，不仅要对宗教和它的意识形态加以区分，还要进一步对宗教意识形态和它的有神论也加以区分。有

---

① 《列宁专题文集·论无产阶级政党》，人民出版社 2009 年版，第 173 页。

神论是宗教意识形态的核心观念，它贯穿在宗教的全部观念之中，集中体现了宗教的本质特征，把宗教同意识形态的其他形式区分开来。离开有神论或神学，就没有宗教意识形态，就没有宗教。但是，宗教作为一种意识形态或社会意识，又不能仅仅归结为或简单地等同于有神论。它同社会意识的其他形式相互渗透、相互包含，你中有我，我中有你，交织在一起，因而从整体上看包含着丰富的思想文化内容。

宗教是社会历史中较早产生的一种意识形态。早在原始社会中，宗教观念就已经以图腾崇拜等形式出现。社会的意识形态最初是浑然一体的，后来才在发展中分化为不同的形式而彼此独立。马克思在《〈黑格尔法哲学批判〉导言》中说："宗教是这个世界的总理论，是它的包罗万象的纲要。"① 这种以宗教为"世界的总理论"的现象，不仅存在于原始社会，即使是在道德、艺术、哲学、政治法律思想等意识形态的各种形式分化之后，就宗教在意识形态领域的地位、影响而言，在相当长的历史时期中仍然是如此。例如在基督教占统治地位的欧洲中世纪，正如恩格斯所指出的："中世纪把意识形态的其他一切形式——哲学、政治、法学，都合并到神学中，使它们成为神学中的科目。"②

因此，全面地认识宗教的意识形态，评价宗教典籍和各种相关事物，不可忽视包含在其中的丰富的思想文化内容。比如，哲学与宗教的关系甚为密切。哲学的产生晚于宗教，它是从宗教中分化出来的；而一些宗教的形成，又从哲学中吸收了思想养料。恩格斯曾指出，基督教是"从普遍化了的东方神学，特别是犹太神学同庸俗化了的希腊哲学，特别是斯多亚派哲学的混合中悄悄地产生"的。③ 欧洲中世纪的经院哲学，既是宗教神学，又是一种哲学思想。中国的民族宗教道教，直接把经典的哲学著作《老子》、《庄子》奉为宗教经典，把哲学家老子当作神仙供奉。宗教借助于艺术的各种形式彰显神祇、营造氛围、传播教义、争取信众，历史上绘画、雕塑、建筑、音乐、诗歌、戏曲等艺术的发展，都受到宗教的影响，许多经典的传世之作以表现宗教的人物、事件为主题，以至于很难区分它们究竟是以宗教为载体的艺术，还是以艺术为载体的宗教。宗教影响着社

---

① 《马克思恩格斯文集》第 1 卷，人民出版社 2009 年版，第 3 页。
② 《马克思恩格斯文集》第 4 卷，人民出版社 2009 年版，第 310 页。
③ 同上。

会的道德风尚；归根到底由社会经济关系决定的道德观念也反映到宗教中来，使宗教的道德中也以这样那样的形式包含了世俗道德的内容。历史上宗教与教育的结合，也促使宗教在其发展中不断纳入现实的思想内容。宗教还吸收、利用科学发展的某些成果来为自己服务。毛泽东说："不批判神学就不能写好哲学史，也不能写好文学史或世界史。"① 这一论断指出了宗教神学对哲学、文学和世界历史的影响，也看到了宗教神学中包含着哲学、文学等影响了世界历史的思想文化内容。

所以，进行马克思主义的无神论宣传教育，对宗教意识形态也不是全盘否定、简单抛弃，而是在批评有神论的同时，批判地继承其中一切有价值的思想文化。对于黑格尔哲学这样的从绝对观念出发又回到绝对观念的唯心主义体系，马克思和恩格斯在批判它的唯心主义观点、抛弃其体系的同时，拯救了包含在这个体系中的辩证法思想。我们党坚持马克思主义的宗教观，对于宗教思想文化也是采取这种科学分析的态度，对于宗教典籍、宗教文物和宗教活动场所，更是加以维护和保存。这就进一步说明，开展无神论的研究和宣传教育，决不是否定宗教的一切方面，因而同贯彻党的宗教信仰自由政策完全可以统一在同一个理论或政策的有机整体之中。

（三）无神论和马克思主义无神论

全面正确地认识和处理坚持无神论和坚持宗教信仰自由政策的关系，还需要对无神论也加以分析，把马克思主义的和非马克思主义的无神论区别开来。

马克思主义坚持无神论，但无神论并不都是马克思主义无神论，因而坚持无神论并非就一定是坚持马克思主义。坚持无神论总是意味着反对有神论，但是，坚持什么样的无神论，在如何对待有神论的问题上，认识和行为都是有重要区别的。如果不区分马克思主义的和非马克思主义的无神论，就不能正确理解无神论研究宣传教育同宗教信仰自由政策的统一。

无神论在历史上经历了不同的发展阶段。古代就产生了朴素无神论。近两千年前，王充就用他的朴素唯物主义的自然观和认识论批评了有神论。范缜的神灭论，在无神论史上留下了闪光的一页。在近代自然科学基

---

① 《毛泽东文集》第 8 卷，人民出版社 1999 年版，第 353 页。

础上产生的唯物主义无神论通常被称为科学无神论。特别是其中 18 世纪
法国唯物主义的无神论，是抛开了宗教外衣的公开的彻底的无神论，恩格
斯称赞它是"法兰西精神的最高成就"①，列宁称之为"战斗的无神论"，
他提出，要遵照恩格斯的嘱咐，"把 18 世纪末战斗的无神论的文献翻译
过来，在人民中间广泛传播"。② 毫无疑问，古代的朴素无神论和近代的
科学无神论都是人类宝贵的思想遗产。马克思主义者应当继承这份遗产，
并且同当代一切无神论者结成联盟。但是，值得深思的是，列宁同时又把
18 世纪法国唯物主义的无神论称为"旧无神论和旧唯物主义"，他说要
"用马克思和恩格斯的修正意见来补充旧无神论和旧唯物主义"。③ 列宁强
调指出，为了在思想斗争中取得完全胜利，就应该"做一个以马克思为
代表的唯物主义的自觉拥护者，也就是说，应当做一个辩证唯物主义
者"。④

马克思主义的无神论是建立在辩证唯物主义和历史唯物主义基础上
的，它作为马克思主义科学思想体系中的一部分，同整个体系不可分割，
同马克思主义其他各方面的基本原理血肉相连。宗教是一种社会历史现
象，因而只有以唯物主义历史观为基础，才能真正揭示宗教的本质和发展
规律，达到对它的科学认识。马克思发现唯物主义历史观是人类认识史上
划时代的伟大变革。在此之前，唯心主义自不必论，各种唯物主义也无不
在进入社会历史领域时陷入唯心史观而成为半截子的唯物主义，因而未能
正确认识社会的历史和包括宗教在内的社会现象的本质。就此而论，只有
马克思主义的无神论才是严格意义上的科学无神论，才是真正以科学的态
度对待宗教和神学的无神论。它不仅对宗教和它的意识形态、对宗教意识
形态和它的有神论加以区分，而且对它们都给予辩证的历史的分析。第
一，它用历史的发展的观点看待有神论和宗教的产生，把它们看作是人类
思维能力随着实践发展的结果，是人类把自己从自然界中分离出来、同动
物区别开来的一种表现，因而是一种历史的进步。第二，它反对像旧的形
而上学的唯物主义那样把宗教神学简单地看成是"骗子手的捏造"、"骗
子凑集而成的无稽之谈"，而是"根据宗教借以产生和取得统治地位的历

---

① 《马克思恩格斯文集》第 3 卷，人民出版社 2009 年版，第 361 页。
② 《列宁专题文集·论辩证唯物主义和历史唯物主义》，人民出版社 2009 年版，第 324 页。
③ 同上书，第 325 页。
④ 同上书，第 328 页。

史条件，去说明它的起源和发展"①，全面地分析它的历史根源、社会阶级根源和认识根源，把它的产生、存在和发展看作是社会历史和人类认识在一定阶段上的必然产物，认为它是生长在"人类认识这棵活树上的一朵无实花"。② 第三，它揭示了宗教消亡的途径，阐明了我们对待宗教应有的科学态度。既然宗教神学的根源存在于现实社会之中，那么，只要它反映的事实基础仍然存在，宗教反映本身也就继续存在。只有"当社会通过占有和有计划地使用全部生产资料而使自己和一切社会成员摆脱奴役状态的时候"，"当谋事在人，成事也在人的时候，现在还在宗教中反映出来的最后的异己力量才会消失，因而宗教反映本身也就随着消失"③。宗教不能人为地消灭，只能在社会历史条件具备时自然消亡。因此，同宗教神学作斗争不能仅仅归结为抽象的思想宣传，更不能用行政力量去消灭宗教，而应该在努力做好无神论思想宣传教育的同时，团结信教和不信教的群众致力于革命、建设和改革事业，推动社会的发展、进步，为宗教自然消亡创造条件。

这说明，如果不区分马克思主义的和非马克思主义的无神论，离开了马克思主义的立场、观点、方法，就不能正确地认识和处理宗教问题，对无神论的宣传和对宗教有神论的批评就可能发生错误，违背宗教发展的客观规律，背离党的宗教信仰自由政策。而只要我们自觉坚持马克思主义的无神论，就能把无神论的研究宣传教育同贯彻宗教信仰自由政策统一起来。

三　实现统一要经过自觉的努力

人类社会的发展是客观规律性和主体能动性的统一。社会发展是受内在的一般规律支配的，同时又是由作为主体的人的自觉活动构成的。社会规律的实现，离不开人的自觉努力。开展无神论研究和宣传教育，贯彻党的宗教信仰自由政策，二者具有共同的基础，因而并不存在相互排斥的逻辑矛盾；但这并不是说，无论人们的认识和行为如何，它们之间自然而然

---

①　《马克思恩格斯全集》第25卷，人民出版社2001年版，第549、550页。

②　《列宁专题文集·论辩证唯物主义和历史唯物主义》，人民出版社2009年版，第152页。

③　《马克思恩格斯文集》第9卷，人民出版社2009年版，第334页。

地总是统一的。统一的实现，要靠自觉认识和处理好二者之间的辩证关系。这需要从两方面努力。

（一）开展无神论的研究和宣传教育，必须认真学习和自觉遵守党的宗教信仰自由政策

无神论的研究和无神论的宣传教育，是相互关联的两方面的工作。一方面，无神论研究可以为宣传教育提供学理支撑、学术资源。研究力量的强或弱，成果的多或少，研究方向和观点的正确或错误，都会对宣传、教育发生影响。另一方面，开展无神论的宣传教育，才能把研究成果运用到思想宣传、国民教育和精神文明建设中去，转化为人民群众的思想，提高全民族的思想文化素质。对无神论的研究和宣传教育，必然与宗教问题联系在一起，既是一项科学工作，具有很强的知识性、学术性、理论性；又是一项面向群众的工作，具有很强的政治性、政策性和社会敏感性。如果仅仅阐发无神论是符合实际的真理、有神论是背离客观实际的谬误，那就停留在了旧唯物主义和旧无神论的水平，是远远不够的。深入学习马克思主义的宗教观，掌握党的宗教政策和国家的法律法规，是正确开展无神论研究和宣传教育不可缺少的条件。比如，必须尊重信教群众的信仰和合法权益，与他们和睦相处，不得到宗教场所进行无神论的宣传，不得干扰宗教团体、宗教活动场所正常的宗教活动，不得在信教群众中发动有神还是无神的辩论，不得伤害信教群众的宗教感情等，都是开展无神论研究和宣传教育应予以充分注意的。针对布朗基主义者"一切宗教宣传和宗教组织都应当加以禁止"的主张，恩格斯曾指出："迫害是巩固不良信念的最好手段"，"在我们的时代唯一能替神帮点忙的事情，就是把无神论宣布为强制性的信条"。① 列宁也指出，像布朗基主义者那对宗教"宣战"，"是提高人们对宗教的兴趣、妨碍宗教真正消亡的最好手段"。② 宣传无神论如果违反了党的宗教信仰政策，就会适得其反，替有神论帮忙，为无神论帮倒忙，而且可能激化矛盾、影响和谐，还会给力图对我国进行宗教渗透的国外敌对势力和制造事端者以可乘之机，危害社会稳定。

---

① 《马克思恩格斯文集》第 3 卷，人民出版社 2009 年版，第 362 页。
② 《列宁专题文集·论无产阶级政党》，人民出版社 2009 年版，第 172 页。

（二）贯彻宗教信仰自由政策，不能把它当作反对无神论研究和宣传教育的理由。必须克服对宗教信仰自由政策的误读，加强马克思主义无神论研究和宣传教育

如前所述，宗教信仰自由内在地包含了尊重公民不信教、坚持无神论的自由，所以认为无神论研究和宣传教育会妨碍政策的贯彻、影响宗教和谐，这本身就是对党的宗教信仰自由政策片面的不正确的理解。马克思说："资产阶级的'信仰自由'不过是容忍各种各样的宗教信仰自由而已"。[①] 不能越过资产阶级的水平、按照这样的方式把"信仰自由"仅仅理解为信仰宗教的自由的现象，今天仍然存在。

我国社会主义制度的建立和中国特色社会主义事业的发展，为坚持马克思主义在意识形态领域的指导地位、扩大马克思主义包括无神论的思想阵地提供了根本制度保障和强大经济实力。但是我们也看到，在近代以来宗教在世界上总体上走向衰落的背景下，近些年来宗教和有神论思想在我国呈迅速发展的趋势。有调查显示，我国有百分之十左右的青少年学生有较为严重的鬼神迷信思想。[②] 高校大学生信教人员的比例在百分之十左右。[③] 宗教和有神论的扩展意味着无神论思想阵地的萎缩。究其原因，除了经济成分和分配方式多样化、市场经济中的风云变幻使人感到不能掌握自己的命运、腐败和其他社会消极现象的影响，以及世界社会主义运动遭遇挫折等因素外，无神论研究和宣传教育严重削弱，出现了"有神论有人讲，无神论无人讲"、"有神论有钱，无神论无钱"的现象，不能说不是一个重要原因，而这种削弱往往是同对宗教信仰自由政策的误读相关联的。

这种片面的、不正确的理解有各种表现。

比如，把公民有宗教信仰的自由当成了共产党员有信仰宗教的自由。一些党员没有确立马克思主义信仰，模糊了唯物主义与唯心主义、无神论与有神论的界限，忘记了不信仰宗教是做一名共产党员的起码条件。有人认为，党员作为公民，同样也享有宪法规定的信仰宗教的权利。有人认

---

① 《马克思恩格斯文集》第 3 卷，人民出版社 2009 年版，第 448 页。
② 《科学无神论大学生读本》，人民出版社 2004 年版，第 27 页。
③ 《科学与无神论》2010 年第 3 期。

为，党员干部只要拥护中国特色社会主义、执行党的路线就行，思想信仰是私人的事情。他们不懂得，党员从入党那一天起，就已经向党保证自己按照党章的要求在宪法规定的宗教信仰自由的范围内选择了辩证唯物主义的无神论的世界观。党中央明确指出："我们党宣布和实行宗教信仰自由的政策，这当然不是说共产党员可以自由信奉宗教。""共产党员不得信仰宗教，不得参加宗教活动，长期坚持不改的要劝其退党。"① 据"中国县处级公务员科学素质调查"课题组的调查，有半数以上的被调查者相信"相面"、"周公解梦"、"星座预测"和"求签"等迷信现象，其程度相当于或高于一般公众。② 一些党员领导干部为求升迁，烧香拜佛，迷信风水，甚至利用职权，更改地名，投入资金修门、改道、建筑偶像，以求"官运"、"财运"。党员特别是领导干部信神信教，影响恶劣，是宗教和有神论的影响在全社会非正常发展的重要原因。在这样的党员领导干部权力所及的范围，无神论不能不丧失了话语权。

再如，把尊重和保护宗教信仰自由当成了积极发展宗教。"尊重"不是赞同，"保护"不是提倡。尊重，是不把自己的观点强加于人，不要求别人放弃宗教信仰；赞同，是按照别人的宗教信仰改变自己的观点。把对宗教信仰的尊重当成了赞同，就丧失了自己马克思主义无神论的立场。我们党在阐明宗教信仰政策的同时，总是严肃地指出："我们中国共产党人是无神论者，不信仰任何宗教。"③ 尊重和保护宗教信仰自由，是在自己不赞成宗教有神论的同时，从宗教具有长期性、群众性、复杂性的客观实际出发，遵循宗教只能在社会历史条件具备时自然消亡而不能人为去消灭的客观规律制定的政策，它是正确对待已经存在的宗教直到其将来自然消亡的政策，而决不是提倡信教、发展宗教的政策。正确认识和对待宗教，不能不划清尊重与赞同、保护与提倡的界限。但是，有些党员领导干部不懂得真理向前多走一步就会变成谬误的道理，按照他们片面的政绩观和形而上学的走极端的思维方式，为了凸显"政绩"，有意无意地推动宗教发展。"文化大革命"中，党的宗教政策、宗教工作和信教群众的正常宗教活动遭到破坏，因此，拨乱反正，贯彻落实宗教政策，使宗教团体和宗教

① 《关于我国社会主义时期宗教问题的基本观点和基本政策》，《三中全会以来重要文献选编》（下），人民出版社 1982 年版，第 1233 页。

② 《光明日报》2010 年 11 月 12 日。

③ 《十六大以来重要文献选编》（下），中央文献出版社 2008 年版，第 554 页。

活动场所在一个时期中得到恢复性的发展，这是党的宗教工作的成绩。但是，不能因此而脱离具体历史条件在任何时候都把宗教的发展当成一种"政绩"。一个时期以来，一些地方宗教活动混乱，教徒发展泛滥，乱建寺观教堂，滥塑佛像。有些地方热衷于"宗教搭台，经济唱戏"，企图借宗教的力量发展经济，又借市场经济的力量发展宗教。有些地方互相攀比谁新建的塔更高、庙更大，追求"第一"，以此当作政绩炫耀。这些行为助长了宗教热。一些党员干部忘记了，"我们应当同宗教作斗争，这是整个唯物主义的起码原则，因而也是马克思主义的起码原则"①，不懂得既不能用行政力量去消灭宗教，也不能用行政力量去发展宗教。党中央严肃地指出："我们保护宗教信仰自由，并不是要提倡信教，也不是要人为扩大宗教影响。"② 中央还明确要求："努力解决部分地区宗教活动混乱、不正常发展、乱建寺观教堂、滥塑露天宗教造像等问题，坚决制止宗教干预行政、司法和教育等现象。"③ 部分党员领导干部有意无意地"人为扩大宗教影响"的行为，起了"提倡信教"的作用，侵蚀、挤压了马克思主义无神论的思想阵地。模糊了尊重与赞同、保护与提倡的界限，还会偏离党的引导宗教与社会主义社会相适应的方针。宗教本身是没有内容的，它必然要适应社会的变化而改变自己。宗教与社会的关系，最终是社会决定宗教，而不是宗教决定社会。社会主义条件下宗教发展的规律，是宗教应当与社会主义社会相适应，而决不是社会去适应宗教。如果有意无意地把尊重宗教信仰自由当成赞同宗教观念，把保护现存宗教当成人为扩大宗教影响，就颠倒了宗教与社会的关系，把积极引导宗教与社会主义社会相适应变成了让社会受宗教的影响而发生消极的变化。党员干部和青少年中鬼神迷信和信教人员的发展，就是这种消极变化的表现。

又如，片面理解宗教的群众性，忘记了对广大不信教群众进行无神论宣传教育的责任；片面理解宗教的长期性，忘记了宗教长期存在过程中的变动性。宗教是一种群众性的社会现象，宗教的存在以大量群众信奉为前提。中国信仰多种宗教的群众有一亿多人。因此，宗教工作是重要的群众工作。正确认识和对待宗教的问题，是正确认识和对待群众的问题。尊重

---

① 《列宁专题文集·论无产阶级政党》，人民出版社 2009 年版，第 250 页。
② 《十六大以来重要文献选编》（下），中央文献出版社 2008 年版，第 555 页。
③ 《中共中央关于巩固和壮大新世纪新阶段统一战线的意见》，《十六大以来重要文献选编》（下），中央文献出版社 2008 年版，第 575 页。

和保护信仰宗教的自由，就是尊重信仰宗教的广大群众，是维护人民利益的重要体现。而与此同时不可忘记的是，中国 13 亿多人口中，还有更多的不信教的群众。无神论的宣传教育，是面向广大群众特别是青少年进行的，这同样是重要的群众工作，是尊重公民信仰自由、维护人民利益的重要体现。宗教是一种社会历史现象，它是一个变化着的过程。个人的信仰更是可变的。信教人数和所占比例的增减，显现出人群中信仰的变化，有从前不信教而现在信教的，也有从前信教而现在不信教的。因此，承认宗教的长期性并非把人们的宗教信仰看成生来固有的和不变的。人的宗教观念不是天生的，儿童没有宗教意识。宗教观念是后天各种因素起作用的结果。儿童的宗教意识来自成年人的灌输。一些本不信教的青少年在人为的刻意渲染的宗教氛围感染下从无神论转向有神论，投入宗教的怀抱，无论对他们个人或对社会而言都并非幸事。我们当然要尊重他们今天已经做出的这种选择，但也应该反思这种变化是否也同我们昨天的工作做得不够相关。虽然在当代中国的社会历史条件下，青少年中有人信神信教难以完全避免，但现实中占相当比例的青少年信神信教的现象绝非是历史的必然。如果我们的各级党委和政府都能按照党中央的要求，把无神论研究和宣传教育当作一项长期任务，纳入科学研究规划和宣传思想工作的总体部署，锲而不舍地进行，那么，青少年信神信教的现象是可以尽量减少和避免的。马克思要求工人政党"力求把信仰从宗教的妖术中解放出来"。[①] 党更有责任帮助本来不信教的群众特别是青少年不要迷失在宗教有神论的迷雾之中，因为宗教有神论终究是一种虚幻的错误的认识。因此，全面贯彻党的宗教信仰自由政策，既要尊重和保护信仰宗教的权利，又要开展无神论的研究和宣传教育，以维护不信教群众的利益，要把维护包括信教群众和不信教群众在内的广大人民群众的权利和利益统一起来。尤其是对青少年学生，应该依据我国宪法关于国家"进行辩证唯物主义和历史唯物主义的教育"的规定，把马克思主义无神论宣传教育作为国民教育的重要内容，列入政治理论课、思想品德课和有关专业课程的教学大纲，根据不同年龄段学生的特点，有针对性地开展宣传教育，切实保证教学内容和教学要求落到实处。要坚持我国教育法规定的教育与宗教相分离的原则，禁止任何组织和个人利用宗教进行妨碍国家教育制度的活动。要警惕、防范

---

① 《马克思恩格斯文集》第 3 卷，人民出版社 2009 年版，第 448 页。

以学术研究和学术交流的名义在学校传播宗教神学。

综上所述，只有以马克思主义宗教观为指导，全面深入地理解党的宗教信仰自由政策，澄清各种片面的认识和曲解，才能深刻领会无神论研究和宣传教育同贯彻党的宗教信仰自由政策的统一，并在实践中实现这种统一，在做好党和国家宗教工作的同时，坚持和发展马克思主义无神论的思想理论阵地。

（原载《科学与无神论》2011 年第 6 期；收入《马克思主义无神论研究（第 1 辑·2011）》，中国社会科学出版社 2013 年版）

后 记

我是20世纪70年代初作为北京大学的一名马克思主义哲学课教师步入学术生涯的。四十多年来，虽然随着工作的变动，我追随社会实践前进的脚步越出了哲学的专业领域，但无论在教学、科研或编辑工作中，关注的重点始终聚焦在马克思主义理论的学习、研究和运用上。因此，2011年当贵州师范大学马克思主义学院院长欧阳恩良教授邀请我参加他主持的教育部重大课题"马克思主义学习型政党的建设研究"并提交论文和著作时，便欣然同意了。参加这项研究课题以来，我写了十几篇论文，又从以前撰写发表的论文中围绕"学习马克思主义"这一主题选取了一批文章，共同构成了这本专题文集。限于篇幅，2000年以前发表的文章一律不选，2000年以后发表的相关文章也未能都选入。我把这些文章分成九组，围绕着"学习马克思主义"这中心议题展开。本书不是按论文发表的时间顺序而是按一定的逻辑思路编排的。

在本书付梓之际，我要感谢欧阳恩良教授和"马克思主义学习型政党建设研究丛书"主编梅荣政教授的关心和大力支持。感谢中国社会科学出版社田文、赵丽、王雪梅同志为本书付出的辛劳。迄今为止，我写下的文章都是"亲手"爬格子的成果。感谢教育部社科中心的李春霞同志为我打印了多篇文稿。感谢我的妻子宁宝俊。我俩退休后，她成了我的"秘书"。她为我打印了多篇文稿，并收集整理我的论文的电子版，为编成本书提供了方便。

田心铭

2014年5月3日